Novalis – Poesi

MW01181586

Mario Zanucchi

Novalis – Poesie und Geschichtlichkeit

Die Poetik Friedrich von Hardenbergs

FERDINAND SCHÖNINGH

Paderborn · München · Wien · Zürich

Bibliografische Information Der Deutschen Bibliothek

Die Deutsche Bibliothek verzeichnet diese Publikation in der Deutschen Nationalbibliografie;
detaillierte bibliografische Daten sind im Internet über http://dnb.ddb.de abrufbar.

Umschlaggestaltung: Anna Braungart, Tübingen

Gedruckt auf umweltfreundlichem, chlorfrei gebleichtem
und alterungsbeständigem Papier ⊗ ISO 9706

© 2006 Ferdinand Schöningh, Paderborn
(Verlag Ferdinand Schöningh GmbH & Co. KG, Jühenplatz 1, D-33098 Paderborn)

Internet: www.schoeningh.de

Printed in Germany. Herstellung: Ferdinand Schöningh, Paderborn

ISBN 10: 3-506-71795-2
ISBN 13: 978-3-506-71795-5

Meinen Eltern

INHALTSVERZEICHNIS

III. POESIE UND SÄKULARISIERUNG: NOVALIS' UND FRIEDRICH SCHLEGELS ROMANTISIERUNG DES CHRISTENTUMS IM VERGLEICH

VORWORT

Das vorliegende Buch ist die gekürzte und überarbeitete Fassung meiner Dissertation, die im Juni 2003 von der philologischen Fakultät der Universität Leipzig angenommen wurde. Die inzwischen erschienene Literatur zu Novalis findet nur insofern Berücksichtigung, als sie der Problematik der Arbeit gilt.

Meinem verehrten Lehrer Herrn Prof. Dr. Ludwig Stockinger danke ich für seine wohlwollende Unterstützung und seine vielfältige, stets anregende Kritik.

Leipzig, im Dezember 2005
    M. Z.

EINLEITUNG

Die vorliegende Untersuchung setzt sich das Ziel, die Beziehung von Poesie und Geschichtlichkeit im Werk Friedrich von Hardenbergs zu eruieren. Diese Fragestellung ist insofern berechtigt, als die Problematik des Verhältnisses von Novalis' Geschichtsverständnis zu seiner Poetik bisher noch nicht systematisch aufgeworfen wurde. In Peter Szondis Vorlesungen zur Poetik und Geschichtsphilosophie in der Goethezeit[1] erscheint Novalis' Name nur an einigen wenigen Stellen und wird meist im Zusammenhang mit Friedrich Schlegel genannt, ohne dass die Unterschiede in ihren poetischen Konzeptionen sichtbar gemacht werden. In H.-R. Jauß' bedeutendem Aufsatz über die Weiterwirkung der *Querelle des Anciens et des Modernes* bei Schiller und Schlegel wird Novalis nicht erwähnt.[2]

Die Arbeit gliedert sich in drei Teile. Der *erste* Teil – *Geschichtlichkeit* – beschäftigt sich mit Hardenbergs *Geschichtsphilosophie*. Er baut wesentlich auf schon Geleistetem auf, versucht dabei jedoch, neue Akzente zu setzen. Die erste umfassende Darstellung zum Thema ist die Studie von Richard Samuel von 1925.[3] In dessen ausführlicher Untersuchung *Die Idee des goldenen Zeitalters im Werk des Novalis*[4] hat Hans-Joachim Mähl den Ursprung und die eigentümliche Ausprägung von Novalis' eschatologischem Geschichtskonzept rekonstruiert. Eines der wichtigsten Ergebnisse von Mähls Untersuchung, die bis heute einen der Marksteine der Novalis-Forschung darstellt, ist der *ambivalente* Charakter von Novalis' Zeitkonzeption, die sich zwischen Zukunftserwartung und mystischer Gegenwärtigkeitserfahrung bewegt.[5] Dieses Ergebnis ist allerdings in der neueren Forschung kaum beachtet worden, weshalb die vorliegende Untersuchung insbesondere den *widersprüchlichen* Charakter der Zeiterfahrung in Novalis' Werk hervorheben möchte. Als drittes bedeutendes Werk in der bisherigen Forschung ist Manfred Franks Dissertation von 1972 zu erwähnen.[6] Diese wirft erstmalig die Frage nach der Bedeutung der Zeitlichkeit für Novalis im Hinblick auf dessen kritische Lektüre von Fichtes *Grundlage der gesammten Wissenschaftslehre* von 1794/1795 auf, indem sie

---

[1] Poetik und Geschichtsphilosophie I und II, Frankfurt am Main 1974.
[2] Schlegels und Schillers Replik auf die „Querelle des Anciens et des Modernes", in: Literaturgeschichte als Provokation, Frankfurt am Main 1970, 67-106.
[3] Die poetische Staats- und Geschichtsauffassung Friedrich von Hardenbergs (Novalis), Frankfurt am Main 1925.
[4] Heidelberg 1965.
[5] Mähl beschreibt Novalis' Zeiterfahrung als eine „[...] Erfahrung, die der Idee des goldenen Zeitalters als einem unendlichen ‚Approximationsprinzip' die mystische Gegenwärtigkeitserfahrung einer höheren Welt an die Seite stellt, in welcher die Grenzen zwischen Zeit und Ewigkeit, Diesseits und Jenseits aufgehoben sind [...]", a.a.O., 294.
[6] Das Problem „Zeit" in der deutschen Romantik. Zeitbewusstsein und Bewusstsein von Zeitlichkeit in der frühromantischen Philosophie und in Tiecks Dichtungen, Paderborn 1972.

Novalis' *Fichte-Studien* systematisch untersucht.[7] Sie gelangt zu einer Lektüre des Phänomens der Zeitlichkeit bei Novalis durch die Untersuchung der Problematik des Selbstbewusstseins, die Frank dann später in allen seinen fundamentalen Studien zu Novalis und zur Frühromantik weiter eruiert hat.[8] Im Unterschied zu Fichte stellt das Absolute für Novalis kein metaphysisches Fundament dar, sondern eine transzendentale Idee mit regulativem Wert: daraus ergibt sich auch die Bedeutung, die die Zeitlichkeit in Novalis' Denken erhält. Die vorliegende Studie versucht nun, auf Mähls und Franks grundlegenden Ergebnissen aufbauend, die Bedeutung der Dialektik für Hardenbergs Zeit- und Geschichtsauffassung zu erschließen. Sie stützt sich dabei sowohl auf die Studien Manfred Franks als auch auf die Arbeiten von Andreas Arndt zur Dialektik bei Novalis.[9] In einem weiteren Schritt sollen die beiden bedeu-

---

[7] Es handelt sich dabei um ein Konvolut philosophischer Betrachtungen, in dem der junge Novalis vermutlich seit Herbst 1795 seine Gedanken über Fichtes *Wissenschaftslehre* in fragmentarischer, vielfach experimentierender Form formuliert hat. Zur Datierung der Aufzeichnungen vgl. die Einleitung H.-J. Mähls, in: Schriften II 42. Der fragmentarische Charakter dieser Aufzeichnungen hat lange dazu beigetragen, deren Bedeutsamkeit zu verhüllen. Erst in neuerer Zeit ist es gelungen, in den scheinbar zusammenhanglosen Notizen eine stringente Fichte-Kritik zu erkennen und der Novalis-Forschung neue, entscheidende Impulse zu verleihen. Das Verständnis der *Fichte-Studien* wurde nicht zuletzt aufgrund ihrer ungeklärten Chronologie erschwert, die noch Kluckhohns verdienstvolle erste Auflage der Schriften charakterisierte. Ohne Zweifel ist die ausgebliebene Rezeption auch durch den Umstand zu erklären, dass die Manuskripte – wie die Herausgeber der historisch-kritischen Ausgabe berichten, vgl. Schriften II 29 – nach der Berliner Versteigerung 1930 bis zu ihrem Erwerb durch das Freie Deutsche Hochstift 1960 der Forschung entzogen wurden. Die Wiederentdeckung der *Fichte-Studien* ermöglicht es, die Frage nach dem Zusammenhang von Aufklärung und Romantik erneut aufzuwerfen. Die frühromantische Bewegung erscheint vor diesem Hintergrund nicht in erster Linie als eine Zäsur gegenüber der Aufklärung, sondern als Versuch, deren Aporien zu lösen. Dazu vgl.: Ludwig Stockinger, Die Auseinandersetzung der Romantiker mit der Aufklärung, in: Romantik-Handbuch, hrsg. von Helmut Schanze, Stuttgart 1994, 2. Auflage 2003. Der Prozess der Rehabilitierung der Frühromantik setzte bereits in den sechziger Jahren mit der historisch-kritischen Edition der Schriften Friedrich Schlegels durch E. Behler, J. J. Anstett und H. Eichner und die Fortsetzung der historisch-kritischen Ausgabe des Werkes Novalis' durch R. Samuel, H. J. Mähl und G. Schulz ein. Das damalige erneute Interesse an der Beziehung zwischen Romantik und Aufklärung dokumentiert die Studie Helmut Schanzes: Romantik und Aufklärung. Untersuchungen zu Friedrich Schlegel und Novalis, Nürnberg 1966. Die Gefahr der neueren Forschung liegt hingegen vielmehr in einer vorschnellen Gleichsetzung von Aufklärung und Frühromantik.

[8] Unter den neueren Arbeiten ist besonders zu erwähnen: Unendliche Annäherung. Die Anfänge der philosophischen Frühromantik, Frankfurt am Main 1997. Mit der Thematik der Geschichtlichkeit bei Novalis befasst sich auch die Studie von Peter Küpper – Die Zeit als Erlebnis des Novalis, Köln/Graz 1959 – sowie neuerdings die Dissertation von Thorsten Kindermann, Poetische Geschichte. Zum Geschichtsverständnis Hamanns, Herders und Novalis', Tübingen 2004, befasst. Die Mittelalterrezeption wird von Ira Kasperowski, Mittelalterrezeption im Werk des Novalis, Tübingen 1994, untersucht.

[9] Vgl. zur Dialektik bei Novalis, außer den bereits erwähnten Vorlesungen Franks, vor allem den grundlegenden Aufsatz von Andreas Arndt: Opposizione e contraddizione. La forma fondamentale di dialettica romantica, in: La dialettica nella cultura romantica, hrsg. von Sergio Sorrentino und Terrence N. Tice, Roma 1996, 63-89.

tendsten geschichtsphilosophischen Entwürfe von Novalis, die V. *Hymne an die Nacht* und die *Europa*-Rede, untersucht und die Strukturen von Novalis' Geschichtsphilosophie freigelegt werden. Dabei wird besonderer Wert darauf gelegt, den Einfluss von Herder, Lessing, Friedrich Schlegel und – durch einen erstmaligen systematischen Vergleich der *Europa* mit den Reden *Über die Religion* – Schleiermacher genau zu eruieren und textnah nachzuweisen.

Vor dem Hintergrund von Novalis' Geschichtsphilosophie rekonstruiert der *zweite* Teil – *Poetik und Geschichtlichkeit: Friedrich Schlegel und Novalis im Vergleich* –, der den Hauptteil der Arbeit darstellt, die geschichtsphilosophische Begründung von Novalis' Poetik und stellt diese in den Rahmen der deutschen *Querelle des Anciens et des Modernes*. Parallel dazu sollen die Ansätze Novalis' und Friedrich Schlegels im Hinblick auf ihre geschichtsphilosophische Fundierung der Poetik systematisch miteinander verglichen werden. Dadurch soll ebenfalls ein Forschungsdesiderat erfüllt werden, insofern als diese Differenzen bislang eher vernachlässigt wurden.[10] Indem Hardenberg vor dem Hintergrund der Fichteschen Geschichtsphilosophie die Geschichte als Progressivität konzipiert, rangiert bei ihm das Christentum und die christliche Poesie der Modernen höher als die Antike. Gegenüber der antiken Poesie, die zwar vollkommen, aber endlich ist, besteht der Vorzug der modernen Poesie gerade darin, dass sie einer unendlichen Vervollkommnung fähig ist. Insofern aber Novalis' Geschichtsmodell zugleich spiralförmig ist und folglich mit der Identitätsphilosophie, dem Gedanken einer sich durch die Geschichte hindurchziehenden Identität von Ich und Natur interagiert, wird die Differenz zwischen Antike und Moderne wiederum relativiert. Die kapitale Bedeutung, die für Novalis der Natur und mit ihr dem Identitätsgedanken zukommt, hindert Hardenberg daran, Antike und Moderne kategorial scharf voneinander zu unterscheiden. Darin liegt ein Unterschied zu Friedrich Schlegel, der die geschichtliche Entwicklung nicht wie Novalis als Naturgeschichte, sondern als Absetzung des Ich von der Natur begreift und den Gegensatz von Antike und Moderne als radikale Antithese von Natur und Kunst konzipiert. Hardenberg hingegen konzipiert die Differenz von antik und modern nicht auf der Basis der Entgegensetzung von Natur und Kunst, sondern vielmehr als Gegensatz von Endlichem und Unendlichem. Antike und moderne Poesie sind sich bei Hardenberg nicht als natürlich vs. künstlich, sondern als endlich vs. unendlich entgegengesetzt.

Da Novalis auch die Poesie als Versöhnung des Ich mit der Natur versteht,

---

[10] Die einzigen Ausnahmen sind der Aufsatz Helmut Schanzes: ,Dualismus unsrer Symphilosophie'. Zum Verhältnis Novalis – Friedrich Schlegel, in: JbFDH 1966, 309-35, sowie der neuere Beitrag von Hans Dierkes ,Geheimnisse unsrer Entzweyung'. Differenzen romantischer Religion in Novalis' Randbemerkungen zu Friedrich Schlegels ,Ideen', in: Zeitschrift für neuere Theologiegeschichte, Bd. 5, Heft 2 (1998), 165-92. Die Unterschiede werden von Peter Szondi in seinen Vorlesungen zur Poetik und Geschichtsphilosophie I und II, Frankfurt am Main 1974, nicht registriert.

charakterisiert er im Unterschied zu Friedrich Schlegel die moderne Dichtung nicht als künstliche gegenüber der natürlichen der Antike. Als Poesie hat sie nicht weniger als die antike den Anspruch darauf, „Natur" zu sein. Auch die Poesie der Modernen ist für Novalis ein Analogon der Natur – unter den Bedingungen der Reflexion. Diese Differenz zwischen Novalis und Schlegel ist im Grunde genommen auf ihre unterschiedliche *Dialektik*-Auffassung zurückzuführen. Während Novalis die Dialektik als *Liebe* zwischen Ich und Natur konzipiert, erhält sie bei Schlegel stark antithetische Züge. Gerade diese unterschiedliche Ausprägung eines ähnlichen dialektischen Grundgedankens ist für die Differenzen zwischen beiden Frühromantikern verantwortlich, die die vorliegende Untersuchung aufzeigt und vor allem ihre Poetologie, Geschichtsauffassung und Religionsphilosophie betreffen. Im Hinblick auf die Poetologie hindert die Dialektik von Ich und Natur Schlegel nicht daran, die moderne frühromantische Transzendentalpoesie wesentlich als künstlich, also als Absetzung von der Natur zu betrachten, weil die Dialektik für ihn mit einer Potenzierung des Ich-Prinzips verbunden ist. Novalis hingegen, der die Dialektik als Potenzierung des Natur-Prinzips konzipiert, vertritt eine organologische Auffassung der Transzendentalpoesie und ist darum bemüht, selbst seine kühnsten Spekulationen über die Künstlichkeit der modernen Dichtung unter den Begriff der Natur zu subsumieren. Gerade auf diese unterschiedliche Dimensionierung der Dialektik lassen sich übrigens auch die anderen Differenzen zwischen Novalis und Friedrich Schlegel zurückführen, die die vorliegende Untersuchung im Detail aufzuzeigen versucht und die sowohl ihre Geschichtsauffassung als auch ihre Religionsphilosophie betreffen.[11]

---

[11] Dieser Zusammenhang sei im Folgenden kurz umrissen. Andreas Arndt hat zwar gezeigt, dass Friedrich Schlegel eine Dialektikkonzeption formuliert, die mit der von Novalis vergleichbar ist: a.a.O. Vgl. auch: Ders., Zum Begriff der Dialektik bei Friedrich Schlegel 1796-1801, in: Archiv für Begriffsgeschichte 35 (1992), 257-73. Es ist zunächst jedoch eine zeitliche Verschiebung bei der Entwicklung dieses dialektischen Konzepts zu konstatieren, das bei Novalis bereits in den *Fichte-Studien* (1794-95) vollständig entwickelt ist, im Falle Schlegels aber erst später, im Sommer 1796 vorliegt, nämlich in den Fragmenten, die im Band XVIII der HKA als Beilage I (S. 505-16) veröffentlicht wurden. Vgl. Arndt, a.a.O., A. 76, Anm. 39. Auf der Stufe des Aufsatzes *Über das Studium der griechischen Poesie* (1795-1797) aber auch der *Hefte zur Philologie* (1797) spielt für Friedrich Schlegel der von ihm 1796 im Keim erfasste dialektische Gedanke noch keine entscheidende Rolle in der Standortbestimmung der frühromantischen Poetik. Hingegen erweist sich die strenge geschichtsphilosophische Antithese zwischen Antike und Moderne als zentral. Hinzu kommt, dass Schlegels Gedanke des „Wechselerweises" bzw. „Wechselgrundsatzes" prinzipiell anders dimensioniert ist als Novalis' „Wechselbestimmung". Während Novalis in der Nachfolge Jacobis von der *Gewissheit* des Absoluten im Gefühl ausgeht und die Dialektik als *Binnen*differenzierung des zwar unerkennbaren, jedoch geahnten Absoluten konzipiert, fehlt bei Schlegel diese vorreflexive Gewissheit völlig. Er fasst demzufolge das Absolute ausgeprägter als Novalis als ein transzendentales „Ideal" auf. Vgl. dazu unmissverständlich Manfred Frank: „Wie Novalis hält er [Friedrich Schlegel] am negativen Begriff vollendeter Erkenntnis fest – allerdings mit der Auflage, diesen für ein transzendentales Ideal und nicht für eine tatsächlich erbrachte cartesianische Gewissheit zu halten", Unendliche Annäherung, a.a.O., 928-9. Novalis konzipiert das

Die Untersuchung wird von einem *dritten* Teil abgeschlossen – *Poesie und Säkularisierung: Novalis und Friedrich Schlegels Romantisierung des Christentums im Vergleich* –, der sich mit Novalis' Religionsphilosophie beschäftigt und in dem Hardenbergs widerspruchsvolle Haltung gegenüber der Verzeitlichung, hier in ihrer Ausprägung als Säkularisierung, zum Ausdruck kommt. Die bereits angesprochene Ambivalenz von Novalis' Zeiterfahrung spiegelt sich gerade in seinen Bemühungen um eine Erneuerung der religiösen Erfahrung auf poetischer Basis wider. Man kann sagen, dass Novalis die sich aus der Dialektik ergebende Verzeitlichung einerseits radikal weiterführt und andererseits vor deren bedrohlichen Folgen wie dem Verlust religiöser Sicherheiten zurückschreckt und Strategien entwickelt, um die von ihm selbst betriebene Verzeitlichung zu neutralisieren. Andererseits überlebt die in Poesie hinübergerettete Religion nur als Fiktion: Poesie wird zur Darstellung der religiösen Wahrheit, aber auf der Grundlage des Scheins. Mit seiner poetischen Religionsphilosophie nimmt Novalis somit eine Zwischenposition ein zwischen Friedrich Schlegels ethisch dimensioniertem Projekt einer neuen Bibel und Schleiermachers Versuch, die Kunst in die Religion nur so weit wie unbedingt notwendig zu integrieren, um mit Hilfe der ästhetischen Autonomie die verlorene Autonomie der Religion gegenüber der Moral erneut zu sichern.

Absolute ebenso als transzendentales Ideal, er hat aber gegenüber Schlegel zudem die Gewissheit des Absoluten im Gefühl, und dies schränkt bei ihm die Bedeutung der Dialektik ein. Die fehlende Gewissheit des Gefühls führt auch dazu, dass Schlegel die Dialektik nicht *innerhalb* des Absoluten denkt, sondern durch sie die Vorstellung des *einen* Absoluten sprengt. Die Dialektik wird von Schlegel nicht als Binnendifferenzierung innerhalb des Absoluten, sondern als Wechselweis zweier Grundsätze konzipiert. Dies erklärt zum Anderen auch, warum die Dialektik bei Novalis harmonische Züge trägt, denn sie wird innerhalb der Identischen ausgetragen, während sie bei Schlegel einen stark antithetischen Charakter erhält, der für seine Theorie der Ironie zentral ist. Im Unterschied zu Schlegel steht die Dialektik bei Novalis im Zeichen der *Liebe* von Ich und Natur als Ausdruck der Analogie, die beide miteinander verbindet. Bereits in den *Fichte-Studien* zeigt sich Novalis' Bemühen darum, die Fichtesche Konzentration auf das Ich durch den Erweis einer ursprünglichen Analogie von Ich und Natur zu überwinden. Schlegel hingegen verwendet die Vorstellung der dialektischen Wechselbestimmung von Ich und Natur, um den Idealismus zu potenzieren, der Tätigkeit des Ich ein reales Substrat zu verleihen, und erklärt mit dem Handeln des Ich auch die Geschichtlichkeit zur zentralen Dimension seiner Philosophie.

I.

GESCHICHTLICHKEIT

1. Die *Fichte-Studien*

1.1. Abkehr von der Grundsatzphilosophie

Bevor die Problematik der Geschichtlichkeit in Novalis' Werk untersucht werden soll, ist es angebracht, in einem ersten, einleitenden Schritt die Ergebnisse der Untersuchungen Manfred Franks über die Fichte-Rezeption Hardenbergs zusammenzufassen. Gemeint ist damit vor allem Novalis' Abkehr von der Grundsatzphilosophie, wie sie in den *Fichte-Studien* formuliert wird, sowie der Stellenwert, den für ihn das Gefühl hat. In einem zweiten Schritt sollen Bedeutung und Grenze der Dialektik und damit verbunden der Geschichtlichkeit in den *Fichte-Studien* fokussiert werden.

Wie Manfred Frank in einer Fülle von Studien dargelegt hat, ist die Philosophie der Frühromantik im Allgemeinen durch die Kritik an der Grundsatzphilosophie gekennzeichnet, d.h. dem Bestreben, die Totalität aus einem obersten, unbedingt gültigen Satz abzuleiten.[12] Dieser Tradition, in die sich auch Descartes und Leibniz einschreiben, fühlt sich auch Fichte verbunden, der in seiner *Grundlage der gesammten Wissenschaftslehre* von 1794/1795 – einem Werk, das für die Frühromantiker eine kapitale Bedeutung besaß – durch die Aufstellung eines obersten Grundsatzes versuchte, die Lücke zwischen praktischer und theoretischer Philosophie zu schließen.[13] Diesen Grundsatz setzt Fichte mit dem Selbstbewusstsein des Ich gleich, dessen logischer Ausdruck der Satz der Identität (A=A) ist. Fichte betrachtet das Selbstbewusstsein als ein intuitives Prinzip, das sich gerade kraft dieser intuitiven, unmittelbar einleuchtenden Gewissheit als geeignet dazu erweist, zum obersten Grundsatz der Philosophie erklärt zu werden. Charakteristisch für die Frühromantiker, allesamt Schüler Fichtes, ist hingegen die Skepsis, mit der sie dem grundsatzphilosophischen Ansatz ihres Lehrers gegenüberstehen. Obschon sie alle dem Fichteschen Idealismus zutiefst verpflichtet sind und der Ich-Philosophie Fichtes gerade in deren Betonung des subjektiven, tätig-

---

[12] Zum Folgenden vgl. die zahlreichen Studien, die Manfred Frank zu dieser Frage vorgelegt hat, u.a.: Philosophische Grundlagen der Frühromantik, in: Athenäum. Jahrbuch für Romantik, 4 (1994), 37-130. Vgl. zuletzt: ‚Unendliche Annäherung‘: die Anfänge der philosophischen Frühromantik, Frankfurt am Main 1997. Über das Weiterwirken von Novalis' Kritik im Werk Fichtes vgl. die Untersuchung Bernward Loheides: Fichte und Novalis: transzendentalphilosophisches Denken im romantisierenden Diskurs, Amsterdam 2000.

[13] Fichtes grundsatzphilosophische Position kommt jedoch bereits in der Programmschrift *Ueber den Begriff der Wissenschaftslehre oder sogenannten Philosophie* von 1794 zum Tragen: „Mithin müsste wenigstens Ein Satz gewiss seyn, der etwa den übrigen seine Gewissheit mittheilte; so dass, wenn, und in wiefern dieser Eine gewiss seyn soll, auch ein Zweiter, und wenn, und inwiefern dieser Zweite gewiss seyn soll, auch ein Dritter u.s.f. gewiss seyn muss. Und so würden mehrere, und an sich vielleicht sehr verschiedene Sätze, eben dadurch, dass sie *alle* – Gewissheit, und die *gleiche* Gewissheit hätten, nur Eine Gewissheit gemein haben, und dadurch nur Eine Wissenschaft werden.", FG I.2 114.

produktiven Moments folgen, weigern sie sich, das Ich als Grundsatz zu betrachten.

Die ersten Schüler Fichtes, die den grundsatzphilosophischen Ansatz der *Wissenschaftslehre* kritisieren, sind bekanntlich Novalis und Hölderlin. Im Rahmen ihrer Fichte-Kritik wird für sie insbesondere Friedrich Heinrich Jacobis kritische Darstellung der Philosophie Spinozas bedeutsam. In der VII. Beilage der erweiterten Auflage seines Spinoza-Buchs *Ueber die Lehre des Spinoza in Briefen an Herrn Moses Mendelssohn* (1789) hatte Jacobi Spinozas Ontologie mit dem Argument angegriffen, dass das Sein vom Gedanken nicht erfasst werden könne. Wenn man wie Spinoza das Sein als Gott auffasst, so ist der Gedanke nicht imstande, Gott zu erfassen. Das heißt nichts anderes, als dass Gott nicht zum Gegenstand eines Gedankens, sondern nur zum Gegenstand einer Erfahrung werden kann. Dadurch wird die anti-ontologische Position Kants wieder aufgegriffen, der in der *Kritik der reinen Vernunft*, jedoch bereits in der vorkritischen Schrift *Der einzig mögliche Beweisgrund zu einer Demonstration des Daseins Gottes* (1763) bestritten hatte, dass Existenz ein Prädikat sei. Im Unterschied zu Existenzaussagen, die eine nur relative Setzung ausdrücken, ist das Sein selbst eine absolute Setzung, die die Sphäre des Urteils exzediert. Existenz – so Kant – sei nicht-prädikativ, sie lasse sich nur durch Erfahrung bezeugen. Ebenso entzieht sich für Jacobi das Sein als Substanz, das keine Erscheinung, sondern die Voraussetzung der Erscheinungswelt darstellt, der begrifflichen Erfassung. Es lässt sich nicht begrifflich erfassen, sondern nur im „Gefühl" erahnen. Im Folgenden soll – indem der Gang der Untersuchungen Manfred Franks rekonstruiert wird – über Kant der Stellenwert des Gefühls bei Jacobi erläutert werden, da dieser Vorbild für Novalis' eigene Gefühlsauffassung war.

1.2. Kant und der nicht-prädikative Charakter des Daseins

Die frühromantische Wiederaufwertung des Fühlens, der Empfindung ist zweifelsohne von Kants Zerrüttung der Ontologie angeregt worden und in der philosophischen Bedeutung, die bei Kant nun der sinnlichen Anschauung zugeschrieben wird, gewissermaßen präformiert. Bereits der vorkritische Kant hatte die Existenz dem Begriff entzogen und der sinnlichen Empfindung, dem Wahrnehmen überantwortet. In der kurzen Schrift *Der einzig mögliche Beweisgrund zu einer Demonstration des Daseins Gottes* (1763) wird eine deutliche Grenzlinie zwischen Denken und Sein gezogen und an der außerbegrifflichen, nicht prädikativen Dimension des „Daseins" (oder der „Existenz") festgehalten. Die in der vorkritischen Schrift entwickelte Differenzierung zwischen absoluter und relativer Setzung ist in dieser Hinsicht fundamental.[14] Der Terminus „relativ" verweist auf Relation bzw. Prädikation: etwas ist Gegenstand einer relativen Setzung, indem es in bezug auf etwas anderes gesetzt wird, d.i. das Sein der Kopula (z.B. in der Aussage „x *ist* y") erhält in diesem Fall einen innerbegrifflichen, prädikativen Wert. Setze ich dagegen etwas als „absolut", dann ist das Sein der Aussage („x *ist*") nicht mehr „relational", sondern indiziert etwas, was den begrifflichen Rahmen der Aussage übersteigt bzw. überfordert und letzten Endes sprengt. Verfolgt die relative Setzung eine nähere begriffliche Bestimmung des Subjekts der Aussage durch dessen Verbindung mit einer Reihe von Prädikaten („x ist als Intelligenz" usw.), so orientiert sich die absolute Setzung an einer anderen, außerbegrifflichen Richtung, indem sie nicht die *qualitas* des Seins spezifiziert, sondern das Dasein überhaupt als existierend setzt. „Realität" als Qualitätskategorie – wie es dann in der Terminologie der *Kritik der reinen Vernunft* heißt[15]– fällt also mit „Wirklichkeit" („Dasein"/ „Existenz") als Modalitätskategorie[16] nicht zusammen: letztere indiziert kein bloß prädikatives Sein, sondern drückt das Verhältnis zum Erkenntnisvermögen aus (die Kategorien der Modalität „[...] haben das Besondere an sich: daß sie den Begriff, dem sie als Prädikate beigefügt werden, als Bestimmung des Objekts nicht im mindesten vermehren, sondern nur das Verhältnis zum Erkenntnisvermögen ausdrücken [...]"[17]). Die absolute Setzung ist also selbst relativ, d.i. relational: sie verweist auf etwas, das sie nicht selbst ist und das allein von Existenz zeugen kann. Dies ist die Wahrnehmung: „[Sie] stellt also, (damit wir diesmal nur bei äußeren Anschauungen bleiben) etwas Wirkliches im Raume vor [...]. Alle äußere Wahrnehmung also beweist unmittelbar etwas Wirkliches im Raume, oder ist vielmehr das Wirkliche selbst, und insofern ist also der empirische Realismus außer Zweifel, d.i.

---

[14] Vgl. Manfred Frank, Unendliche Annäherung. Die Anfänge der philosophischen Frühromantik, Frankfurt am Main 1997, 83 ff.
[15] KrV A143=B182 oder A597ff.=B625ff.
[16] KrV A219=B266.
[17] Ebd.

es korrespondiert unseren Anschauungen etwas Wirkliches im Raume."[18]

Die Position der vorkritischen Schrift wird folglich auch in der *Kritik der reinen Vernunft* wieder aufgenommen: die Kategorien der Modalität (die auch den Begriff der Existenz einschließen) vermehren keineswegs ihren Begriff als Bestimmung des Objekts, sondern drücken vielmehr „nur das Verhältnis zum Erkenntnisvermögen" aus.[19] Zwar verweisen die Grundsätze der Modalität auf Wirklichkeit, aber als bloß formale, nicht als materiale Bedingungen der Erfahrung („Das Postulat der Möglichkeit der Dinge fordert also, daß der Begriff derselben mit den formalen Bedingungen einer Erfahrung überhaupt zusammenstimme."[20]). „Denn, daß der Begriff vor der Wahrnehmung vorhergeht, bedeutet dessen bloße Möglichkeit; die Wahrnehmung [oder bewusste Empfindung, A.d.V.][21] aber, die den Stoff zum Begriff hergibt, ist der einzige Charakter der Wirklichkeit."[22]

Die Wiederaufwertung des sinnlich Empfundenen, das allein vom nichtprädikativen Charakter des Daseins („Das Dasein ist gar kein Prädikat oder Determination von irgendeinem Dinge.")[23] Zeugnis tragen kann, mündet aber nicht in einen Idealismus *à la* Berkeley (gemäß der Identitätssetzung *esse est percipi*, wonach Realität mit der vom Subjekt ausgelösten Wahrnehmung zusammenfällt), d.h. in eine Verabsolutierung der wahrnehmenden Subjektivi-

---

[18] KrV A374 ff. (Paralogismenkapitel). „Das Postulat, die *Wirklichkeit* der Dinge zu erkennen, fordert Wahrnehmung, mithin Empfindung, deren man sich bewußt ist, zwar nicht eben unmittelbar, von dem Gegenstande selbst, dessen Dasein erkannt werden soll, aber doch Zusammenhang desselben mit irgendeiner wirklichen Wahrnehmung [...]", KrV A 225=B272. Ferner: „In dem *bloßen Begriffe* eines Dinges kann gar kein Charakter seines Daseins angetroffen werden. Denn ob derselbe gleich noch so vollständig sei, daß nicht das mindeste ermangle, um ein Ding mit allen seinen inneren Bestimmungen zu denken, so hat das Dasein mit allem diesen doch gar nichts zu tun, sondern nur mit der Frage: ob ein solches Ding uns gegeben sei, so, daß die Wahrnehmung desselben vor dem Begriffe allenfalls vorhergehen könne", KrV A225=B273.
[19] KrV A219=B266
[20] KrV A 220.
[21] KrV A225=B272, passim.
[22] KrV A225=B272/3, sowie A374 f. und Refl. 5710 [AA XVIII, 332].
[23] *Der einzig mögliche Beweisgrund zu einer Demonstration des Daseins Gottes* (1763), erste Abt., I. Ferner: „Nehmet ein Subjekt, welches ihr wollt, z. E. den Julius Cäsar. Fasset alle seine erdenklichen Prädikate, selbst die der Zeit und des Orts nicht ausgenommen, in ihm zusammen, so werdet ihr bald begreifen, daß er mit allen diesen Bestimmungen existieren oder auch nicht existieren kann. Das Wesen, welches dieser Welt und diesem Helden in derselben das Dasein gab, konnte alle diese Prädikate, nicht ein einiges ausgenommen, erkennen und ihn doch als ein bloß möglich Ding ansehen, das, seinen Ratschluß ausgenommen, nicht existiert." Die Differenzierung zwischen „Dasein" (in Kants Terminologie auch „Position") und „Logik" erlaubt auch die Lösung des Problems, nachdem Gott, als *ens realissimum*, die Totalität der Prädikate und demzufolge auch die Negativität, d.h. das Böse in sich bergen würde. Verneinungen, die auf logischer Ebene einen Entzug, einen Mangel indizieren, haben aber keinen Realgrund (indem sie nichts Positives darstellen) und erweisen sich nur als im Reich der Logik, nicht im Sein beheimatet. Im Sein sind keine Verneinungen, sondern nur „Positionen möglich, die nicht die größten sind." (Ende dritter Betrachtung). Als Inbegriff des Seins ist also Gott von ihnen nicht infiziert.

tät. Die Betonung der sinnlichen Gebundenheit des Daseins verweist eher auf das Angewiesen-Sein des Subjekts auf ein Außen, ein mit dem Bewusstsein Nicht-Identischem, das als Substrat und Fundament aller Erscheinungen betrachtet werden kann und letztere erst ermöglicht. Der Akzent liegt demzufolge bei Kant nicht auf der Sinnlichkeit als Modus der Spontaneität, der Produktivität des Bewusstseins (die bei Berkeley quasi einer Weltschöpfung gleichkommt), sondern auf dem passiven, „leidenden" Charakter der Sinnlichkeit, auf ihrer Dependenz von einem ihr Äußerlichen, in welchem sie gleichermaßen verankert ist. Es handelt sich mit anderen Worten um das „Ding an sich selbst betrachtet" als realistischen Anker des Kantischen Idealismus.

Auch wenn Sinnlichkeit bei Kant nie unter dem Zeichen der Spontaneität, sondern des „Leidens", der Rezeptivität eines „Außen" aufgefasst wird – wovon u.a. nicht zuletzt auch die Unterscheidung zwischen der transzendentalen Einheit der Apperzeption (dem „Ich denke" als *actus purus* des Selbstbewusstseins, dem Bestimmenden) und dem „inneren Sinn" (als dem Bestimmbaren, dem empirischen „Ich" als Objekt, der Anschauungsform der Zeit unterworfen) zeugt –, führt die Thematisierung des Dinges an sich das Kantische System nicht zu einer gänzlichen Absage an den Idealismus und einer realistischen Wende *stricto sensu*. Kants Sorge besteht eher darin, nicht in einen absoluten Idealismus (der Berkeley selber abschreckte[24]) zu münden und den transzendentalen Standpunkt als Prolegomenon zu einer realistischen Erkenntnistheorie zu wahren. Seine Idealismuswiderlegung[25] richtet sich lediglich an die Adresse des „empirischen" (oder Berkeleyschen) Idealismus und argumentiert subjektimmanent auf der Grundlage der Dyade „innerer-äußerer Sinn". Kant zufolge behält der „äußere Sinn" (die Anschauungsform des Raums) vor dem „inneren" oder zeitlichen den Vorrang. Der Umstand aber, dass das Ding an sich aus der Episteme verwiesen wird[26], verbietet gleichzeitig dem transzendentalen Subjekt einen eigentlichen Ausbruch aus dem stets Subjektiven. Der Vorrang des Raumsinns vor dem Zeitsinn verweist das Subjekt nicht auf ein ihm grundsätzlich Äußeres. Die Crux betrifft die Auffassung vom Anschauungsvermögen: ist dieses nun vorrangig als subjektimmanent oder als Brücke zu einem Nicht-Subjektiven aufzufassen? Kant votiert für die erste Möglichkeit: der äußere Sinn erweist sich primär als an das Subjekt gebunden (Raumvorstellungen sind eben nur Vorstellungen). Objektivität, die das epistemologische Feld umschreibt, ist Kant zufolge ohne den Filter des Subjekts nicht zu denken, d.h. sie steht und fällt mit ihm, wie es in den Worten Manfred Franks heißt: „[Kants] Widerlegung des (empirischen) Idealismus spielt selbst

---

[24] Berkeley betont ja, dass „das, worin die Vorstellungen existieren", sich außerhalb ihrer befindet (vgl. § 2 der *Principles of Human Knowledge*, zit. nach Frank, Unendliche Annäherung, a.a.O., 89).

[25] Der B-Auflage der KrV hinzugefügt: B XXXIX-XLI Anm., B 274-279.

[26] KrV B277; B275.

innerhalb eines transzendentalen."[27]

Der Akt der Wahrnehmung, von Kant als bewusste Empfindung bezeichnet, gehört wie das Gefühl zur Klasse der Anschauungen. Dieser Vorrang des Fühlens vor dem Denken wird in der vorkritischen und kritischen Zeit von ganz unterschiedlichen Philosophen geteilt.[28] Für Hardenberg von Bedeutung ist dabei insbesondere Jacobis Schrift *Über die Lehre des Spinoza in Briefen an Herrn Moses Mendelssohn* (Breslau 1789).

---

[27] Unendliche Annäherung, a.a.O., 86, Anm. Manfred Frank (vgl.: Unendliche Annäherung, a.a.O., 85, Anm.) macht den geringen Anspruch von Kants Idealismuswiderlegung deutlich, indem er zeigt, dass letzten Endes die Vorstellung eines „Dings an sich selbst betrachtet" im Kantischen System, das *transzendental* idealistisch bleibt, wiederum nur als Vorstellung möglich und „Empirie" den Rahmen der Subjektgebundenheit bzw. Subjekt*integrierbarkeit* nicht sprengt. Will Kant nicht in die Arme eines absoluten Idealismus gelangen, so muss er die Existenz einer extra-epistemischen – weil sich den transzendentalen Anschauungsformen entziehenden – Größe annehmen, die gleichsam das externe Fundament seines Systems bildet.

[28] So beispielsweise außer Kant auch Crusius, Hamann und Jacobi (vgl. dessen Lektüre des *Emile*).

1.3. Das Gefühl als innere Wahrnehmung der Substanz bei Jacobi

Für Hölderlin wie für Hardenberg stellt die zweite, erweiterte Fassung von Jacobis Spinoza-Schrift[29] die Lösung der Aporien dar, in welche die Fichtesche Grundsatzphilosophie bei der Begründung von der Subjektivität durch Spinozas *omnis determinatio est negatio* gedrängt wurde: beansprucht das Ich Absolutheit, ist es somit auch für die Unbestimmtheit, d.h. die Nichtigkeit prädestiniert; will man es umgekehrt zum Bestimmten machen, so ist der Preis, den man dafür entrichten muss, seine Kontamination mit der Endlichkeit. In der Nachfolge Kants nimmt Jacobi ein nicht prädikatives Seinsfundament an, das nur durch das „Gefühl" oder den „Glauben" erfassbar ist und mit der *substantia* Spinozas identifiziert wird.[30] Jacobi besetzt mit anderen Worten den Kantischen Terminus „Sein" mit der *substantia* Spinozas. Andererseits löst er aber auch das Problem der Kantischen Begründung der Subjektivität durch die Fundierung des „Ich denke" auf solchem Grund, der jedoch das Bewusstsein übersteigt.[31] Bedeutsam ist also Jacobis Schrift in zweierlei Hinsicht: zum Einen, weil sie auf eine präreflexive Fundierung von Subjektivität hinweist und somit die frühromantische Antwort auf die Aporien vorbereitet, in die sich die Grundsatzphilosophie verstrickt hatte; zum Anderen, weil sie dabei die Perspektive der philosophischen Reflexion vom Selbstbewusstsein zu einem das Ich übergreifenden Fundament hinüberleitet. Jacobis Schrift liegt

---

[29] Die Schriften Jacobis haben die Spinoza-Renaissance des ausgehenden 18. Jahrhunderts eingeleitet. Entscheidenden Einfluss hatten sie auf Hölderlins Auffassung des Spinozismus, trotz der unmittelbaren Auseinandersetzung des Dichters mit Spinoza im Jahre 1790 (StA VI 64) und erneut vier Jahre später (StA VI 156). Vgl. die Untersuchungen Dieter Henrichs im Rahmen des Jena-Projekts: Der Grund im Bewußtsein. Untersuchungen zu Hölderlins Denken (1794-1795), Stuttgart 1992, und die Verortung der *Fichte-Studien* Novalis' im Kontext der grundsatzkritischen Debatte durch Manfred Frank (Unendliche Annäherung, a.a.O.). Erwähnenswert sind außerdem auch die Arbeiten Hermann Timms zur Spinoza-Rezeption, vgl. insbesondere: Gott und die Freiheit. Studien zur Religionsphilosophie der Goethezeit, Bd. 1: Die Spinozarenaissance, Frankfurt am Main 1974, sowie: Amor Dei intellectualis, in: Archivio di filosofia, Padova 1978.

[30] „Das *Seyn* ist keine *Eigenschaft*, ist nichts von irgend einer Kraft Abgeleitetes; es ist das, was allen Eigenschaften, Beschaffenheiten und Kräften zum Grunde liegt; das, was man durch das Wort *Substanz* bezeichnet". In: Heinrich Scholz, Die Hauptschriften zum Pantheismusstreit zwischen Jacobi und Mendelssohn, Berlin 1916 (im Folgenden als „Scholz" abgekürzt), 124 („Abschrift eines Briefes an den Herrn Hemsterhuis im Haag"). Dazu auch: Dieter Henrich: Der Grund im Bewußtsein, a.a.O., 48 ff. Die Gleichsetzung des „Seins", von dem Kant behauptet hatte, es sei „einfach", d.i. eindeutig auf „Existenz" bezogen, mit der monistischen substantia Spinozas erfolgt Henrich zufolge vorrangig aufgrund des gemeinsam zugesprochenen Charakters der Einmaligkeit. Zur Frage des Monismus Spinozas vgl. *Ethica*, prop. 5 und 14.

[31] Für die Fichtesche Begründung von Subjektivität als Selbstbewusstsein vgl. die *Grundlage der gesamten Wissenschaftslehre* (im Folgenden als *Grundlage* abgekürzt): „*Was* war ich wohl, ehe ich zum Selbstbewußtsein kam? Die natürliche Antwort darauf ist: *ich* war gar nicht; denn ich war nicht Ich. Das Ich ist nur insofern; inwiefern es sich seiner bewußt ist". In: FG I. 2, 1, 97.

eine „materialistisch-transzendentale" Grundintuition zugrunde: das Bewusst-
sein ist ursprünglich von einem das Ich transzendierenden Sein bestimmt. Im
Sinne eines solchen transzendentalen oder innerlichen Realismus schreibt
Novalis: „Die wahre Phil[osophie] ist durchaus realistischer Idealism – oder
Spinotzism."[32] Wie bei Jacobi ist auch bei Novalis das Erste nicht das Denken,
das selbstreflexive Sein Fichtes, sondern ein Sein, das jeder Reflexion voraus-
geht.[33] An anderer Stelle heißt es noch eindeutiger: „Der Grund des Denkens –
SUM."[34]

Die Bedeutung Jacobis für Novalis besteht ferner in seinem bereits erwähnten Zurückgreifen auf Kants nicht-prädikative Auffassung des „Seins" (als
Existenz) und dessen Gebundenheit an die sinnliche Wahrnehmung, an das
„Gefühl". Diesen Terminus übernimmt Novalis wörtlich von Jacobi. Die philosophische Tradition, die von der Kantischen „Wahrnehmung" (und dem
Rousseauschen „sentiment de l'être") über Jacobis „Glauben" (oder „Gefühl")
zu Novalis' „Gefühl"[35] führt, hält also durchweg phänomenologische, d.h.
nicht prädikative Modalitäten fest, des Seins habhaft zu werden.

„/Die Filosofie ist ursprünglich ein Gefühl.", liest man in den Unbestimm-
ten Sätzen aus den *Fichte-Studien* Novalis', „Die Anschauungen dieses Gefühls begreifen die filosofischen Wissenschaften./"[36] Der Vorrang des Fühlens,
das eher als intime Versenkung die Sehnsucht nach einer Überwindung der
Schranken der Ichheit bezeugt, weist auf ein Sein hin, das Totalität als deren
Fundament unterhält: „Doch weil die Natur ursprünglich vorangeht, so wird,
für uns, i. e. in der Wissenschaft, allemal die Natur und der Stoff vorangehn,
die Synthese der Analyse – die Natur der Person."[37] Novalis' Affinität zu
Schelling kündigt sich hier an.

Jacobi setzt das nicht-prädikative Sein, das Kant zufolge nur durch das
Sinnlichkeitsvermögen erfassbar ist, mit dem Ding an sich gleich.[38] In der Tat

---

[32] Schriften III 671 Nr. 611.

[33] Dazu Jacobi: „Das Denken ist nicht die Quelle der Substanz, sondern die Substanz ist die
Quelle des Denkens. Also muß vor dem Denken etwas Nichtdenkendes als das Erste angenommen werden." In dieser materialistischen Konstellation schreibt Jacobi auch die Philosophie Leibnizens ein: „Ehrlich genug hat deswegen Leibniz die Seelen automates spirituales
genannt." In: Über die Lehre des Spinoza in Briefen an Herrn Moses Mendelssohn, München
1912, 74 f.

[34] Schriften II 268 Nr. 559.

[35] Als Wichtige Vermittler der Jacobischen Position bzw. des Begriffs des „Existenzgefühls"
darf man im Fall Hardenbergs den Schulphilosophen Ernst Platner (und dessen von Fichte be-
strittene Lehre des Selbstbewusstseins als „das Gefühl: Ich bin", vgl.: Philosophische Apho-
rismen, wiederabgedruckt in: FG II. 4, Suppl., §146 = 47) und Novalis' Hauslehrer und später
philosophischen Mentor Carl Christian Erhard Schmid (vgl. insbesondere seine Empirische
Psychologie) annehmen.

[36] Schriften II 113 Nr. 15.

[37] Schriften II 159 Nr. 159.

[38] Gleichwohl fasst Kant, wie Frank betont, „Wirklichkeit" auch als eine Kategorie auf, die als
solche nur auf Erscheinungen, nicht auf außerhalb des epistemischen Feldes befindliche
Noumena angewendet werden darf. Vgl. Frank, Unendliche Annäherung, a.a.O., 87 und sein

wird Sinnlichkeit bei Kant immer unter dem Zeichen der Passivität diskutiert, als Wirkung des „Dings an sich selbst betrachtet" auf die Sinne. Letzteres erweist sich so als Ursprung der Empfindungen. Es entsteht eine Identität zwischen dem Ding an sich, dem Ursprung unserer Empfindungen, und dem Sein, wovon das „Fühlen" zeugt.

Der zweite Aspekt von Jacobis Kant-Lektüre bezieht sich auf den – vom kritischen Standpunkt geteilten und für die Frühromantik entscheidenden – Vorrang des Seins vor dem Begriff, der Wirklichkeit vor der Möglichkeit, und auf die Erklärung des Seins zum metaphysischen Urgrund alles Philosophierens – oder, wie Jacobi es ausdrückt, zum „Unbedingten". Wie sich herausstellen wird, kommt in dieser Konstellation insbesondere der Stellenwert des Gefühls als Garant des Seins zum Tragen. Jacobi betrachtet sich als einen Realisten. Kants Widerlegung des Idealismus ist seiner Ansicht nach defizitär. Um die Realität der Außenwelt zu retten, ruft Jacobi in seinem Dialog *David Hume über den Glauben oder Idealismus und Realismus* (1787) den englischen Empirismus zu Hilfe und David Humes Begriff des „belief".[39] In der Humeschen Terminologie bedeutet der Glaube („belief") nicht nur jede durch Gewohnheit und Erfahrung eingeübte Vorstellungsart („manner of conception"), sondern auch „ein durch die Natur erregtes *Gefühl* oder eine *Empfindung* („sentiment or feeling") von einem Gegenstand, den wir nicht direkt erfahren, den wir aber assoziieren, wenn wir an ihn erinnert werden."[40] Jacobi identifiziert Glauben und Gefühl miteinander. Er bindet zunächst das Sein nicht wie Kant an die Wahrnehmung, sondern an das Gefühl bzw. die Empfindung. Weiterhin bestimmt er den Glauben wie Hume als die Folge einer sinnlichen Regung (Empfindung oder Gefühl), die das Sein existentiell abzusichern hat. Folglich distanziert sich Jacobi von Kant insofern, als er nicht mehr von Wahrnehmung spricht, einem Terminus, der bei Kant die Objektivität der Empfindung verbürgt, sondern von Gefühl, einer subjektiven sinnlichen Affektion oder inneren Empfindung. Die Subjektimmanenz des Fühlens wird jedoch zugleich vom Moment des Glaubens überwunden, der dem lediglich Subjektiven des Gefühls einen ontologischen Status verleiht. Jacobis Anlehnung an Hume hat zweifellos ihre Voraussetzung in dessen eigenem Ausgangspunkt: in der Vorstellung, dass Leben nicht begriffen, nicht verstandes-

---

Verweis auf: KrV, B 402. Dem „Ich denke" können keine empirischen Prädikate zukommen, d.h. es handelt sich um eine transzendentale Größe. Um objektive Realität zu beanspruchen, müsste es sich zum Gegenstand einer „beharrlichen" Anschauung machen (B 413). Indessen sagt Kant auch, dass der Satz „Ich denke" den Satz „Ich existiere" in sich birgt und demzufolge – da nur Anschauung Existenz attestieren kann – „eine unbestimmte empirische Anschauung, d.i. Wahrnehmung" (B 423) ausdrückt.

[39] David Hume über den Glauben, oder Idealismus und Realismus. Ein Gespräch (1787), hrsg. von Friedrich Roth und Friedrich Köppen, Leipzig 1815 (Nachdruck: Darmstadt 1968), II 219-310.

[40] Eine Untersuchung über den menschlichen Verstand, dt. hrsg. von Raoul Richter, Hamburg 1973, 59 ff.

mäßig erklärt werden kann, sondern an einer anderen Sphäre als der des Begriffs partizipiert. Die begriffliche Unbestimmtheit des Lebendigen entrückt es der Sphäre des Verstandes und führt es in die Nähe des Glaubens und des Gefühls. „Leben" kann Jacobi zufolge nie verstanden, sondern nur geglaubt und – dies ist nun das Entscheidende – *gefühlt* werden. Das *tertium comparationis* von Glauben und Gefühl ist ihre begriffliche Unfassbarkeit.

Das Gefühl wird von Jacobi als Bewusstsein des Seins definiert, wobei Jacobi damit zunächst die transzendentale Einheit der Apperzeption meint. In der *Zweiten Darstellung des Spinozismus* liest man: „Das absolute Denken ist das reine unmittelbare absolute Bewußtseyn in dem allgemeinen Seyn, dem Seyn kat'exochen, oder der Substanz."[41] Anschließend relativiert er seine Aussage und bestreitet durch einen Verweis auf den *Emile*, dass es sich im Falle des Gefühls um ein „Denken" oder ein „Bewusstsein" handele. Gefühl wird vielmehr mit dem französischen Ausdruck „sentiment" assoziiert[42]: „Der Ausdruck, le sentiment de l'être, den mir in dem Briefe an Hemsterhuis die französische Sprache an die Hand gab, war reiner und besser; denn das Wort Bewußtseyn scheint etwas von Vorstellung und Reflexion zu involvieren, welches hier gar nicht statt findet." Das Bewusstsein von etwas weist für Jacobi auf dessen unmittelbaren Begriff und somit auf dessen Gefühltsein hin: „Das Bewußtseyn einer Sache nennen wir ihren Begriff, und dieser Begriff kann nur ein unmittelbarer Begriff seyn. [...] Ein unmittelbarer Begriff, in, und für sich allein betrachtet, ist ohne Vorstellung – ist ein *Gefühl*."[43]

Es kommt dann zu einer entscheidenden Differenzierung zwischen Gefühl und Empfindung. Während die Empfindung (d.h. Sinneswahrnehmung) – so die Argumentation Jacobis – auf einen partikularen Erkenntnisgegenstand, z.B. den Körper, abzielt, repräsentiert das durch sie hervorgerufene Gefühl bzw. der Glaube eine Erkenntnisinstanz, die das Besondere in einer Ganzheit, in der Ordnung der Natur zu verorten vermag:

> Durch den Glauben wissen wir, daß wir einen Körper haben, und daß außer uns andere Körper und andere denkende Wesen vorhanden sind. Eine wahrhafte, wunderbare Offenbarung! Denn wir empfinden doch nur unseren Körper, so oder anders beschaffen; und indem wir ihn so oder anders beschaffen fühlen, werden wir nicht allein seine Veränderungen, sondern noch etwas davon ganz ver-

---

[41] Scholz 156.
[42] Wie bereits angedeutet verweist Jacobi in der zweiten Auflage seines Spinoza-Buches auf Rousseau, in dessen *Emile* die Möglichkeit bestritten wird, eine andere Versicherung unserer Existenz als durch die Sinnestätigkeit zu erringen: vgl. J.-J. Rousseau, Œuvres complètes, édition sous la direction de Bernard Gagnebin et Marcel Raymond, tome IV, Paris 1969, 565-635: „Ai-je un sentiment propre de mon /existence, ou ne la sens-je que par mes sensations?" (570 f.), worauf die Antwort, die Existenz mit „Fühlen" zusammenfallen lässt: „Exister pour nous, c'est sentir." (600). Zugleich liest Jacobi das Rousseausche „sentiment de l'être" anhand der Kantischen Apperzeption (Über die Lehre des Spinoza in Briefen an Herrn Moses Mendelssohn, 194, Anm. und der Bezug auf KrV A107).
[43] Scholz 157.

schiedenes, das weder bloß Empfindung noch Gedanke ist, *andere wirkliche Dinge* gewahr, und zwar mit eben der Gewißheit, mit der wir uns selbst gewahr werden; denn ohne Du, ist das Ich unmöglich. So haben wir denn eine Offenbarung der Natur, welche nicht allein befiehlt, sondern alle und jeden Menschen zwingt *zu glauben*, und durch den Glauben ewige Wahrheiten anzunehmen.[44]

Zusammenfassend lässt sich zu Jacobis Unterscheidung zwischen Sinnestätigkeit und Gefühl folgendes feststellen. Kommt der ersteren die Aufgabe zu, das Sein zu offenbaren[45], so wird dem Fühlen ein höherer Rang zugewiesen. Das, was die Sinne erkennen, soll das Gefühl begründen. Während also Jacobis „Anschauung" – gleichwie „sinnlich" (als Erkenntnisprinzip) oder „verstandesmäßig" (als metaphysisch-religiöses Prinzip, in Jacobis Worten eigentlich „Vernunftanschauung", was in Kants Vokabular der „intellektuellen Anschauung" entspräche) – das Sein nur offenbaren soll und somit zum *Erkenntnisprinzip* wird, fällt dem Gefühl die Aufgabe zu, es als Gewissheitsprinzip existentiell abzusichern. Was die Anschauung sinnlich oder intellektuell darbietet, wird vom Gefühl getragen.[46] Indem das Gefühl eine zwar subjektive Befindlichkeit des Wahrnehmenden ausdrückt, andererseits aber für die Gewissheit der Außenwelt im Modus des Glaubens bürgt, verliert es die subjektiven Züge, die es bei Kant besaß. Obwohl sich also das Gefühl auf einen inneren Zustand des Subjekts bezieht, legt diese innere Befindlichkeit Zeugnis für die objektive Realität der Substanz ab.

---

[44] Scholz 169.

[45] In dieser Hinsicht hält sich Jacobi eng an Kants Wortlaut: Sein kann nur von der Sinnestätigkeit attestiert werden (KrV, A219=B266; A225=B272/3; A374f.; „Wirklichkeit als Position der Dinge in Beziehung auf [...] Wahrnehmung [...]", A235=B287, Anm.).

[46] Vgl. Scholz, XXXIX, Anm., der auf die Widersprüchlichkeit von Jacobis Vernunftauffassung aufmerksam macht. Vernunft werde einerseits als rationalistische Anmaßung, als Erklärung des Unerklärbaren verworfen, andererseits als anschauende Erkenntnisform bejaht: „Jacobi selbst hat den Knoten gelöst, indem er den neuen Begriff der Vernunft, der aus ihrem Zusammenhang mit der Funktion des Vernehmens gewonnen ist und sie zum Apperzeptionsorgan für das Übersinnliche erhöht, als einen Erwerb seines Alters bezeichnet hat (WW, II 9 ff.).", Scholz, ebd.

1.4. Novalis' Jacobi-Rezeption

Gegen Fichtes Grundsatzphilosophie, welche die Totalität aus dem Identitätssatz ableiten will, mobilisiert Novalis Jacobis Argument, dass das Sein nicht im Selbstbewusstsein aufgeht. Er übernimmt von ihm auch den – auf Rousseaus *Émile* zurückgehenden – Stellenwert des „Gefühls" als intuitives, vorreflexives Erfassen des Seins. [47] Vor diesem Hintergrund erscheint Fichtes Bestreben, Sein und Denken im Satz der Identität gleichzusetzen, als vergeblich: das Sein exediert unweigerlich das Denken, denn es ist kein Prädikat, sondern offenbart sich nur in der inneren Erfahrung des Gefühls.

Wie bereits Hölderlin in seinem Fragment *Urtheil und Seyn* bestreitet auch Novalis, dass das Selbstbewusstsein den Rang des höchsten Grundsatzes für sich in Anspruch nehmen könne. Über dem Selbstbewusstsein liegt für Novalis eine höhere Form der Identität, die allerdings begrifflich unfassbar bleibt. Sie wird nur im Gefühl erschlossen. Dadurch wird der von Fichte verteidigte ontologische Gehalt des Selbstbewusstseins in Zweifel gezogen. [48] Wie für Hölderlin ist für Novalis das Selbstbewusstsein keine Identität des Subjektiven und des Objektiven[49], sondern stellt, näher betrachtet, eine Dualität dar. Diese Kritik des Identitätsbegriffs wird von Novalis in den *Fichte-Studien* entwickelt, die, wie zu Recht bemerkt wurde, das Kühnste und Anspruchsvollste dessen darstellen, was die deutsche nachkantische Philosophie vorzuweisen hat.[50] Im Satz der Identität lässt sich laut Novalis durchaus zwischen einem

---

[47] „Exister pour nous, c'est sentir; notre sensibilité est incontestablement antérieure à notre intelligence, et nous avons eu des sentiments avant des idées.", Émile ou De L'Éducation, herausgegeben von Pierre Richard, Paris 1957, 353. Zur weiteren Bestimmung des frühromantischen Terminus „Gefühl" vgl. Manfred Frank, Unendliche Annäherung, a.a.O., bes. 811 ff. Vgl. neuerdings vom selben Autor: Selbstgefühl. Eine historisch-systematische Erkundung, Frankfurt am Main 2002, insb. 34 ff.

[48] Vgl. die *Grundlage der gesamten Wissenschaftslehre* (1794): „[...] *was* war ich wohl, ehe ich zum Selbstbewußtseyn kam? Die natürliche Antwort darauf ist: ich war gar nicht; denn ich war nicht Ich. Das Ich ist nur insofern, inwiefern es sich seiner bewußt ist.", FG I.2 260.

[49] Zur ontologischen Bedeutung der Fichteschen Setzung vgl.: „Das Ich sezt schlechthin, ohne irgend einen Grund, und unter keiner möglichen Bedingung *absolute Totalität der Realität* [...]", FG I.2 296.

[50] Andreas Arndt, Opposizione e contraddizione. La forma fondamentale di dialettica romantica, in: La dialettica nella cultura romantica, herausgegeben von Sergio Sorrentino und Terrence N. Tice, Roma 1996, 63-89, hier 76. Die Kenntnis und das Nachdenken über Fichtes Philosophie kann nicht unmittelbar vor der Niederschrift der *Fichte-Studien* (nach den Herausgebern ist die erste Gruppe der Studien gegen Herbst bis Frühwinter 1795 zu datieren) datiert werden, denn diese zeugen bereits von einem hohen Reflexionsniveau. Vgl. dazu Manfred Frank, Unendliche Annäherung, a.a.O., 769 ff. Die *Fichte-Studien* legen überdies Novalis' Kenntnis aller bislang veröffentlichten Schriften Fichtes nahe: *Über den Begriff der Wissenschaftslehre oder der sogenannten Philosophie* (1794), *Grundlage der gesammten Wissenschaftslehre* (1. und 2. Teil 1794, 3. Teil 1795), *Einige Vorlesungen über die Bestimmung des Gelehrten* (1794), *Grundriß des Eigenthümlichen der Wissenschaftslehre, in Rücksicht auf das theoretische Vermögen* (1795), und *Von der Sprachfähigkeit und dem Ursprung der Sprache* (Phil. Journal Bd. I, 1795). Im Mai 1795 hatte Novalis Fichte zusammen mit Hölderlin bei Imma-

Subjekt und einem Prädikat unterscheiden. In ihrer logischen Formulierung widerspricht somit die Identität ihrem Gehalt: im Identitätssatz steht die Form dem Inhalt der Aussage entgegen. Die ersten einleitenden Bemerkungen der *Fichte-Studien* des Novalis gelten gerade einer solchen Kritik des Identitätssatzes:

> In dem Satze a ist a liegt nichts als ein Setzen. [...] Um a deutlicher zu machen wird A getheilt. *Ist* wird als allgemeiner Gehalt, *a* als bestimmte Form aufgestellt. Das Wesen der Identität läßt sich nur in einen *Scheinsatz* aufstellen. Wir verlassen das *Identische* um es darzustellen.[51]

Die logische Darstellung des Identischen ist nur ein „Scheinsatz", d.h. sie zwingt dazu, das Identische zu verlassen. Wie bei Hölderlin ist für Novalis das „Urtheil" „Zersetzung" des ursprünglich identischen Seins.[52] Zwischen Sein und Begriff tut sich ein Abgrund auf. Das Bewusstsein ist stets intentional und auf das Objekt des Wissens gerichtet.[53] Das Sein drückt hingegen einen Zustand der Nicht-Intentionalität, der Ekstase aus. Ist für Fichte die Tätigkeit des Selbstbewusstseins ein „Setzen"[54], so ist das Gefühl ein „Nicht-Setzen".[55] Der Versuch, das Begrifflose begrifflich zu erfassen, d.h. in der Urteilsform darzustellen, führt zu dessen Verlust: „Wir verlassen das *Identische* um es darzustellen." Das Identische wird dabei gerade durch seine Darstellung im Satz der Identität getrennt.

Für Novalis stellt im Gegensatz zu Fichte das Selbstbewusstsein keinen Reflexionsakt dar, sondern geht jeder Reflexion voraus. Insofern ist es nicht logisch darstellbar. Die subtile, aber entscheidende Grenze zwischen Frühromantik und Irrationalismus besteht jedoch im Bewusstsein der Unmöglichkeit, sich des Denkens zu entledigen, um in den vorreflexiven Einheitszustand des Gefühls zurückzukehren. Das Absolute wird vielmehr von den Frühromantikern als ein schon immer schon *Verlorenes* thematisiert, denn das Gefühl „[...] läßt sich nur in der Reflexion betrachten – der Geist des Gefühls ist da her-

---

nuel Niethammer in Jena persönlich kennen gelernt. In seinem Tagebuch berichtet Niethammer von dem Abend, dass man „[...] viel über Religion gesprochen und über Offenbarung und dass für die Philosophie hier noch viele Fragen offen bleiben [...]" (Zeitschrift für Religions- und Geistesgeschichte, Jg. 1, 1948, 7). Die persönliche Begegnung mag die Auseinandersetzung des Novalis mit Fichtes Philosophie noch intensiviert haben.

[51] Schriften II 104 Nr. 1.

[52] Schriften II 562 Nr. 181. Novalis fragt sich: „Wie kann der Gedanke scheiden, was Gott zusammenfügte.", Schriften II 173 Nr. 230.

[53] „Wissen kommt her von Was – es bezieht sich allemal auf ein was [...]", Schriften II 105 Nr. 2.

[54] „Das Ich *sezt sich selbst*, und es *ist*, vermöge dieses bloßen Setzens durch sich selbst; und umgekehrt: Das Ich *ist*, und es *setzt* sein Sein, vermöge seines bloßen Seyns. – Es ist zugleich das Handelnde, und das Produkt der Handlung; das Thätige, und das, was durch die Thätigkeit hervorgebracht wird; Handlung, und That sind Eins und ebendasselbe; und daher ist das: *Ich bin*, Ausdruck einer Thathandlung [...]", FG I.2 259.

[55] „Gesetztseyn durch ein Nichtsetzen – ist reines *Gefühl*.", Schriften II 125 Nr. 31.

aus.", wie Novalis in den *Fichte-Studien* schreibt.[56] Es lässt sich, mit anderen Worten, kein „reines" Gefühl erfahren. Letzteres erscheint vielmehr stets in der Vermittlung durch die Reflexion, was dazu führt, dass das vorreflexive Wesen des Gefühls dadurch aufgehoben und verfälscht wird. Darin besteht die frühromantische Kritik an der Reflexion, welche – als Spiegelung – keine getreue Darstellung, sondern zugleich eine Umkehrung bedeutet. Gleichwohl ist gerade das Gefühl für Novalis, wie bei Jacobi, zugleich eine Versicherung von der Existenz des Absoluten, eine unmittelbare und ursprüngliche Gewissheit des „Seyns".

Die Umkehrung oder Verfälschung des Gefühls durch die reflexive Spiegelung nennt Novalis „*ordo inversus*".[57] Dieser Begriff drückt aus, dass das Selbstbewusstsein nicht seinem Bild entspricht. Das, was als das Absolute dargestellt wird, ist als Darstellung bereits Verdinglichung, Verfälschung der prinzipiell undarstellbaren Ur-Einheit. Das Gefühl ist allerdings nicht in einer Aufhebung des Denkens erfahrbar: die erste Reflexion lässt sich nur durch eine zweite, diese nochmals reflektierende Reflexionsstufe korrigieren. Erst indem das Subjekt seine Reflexion zum Gegenstand einer erneuten Reflexion macht, wird es sich der Verfehlung des Seins durch das Denken bewusst.[58] Erst in der Reflexion der Reflexion wird sich das Subjekt dessen bewußt, dass das Reflektieren die Substanz als Akzidens, das Unbedingte als Bedingtes erscheinen lässt.[59] Selbst diese Reflexionsstufe ist jedoch unzulänglich, denn sie ist – als Reflexion – wiederum partiell. Auf diese Weise fordert Novalis eine unendliche Reflexion als ständige Selbstkorrektur des Denkens, Selbstkritik der Vernunft, die unaufhörlich von einer nächsten Reflexionsstufe kritisch überboten werden muss, um nicht der Täuschung zu verfallen, dass das von ihr Bestimmte das Absolute selbst sei. Nicht eine irrationalistische Verwerfung des Denkens, sondern nur seine unendliche Selbstreflexion ermöglicht es, die Verdinglichung im Denken aufzuheben und den Einheitszustand des Gefühls, wenn auch nur negativ, zu vergegenwärtigen. Darin drückt sich das aufklärerische Element aus, das die Frühromantik vom Irrationalismus trennt.

Aus der Unfassbarkeit des Absoluten folgt die Unmöglichkeit der Grundsatzphilosophie als Deduktion der Totalität aus einem ersten Prinzip,

---

[56] Schriften II 114 Nr. 15.

[57] Vgl. etwa: „Was im absoluten Ich Eins ist, ist im Subject nach den Gesetzen des absoluten Ich getrennt – [...] was vom absoluten Ich gilt, gilt auch vom mittelbaren Ich, nur, *ordine inverso*.", Schriften II 128 Nr. 36. Zur Gedankenfigur des „ordo inversus" vgl.: Manfred Frank – Gerhard Kurz, „Ordo inversus", in: Geist und Zeichen, Heidelberg 1977, 75-97.

[58] „Wenn in der Reflexion die Reflexion Was ist und das Gefühl Nichts, so ist es in der That umgekehrt, so ist das Gefühl Was und die Reflexion Nichts. Beydes soll aber in der Reflexion statt finden – Folglich müßte das Eine immer in einer andern Reflexion geschehn, wenn das Andre in einer andern geschähe.", Schriften II 118 Nr. 20.

[59] „Sobald das Absolute, wie ich das Ursprünglich Idealreale oder realideale nennen will, als Accidens, oder halb erscheint, so muß es verkehrt erscheinen – das Unbeschränkte wird beschränkt et vice versa.", Schriften II 114 Nr. 17.

denn der Ursprung erweist sich als eine Folge: „Aller wircklicher Anfang ist ein *2ter Moment*. Alles was da ist, erscheint, ist und erscheint nur unter *einer Voraussetzung* – Sein individueller Grund, sein *absolutes Selbst* geht ihm voraus – muß wenigstens *vor* ihm gedacht werden. Ich muß *allem* etwas absolutes *Voraus*denken – voraussetzen [...]".[60] Oder: „*Der Anfang des Ich* ist blos *idealisch*. – Wenn es angefangen hätte, so hätte es so anfangen müssen. Der Anfang ist schon ein späterer Begr[iff]. Der Anfang entsteht später, als das Ich, darum kann das Ich nicht angefangen haben."[61] In offener Polemik gegen Fichtes Grundsatzphilosophie heißt es: „Wozu überhaupt ein *Anfang*? Dieser unphil[osophische] – oder halbphil[osophische] Zweck führt zu allen Irrthümern."[62] Die Zeitlosigkeit des Ursprungs erweist sich somit a priori als zeitlich vermittelt.

---

[60] Schriften II 591 Nr. 284.

[61] Schriften III 253 Nr. 76.

[62] Schriften III 383 Nr. 634. Von einer ähnlichen Skepsis gegenüber der Grundsatzphilosophie zeugen später Friedrich Schlegels *Philosophische Vorlesungen*: „Unsere Philosophie fängt nicht wie andere mit einem ersten Grundsatze an, wo der erste Satz gleichsam der Kern oder erste Ring des Kometen, das übrige ein langer Schweif von Dunst zu sein pflegt, – wir gehen von einem zwar kleinen, aber lebendigen Keime aus, der Kern liegt bei uns in der *Mitte*.", KA XII 328. Damit greift Schlegel auf die Form des Epos zurück. Vgl.: „Die φ[Philosophie] ein ε̄πος, fängt in d.mit oder ohne Punkt?[er] Mitte an.", KA XVIII 82 Nr. 626. Guido Naschert hat nachgewiesen, dass die Formulierung vom „Anfang in der Mitte" aus einer Bemerkung über Homer aus der *Ars Poetica* des Horaz stammt („[...] semper ad eventum festinat et in medias res [...]", v. 148). Diese Stelle wird auch in Schlegels Aufsatz *Über die Homerische Poesie* zitiert (KA I 124 f.). Vgl. dazu: Guido Naschert, a.a.O., 95.

1.5. Die Dialektik und ihre Grenze in den *Fichte-Studien*

Fichtes „Deduktion" aus einem absoluten Prinzip wird nun bei Novalis von der Dialektik der „Relation" von Endlichkeit und Unendlichkeit abgelöst. Das Sein besteht in der dialektischen Relation seiner Glieder: „Das Ganze ruht ohngefähr – wie die spielenden Personen, die sich ohne Stuhl, blos Eine auf der andern Knie kreisförmig hinsetzen."[63] In der Kritik der grundsatzphiloso-phischen Deduktion mitsamt ihrer absolutistisch-hierarchischen Struktur zu-gunsten des „demokratischeren" Begriffs der dialektischen Relation drückt sich auch – soziologisch betrachtet – die Ablehnung eines statisch-hierarchischen Gesellschaftsmodells aus, dessen Ausdruck die Ontologie ist. Die Auflösung der Grundsatzphilosophie kann in diesem Sinne auch als – äußerst vermittelter – Reflex der französischen Revolution interpretiert wer-den, die von den Frühromantikern zumindest anfänglich begeistert begrüßt wurde.[64] Dieses Moment der „Verbürgerlichung" des Denkens schlägt sich in der Lehre der absoluten Vermittlung und der universalen *Relativität* aller Gründe und Eigenschaften nieder:

> D[ie] Phil[osophie] macht alles *l o s* – relativirt das Universum – Sie hebt wie das Copernikanische System die *festen* Puncte auf – und macht aus dem Ruhen-den ein Schwebendes. / Sie lehrt die Relativitaet aller Gründe und Eigenschaften [...].[65]

Das zeitlose Sein löst sich in Zeitlichkeit auf: nichts bleibt von ihm übrig au-ßer der Wechselbestimmung zwischen den Polen. Aus dem Grund wird eine regulative Idee, die als solche frei entworfen wird:

> Das oberste Princip muß schlecherdings Nichts Gegebenes, sondern ein Frey Gemachtes, ein *Erdichtetes*, *Erdachtes*, seyn, um ein allgemeines metaphysi-sches System zu begründen, das von Freyheit anfängt und zu Freyheit geht.[66]

Die universale dialektische „Relation", die bei Novalis die „Deduktion" ab-löst, war allerdings bereits in Fichtes *Grundlage der gesammten Wissen-schaftslehre* von 1794/95 ein zentraler Begriff. Um diesen und dessen Um-wandlung durch Novalis zu erläutern, sei kurz auf die *Grundlage der gesamm-ten Wissenschaftslehre* von 1794/1795 zurückgegriffen.

Wie bereits angedeutet war Fichte von dem Problem ausgegangen, den ab-

---

[63] Schriften II 242 Nr. 445.

[64] Zeugnis für die anfängliche Revolutionsbegeisterung des zweiundzwanzigjährigen Harden-berg ist der Brief an Friedrich Schlegel vom 1. August 1794: „Heutzutage muß man mit dem Titel Traum doch nicht zu verschwenderisch sein. [...] Magnis tamen excidit ausis. [...] Mich interessiert jetzt zehnfach jeder übergewöhnliche Mensch – denn eh die Zeit der Gleichheit kommt, brauchen wir noch übernatürliche Kräfte.", Schriften IV 140. Novalis zitiert den Grabspruch der Nymphen für den abgestürzten Phaëthon aus Ovids *Metamorphosen*, II 328.

[65] Schriften III 378 Nr. 622.

[66] Schriften II 273 Nr. 568.

solut-ersten, unbedingten Grundsatz des menschlichen Wissens aufzustellen. Diese absolute Gewissheit war für Fichte das Bewusstsein des Ich seiner selbst, das sich im Satz der Identität (Ich bin Ich) ausdrückt.[67] Demnach lautet der erste Grundsatz der *Wissenschaftslehre*: *„Das Ich sezt ursprünglich schlechthin sein eignes Seyn."*[68] Das Ich setzt sich als Totalität der Realität. Soll es andererseits nicht unbestimmt sein und sich aufgrund seiner Unbestimmtheit als nichtig erweisen, so bedarf es einer Bestimmung. Diese kann nur durch die Negation dessen erfolgen, was das Ich nicht ist – nach dem damals vielzitierten Satz aus Spinozas *Ethica*: *omnis determinatio est negatio*. Außer der *Setzung* wird demzufolge eine *Entgegensetzung* erforderlich. Auch in diesem Fall verankert Fichte die Evidenz des Satzes an einem formallogischen Sachverhalt, dem Widerspruchssatz. Er schreibt: „So gewiß das unbedingte Zugestehn der absoluten Gewißheit des Satzes: - A nicht = A unter den Thatsachen des empirischen Bewußtseyns vorkommt: *so gewiß wird dem Ich schlechthin entgegengesetzt ein Nicht-Ich."*[69] Durch die Entgegensetzung wird die unendliche Tätigkeit des Ich eingeschränkt; letzteres wird vielmehr zum Gegenstand einer ihm entgegengesetzten Tätigkeit, die das Nicht-Ich ausübt. Diese Tätigkeit – die das Nicht-Ich auf das Ich ausübt – und auch das damit verbundene Leiden des Ich – das dieser Tätigkeit ausgesetzt ist – erweisen sich jedoch als nur scheinbar. Die Tätigkeit des Nicht-Ich erscheint als eine solche nur auf der Ebene des theoretischen Wissens, d.h. des Verstandes. Aus der Sicht der Vernunft indessen, d.h. auf der Ebene des praktischen Wissens, erhellt, dass diese Tätigkeit ihren Ursprung nicht im Nicht-Ich, sondern im Ich selbst hat. Wenn das Nicht-Ich nur eine Konstruktion des Ich darstellt, die letzteres dazu benötigt, um seiner selbst bewusst zu werden, so ist auch die Tätigkeit, die das Nicht-Ich auf das Ich scheinbar ausübt, im Grunde auf das Ich zurückzuführen. In der Tat wird ein bestimmtes Quantum an Tätigkeit vom Ich auf das Nicht-Ich übertragen. Aufgrund dieser Übertragung wird das Nicht-Ich *tätig gemacht*.[70]

Es stellt sich nun für Fichte das Problem der Vermittlung zwischen dem ersten und dem zweiten Grundsatz, zwischen Identität und Entgegensetzung, Absolutheit und Endlichkeit – ein Problem, das die Kernfrage der *Wissenschaftslehre* darstellt und das Fichte vergeblich zu lösen versucht. Zur Beantwortung der Frage, wie das Ich absolut und zugleich bestimmt, endlich sein

---

[67] Ihre Notwendigkeit sieht Fichte in der formallogischen Denkgesetzlichkeit A = A verbürgt („Soll der Satz A = A […] gewiß seyn, so muß auch der Satz: Ich bin, gewiß seyn.", FG I.2 258). Für die *Wissenschaftslehre* charakteristisch ist nämlich der Versuch, aus formallogischen Notwendigkeiten transzendental notwendige Urhandlungen zu deduzieren.

[68] FG I.2 261.

[69] FG I.2 266.

[70] „Das Ich überträgt Thätigkeit in das Nicht-Ich aus dem Ich; hebt also insofern Thätigkeit in sich auf; und das heißt nach dem obigen; es sezt durch Thätigkeit in sich ein Leiden. Inwiefern das Ich thätig ist im Uebertragen der Thätigkeit auf das Nicht-Ich: insofern ist das Nicht-Ich leidend; es *wird* Thätigkeit auf dasselbe übertragen.", FG I.2 316.

kann, führt Fichte den Begriff der „Wechselbestimmung" ein. Demzufolge
bestimmen sich das Ich und das Nicht-Ich wechselseitig *innerhalb* des absoluten Ich. Letzteres spaltet sich in ein endliches Ich und ein Nicht-Ich und hebt
wiederum die Spaltung durch eine interne Wechselbestimmung auf. So lautet
der dritte Grundsatz, der zwischen den vorausgehenden zu vermitteln versucht: „*Ich setze im Ich dem theilbaren Ich ein theilbares Nicht-Ich entgegen.*"[71] Fichtes strategische Einführung der „Wechselbestimmung" ist eindeutig vom Bestreben diktiert, die Einheit des absoluten Ich zu wahren, denn
durch den Begriff der Wechselbestimmung im Ich erscheint die Entgegensetzung lediglich als eine innere Spannung. Die Antithese, welche die Einheit des
Ich zu zerreißen drohte, wird auf das absolute Ich selbst zurückgeführt.[72]

Novalis' Absetzung von der *Wissenschaftslehre* besteht nun darin, dass in
den *Fichte-Studien* die Relation selbst an die Stelle des absoluten Grundsatzes
gesetzt wird. Die Wechselbestimmung erscheint nicht mehr als Notbehelf, um
die Einheit des Ich und damit den Grundsatzgedanken zu retten, sondern tritt
an die Stelle des Grundsatzes selbst. Das Sein stellt demzufolge kein Fundament dar, sondern ist eine dialektische Relation: „Seyn drückt gar keine absolute Beschaffenheit aus – sondern nur eine Relation des Wesens zu einer Eigenschaft überhaupt aus – […] Es ist eine absolute Relation."[73] Novalis verabsolutiert in einigen Aufzeichnungen die Kategorie der Relation so radikal, dass
selbst die Priorität Gottes als Grund für die Schöpfung negiert wird: „Gott und
Welt entsteht in Einem Wechsel zugleich […]".[74] An anderer Stelle heißt es:
„/Gott und Welt – wie Mat[erie] und Geist./ *(wechselseitige Begründung.)*".[75]
Zu dem Schluss, dass letztlich die Relation das Absolute sei, wurde auch Fichte selbst in der *Wissenschaftslehre* genötigt. Obwohl letzterer am Grundsatzgedanken weiter festhielt, konnte er den Beweiszirkel nicht mehr schließen
und nicht zum Ausgangspunkt des Systems, der Identität des Ich mit sich
selbst, zurückfinden. Vielmehr behält der Gegensatz zwischen absolutem und
endlichem Ich – und mit ihm der Gedanke der Relation – in der *Wissenschaftslehre* das letzte Wort, entgegen der Fichteschen Intention, die Relation in der
unterschiedslosen Identität des Ich aufzuheben. Fichte selbst lässt schließlich
die Frage offen, ob das absolute Ich im ersten oder im dritten Grundsatz, in
der Unterschiedsfreiheit oder in der inneren Differenziertheit aufzusuchen sei.
Wichtig ist vor allem, dass er – das Scheitern seines Unternehmens implizit
eingestehend und darin die Frühromantik vorwegnehmend – das Ich vom *Aus-*

---

[71] FG I.2 272.
[72] Dies lässt übrigens den dritten Grundsatz als den höheren erscheinen. „Nicht ein Konkurrenz-
       verhältnis zweier Absoluta, sondern eine interne Dynamik des Ichs wird ins Thema gerückt.
       Dies ist eine Umdeutung des Widerspruchs der beiden ersten Grundsätze aus einem dritten
       Grundsatz, der als höherer Grundsatz eingeschätzt werden müßte.": Peter Baumanns, J. G.
       Fichte. Kritische Gesamtdarstellung seiner Philosophie, München 1990, 75.
[73] Schriften II 247 Nr. 454.
[74] Schriften II 531 Nr. 28.
[75] Schriften II 246 Nr. 453.

gangspunkt in ein *Ziel* verwandelt. Das absolute Ich wird zum Ziel des Strebens des empirischen Ich, das ihm entgegengesetzte Nicht-Ich aufzuheben. Ich und Nicht-Ich *sind* nicht, sondern *sollen* identisch werden[76]:

> Dies geschieht dadurch, daß das Ich, welches in dieser Rücksicht praktisch ist, gesetzt wird, als ein solches, welches den Grund der Existenz des Nicht-Ich [...] in sich selbst enthalten *solle*: eine unendliche Idee, die selbst nicht gedacht werden kann, durch welche demnach das zu erklärende nicht sowohl erklärt, als vielmehr gezeigt wird, *daß* und *warum* es nicht zu erklären sey; der Knoten nicht sowohl gelöst, als in die Unendlichkeit hinaus gesetzt wird.[77]

Die Wendung, die Fichte zu vollziehen gezwungen ist und die zu dem von ihm aufgestellten Grundsatzprinzip im Widerspruch steht, charakterisiert hingegen von Anfang an Novalis' Kritik der *Wissenschaftslehre* in den *Fichte-Studien*. Was bei Fichte eine Inkonsequenz darstellt, ist bei Novalis die konsequente Folge seiner Ablehnung der Grundsatzphilosophie. Da der Grund nie an sich, sondern nur in seiner Erscheinung erkannt werden kann, tritt an die Stelle der Einheit des Ich mit sich selbst die Dualität zwischen dem Ich und seiner Erkenntnis: „Nichts in der Welt *ist blos*; Seyn drückt nicht Identität aus. Man weiß nichts von einem Dinge, wenn man blos weiß, daß es *ist* [...] Wir selbst *sind* nur, insoweit wir uns erkennen."[78] Aus der Unmöglichkeit der reinen, unterschiedslosen Identität ergibt sich für Novalis die Zentralität der Kategorie der Relation. Wenn Fichte noch zwischen dem Ich als absoluter und dialektisch-relationaler Identität, d.h. auch zwischen Identitätsurteilen und dialektischen Urteilen schwankt, so hegt Novalis diesbezüglich keine Zweifel: „Die identischen Urtheile [...] lehren nichts neues – auch liegt in ihnen nichts, als reine Form des Urtheils, ohne Materie."[79] Novalis kritisiert die Identitätsurteile, weil sie einerseits rein tautologisch, andererseits hingegen abstrakt sind und die bloß formelle Identität des Geistes mit sich selbst ausdrücken. Demgegenüber stellen dialektische Urteile, die auf der Relation beruhen, eine Überwindung des leeren Formalismus des Fichteschen Denkens dar. Indem sie das Ich auf das beziehen, was es nicht ist, drückt sich in ihnen ein materielles, stoffliches Moment aus, das den Formalismus der reinen Identität übersteigt. Novalis konzipiert das Identitätsprinzip folglich nicht mehr als Tautologie, sondern als dialektischen Wechsel innerhalb des Ich. Schwankte Fichte noch zwischen Ununterschiedenheit und Binnendifferenziertheit des Ich, so votiert

---

[76] Zu den Problemen, die dabei hinsichtlich der Ichheit des endlichen Ich entstehen, vgl. Baumanns: „Die Reduktion des absoluten Ichs auf eine ‚Idee' bzw. ein praktisches Postulat ist eine schlechte Korrektur des sich substantialisierenden und totalisierenden absoluten Ichs, weil die Herabstufung des absoluten seins-konstitutiven Ichs zu einem Regulativ des wirklichen endlichen Ichs die Ichheit des letzteren zu einem unauflöslichen Rätsel macht. Wie kann das endliche Ich ‚Ich' sein, wenn das absolute Ich bloße Idee ist?", in: a.a.O., 77.

[77] FG I.2 311.

[78] Schriften II 247 Nr. 454.

[79] Ebd.

Novalis eindeutig für letztere: „Ich bin – heißt ich befinde mich in einer allgemeinen Relation, oder *ich wechsle* […]".[80] In das oberste Prinzip der Fichteschen Philosophie, den widerspruchslosen Identitätssatz „Ich bin Ich", dringt
somit der Widerspruch ein. Die zeitlose Statik des Grundes wird von der zeitlichen Dynamik des Wechsels von Gefühl und Reflexion abgelöst.

Die Kategorie der Wechselbestimmung erhält in der Tat zentrale Bedeutung
in den *Fichte-Studien*. Geht man davon aus, dass die Reflexion die ursprünglichen Verhältnisse umkehrt, dass sie das Wesen als Eigenschaft, die Eigenschaft als Wesen erscheinen lässt, so bedeutet dies, dass jeder der Pole dialektisch auch den jeweils entgegengesetzten in sich trägt: „Thätigkeit läßt sich
nur durch Seyn, Seyn nur durch Thätigkeit offenbaren."[81] Es gibt demzufolge
– in Novalis' Sprachgebrauch – keine „abstracten", d.h. reinen Zustände mehr:

> bloßes Leiden, bloßes Thätigseyn sind abstracte Zustände. / Alles leidet nur, in-
> wiefern es thätig ist et vice versa.[82]

Novalis löst alles von seiner Vereinzelung und vermittelt es dialektisch mit
seinem Gegenteil: Natur und Ich, Gefühl und Reflexion. Das Subjekt ist an
sich auch Natur, wie die Natur ebenso Subjekt ist. Der Vorgang der Natur-
wahrnehmung wird dann als Einwirkung der subjektiven, tätigen Komponente
der Natur auf den Geist interpretiert: „In allen Praedicaten, in denen wir das
Fossil sehn, sieht es uns wieder."[83]

Zugleich wird dabei Novalis' Unterschied von Fichte in der Konzeption der
Wechselbestimmung fassbar. Wenn sie für Fichte die Übertragung eines
Quantums an Tätigkeit in das Nicht-Ich voraussetzte und sich demzufolge als
interne Dialektik im Ich erwies, wird sie von Novalis, der an der Stelle des
absoluten Ich ein vorreflexives „Sein" vermutet, grundsätzlich anders konzipiert. Das Quantum an Tätigkeit, welches nach Fichte das Ich auf das Nicht-
Ich überträgt, liegt für Novalis ursprünglich im Nicht-Ich. Letzteres verliert
dadurch seine rein negative Bestimmung und wird zum Ursprung einer *eigenen* Tätigkeit. Ich und Nicht-Ich treten jetzt als Ich und Natur in ein *Analogie-
verhältnis*. Die Wechselbestimmung wird von einer internen Beziehung des
Ich mit sich selbst zu einer Beziehung des Ich mit der Natur. Von dieser Analogie von Geist und Natur ausgehend wird Novalis Jahre vor Schelling den
Gedanken der „Potenz" entwickeln, d.h. die Vorstellung, dass Geist und Natur
nur unterschiedliche Ausprägungen des Subjektiven und Objektiven aufweisen,
jedoch im Grunde analog sind. Der Unterschied zwischen ihnen wird lediglich
zur Potenz, d.h. zum relativen Vorrang des subjektiven oder objektiven Elements innerhalb der Identität.

Es ist deutlich geworden, dass der Gedanke der dialektischen „Wechselbe-

---

[80]   Schriften II 247 Nr. 455.
[81]   Schriften II 238 Nr. 438.
[82]   Schriften II 296 Nr. 666.
[83]   Schriften III 623.

stimmung" bei Novalis aus seiner Kritik des – undialektischen – Identitätsbegriffs Fichtes hervorging. Die Reflexion ist in Novalis' Augen nicht in der Lage, die absolute Identität des Ich mit sich selbst zu denken, da sie sich in eine Dialektik mit dem Schein verwickelt und somit auf die Stufe des zweiten Prinzips der *Wissenschaftslehre*, auf die Ebene des Gegensatzes zurückfällt. Die Dialektik von Wesen und Schein ist folglich universell.

Auf die Grenze dieses Dialektik-Verständnisses soll allerdings im Folgenden näher eingegangen werden. Diese besteht zunächst darin, dass die „Wechselbestimmung" innerhalb des Absoluten selbst verbleibt: sie ist eine Binnendifferenzierung im *Identischen*. Für diese Gewissheit des ursprünglich Identischen bürgt bei Novalis das *Gefühl*, das, wenn auch reflexiv gebrochen, wie bei Jacobi überhaupt von der Existenz des Absoluten zeugt.

Gerade darin besteht ein, vielleicht sogar *der* wesentliche Differenzpunkt zwischen Novalis und Friedrich Schlegel. Schlegel kennt kein „Gefühl", das die Existenz des Absoluten als ein ursprünglich Identisches, wenn auch auf unvollkommene Weise bezeugt.[84] Daher spricht er auch nicht von „Wechselbestimmung", sondern von „Wechselgrundsatz". So heißt es im folgenden Fragment aus einer Sammlung über den *Geist der Fichtischen Wissenschaftslehre*, von 1797-98: „Das *Ich setzt sich selbst* und das *Ich soll sich setzen* sind wohl mit nichten abgeleitete Sätze aus einem höhern; einer ist so hoch als der andre; auch sind es zwei Grundsätze, nicht einer. Wechselgrundsatz."[85]

Die Dialektik spielt sich für Schlegel nicht innerhalb des identischen Absoluten, als dessen Binnendifferenzierung ab, sondern zwischen zwei sich wechselseitig bedingenden, aber *urverschiedenen* Prinzipien.[86] Dies erklärt, warum die Dialektik von Ich und Natur bei Novalis nicht die stark antithetischen Züge des Schlegelschen „Wechselgrundsatzes" trägt, denn sie verbleibt im Identischen, von dessen Existenz Novalis, im Unterschied zu Schlegel, durch das Gefühl bestätigt wird. Darauf lassen sich im Grunde auch alle anderen „Dualismen" in Novalis' und Schlegels „Symphilosophie" konsequent zurückführen, die es später darzulegen gilt.

---

[84] Vgl. Frank: „Nun folgt Schlegel Jacobi durchaus in der Konsequenz, was die endlose Relativität unseres Wissens (im Zustand der Unerschwinglichkeit einer Letztbegründung) betrifft. Dagegen hält er die letztere für unabweislich.", a.a.O., 928. Bei Schlegel gibt es kein Gefühl, das – wie bei Jacobi und bei Novalis – die Relativität des Wissens durch eine unmittelbare Gewissheit aufzuheben vermag.

[85] KA XVIII 36 Nr. 193. Dazu vgl. Manfred Frank, a.a.O., 865 ff. Dies erklärt auch, warum Frank, im Unterschied zu Andreas Arndt, nicht annimmt, dass Novalis' Umgang mit der „Wechselbestimmung" Aufschluss über Schlegels „Wechselgrundsatz" geben könnte. Er vermutet, wie auch Guido Naschert, eher einen Einfluss durch Herbart, der mit Schlegel in Jena zusammen wohnte, mit Schlegel regelmäßig Gast bei Fichte war und dessen Fichte- und Schelling-Kritik die Schlegels beeinflusst haben könnte. Diesbezüglich vgl.: Guido Naschert, Friedrich Schlegels philosophischer Grundgedanke. Ein Versuch über die Genese des frühromantischen Ironiebegriffs (Jena 1796/97), MA-Arbeit Tübingen 1995, 35.

[86] Inwiefern dabei gerade Schlegels Jacobi-Kritik in seiner *Woldemar*-Rezension eine große Rolle spielt, zeigt Manfred Frank, a.a.O., 921 ff.

Ferner ist zu erwähnen, dass Novalis' „Wechselbestimmung" nur die Endlichkeit betrifft, jedoch nicht die *Idee* des Absoluten. Diese entbehrt, als Idee,
jeden Widerspruchs.[87] Identitätsurteile werden zwar von Novalis kritisiert,
weil sie nur ein Teil des Ganzen sind, das wesentlich dialektisch ist: „/Nur
durch Übergehn in eine andre Sfäre ist ein Ding ein Ding oder entsteht ein
Ding./"[88] Das, was ein Ding ist, ist nicht nur seine Selbstbestimmung, das, was
es *ist*, sondern zugleich, was es *nicht ist*: ein Ding ist gleichzeitig eine positive
und eine negative Größe. Der Widerspruch betrifft jedoch in Novalis' Augen
nur die Sphäre der Endlichkeit und dringt nicht in das Absolute ein, das *gerade* als Idee die reine, widerspruchslose Identität darstellt:

> der Widerstreit ist, als Widerstreit, blos im mittelbaren Ich und gerade deswegen
> nothwendig, weil es kein Widerstreit ursprünglich ist [...].[89]

Gerade die Behauptung, dass „kein Widerstreit ursprünglich ist", markiert die
Grenze von Novalis' Dialektik. Hier wirkt zweifelsohne Fichtes Einschränkung der Bedeutung der Dialektik nach. Zwar hebt Novalis gerade aufgrund
der Relevanz, die er der Dialektik zuschreibt, Fichtes Grundsatzgedanken auf,
er stimmt mit ihm jedoch darin überein, dass das Absolute – nun nicht mehr
als Grundsatz, sondern als Idee konzipiert – ein widerspruchsloses Prinzip
bleibt.[90] Nur die Endlichkeit ist vom Widerspruch betroffen.

Die von Novalis geforderte Aufhebung des Satzes vom Widerspruch soll in
diesem Kontext gerade in ihrer Ambivalenz gelesen werden. Wenn Novalis
notiert: „Den Satz des Widerspruchs zu vernichten ist vielleicht die höchste
Aufgabe der höhern Logik."[91], bedeutet dies nicht nur, dass das identische,
tautologische Urteil zugunsten des dialektischen Urteils aufgegeben werden
soll, sondern ebenso, dass sich erst im dialektischen Urteil die undialektische
Identität indirekt zeigen kann. Die Vernichtung des Satzes des Widerspruchs
ist nicht nur mit einer Potenzierung, sondern zugleich mit einer Abschwächung der Dialektik verbunden. Novalis beabsichtigt nicht nur, das Identitäts-
urteil durch den Widerspruch zu erweitern, sondern auch den Widerspruch als
„Nichtwiderspruch" zu setzen: „Vereinigung des Unvereinbaren – Setzen des
Widerspruchs, als Nichtwiderspruchs."[92] In Novalis' Forderung, das Identi-
tätsurteil zwar durch den Widerspruch dialektisch zu erweitern, letzteren aber

---

[87] Zu dieser Grenze der Dialektik Novalis' und seiner Rettung des Identitäts*prinzips* vgl. die
Ausführungen Andreas Arndts, Opposizione e contraddizione. La forma fondamentale di dia-
lettica romantica, in: La dialettica nella cultura romantica, hrsg. von Sergio Sorrentino und
Terrence N. Tice, Roma 1996, 63-89, hier 74.

[88] Schriften II 246 Nr. 453.

[89] Schriften II 127 Nr. 32.

[90] In den *Fichte-Studien* bezeichnet Novalis das Absolute explizit als „Gott": „Spinotza stieg bis
zur Natur – Fichte bis zum Ich, oder der Person. Ich bis zur These Gott.", Schriften II 157 Nr.
151.

[91] Schriften III 570 Nr. 101.

[92] Schriften II 111 Nr. 12.

wiederum als Identität zu lesen, wirkt das Identitätsprinzip unterschwellig weiter. Wenn nämlich die Identität des Ich mit sich selbst „ein *subalterner* Begriff" ist[93], bleibt dessen ungeachtet das Identitäts*prinzip*, die *Idee* der Identität, das Prinzip der Wahrheit:

> Der Satz der Identität ist Satz der Wahrheit – Realitaet. Der Satz d[es] Widerspruchs – Satz des Scheins [...].[94]

Dass sich in den *Fichte-Studien* der dialektische Gedanke mit der undialektischen Idee eines widerspruchslosen Absoluten verbindet, bedeutet – auf die Zeitproblematik übertragen –, dass die Zeitlichkeit, die aus der Dialektik resultiert, stets auf die Zeitlosigkeit bezogen bleibt, die die Idee des Absoluten charakterisiert.

Als ein bedeutsames poetisches Zeugnis für die Konsequenzen, die sich aus der Setzung des Widerspruchs als „Nichtwiderspruch" in bezug auf die Zeitproblematik ergeben, kann das Gedicht *Die Vermählung der Jahreszeiten* aus den Paralipomena des *Heinrich von Ofterdingen* betrachtet werden, das den Roman hätte abschließen sollen. Hier werden die verschiedenen Jahreszeiten als die sich widersprechenden Epochen des Jahres miteinander versöhnt, d.h. als nicht-widersprüchlich konzipiert. Die Königin Edda formuliert dort ihrem Gemahl gegenüber den Wunsch, dass die ungeselligen Zeiten endlich miteinander versöhnt werden sollen:

> Wären die Zeiten nicht so ungesellig, verbände
> Zukunft mit Gegenwart und mit Vergangenheit sich,
> Schlösse <der> Frühling sich an <den> Herbst, und Sommer an Winter,
> Wäre zu spielendem Ernst Jugend mit Alter gepaart:
> Dann mein süßer Gemahl versiegte die Quelle der Schmerzen,
> Aller Empfindungen Wunsch wäre dem Herzen gewährt.[95]

Novalis hatte übrigens geplant, in dem Fragment gebliebenen Gedicht nicht nur die Jahreszeiten, sondern such Vergangenheit, Gegenwart, Zukunft sowie die Jahreszeiten und die menschlichen Lebensalter zusammenzuführen. Die „Vermählung" der Zeiten symbolisiert das Bestreben, das Widersprüchliche

---

[93] Schriften II 187 Nr. 247.

[94] Schriften II 182 Nr. 234. Dieselbe Grenze sieht Andreas Arndt auch in Friedrich Schlegels später entwickelter Dialektik-Konzeption: „Come in Novalis, si tratta di eliminare l'apparenza riconoscendo nella sua verità di essere non l'Assoluto stesso, bensì la sua manifestazione per la coscienza. E allo stesso modo che in Novalis, la sintesi suprema sarebbe l'equiparazione tra non-Io e Io, ossia la contraddizione, la quale andrebbe posta come *non-contraddizione* in duplice maniera: in riferimento all'Assoluto stesso come unità-tutto, ossia identità non relazionale; in riferimento al finito come indifferenza di opposti senza contraddizione.", a.a.O., 78, Hervorhebung von mir. Vgl. weiter: „La contraddizione della manifestazione, ossia dell'intero in relazione alla coscienza, viene interpretata senza mediazioni come apparizione di un'identità in sé, la quale dovrebbe consentire di convertire tutti i rapporti oppositivi in indifferenza. Ma da questa indifferenza viene investita alla fine anche la stessa opposizione tra identità e contrapposizione.", a.a.O., 80.

[95] Schriften I 355.

auf ein Identisches zurückzuführen.[96] Wie in den *Fichte-Studien* der dialektische Widerspruch aufgehoben wird, sollen auch hier die sich widersprechenden, einander entfremdeten Zeiten aufgehoben werden.

Diese im Gedicht anvisierte Zeitlosigkeit hat Novalis im Blick, wenn er
später, im *Allgemeinen Brouillon*, den Zustand des vollkommenen, nicht mehr
reflexiv gebrochenen Selbstbewusstseins folgendermaßen umschreibt:

> Selbstbew[ußt]S[eyn] im größern Sinn ist eine Aufgabe – ein Ideal – es wäre *der*
> Zustand, *worinn* es keine Zeitfortschreitung gäbe [,] ein zeitloser – *beharrlicher*
> immer gleicher Zustand. / (Ein Zustand, ohne Vergangenheit und Zukunft. / und
> doch veränderlich.) / Im ächten S[elbst]B[ewußt]S[eyn] wechselten wir blos –
> aber ohne *weiter* zu gehn. In ihm sind alle Zustände und Veränderungen unsers
> empirischen Ich simultan – Wir sind so gut, in demselben Momente, wie vor 2
> Jahren, als wir in diesem Augenblicke – wir sind nicht *Ich* durch *Schlüsse* und
> indirect – sondern unmittelbar [...].[97]

Dieser Zustand, in dem es keine „Zeitfortschreitung" gäbe und absolute Gegenwart herrschte, erklärt die Ambivalenz von Novalis' Zeiterfahrung, die H.-
J. Mähl als Überschneidung zweier Zeitlinien beschrieben hat: „[...] der verti-
kalen des Mystikers, die die ‚Wiedergeburt' als einen zeitlosen Akt der Erneuerung erleben lässt, und der horizontalen des Geschichtsdeuters, die die ‚Wiedergeburt' als ein historisches Ereignis der Welt- und Menschheitserneuerung
begreifen lässt."[98] Diese für Novalis charakteristische Überschneidung von
geschichtlicher Zukunftserwartung und mystischer Gegenwärtigkeitserfahrung,
die sich laut Mähl „jeder rationalen Deutung" entzieht[99], ist bereits im philosophischen Zusammenhang der *Fichte-Studien* als Verbindung der transzenden-
talphilosophischen Konzeption des Absoluten mit dem Gefühl als mystischer
Versicherung von dessen Existenz vorgebildet. In den *Fichte-Studien* überwiegt allerdings eindeutig die Vorstellung einer unendlichen Annäherung an
das Absolute gegenüber der mystischen Gegenwärtigkeitserfahrung. Erst später, nach der sogenannten Sophie-Erfahrung und in den *Hymnen an die Nacht*,
kommt dieser mystische Aspekt der Zeiterfahrung Hardenbergs deutlich zur
Geltung, so dass dem Bewusstsein der Trennung von Zeit und Ewigkeit die
Überzeugung von der Wirksamkeit des Ewigen im Zeitlichen an die Seite

---

[96] Spricht Novalis von „Vermählung", so wird Henri Bergson später, *mutatis mutandis*, von der
„Solidarität" der Zeitmomente miteinander, von ihrem Wesen als Organismus oder musikali-
scher Komposition schreiben. Vgl.: Zeit und Freiheit, Frankfurt am Main 1989, 77-8. Als
Sukzession ist die Zeit wesentlich Raum, Nebeneinander von diskreten Einheiten, die sich
nicht mehr in die Kontinuität der seelischen Wahrnehmung umwandeln lassen. Diese ver-
räumlichte, „ungesellige" Zeit, die gerade am Anfang des Romans durch den Verweis auf die
Uhr als Instrument ihrer mechanischen Messbarkeit vergegenwärtigt wird, soll wieder gesellig, unter die Sinnkontinuität der Seele gebracht werden. Das Nacheinander der nebeneinander bestehenden, diskreten Zeiteinheiten soll zur Gleichzeitigkeit werden.

[97] Schriften III 431 Nr. 832.

[98] A.a.O., 387.

[99] Ebd.

gestellt wird.[100]

---

[100] Vgl. Hans-Joachim Mähl, Die Idee des goldenen Zeitalters im Werk des Novalis, Heidelberg 1965., 297-304 (Das Sophien-Erlebnis: Die „Wendung" von der Jenseitshoffnung zur Diesseitsverwirklichung).

1.6. Die unendliche Annäherung an das Absolute

In den *Fichte-Studien* führt die Dialektik, in der sich Wesen und Schein befinden, zur Konzeption einer prinzipiell unendlichen Annäherung an das Absolute. Manfred Frank hat diese Problematik sehr ausführlich kommentiert, so dass hier nur die bedeutendsten Zeugnisse in aller Kürze referiert werden sollen.

Unter dem Titel „Merckwürdige Stellen und Bemerkungen bey der Lectüre der Wissenschaftslehre" notiert Hardenberg: „Wenn man filosofisch von dem, was kommen soll z.B. von Vernichtung des Nichtich, spricht, so hüte man sich für der Täuschung, als würde ein Zeitpunct kommen, wo dieses eintreten würde." – denn es ist „[...] an und für sich ein Widerspruch, daß in der Zeit etwas geschehn solle, was alle Zeit aufhebt [...]".[101] In derselben Aufzeichnung heißt es: „Die Zeit kann nie aufhören – *Weg*denken können wir die Zeit nicht – denn die Zeit ist ja Bedingung des denkenden Wesens – die Zeit hört nur mit dem Denken auf. Denken außer der Zeit ist ein Unding."[102] In ausdrücklicherer Anlehnung an Kants Schrift *Das Ende aller Dinge* betont Hardenberg, dass das Absolute als Ende der Verknüpfung der Mannigfaltigkeit grundsätzlich unerreichbar sei: „Die Welt wird dem Lebenden immer unendlicher – drum kann nie ein Ende der Verknüpfung des Mannichfaltigen, ein Zustand der Unthätigkeit für das denkende Ich kommen."[103], denn eine „Idee kann nie *Etwas* – ein Wirckliches seyn – es ist ein Nothwendiges."[104] Seinen deutlichsten Ausdruck findet dieses Bewusstsein der prinzipiellen Unerreichbarkeit des Absoluten für das Bewusstsein in der folgenden bekannten Aufzeichnung:

> Filosofiren muß eine eigne Art von Denken seyn. Was thu ich, indem ich filosofire? ich denke über einen Grund nach. Dem Filosofiren liegt also ein Streben nach dem Denken eines Grundes zum Grunde. Grund ist aber nicht Ursache im eigentlichen Sinne – sondern innre Beschaffenheit – Zusammenhang mit dem Ganzen. Alles Filosofiren muß also bey einem absoluten Grunde endigen. Wenn dieser nun nicht gegeben wäre, wenn dieser Begriff eine Unmöglichkeit enthielte – so wäre der Trieb zu Filosophiren eine unendliche Thätigkeit – und darum ohne Ende, weil ein ewiges Bedürfniß nach einem absoluten Grunde vorhanden wäre, das doch nur relativ gestillt werden könnte – und darum nie aufhören würde. Durch das freywillige Entsagen des Absoluten entsteht die unendliche freye Thätigkeit in uns – das Einzig mögliche Absolute, was uns gegeben werden kann und was wir nur durch unsre Unvermögenheit ein Absolutes zu erreichen und zu erkennen, finden. Dies uns gegebne Absolute läßt sich nur negativ erkennen, indem wir handeln und finden, daß durch kein Handel das erreicht wird, was wir suchen.[105]

Somit verwandelt sich das Absolute für Hardenberg zu einem Postulat im

---

[101] Schriften II 269 Nr. 564.
[102] Ebd.
[103] Schriften II 269 Nr. 565.
[104] Schriften II 160 Nr. 161.
[105] Schriften II 269-70 Nr. 566.

Sinne Kants, also einem a priori gegebenen praktischen Imperativ[106]: „Dis ließe sich ein absolutes Postulat nennen. Alles Suchen nach *Einem Princip* wär also wie ein Versuch die Quadratur des Zirkels zu finden. / Perpetuum mobile. Stein der Weisen./"[107] Hardenberg fragt sich an anderer Stelle: „<Sollte das höchste Princip das höchste Paradoxon in seiner Aufgabe enthalten? Ein Satz seyn, der schlechterdings keinen Frieden ließe – der immer anzöge, und abstieße – immer von neuen unverständlich würde, so oft man ihn auch schon verstanden hätte? Der unsre Thätigkeit unaufhörlich rege machte – ohne sie je zu ermüden, ohne je gewohnt zu werden? Nach alten mystischen Sagen ist Gott für die Geister etwas Ähnliches.>"[108]

Diese Ausrichtung auf die Zukunft ist nicht auf die *Fichte-Studien* beschränkt, sondern wirkt weiter und repräsentiert das eigentliche Leitmotiv der Geschichtsphilosophie Hardenbergs[109], obwohl sie dann – wie zuvor angedeutet – mit der mystischen Überzeugung von der Wirksamkeit des Ewigen in der Geschichte dialektisch verbunden wird.[110] Immer wieder steht die Zukunft im Mittelpunkt von Hardenbergs Reflexion über die Geschichte: <„Die Zukunftslehre gehört zur Geschichte.>"[111] Der Mensch wird als „der Messias der Natur" bezeichnet. [112] Novalis‘ „Methodischer Profetismus" [113] formuliert „ein

---

[106] „Postulat ist ein *a priori* gegebener, keiner Erklärung seiner Möglichkeit (mithin auch keines Beweises) fähiger, praktischer Imperativ. Man postuliert also nicht Sachen oder überhaupt das Dasein irgendeines Gegenstandes, sondern nur eine Maxime (Regel) der Handlung eines Subjekts. – Wenn es nun Pflicht ist zu einem gewissen Zweck (dem höchsten Gut) hinzuwirken, so muß ich auch berechtigt sein anzunehmen: daß die Bedingungen da sind, unter denen allein diese Leistung der Pflicht möglich ist, obzwar dieselben übersinnlich sind und wir (in theoretischer Rücksicht) keine Erkenntnis derselben zu erlangen vermögend sind.", Verkündigung des nahen Abschlusses eines Tractats zum ewigen Frieden in der Philosophie, in: Ak.-Ausg.VIII 418 (Anmerkung).

[107] Schriften II 270 Nr. 566.

[108] Schriften II 523-4 Nr. 9

[109] Vgl.: Fabrizio Desideri, Messianismo romantico. Dell'idea di futuro in Friedrich Schlegel e Novalis, in: Nuovo Romanticismo Nr. 4, Mai 1986, 121-54.

[110] Mähl findet diese mystische Gegenwartserfahrung bereits in den *Fichte-Studien* vorgebildet, etwa in folgender Aufzeichnung: „Da unsre *Natur* aber, oder die Fülle unsers Wesens unendlich ist, so können wir nicht *in der Zeit* dieses Ziel erreichen – Da wir aber auch in einer Sfäre außer der Zeit sind, so müssen wir es da in jedem Augenblick erreichen, oder vielmehr, wenn wir wollen, in dieser Sfäre reine einfache Substanz seyn können./ Hier ist Moralität und Beruhigung für den Geist, den ein endloses Streben wo es zu erreichen, was ihm vorschwebt, unerträglich dünkt.", Schriften II 288 Nr. 647. Mähl kommentiert: „Es scheint mit dieser Erfahrung zusammenzuhängen, die in der mystischen Grundanlage des Dichters ihre Erklärung findet, daß Novalis im Verlaufe seiner späteren Aufzeichnungen die philosophische Unterscheidung des ‚Unsinnlichen, Denkbaren' von der ‚sinnlichen Welt der Erscheinungen' fallen läßt. War ihm die Idee bisher als ‚absolutes Postulat' erschienen […], so interessiert ihn nun gerade die mögliche Verknüpfung des Ideals mit den realen Gegebenheiten der Umwelt und der Geschichte.", a.a.O., 294-5. Diese Verknüpfung erfolgt allerdings nur zum Zweck der Veranschaulichung des Ideals und trägt wiederum transzendentalen Charakter.

[111] Schriften III 320 Nr. 425.

[112] Schriften III 248 Nr. 52.

[113] Schriften II 531 Nr. 30.

Ideal, das aushelfen muß – ein *Soll.*"[114] Der harmonische Zustand der prästabilierten Harmonie von Ich und Natur ist keine Gegenwart, sondern ein künftiges Ziel: „Die praestabilirte Harmonie wird der Erfolg, oder die Costitution der vollk[ommnen] moralischen Welt seyn."[115], oder: „Der allg[emeine] innige, harmonische Zusammenhang ist nicht, aber er *soll* seyn."[116]

Durch diese Ausrichtung auf die Zukunft erhält Novalis' Geschichtsphilosophie einen ausgeprägt *eschatologischen* Charakter: die Geschichte wird von Hardenberg als heilsgeschichtliche Entwicklung von einer verlorenen goldenen Vorzeit hin zu deren potenzierter Wiederkehr konzipiert, die als Ende der Geschichte erscheint.[117] Das Ende der Geschichte stellt keine bloße Wiederholung, sondern die Potenzierung des Anfangs dar: „In der *künftigen* Welt ist alles, wie in der *ehmaligen* Welt – und *doch alles ganz Anders.* Die *künftige* Welt ist das *Vernünftige* Chaos – das Chaos, das sich selbst durchdrang – in sich und außer sich ist – Chaos² oder ∞."[118] Anders als der Ursprung, der das vorreflexive Chaos darstellt, ist das Ziel der Geschichte das vernünftige, sich selbst durchdringende Chaos, d.h. ein Höhepunkt der Reflexivität. Das Ende der Geschichte ist m. a. W. nicht die Regression in das Ununterschiedene, sondern die Herstellung einer neuen Unmittelbarkeit, die aber die Kulmination des gesamten Vermittlungsprozesses darstellt.

Diese eschatologische Ausrichtung betrifft nicht nur den Geschichtsverlauf selbst, sondern auch die Geschichts*schreibung*. Letztere erhält die kapitale Aufgabe, den geschichtlichen Verlauf im Hinblick auf das heilsgeschichtliche Ziel zu deuten und das Kommen der goldenen Endzeit anzukündigen. Diese

---

[114] Schriften III 66.

[115] Schriften III 414 Nr. 750.

[116] Schriften III 438 Nr. 885.

[117] Diese triadische Geschichtskonzeption geht bekanntlich auf Schillers Aufsatz *Ueber naive und sentimentalische Dichtung* zurück. Dort wird dem Idyllendichter, nach dem Verlust Arkadiens, der goldenen Zeit, Elysium als sentimentalisches Ideal empfohlen, das die naive Vollkommenheit auf höherer Ebene einholen soll. Schiller fordert vom Idyllendichter: „Er mache sich die Aufgabe einer Idylle, welche jene Hirtenunschuld auch in Subjekten der Kultur [...] ausführt, welche mit einem Wort, den Menschen, der nun einmal nicht mehr nach *Arkadien* zurückkann, bis nach *Elisium* führt.", NA XX 472. Zur goldenen Zeit bei Novalis vgl. grundlegend: Hans-Joachim Mähl, Die Idee des goldenen Zeitalters im Werk des Novalis, Heidelberg 1965, 305-28 (Das goldene Zeitalter als „Vergangenheit" und als „Zukunft").

[118] Schriften III 280-1 Nr. 234. Vgl. auch: „Vor der Abstraction ist alles Eins – aber eins, wie das Chaos – Nach der Abstraction ist wieder alles vereinigt – aber diese Vereinigung ist eine freye Verbündung selbstständiger, selbstbestimmter Wesen – Aus einem Haufen ist eine Gesellschaft geworden – das Chaos ist in eine mannichfaltige Welt verwandelt.", Schriften II 454-6 Nr. 94. Bei aller Verklärung des Vergangenen, ist Novalis' Geschichtsphilosophie stets auf die Zukunftshoffnung ausgerichtet. Mähl hat diese Zukunftsausrichtung treffend zum Ausdruck gebracht: „Daher kommt es, dass in den Dichtungen des Novalis niemals die Klage über das Verlorene, die wehmütige Versenkung in ein vergangenes goldenes Zeitalter der kindlichen Unschuld und des glücklichen Einklangs aller Wesen beherrschend hervortritt [...], sondern dass bei ihm alle Bilder des mythischen oder geschichtlichen ‚Es war einmal' vorwärts weisen über die Verneinung der Gegenwart hinweg in eine mit prophetischer Gewißheit ergriffene und verkündete Zukunft.", a.a.O., 319.

Deutung des Gewesenen und des Seienden im Hinblick auf das Seinsollende macht für Novalis den „philosophischen Theil" der Historie aus. Er schreibt: „Alles historische bezieht sich auf ein Gegebnes – so wie gegentheils alles phil[osophische] sich auf ein *Gemachtes* bezieht. / Aber auch die Historie hat einen *phil[osophischen] Theil.*"[119] Der Historiker beschränkt sich nicht darauf, die historischen Daten zu sammeln, sondern ergänzt diese zugleich: „Wahrsager aus Chiffern – *Letternaugur*. Ein Ergänzer."[120] Hardenberg fordert eine tätige „Behandlung der *Historie*".[121] Der Historiker erscheint ihm als „der thätige, idealistische Bearbeiter der Geschichtsdaten [...]".[122] In den *Vermischten Bemerkungen* heißt es:

> Der Geschichtsschreiber organisirt historische Wesen. Die Data der Geschichte sind die Masse, der der Geschichtsschreiber Form giebt – durch Belebung. Mithin steht auch die Geschichte unter den Grundsätzen der Belebung und Organisation überhaupt und bevor nicht diese Grundsätze da sind, giebt es auch keine ächten historischen Kunstgebilde – sondern nichts, als hie und da, Spuren zufälliger Belebungen, wo *unwillkürliches* Genie gewaltet hat.[123]

Novalis' V. *Hymne an die Nacht* und seine *Europa*-Rede, seine bedeutendsten geschichtsphilosophischen Entwürfe, die es nun zu interpretieren gilt, können durchaus als Paradigmen einer solchen tätigen Bearbeitung der Geschichte gelesen werden, in der das Vergangene in den Dienst des Künftigen gestellt wird.

---

[119] Schriften II 599 Nr. 343.
[120] Schriften II 598 Nr. 334.
[121] Schriften III 682 Nr. 644.
[122] Schriften III 586 Nr. 214.
[123] Schriften II 454 Nr. 92.

2. Novalis' Geschichtsphilosophie

2.1. Die Geschichtskonstruktion der V. *Hymne an die Nacht*

Im Folgenden sollen die Grundzüge von Novalis' Geschichtsphilosophie an-hand der zwei zentralen Werke, in denen sie sich ausprägt, untersucht werden: die V. *Hymne an die Nacht* und die *Europa*-Rede.

In der Geschichtsmythologie der V. *Hymne* greift Novalis nicht nur auf Schillers *Die Götter Griechenlandes* (1788) und den darauffolgenden Disput zurück, sondern auch auf die eigene Auseinandersetzung mit Schillers Gedicht, das in Wielands *Teutschem Merkur* im März 1788 erschien.[124] Unmittelbar nach der Veröffentlichung der ersten Fassung löste das Gedicht eine heftige Debatte aus. Man beschuldigte Schiller des Atheismus, warf ihm vor, das Heidentum zu idealisieren und das Christentum abzuwerten.[125] In der Tat wird in Schillers Gedicht eine vehemente Kritik des christlichen Monotheismus formuliert. Die sinnliche Fülle der Erfahrung des Göttlichen, die das antike Heidentum auszeichnete, geht im Christentum verloren und muss einer trans-zendenten und abstrakten Gottesvorstellung weichen, die auf der Dichotomie von Irdischem und Göttlichem beruht. Diese Dichotomie findet ihre anthropo-logische Entsprechung im Dualismus von Leib und Seele, im „Entsagen" als der vom Gläubigen geforderten Haltung. Schiller bringt den abstrakten Cha-rakter des christlichen Glaubens, der in seiner Deutung zur Präfiguration des Rationalismus wird, folgendermaßen zum Ausdruck:

> Wohin tret ich? Diese traurge Stille
> kündigt sie mir meinen Schöpfer an?
> Finster, wie er selbst, ist seine Hülle,

---

[124] Als erster hat Kamla auf die geschichtsphilosophische Qualität der V. Hymne hingewiesen. Die von ihm aufgestellte, strikte Entgegensetzung von Antike und Christentum ist jedoch un-haltbar. Eine wesentlich subtilere und differenziertere Analyse der Geschichtsmythologie der Hymnen nimmt Max Kommerell vor, Novalis' Hymnen an die Nacht, in: Novalis. Beiträge zu Werk und Persönlichkeit Friedrich von Hardenbergs, hrsg. von Gerhard Schulz, 2. Aufl., Darmstadt 1986, 174-202, und insbesondere H.-J. Mähl, a.a.O., 387-93.

[125] Gegen Schillers Herabsetzung des christlichen Monotheismus erschien im August 1788 in Wielands *Deutschem Museum* zunächst ein Aufsatz von Friedrich Leopold Graf zu Stolberg (1750-1819), einem Mitglied des Göttinger Hains und einem vor allem durch Klopstock an-geregten Homer- und Platon-Übersetzer. 1789 erschien zudem im *Teutschen Merkur* ein Ge-gengedicht von Franz Alexander von Kleist (1769-97), einem *poeta minor* des 18. Jh., ver-wandt mit Heinrich von Kleist. Sein Gegengedicht trug den Titel: *Das Lob des einzigen Got-tes, ein Gegenstück zu den Göttern Griechenlands* und wurde von Wieland mit einer Nach-bemerkung versehen. Wieland selbst versprach seinerseits eine weitere Intervention, die je-doch ausblieb. Die zweite Fassung der *Götter Griechenlandes* entstand aufgrund der heftigen Kritik, mit der Schiller konfrontiert wurde. Sie erschien im ersten Teil der Gedichte 1800. Von den 1788 veröffentlichten 25 Strophen behielt Schiller nur 14 bei, während zwei neue (6 und 16 in der endgültigen Fassung) dazu kamen.

mein Entsagen – was ihn feiern kann.[126]

An anderer Stelle heißt es noch pointierter:

> Alle jene Blüthen sind gefallen
> von des Nordens winterlichem Wehn.
> *Einen* zu bereichern, unter allen,
> mußte diese Götterwelt vergehn.[127]

Mit dem „Einen" meint Schiller den Gott des christlichen Monotheismus, der die gesamte Macht der antiken Götter usurpiert hat. Im Unterschied zu den antiken, sinnlich erfahrbaren Göttergestalten entzieht er sich dem menschlichen Blick – „Finster, wie er selbst, ist seine Hülle." – und ist auf diese Weise für Schiller die Präfiguration der rationalistischen Weltsicht und ihres Dualismus von Geist und Natur.

Der junge Hardenberg hatte in der Kontroverse um Schillers Gedicht und dessen Christentum-Kritik eindeutig die Partei Schillers ergriffen, wie ein Aufsatz-Entwurf von 1790 belegt. Dieser trägt den Titel *Apologie von Friedrich Schiller*. Dort nimmt Novalis den angegriffenen Dichter in Schutz:

> Man hat fast überall über das vortreffliche Gedicht des Herrn Raths Schiller ‚die Götter Griechenlands' Weh u[nd] Ach geschrien, ihn für einen Atheisten und ich weiß nicht für was Alles erklärt und voll heiligen Eifers ihn geradezu der Hölle übergeben. Kluge und unpartheiische Köpfe haben größtentheils darüber mit mehr Gerechtigkeit geurtheilt, doch keiner außer Wieland, der einen Wink davon im deutschen Merkure gab, hat sich öffentlich erklärt, um die Frömmler und andre enthusiastische Köpfe, die vielleicht nur ein heiliger Enthusiasmus schnell übereilte, zu beschämen.[128]

Novalis verteidigt demnach Schillers Gedicht vor den Vorwürfen des Atheismus, noch bevor er den Dichter persönlich kennen gelernt hatte.[129]

Mit der Geschichtskonstruktion der V. *Hymne* widerruft Hardenberg allerdings seine frühe Stellungnahme. Er schildert nämlich das Versagen der antiken Götterwelt angesichts der menschlichen Sterblichkeit und die Überlegenheit der christlichen Auferstehungslehre. Schillers Sicht auf Antike und Christentum wird somit von Novalis ins Gegenteil gewendet. Bereits die ersten Zeilen der Hymne nehmen proleptisch die künftige historische Entwicklung der Antike hin zum Christentum vorweg, indem sie auf die Insuffizienz der

---

[126] NA I 193.

[127] NA I 194.

[128] Schriften VI.1 537-8, hier 537. Erwähnenswert ist in diesem Zusammenhang auch ein anderer Aufsatzentwurf des jungen Hardenberg zur Verteidigung des Atheismus gegenüber den Vorwürfen der Amoralität. Vgl.: Schriften VI.1 473-5 (*Kann ein Atheist auch moralisch tugendhaft aus Grundsätzen seyn?*).

[129] Schiller und Hardenberg sind sich wohl erst im Wintersemeser 1790-91 begegnet, als Schiller in Jena eine fünfstündige Privatvorlesung über europäische Staatsgeschichte und ein einstündiges Publikum über die Kreuzzüge las und wahrscheinlich auch der junge Hardenberg unter seinen Zuhörern saß. Zum Einfluss Schillers auf den jungen Hardenberg vgl.: Schriften I 5 ff.

mythischen Weltdeutung hinweisen[130]: „Über der Menschen weitverbreitete Stämme herrschte vor Zeiten ein eisernes Schicksal mit stummer Gewalt. Eine dunkle schwere Binde lag um ihre bange Seele [...]. Seit Ewigkeiten stand ihr [der Erde] geheimnißvoller Bau."[131] Diese anfängliche Charakterisierung der goldenen Vorzeit relativiert letztere und liefert eine plausible Erklärung für die historische Entwicklung hin zum Christentum und zu dem in der christlichen Unsterblichkeitslehre präfigurierten Freiheitsbewusstsein der Moderne.[132]

Die goldene Vorzeit erscheint demzufolge zwar als harmonisch, bleibt allerdings ein Reich der Unfreiheit – „ein eisernes Schicksal" herrscht dort „mit stummer Gewalt" – und der Bewusstlosigkeit – die „dunkle, schwere Binde", die um die „bange Seele" der Menschen liegt sowie der „geheimnißvolle Bau" der Erde symbolisieren die Bewusstlosigkeit der Menschen und die mangelnde Erforschung und Einsicht in die tieferen kosmischen Zusammenhänge und in das Wesen des menschlichen Daseins. Noch bevor der Tod auftritt und das Götterfest unterbricht, erscheint die goldene Vorzeit als unvollkommen. Nachdem der Tod das Bankett der Götter aufgelöst hat[133] und das Altertum nur noch über den Weg der ästhetischen Beschönigung das nun erlangte Bewusstsein zu vertuschen vermag[134], sind es nicht mehr kindliche, sondern „unkindliche, wachsende Menschen", die „in den freyeren, wüsten Raum" hinaufstreben.[135]

Die Zeit zwischen dem Untergang der antiken Welt und dem Aufstieg des Christentums wird von Novalis als eine Zeit geschildert, in der die alten Götter und mit ihnen die Phantasie einer rationalistischen Weltauffassung weichen müssen: „Die Götter verschwanden mit ihrem Gefolge – Einsam und leblos

---

[130] Heinz Ritter, a.a.O., 105, 169-79; Max Kommerell, a.a.O., bes. 188; Hannelore Link, Abstraktion und Poesie im Werk des Novalis, Stuttgart 1971, 106, Anm. 176; Peter Gumpel, The structural Integrity of the Sixth of Novalis' ‚Hymnen an die Nacht', in: The Germanic Review 1980 (55), 41-54, bes. 44; Uerlings, Friedrich von Hardenberg, genannt Novalis. Werk und Forschung, Stuttgart 1991, 286-7.

[131] Schriften I 141.

[132] So Schelling in der Schrift *Über Offenbarung und Volksunterricht* (1797): Erst das Christentum hat durch die Lehre von der Menschenwerdung Gottes und von der Gegenwart des heiligen Geistes in der gläubigen Gemeinde dem menschlichen Bewusstsein eine vollkommen freie Beziehung zum Unendlichen, und dadurch die begreifende Erkenntnis des Geistes in seiner absoluten Unendlichkeit ermöglicht. Christi Auferstehung wird zur Versinnbildlichung des Postulats der moralischen Selbstbestimmung.

[133] „Es war der Tod, der dieses Lustgelag / Mit Angst und Schmerz und Thränen unterbrach.", Schriften I 143. Dass die freie Rede gerade an dieser Stelle zur „gebundenen" wird, veranschaulicht bis in die Form hinein, dass der Tod für den antiken Menschen ein objektives, unhintergehbares Gesetz darstellt.

[134] „Mit kühnem Geist und hoher Sinnenglut / Verschönte sich der Mensch die grause Larve, / Ein sanfter Jüngling löscht das Licht und ruht – / Sanft wird das Ende, wie ein Wehn der Harfe. / Erinnerung schmilzt in kühler Schattenflut, / So sang das Lied dem traurigen Bedarfe. / Doch unenträthselt bleib die ewge Nacht, / Das ernste Zeichen einer fernen Macht.", Schriften I 143.

[135] Schriften I 145.

stand die Natur. Mit eiserner Kette band sie die dürre Zahl und das strenge
Maaß. Wie in Staub und Lüfte zerfiel in dunkle Worte die unermeßliche
Blüthe des Lebens. Entflohn war der beschwörende Glauben, und die allverwandelnde, allverschwisternde Himmelsgenossin, die Fantasie." [136] Bemer-
kenswerterweise eignet sich hier Novalis Schillers Rationalismus-Kritik an.
Allerdings geht der Rationalismus bei ihm nicht mehr aus dem Christentum
hervor, sondern letzterem voraus. Im Unterschied zu Schiller kann Hardenberg
den Rationalismus nicht aus dem Christentum entspringen lassen, weil seine
Hymnen sich zum Christentum bekennen. Aus diesem Grund ist Hardenberg
genötigt, in der V. *Hymne* den Rationalismus als eine Epoche zwischen dem
Ende der Antike und dem Anfang des Christentums darzustellen. Man ist versucht, diesen Unterschied zu Schiller als Zeugnis der Aporie zu deuten, in der
sich Novalis befindet: als *Dichter* will er in der Nachfolge Schillers ebenso
den modernen Rationalismus kritisieren, die von ihm herbeigeführte Entsee-
lung der Natur. Als *Christ* allerdings ist er nicht dazu bereit, den Rationalismus als ein geschichtliches Produkt des Christentums anzuerkennen, weshalb
er ihn aus der Antike hervorgehen lässt. Diese historische Unstimmigkeit erweist sich jedoch als nur scheinbar, wenn man bedenkt, dass der Rationalismus nicht erst ein Produkt des Christentums ist, sondern sich bereits in der
Spätantike ausprägte. In der Tat entwickelte sich die rationalistische Haltung
schon in der Spätantike, und zwar in skeptischer Form in der Sophistik und
der späten Akademie, in dogmatischer Form in der Stoa. Vor diesem Hintergrund erscheint das Geschichtsmodell der V. *Hymne* nicht mehr als historische
Inkonsequenz, sondern als philosophiegeschichtlich fundierte Verteidigung
des Christentums gegenüber dem Vorwurf des Rationalismus.

Schließlich weicht die rationalistische Interimszeit einem neuen Weltalter.
Gemäß der antiken Kodierung der Gattung, derzufolge im Mittelpunkt der
Hymne eine Aretalogie, eine Erzählung bedeutsamer mythischer Ereignisse
stand, die die angerufene Gottheit betrafen, wird in der V. *Hymne* der Mythos
von Christi Sieg über den Tod dargestellt.[137] Die Menschwerdung des Messias
markiert den qualitativen Sprung, den das Christentum gegenüber der Antike
auszeichnet, denn im Tod und in der Auferstehung Christi wird der Tod selbst
als „das ernste Zeichen einer fernen Macht" aufgehoben.

Novalis hat folglich die Gesamtkonstruktion seiner *Hymnen* um den Übergang von der Antike zum Christentum zentriert, denn dieser Übergang markiert für ihn die Eröffnung einer bislang unbekannten Dimension des Menschen, der Unsterblichkeit als Sieg des Übersinnlichen. Dabei griff Novalis
auch auf E. Gibbons *The History of the Decline and Fall of the Roman Empire*

---

[136] Schriften I 145.
[137] In der antiken Hymne stand eingangs die Epiklese oder *invocatio*, die Anrufung der Gottheit.
Die Mittelpartie, die *aretalogia* oder Lobpreis, erzählte vom Wesen und Wirken des Gottes.
Die Hymne schloss mit einer *precatio*. Vgl.: William D. Furley, Art. Hymnos, in: Der neue
Pauly, Bd. 5, Stuttgart 1998, Sp. 788-91.

(1776-1788) zurück, das den Auflösungsprozess der römischen Kultur unter dem Druck des Christentums rekonstruiert. Besonders der erste Band dürfte für Novalis von Bedeutung gewesen sein, in dem Gibbon die Scheidung der Antike vom Christentum darstellt (Kap. 15-16). Novalis beabsichtigt allerdings nicht wie der rationalistische Historiker, das Christentum vom Standpunkt der antiken Welt aus als Verfallselement der römischen Kultur zu schildern. Vielmehr notiert er: „Andrer Gesichtspunct für die Geschichte, die Gibbon behandelt hat – die Scheidung der alten und neuen Welt – des alten und neuen *Testaments* – den Sieg des Übersinnlichen".[138] Nicht der Verfall der Antike, sondern der Aufstieg der neuen Welt, nicht der Verlust der Immanenz, sondern der Sieg der Transzendenz ist für Novalis das Hauptkriterium der Scheidung der alten von der neuen Welt. In den *Hymnen* kommt dies im Vorrang der Nacht als Symbol der Unendlichkeit über die Beschränktheit der Tageswelt zum Ausdruck. Die Auferstehung markiert für Novalis den Auftakt der Moderne, denn sie eröffnet dem Menschen den Raum des Übersinnlichen und des Unendlichen. Dass insofern Novalis' Bekenntnis zur Nacht nicht nur eine religiöse, sondern auch eine *poetologische* Bedeutung erhält und die *Hymnen* zum Manifest der frühromantischen Poetik der Unendlichkeit macht, soll an dieser Stelle nicht nochmals im Detail ausgeführt werden.[139]

Hat man diese religiös *und* poetologisch fundierte Vorrangstellung des Christentums gegenüber der Antike festgehalten, muss man allerdings einräumen, dass es Novalis nicht auf eine Verwerfung der Antike ankam, wie vor allem Henry Kamlas religiöse Deutung der *Hymne* behauptet.[140] Christi Passi-

---

[138] Schriften III 565 Nr. 73. Vgl. dazu Samuel: „Die Wirkung des Christentums wurde also von Gibbon als eine zerstörende angesehen, die den ganzen Zeitraum des Mittelalters so unendlich kulturlos, verworren, traurig und finster mache und zu einer Periode des Untergangs und des Verfalls gestalte. Was hatte Novalis dem entgegenzustellen? Eine völlig andere Bewertung der Erscheinung Christi als weltgeschichtliche Tatsache, wie sie sich in den Hymnen ausgesprochen fand. Und zwar gab Novalis, wie bemerkt wurde, dieser Tatsache einen revolutionären Charakter. Er sah die Weltentwicklung entscheidend verändert, er sah sie eine völlig neue Richtung nehmen, die einen Bruch mit der Vergangenheit darstellt. So verlangte er eine Scheidung der alten und neuen Welt.", a.a.O., 253.

[139] Vgl. dazu: Verf., Novalis' erste Hymne an die Nacht in der Tradition der Poetik des Erhabenen, in: Jahrbuch der Novalis-Gesellschaft 1 (2006). Dass die religionsphilosophische Differenz zwischen Antike und Moderne zugleich zur ästhetischen Differenz wird, wird auch daran ersichtlich, dass in der V. *Hymne* – wie Gerhard Schulz hervorgehoben hat – das Thema des Todes in Stanzenform gedichtet ist – im Unterschied zu Schillers Gedicht, das nur Kreuzreime hat. Dadurch wird die Zäsur gegenüber der reimlosen antiken Lyrik markiert und an die italienische Versepik der Renaissance angeknüpft, mit der sich Hardenberg bereits in seiner Jugend vertraut machte. Vgl. etwa das Gedicht auf den Hauslehrer Christian Gottlob Wolf belegt, der mit ihm Tasso und Ariost las: „Du lehrtest mir wandeln mit Ariost / Und Tasso durch wahre Labyrinthe / Von Fabeln und durch ein mäandrisches Gewinde / Von Heldenthaten und Zaubereyen / Verwandlungen, Reisen und Feereyn, / Und kurz von dem was pflegt in romantischen Zeiten zu seyn.", Schriften IV 66. Der junge Hardenberg lernte Italienisch, um Petrarca, Tasso und Ariost im Original zu lesen. Auch ein Übersetzungsversuch des Anfangs des *Orlando furioso* ist überliefert. Vgl.: Schriften VI.1 207-8 Nr. 155.

[140] Novalis' Hymnen an die Nacht. Zur Deutung und Datierung, Kopenhagen 1945. Die antike

on und Auferstehung löst das Rätsel des Todes und ermöglicht eine Wiederkehr der Harmonie der Vorzeit auf höherem Niveau. Bereits Hans-Joachim Mähl hat darauf aufmerksam gemacht, dass eine strikte Antithese von Antike und Christentum in der V. *Hymne* in der Tat nicht vorhanden ist.[141] Auch Herbert Uerlings urteilt in seinem Forschungsbericht in diesem Sinne: „der tiefe Gegensatz verläuft nicht zwischen Antike und Moderne, sondern zwischen (alter und neuer) Religion einerseits und Zuständen der Götterferne und Götterleere andererseits."[142] Bereits Gerhard Schulz hatte vor Uerlings diesen Umstand hervorgehoben.[143] Bislang wurden allerdings die unterschwelligen Kontinuitäten zwischen Antike und Christentum noch nicht analysiert, was im Folgenden versucht werden soll.

Die Analogie von Antike und Christentum ergibt sich aus dem Umstand, dass beide goldene Zeitalter repräsentieren. Beide sind von *Religion* und *Phantasie* geprägte Epochen und somit dem Rationalismus entgegengesetzt. Die offenkundigste Verknüpfung der beiden Weltalter ist bereits mit Jesu Geburt gegeben. Nachdem der Untergang der alten Zeit und darauffolgend Christi Geburt geschildert wurden, erkennt ein griechischer Sänger in Jesus den fackeltragenden Jüngling, der – auf alten Gräbern abgebildet – die antike Todesvorstellung repräsentierte[144]:

> Der Jüngling bist du, der seit langer Zeit
> Auf unsern Gräbern steht in tiefen Sinnen […].[145]

Der Sänger erkennt zwar die neue Zeit, die Christus einleitet und die die alte von der neuen Welt trennt, er nennt den Messias „Der höhern Menschheit freudiges Beginnen."[146] Jedoch ist der Umstand, dass der Sänger in Christus

---

Gesinnung laufe auf einen „gewollten Betrug" (28) hinaus.

[141] „Man wird deshalb kaum sagen können, dass Antike und Christentum, goldene Vorzeit und goldene Endzeit als unversöhnliche Gegensätze aufgefasst werden.", a.a.O., 389. Mähl verweist zudem auch auf Walter Müller-Seidels Besprechung von Kamlas Untersuchung – in: Probleme neuerer Novalisforschung, Germanisch-Romanische Monatsschrift 3 1953, 274-92, bes. 284 f. – sowie auf dessen Rezension durch H. Fauteck in: Euphorion 45, 1950, 264 ff., insb. 266 und 270. Mähl fügt dem hinzu: „Die Antithese Antike – Christentum ist ebenso wenig das letzte Wort des Novalis, wie die darauf aufgebaute Antithese Klassik – Romantik den Intentionen *beider* Geisterwelten gerecht zu werden vermag.", a.a.O., 389, Anm. 28.

[142] A.a.O., 298.

[143] Vgl.: ‚Mit den Menschen ändert die Welt sich'. Zu Friedrich von Hardenbergs 5. ‚Hymne an die Nacht', in: Gedichte und Interpretationen. Klassik und Romantik, hrsg. von Wulf Segebrecht, Stuttgart 1984, 202-15, bes. 213.

[144] Seit Lessings Schrift *Wie die Alten den Tod gebildet* (1769) ein beliebtes, der antiken Ikonographie entlehntes Motiv, um die antike Todesvorstellung dichterisch zu symbolisieren. Es begegnet in Herders Gedicht *Der Tod. Ein Gespräch an Lessings Grabe*, in den *Paramythien* sowie in Schillers Gedichten *Resignation* (1786) und in *Den Göttern Griechenlandes*: „Damals trat kein gräßliches Gerippe / Vor das Bett des Sterbenden. Ein Kuß / Nahm das letzte Leben von der Lippe, / Still und traurig senkt' ein Genius / Seine Fackel […]", NA I 166.

[145] Schriften I 147.

[146] Ebd.

überhaupt den fackeltragenden Jüngling erkennen *kann*, ja dass überhaupt Novalis auf diese Erkennungsszene so viel Wert gelegt hat, dass er sie exakt in die Mitte der *Hymne* gerückt hat, ein Zeugnis für die Kontinuität innerhalb der Wandlung. Gerade der Sänger verkörpert die Aussöhnung der heidnischen und der christlichen Religion, da er aus Griechenland kommt[147], dem Messias huldigt und die frohe Botschaft, die neue anbrechende Weltepoche im Indostan weiter verkündet.[148] Dass diese Erkennungsszene übrigens in derselben Strophenform gestaltet wird, die Novalis für die Charakterisierung der antiken Todesvorstellung verwendet hatte, bekräftigt nochmals die Kontinuität zwischen Thanatos und Christus.[149]

Diese Passage, die sich genau in der Mitte der *Hymne* befindet, fungiert als Gelenkstelle in der Struktur der gesamten Komposition. Aber bereits vorher wurde der Gedanke der Kontinuität in der Entwicklung zum Ausdruck gebracht, und zwar an der Stelle, an der gesagt wurde, dass die – christliche – Nacht die *Wiederkehr* der Götter in höherer Form impliziert: „Nicht mehr war das Licht der Götter Aufenthalt und himmlisches Zeichen – den Schleyer der Nacht warfen sie über sich. Die Nacht ward der Offenbarungen mächtiger Schoos – in ihn kehrten die Götter zurück – schlummerten ein, um in neuen herrlichern Gestalten auszugehn über die veränderte Welt."[150] Diese zentrale Passage bringt programmatisch das Gesetz der zyklischen Progressivität zum Ausdruck, die Entsprechung, die „das *neue herrliche* Göttergeschlecht"[151] der Antike und die „*neuen herrlichern* Gestalten"[152] des Christentums miteinander

---

[147] „Von ferner Küste, unter Hellas heiterm Himmel geboren, kam ein Sänger nach Palästina und ergab sein ganzes Herz dem Wunderkinde […]", Schriften I 147.

[148] „Der Sänger zog voll Freudigkeit nach Indostan – das Herz von süßer Liebe trunken; und schüttete in feurigen Gesängen es unter jenem milden Himmel aus, daß tausend Herzen sich zu ihm neigten, und die fröhliche Botschaft tausendzweigig emporwuchs.", Schriften I 147.

[149] Auch Uerlings zu Folge greift Novalis erneut auf die Stanzenform zurück, weil „[…] er unterstreichen will, dass in Christus, dem Überwinder des Todes, Thanatos neu ersteht.", a.a.O., 297.

[150] Schriften I 145. Auch H.-J. Mähl hebt die zentrale Bedeutung des Passus hervor: „Das Eigentümliche und doch in unserem Gedankenzusammenhang Vertraute der Vorstellungsweise des Novalis besteht gerade darin, dass in Christus zugleich die alten Götter in neuer Offenbarungsgestalt erschienen sind […]. In diesem Sinne ist das christliche Weltalter wahrhaft eine ‚Auferstehung', eine ‚Verjüngung' und ‚Wiedergeburt' des alten, vergangenen Weltalters.", a.a.O., 389-90. Weiter heißt es: „Der Gedanke der *Wiederkehr* einer goldenen Zeit bleibt also auch hier gewahrt; das Christentum vernichtet den alten antiken Mythos nicht – die Götter werden nicht als irdische Truggestalten entlarvt –, sondern es wird als Wiederkunft dieser Götter verstanden, die in der Zwischenzeit ‚den Schleyer der Nacht' über sich geworfen hatten.", a.a.O., 390. Mähl zitiert auch den wichtigen Brief an Friedrich Schlegel vom Januar 1799, der das Christentum als den „ersten Hauptflügel" eines Altars beschreibt, dessen „zweiter Hauptflügel" „die Göttlichkeit der Antike" ist: „beide halten das Universum, als den Körper des Engels, in ewigem Schweben – in ewigem Genuß von Raum und Zeit.", Schriften IV 274. Novalis spricht nicht nur von der „Göttlichkeit der Antike", sondern sogar von der „Herstellung des Alterthums".

[151] Schriften I 141, meine Hervorhebung.

[152] Schriften I 145, meine Hervorhebung.

verbindet. Ebenso unmissverständlich hieß es schon vorher: „Ins tiefre Heiligthum, in des Gemüths höhern Raum zog mit ihren Mächten die Seele der Welt – zu walten dort bis zum Anbruch der tagenden Weltherrlichkeit."[153] Es ist folglich ein und dasselbe göttliche Prinzip, das Novalis als die „Seele der Welt" bezeichnet[154], das sich im Altertum im Realen, in der Natur, geäußert hatte, und sich nun im Christentum, auf einer höheren Stufe, im Idealen, in der menschlichen Seele offenbart.

Allerdings zeugen nicht nur diese beiden programmatischen Textpassagen von der Vermittlung von Antike und Christentum, die demzufolge als unterschiedliche Entwicklungsstufen *eines* organischen Ganzen erscheinen. Novalis spinnt in der V. *Hymne* ein feines Netz von Bezügen und Analogien zwischen Altertum und Christentum. Das Element der Zyklizität wird durch die Analogien hervorgehoben, die Novalis zwischen Antike und Christentum herstellt – Analogien, die für einen Eindruck von Kontinuität in der Entwicklung sorgen und Christi goldene Endzeit als *gesteigerte Wiederkehr* der goldenen Vorzeit erscheinen lassen. Gerhard Schulz hat lediglich auf einige, bei weitem nicht auf alle Analogien zwischen dem archaischen und dem von Christus eingeleiteten, künftigen goldenen Zeitalter aufmerksam gemacht.[155] Beide Zeitalter sind zunächst durch *Unendlichkeit* charakterisiert. Der Unendlichkeit des Urzustands: „*Unendlich* war die Erde."[156] entspricht die von Christus auf einer höheren Entwicklungsstufe ermöglichte Erfahrung der Unendlichkeit – „Es wogt das volle Leben / Wie ein *unendlich* Meer."[157] Auch die *Ewigkeit* ist ein von beiden geteiltes Attribut: die Ewigkeit des Urzustands – „Seit *Ewigkeiten* stand ihr geheimnißvoller Bau."[158] – wird durch die christliche Vorstellung des „ewigen Lebens" auf höhere Stufe aufgehoben – „Getrost, das Leben schreitet / Zum *ewgen* Leben hin."[159] Der ewige *Frühling* charakterisiert sowohl die goldene Zeit des Anfangs[160], in der „das Leben, wie ein *Frühling*, durch die Jahrhunderte" hinrauschte[161], als auch das frühlingshafte neue Aufkeimen des Lebens durch die Verbreitung des Evangeliums – „Wie *Blumen keimte* ein neues fremdes Leben in seiner [Christi] Nähe."[162]; so trug auch der Sänger dazu bei, dass „[...] die fröhliche Botschaft *tausendzweigig emporwuchs*."[163] Die *Fröhlichkeit* charakterisiert die alte sowie die neue Welt: die „*fröhlichen*

---

[153] Ebd.
[154] Wohl in Anlehnung an Schelling, dessen *Weltseele* (1798) Novalis im Sommer 1798 studiert hatte. Vgl. dazu die Exzerpte in den Schelling-Studien: Schriften III 102-14.
[155] Vgl. dazu: Schulz, a.a.O., 213.
[156] Schriften I 141, diese und die folgenden sind meine Hervorhebungen.
[157] Schriften I 153.
[158] Schriften I 141.
[159] Schriften I 153.
[160] Bereits für Ovid. Vgl.: *Metamorphosen* I, 107: „[...] ver erat aeternum [...]".
[161] Schriften I 143.
[162] Schriften I 147.
[163] Ebd.

Menschen"[164] präfigurieren „der Botschaften *fröhlichste*".[165] Das *Kindliche*, für
Novalis eines der wichtigsten Kennzeichen der goldenen Zeit[166], kommt sowohl den ersten Menschen – „Alle Geschlechter verehrten *kindlich* die zarte,
tausendfältige Flamme."[167] – als den Anhängern Christi zu: „Bald sammelten
die *kindlichsten* Gemüther von inniger Liebe wundersam ergriffen sich um ihn
her."[168] Auch die *Liebe* ist beiden Weltaltern gemeinsam. Die *irdische* Liebe
der Aphrodite, die in ihrem Tempel zu ihren Ehren vollzogenen *süßen Liebes-*
dienste – „der *Liebe* heilger Rausch ein *süßer* Dienst der schönsten Götter-
frau"[169] – sind die Präfiguration der christlichen *himmlischen Liebe*:

> Nun weint an keinem Grabe,
> Für Schmerz, wer *liebend* glaubt.
> Der *Liebe süße* Habe
> Wird keinem nicht geraubt [...].[170]

Schließlich entsprechen sich die antike und die neue goldene Zeit auch in
der Bildlichkeit. Insbesondere die Motive des Schlussgesangs – Meer, Sonne
und Sterne – sind bislang in der Forschung nicht berücksichtigt worden. Dass
das Schlusslied gerade diese Bilder gestaltet, dürfte nicht zufällig sein, denn es
handelt sich dabei um dieselben Motive, mit denen Novalis die goldene Vorzeit beschrieben hatte. Das Meer, das die Unendlichkeit des Lebens symbolisiert, und die Sonne als das belebende geistige Prinzip, beherrschten bereits
die antike Welt: „[…] in des Meeres heiligem Schooß wohnte die Sonne, das
allzündende, lebendige Licht"[171] und: „Des Meers dunkle, grüne Tiefe war
einer Göttin Schooß."[172] Nun wird die christliche goldene Endzeit im Schlusslied mit denselben Bildern beschrieben: „Es wogt das volle Leben / Wie ein
unendlich *Meer*. / […] Und unser aller *Sonne* / Ist Gottes Angesicht."[173] Die
Bezeichnung Gottes als „unser aller *Sonne*" erweist sich also als Rückbezug
auf die antike goldene Zeit, deren Steigerung die neue, von Christus eingelei-

---

[164] Schriften I 141.
[165] Schriften I 147.
[166] Vgl. H.-J. Mähl, a.a.O., 362.
[167] Schriften I 143.
[168] Schriften I 147.
[169] Schriften I 143.
[170] Schriften I 151. Nach Mähl (388) dürfte die Bedeutung der Aphrodite für die goldene Vorzeit
auf Novalis' Lektüre des Dialogs *Simon, ou des facultés de l'âme* (1780) von Hemsterhuis zurückzuführen sein, in dem geschildert wird, wie die Göttin der Liebe die Menschen vor dem
Zorn des Zeus schützte und das vom Göttervater angefangene Werk, das goldene Zeitalter,
selbst vollendete. Vgl.: Œuvres Philosophiques de M. F. Hemsterhuis, ed. H. J. Jansen, Bd. II,
Paris 1792, insb. 232.
[171] Schriften I 141.
[172] Ebd.
[173] Schriften I 153. Die Vorstellung von Gott als Sonne verweist nicht nur auf die biblische
Überlieferung – Psalm 84, 12, oder Offenbarung 22, 5 –, sondern auch auf die antike Vorstellung der Sonne als Gottheit am Anfang der Hymne.

tete Epoche darstellt.[174] Schließlich ist das Sternenmotiv zu erwähnen. Zuvor
hieß es über den Untergang der antiken Götterwelt: „Entflohn war der beschwörende Glauben, und die allverwandelnde, allverschwisternde Himmelsgenossin, die Fantasie. Unfreundlich blies ein kalter Nordwind über die erstarrte Flur, und die erstarrte Wunderheymat verflog in den Aether. Des Himmels Fernen füllten mit leuchtenden Welten sich."[175] Damit sind die Sternbilder gemeint, in die sich die Götter, nach dem Untergang des antiken Pantheismus, verwandelt haben.[176] Im Schlussgesang der V. *Hymne* heißt es nun:

> Die Sternwelt wird zerfließen
> Zum goldnen Lebenswein,
> Wir werden sie genießen
> Und lichte Sterne seyn.[177]

Das Christentum ermöglicht, dass die antike Immanenz wieder erfahrbar
wird – die Sternwelt wird „zum goldnen Lebenswein" zerfließen –, aber ohne
dass dies einen Rückfall in die vorausgehende Kulturstufe bedeutete. Die sinnliche Erfahrung des Göttlichen in der Immanenz als Genuss – „[...] wir werden
sie genießen [...]" – wird wiederum von der Transzendenz eingefangen: „Und
lichte Sterne seyn." Gerade darin liegt auch die qualitative Steigerung, die für
Novalis das Christentum gegenüber dem antiken Pantheismus bedeutet.

Selbst in dieser Steigerung, die das Christentum angesichts der Antike charakterisiert, versäumt es Novalis nicht, deren unterschwellige Korrespondenz
wiederholt hervorzuheben. Wenn der Tod in der Antike die sinnliche Luster-
fahrung unterband („Zerbrochen war die Woge des *Genusses*."[178]), bietet das
Christentum die Möglichkeit, diese sinnliche Lust in gesteigerter Form wieder
zu erfahren: „Wir werden sie [die Sternwelt] *genießen*."[179] Die Sinnenglut der
Antike, mit der sich der antike Mensch die Todeserfahrung verschönerte –
„Mit kühnem Geist und hoher *Sinnenglut* / Verschönte sich der Mensch die
grause Larve."[180] – verwandelt sich im Christentum in eine *innere* „Glut", die
den *inneren* „Sinn" verklärt: „Von *innrer Glut* geweitet / Verklärt sich unser

---

[174] Auch die Flamme als Sinnbild des Göttlichen ist beiden Weltaltern gemeinsam: „Alle Geschlechter verehrten kindlich die zarte, tausendfältige *Flamme*, als das höchste der Welt.",
Schriften I 143, und: „Der Sänger [...] schüttete in *feurigen* Gesängen [...]" sein Herz „[...]
unter jenem milden Himmel aus [...]", Schriften I 147.
[175] Schriften I 145.
[176] Die Anfänge der mythologischen Bezeichnung der Sterne liegen in Ägypten und im alten
Orient. Später wurde sie in Griechenland übernommen. Ihre kanonische Fassung ist das Werk
der ionischen Naturphilosophen, Pythagoreer und Astronomen des 5. und 4. Jh. v. C. (z.B.
Euktemon und Oidoxos), an deren Erkenntnissen die hellenistische Astrologie festhielt, die
die mythisch bestimmten Figuren nicht aufgab. Vgl.: Lexikon der antiken Welt, hrsg. von
Carl Andresen, Artikel „Sternbilder", Düsseldorf 2001, Bd. 3.
[177] Schriften I 153.
[178] Schriften I 143.
[179] Schriften I 153.
[180] Schriften I 143.

Sinn."[181]

Es wirft sich in diesem Zusammenhang auch die Frage auf, warum Novalis am Anfang der V. *Hymne* den Sieg der Götter über die Titanen überhaupt erwähnt: „Fest unter Bergen lagen die Ursöhne der Mutter Erde. Ohnmächtig in ihrer zerstörenden Wuth gegen das neue herrliche Göttergeschlecht [...]".[182] Diese mythologische Anspielung wäre nur ein gelehrtes, aber schließlich ornamentales und überflüssiges Zitat, wenn sie nicht den Sieg der Götter über die Titanen als subtile Präfiguration des Sieges Christi über den Tod erscheinen ließe: „Erwacht in neuer Götterherrlichkeit [...] begrub [er] mit eigner Hand der Alten Leichnam in die verlaßne Höhle, und legte mit allmächtiger Hand den Stein, den keine Macht erhebt, darauf."[183] Gemeint ist damit *nicht nur* der Leichnam Christi, sondern der Leichnam der alten Welt. In der Verfassung heißt es noch deutlicher: „Begrub mit eigner Hand / Die alte mit ihm gestorbne Welt."[184] Diese Universalisierung, die Novalis vollzieht und die aus dem Begräbnis der Leiche Christi das Begräbnis einer ganzen Kulturepoche macht, ermöglicht es zugleich, darin eine Analogie zum Begrabensein der Titanen zu sehen. So wie Zeus, auf einer archaischeren Kulturstufe, Kronos in die Unterwelt hinabschleuderte[185], so dass er „fest unter Bergen" liegt, und die Herrschaft des „*neuen herrlichen* Geschlechts" einleitete, so schleudert Christus, auf einer höheren Kulturstufe, den Tod in den Orkus hinab und legt einen Stein darauf, den keine Macht mehr aufheben kann. Somit leitet er die Herrschaft der „*neuen herrlichern* Gestalten" ein.

Dass diese Korrespondenz nicht zufällig ist, beweist ferner die Entsprechung unter den göttlichen Figuren. Christi Apostel werden als die „Sprossen seines *Götterstamms*" definiert: „Mit vergötterter Inbrunst schaute das weissagende Auge des blühenden Kindes [...] nach seinen Geliebten, den Sprossen seines Götterstamms [...]"[186] – eine bizarre Bezeichnung für die Apostel, wenn man den organischen Entwicklungsgedanken und den Umstand außer Acht lässt, dass im neuen „Göttergeschlecht" auch das alte in höherer Form weiterlebt. Es fällt auf, dass Novalis dem Christentum heidnische Züge – und zwangsläufig dem Heidentum christliche – verleiht, um überhaupt diese organische Geschichtskonstruktion aufrechterhalten zu können. Vergleichsweise neutraler und orthodoxer nimmt sich die gemeinsame Bezeichnung der Götter *und* der Engel als „Himmelskinder" aus – „ein ewig buntes Fest der *Himmelskinder*"[187] war die antike goldene Zeit, während im Christen-

---

[181] Schriften I 153.
[182] Schriften I 141.
[183] Schriften I 149.
[184] Schriften I 148.
[185] Um 1800 plante Novalis ein Gedicht über „Saturns Entthronung". Vgl.: Schriften III 682 Nr. 649. Kronos' Verbannung in der Unterwelt findet sich bereits bei Homer (*Ilias* VIII 478 ff.), später dann bei Vergil (*Aeneis* VIII 319 ff.) und bei Ovid (*Metamorphosen*, I 113 f.).
[186] Schriften I 145-7.
[187] Schriften I 143.

tum das Herz „von treuen *Himmelskindern*" bewacht wird.[188]

Ferner verknüpft Novalis durch das Attribut der Mütterlichkeit Demeter, die „liebende, *mütterliche* Göttin"[189], und Maria miteinander, sowie durch das Attribut des Weins – wie später Hölderlin in seiner Elegie *Brod und Wein* (1800-1801) – Dionysos als den „Gott in den Trauben"[190] und Christus als den „goldnen Lebenswein".[191] Die Symbole des christlichen Abendmahls, Brot und Wein, sind bereits in der Antike als Demeter und Dionysos vorgebildet: „[…] ein Gott in den Trauben – eine liebende, mütterliche Göttin, empor wachsend in vollen goldenen Garben […]".[192] In der Versfassung kommt die Gestalt der Demeter noch deutlicher zur Geltung: „Des goldnen Korns / Volle Garben / Waren ein göttliches Geschenk."[193] Die Feier der Götter präfiguriert folglich das christliche Abendmahl. Trotz dieser bislang von der Forschung unbeachteten Präfiguration Christi durch Dionysos in der V. Hymne unterscheidet sich letztere im Übrigen nicht unwesentlich von Hölderlins Elegie *Brod und Wein*. Die Überwindung des Todes und die Entdeckung der Unendlichkeit ist in Hölderlins Augen keine Leistung, die Christus als erster vollbracht hat, sondern sie ist bereits Dionysos zuzuschreiben. Der letzte Vers von Hölderlins Elegie spielt auf Dionysos' Katabasis an, wie sie von Horaz beschrieben wird: in der Schlussstrophe des *Carmen* II, 19 steigt Dionysos in die Unterwelt hinab, bringt den Höllenhund Cerberus mit Wein zum Schlafen – deshalb schließt auch Hölderlins Elegie mit dem Vers: „Selbst der neidische, selbst Cerberus trinket und schläft."[194] – und rettet somit seine Mutter Semele aus dem Reich der Schatten. Nicht erst Christus, sondern bereits Dionysos hat die Macht des Todes gebrochen. Hölderlin widerlegt somit die christliche Geschichtskonstruktion der V. *Hymne*, die auf einem eher klassizistischen Bild der Antike beruht, das Hölderlin verwarf. Auch die Wertung von Tag und Nacht ist im Vergleich zu Novalis entgegengesetzt. Die Nacht wird von Hölderlin nicht als Erfüllung, sondern als Interimszeit dargestellt, in der durch die Gaben des Dionysos das Licht des griechischen Tages auch in der Finsternis, in der Nacht

---

[188] Schriften I 151.

[189] Schriften I 143.

[190] Schriften I 143. Der junge Hardenberg hatte sich intensiv mit der Gestalt des Dionysos auseinandergesetzt. Besonders bedeutsam ist seine berühmte Nachdichtung der Horazischen Ode 3.25 – *Quo me Bacche* –, die ganz vom dionysisch-dithyrambischen Element beherrscht ist: „Wohin ziehst du mich, / Fülle meines Herzens, / Gott des Rausches, / Welche Wälder, welche Klüfte / Durchstreif ich mit fremden Muth. / Welche Höhlen / Hören in den Sternenkranz / Caesars ewigen Glanz mich flechten / Und den Göttern ihn zugesellen. / Unerhörte, gewaltige / Keinen sterblichen Lippen entfallene / Dinge will ich sagen. / Wie die glühende Nachtwandlerinn / Die bacchische Jungfrau / Am Hebrus staunt / Und im thrazischen Schnee / Und in Rhodope im Lande der Wilden / So dünkt mir seltsam und fremd / Der Flüsse Gewässer / Der einsame Wald.", Schriften I 406.

[191] Schriften I 153.

[192] Schriften I 143.

[193] Schriften I 142.

[194] StA II.1 95.

der Gegenwart erfahrbar wird.[195]

Die in der V. *Hymne* herauskristallisierten Korrespondenzen zwischen goldener Vor- und Endzeit sollen selbstverständlich den in der V. *Hymne* vorgetragenen Entwicklungsdanken nicht relativieren. Sie sollen lediglich zu der Einsicht beitragen, dass Novalis keinen strikten Gegensatz hat gestalten wollen, sondern den Gedanken einer – organischen – Entwicklung aus einem bewusstlosen, unreifen zu einem bewussten Zustand. Gerade die zahlreichen Analogien zwischen den zwei Altern bezeugen an zentraler Stelle diese organische Geschichtsbetrachtung. Dass Novalis übrigens diese spiralförmige Entwicklung nicht nur in der Beziehung von Antike und Christentum, sondern auch innerhalb der *christlichen* Tradition selbst am Werk sah, bezeugt folgende Notiz aus dem *Allgemeinen Brouillon*: „HIST[ORIK] […] (In jedem Groß-historischen Gliede muß gleichsam die große Geschichte symbolisch verjüngt liegen.) Der Anfang des neuen Testaments ist der 2te, höhere Sündenfall – und der […] Anfang der neuen *Periode* […]. Xstus ist der neue Adam. Begr[iff] der Wiedergeburt."[196]

---

[195] Hölderlins Elegie ist, wie Ulrich Gaier treffend formuliert hat, keine Hymne *an* die Nacht, sondern eine Hymne *während* der Nacht, in Erwartung des neuen Tages. Vgl.: Hölderlin. Eine Einführung, Tübingen und Basel 1993, 402.

[196] Schriften III 321 Nr. 433. Vgl. dazu den Kommentar von Gerhard Schulz in der HKA: 790 und 825 f.

2.2. Die *Europa*[197]

2.2.1. Zur Textüberlieferung

Novalis' Rede wird im Folgenden als *Europa* und nicht, wie z.B. in der HKA und in der Hanser-Ausgabe, als *Christenheit oder Europa* zitiert, weil dieser Titel *nicht* von Novalis stammt. Letzterer spricht in seiner Korrespondenz von seiner Schrift bekanntlich nur als von der *Europa*.[198] Der Titel *Christenheit oder Europa* wurde erst 1826 in der vierten Auflage der Schriften, die das Werk erstmalig veröffentlichte, hinzugefügt. Entweder stand der Titel auf der Abschrift, die der Verleger Reimer in Berlin benutzt hat, oder er wurde von Reimer selbst hinzugefügt. Dasselbe gilt für den Untertitel „Ein Fragment. (Geschrieben im Jahre 1799)".

Noch verworrener aber ist die Textüberlieferung. Von der *Europa* gibt es keine Handschrift, der Druck in der HKA beruht auf einer Kollation zweier unterschiedlicher Texte. Zum Einen sind die *Fragmente vermischten Inhalts*, die Friedrich Schlegel und Tieck im zweiten Band der ersten Ausgabe 1802 veröffentlichten und die acht Auszüge aus der Rede in Form von Fragmenten enthalten; zum Anderen die Erstveröffentlichung der Rede in der vierten Ausgabe von 1826, der allerdings *nicht* die Handschrift, sondern eine Abschrift zugrundegelegt wurde. H.-J. Mähl vermutet, dass die Abschrift von Karl von Hardenberg stammt.[199]

Ein Vergleich zwischen beiden Textfassungen zeigt allerdings eklatante Abweichungen insbesondere am Schluss des Textes, aus dem u.a. die Passage über den Untergang des Katholizismus gestrichen wurde. In der Edition von 1826 entfällt ausgerechnet die Textstelle, in der Novalis unmissverständlich vom Ende des Katholizismus spricht. Sie lautet: „Seine [des Christentums] zufällige Form ist so gut wie vernichtet, das alte Pabstthum liegt im Grabe, und Rom ist zum zweytenmal eine Ruine geworden. Soll der Protestantismus nicht endlich aufhören und einer neuen, dauerhafteren Kirche Platz ma-

---

[197] Es handelt sich hier nicht um eine detaillierte Interpretation der Rede, sondern vorrangig um eine Interpretation ihres Geschichtsmodells und dessen Vorbilder. Betr. einer eingehenderen Analyse vgl.: R. Samuel, Die poetische Staats- und Geschichtsauffassung Friedrich von Hardenbergs, a.a.O., 230 ff; E. Hederer, Friedrich von Hardenbergs Christenheit oder Europa, Diss. München 1936; R. Samuel, Die Form von Friedrich von Hardenbergs Abhandlung ,Die Christenheit oder Europa', in: Stoffe, Formen, Strukturen. H. H. Borcherdt zum 75. Geburtstag, hrsg. von A. Fuchs und H. Motekat, München 1962, 284-302; Wilfried Malsch, ,Europa'. Poetische Rede des Novalis. Deutung der französischen Revolution und Reflexion auf die Poesie in der Geschichte, Stuttgart 1965.
[198] Vgl. den Brief an Friedrich Schlegel vom 31. Januar 1800.
[199] H.-J. Mähl, Kommentar, 590.

chen?"[200] Die beiden anderen getilgten Passagen lauten: „Frankreich verficht einen weltlichen Protestantismus. Sollten auch weltliche Jesuiten nun entstehn, und die Geschichte der letzten Jahrhunderte erneuert werden?"[201], und: „Er [der katholische Glaube] ist gereinigt durch den Strom der Zeiten, in inniger, untheilbarer Verbindung mit den beiden andern Gestalten des Christenthums wird er ewig diesen Erdboden beglücken."[202] Diese Eingriffe, die durch einen Vergleich der Edition von 1826 mit den Fragmenten erkennbar wurden und infolgedessen emendiert werden konnten, sind an sich schon ausreichend, um die Glaubwürdigkeit der edierten Textfassung von 1826 zu diskreditieren. Ein Vergleich zwischen dem Wortlaut der Fragmente und der Edition von 1826 zeigt ferner, dass auch an zwei weiteren Stellen Abweichungen zu beobachten sind: anstelle der Formulierung „Worte des Friedens vernehmen" liest man in der Abschrift „Werke des Friedens vornehmen"; aus der Wendung „die Völker versöhnen" wird „die Völker sichern".[203]

Es stellt sich nun zunächst die Frage, von wem diese Eingriffe stammen. Einerseits ist es denkbar, dass der Verleger Reimer in Berlin eigenständig in die Abschrift eingegriffen hat, andererseits, dass diese Eingriffe bereits in der Abschrift vorgenommen wurden und der Verleger einen schon manipulierten Text gedruckt hat. Dabei gilt es zu berücksichtigen, dass vermutlich Karl von Hardenberg, Novalis' Bruder, der Verfasser der Abschrift war, die Friedrich Schlegel im März 1806 an den Verleger Reimer in Berlin geschickt hat und die, wie die Handschrift, verloren gegangen ist. Ebenso ist der wichtige Umstand zu bedenken, dass Karl von Hardenberg 1806 kurz vor seiner Konversion zum Katholizismus stand. Die Art der getilgten Passagen nun, die Novalis' Bewertung des Katholizismus gelten, legt den Umstand nahe, dass es Novalis' Bruder war, der in seiner Abschrift des Textes insbesondere die Stellen gestrichen hat, die offenbar mit dem Bild, das er von Novalis vermitteln wollte, nicht in Einklang zu bringen waren. In den Augen des kurz darauf konvertierten Bruders sollte Novalis als „katholischer" Dichter gelten, und damit war schwerlich zu vereinbaren, dass Novalis vor dem Hintergrund der Eroberung Roms durch die französischen Truppen im Februar 1798 und des Todes von Papst Pius VI. im französischen Exil den Katholizismus selbst für geschichtlich überwunden hielt. Noch stärker belastet Karl von Hardenberg seine Absicht, bereits in der zweiten Auflage veröffentlichte Fragmente, in denen Novalis' Distanz zum orthodoxen christlichen Glauben deutlich wurde, in der dritten Edition zu tilgen. Heinz Ritter hat die Änderungsvorschläge Karl von Hardenbergs in der Handschriftensammlung der Lutherhalle in Wittenberg wiederentdeckt.[204] Daraus geht hervor, dass Karl von Hardenberg zufolge u.a.

---

[200] Schriften III 524.
[201] Schriften III 518.
[202] Schriften III 524.
[203] H.-J. Mähl, Kommentar, 590.
[204] Abgedruckt sind sie in der HKA: Schriften V 197–200.

das für Novalis' Religionsphilosophie zentrale Mittlerfragment hätte gestrichen werden sollen sowie auch andere Aufzeichnungen, in denen Novalis'
recht unorthodoxes Christentum deutlich wird.[205]

Friedrich Schlegel wiederum entlastet von Verdächtigungen der Umstand,
dass er in seinem Brief an Reimer vom 24. Februar 1806 ausdrücklich von
Karls Änderungsvorschlägen distanziert:

> Alle kleine Aenderungen, die Carl v. H[ardenberg] mir vorgeschlagen hat, sind
> nicht unumgänglich wesentlich; einigen derselben würde ich vor dem Druck
> gern beigestimmt haben, den Umdruck erfodert aber nach meinem Bedünken
> keines durchaus nothwendig, da dieß besonders doch im Vergleich gegen die 1te
> Ausgabe wie eine Art von *Retractation* falsch ausgelegt werden könnte, da es
> eben einige leicht mißdeutbare Stellen betrift.[206]

Aufgrund dieses zentralen Belegs kann Schlegel nicht für die Veränderungen
verantwortlich gemacht werden. Wenn man folglich nicht den Verleger Reimer der Veränderungen in der Abschrift der *Europa* beschuldigen will, darf
man annehmen, dass sie von Karl von Hardenberg vorgenommen wurden.[207]

Die zweite Frage, die aufgeworfen werden muss, betrifft das Ausmaß der
Textkorruptelen. Angesichts der Quantität und Qualität der nachgewiesenen
Entstellungen liegt es nahe, dass der Text von 1826 andere Abweichungen
vom Original enthalten dürfte, die aber nicht identifiziert werden können, da
in den *Fragmenten vermischten Inhalts* kaum mehr als ein Drittel der Rede
abgedruckt wurde. Fast zwei Drittel des Textes der *Europa* sind somit nicht
gesichert. Darunter fällt der gesamte erste Teil, der dem mittelalterlichen Katholizismus gewidmet ist und in den *Fragmenten vermischten Inhalts* nicht
veröffentlicht wurde. Angesichts der Thematik ist es nicht unwahrscheinlich,
dass gerade der erste Teil durch weitere Auslassungen des Bruders, der im
Begriff war, dem Katholizismus beizutreten, entstellt worden sein dürfte. Diese Vermutung erscheint nicht haltlos, wenn man bedenkt, dass Karl nicht davor zurückschreckte, bereits in Fragmentform veröffentlichte Passagen zu
tilgen – was nahe legt, dass er mit völlig ungedruckten Textabschnitten noch
freier umgegangen sein dürfte. Ebenso ist unklar, ob Novalis, der die Absicht
hegte, nach der negativen Aufnahme der Rede im Jenaer Kreis[208] den Text zu

---

[205] Schriften III 566 Nr. 84, 557 Nr. 12, 687 Nr. 678, 571 Nr. 110, 468f. Nr. 1095, und auf S. 651
die letzten drei Zeilen von Nr. 561.

[206] Schriften V 163. Samuel kommentiert: „Friedrich Schlegel, der mit seiner Frau Dorothea
damals ebenfalls stark zum Katholizismus hinneigte, war großzügiger und hatte zweifellos
recht, daß derartige Änderungen bzw. Auslassungen übel aufgenommen werden konnten.",
Schriften V 198.

[207] Dies wird auch von H.-J. Mähl, Kommentar, 590, gegen Samuel angenommen, allerdings
ohne Begründung.

[208] Novalis trug die Rede am 13. oder 14. November 1799 im Rahmen des Jenaer Treffens des
Romantikerkreises vor. Anwesend waren sein Bruder Karl, Ludwig Tieck, August Wilhelm
und Caroline Schlegel, Friedrich Schlegel und Dorothea Veit sowie Schelling und Johann
Wilhelm Ritter. Besonders Schelling war gegenüber der Schrift sehr kritisch eingestellt und

revidieren[209], dies tatsächlich auch getan hat, und wenn ja, ob die Abschrift Karl von Hardenbergs diesen Änderungen Rechnung trägt oder nicht.

Vor diesem Hintergrund erscheint die Verfahrensweise des Herausgebers Richard Samuel in der HKA als problematisch. Erstens druckt Samuel die *Fragmente vermischten Inhalts* in der HKA nur im V. Band ab, in der Dokumentation zur Geschichte der Schlegel-Tieck-Edition[210], nicht aber im III. Band, im Zusammenhang mit der *Europa*. Diese Entscheidung dürfte schwer zu rechtfertigen sein, da die Fragmente die älteste und sicherste Textfassung der *Europa* repräsentieren. Sie sind auf ihre Art freilich wiederum eine entstellte Fassung, indem sie die Rede in Fragmente aufsplittern und zudem sogar Textabschnitte meist am Anfang der so entstandenen Fragmente einfügen. Sie sind aber frei von jenen Manipulationen ideologischer Art, die die Edition von 1826 aufweist. Somit aber wird die Edition von 1826 kanonisiert und die Tatsache verschwiegen, dass es eine zuverlässige Textfassung der *Europa*-Rede nicht gibt. Zweitens tut Samuel der Nichte des Dichters und späterer Nachlassverwalterin, Sophie von Hardenberg (1821-1895), der ältesten Tochter von Novalis' Bruder Anton (1783-1825), insofern Unrecht, als er ihrer Vermutung, dass der Schluss der Rede gestrichen worden sei, um die „Katholicität des Dichters" zu erweisen, jegliche Bedeutung abspricht. Stattdessen ist er der Ansicht, dass die Passage über den Untergang des Katholizismus aus Gründen der Verständlichkeit getilgt worden sei, da der Leserschaft der historische Zusammenhang, die Eroberung des Kirchenstaates durch die französischen Truppen 1798 im Jahre 1826 nicht mehr unmittelbar präsent gewesen sei.[211] Damit unterstellt er aber implizit, dass entweder Friedrich Schlegel oder der Verleger selbst die – getreue – Abschrift Karls fast dreißig Jahre später manipuliert hätten, denn 1806, als die Abschrift angefertigt wurde, hatten die Leser diesen Zusammenhang wohl noch vor Augen und die Tilgung der Passage kann nicht aus dieser Art von Rücksicht erfolgt sein. Selbst dann jedoch, wenn man annehmen wollte, dass Schlegel oder Reimer in die Abschrift Karls ein-

---

machte sie, wie auch die *Geistlichen Liedern* und Schleiermachers Reden *Über die Religion* in seinem Gedicht in Knittelversen *Epikurisch Glaubensbekenntniß Heinz Widerporstens* später zum Gegenstand einer bissigen Satire. Friedrich Schlegel plädierte daraufhin für eine Veröffentlichung beider Texte, der *Europa* und des *Widerporstens* im *Athenäum*. Auf August Wilhelm Schlegels Rat hin beschloss man aber, Goethe um Rat zu fragen. Nachdem ihm die umstrittenen Manuskripte am 27. November vorgelegt wurden, riet Goethe August Wilhelm Schlegel am 7. Dezember vom Druck beider Werke ab.

[209] Am 31. Januar 1800 schreibt er an Friedrich Schlegel bekanntlich: „Die Europa schikt mir wieder – ich habe eine andre Idee damit – Sie kann *mit einigen Veränderungen* zu einigen andern öffentlichen Reden kommen, und mit diesen besonders gedruckt werden.", *Schriften* IV 317, meine Hervorhebung. Dass es sich dabei eher um geringfügige Änderungen gehandelt haben dürfte und Novalis wohl kaum die Grundzüge der Rede aufgegeben hat, legt ein früherer Brief Schlegels an Schleiermacher nahe: „[...] denn an Aendern ist bei Hardenberg nicht eben sehr zu denken.", *Schriften* IV 648.

[210] *Schriften* V 189 ff.

[211] *Schriften* II 503.

gegriffen hätten, lässt sich die Vermutung, dies sei aus bloßer Rücksicht auf den Leser erfolgt, im Falle einer so politischen Schrift während der Restaurationszeit kaum vertreten. Samuel versucht schließlich Karl – und somit die Familie Hardenberg – von dem Verdacht von Manipulationen zu entlasten, indem er wiederholt darauf hinweist, dass Friedrich Schlegel im Januar 1806 im Besitz *aller* Papiere des Nachlasses war.[212] Zum Einen ist jedoch die entscheidende Frage, wann Schlegel in den Besitz der Handschrift gelangte, alles andere als geklärt. Einiges spricht dafür, dass dies erst nach dem Tod des Bruders der Fall war.[213] Zum Anderen berücksichtigt Samuel nicht, dass ein wichtiges Argument dafür, dass Schlegel nicht der Urheber der Abschrift gewesen sein kann, gerade die Bedenken sind, die Schlegel gegenüber den von Karl geplanten Auslassungen geäußert hatte. Er hatte sich bereits in seinem Brief an Reimer vom 24. Februar 1806 ausdrücklich geweigert, Änderungen an Fragmenten vorzunehmen, die schon erschienen waren – und die Auslassungen am Ende der *Europa* betreffen gerade Textstellen, die in den *Fragmente vermischten Inhalts* bereits veröffentlicht wurden und dem Publikum bekannt waren. Da Schlegel jedoch die Frage von Karls Auslassungen am Ende der Rede andererseits nie aufgeworfen hat, obwohl er sicherlich den Text der Abschrift mit den von ihm selbst edierten – aber von Tieck zusammengestellten – Fragmenten verglichen hat, weist andererseits daraufhin, dass er diese Auslas-

---

[212] Samuel schreibt: „Die Handschrift hatte Schlegel mit anderen Papieren im Januar 1806 wieder erhalten; er hatte sie offenbar noch 1815, jedenfalls sagt er in einem Briefe an Reimer vom 8. April, er habe die sämtlichen Papiere Hardenbergs in seinen Händen.", Schriften III 502-3.

[213] Im Brief Schlegels an Reimer vom 4. Januar 1806 schreibt er: „Die Papiere zur Fortsetzung sind schon angekommen, aber noch nicht in meinen Händen da der Rhein sehr hoch, und das Wetter sehr schlecht ist, und ich noch zu unwohl war um sie mir holen zu können.", Schriften V 162. Nach Erhalt der „Papiere" spricht Schlegel in seinem Brief an Reimer vom 24. Februar 1806 an keiner Stelle von einer „Handschrift", obwohl er dies hätte tun können, da er besonderen Wert darauf legte, gegenüber dem Verleger als Bevollmächtigter des Bruders zu gelten. Seine lakonische Formulierung: „Der Aufsatz ist in meinen Händen." (Schriften V 163) wirkt merkwürdigerweise prahlerisch und zurückhaltend zugleich. Sicherlich hätte Schlegel dem Verleger nie ausdrücklich geschrieben, dass er nur im Besitz einer Kopie war. Dass er die Handschrift erst später, nach Karls Tod erhalten hat, bestätigt Tiecks Vorrede zur V. Auflage (1837), die Samuel ignoriert und in der es heißt: „Nach C. v. Hardenbergs Tode erhielt Friedrich Schlegel mit andern Papieren diese Abhandlung […]" (*Schriften* V 176). Schlegel selbst schreibt in seinem Brief an Reimer vom 8. April 1815, also nach Karls Tod: „Da ich jetzt die sämmtlichen Papiere des Verf[assers] in Händen habe […]", *Schriften* V 172. Diese Stelle Schlegels dürfte daraufhin gedeutet werden, dass Schlegel *erst* jetzt auch in den Besitz des Originals der *Europa* gelangt war. Dass ihm Karl von Hardenberg im Januar 1806 nur eine Abschrift hatte zukommen lassen, ist insofern wahrscheinlich, als Karl bereits eine Abschrift der *Lehrlinge* hatte anfertigen lassen (Karl an Tieck vom 31. August 1802), weil Julie sich von der Handschrift nicht trennen wollte. Im Falle der *Europa*, eines Aufsatzes, auf den er als frommer Christ besonderen Wert legte, ist er möglicherweise nicht anders vorgegangen. Die Abschrift, die Schlegel mit seinem Brief vom 29. März 1806 an Reimer schickte, dürfte also nicht auf dem Original, sondern auf einer Abschrift basieren, die aus Karls Hand stammte.

sungen stillschweigend gebilligt hat. In der Hanser-Ausgabe versucht Mähl Samuels Verfahrensweise insofern zu berichtigen, als er zunächst der Vermutung Raum gibt, dass Karl von Hardenberg und nicht Schlegel der Urheber der Abschrift gewesen sei. Ferner drückt er zumindest im Kommentarteil die *Fragmente* als älteste Textquelle ab und hebt die Richtigkeit der Annahme von Sophie von Hardenberg hervor, dass die Auslassungen erfolgt seien, um Novalis' Katholizismus zu untermauern.[214]

2.2.2. Die *Europa* als *oratio deliberativa*

Die neuere Forschung hat sich auf die rhetorische Struktur der *Europa* als Rede konzentriert.[215] Obschon im Folgenden versucht werden soll, sich verstärkt inhaltlichen Fragen zuzuwenden und aus der *Europa* Hardenbergs Geschichtsphilosophie herauszukristallisieren, ist es angebracht, im Voraus zu bemerken, dass dieser äußerst umstrittene Text Hardenbergs zunächst kein weltanschauliches Manifest, sondern in erster Linie eine *Rede* ist, d.h. eine Gattung, die weniger an sich, sondern vielmehr ausgehend von ihrem wirkungsästhetischen Ziel beurteilt werden soll. Dies gilt vor allen Dingen hinsichtlich des umstrittenen Mittelalterbildes, das Hardenberg hier formuliert. Dass die rhetorische Dimension aber auch im Hinblick auf den in der Rede formulierten Chiliasmus von Belang ist, wird sich im Folgenden zeigen. Kenntnisse der antiken Rhetorik können bei Hardenberg vorausgesetzt werden. Auf dem Lehrplan des von ihm seit Juni 1790 besuchten Gymnasiums in Eisleben stand u.a. Ciceros *De oratore*.[216] Anzumerken ist auch, dass Novalis über ein Exemplar von Hugo Blairs *Vorlesungen über Rhetorik und schöne Wissenschaften*[217] sowie Joseph Priestleys *Vorlesungen über Redekunst und Kritik* verfügte.[218]

Bereits Richard Samuel hatte die Aufmerksamkeit auf die rhetorische Form der *Europa* gelenkt.[219] H.-J. Mähl seinerseits hatte auf die parallel zur *Europa*

---

[214] Allerdings folgt auch Mähl in der Hanser-Ausgabe an den beiden oben genannten Stellen der Edition von 1826.

[215] Vgl. insb.: Ludwig Stockinger, Religiöse Erfahrung zwischen christlicher Tradition und romantischer Dichtung bei Friedrich von Hardenberg (Novalis), in: Religiöse Erfahrung: historische Modelle in christlicher Tradition, hrsg. von Walter Haugh und Dietmar Mieth, München 1992, 361-93 und: Ira Kasperowski, Mittelalter-Rezeption im Werk des Novalis, Tübingen 1994, 54 ff.

[216] Schriften IV 568.

[217] Aus dem Englischen übersezt und mit einigen Anmerkungen und Zusätzen begleitet von K[arl] G[ottfried] Schreiter. Erster – Zweiter Theil. Leipzig 1786-7. Vgl.: Schriften IV 694 Nr. 78.

[218] Aus dem Englischen übersetzt von Johann Joachim Eschenburg, Leipzig 1779. Vgl.: Schriften IV 690.

[219] Die Form von Friedrich von Hardenbergs Abhandlung ‚Die Christenheit oder Europa', a.a.O.;

entstandenen Aufzeichnungen Hardenbergs zur Rhetorik hingewiesen.[220] Ludwig Stockinger und, dessen Ansatz vertiefend, Ira Kasperowski haben die *Europa*-Rede explizit einer antiken Redegattung, dem *genus deliberativum*, zugeordnet.[221] Das Spezifikum dieser Gattung der aristotelischen Parteirede besteht nach Lausberg darin, dass „[...] der Redner eine der Zukunft angehörende Handlung empfiehlt oder von ihr abrät [...] und zwar nach der genuseigenen Qualitätsalternative utile/inutile."[222] Gerade dies tut der Redner der *Europa*, der seinen Hörern den religiösen Glauben als das einzige Mittel empfiehlt, mit welchem der Friede wiederhergestellt und Europa vereint werden könne. Für die *Europa* ist wie für das *genus deliberativum* im Allgemeinen die Ausrichtung auf die Zukunft zentral: auch in ihr wird auf Gegenwart und Vergangenheit zurückgegriffen, um ein bestimmtes Bild der Zukunft zu untermauern. Lausberg bemerkt: „Der genuine Zeitraum, auf den sich die Gegenstände des genus beziehen, ist die Zukunft, für deren Erkenntnis hilfsweise auch Gegenstände der Gegenwart und der Vergangenheit behandelt werden müssen."[223] Zur Begründung des prophetischen Ziels greift infolgedessen der Redner der *Europa* sowohl auf die Vergangenheit (Konstruktion des Mittelalters als goldene Zeit) als auch auf die Gegenwart (Aufklärung und Revolutionskriege) als Kontrast zu ersterem zurück. Dabei muss das historische Material so dargeboten werden, dass es dem Erreichen eines bestimmten Ziels dient, d.h. der Herstellung eines neuen goldenen Friedensalters, denn der prophetische Sinn entsteht für Hardenberg erst durch die Kenntnis der Vorzeit.[224] Die Geschichtsdaten sollen vom Redner so vorgetragen werden, dass die Hörer von der Plausibilität der Vorstellung einer goldenen Endzeit überzeugt werden. Die Konstruktion des Mittelalters als goldene Vorzeit erfolgt nicht als weltanschauliches Bekenntnis, als Selbstzweck, sondern erhält die Funktion, die Geschichtsprophetie zu beglaubigen.

Die *oratio deliberativa* gliedert sich in vier Teile: *exordium* (das im Falle der *Europa* fehlt), *narratio*, *argumentum*, *conclusio* bzw. *peroratio*.[225] Demzufolge teilt Ira Kasperowski Hardenbergs Rede folgendermaßen ein: §§ 1-3: *narratio*, §§ 4-22: *argumentatio*, §§23-30: *peroratio*.[226] Die *narratio* enthält auch die *inventio* des Mittelalterbildes.[227] Der antiken Bestimmung der *narra-*

---

[220] Die Idee des goldenen Zeitalters im Werk des Novalis, a.a.O., 384-5.

[221] Religiöse Erfahrung zwischen christlicher Tradition und romantischer Dichtung bei Friedrich von Hardenberg (Novalis), in: Religiöse Erfahrung: historische Modelle in christlicher Tradition, hrsg. von Walter Haugh und Dietmar Mieth, München 1992, 361-93, bes. 382; Ira Kasperowski, Mittelalter-Rezeption im Werk des Novalis, Tübingen 1994, 54 ff. Im Folgenden wird auf die rhetorische Analyse Kasperowskis zurückgegriffen.

[222] Handbuch der literarischen Rhetorik. Eine Grundlegung der Literaturwissenschaft, Stuttgart 1990, § 224.

[223] Lausberg, a.a.O., § 228.

[224] Schriften III 586 Nr. 214.

[225] Lausberg, a.a.O., § 262.

[226] A.a.O., 58.

[227] Ebd.

tio entsprechend hat sich Hardenberg in seiner Rede „[...] nur das aus der res herausgeholt, was der eigenen Partei nützt [...]"[228], d.h. nur jene Züge des Mittelalters dargestellt, die der Beglaubigung der Geschichtsprophetie dienlich waren. Auch nach Ansicht von Hans-Joachim Mähl dient das Mittelalterbild der *narratio* dazu, „[...] den Glauben daran zu wecken, daß dieses Ideal kein leerer Wahn ist, daß es einmal schon geschichtlich Gestalt gewonnen hat und daher einmal wieder Gestalt gewinnen wird und gewinnen muß."[229] All das hingegen, was sich diesem Ziel entgegenstellt, wird von Hardenberg bewusst ausgelassen. Auch in diesem Punkt folgt letzterer Ciceros *De oratore*, in dem es heißt, dass all das, was dem eigenen Anliegen schadet, in der *narratio* keinen Platz haben soll: „[...] ac si quando erit narrandum, nec illa, quae suspicionem et crimen efficient contraque nos erunt, acriter persequemur et, quicquid potuerit, detrahemus [...]".[230] Ebenso bemerkt Hugo Blair in seinen *Vorlesungen über Rhetorik und schöne Wissenschaften* über die *narratio*:

> Der Sachwalter muß nichts sagen, als was wahr ist, und doch zu gleicher Zeit sich nicht das geringste entwischen lassen, was seiner Sache nachtheilig seyn könnte. Die Umstände, welche er erzählt, sind die Grundlage aller seiner künftigen Schlüsse. Jene so anzugeben, daß die Gränzen der Wahrheit nie überschritten werden, und sie doch unter den für seine Sache günstigsten Farben darzustellen; jeden Umstand, der zu seinem Vortheil ist, in das stärkste Licht zu setzen, und andere, die von entgegen gesezter Beschaffenheit sind, zu mildern oder zu schwächen, erfordert kein geringes Maß von Einsicht und Geschicklichkeit.[231]

Somit ist die Unsachlichkeit des Mittelalterbildes in der *Europa* primär auf rhetorische Gründe zurückzuführen.

2.2.3. Geschichte als periodische Evolution: Herder

In der Novalis-Forschung wurde bereits darauf hingewiesen, dass Novalis' Konzeption der Geschichte als zyklische Progressivität das Resultat seiner ambivalenten Zeitkonzeption ist.[232] Näher betrachtet ist gerade im Gedanken

---

[228] Lausberg, a.a.O., § 260.
[229] Die Idee des goldenen Zeitalters, a.a.O., 384.
[230] De oratore, II 330.
[231] A.a.O., III 82.
[232] Vgl. Bernd Küster: „Geschichte zeugt zugleich von der Ereignisfähigkeit eines Absoluten, das als übergeschichtlich und letztlich ungeschichtlicher Wirkungszusammenhang noch nicht in seiner Identität vollkommen und als Substanz ontologisch vollendet ist. Als unbedingte Einheit kann sich das Absolute im geschichtlich Bedingten nur scheinbar entäußern. Denn Geschichtslosigkeit gehört zum Wesen des Absoluten ebenso wie die Notwendigkeit, jede Differenz und damit jede geschichtliche Differenz in sich aufzuheben. Geschichte findet ihren Sinn im Übergeschichtlichen und kann als Bewegung in der Zeit nur zeitlos enden. Zeitlosigkeit ist der Zustand des Absoluten. Zeit ist der bloße Schein seiner Selbstzeugung als das, was es metaphysisch immer bereits schon ist. Zeit ist bloßes Produkt der Einbildungskraft (Schriften II 170), zugleich aber – wie Einbildungskraft selbst – das zur Emanation des Absoluten

einer Analogie von Ich und Natur, die sich durch die Geschichte hindurchzieht, die Möglichkeit der periodischen Wiederkehr geschichtlicher Erscheinungen begründet.

In seiner Konzeption der geschichtlichen Entwicklung als zyklischer Progressivität unterscheidet sich Novalis wesentlich vom frühen Schlegel, denn letzterer differenziert Progressivität und Zyklizität als unterschiedliche Stadien der menschlichen Geschichte. In seinem Aufsatz *Über das Studium der griechischen Poesie* (1795-1797) sowie bereits vorher in der Schrift *Vom Wert des Studiums der Griechen und Römer* (1795-1796) konzipiert er Kreislauf und Progression als die beiden Bildungsprinzipien von Antike und Moderne. Zu einer Vereinigung beider kann es nicht kommen, da letztere unterschiedliche Epochen charakterisieren: „Aus dem einfachen Begriffe einer Wechselbestimmung der Vorstellungen und Bestrebungen des Gemüts in der menschlichen Bildung, oder der Wechselwirkung der Freiheit und Natur, ergibt sich a priori, daß eine zwiefache Art der Bildung, also auch der Geschichte möglich sei, je nachdem das vorstellende oder das strebende Vermögen den ersten bestimmenden Stoß der Bildung gibt, – eine *natürliche* und eine *künstliche* Bildung: daß jene in der Zeit vorangehn müsse, und diese nur auf jene folgen könne [...]".[233] Natürliche und künstliche Bildung gehören sukzessiven, aufeinanderfolgenden Epochen an und sind als solche *nicht* synthetisierbar: „das System des Kreislaufes" ist „[...] nur in der natürlichen Bildung, das der unendlichen Fortschreitung nur in der künstlichen möglich [...]".[234] Beim frühen Schlegel erhält somit das geschichtliche Denken vor dem dialektischen den Vorrang. Bevor Kreislauf und Progressivität *identitätsphilosophische* Kategorien bilden, repräsentieren sie *geschichtliche* Kategorien. Sie definieren die antike Bildung als eine reale, die moderne als eine ideale: „[...] so wie Sitten und Geschmack der *Zentralpunkt* der antiken Bildung waren, Philosophie und Politik aber der Zentralpunkt der modernen Bildung sind."[235] Anders verhält es sich mit Novalis, der die Fichtesche Entgegensetzung von Freiheit und Natur, auf deren Grundlage Schlegel argumentiert, bereits überwunden hat und für den die moderne Geschichte kein „Kampf der Freiheit und Natur"[236] ist. Der von ihm vertretene Analogiegedanke drückt sich auf der Ebene der Geschichtsphilosophie in der Synthese des Progressivitätsgedankens mit dem des Kreislaufs aus. Zu bedenken ist allerdings, dass diese Synthese des Zyklischen mit dem Progressiven durchaus auch dem frühen Schlegel und zwar bereits im

---

notwendige Medium. Auf diese Ambivalenz des Zeitlichen reflektiert Novalis im Bild vom
Zyklus einer sich selbst erzeugenden Geschichte", Transzendentale Einbildungskraft und ästhetische Phantasie. Zum Verhältnis von philosophischem Idealismus und Romantik
(zugleich: Monographien zur philosophischen Forschung, Bd. 185), o. O. 1979, 220, Hervorhebung von mir.
[233] KA I 631.
[234] Ebd.
[235] KA I 642.
[236] KA I 627.

Studium-Aufsatz als Ideal vorschwebte – eine Verbindung, die er im Goetheschen Werk als neue Stufe der ästhetischen Bildung und Versöhnung des Sub-
jektiv-Progressiven mit dem Objektiv-Zyklischen, des Romantischen mit dem
Klassischen gefunden zu haben glaubte. Goethe eröffnete für Schlegel – wie
es später im *Gespräch über die Poesie* heißen wird – „[...] eine ganz neue
endlose Aussicht auf das, was die höchste Aufgabe aller Dichtkunst zu sein
scheint, die Harmonie des Klassischen und Romantischen."[237] Diese Synthese
bereitete Schlegel allerdings bei weitem mehr Schwierigkeiten aufgrund des
eigenen historischen Sinns, der ihm schwerlich erlaubte, historische Unterschiede im Rahmen einer dialektischen Gesamtkonzeption aufzuheben. Bezeichnend für Schlegels Vorsicht in der Auflösung geschichtlicher Kategorien
in Identitätskategorien ist z.b. seine 1795 verfasste Rezension von Condorcets
Esquisse d'un tableau historique des progrès de l'Esprit humain, in dem
Schlegel zwar den „Keim des wichtigen Begriffs der Wechselwirkung der
Bildung" entdeckte, den dazu erforderlichen *historischen* Sinn jedoch vermiss-
te.[238]

Die Rede *Europa* ist paradigmatisch für Novalis' spiralförmige Geschichts-
konzeption. Diese wurde maßgeblich von Herder beeinflusst, und es ist kein
Zufall, dass gerade in der *Europa* zahlreiche Spuren von Herders Einfluss auf
Novalis zu finden sind.[239]

Herders Geschichtsphilosophie prägte bereits den jungen Hardenberg. So
finden sich im Jugendnachlass einige Aufsätze, die deutliche Spuren der Her-
der-Rezeption aufweisen.[240] Hardenberg entwickelt durch die Lektüre Herders

---

[237] KA II 346.

[238] Vgl.: KA VII, insb. 6f. Vgl. auch die kritische Einleitung in: KA VIII XCIV-XCV.

[239] Besitz und Lektüre folgender Hauptwerke Herders sind durch Notizen und Bücherlisten
belegt: *Kritische Wälder Oder Betrachtungen die Wissenschaft und Kunst des Schönen betreffend* (1769); *Abhandlung über den Ursprung der Sprache* (1772); *Auch eine Philosophie der
Geschichte zur Bildung der Menschheit* (1774); *Plastik. Einige Wahrnehmungen über Form
und Gestalt aus Pygmalions bildendem Traume* (1778); *Liebe und Selbstheit. Ein Nachtrag
zum Briefe des Hr. Hemsterhuis über das Verlangen* (1781); *Vom Geist der Ebräischen Poesie* (1782-83); *Ideen zur Philosophie der Geschichte der Menschheit* (1784 bis 1791); *Zer-
streute Blätter* (1785 ff.); *Paramythien. Dichtungen aus der griechischen Fabel* (1785); *Briefe zu Beförderung der Humanität* (1793-97) – darüber hinaus plante Hardenberg:
„<Gespräche über Herder – die 9te und 10te Sammlung seiner Briefe über Humanitaet.>",
Schriften II 578 Nr. 236 – und die *Metakritik zur Kritik der reinen Vernunft* (1799). Erwähnenswert ist ferner Hardenbergs Freundschaft mit Herders Sohn August, der Oberberghaupt-
mann war. Belegt ist der Besuch bei Herder am 17. Juli 1799 gemeinsam mit Tieck. Zu Herders Einfluss insbesondere auf Novalis' *Hymnen* vgl. Rudolf Unger, Herder, Novalis und
Kleist. Studien über die Entwicklung des Todesproblems im Denken und Dichten vom Sturm
und Drang zur Romantik, Darmstadt 1968, 24-61 (Novalis' Hymnen an die Nacht, Herder
und Goethe).

[240] So der Aufsatzentwurf mit dem Herder nachempfundenen Titel *Skizzen einer Philosophie der
Geschichte der Menschheit* (Schriften VI.1 476-7), *Von der Begeisterung* (VI.1 358-9) und
Über die Ordalien oder Gottesurtheile (VI.1 146-52). In bezug auf den zuletzt genannten
Aufsatz verweist Ida Kasperowski (Mittelalter-Rezeption im Werk des Novalis, Tübingen
1994) auf Herders *Kritische Wälder* von 1769, die Novalis mit großer Wahrscheinlichkeit ge-

ein Gespür für die historischen, geographischen und klimatischen Bedingungen der Kulturentstehung sowie ein Verständnis für die prinzipielle Gleichwertigkeit der kulturellen Erscheinungen. Aber nicht nur die Schärfung des Blicks für historische Zusammenhänge hat Hardenberg Herder zu verdanken, sondern auch die Vorstellung von einer sich periodisch regenerierenden Naturgeschichte. Gerade diesbezüglich dürfte Herders Aufsatz *Tithon und Aurora*, 1792 am Schluss der vierten Sammlung der *Zerstreuten Blätter* erschienen, von großer Bedeutung gewesen sein.[241]

Dort entwirft Herder ein geschichtliches Evolutionsmodell, das nach dem Vorbild der Natur konstruiert ist. Wie letztere ist die Geschichte von Evolutionen gekennzeichnet: „Wenn wir der Natur Einen Zweck auf der Erde geben wollen, so kann solcher nichts seyn, als eine *Entwickelung ihrer Kräfte in allen Gestalten, Gattungen und Arten.* Diese Evolutionen gehen langsam, oft unbemerkt fort, und meistens erscheinen sie *periodisch.* […] Sehr unrecht hat man diese Perioden der Entwicklung Revolutionen genannt: hier revolvirt sich nichts, aber *entwickelt* (evolvirt) werden die Kräfte."[242] Seit 1789 war der Terminus „Revolution" nicht mehr nur im astronomischen Sinne geläufig, so dass es Herder vorzieht, diesen im Zusammenhang mit seiner Geschichtsphilosophie zu vermeiden.[243] Da „Revolution" inzwischen keine Gesetzmäßigkeit, sondern vielmehr die Aufhebung jedes Gesetzes bedeutet, spricht Herder von „Evolution": „Um also mit diesem befleckten Wort nicht zu verführen, und etwa eine tödtende Gewaltsamkeit zur Arznei menschlicher Uebel zu machen, wollen wir auf dem Wege der heilenden Natur bleiben."[244] Keine „Revolutionen" kennt die Natur, sondern langsam fortschreitende und ununterbrochene Evolutionen. „[…] *Evolutionen* sind der stille Gang dieser großen Mutter, dadurch sie schlummernde Kräfte erweckt, Keime entwickelt, das zu frühe Alter verjünget und oft den scheinbaren Tod in neues Leben verwandelt."[245] Damit intoniert Herder auch den zweiten Gedanken seines Aufsatzes, die Vorstellung der periodischen Erstarrung und Verjüngung der Kulturen. Die Naturentwicklung erreicht ihr Ziel nicht linear, sondern durch einen periodischen Wechsel von Erstarrung und Verjüngung: „Alle Stände und Einrichtungen der Gesellschaft sind Kinder der Zeit; diese alte Mutter gebahr, nährte, erzog sie;

---

lesen hatte, und auf den von Herder dort entwickelten „historischen und geographischen Blick über Zeiten und Völker". Vgl.: „Zweites kritisches Wäldchen", in: SW III 293.

[241] Dieser Einfluss wird von Kindermann (18) bestritten, der zwischen der *Europa* und Herders Schrift einen Gegensatz sieht. Bereits Richard Samuel hatte allerdings auf die Bedeutung dieser Schrift für Novalis' Geschichtsverständnis aufmerksam gemacht. Vgl.: a.a.O., 34.

[242] Sämmtliche Werke XVI 118.

[243] Vgl. K. Griewank, Der neuzeitliche Revolutionsbegriff. Entstehung und Geschichte. Aus dem Nachlass hrsg. von I. Horn-Staiger, Frankfurt am Main 1973, zu Herder: 183 und 189 ff. Bei Herder finden sich die alte, naturgeschichtliche Bedeutung von *revolutio*: Umkehr, zyklische Veränderung, und die neue politische Bedeutung nebeneinander.

[244] Sämmtliche Werke XVI 117.

[245] Sämmtliche Werke XVI 117-8.

sie schmückte, stattete sie aus, und nach einem langen oder kurzen Leben begräbt sie sie, wie sie sich selbst begräbt und wieder verjünget."[246]

Herders Evolutionsgedanke liegt Novalis' *Europa*-Rede (entstanden 1799) eindeutig zugrunde. Wie in Herders Aufsatz erscheint auch hier die Geschichte als naturhafter Entwicklungsprozess. So bemerkt der Redner: „[...] fortschreitende, immer mehr sich vergrößernde *Evolutionen* sind der Stoff der Geschichte."[247] Die Übereinstimmung mit Herders Aufsatz reicht bis in die Wortwahl hinein. Novalis vertieft freilich Herders Geschichtsbild und formuliert den Gedanken einer *triadischen* Entwicklung, in welcher unterschiedliche Epochen in der dialektischen Form einer Triade aufeinanderfolgen und sich qualitativ steigern. Ludwig Stockinger beschreibt den triadischen Gang von Novalis' Geschichtsphilosophie folgendermaßen: „Der Prozeß von Natur und Geschichte erfolgt [...] als Abfolge von in sich triadisch gegliederten Epochen, in denen das Absolute immer wieder zur Auflösung und Neubildung bestimmte Gestalten ausbildet, in der Schellingschen Terminologie ‚Produkte' bzw. ‚Indifferenzpunkte', die als ‚Statthalter der absoluten Identität' fungieren. Da nun jede dieser Epochen der Idee des Absoluten Gestalt zu geben versucht und im Prozeß des Fortschritts die Errungenschaften der vorhergehenden Gestalten in den späteren verarbeitet werden, stehen sie untereinander im Verhältnis von Analogie und qualitativer Steigerung."[248]

2.2.4. Verjüngung und Wiedergeburt: Herder und Lessing

Für Novalis' Rede ist nicht nur die Vorstellung einer naturhaften Evolution entscheidend, sondern auch die einer periodischen Wiederkehr, einer Verjüngung der geschichtlichen Erscheinungen in neuer Gestalt. Der Redner fragt sich: „Ueberdem haben wir ja mit Zeiten und Perioden zu thun, und ist diesen eine Oszillation, ein Wechsel entgegengesetzter Bewegungen nicht wesentlich? Und ist diesen eine beschränkte Dauer nicht eigenthümlich, ein Wachsthum und ein Abnehmen nicht ihre Natur? aber auch eine Auferstehung, eine Verjüngung, in neuer, tüchtiger Gestalt, nicht auch von ihnen mit Gewißheit zu

---

[246] Sämmtliche Werke XVI 120-1.

[247] Schriften III 510, meine Hervorhebung.

[248] Ludwig Tiecks Leben und Tod der heiligen Genoveva. Konzept und Struktur im Kontext des frühromantischen Diskurses, in: Das romantische Drama, hrsg. von U. Japp, S. Scherer, C. Stockinger, Tübingen 2000, 94-5. Schon Peter Küpper hatte bemerkt, dass „[...] der Weg der Geschichte nicht in kontinuierlicher Linie auf das vorgegebene Ziel zuläuft, sondern sich ihm in Form verschiedener sich aneinanderreihender triadischer Figuren nähert, durch ‚fortwährende Evolutionen', in denen jeweils der große Gang noch einmal in symbolischer Form wiederkehrt.", Die Zeit als Erlebnis des Novalis, Köln/Graz 1959, 33. Zur triadischen Struktur vgl. auch Mähl, a.a.O., 305-9 (Die triadische Grundfigur in der Geschichte und ihre Abspiegelung in der Dichtung).

erwarten?"[249] Wie bei Herder orientiert sich auch bei Novalis der Rhythmus der Geschichtsentwicklung an der Naturentwicklung und ist zwischen Wachstum, Abnehmen der Kräfte und erneuter Verjüngung eingespannt. Die Vorstellung der Verjüngung ist bei Herder übrigens von so großer Bedeutung, dass sie auch seiner Schrift den Titel gibt. Aurora oder Eos, die Morgenröte, bat nämlich Zeus für ihren Gemahl, Tithonus, um Unsterblichkeit, aber sie vergaß um ewige Jugend zu bitten.[250] In diesem Sinne schreibt Herder, dass man nicht annehmen solle, die menschliche Geschichte sei, wie Tithonus, zum Ergrauen verurteilt, sondern sie verjünge sich stets: „Ergraue also nie wie der alte Tithonus, im Wahn, daß deine Jugend dahin sei; vielmehr fahre, mit neuerweckter Tätigkeit, täglich aus deinen Armen eine neue Aurora."[251]

In diesem Zusammenhang ist ein weiterer Gedanke von Bedeutung, den Herder ins Spiel bringt, um die Verjüngungstheorie als plausibel darzustellen. Herder warf die Frage auf, wie überhaupt eine Verjüngung in der geschichtlichen Entwicklung möglich sei: „'Wie aber soll das zugehen? Kann der Mensch in seiner Mutter Leib zurückgehen und geboren werden?' Auf diesen Zweifel des alten Nikodemus kann keine andre Antwort gegeben werden, als 'Palingenesie!' Nicht Revolution, aber eine glückliche *Evolution der in uns schlummernden, uns neu-verjüngenden Kräfte*. Was wir Überleben unsrer selbst, also Tod nennen, ist bei bessern Seelen nur Schlummer zu neuem Erwachen, eine Abspannung des Bodens zu neuem Gebrauche."[252] Um die periodische Verjüngung zu erklären, bringt Herder hier den Begriff der Palingenesie ins Spiel, der er übrigens auch eine eigene Abhandlung gewidmet hatte.[253]

Allerdings war der Palingenesiegedanke bereits ein Schlüsselbegriff in den Schlussparagraphen der *Erziehung des Menschengeschlechts* (1780), in denen Lessing vor allem in der Vorstellung von der Seelenwanderung eine Hilfe zur Bewahrung der Hoffnung auf menschliche Vollendung sah. Dort schreibt Lessing: „§ 94. [...] Aber warum könnte jeder einzelne Mensch auch nicht mehr als einmal auf dieser Welt vorhanden gewesen sein? § 95. Ist diese Hypothese darum so lächerlich, weil sie die älteste ist? [...] § 98. Warum sollte ich nicht so oft wiederkommen, als ich neue Kenntnisse, neue Fertigkeiten zu erlangen geschickt bin?"[254] Die Vorstellung der Palingenesie ist insofern

---

[249] Schriften III 510.

[250] Benjamin Hederich, Gründliches Mythologisches Lexikon, Leipzig 1724 (Nachdruck: Darmstadt 1996), Spalte 488 (Stichwort: „Aurora").

[251] Sämmtliche Werke XVI 124.

[252] Sämmtliche Werke XVI 122.

[253] Palingenesie. Vom Wiederkommen menschlicher Seelen, in: Sämmtliche Werke XVI 340-67. Die Schrift war in der 6. Sammlung der *Zerstreuten Blätter* 1797 erschienen. Vgl. auch Herders Schrift *Über die Seelenwandrung. Drei Gespräche* (1782), in: Sämmtliche Werke XV 243-303. Zum Palingenesiegedanken bei Herder vgl. Rudolf Unger, Herder und der Palingenesiegedanke, in: Herder, Novalis und Kleist. Studien über die Entwicklung des Todesproblems im Denken und Dichten vom Sturm und Drang zur Romantik, Darmstadt 1968, 1-23.

[254] Gotthold Ephraim Lessing, Werke und Briefe, Bd. X, hrsg. von Arno Schilson und Axel Schmitt, Frankfurt am Main 2001, 98-9. Die Ursprünge und Quellen der Seelenwanderungs-

dem Gang der Lessingschen Argumentation dienlich, als sie das Ziel einer unendlichen Vervollkommnung auch für unvollkommene, endliche Wesen überhaupt sinnvoll machen kann. Der Gedanke der Wiedergeburt wird von Lessing in den Dienst der Theodizee gestellt. Erst die Vorstellung von einer prinzipiell unbegrenzten Höherentwicklung der Seele, die durch erneute Konkretionen in höheren geschichtlichen Umständen zu fortschreitend höherer Entfaltung gelangt, kann die Annahme einer unabschließbaren Vervollkommnungsfähigkeit des menschlichen Geschlechts rechtfertigen. Allerdings steht diese geschichtsphilosophische Deutung der Palingenesie bei Lessing neben einer metaphysischen, die die Palingenesie als Vorstellung individueller Unsterblichkeit versteht.

Dass Novalis' Rezeption des Lessingschen Gedankens durch die Vermittlung Herders erfolgte, ist insofern nicht unwahrscheinlich, als Herder nicht nur am Anfang seiner Schrift über die *Palingenesie* die letzten Paragraphen § 94-100 von Lessings Werk, d.h. die Abschnitte zur Seelenwanderung, *in extenso* zitiert, sondern auch, weil er die Seelenwanderungslehre eindeutig geschichtsphilosophisch-ethisch deutet. Palingenesie wird im Unterschied zu Lessing von Herder nicht als individuelle Unsterblichkeit konzipiert, sondern ausschließlich als Fortgang in der Entwicklung des Geschlechts, als eine kulturelle Erneuerung, die allein durch Moralität möglich ist. Herder fragt sich: „§ 38. Denn was förderte den Fortgang des Ganzen im Menschengeschlecht? Und was hielt ihn zurück? Einzelne große und gute Menschen förderten ihn, die *eine neue Geburt der Gedanken und Bestrebungen ans Licht brachten.*"[255] Nicht auf den metaphysischen Gedanken der Wiederkehr der Seele in anderer Gestalt kommt es Herder an, sondern auf eine *moralische „Palingenesie der Gesinnungen unsres Geschlechts".*[256]

Diese geschichtsphilosophische Funktion kommt dem Palingenesiegedanken auch in Novalis' Schrift zu. Wie Herder greift auch Hardenberg auf die Vorstellung der Wiedergeburt zurück, um die *Vollendung* der geschichtlichen Entwicklung sicherzustellen. Der Redner bemerkt dort: „Was jetzt nicht die *Vollendung* erreicht, wird sie bei einem künftigen Versuch erreichen, oder bei einem abermaligen [...]".[257] Somit wird auch die prinzipielle Unvergänglich-

---

lehre, die Lessing am Ende seiner Schrift formuliert, sind bis heute nicht geklärt. Für Lessing maßgeblich dürfte Charles de Bonnets *Palingénesie* (1769) gewesen sein. Zum Einfluss des Werkes dieses schweizerischen Naturphilosophen auf den § 4 der Abhandlung vgl.: Klaus Bohnen, Lessings Erziehung des Menschengeschlechts (§4) und Bonnets Palingenesie. Ein Zitat-Hinweis, in: Germanisch-Romanische Monatsschrift 62 (1981), 362-5. Vgl. auch: Alexander Altmann, Lessings Glaube an die Seelenwanderung, in: Lessing Yearbook 8 (1976), 7-41, bes. 28-30 und Heinrich Kofink, Lessings Anschauungen über die Unsterblichkeit und die Seelenwanderung, Strassburg 1912, bes. 168-211.

[255] Sämmtliche Werke XVI 352.

[256] Sämmtliche Werke XVI 356. Vgl. auch den Kommentar von Hans Dietrich Irmscher in: J. G. Herder, Schriften zu Literatur und Philosophie 1792-1800, hrsg. von Hans Dietrich Irmscher, Frankfurt am Main 1998, 1052.

[257] Schriften III 510, Hervorhebung von mir.

keit der geschichtlichen Erscheinungen behauptet, denn diese leben fort in ihren Konkretionen, die sie zu immer größerer Vollkommenheit führen. Novalis schreibt: „[...] vergänglich ist nichts was die Geschichte ergriff."[258], wobei diese Worte dem Ende von Lessings Schrift genau entsprechen: „Ist nicht die ganze Ewigkeit mein?"[259] Unter Aneignung der Lessingschen und Herderschen Auffassung von der Seelenwanderung heißt es bei Novalis in bezug auf das, was sich geschichtlich ereignet: „[...] aus unzähligen Verwandlungen geht es in immer reicheren Gestalten wieder hervor."[260] An anderer Stelle ist noch expliziter von der „ächte[n], dauernde[n] Wiedergeburt" im „allgemeinen christlichen Verein" die Rede.[261]

2.2.5. Der Analogie-Gedanke

Aus der periodischen Verjüngung der Geschichte ergibt sich nicht nur die Plausibilität der Vorstellung von geschichtlicher Vollendung, sondern auch die Möglichkeit für den Historiker, Analogien unter den geschichtlichen Erscheinungen zu entdecken.

Auf die Bedeutung des Analogie-Gedankens für Novalis und vor ihm für Herder hat die Forschung bereits mehrfach hingewiesen.[262] Dieser für Novalis' Philosophie fundamentale Begriff stellt eine Schlüsselkategorie seiner Geschichtskonzeption dar.

Geschichtsphilosophisch betrachtet ermöglicht der Analogie-Gedanke dem Historiker zunächst, das Befremdende naheliegender geschichtlicher Ereignisse als gesteigerte Wiederkehr des Bekannten zu interpretieren und es somit besser in sein Geschichtsmodell einzuordnen. Dem Gesetz der Analogie zufolge sieht Novalis in der französischen Revolution eine weltliche Reformation[263], der wie jene einerseits das Verdienst zukommt, die erstarrte Positivität,

---

[258] Schriften III 510.

[259] A.a.O., 99, § 100.

[260] Schriften III 510. Der Gedanke der Palingenesie kehrt bei Novalis oft wieder. Vgl. z.B. die *Freiberger Studien*: „Wer hier nicht zur Vollendung gelangt, gelangt vielleicht drüben – oder muß eine abermalige irrdische Laufbahn beginnen. [...] So wäre das Menschengeschlecht kleiner – an Zahl geringer, als wir dächten.", Schriften III 62 (Großes Physikalisches Studienheft).

[261] Schriften III 511.

[262] Zur Bedeutung der Analogie bei Novalis: T. D. Feng, Die Analogie von Natur und Geist als Stilprinzip in Novalis' Dichtung, Heidelberg 1935. Für Herder vgl.: Hans-Dietrich Irmscher, Beobachtungen zur Funktion der Analogie im Denken Herders, in: DVjS 55 (1981), 64-97, sowie: Martin Bollacher, ‚Natur' und ‚Vernunft' in Herders Entwurf einer Philosophie der Geschichte der Menschheit, in: Johann Gottfried Herder: 1744-1803, hrsg. von Gerhard Sander, Hamburg 1987, 114-24.

[263] Vgl.: „[...] eine zweite Reformation, eine umfassendere und eigenthümlichere war unvermeidlich [...]", Schriften III 517; „Frankreich verficht einen weltlichen Protestantismus.", Schriften III 518.

die Novalis als „Buchstaben" kritisiert – in der Gestalt des *ancien régime* bzw. des verfallenen Katholizismus – erschüttert zu haben. Wie jene hat sie sich selbst allerdings ihrerseits ebenso verfestigt und ist zum „Buchstabenglauben" verkommen.[264]

Diese Herrschaft des Verstandes und des Buchstabens in der Aufklärung hat besonders negative Auswirkungen auf den „heiligen Sinn" gezeigt. Novalis behauptet – unter kühner Umkehrung des Titels von Goyas berühmtem *Capricho*, das im Januar 1799 veröffentlicht wurde –, dass der „Religionsschlaf" der Vernunft furchtbare „Träume" und „Deliria" erzeugt habe: „Erst durch genauere Kenntniß der Religion wird man jene fürchterlichen Erzeugnisse eines Religionsschlafs, jene Träume und Deliria des heiligen Organs besser beurtheilen und dann erst die Wichtigkeit jenes Geschenks recht einsehn lernen."[265] Diese abstrakte „Gespensterherrschaft" des Verstandes ihrerseits ist für Novalis zu der Zeit des Übergangs des Heidentums in das Christentum analog: „[…] die eigentliche Entstehungszeit der europäischen Gespenster, die auch ihre Gestalt ziemlich vollständig erklärt, ist die Periode des Uebergangs der griechischen Götterlehre in das Christenthum."[266] Mit „Gespenstern" ist, im Unterschied zur Annahme des Kommentars in der HKA, nicht generell der Einfluss des Plotin und Dionysios Areopagita auf das Christentum, sondern – ganz wörtlich – der *Gespensterglaube* gemeint, den insbesondere die Gnostiker und die Plotin-Schüler Porphyrius und Iamblichus in der Zeit zwischen dem Untergang der griechischen Götterlehre und der Herausbildung des Christentums propagierten. Offensichtlich greift Novalis auf Tiedemanns mehrbändige Philosophie-Geschichte *Der Geist der spekulativen Philosophie* zurück, die über Porphyrius und Iamblichus sowie deren Gespensterglauben genau berichtet.[267] Wie also nach der Auflösung des Heidentums in der Spätantike Gespenster und Dämonen an die Stelle der alten Götter traten, so hat die Aufklärung an die Stelle des christlichen Gottes das „gespenstische" Prinzip des Verstandes gesetzt.

Wenn die Analogie dem Historiker einerseits dazu dient, Korrespondenzen zwischen den Krisenzeiten aufzuspüren, so nützt sie ihm andererseits auch dazu, die notwendigen zyklischen Erneuerungen vorauszusehen: nicht nur die Analyse der Vergangenheit, sondern auch die Vorhersage künftiger Entwicklungen vollzieht sich auf der Basis der Analogie. So fordert der Redner seine Zuhörer ausdrücklich dazu auf, nach Analogien in der kreisförmigen Bewegung der Geschichte zu suchen, um künftige Entwicklungen vorauszusehen:

---

[264] „Soll die Revolution die französische bleiben, wie die Reformation die Lutherische war? Soll der Protestantismus abermals widernatürlicherweise, als revolutionäre Regierung fixirt werden? Sollen Buchstaben Buchstaben Platz machen?", Schriften III 518.

[265] Schriften III 520. Entstanden ist die *Europa* zwischen dem 9. Oktober und dem 9. November 1799. Novalis hat offensichtlich das im Januar erschienene Werk Goyas gekannt. Vgl. auch: „Wo keine Götter sind, walten Gespenster[…]", Schriften III 520.

[266] Schriften III 520-1.

[267] Zu den Gnostikern insb. Bd. 3, 99, zu Porphyrius: 444, zu Iamblichus: 452.

„An die Geschichte verweise ich euch, forscht in ihrem belehrenden Zusammenhang, nach ähnlichen Zeitpunkten, und lernt den Zauberstab der Analogie gebrauchen.“[268] Wie der spätantike Gespensterglaube letztlich vor dem Christentum weichen musste und nicht verhindern konnte, dass das Christentum in seiner für Novalis vollkommensten Gestalt, dem mittelalterlichen Katholizismus, die Sinnenwelt für die Religion zurückgewann, so muss nun nach der abstrakten „Gespensterherrschaft“ der Aufklärung notwendigerweise eine Erneuerung des Christentums eintreten, das durch die Poesie in neuer sinnlicher Gestalt wiederauferstehen wird.[269]

2.2.6. Der Pan-Hentheismus

Novalis' Übernahme des spinozistisch gefärbten Gedankens der Palingenesie scheint in spannungsvollem Kontrast zu seinem Bekenntnis zum mittelalterlichen Katholizismus zu stehen, welches seine Rede prägt. Dieser Widerspruch ist jedoch nur ein scheinbarer, denn er erklärt sich vor dem Hintergrund von Novalis' Religionskonzeption, dem Pan-Hentheismus.

Dabei greift Novalis auf die berühmte pantheistische Zentralformel des Herakleitos aus Ephesos ἕν καὶ πᾶν zurück.[270] Er weist dieser allerdings insofern eine neue Bedeutung zu, als er sie nicht als reinen Pantheismus auslegt, sondern als eine Synthese von Christentum – als Religion, die nur einen Mittler zum Göttlichen annimmt – und Pantheismus, der hingegen eine Vielfalt der Mittler zulässt. Diese pan-hentheistische Synthese wird im Fragment Nr. 73, dem sogenannten Mittlerfragment, der *Vermischten Bemerkungen* kanonisch formuliert.[271] Demzufolge wird im Unterschied zum orthodoxen Christentum

---

[268] Schriften III 518.

[269] „Noch sind alles nur Andeutungen, unzusammenhängend und roh, aber sie verraten dem historischen Auge eine universelle Individualität, eine neue Geschichte, eine neue Menschheit, die süßeste Umarmung einer jungen überraschten Kirche und eines liebenden Gottes, und das innige Empfängniß eines neuen Messias in ihren tausend Gliedern zugleich.“, Schriften III 519.

[270] Vgl.: „[...] οὐκ ἐμοῦ, ἀλλὰ τοῦ λόγου ἀκούσαντας ὁμολογεῖν σοφόν ἐστιν ἕν πάντα εἶναι [...]“ – „[...] wenn man nicht mir, sondern dem Logos zuhört, dann ist es weise, ebenso zu sagen, dass alles eins ist [...]“, Fragment B 50 des Περὶ Φύσεως, in: H. Diels / W. Kranz, Die Fragmente der Vorsokratiker, Bd. 1, Berlin 1951. Vgl. auch: „[...] ἐκ πάντων ἕν καὶ ἐξ ἑνὸς πάντα.“ – „[...] aus allem Eines und aus Einem alles.“, Fragment B 10.

[271] „Die wahre Religion scheint [...] bey einer nähern Betrachtung abermals antinomisch getheilt – In Panthëismus und Entheismus. Ich bediene mich hier einer Licenz – indem ich Pantheism nicht im gewöhnlichen Sinne nehme – sondern darunter die Idee verstehe – daß alles Organ der Gottheit – Mittler seyn könne, indem ich es dazu erhebe – so wie Enthëism im Gegentheil den Glauben bezeichnet, daß es nur Ein solches Organ in der Welt für uns gebe, das allein der Idee eines Mittlers angemessen sey, und wodurch Gott allein sich vernehmen lasse – welches ich also zu wählen durch mich selbst genöthigt werde – denn ohnedem würde der Enthëism nicht wahre Religion seyn. / So unverträglich auch beyde zu seyn scheinen, so läßt sich doch ihre Vereinigung bewerckstelligen – wenn man den enthëistischen Mittler zum Mittler der

eine Mannigfaltigkeit der Mittler angenommen, die wiederum um Christus als hentheistischen Mittler zentriert sind. Somit wirkt in der All-Natur zugleich der Geist Christi. Diese pantheistische Erweiterung des Christentums, welche die religionsphilosophische Folge der Erweiterung der Fichteschen Ich-Philosophie durch die Naturphilosophie darstellt, erklärt die spinozistische Naturverehrung, die in der Rede nicht zu leugnen, aber mit dem orthodoxen christlichen Bekenntnis nicht in Einklang zu bringen ist.[272]

Im Unterschied zu Lessing hält Novalis einerseits an der Wirkung der traditionellen christlichen Gottesvorstellung in der Geschichte durchaus fest. Nicht nur ist explizit von der „Regierung Gottes auf Erden" die Rede.[273] An die Adresse der aufklärerischen Geschichtsphilosophie gerichtet, die die Geschichte sich selbst überließ, heißt es, sie mache „[...] die unendliche schöpferische Musik des Weltalls zum einförmigen Klappern einer ungeheuren Mühle, die vom Strom des Zufalls getrieben und auf ihm schwimmend, eine Mühle an sich, ohne Baumeister und Müller und eigentlich ein ächtes Perpetuum mobile, eine sich selbst mahlende Mühle sey."[274] Ebenfalls wird an anderer Stelle bekanntlich auch der Deismus kritisiert, der Gottes Einfluss auf den natürlich-vernünftigen Gang der Weltgeschichte bestreitet.[275]

Andererseits wird dieses christliche bzw. hentheistische Bekenntnis um ein pantheistisches ergänzt, das in der Rede gegenüber ersterem auch ein viel größeres Gewicht erhält.

Die spinozistische Dimension der Gotteserfahrung wird bereits daran deutlich, dass das Wirken Gottes nicht als fremde Macht *über* die Geschichte, sondern als der heilvolle Gang der Geschichts-Natur selbst beschrieben wird und sich somit – so paradox es im Falle dieser Schrift klingen mag – als erheblich säkularisiert erweist. Vor dem Hintergrund dieser sich selbst erzeugenden, göttlichen Natur-Geschichte musste in Novalis' Augen auch der Orden der Jesuiten notwendigerweise scheitern, denn er repräsentierte einen vereinzelten und insofern bloß künstlichen Verjüngungsversuch der religiösen Erfahrung,

---

Mittelwelt des Panthëisten macht – und diese gleichsam durch ihn zentrirt – so daß beyde einander, jedoch auf verschiedene Weise, necessitiren.", Schriften II 442-4 Nr. 73.

[272] Novalis' Stellung zum Spinozismus ist freilich nicht durch eine unbedingte Bejahung charakterisiert, denn der Spinozismus an sich bleibt für den Idealisten Novalis „Materialism" (Schriften II 529 Nr. 23). Es geht Hardenberg vielmehr darum, den Spinozismus der Naturphilosophie in den Idealismus zu integrieren. Bereits in den *Fichte-Studien* wird diese Synthese anvisiert: „Spinotza stieg bis zur Natur – Fichte bis zum Ich, oder der Person. Ich bis zur These Gott.", Schriften II 157 Nr. 151. Die Aufwertung Spinozas erfolgt gerade im Zusammenhang mit der Naturphilosophie: „Auch im Spinotza lebt schon dieser göttliche Funken des Naturverstandes.", Schriften III 469 Nr. 1096; „Die wahre Phil[osophie] ist durchaus realistischer Idealism – oder *Spinotzism*.", Schriften III 671 Nr. 611; „Spinotza ist ein gott-trunkener Mensch.", Schriften III 651 Nr. 562.

[273] Schriften III 523.

[274] Schriften III 515.

[275] „Gott wurde zum müßigen Zuschauer des großen rührenden Schauspiels, das die Gelehrten aufführten, gemacht [...]", Schriften III 516.

der dem naturhaften Gang der Geschichte keine Rechnung trug: „[...] ewig ein Beweis, daß [...] der natürliche Wachsthum des ganzen Geschlechts unaufhaltsam den künstlichen Wachsthum eines Theils unterdrückt."[276]

Gerade dieses pantheistische Verständnis vom Göttlichen erklärt Novalis' Verherrlichung des Katholizismus sowie seine schroffe Verwerfung der protestantischen Religion der Innerlichkeit. So ist es nicht verwunderlich, dass Novalis in seiner Rekonstruktion des mittelalterlichen Katholizismus gerade den Prunk des katholischen Gottesdienstes sowie den Wunderglauben und den Reliquienkult als Zeichen der Manifestation des Göttlichen in der Geschichte feiert:

> Mit welcher Heiterkeit verließ man die schönen Versammlungen in den geheimnißvollen Kirchen, die mit ermunternden Bildern geschmückt, mit süßen Düften erfüllt, und von heiliger erhebender Musik belebt waren. In ihnen wurden die geweihten Reste ehemaliger gottesfürchtiger Menschen dankbar, in köstlichen Behältnissen aufbewahrt. – Und an ihnen offenbarte sich die göttliche Güte und Allmacht, die mächtige Wohlthätigkeit dieser glücklichen Frommen, durch herrliche Wunder und Zeichen. So bewahren liebende Seelen, Locken oder Schriftzüge ihrer verstorbenen Geliebten, und nähren die süße Glut damit, bis an den wiedervereinigenden Tod. Man sammelte mit inniger Sorgfalt überall was diesen geliebten Seelen angehört hatte, und jeder pries sich glücklich der eine so tröstliche Reliquie erhalten oder nur berühren konnte.[277]

Vom pantheistischen Charakter dieses Mittelalters zeugt im übrigen auch die Stelle, an welcher der Redner, der den Religionsverfall unmittelbar vor der Entstehung des Protestantismus beklagt, vom Verschwinden der „Götter" spricht: „Eine gewisse Einsamkeit, scheint dem Gedeihen der höhern Sinne nothwendig zu seyn, und daher muß ein zu ausgebreiteter Umgang der Menschen mit einander, manchen heiligen Keim ersticken und die *Götter*, die den unruhigen Tumult zerstreuender Gesellschaften, und die Verhandlungen kleinlicher Angelegenheiten fliehen, verscheuchen."[278] Auch hier wird die unterschwellige Analogie zwischen Antike und Christentum deutlich, die auch in der V. *Hymne* zum Ausdruck kommt und die Novalis' pantheistische Transformation des Christentums sowie sein chiliastisches Geschichtsverständnis charakterisiert.

Indessen gibt es weitere, noch stärker pantheistisch geprägte Passagen, in denen nicht die katholische Gottesvorstellung, sondern die All-Natur selbst unverhüllt im Mittelpunkt steht. Nicht der transzendente christliche Gott, sondern die Natur überlebt die Versuche der Aufklärer, sie zu rationalisieren: „Schade daß die *Natur* so wunderbar und unbegreiflich, so poetisch und unendlich blieb, allen Bemühungen sie zu modernisiren zum Trotz."[279] Der Red-

---

[276] Schriften III 513-4.
[277] Schriften III 508.
[278] Schriften III 510, meine Hervorhebung.
[279] Schriften III 516, meine Hervorhebung.

ner spricht die Aufklärer folgendermaßen an: „Also kommt auch, ihr Philantropen und Encyklopädisten, in die friedenstiftende Loge und empfangt den Bruderkuß, streift das graue Netz ab, und schaut mit junger Liebe die Wunderherrlichkeit der Natur, der Geschichte und der Menschheit an.“[280] Auch hier ist nicht vom transzendenten christlichen Gott, sondern von der Natur, der Geschichte und der Menschheit die Rede.

Die pan-hentheistische Konzeption prägt auch die Charakterisierung des kommenden Zeitalters des Friedens, das von Novalis in Anlehnung an Lessings *Erziehung des Menschengeschlechts* als „drittes Zeitalter" (§ 89) aufgefasst wird und die Verwirklichung der moralischen Weltordnung herbeiführen soll: „[...] ein Heiland, der wie ein ächter Genius unter den Menschen einheimisch, nur geglaubt nicht gesehen werden [kann], und unter zahllosen Gestalten den Gläubigen sichtbar, als Brod und Wein, verzehrt, als Geliebte umarmt, als Luft geathmet, als Wort und Gesang vernommen, und mit himmlischer Wollust, als Tod, unter den höchsten Schmerzen der Liebe, in das Innre des verbrausenden Leibes aufgenommen wird."[281] Hier drückt sich unverkennbar Novalis' pan-hentheistische Konzeption aus: zum Einen wird der „Heiland" nur geglaubt, *nicht gesehen*. Dadurch wird die christliche Ausrichtung auf die Transzendenz bewahrt. Zum Anderen aber sind die Grenzen des traditionellen Christentums, das seit dem nicäischen Glaubensbekenntnis Christus als den einzigen Mittler, den *unigenitus*, annimmt, eindeutig gesprengt. An die Stelle des einen Mittlers tritt, wie es am Schluss der Rede explizit formuliert wird, die pantheistische „Allfähigkeit alles Irdischen, Wein und Brod des ewigen Lebens zu seyn", d.h. zum Mittler des Göttlichen zu werden.[282]

2.2.7. Der „heilige Sinn"

Vor dem Hintergrund dieser starken Hervorhebung der Immanenz ist es nicht verwunderlich, dass die Perspektive der Rede fortwährend eine *innergeschichtliche* ist. Nur selten wird auf die Bibel Bezug genommen.[283] Nur an einer einzigen Stelle in der gesamten Rede werden Jesus und Maria erwähnt,

---

[280] Schriften III 521.

[281] Schriften III 520.

[282] Diese pantheistische Dimension der Gotteserfahrung ist in den Aufzeichnungen auch als Verehrung des menschlichen Körpers artikuliert: „Es giebt nur Einen Tempel in der Welt und das ist der menschliche Körper. Nichts ist heiliger, als diese hohe Gestalt. Das Bücken vor Menschen ist eine Huldigung dieser Offenbarung im Fleisch. [...] Man berührt den Himmel, wenn man einen Menschenleib betastet.", Schriften III 565-6 Nr. 75. Oder: „Religiositaet der Physiognomik. Heilige, unerschöpfliche Hyeroglyphe jeder Menschengestalt.", Schriften III 566 Nr. 80. Dieser Pantheismus vermischt sich bei Novalis zugleich mit der erotischen Metaphorik des Pietismus N. L. Zinzendorfs – exemplarisch dafür ist das siebente der *Geistlichen Lieder*, die *Hymne*.

[283] Eine der wenigen Anspielungen findet sich in der Passage „Der Geist Gottes schwebt über den Wassern" (Schriften III 517), die auf Gen. I.2 und 8 Bezug nimmt.

jedoch bezeichnenderweise auch hier, um die Göttlichkeit der Kirchenge-
schichte, der Heiligen und Märtyrer, zu illustrieren.[284] An einer anderen Stelle,
im Zusammenhang mit der Kritik am Protestantismus und der Opposition von
Geist und Buchstaben wird der Inhalt der Bibel sogar verschmäht: „[...] und
nun drückte der dürftige Inhalt, der rohe abstracte Entwurf der Religion in
diesen Büchern desto merklicher, und erschwerte dem heiligen Geiste die freie
Belebung, Eindringung und Offenbarung unendlich.“[285] Darin liegt ein indirekter Beleg für Novalis' Rezeption der historischen Bibel-Kritik der Aufklärung,
die auch in Lessings *Erziehung* einen Nachklang findet, als Lessing das Alte
und Neue Testament als bloße „Elementarbücher“ des Menschengeschlechts
bezeichnet (§50-3, §64). In der *Europa* – einer Schrift, die gewöhnlich als
orthodoxe Verteidigung des Christentums gilt – sind die Spuren der christlichen Transzendenz merkwürdigerweise gering. Nicht die transzendente christliche Gottesvorstellung, sondern der „heilige Sinn“, die *menschliche* Erfahrung des Göttlichen, ist das Thema dieser Abhandlung.[286]

Der zentrale Begriff des „heiligen Sinnes“ wird von Novalis unter Anver-
wandlung von Hemsterhuis' „moralischem Organ“ gebildet.[287] Letzteres umschreibt bei dem holländischen Philosophen die ursprüngliche und höchste
Erkenntniskraft, der, als Offenbarung des „Enthusiasmus“, eine Vermittlung
von Immanenz und Transzendenz zu verdanken ist. Während laut Hemsterhuis
dieses Vermögen durch eine kosmische Katastrophe verloren ging[288], ist der
„heilige Sinn“ Novalis' Ansicht nach durch den Prozess der Säkularisierung
getrübt worden[289]: „Vernichtet kann jener unsterbliche Sinn nicht werden, aber
getrübt, gelähmt, von andern Sinnen verdrängt.“[290]

Die Konzentration der Rede auf den „heiligen Sinn“ als Möglichkeit der
Immanenzerfahrung, und nicht auf den transzendenten christlichen Gott, ist
unübersehbar. Gegen Luthers Lehre der *sola scriptura* heißt es nicht, dass sie
gegen den göttlichen Willen verstoße, sondern dass sie dem „heiligen
Sinn“ schädlich sei: „Dem religiösen Sinn war diese Wahl höchst verderblich,
da nichts seine Irritabilität so vernichtet, wie der Buchstabe.“[291] Im Protestan-

---

[284] Schriften III 507-8.

[285] Schriften III 512.

[286] Vgl. dazu auch Samuel, demzufolge das Thema der Rede der „heilige Sinn“ ist: „Dessen
        Geschichte und ihren Widerpart, die ,Geschichte des modernen Unglaubens' wollte er [Nova-
        lis] beschreiben.“, a.a.O., 56.

[287] Damit greift Novalis auf seine *Hemsterhuis-Studien* aus der Periode von 1797-98 zurück.

[288] Der Mond – als Komet in die Anziehungskraft der Erde eingetreten – bewirkte eine Neigung
        der Erdachse, die für negative Veränderungen in der Natur und im Menschenleben verant-
        wortlich wurde. Mit der goldenen Zeit verschwand auch das heilige Organ im Menschen und
        mit ihm die Immanenzerfahrung. Vgl.: Œuvres Philosophiques de M. F. Hemsterhuis, ed. H.
        J. Jansen, T. II, Paris 1792, Bd. II, 169.

[289] Vgl. H.-J. Mähl, a.a.O., 377.

[290] Schriften III 509.

[291] Schriften III 512.

tismus wird „die Vertrocknung des heiligen Sinns"[292] konstatiert, und es ist stets der „heilige Sinn", der unter der Aufklärung leidet: „Ueberall litt der heilige Sinn unter den mannichfachen Verfolgungen seiner bisherigen Art, seiner zeitigen Personalität."[293] Wenn das Thema der Rede nicht die transzendente Gottesvorstellung des Christentums, die nur an wenigen Stellen erwähnt wird, sondern der heilige Sinn selbst ist, so heißt es, dass nicht das Göttliche an sich, sondern die Erfahrung des Göttlichen *für den Menschen* im Vordergrund steht.

Dies bedeutet eine Säkularisierung der überlieferten christlichen Glaubensvorstellung, die auch an anderen Stellen deutlich zum Ausdruck kommt. So wird der Glaube nicht als Erfahrung der Heteronomie, der Abhängigkeit von einer transzendenten Gottheit beschrieben, sondern umgekehrt als Kulmination des Selbstbewusstseins und der Autonomie, des Vertrauens des Menschen in die eigenen Fähigkeiten. In Bezugnahme auf die Sage von der Kindheit des Herakles, der in der Wiege die Schlangen erwürgte, die ihm Hera geschickt hatte[294], heißt es über den Anbruch einer neuen Epoche der Kultur in Deutschland durch die Erweckung des heiligen Sinns: „Aus dem Morgentraum der unbehülflichen Kindheit erwacht, übt ein Theil des Geschlechts seine ersten Kräfte an Schlangen, die seine Wiege umschlingen und den Gebrauch seiner Gliedmaßen ihm benehmen wollen."[295] Der Glaube erscheint nicht als Heteronomie-Erfahrung, sondern als kraftvoll-männliche, ja heroische Entfaltung der eigenen Autonomie. Somit ist es nicht verwunderlich, wenn es vorher hieß, dass die „höheren Organe" den Urkern der *irdischen* Gestaltung bilden: „Wie von selbst steigt der Mensch gen Himmel auf, wenn ihn nichts mehr bindet, die höhern Organe treten von selbst aus der allgemeinen gleichförmigen Mischung und vollständigen Auflösung aller menschlichen Anlagen und Kräfte, als der Urkern der *irdischen* Gestaltung zuerst heraus."[296] Wenn daraufhin von Gott die Rede ist, dann nur als vom Produkt des wiedererweckten heiligen Organs und nicht als eine autonome Wesenheit: „Der Geist Gottes schwebt

---

[292] Ebd.

[293] Schriften III 515.

[294] Pindar, Nemea, ed. H. Maehler (post B. Snell), Pindari carmina cum fragmentis, pt. 1, Leipzig 1971, V. 33 ff. In Hölderlins Hymne *Der Einzige* erscheint Christus als Bruder des Herakles. Vgl. Jochen Schmidts Kommentar in: Friedrich Hölderlin. Sämtliche Werke und Briefe, Bd. 1: Gedichte, Frankfurt am Main 1992, 943-4.

[295] Schriften III 519. Dieses Bild kann als einer der vielen bislang unbeachteten Rückgriffe Novalis' auf Schleiermachers *Reden* betrachtet werden: „Nicht zufrieden aber das Wesen der Religion auszudrüken müßen sie auch eben so den falschen Schein derselben vernichten indem sie mit kindlicher Unbefangenheit und in der hohen Einfalt eines völligen Unbewußtseins, welches keine Gefahr sieht und keinen Muth zu bedürfen glaubt, über alles hinwegtreten, was grobe Vorurtheile und feine Superstition mit einer unächten Glorie der Göttlichkeit umgeben haben, indem sie sich sorglos *wie der kindische Herkules* von den *Schlangen* der heiligen Verläumdung umzischen laßen, die sie eben so still und ruhig in einem Augenblick erdrüken können.", KG I/2 289, meine Hervorhebungen.

[296] Schriften III 517, meine Hervorhebung.

über den Wassern und ein himmlisches Eiland wird als Wohnstätte der neuen Menschen, als Stromgebiet des ewigen Lebens zuerst sichtbar unter den zurückströmenden Wogen."[297] Novalis beschreibt den heiligen Sinn nicht als Unterwerfung unter die Transzendenz, sondern als Potenzierung des Irdischen bis zur Hervorbringung des Göttlichen.

2.2.8. Novalis' Schleiermacher-Rezeption

Neben Herder und Lessing hat zweifelsohne Schleiermacher mit seiner Schrift *Über die Religion. Reden an die Gebildeten unter ihren Verächtern* (1799) Novalis' *Europa* am nachhaltigsten geprägt: Schleiermachers *Reden* können sogar als das bedeutendste Vorbild für die Komposition der *Europa* betrachtet werden.[298] Dieser wesentliche Einfluss wird beispielsweise durch einen Brief Friedrich Schlegels an Schleiermacher, der wahrscheinlich vom 15 November 1799 stammt, bestätigt: „Auf den ersten [Hardenberg] hast Du (nämlich das Du der Reden) eine ungeheure Wirkung gemacht. Er hat uns einen Aufsatz über Christenheit vorgelegen [vorgelesen] und fürs Athenäum gegeben."[299] Novalis las Schleiermachers *Reden* bereits Mitte September 1799[300] und war von diesen sehr beeindruckt.[301] Bald darauf, zwischen Oktober und November 1799, nahm er die Verfassung seiner Schrift in Angriff.

Im letzten Teil der *Europa* bekennt sich Hardenberg offen zu Schleiermacher. In Anklang an dessen Formulierung in den *Reden*: „Ich will Euch gleichsam zu dem Gott, der Fleisch geworden ist hinführen [...]"[302], schreibt Novalis: „Zu einem Bruder will ich euch führen, der soll mit euch reden, daß euch die Herzen aufgehn, und ihr eure abgestorbene geliebte Ahndung mit neuem Leibe bekleidet, wieder umfaßt und erkennt, was euch vorschwebte, und was der

---

[297] Ebd.

[298] Schleiermachers Einfluss auf Novalis wurde in der Forschung bereits mehrfach betont, aber noch nicht textnah rekonstruiert. Vgl.: A. Schubart, Novalis' Leben, Dichten und Denken, Gütersloh 1887, 244 ff., der insbesondere Parallelen in der vierten Rede aufdeckt. Samuel (236) versucht, die Wirkung Schleiermachers auf die *Europa* in Frage zu stellen, muss aber letztlich einräumen: „Der große Einfluß der Reden auf die *Europa* soll damit nicht bestritten werden." Der Kommentar von Hans-Joachim Mähl in der Hanser-Ausgabe bringt nur einige wenige, bei weitem nicht alle Korrespondenzen ans Licht.

[299] Schriften IV 646.

[300] Vgl. Friedrich Schlegel an Schleiermacher vom 20. September 1799: „U[nger] giebt das Buch [Schleiermachers *Reden*] noch nicht aus, oder hat es wenigstens nicht verschickt. Daher ließ sich's Hardenberg vor einigen Tagen durch einen Express holen.", Schriften IV 641.

[301] Vgl. den Brief Friedrich Schlegels an Schleiermacher vom 7. oder 11. Oktober 1799, der den Zusammenhang zwischen der Schleiermacher-Lektüre und der Entstehung der *Europa* noch einmal verdeutlicht: „Hardenberg hat Dich mit dem höchsten Interesse studirt und ist ganz eingenommen durchdrungen begeistert und entzündet. Er behauptet nichts von Dir tadeln zu können und in sofern einig mit Dir zu seyn. Doch damit wird es nun wohl so so stehen. Er hat mir einen Aufsatz über Katholicismus verheißen [...]", Schriften IV 641.

[302] KG I/2 294.

schwerfällige irdische Verstand freilich euch nicht haschen konnte."[303] In Anspielung auf die zentrale Bedeutung des Gefühls in Schleiermachers *Reden* heißt es weiter: „Dieser Bruder ist der Herzschlag der neuen Zeit, wer ihn *gefühlt* hat zweifelt nicht mehr an ihrem Kommen […]".[304] Ferner ist von einem Schleier die Rede, den der „Bruder" für die Religion gewoben hat: „Er hat einen neuen Schleier für die Heilige gemacht, der ihren himmlischen Gliederbau anschmiegend verräth, und doch sie züchtiger, als ein Andrer verhüllt."[305] Dass Novalis von einem „Schleier" spricht, ist nicht nur ein naheliegendes Wortspiel auf den Namen des Verfassers der *Reden*[306] und bezieht sich auch nicht nur auf die bei Novalis selbst äußerst beliebte Schleiermetaphorik[307], sondern ist zugleich eine exakte Anspielung auf eine Passage bei Schleiermacher, in der von einem „Schleier" die Rede ist, der die Entstehung der Religion verhüllt bzw. verhüllen soll. Schleiermacher schreibt dort: „Vergebliche Verwegenheit ist es den *Schleier* hinwegnehmen zu wollen, der ihre [der Idee der Vermittlung des Endlichen mit der Gottheit] Entstehung in ihm [Christus] verhüllt und verhüllen soll, weil aller Anfang in der Religion geheimnißvoll ist."[308] Schließlich greift auch der Unsagbarkeitstopos, den Novalis mit dem Schleier verbindet – „[...] das unendliche Faltenspiel ist eine Chiffern-Musik, denn die Sprache ist der Jungfrau zu hölzern und zu frech, nur zum *Gesang* öffnen sich ihre Lippen."[309] – auf die *Reden* zurück. Die mystische Einheit von Gefühl und Anschauung, in der sich das Ich mit dem Universum vereinigt, kann laut Schleiermacher nicht in Worte gefasst werden.[310] Sie lässt sich nur im *Gesang* ausdrücken: „In heiligen Hymnen und Chören, denen die Worte der Dichter nur lose und luftig anhängen, wird ausgehaucht, was die bestimmte Rede nicht mehr fassen kann, und so unterstützen sich und wechseln die Töne des Gedankens und der Empfindung, bis alles gesättigt ist und voll des Heiligen und Unendlichen."[311]

Außer diesen – als solche markierten – Entsprechungen sind zudem zahlreiche weitere konzeptionelle Parallelen zwischen Schleiermacher und Novalis zu konstatieren, die letztlich die Schrift Schleiermachers als den wichtigsten Subtext für die *Europa* ausweisen.

Bereits das Ziel, das Novalis mit seiner Schrift verfolgt, ist bei Schleierma-

---

[303] Schriften III 521.

[304] Ebd., meine Hervorhebung.

[305] Ebd.

[306] Dierkes, a.a.O., 540.

[307] Vgl. das berühmte Distichon: „Einem gelang es – er hob den Schleyer der Göttin zu Saïs – / Aber was sah er? Er sah – Wunder des Wunders – Sich Selbst.", Schriften I 110. Vgl. weiter: 82; 95; 11, 144 f.; 148 f.; 165; 217; 228; 239; 260; 307; 312; 402; 410; 417; 473; 514; 570; 575; Schriften II 25; Schriften III 410; 423.

[308] KG I/2 321, meine Hervorhebung.

[309] Schriften III 521, meine Hervorhebung.

[310] „Könnte und dürfte ich ihn doch aussprechen, andeuten wenigstens, ohne ihn zu entheiligen!", KG I/2 221.

[311] KG I/2 270.

cher vorgebildet: die Verteidigung und Rettung der Religion in einem aufge-
klärten Zeitalter. Hinzu kommt die Bedeutung, die der Redeform als einem für
diese Aufgabe besonders geeigneten Mittel zukommt.[312] Aber vor allem liegen
in der *Geschichtsphilosophie* bislang unaufgedeckte Entsprechungen zwischen
beiden Schriften vor. Bereits Schleiermacher lässt es nicht bei einer statischen
Betrachtung der Religion in ihrem Sein bewenden, sondern versucht, letztere
in ihrem Werden zu perspektivieren. So mahnt der Redner folgendermaßen:
„Aber nicht nur in ihrem Sein müßt Ihr die Menschheit anschauen, sondern
auch in ihrem Werden; auch sie hat eine größere Bahn, welche sie nicht wiederkehrend sondern forschreitend durchläuft, auch sie wird durch ihre innere
Veränderungen zum Höheren und Vollkommenen fortgebildet.“[313] Die Erforschung des Geistes der geschichtlichen Entwicklung, die geschichtsphilosophische Reflexion, wird von Schleiermacher als das „höchste Geschäft“ der
Religion bezeichnet: „Die verschiedenen Momente der Menschheit aneinander
zu knüpfen und aus ihrer Folge den Geist in dem das Ganze geleitet wird er-
rathen, das ist ihr höchstes Geschäft.“[314] Die Geschichte repräsentiert den
„höchsten Gegenstand der Religion“:

> Geschichte im eigentlichsten Sinn ist der höchste Gegenstand der Religion, mit
> ihr hebt sie an und endigt mit ihr – denn Weißagung ist in ihren Augen auch Ge-
> schichte und beides gar nicht voneinander zu unterscheiden – und alle wahre Ge-
> schichte hat überall zuerst einen religiösen Zweck gehabt und ist von religiösen
> Ideen ausgegangen. In ihrem Gebiet liegen dann auch die höchsten und erha-
> bensten Anschauungen der Religion.[315]

---

[312] Vgl. die Aufwertung der Rede-Form und der Aufgabe des Redners in Schleiermachers *Reden*:
„Ein solcher ist ein wahrer Priester des Höchsten, indem er ihn denjenigen näher bringt, die
nur das Endliche und Geringe zu fassen gewohnt sind; er stellt ihnen das Himmlische und
Ewige dar als einen Gegenstand des Genußes und der Vereinigung, als die einzige unerschöpfliche Quelle desjenigen, worauf ihr ganzes Dichten gerichtet ist. So strebt er den schlafenden Keim der besseren Menschheit zu wecken, die Liebe zum Höchsten zu entzünden, das
gemeine Leben in ein höheres zu verwandeln, die Söhne der Erde auszusöhnen mit dem
Himmel, der ihnen gehört, und das Gegengewicht zu halten gegen die schwerfällige Anhäng-
lichkeit des Zeitalters an den gröberen Stoff. Dies ist das höhere Priesterthum, welches das
innere aller geistigen Geheimniße verkündigt und aus dem Reiche Gottes herabspricht; dies
ist die Quelle aller Geschichte und Weissagung, aller heiligen Kunstwerke und begeisterten
Reden [...]“, KG I/2 193-4. „Es gebührt sich auf das höchste, was die Sprache erreichen
kann, auch die ganze Fülle und Pracht der menschlichen Rede zu verwenden, nicht als ob es
irgend einen Schmuck gäbe, deßen die Religion nicht entbehren könnte, sondern weil es un-
heilig und leichtsinnig wäre nicht zu zeigen, daß Alles zusammengenommen wird, um sie in
angemeßener Kraft und Würde darzustellen. Darum ist es unmöglich Religion anders auszusprechen und mitzutheilen als rednerisch, in aller Anstrengung und Kunst der Sprache, und
willig dazu nehmend den Dienst aller Künste, welche der flüchtigen und beweglichen Rede
beistehen können.“, KG I/2 269.

[313] KG I/2 232.

[314] Ebd.

[315] KG I/2 232-2. Selbst in der Bildlichkeit lässt sich Schleiermachers Einfluss belegen. So ist
der berühmte „Zauberstab der Analogie“, den bei Novalis der Historiker verwenden soll, be-

Die Reflexion über den „religiösen Zweck" der Geschichte drückt sich nun bei Schleiermacher nicht nur in der Vorsehung[316], sondern auch im Palingenesiegedanken aus. Neben Lessing und Herder hat also auch Schleiermacher Novalis' Rückgriff auf dieses bedeutungsvolle geschichtsphilosophische Motiv angeregt. In der Palingenesie sieht Schleiermacher eine der wichtigsten Gesetzmäßigkeiten der geschichtlichen Entwicklung:

> Hier seht Ihr die Wanderung der Geister und der Seelen, die sonst nur eine zarte Dichtung scheint, in mehr als einem Sinn als eine wundervolle Veranstaltung des Universums, um die verschiedenen Perioden der Menschheit nach einem sichern Maasstabe zu vergleichen. Bald kehrt nach einem langen Zwischenraum, in welchem die Natur nichts ähnliches hervorbringen konnte, irgend ein ausgezeichnetes Individuum völlig daßelbe wieder zurück; aber nur die Seher erkennen es und nur sie sollen aus den Wirkungen, die es jetzt hervorbringt, die Zeichen verschiedener Zeiten beurtheilen. Bald kommt ein einzelner Moment der Menschheit ganz so wieder, wie Euch eine ferne Vorzeit sein Bild zurükgelaßen hat, und Ihr sollt aus den verschiedenen Ursachen durch die er jetzt erzeugt worden ist, den Gang des Universums und die Formel seines Gesezes erkennen.[317]

An dieser gesteigerten Wiederkehr des Vergangenen lässt sich für Schleiermacher der Fortschritt der geschichtlichen Entwicklung messen:

> Bald erwacht der Genius irgend einer besondern menschlichen Anlage, der hie und da steigend und fallend schon seinen Lauf vollendet hatte, aus seinem Schlummer, und erscheint an einem andern Ort unter andern Umständen in einem neuen Leben, und sein schnelleres Gedeihen, sein tieferes Wirken, seine schönere kräftigere Gestalt soll andeuten, um wie vieles das Klima der Menschheit verbeßert und der Boden zum Nähren edler Gewächse geschikter worden sei.[318]

In der dritten Rede spricht Schleiermacher ausdrücklich von einer nun notwendigen „Palingenesie der Religion"[319], in der fünften von einer „Palingenesie des Christenthumes".[320]

---

reits bei Schleiermacher vorgebildet. Bezüglich des Studiums der vergangenen Religionsgestalten heißt es in der fünften Rede: „[...] grabet nur immer tiefer, wo Euer *magischer Stab* einmal angeschlagen hat, Ihr werdet gewiß das Himmlische zu Tage fördern.", KG I/2 312, meine Hervorhebung.

[316] Die „göttliche Vorsehung" tut „Zeichen und Wunder, die den Lauf der Dinge unterbrechen und erschüttern [...]", KG I/2 317. Zuweilen spricht Schleiermacher sogar vom Schicksal: „[...] die Gestalt eines ewigen Schiksals, [...] ein wunderbares Gemisch von starrem Eigensinn und tiefer Weisheit, von roher, herzloser Gewalt und inniger Liebe [...]. Vergleicht Ihr dann das abgesonderte Streben des Einzelnen, aus diesen entgegengesezten Ansichten entsprungen, mit dem ruhigen und gleichförmigen Gang des Ganzen, so seht Ihr wie der hohe Weltgeist über alles lächelnd hinwegschreitet, was sich ihm lärmend wiedersezt [...]", KG I/2 234. Daraufhin evoziert Schleiermacher auch die Nemesis.

[317] KG I/2 233.

[318] Ebd.

[319] KG I/2 260.

[320] KG I/2 325.

Der Palingenesiegedanke wird von Schleiermacher – wie bei Novalis – in der Absicht formuliert, das Ideal geschichtlicher Vervollkommnung aufrechtzuerhalten und Krisenzustände in den geschichtlichen Verlauf sinnvoll zu integrieren: „Wie die vegetabilische Natur durch den Untergang ganzer Gattungen und aus den Trümmern ganzer Pflanzengenerationen neue hervorbringt und ernährt, so seht Ihr auch die geistige Natur aus den Ruinen einer herrlichen und schönen Menschenwelt eine neue erzeugen, die aus den zersetzten und wunderbar umgestalteten Elementen von jener ihre erste Lebenskraft saugt."[321] In dieser Perspektive kann auch der Verfall der Religion im Zeitalter der Aufklärung als Voraussetzung für deren Regeneration gedeutet werden.[322] Wie sich in Novalis' Augen die Religion gerade aus der Vernichtung ihrer positiven, historischen Gestalt regenerieren kann, so formuliert auch Schleiermacher den Gedanken einer Erneuerung aus dem Nichts: „Aus dem Nichts geht immer eine neue Schöpfung hervor, und Nichts ist die Religion fast in Allen der jetzigen Zeit […]".[323] Die Übereinstimmung zwischen Novalis und Schleiermacher reicht bis in die Bildlichkeit hinein. So bemerkt Novalis, die Religion habe sich aus der öffentlichen Sphäre zurückgezogen, um sich desto tiefer in der Privatsphäre zu verwurzeln: „In Frankreich hat man viel für die Religion gethan, indem man ihr das Bürgerrecht genommen, und ihr bloß das Recht der *Hausgenossenschaft* gelassen hat, und zwar nicht in einer Person, sondern in allen ihren unzähligen individuellen Gestalten. Als eine fremde unscheinbare Waise muß sie erst die Herzen wiedergewinnen, und schon überall geliebt seyn, ehe sie wieder öffentlich angebetet und in weltliche Dinge zur freundschaftlichen Berathung und Stimmung der Gemüther gemischt wird."[324] Auch Schleiermacher betrachtet in gleichem Maße die Sphäre des „*Hauses*" als Wirkungsdimension der Religion: „Eine *Familie* kann das gebildetste Element und das treueste Bild des Universums sein […]. Ja, wir warten

---

[321] KG I/2 233.

[322] Die Identifikation der Religiosität mit der Einsamkeit und ihre antithetische Beziehung zum modernen bürgerlichen Leben sind bereits bei Schleiermacher anzutreffen. Die „wahren Beschauer des Ewigen" waren immer „ruhige Seelen", „allein mit sich und dem Unendlichen" (KG I/2 217); das religiöse Leben „[...] wird bald hinweggeschwemmt von den Wellen des praktischen Lebens in die unbesuchteste Gegend der Erinnerung, und auch dort von weltlichen Dingen bald ganz verschüttet.", KG I/2 275. Auch bei Novalis wird eben diese Kulturkritik zum Ausdruck gebracht: Religion entsteht in der Einsamkeit und ist der Dimension der Geschäftigkeit entgegengesetzt. „Eine längere Gemeinschaft der Menschen vermindert die Neigungen, den Glauben an ihr Geschlecht, und gewöhnt sie ihr ganzes Dichten und Trachten, den Mitteln des Wohlbefindens allein zuzuwenden, die Bedürfnisse und die Künste ihrer Befriedigung werden verwickelter, der habsüchtige Mensch hat, so viel Zeit nöthig sich mit ihnen bekannt zu machen und Fertigkeiten in ihnen sich zu erwerben, daß keine Zeit zum stillen Sammeln des Gemüths, zur aufmerksamen Betrachtung der innern Welt übrig bleibt. […] Eine gewisse Einsamkeit, scheint dem Gedeihen der höhern Sinne nothwendig zu seyn, und daher muß ein zu ausgebreiteter Umgang der Menschen mit einander, manchen heiligen Keim ersticken […]", Schriften III 509-10.

[323] KG I/2 325.

[324] Schriften III 518, meine Hervorhebung.

am Ende unserer künstlichen Bildung einer Zeit, wo es keiner andern vorbereitenden Gesellschaft für die Religion bedürfen wird als der frommen *Häus-
lichkeit*.“[325]

Eine andere bedeutende Parallele zwischen Novalis' *Europa* und Schleiermachers *Reden* liegt in der Engführung von Religion und Kunst. Beide sind
aus dem Zweckzusammenhang herausgehoben, weil sie jeweils einen Zweck
an sich darstellen.[326] An einer Stelle der *Europa* beruft sich Novalis auf eine
Passage der dritten Rede, in der die Unterdrückung des Hanges zur Phantasie
beklagt wird. Novalis' Kritik der Poesie-Feindlichkeit der französischen Aufklärung, deren „Mitglieder“ „rastlos beschäftigt“ damit gewesen seien, „die
Natur, den Erdboden, die menschlichen Seelen und die Wissenschaften von
der Poesie zu säubern […]“[327], ist eine direkte Anspielung auf die in der dritten
Rede beklagte Verbannung der Phantasie und des Wunderbaren: „Jezt […]
wird dieser Hang von Anfang an gewaltsam unterdrükt, alles übernatürliche
und wunderbare ist proscribirt, die Fantasie soll nicht mit leeren Bildern ange-
füllt werden, man kann ja unterdeß eben so leicht Sachen hineinbringen und
Vorbereitungen aufs Leben treffen.“[328] In seiner Verteidigung der Phantasie
behauptet Schleiermacher sogar, dass die Religion von der Richtung der Phantasie abhänge.[329] Diese Tatsache soll allerdings nicht darüber hinweg täuschen,
dass der Parallelismus von Poesie und Religion bei Schleiermacher einen
grundsätzlich anderen Charakter besitzt als bei Novalis. Während Hardenberg
die Religion in der Tat als Produkt der Einbildungskraft begreift – und somit
auch poetisch erweitern will – liegt Schleiermacher das Projekt einer neuen
poetischen Mythologie fern. Die Autonomie der Kunst dient Schleiermacher
lediglich als Paradigma mittels dessen die verlorene Autonomie der Religion
erneut gesichert werden könne. In seiner Argumentation kommt der Kunst
insofern eine Schlüsselrolle zu, als sie das repräsentiert, was die Religion wieder werden soll. Die von Schleiermacher behauptete Autonomie der Religion
lebt gewissermaßen parasitär von der Autonomie der Kunst, womit allerdings
gleichzeitig das Konkurrenzverhältnis zwischen beiden ausgesprochen ist.

Zweifelsohne sind auf dem Gebiet der Religionsphilosophie die meisten Parallelen zwischen Novalis und Schleiermacher zu konstatieren. Zunächst rezi-

---

[325] KG I/2 289-90, meine Hervorhebungen.
[326] Vgl. die dritte Rede: „Religion und Kunst stehen nebeneinander wie zwei befreundete Seelen
deren innere Verwandtschaft, ob sie sie gleich ahnden, ihnen doch noch unbekannt ist.“, KG
I/2 263.
[327] Schriften III 516.
[328] KG I/2 253.
[329] „Hängt nun Eure Fantasie an dem Bewußtsein Eurer Freiheit, […] so wird sie den Geist des
Universums personifizieren, und Ihr werdet einen Gott haben; hängt sie am Verstande, […]
so werdet Ihr eine Welt haben und keinen Gott. Ihr, hoffe ich, werdet es für keine Lästerung
halten, daß Glaube an Gott abhängt von der Richtung der Fantasie; Ihr werdet wißen daß Fantasie das höchste und ursprünglichste ist im Menschen, und außer ihr alles nur Reflexion über
sie; Ihr werdet es wißen daß Eure Fantasie es ist, welche für Euch die Welt erschaft, und daß
Ihr keinen Gott haben könnt ohne Welt.“, KG I/2 245.

piert Novalis den von Schleiermacher verkündeten pantheistisch fundierten religiösen Universalismus. Schleiermachers Ansicht nach ist die Religion unendlich; sie kennt keine Grenzen, denn ihr Gegenstand ist das unteilbare Ganze. Das Wesen der Religion „[...] ist weder Denken noch Handeln, sondern Anschauung und Gefühl. Anschauen will sie das Universum, in seinen eigenen Darstellungen und Handlungen will sie es andächtig belauschen [...]".[330] Gerade dieser Universalismus unterscheidet die Religion von der Metaphysik und der Moral: „Jene sehen im ganzen Universum nur den Menschen als Mittelpunkt aller Beziehungen [...]; sie [die Religion] will im Menschen nicht weniger als in allen andern Einzelnen und Endlichen das Unendliche sehen [...]".[331] Oder an anderer Stelle heißt es: „Die Metaphysik geht aus von der endlichen Natur des Menschen [...]. Die Religion lebt ihr ganzes Leben auch in der Natur, aber in der unendlichen Natur des Ganzen, des Einen und Allen [...]".[332] Wiederholt setzt Schleiermacher den Akzent auf die Universalität als das Wesen der Religion: „Anschauen des Universums, ich bitte befreundet Euch mit diesem Begriff, er ist der Angel meiner ganzen Rede, er ist die allgemeinste und höchste Formel der Religion [...]".[333] Nur die Religion vermag es, „dem Menschen Universalität" zu verleihen.[334] Aus diesem Grunde verurteilt Schleiermacher auch die Vielzahl der Kirchen – so wie Novalis die Spaltung der katholischen Kirche durch die Reformation verurteilt – nicht jedoch die Vielzahl der Religionen.[335] Obgleich Schleiermacher Novalis' Schlussfolgerung nicht teilt[336], dass sich der religiöse Universalismus im Katholizismus realisiert, der diesen Universalismus gleichsam im Namen trägt, so hat doch dessen Konzeption der Universalität der Religion bei Novalis' Verklärung des Katholizismus zur universellen Konfession Pate gestanden. Auch in der Bildlichkeit hat sich dieser Einfluss niedergeschlagen. Schleiermacher vergleicht die Religion mit der Astronomie, weil sie kein abgeschlossenes System wie die Metaphysik, sondern ein Wissensgebiet darstellt, dessen Gegenstand sich ständig erweitert: „Erhebt Euch einmal [...] zu jenem Unendlichen der sinnlichen Anschauung, dem bewunderten und gefeierten Sternenhimmel. Die astronomischen Theorien, die tausend Sonnen mit ihren Weltsystemen um eine gemeinschaftliche führen, und für diese wiederum ein höheres Weltsystem suchen, welches ihr Mittelpunkt sein könnte, und so fort ins Unendliche nach innen und nach außen, diese werdet Ihr doch nicht ein System

---

[330] KG I/2 211.

[331] KG I/2 211-2.

[332] KG I/2 212.

[333] KG I/2 213.

[334] KG I/2 238.

[335] KG I/2 294.

[336] Vgl. Friedrich Schlegel an Schleiermacher am 10. Dezember 1799: „Wie du das Papsthum (obgleich es mir ein großes göttliches Naturprodukt zu seyn scheint) für das Verderben des Catholizismus hältst, kann ich mir gleichsam sehr gut denken.", Aus Schleiermachers Leben: in Briefen, hrsg. von Ludwig Jonas und Wilhelm Dilthey, Berlin 1858-63, Bd. III, 139.

von Anschauungen als solchen nennen wollen? [...] Ihr wißt aber, daß darin kein Schein von System ist, daß noch immer Gestirne zwischen diesen Bildern entdeckt werden, daß auch innerhalb ihrer Gränzen alles unbestimmt und unendlich ist, und daß sie selbst etwas rein willkührliches und höchst bewegliches bleiben."[337] Novalis greift nun in der *Europa* auf Schleiermachers astronomische Bildlichkeit zurück. Die wissenschaftliche Renaissance in Deutschland werde in der Religion als astronomischer Wissenschaft vom Unendlichen ihren Höhepunkt finden: „[...] es ist leicht zu ermessen, [...] wie unter diesen Umständen die Witterung sich klären und *der alte Himmel* und mit ihm die Sehnsucht nach ihm, *die lebendige Astronomie*, wieder zum Vorschein kommen muß."[338]

Dieser sowohl von Schleiermacher als auch von Novalis gleichermaßen geteilte Universalismus, dem ein pantheistisches Fundament zugrunde liegt, ist allerdings bei Novalis bereits vor seiner Schleiermacher-Lektüre festzustellen, und zwar in seinem im *Athenäum* veröffentlichten Mittlerfragment. Schleiermacher selbst entwickelte sein eigenes Konzept der Universalität in den *Reden* gerade aufgrund von Novalis' Fragment. Hardenberg seinerseits las begeistert die *Reden* Schleiermachers und verfasste daraufhin die *Europa*. Es liegt folglich eine gegenseitige Beeinflussung vor. Wie in Novalis' Mittlerfragment betrachtet auch Schleiermacher Christus nicht als den einzigen Mittler: er verkörpert nur die Idee oder „Zentral-Anschauung" des Christentums, dass „Alles Endliche höherer Vermittlungen bedarf um mit der Gottheit zusammenzuhängen."[339] Christus inkarniere diese Idee, beanspruche aber für sich nicht die alleinige Mittlerschaft: Novalis und Schleiermacher erweitern auf diesem Wege das Christentum im pantheistischen Sinne. Ihre Religionskonzepte lassen sich als Konsequenzen der damals virulenten Spinoza-Rezeption beschreiben. Auch Schleiermacher sucht in einem pantheistisch gefärbten Christentum das realistische Seitenstück zum Idealismus der Spekulation: „Und wie wird es dem Triumph der Spekulation ergehen, dem vollendeten und gerundeten Idealismus [...]", fragt sich der Redner in der zweiten Rede, „[...] wenn Religion ihm nicht das Gegengewicht hält und ihn einen höhern Realismus ahnden läßt als den, welchen er so kühn und mit so vollem Recht sich unterordnet?"[340] Dem folgt konsequenterweise eine ausdrückliche Apologie von Spinoza: „Opfert mit mir ehrerbietig eine Loke den Manen des heiligen verstoßenen Spinosa! Ihn durchdrang der hohe Weltgeist, das Unendliche war sein Anfang und Ende, das Universum seine einzige und ewige Liebe [...]".[341] Nicht verwunderlich ist dann die Tatsache, dass Schleiermacher ebenso wie Novalis auf die bereits erwähnte pantheistische Zentralformel des He-

---

[337] KG I/2 215.
[338] Schriften III 522, meine Hervorhebung.
[339] KG I/2 321.
[340] KG I/2
[341] KG I/2 213.

rakleitos ἓν καὶ πᾶν zurückgreift: „Strebt darnach schon hier Eure Individualität zu vernichten, und im *Einen und Allen* zu leben [...]".[342] An anderer Stelle heißt es: „Gott ist nicht *Alles* in der Religion sondern *Eins*, und das Universum ist mehr [...]".[343]

Auch in terminologischer Hinsicht liegen Übereinstimmungen zwischen Novalis und Schleiermacher vor. Auch für Schleiermacher konstituiert der „religiöse *Sinn*"[344] durch die Wahrnehmung des Göttlichen die Religion. Die religiöse Wahrnehmung ist nur graduell von der sinnlichen verschieden.[345] Das religiöse Gefühl wird als „Genuß"[346] und als „Geschmack" für das Unendliche charakterisiert: „Praxis ist Kunst, Spekulazion ist Wißenschaft, Religion ist Sinn und Geschmak fürs Unendliche."[347]

Infolge dieser pantheistischen Grundausrichtung fordern sowohl Schleiermacher als auch Hardenberg die Überwindung der positiven Gestalt des Christentums.[348] Für beide wird die auf Paulus zurückzuführende Antithese von Geist und Buchstabe zentral.[349] So kritisiert Schleiermacher die katholischen systematischen Theologen als „Anhänger des todten Buchstabens".[350] An anderer Stelle heißt es: „Ihr habt Recht die dürftigen Nachbeter zu verachten, die ihre Religion [...] an einer todten Schrift hängen, auf sie schwören und aus ihr beweisen."[351] Dieselbe Antithese von Geist und Buchstabe ist auch für Nova-

---

[342] KG I/2 246, meine Hervorhebung.

[343] KG I/2 247, meine Hervorhebung.

[344] KG I/2 221.

[345] „[...] erinnert Euch, daß jede Anschauung ihrer Natur nach mit einem Gefühl verbunden ist. Euere Organe vermitteln den Zusammenhang zwischen dem Gegenstande und Euch, derselbe Einfluß des leztern, der Euch sein Dasein offenbaret, muß sie auf mancherlei Weise erregen, und in Eurem innern Bewußtsein eine Veränderung hervorbringen. [...] So die Religion; dieselbe Handlungen des Universums, durch welche es sich Euch im Endlichen offenbart, bringen es auch in ein neues Verhältniß zu Eurem Gemüth und Eurem Zustand; indem Ihr es anschauet müßt Ihr nothwendig von mancherlei Gefühlen ergriffen werden. Nur daß in der Religion ein anderes und festeres Verhältniß zwischen der Anschauung und dem Gefühl stattfindet, und nie jene so sehr überwiegt daß dieses beinahe verlöscht wird. Im Gegenteil ist es wohl ein Wunder, wenn die ewige Welt auf die Organe unseres Geistes so wirkt wie die Sonne auf unser Auge? wenn sie uns so blendet, daß nicht nur in dem Augenblick alles übrige verschwindet, sondern auch noch lange nachher alle Gegenstände die wir betrachten, mit dem Bilde derselben bezeichnet und von ihrem Glanz übergoßen sind?", KG I/2 218-9.

[346] KG I/2 219.

[347] KG I/2 212.

[348] Vgl. die fünfte Rede: „Positive Religionen nennt Ihr diese vorhandenen bestimmten religiösen Erscheinungen [...]", KG I/2 296.

[349] Vgl. Römerbrief 7,6 sowie 2. Korintherbrief 3.6.

[350] KG I/2 217, vgl. auch 323: „die todte Hülle des Buchstabens".

[351] KG I/2 242. Oder: „Die Grundanschauung jeder positiven Religion an sich ist ewig, weil sie ein ergänzender Theil des unendlichen Ganzen ist, in dem Alles ewig sein muß: aber sie selbst und ihre ganze Bildung ist vergänglich [...]", KG I/2 323-4. Andernorts kritisiert Schleiermacher „[...] jene elenden Wortstreite, die sich auf den todten Stoff beziehn, den die lebendige Religion nicht aufnimmt [...]", KG I/2 319.

lis' Religionsphilosophie bestimmend.[352] Insbesondere in der *Europa* unterscheidet Hardenberg strikt zwischen historischer Form und Wesen des Christentums. Die historische Gestalt des Christentums, die er als „zufällig" bezeichnet, d.h. das Papsttum, ist für Novalis endgültig untergegangen: „Seine
zufällige Form ist so gut wie vernichtet, das alte Pabsthum liegt im Grabe, und
Rom ist zum zweytenmal eine Ruine geworden."[353] Novalis bezieht sich hier
auf die Eroberung Roms durch die französischen Truppen im Februar 1798,
die Umwandlung des Kirchenstaats in eine Republik und das Verbot, einen
Nachfolger für den im französischen Exil verstorbenen Papst Pius VI. zu wählen. Gerade diese Passage, die in der Edition von 1826 ausgelassen wurde, um
die Legende vom „katholischen" Dichter aufrechtzuerhalten, bezeugt, dass
Novalis sich nicht zum „positiven" Katholizismus bekannte, geschweige denn
eine Wiederherstellung des mittelalterlichen Katholizismus anstrebte. Bei aller
Idealisierung des katholischen Mittelalters konstatiert Hardenberg im Verlauf
der gesamten Rede den *Niedergang* des Katholizismus – ein Untergang, der
nicht einmal durch die Jesuiten aufgehalten werden konnte und zum Ende des
Katholizismus mittels der Auflösung des Kirchenstaates durch die französischen Truppen 1798 führte. Doch präludiert gerade dieser endgültige Untergang des Katholizismus, den Novalis am Ende der Rede diagnostiziert, eine
Erneuerung des Christentums in veränderter Gestalt: „Die Christenheit muß
wieder lebendig und wirksam werden, und sich wieder ein[e] sichtbare Kirche
ohne Rücksicht auf Landesgränzen bilden."[354]
Die Voraussetzung für die Erneuerung des Christentums aber ist nicht das
Festhalten am untergegangenen Katholizismus, sondern vielmehr die Erweite-
rung des Begriffs des Christentums – im Gegensatz zur katholischen Orthodo-
xie. In diesem Punkt ist sich Hardenberg mit Schleiermacher einig. Dass
Christus „die Haupt-Idee des Christenthums von göttlichen vermittelnden
Kräften"[355] eingeführt habe, impliziert auch für Schleiermacher nicht die
Schlussfolgerung, dass Christus der einzige Mittler sei.[356] Den Mittelpunkt des
Christentums stellt laut Schleiermacher weder Christus noch die Heilige
Schrift dar, sondern allein die Anschauung des Unendlichen im Endlichen.
Wie es bereits in Novalis' Brief an Just vom 26. Dezember 1798 – also noch
vor seiner Schleiermacher-Lektüre – heißt, ist das Christentum nur das symbo-
lische Vorzeichen „einer allgemeinen, jeder Gestalt fähigen, Weltreligion".[357]

---

[352] Vgl.: „Das Nüzliche kann nur so dem Angenehmen entgegengesetzt werden, als der Buchstabe dem Geiste, oder das Mittel dem Zwecke.", Schriften III 689 Nr. 686. Oder: „Der Heilige
Geist ist mehr, als die Bibel. Er soll unser Lehrer des Xstenthums seyn – nicht toter, irrdischer, zweydeutiger Buchstabe.", Schriften III 690 Nr. 688.

[353] Schriften III 524, meine Hervorhebung.

[354] Schriften III 524.

[355] KG I/2 323.

[356] „Aber nie hat er behauptet, das einzige Objekt der Anwendung seiner Idee, der einzige Mittler zu sein, und nie hat er seine Schule verwechselt mit seiner Religion […]", KG I/2 322.

[357] Schriften IV 272.

Schleiermacher formuliert seinerseits: „Unzählige Gestalten der Religion sind möglich [...]“.[358] „Unzählige" Gestalten der Religion „[...] sollen sich ja entwikeln von allen Punkten aus, und derjenige, der sich nicht in eine von den schon vorhandenen schikt, ich möchte sagen, der nicht im Stande gewesen wäre, sie selbst zu machen, wenn sie noch nicht existirt hätte, der wird gewiß auch zu keiner von ihnen gehören, sondern eine neue machen."[359] Jeder „neue Sehende" ist für Schleiermacher „ein neuer Priester, ein neuer Mittler, ein neues Organ", und dies muss die Einförmigkeit der katholischen Systematik notwendigerweise sprengen. Das Christentum repräsentiert keine besondere Konfession mehr, sondern nur noch das Prinzip der Vermittlung zwischen Irdischem und Göttlichem:

> Nirgends ist die Religion so vollkommen idealisirt, als im Christenthum und durch die ursprüngliche Voraussezung deßelben; und eben damit zugleich ist immerwährendes Polemisiren gegen Alles Wirkliche in der Religion als eine Aufgabe hingestellt, der nie völlig Genüge geleistet werden kann. Eben weil überall das irreligiöse Princip ist und wirkt und weil alles Wirkliche zugleich als unheilig erscheint, ist eine unendliche Heiligkeit das Ziel des Christenthums.[360]

So schreibt auch Novalis in einer Lektüre-Notiz zu den *Reden* nieder: „Es giebt keine Religion, die nicht Xstenthum wäre."[361] – wobei aber der Vorrang des Christentums über die anderen Konfessionen nur in seiner Fähigkeit besteht, sie zu integrieren. Dadurch aber ist es keine besondere Konfession mehr und verflüchtigt sich zum bloßen religiösen „Prinzip", zur „Meta-Religion". Diese Konzeption trägt auch Schleiermacher in der fünften Rede vor: „Die Religion der Religionen kann nicht Stoff genug sammeln für die eigenste Seite ihrer innersten Anschauung, und so wie nichts irreligiöser ist als Einförmigkeit zu fordern in der Menschheit überhaupt, so ist nichts unchristlicher als Einförmigkeit zu suchen in der Religion."[362]

Durch die Lektüre Schleiermachers bestärkt kann folglich auch Novalis am Schluss der *Europa*, nach der Konstatierung des endgültigen Untergangs des Katholizismus, den orthodoxen Begriff des Christentums erweitern:

> Das Christentum ist dreifacher Gestalt. Eine ist das Zeugungselement der Religion, als Freude an aller Religion. Eine das Mittlerthum überhaupt, als Glaube an die Allfähigkeit alles Irdischen, Wein und Brod des ewigen Lebens zu seyn. Eine der Glaube an Christus, seine Mutter und die Heiligen. Wählt welchen ihr wollt, wählt alle drei, es ist gleichviel, ihr werdet damit Christen und Mitglieder einer

---

[358] KG I/2 325.

[359] KG I/2 304.

[360] KG I/2 318.

[361] Schriften III 566 Nr. 84.

[362] KG I/2 325. So richtet Schleiermacher seine Kritik besonders gegen die „Systemsucht" und die Intoleranz der katholischen Theologie: „Das neue Rom, das gottlose aber konsequente schleudert Bannstrahlen und stößt Kezer aus; das alte, wahrhaft fromm und religiös im hohen Styl, war gastfrei gegen jeden Gott, und so wurde es der Götter voll.", KG I/2 217.

einzigen, ewigen, unaussprechlich glücklichen Gemeinde.[363]

In dieser Hinsicht folgt Novalis Schleiermacher, der in der fünften Rede gerade das Prinzip der Freiheit in der Wahl des Mittlers als Synonym für „christlich" bezeichnet hatte: „[...] das Princip ist äct christlich, solange es frei ist."[364] Dieselbe Akzentuierung der Freiheit kehrt aber auch bei Novalis wieder: „Keiner wird dann mehr protestiren gegen christlichen und weltlichen Zwang, denn das Wesen der Kirche wird *ächte Freiheit* seyn [...]".[365]

Auch die am Ende der *Europa* skizzierte Vorstellung einer allgemeinen Versöhnung der europäischen Völker in der Liebe steht im Einklang mit Schleiermachers Liebesuniversalismus, der besonders in der fünften, aber auch in der ersten und zweiten Rede zur Geltung kommt.[366] Schleiermachers Einfluss reicht bis in die Bildlichkeit hinein.[367] Allerdings kommt der Liebe bei Novalis eine noch größere Bedeutung als bei Schleiermacher zu, bei dem sie es schließlich nicht vermag, alle die vom Redner voneinander abgegrenzten Bereiche, Philosophie, Moral, Religion und Kunst, miteinander zu verbinden. Bei Novalis hingegen versöhnt die Liebe alle epistemischen Sphären miteinander.[368]

Doch nicht nur Affinitäten, sondern auch markante Unterschiede bestehen zwischen Schleiermacher und Novalis. Die auffallendste Differenz ist gewiss

---

[363] Schriften III 523.

[364] KG I/2 323.

[365] Schriften III 524, meine Hervorhebung.

[366] Bereits in der ersten Rede heißt es: „Umsonst ist alles für denjenigen da, der sich selbst allein stellt; denn um die Welt anzuschauen und um Religion zu haben, muß der Mensch erst die Menschheit gefunden haben, und er findet sie nur in Liebe und durch Liebe.", KG I/2 228. In der zweiten: „Den Weltgeist zu lieben und freudig seinem Wirken zuzuschauen, das ist das Ziel unserer Religion, und Furcht ist nicht in der Liebe.", KG I/2 224.

[367] Die Bilder, mit denen Novalis die Wiederauferstehung der Religion umschreibt – „[...] die süßeste *Umarmung* einer jungen überraschten Kirche und eines liebenden Gottes [...]" Schriften III 519, und: „Wer fühlt sich nicht mit süßer *Schaam* guter Hoffnung?" Schriften III 519 (meine Hervorhebungen), stammen aus einer Passage, in der Schleiermacher den Augenblick der vorreflexiven Einigkeit von Anschauung und Gefühl, in dem das Ich mit dem Universum vereinigt wird, als „*schamhaft* und zart wie ein jungfräulicher Kuß, heilig und fruchtbar wie eine *bräutliche Umarmung*" charakterisiert, KG I/2 221 (meine Hervorhebungen). Freilich ist die Erlösung bereits bei Novalis sehr oft in das Bild eines Liebespaares gekleidet. So in den *Blumen* (*Schriften* III 484) in *Glauben und Liebe* (II 498 Nr. 40), in der V. Hymne (I 151) und in den *Vorarbeiten* von 1798 („Ist die Umarmung nicht etwas dem Abendmahl Ähnliches", II 596 Nr. 324).

[368] Vgl. Dierkes: „Schleiermacher, so viel ist richtig, leugnet nicht, daß wahre Religion ‚Liebe' zum Universum einschließt, aber er regelt – übrigens zum Schutz der Religion selber – durch diese Liebe nicht exklusiv auch alle anderen Seinsbereiche: weder die Natur, noch die Moral, noch die Kunst [...]. Während Schleiermacher also keineswegs ‚überall Gott finde[t]', sondern am aufklärerischen Bereichsdenken festhält und die verschiedenen ontischen Bereiche nur indirekt mit der Religion verklammert [...] läßt Novalis über den Liebesbegriff die selbstzweckhaften Bereiche – hier Religion und Moral – ineinanderfließen und findet so tatsächlich ‚überall Gott', vor allem aber da, wo Schleiermacher sie [sic] nicht sucht: in der Moral.", a.a.O., 550.

Novalis' Verklärung des mittelalterlichen Katholizismus zur Instanz, die den universalen Frieden garantiert. Nicht nur ist bei Schleiermacher die Funktionalisierung der Religion zu Friedenszwecken absent. Letzterer verurteilt jede Vermischung weltlicher und geistlicher Interessen, wie sie sich z.B. im kanonischen Recht manifestiert.[369] Für ihn ist das Christentum in einem solch starken Maße Kritik aller Endlichkeit, dass jede historische Konkretion der Kirche prinzipiell insuffizient ist.[370] Diese Differenz dürfte auf eine verschiedenartige Wertung der Immanenz schließen lassen. Obwohl sowohl bei Schleiermacher als auch bei Novalis der Pantheismus eine große Rolle spielt, tendiert Schleiermacher noch weniger als Novalis zum *reinen* Pantheismus. Davon zeugt seine vehemente Kritik an der spinozistischen Naturreligion in seiner fünften Rede. Dort verteidigt Schleiermacher sogar die positive Religion[371] gegenüber der natürlichen Religion[372] – und als eine solche natürliche Religion darf wohl Novalis' Naturmythologie bezeichnet werden, die er selbst als „ächte[n] Naturalismus" charakterisiert.[373] Während für Hardenberg die poetische Naturerkenntnis auch Religion darstellt[374], spricht Schleiermacher hingegen noch auf-

---

[369] In der ersten Rede spricht Schleiermacher von dem mittelalterlichen kanonischen Recht als der „Barberei unheiliger Zeiten" (KG I/2 203). Wenn Novalis gerade die säkulare Macht der mittelalterlichen Kirche verherrlicht, weil er in ihr die Garantie für den europäischen Frieden sieht, so wird diese von Schleiermacher unverhüllt beklagt: „Hinweg also mit jeder solchen Verbindung zwischen Kirche und Staat! – das bleibt mein Catonischer Rathsspruch bis ans Ende, oder bis ich es erlebe sie wirklich zertrümmert zu sehen – Hinweg mit Allem, was einer geschloßenen Verbindung der Laien und Priester unter sich oder mit einander auch nur ähnlich sieht!", KG I/2 287.

[370] „Alles nicht Zusammengehörige was nur für einen Augenblick in einander geschlungen war ist nun unzertrennlich aneinander gekettet; alles Zufällige, was leicht hätte abgeworfen werden können ist nun auf immer befestigt [...]. Die größere und unächte Gesellschaft läßt sich nun nicht mehr trennen von der höheren und kleineren, wie sie doch getrennt werden müßte; sie läßt sich nicht mehr theilen noch auflösen; sie kann weder ihre Form noch ihre Glaubensartikel mehr ändern; ihre Einsichten, ihre Gebräuche, alles ist verdammt in dem Zustande zu verharren in dem es sich eben befand.", KG I/2 281-2.

[371] Positive und individuelle Religion sind für Schleiermacher keine Gegensätze, denn innerhalb einer positiven Religion kann der Mensch die seinige eigentümlich ausbilden, vgl.: KG I/2 305.

[372] „Das Wesen der natürlichen Religion besteht ganz eigentlich in der Negation alles Positiven und Charakteristischen in der Religion, und in der heftigsten Polemik dagegen.", KG I/2 310. Schleiermacher kritisiert die Anhänger einer solchen natürlichen Religion als „Autochthonen und Autodidakten": „Autochthonen und Autodidakten möchten sie sein in der Religion; aber sie haben nur das Rohe und Ungebildete von diesen [...]. Sie sträuben sich gegen jede bestimmte Religion welche da ist, weil sie doch zugleich eine Schule ist [...]. Und so ist ihr Sträuben gegen das Positive und Willkürliche zugleich ein Sträuben gegen Alles Bestimmte und Wirkliche. Wenn eine bestimmte Religion nicht mit einem Faktum anfangen soll, kann sie gar nicht anfangen: denn ein Grund muß doch dasein [...]; und wenn eine Religion nicht eine bestimmte sein soll, so ist sie gar keine, sondern nur loser unzusammenhängender Stoff.", KG I/2 311.

[373] Schriften I 229; 366.

[374] Vgl. Dierkes: „[...] denjenigen Unterwerfungswillen des ‚Erdengottes', den Schleiermacher zur Voraussetzung von Religionsanschauung und ‚Erlösung' macht, [...] perhorresziert No-

klärerisch von der notwendigen „Unterwerfung" der Natur: „Das ist ja das große Ziel alles Fleißes, der auf die Bildung der Erde verwendet wird, daß die Herrschaft der Naturkräfte über den Menschen vernichtet werde, und alle Furcht vor ihnen aufhöre [...]".[375] In derselben Passage bedient sich Schleiermacher auch des Bildes des gegen die Götter kämpfenden Prometheus, um den Kampf des Menschen gegen die feindlichen Naturkräfte zu beschreiben. Im Gegensatz zu Novalis führt die Naturverehrung in Schleiermachers Augen nicht zur Religion, sondern zum Atheismus.[376]

Somit steht Schleiermacher nicht nur Novalis' und Schlegels Projekt einer neuen poetischen Mythologie auf naturphilosophischer Grundlage distanziert gegenüber[377]; er kann auch Novalis' chiliastisches Geschichtsbild, das eine innerweltliche, immanente Vollendung vorsieht, nicht teilen. Die Zeit der Erfüllung, in der es keiner Mittler mehr bedürfen wird, liegt für Schleiermacher *außerhalb* der Zeit: „[...] es wird eine Zeit kommen, spricht es, wo von keinem Mittler mehr die Rede sein wird, sondern der Vater Alles in Allem. Aber wann soll diese Zeit kommen? Ich fürchte, sie liegt außer aller Zeit."[378]

2.2.9. Philosophischer Chiliasmus

Der orthodoxe christliche Glaube wird in der *Europa*-Rede auch unter einem weiteren Aspekt säkularisiert. Novalis betrachtet die Regeneration des Irdischen, die der heilige Sinn herbeizuführen vermag, nicht nur als eine Nebenwirkung, sondern als das *Hauptziel* der religiösen Erneuerung. Die Geschichtskonzeption seiner Rede kulminiert in der Vorstellung eines endzeitlichen Reichs *innergeschichtlicher* Vollkommenheit, die insbesondere im Ideal eines universellen Friedens Gestalt annimmt.

Das Friedensideal gibt nicht wenig Aufschluss über die geschichtliche

---

valis entschieden und schließt ihn von jedem – auch jedem indirekten – Zusammenhang mit seinem Religionsverständnis aus: Naturbeherrschung ist für Novalis geradezu das entscheidende und daher zu beseitigende Hindernis für die religionsinduzierende und – demonstrierende Liebe im freien Wechselspiel von Mensch und Natur.", a.a.O., 553.

[375] KG I/2 224.

[376] Vgl.: KG I/2 225. Vgl. dazu Dierkes: „Pantheistische Naturfrömmigkeit führt für Schleiermacher nicht zur Religion, sondern zur wissenschaftlichen Kausalitätsforschung und damit zum methodischen Atheismus der Neuzeit.", a.a.O., 551. Dagegen heißt es bei Novalis: „Wenn Gott Mensch werden konnte, kann er auch Stein, Pflanze [,] Thier und Element werden, und vielleicht giebt es auf diese Art eine fortwährende Erlösung in der Natur.", Schriften III 664 Nr. 605.

[377] Seine Distanz zur neuen Mythologie belegt der Brief an C. G. v. Brinckmann vom 22. März 1800: „Gar sehr empfehle ich Dir Friedrich Schlegels Gespräch über die Poesie in dem neuesten Stüke des Athenäums [...]. Nur die neue Mythologie hat mir so etwas sonderbares an sich; ich kann nicht begreifen wie eine Mythologie *gemacht werden* kann.", KG V/3 436 (Brief 817).

[378] KG I/2 324.

Problematik, die Novalis zur Hinwendung zum Mittelalter bewogen haben dürfte. Als die Rede zwischen Oktober und November 1799 entstand, wütete noch der zweite Koalitionskrieg, der im Anschluss an den Frieden von Campoformio (1797) ausgebrochen war. Wie Hölderlins große Hymne *Friedens-feier* (1802) den 1801 zwischen Frankreich und Österreich geschlossenen Frieden von Lunéville feiert, so drückt Novalis in seiner Rede seine Friedens-sehnsucht nach dem seit 1792 fast ununterbrochen geführten Krieg aus. Der christliche Glaube wird von Hardenberg nicht an sich, sondern hauptsächlich als Schutz des Friedens aufgewertet.

Dies fällt bereits in Novalis' Darstellung des Mittelalters auf, in der wiederholt vom *Frieden* die Rede ist, den die kirchliche Hierarchie garantierte. Über die Geistlichen heißt es: „*Friede* ging von ihnen aus."[379] Die Pilger strömen nach der Heiligen Stadt und tragen von dort Seelenfrieden in ihre Heimat: „Dorthin strömten aus allen Gegenden Menschen mit schönen Gaben und brachten himmlische Gegengeschenke: *Frieden* der Seele und Gesundheit des Leibes, zurück."[380] In der christlichen Gesellschaft herrscht Frieden: „Aemsig suchte, diese mächtige *friedenstiftende* Gesellschaft, alle Menschen dieses schönen Glaubens theilhaftig zu machen."[381] Die säkulare Macht erkennt den Primat des Papstes an: „Fürsten legten ihre Streitigkeiten dem Vater der Christenheit vor […]".[382] Diese Charakterisierung des Mittelalters als Zeit eines im Frieden geeinten Europas war übrigens bereits von der Geschichtsschreibung der Aufklärung formuliert worden. So urteilt der Schweizer Spätaufklärer Isaak Iselin folgendermaßen: „Die christliche Religion machte aus allen europäischen Staaten eine große Republik, und sie wurde also ein glückliches Band, welches viele feindselige Völker vereinigte."[383]

Der Protestantismus stellt dementsprechend laut Novalis eine Störung dieses Friedenszustandes dar. Die Protestanten werden von Novalis nicht vorrangig aus dogmatischen Gründen verurteilt, sondern weil sie den Frieden der Christenheit zerstört hätten. Sie „[...] trennten das Untrennbare, theilten die untheilbare Kirche und rissen sich frevelnd aus dem allgemeinen christlichen

---

[379] Schriften III 507, meine Hervorhebung.

[380] Schriften III 508, meine Hervorhebung.

[381] Ebd., meine Hervorhebung.

[382] Schriften III 509.

[383] Isaak Iselin, Über die Geschichte der Menschheit, Erster Band, Carlsruhe 1784, 288. Das Buch ist in Novalis' Bücherverzeichnis aufgeführt: Schriften IV 693 Nr. 68. Diese Bewertung des Mittelalters als harmonische Friedenszeit referierte auch Herder im Buch XIX.1 und 2 der *Ideen* („Römische Hierarchie"; „Wirkung der Hierarchie auf Europa") und stellte sie aber zugleich kritisch in Frage, Sämmtliche Werke XIV 398-416. Herder betont auch die friedensstiftende und zivilisierende Rolle des Papsttums für Europa: „Gewiß hat der Bischof zu Rom für die christliche Welt viel gethan; er hat, dem Namen seiner Stadt getreu, nicht nur durch Bekehrungen eine Welt erobert, sondern sie auch durch Gesetze, Sitten und Gebräuche länger, stärker und inniger, als das alte Rom die seine, regieret.", XIV 338. Zudem betont Herder in den *Ideen*, wie zuvor in *Auch eine Philosophie der Geschichte*, den kosmopolitisch-universalistischen Charakter des Christentums, XIV 295.

Verein [...]".[384] Durch die protestantischen Fürsten „[...] wurde die Religion irreligiöser Weise in Staats-Gränzen eingeschlossen, und damit der Grund zur allmähligen Untergrabung des religiösen cosmopolitische[n] Interesse[s] gelegt. So verlor die Religion ihren großen politischen *friedestiftenden* Einfluß [...]".[385]

Nachdem somit geklärt ist, dass es Novalis nicht primär um dogmatische, sondern durchaus um weltliche Fragen geht, nämlich die Auswirkungen des Glaubens auf die europäische Politik, ist es nicht verwunderlich, dass der Appell des Redners, sich wieder auf das Christentum zu besinnen, auf die Vorstellung eines allgemeinen europäischen Friedens abzielt. Ein politischer Friede – so dessen Argument – ist ohne einen allgemeinen Glauben nicht möglich: „Es ist unmöglich daß weltliche Kräfte sich selbst ins Gleichgewicht setzen, ein drittes Element, das weltlich und überirdisch zugleich ist, kann allein diese Aufgabe lösen."[386] Nur eine geistliche Macht kann einen dauerhaften Frieden garantieren: „Wer weiß ob des Kriegs genug ist, aber er wird nie aufhören, wenn man nicht den Palmenzweig ergreift, den allein eine geistliche Macht darreichen kann."[387] An anderer Stelle heißt es: „Nur die Religion kann Europa wieder aufwecken und die Völker versöhnen, und die Christenheit mit neuer Herrlichkeit sichtbar auf Erden in ihr altes friedenstiftendes Amt installiren."[388] Aber die Religion, die den Frieden stiften soll, stiftet letzteren nicht aufgrund der Einwirkung der Transzendenz, sondern aufgrund des Umstandes, dass sie *im Menschen* Gefühle der Humanität weckt. Das „heilige Organ" ist für Novalis nichts anderes als das Herz, also die Liebe. So fragt sich der Redner „Haben die Nationen Alles vom Menschen – nur nicht sein Herz? – sein heiliges Organ?"[389]

Der Glaube wird in der Rede immer mit Liebe in Verbindung gesetzt.[390] Das Gefühl für Pietät wird als „göttlich" charakterisiert: „[...] vergessen sie nicht alles Feindliche, wenn das göttliche Mitleid zu ihnen spricht – und Ein Unglück, Ein Jammer, Ein Gefühl ihre Augen mit Thränen füllte? Ergreift sie nicht Aufopferung und Hingebung mit Allgewalt, und sehnen sie sich nicht Freunde und Bundesgenossen zu sein?"[391] Der „allesumarmende Geist der Christenheit" ist nichts anderes als das „himmlische Zutrauen der Menschen

---

[384] Schriften III 511.
[385] Schriften III 511-2, meine Hervorhebung.
[386] Schriften III 522.
[387] Schriften III 523.
[388] Ebd. Ich folge hier der Fragmentfassung. Die Abschrift liest anstelle von „versöhnen" „sichern". Vgl. weiter zur Identität von Religion und Frieden: „Von den übrigen europäischen Ländern, außer Deutschland, läßt sich nur prophezeihen, daß mit dem *Frieden* ein neues höheres religiöses Leben in ihnen zu pulsiren [...]" beginnen wird, Schriften III 518-9.
[389] Schriften III 523.
[390] „Glauben und Liebe", Schriften III 510.
[391] Schriften III 523.

zu einander".[392]

Das Friedensideal ist nicht nur bedeutsam im Hinblick auf die Auflösung des orthodoxen christlichen Glaubens in Liebe, die die *Europa* mit Schleiermachers fünfter *Rede* verbindet, sondern auch als Zeugnis für die *chiliastische* Dimensionierung von Novalis' Schrift. Wie bereits erwähnt verbindet der Chiliasmus die eschatologische Geschichtsdeutung mit der Vorstellung von einem immanenten Friedensreich am Ende der Geschichte – im Gegensatz zur christlichen Orthodoxie, die die endzeitliche Vollkommenheit dem Jenseits vorbehält. Dieses chiliastische Geschichtsbild liegt auch der *Europa* zugrunde: dort wird nicht nur die Erfüllung als immanent, sondern auch als in naher Zukunft, ja als unmittelbar bevorstehend dargestellt.[393] Allerdings kommt es bei Hardenberg zu einer bedeutsamen Divergenz vom traditionellen Chiliasmus, die im Folgenden ebenso zu berücksichtigen sein wird.

Zunächst heißt es auch bei Novalis in genauer Entsprechung zu Hölderlins chiliastisch konzipierter Hymne, dass sich nun, nach den Wirren der Revolutionskriege, die Nationen Europas in einem großen Liebesmahl, einem Friedensfest versöhnen sollen: „Es wird so lange Blut über Europa strömen bis die Nationen ihren fürchterlichen Wahnsinn gewahr werden, der sie im Kreise herumtreibt und von heiliger Musik getroffen und besänftigt zu ehemaligen Altären in bunter Vermischung treten, Worte des Friedens vernehmen, und ein großes *Liebesmahl*, als *Friedensfest*, auf den rauchenden Wahlstätten mit heißen Thränen gefeiert wird."[394] Der chiliastischen Vorstellung einer „großen Versöhnungszeit" hatte bereits Lessing in der *Erziehung des Menschengeschlechts* Ausdruck gegeben und diese als „drittes Zeitalter" und „Zeit eines *neuen ewigen Evangeliums*" (§ 86) charakterisiert. Wiederum bezeichnend für

---

[392] Ebd.

[393] In dieser Naherwartung besteht auch die Differenz zwischen chiliastischem und utopischem Denken. Vgl. dazu Mähl: „[...] das chiliastische Denken unterscheidet sich grundsätzlich [...] vom utopischen Denken: es entwirft nicht ein ideales Wunschbild der Welt, wie sie sein könnte, im Kontrast zur verdorbenen Wirklichkeit, sondern eine unmittelbar bevorstehende, höhere Wirklichkeit, auf die die Geschichtsentwicklung notwendig hinstrebt und deren Eintritt in die Zeit unabhängig vom menschlichen Handeln, durch eine transzendente Macht bewirkt oder ausgelöst wird.", Die Idee des goldenen Zeitalters im Werk des Novalis, a.a.O., 243.

[394] Schriften III 523. Ich folge hier der Fragmentfassung. Die Abschrift liest: „Werke des Friedens vornehmen". Zur Gattung des Friedensfestes um 1800 vgl. Jochen Schmidts Kommentar zur *Friedensfeier*: „Friedensfeste und auch Dichtungen bei Gelegenheit solcher Friedensfeste hatten eine schon jahrhundertealte Tradition. Goethe spricht in einer Reihe von Briefen sowohl von Friedensfeiern wie auch über die von ihm gewünschten Beiträge zu Friedensfeiern. Im philosophisch-literarischen Bereich durchziehen das ganze 18. Jahrhundert Entwürfe zu einem ewigen allgemeinen Frieden bis hin zu Kants 1795 erschienener Abhandlung *Zum ewigen Frieden*, die noch über die Jahrhundertwende hinaus zahlreiche andere Friedensschriften und Friedensdichtungen im Gefolge hatte.", in: Friedrich Hölderlin. Sämtliche Werke und Briefe, Bd. 1: Gedichte, Frankfurt am Main 1992, 893. Schmidt verweist dort auf die Sammlung: „Ewiger Friede?" Dokumente einer deutschen Diskussion um 1800, hrsg. von Anita und Walter Dietze, München 1989.

Novalis' Lessing-Rezeption ist nun seine Hervorhebung der evangelischen Dimension der Geschichte in den Aufzeichnungen, die die Rede vorbereiten. Novalis notiert: „Behandlung der Geschichte, als *Evangelium*."[395], oder an anderer Stelle: „Der Historiker muß im Vortrag oft Redner werden – Er trägt ja *Evangelien* vor, denn die ganze Geschichte ist Evangelium."[396] Darüber hinaus beruft sich das Ende von Novalis' Rede auf die letzten Paragraphen von Lessings Schrift.[397] Lessings Worte: „[...] sie wird kommen, sie wird gewiß kommen, die Zeit der Vollendung[398] [...]. Sie wird gewiß kommen, die Zeit eines *neuen ewigen Evangeliums*."[399] finden in den Worten des Redners ihren Widerhall: „sie wird, sie muß kommen die heilige Zeit des ewigen Friedens [...]".[400] Dass an die Stelle von Lessings vorsichtigem „wird" bei Novalis ein enthusiastisches „muss" tritt, impliziert allerdings nicht, dass die Dimension der Besonnenheit verloren ginge. Wenn Lessing gegen die chiliastischen Schwärmer, die auf diese Endzeit nicht geduldig warten können, schreibt: „Der Schwärmer tut oft sehr richtige Blicke in die Zukunft: aber er kann diese Zukunft nur nicht erwarten. Er wünscht diese Zukunft beschleuniget; und wünscht, daß sie durch ihn beschleuniget werde." (§ 90), so mahnt auch der Redner seine Glaubensgenossen vor Überstürzung und rät ihnen dazu, inmitten der noch unerlösten Zeitlichkeit auszuharren: „Wann und wann eher? darnach ist nicht zu fragen. Nur Geduld [...] und bis dahin seyd heiter und muthig in den Gefahren der Zeit [...]".[401]

Darin liegt aber auch der subtile, jedoch entscheidende Unterschied Hardenbergs zur schwärmerischen „Ungeduld" des traditionellen Chiliasmus. Diese Divergenz wird umso deutlicher, wenn man sich nochmals die Bedeutung der Redeform für die *Europa* vergegenwärtigt. Der chiliastische Stil der Rede, die unerschütterliche Gewissheit, mit der der Redner das Friedensreich verkündet – „[...] sie *wird*, sie *muß* kommen, die heilige Zeit des ewigen Friedens [...]" – zeugt sowohl von einer geschichtsphilosophischen Überzeugung als auch von einer rhetorischen Strategie, mit der eine bestimmte Wirkung auf die Hörer erzielt werden soll. Gerade die leidenschaftliche Überzeugung des Redners vom unmittelbaren Bevorstehen des Friedensreichs soll die Hörer zu dessen Verwirklichung anspornen und so erst sein tatsächliches Kommen herbeiführen.[402]

---

[395] Schriften III 565 Nr. 73, vgl. auch Nr. 76, 77.

[396] Schriften III 586 Nr. 214.

[397] Zu Novalis' Lessing-Rezeption in bezug auf das Bibel-Projekt vgl.: Kenneth Scott Calhoon, The Bible as Fable, in: Lessing Yearbook 16, 1984, 55-78.

[398] A.a.O., § 85.

[399] A.a.O., § 86.

[400] Schriften III 524.

[401] Ebd.

[402] Mähl fragt sich: „Verbirgt sich also auch hinter dem apokalyptischen Tonfall eine bestimmte Absicht? Soll er im Zuhörer eben jenen Glauben, jenen Geist, jenen religiösen Sinn wachrütteln, um dessen Verfall und Erneuerung es in dem ganzen Werk geht? Und hat die Verklä-

Der hohe Grad an Pathos zum Zweck der affektiven Einwirkung auf die Zuhörer entspricht aber genau der rhetorischen Kodifizierung der *peroratio* als Schlussteil der *oratio deliberativa*, denn die *peroratio* verfolgt das Ziel des *movere*, der parteigünstigsten Erregung der heftigen Affekte, und versteht sich als unmittelbarer Handlungsimpuls.[403] In diesem Sinne notiert Novalis: „Die idealische Rede gehört zur Realisation der Idealwelt."[404] An anderer Stelle heißt es: „Die Redekunst lehrt die Regeln der *Aufeinanderfolge* der Gedanken zur Erreichung einer bestimmten Absicht."[405], oder: „Es ist gewiß, daß eine Meynung sehr viel gewinnt, so bald ich weiß, daß irgend jemand davon *überzeugt* ist – *sie wahrhaft annimmt* – freylich muß es auf eine Art seyn, deren Ursache nicht gleich in die Augen fällt – Gewicht der Autoritaeten – eine Autoritaet macht eine *Meynung mystisch – reitzend."* Hardenberg setzt hinzu: „Rhetorische Gewalt des *Behauptens."*[406] Dass das Friedensreich vom Redner

---

rung des Mittelalters eine ganz ähnliche, stilistisch beabsichtigte Funktion – nämlich den Glauben daran zu wecken, daß dieses Ideal kein leerer Wahn ist, daß es *einmal schon* geschichtlich Gestalt gewonnen hat und daher *einmal wieder* Gestalt gewinnen wird und gewinnen muß?", 384.

[403] Hugo Blair geht in der XIX. seiner *Vorlesungen über Rhetorik* auch der Frage der Erregung der Leidenschaften durch den Redner nach. Die Einwirkung auf die Leidenschaften der Hörer ist gerade für Gegenstände, in denen es auf das Tun der Zuhörer ankommt, nach Ansicht Blairs notwendig: „Niemand wird, in Dingen, wo es auf das Thun ankommt, unterlassen die Leidenschaften desjenigen, den er im Ernst zu etwas überreden will, in Bewegung zu setzen; und das aus dem sehr einfachen Grunde, weil die Leidenschaften die großen Triebfedern der menschlichen Handlungen sind.", Vorlesungen über Rhetorik und schöne Wissenschaften. Aus dem Englischen übersetzt und mit einigen Anmerkungen und Zusätzen begleitet von K[arl] G[ottfried] Schreiter. Erster – Zweiter Theil. Leipzig 1786-7, III 102. Auch für Blair dient besonders die *peroratio* zur affektiven Erregung der Zuhörer: „Die meisten Lehrer der Beredsamkeit weisen […] der Erregung der Leidenschaften den Schluß der Rede, als ihre natürliche Stelle, an. Und wirklich scheint auch, wenn alles Übrige gleich ist, leidenschaftlicher Eindruck gerade derjenige zu seyn, welchen der Redner am liebsten zuletzt hervorzubringen suchen wird, um die Gemüther der Zuhörer, nachdem Gründe und Schlüsse bereits ihre volle Wirkung gethan haben, mit warmer Teilnehmung für den Gegenstand erfüllt zu verlassen.", a.a.O., III 105. Auch der Umstand, dass der Stil der *Europa* besonders schlicht ist, lässt sich auf Blairs Anweisung zurückführen, einen künstlichen Stil zu vermeiden, um die Glaubwürdigkeit der vorgetragenen Leidenschaften nicht in Frage zu stellen: „[...] es ist nöthig auf die eigenthümliche Sprache der Leidenschaften sorgfältig Rücksicht zu nehmen. Wir müssen Achtung geben, auf welche Weise ein Mensch, der von einer wirklichen und starken Leidenschaft eingenommen ist, sich ausdrückt; und wir werden finden, daß seine Sprache jederzeit einfach und ungezwungen ist. Es wird ihr zwar nicht an lebhaften und kühnen Figuren fehlen; aber von gesuchtem Putze, und witzigen Wendungen, wird sie weit entfernt seyn. Wen wahres leidenschaftliches Gefühl beseelt, der hat nicht Zeit, dem Spiele der Einbildungskraft nachzuhängen. […] So muß die Sprache des Redners beschaffen seyn, wenn er auf das Gefühl wirken will; und so wird auch seine Sprache beschaffen seyn, wenn er mit wirklicher Leidenschaft spricht; kühn, warm, einfach. Müßige, sorgfältig ausgemalte Schilderungen thun es hier nicht, sondern Züge, die warm aus dem Herzen in die Feder fließen.", a.a.O., III 110-1.

[404] Schriften II 561 Nr. 172.
[405] Schriften III 562-3 Nr. 52.
[406] Schriften III 269 Nr. 153.

als ein unumstößliches Faktum dargestellt wird, entspricht einer rhetorischen Strategie. In diesem Sinne definiert Hardenberg auch den Redner: „Er thut, als ob alles vorbey und beschlossen wäre [...]".[407]

Die chiliastische Endzeitvorstellung der *Europa* erhält somit zum Einen eine zentrale *wirkungsästhetische* Funktion, die vor dem Hintergrund der Struktur der Rede als *oratio deliberativa* und der rhetorischen Funktion der *peroratio* als Handlungsimpuls zu verstehen ist. Zum Anderen erhält der Chiliasmus dadurch eine *transzendentalphilosophische* Basis. Das Kommen des Friedensreichs, das mit „rhetorischer Gewalt" „behauptet" wird, erweist sich als ein Postulat der praktischen Vernunft. Bereits die Pragmatik der *Redesituation*, das Angewiesensein des Redners auf seine Zuhörer, und der Versuch, auf sie einzuwirken, belegt, dass das Friedensreich weniger eine immanente Gesetzmäßigkeit der Geschichte repräsentiert als vielmehr ein Ideal, an dessen Realisierung die Hörer mitwirken sollten. Diese transzendentale Dimensionierung des chiliastischen Geschichtsbildes wird am Schluss der Rede durch die „Geduld" erneut hervorgehoben, zu der der Redner seine Zuhörer aufruft. Diese „Geduld", die vor der Gefahr der Verwechselung zwischen Sein und Sollen warnen soll, unterscheidet Hardenbergs Chiliasmus von der bereits von Lessing kritisierten „Schwärmerei" der chiliastischen Tradition und rückt ihn in die Nähe von Kants philosophischem Chiliasmus – wie auch H.-J. Mähl betont.[408]

Den Begriff des „philosophischen Chiliasmus" prägt Kant in seiner Schrift *Idee zu einer allgemeinen Geschichte in weltbürgerlicher Absicht* (1784, um die Behauptung eines beständigen Fortganges des menschlichen Geschlechts zum Besseren zu stützen. Philosophischer Chiliasmus bedeutet demzufolge die Überzeugung von der Entwicklung der Menschheit zu einer vollkommenen Staatsverfassung – eine Überzeugung, die allerdings nicht „schwärmerisch" ist, denn die Vollendung wird nicht als Faktum, sondern als Postulat der praktischen Vernunft betrachtet: „Man sieht: die Philosophie könne auch ihren *Chiliasmus* haben; aber einen solchen, zu dessen Herbeiführung ihre Idee [...] selbst beförderlich werden kann, der also nichts weniger als schwärmerisch ist."[409] Die Vorstellung einer endzeitlichen Erfüllung, die im traditionellen Chiliasmus als Eingriff der Transzendenz noch religiös fundiert ist und dem menschlichen Handeln nur eine Hilfsfunktion zuerkennt[410], wird von Kant säkularisiert und als praktischer Imperativ verstanden. Ein weiterer Beleg dafür, dass Kants Chiliasmus-Verständnis für Hardenberg eine Vorbildfunkti-

---

[407] Schriften III 649 Nr. 547.

[408] Vgl.: H.-J. Mähl, Philosophischer Chiliasmus. Zur Utopiereflexion bei den Frühromantikern, in: Die literarische Frühromantik, hrsg. von Silvio Vietta, Göttingen 1983, 149-79, insb. 155-6 und 162-3.

[409] Ak.-Ausg. VIII 27.

[410] Zwar fällt den Menschen bei Oetinger die Aufgabe der „nöthigen Bereitung", der Vorbereitung auf die Endzeit zu. Doch bleibt ihre Herbeiführung das Werk Christi. Vgl. dazu: Mähl, Die Idee des goldenen Zeitalters im Werk des Novalis, a.a.O., 243.

on gehabt haben dürfte, ist die Tatsache, dass in der Schrift *Die Religion innerhalb der Grenzen der bloßen Vernunft* (1793) der philosophische Chiliasmus ausdrücklich mit dem Friedensgedanken in Verbindung gebracht wird.[411] Dort heißt es explizit, dass der philosophische Chiliasmus „auf den Zustand eines ewigen, auf einen Völkerbund als Weltrepublik gegründeten Friedens" hofft.[412] In dem Umstand, dass Hardenberg in der *Europa*-Rede in Anlehnung an Kant den Chiliasmus als Postulat der praktischen Vernunft konzipiert[413], drückt sich zugleich seine Distanz zur passiven Haltung des traditionellen pietistischen Chiliasmus aus, die die chiliastische Endzeit nicht als Werk der Immanenz, sondern als Einbruch der Transzendenz konzipiert.[414] Es zeigt sich nicht zuletzt in dieser ethischen Umwandlung des religiösen Chiliasmus, in welchem Maße das Geschichtsbild der *Europa*-Rede säkularisiert ist.

2.2.10. Nähe und Distanz zu Friedrich Schlegel

In der *Europa* ist nicht nur der Einfluss Herders, Lessings und Schleiermachers, sondern auch der von Friedrich Schlegel zu erkennen.

Die Rolle Schlegels auf Novalis' Geschichtskonzeption muss bedeutsam gewesen sein. Im Brief vom 8. Juli 1796, den Novalis an den Freund nach einer langen Unterbrechung der Korrespondenz richtet, bezeichnet Novalis Schlegel als seinen „Lehrer": „Auch gewöhnliche Dankbarkeit vergißt den Lehrer nicht. Jeder Gedanke an meine historische Bildung war mit Deiner

---

[411] In seinem Aufsatz weist Mähl auf diese Schrift nicht hin.

[412] Ak.-Ausg. VI 34.

[413] Vgl. Mähl: „Die Frühromantiker sind Kantianer oder Fichteaner auch darin, dass sie die Wendung zum ‚philosophischen Chiliasmus' hin nachvollzogen haben. Betrachtet man sie als Chiliasten im Sinne einer ‚ekstatischen Naherwartung', so wird damit ihre Utopiereflexion ebenso verkannt wie die Funktion, die der ‚enthusiastischen Rhetorik' (um das Stichwort Schlegels aufzunehmen) in ihren Überlegungen zukommt. Die chiliastische Komponente, die bei Novalis aufgrund pietistischer Einflüsse stärker hervortritt, macht […] den Säkularisierungsprozeß, der von Oetinger über Lessing bei Kant zum Abschluß gelangt war, nicht wieder rückgängig […]. Die beschwörenden Schlußsätze der Europa-Rede mit ihrer Apostrophierung des ‚neuen Jerusalem' sind nicht Ausdruck chiliastischer Naherwartung, sondern lassen sich in eine stringente Beziehung zur Utopiereflexion bringen (als rhetorische Figur ist diese Wendung im übrigen fast gleichlautend schon bei Lessing, dann bei Fichte, Hölderlin und vielen anderen ausgeprägt).", a.a.O., 162-3.

[414] Vgl. dazu Mähl: „[...] nicht demutsvolles Abwarten und Harren auf die Stunde der messianischen Wiederkehr bestimmt seine [Hardenbergs] Endzeiterwartung (wie sie für Lavater, Oetinger und den Pietismus überhaupt charakteristisch sind, auch wenn die Zwischenzeit mit Betrachtungen und Berechnungen ausgefüllt wird), sondern das schöpferisch-poetische Handeln des Menschen […]. Hatte noch Oetinger den Glauben an die allein bewirkende Heilsmacht des Messiaskönigs durch die Bemerkung unterstrichen: ‚Menschenhände thun nichts dabei', so tritt für Novalis stattdessen der Glaube an die ‚Allfähigkeit der innern Menschheit' ein […]", Die Idee des goldenen Zeitalters im Werk des Novalis, a.a.O., 383. Das Oetinger-Zitat ist den Sämmtlichen Schriften, hrsg. von Karl Chr. Eberh. Ehmann, Zweite Abtheilung: Theosophische Schriften, Bd. VI, Stuttgart 1864, 13, entnommen.

Erinnerung verbunden."[415] Ferner zeugt der Brief von Novalis' Wunsch, den soeben erschienenen Aufsatz Schlegels *Über das Studium der griechischen Poesie* zu lesen; diese Schrift hat in Novalis' Rede sichtbare Spuren hinterlassen, was bereits Richard Samuel aufgefallen war.[416]

Erstmalig wird Schlegels Schrift von Novalis in dessen Brief an Schlegel vom 1. August 1794 erwähnt, nachdem Schlegel selbst ihr Erscheinen Ende Juli brieflich angekündigt hatte. Schlegels Aufsatz ist allerdings nicht vor 1797 erschienen. Frühestens im Juli bzw. August 1796 nahm Novalis anlässlich eines Besuchs von Schlegel in Weißenfels Einsicht in die ersten zehn bis zu diesem Zeitpunkt gedruckten Bögen des Bandes *Die Griechen und die Römer*, der auch den *Studium*-Aufsatz enthielt.[417] Hardenbergs wiederholte Lektüre des Aufsatzes ist in den Tagebüchern vielfach bezeugt.[418]

Schlegels Schrift dürfte Hardenberg als Vorbild für das formale Gerüst seiner Rede gedient haben. Auffallend sind zunächst die formalen Parallelen. Der im *Studium*-Aufsatz dargestellten goldenen Zeit der Poesie im antiken Griechenland entspricht bei Novalis die goldene Zeit der Religion im katholischen Mittelalter. Dem Untergang der antiken Dichtung steht bei Novalis die Reformation, dem „barbarischen" Intermezzo der mittelalterlichen Dichtung die „Barbarei" der Aufklärung gegenüber. Schließlich schlägt Schlegels Hoffnung auf eine neue, objektive Poesie, die er in Goethes Werk erblickt, in Hoffnung auf eine Erneuerung des Christentums und eine neue Kirche um. Sowohl Schlegel als auch Novalis betrachten Deutschland als das Land, aus dem die Erneuerung hervorgehen soll. So bemerkt Schlegel: „In *Deutschland*, und nur in Deutschland hat die Ästhetik und das Studium der Griechen eine Höhe erreicht, welche eine gänzliche Umbildung der Dichtkunst und des Geschmacks notwendig zur Folge haben muß [...]".[419] Novalis seinerseits konstatiert: „In Deutschland [...] kann man schon mit voller Gewißheit die Spuren einer neuen Welt aufzeigen. Deutschland geht einen langsamen aber sichern Gang vor den übrigen europäischen Ländern voraus. Während diese durch Krieg, Spekulation und Parthey-Geist beschäftigt sind, bildet sich der Deut-

---

[415] Schriften IV 186. Wie der Brief belegt, waren Hardenberg Schlegels Altertums-Studien *Von den Schulen der griechischen Poesie*, *Vom ästhetischen Werte der griechischen Komödie* (Dezember 1794) und *Über die Diotima* (Juli 1795) bereits bekannt. Diese waren alle in der „Berlinischen Monatsschrift" erschienen. Auch kannte Novalis die Abhandlung *Über die Grenzen des Schönen*, die im *Neuen Teutschen Merkur* im Mai 1795 veröffentlicht wurde.

[416] „Die Grundprinzipien der *Europa* und ihr konstruktiver Aufbau sind schon bei Schlegel zu finden, vor allem in dem Aufsatz *Über das Studium der griechischen Poesie*.", a.a.O., 58.

[417] Vgl. H. J. Balmes, Kommentar, 227. Die Sammlung *Die Griechen und die Römer. Historische Versuche über das klassische Altertum*, I (1797) enthielt außerdem die Aufsätze *Über die Diotima* und *Über die Darstellung der Weiblichkeit in den Griechischen Dichtern*.

[418] So z.B. nach Tagebucheintragung am 29. Juni 1797. Nach der Lektüre hatte Novalis ein Journal „Beyträge zur wissenschaftlichen Geschichte der Menschheit. Historisch-philosophische *Übersichten*" geplant, Schriften IV 48.

[419] KA I 364.

sche mit allem Fleiß zum Genossen einer höhern Epoche der Cultur [...]".[420]
Auch die Betrachtung von Europa als einem kulturellen Ganzen dürfte Hardenberg von Schlegel suggeriert worden sein, der in seiner Schrift beobachtete:

> Es ist wahr, bei aller Eigentümlichkeit und Verschiedenheit der einzelnen Natio-
> nen verrät das Europäische Völkersystem dennoch durch einen auffallend ähnli-
> chen Geist der Sprache, der Verfassungen, Gebräuche und Einrichtungen, in vie-
> len übrig gebliebenen Spuren der frühern Zeit, den gleichartigen und gemein-
> schaftlichen Ursprung ihrer Kultur. Dazu kommt noch eine gemeinschaftliche
> von allen übrigen sehr abweichende Religion. Außerdem ist die Bildung dieser
> äußerst merkwürdigen Völkermasse so innig verknüpft, so durchgängig zusam-
> menhängend, so beständig in gegenseitigem Einflusse aller einzelnen Teile; sie
> hat bei aller Verschiedenheit so viele gemeinschaftliche Eigenschaften, strebt so
> sichtbar nach einem gemeinschaftlichen Ziele, daß sie nicht wohl anders als ein
> *Ganzes* betrachtet werden kann.[421]

Markanter sind jedoch die Unterschiede zwischen beiden Schriften.[422] Bei
Hardenberg steht nicht die Poesie, sondern die Religion im Mittelpunkt, so
dass die goldene Zeit nicht länger mit der griechischen Antike, sondern mit
dem katholischen Mittelalter gleichgesetzt wird. Aus Novalis' Perspektive ist
das Mittelalter nicht „künstlich", wie es bei Schlegel der Fall ist, und der Katholizismus ist als universelle Konfession keine „künstliche" Religion.[423]
Vielmehr ist die Epoche, die laut Novalis Züge der Künstlichkeit trägt, die
Aufklärung.[424] Allerdings hat sich nicht nur dies, sondern auch der Status der
goldenen Zeit selbst gewandelt, denn die goldene Zeit ist für Schlegel weniger
„golden", als sie zu sein scheint.[425] Sie erweist sich insofern bereits als man-

---

[420] Schriften III 519.

[421] KA I 225.

[422] Nach Aufzeigen einiger Parallelen kommt auch Samuel zu dem Schluss: „Novalis' Abhängigkeit von Schlegel ist rein formaler Natur. Der neue Wein, den er in alte Schläuche füllt, ist
das Wesentliche.", a.a.O., 60.

[423] KA I 236: als „eine[-] künstliche[-] universelle[-] Religion" hatte Schlegel den Katholizismus
bezeichnet.

[424] Das Wissenschaftsmodell der Aufklärung ist künstlich: „Frankreich war so glücklich der
Schooß und der Sitz dieses neuen Glaubens zu werden, der aus lauter Wissen zusammen ge-
klebt war." (Schriften III 515-6), während hingegen die Religion als „lebendige Astronomie"
(522) charakterisiert wird. Durch den Protestantismus wurde die Religion in Staatsgrenzen
eingeschlossen und der religiöse Kosmopolitismus untergraben (511). Im Protestantismus
dominiert der „Buchstabe", der bei Novalis Symbol für die Begrenztheit des Verstandes ist
(512). Der Protestantismus selbst ist also widernatürliche – und also künstliche – „Revoluti-
ons-Regierung" (512). Der Jesuitenorden hat nur den „künstlichen Wachsthum eines Theils"
bewirkt (514). Das Licht wurde zum Liebling der Aufklärer, weil es sich – künstlich – zerbrechen lässt (516).

[425] Ein Fragment des Bruders August Wilhelm aus dem *Athenäum* bringt auch Friedrichs Skepsis
gegenüber dem Gedanken der goldenen Zeit zum Ausdruck: „Das Trugbild einer gewesenen
goldnen Zeit ist eins der größten Hindernisse gegen die Annäherung der goldnen Zeit die
noch kommen soll. Ist die goldne Zeit gewesen, so war sie nicht recht golden. Gold kann
nicht rosten, oder verwittern: es geht aus allen Vermischungen und Zersetzungen unzerstörbar
echt wieder hervor.", KA II 205-6 Nr. 243.

gelhaft, als sie dem blinden Naturgesetz von Entstehen und Vergehen unterworfen ist.[426] Schlegel hinterfragt den Begriff der goldenen Zeit nicht nur aus
poetologischen Gründen, indem er der goldenen Zeit gegenüber das Recht der
anderen Zeitalter geltend macht: „Nur war dabei schlimm, daß für das un-
glückliche silberne, eiserne, und bleierne Jahrhundert nichts übrig blieb, als
das traurige Los, jenen ewigen Mustern aus allen Kräften vergeblich nachzu-
streben."[427] Er problematisiert diese Vorstellung ferner auch in philosophischer
Hinsicht, indem er die Mangelhaftigkeit des Naturstandes hervorhebt und die
Entfremdung aus der Natur nicht nur als Verlust, sondern auch als neue Möglichkeit für die Dichtung darstellt, denn die moderne, nicht länger von der
Natur, sondern der Reflexion geleitete Poesie unterliegt nicht mehr dem Naturgesetz. Ihr Entwicklungsgang ist vielmehr theoretisch gesichert. Im Unterschied zur antiken Poesie, die dem Gesetz des naturhaften Werdens und Ver-
gehens ausgesetzt ist, hat die moderne, sich selbst reflektierende Poesie die
Aussicht auf eine prinzipiell unendliche Vervollkommnung. Die Entfremdung
von der Natur ist nicht nur eine Verlusterfahrung für den Geist, sondern
zugleich sein Zu-sich-selbst-Kommen, der Austritt aus der Heteronomie der
Natur und die Entdeckung der eigenen Autonomie.[428]

In diesem Punkt unterscheidet sich Novalis von Schlegel, denn anders als in
der V. *Hymne*, in der die goldene Zeit der Antike in ihrer Unvollkommenheit
erscheint, ist in der *Europa* das Mittelalter als die christliche goldene Zeit
nicht insuffizient, sondern hat den Status der höchsten Vollkommenheit. Ihr
Untergang ergibt sich nicht dadurch, dass gerade das, was sie als solche auszeichnet – bei Schlegel die Natur, bei Hardenberg die Religion –, sich als
„nicht recht golden" erweist, sondern durch menschliches Versagen.[429] Dementsprechend können die Reformation und die Aufklärung auch keine Höher-

---

[426] Dies ist der Grund dafür, dass der Gedanke der goldenen Zeit bei Schlegel bei weitem nicht
so relevant ist wie bei Novalis. Vgl. dazu: Ernst Behler, Unendliche Perfektibilität – Goldenes
Zeitalter. Die Geschichtsphilosophie Friedrich Schlegels im Unterschied zu der von Novalis,
in: Geschichtlichkeit und Aktualität. Studien zur deutschen Literatur seit der Romantik. Festschrift für Hans-Joachim Mähl zum 65. Geburtstag, hrsg. von Klaus-Detlef Müller, Gerhard
Pasternack, Wulf Segebrecht und Ludwig Stockinger, Tübingen 1988, 138-58.

[427] KA I 268-9.

[428] In der Notwendigkeit der Entfremdung von der Natur nimmt Schlegel eine Argumentationsfi-
gur Hegels vorweg, der in seinen *Vorlesungen über die Philosophie der Religion* die christliche Vorstellung von der Erbsünde und der Verbannung aus dem Paradies als ein Zu-Sich-
Kommen des Geistes umdeutet: die von Gott verbotene Erkenntnis des Guten und des Bösen
sei „[...] gerade das, was den Charakter des Geistes ausmacht; der Geist ist nur Geist durch
das Bewusstsein, und das höchste Bewusstsein liegt gerade in jener Erkenntnis. [...] Die
Grundbestimmung der Darstellung ist, dass der Mensch nicht [ein] natürlicher sein soll; darin
liegt was in der wahrhaften Theologie gesagt ist, daß der Mensch von Natur böse sei; das Böse ist das Stehenbleiben in dieser Natürlichkeit, der Mensch muß heraustreten mit Freiheit,
mit seinem Willen.", Bd. 2. Vorlesungen über die Beweise vom Dasein Gottes, Frankfurt am
Main 1969, 76-8.

[429] „Noch war die Menschheit für dieses herrliche Reich nicht reif, nicht gebildet genug. Es war
eine erste Liebe, die im Drucke des Geschäftslebens entschlummerte [...]", Schriften III 509.

entwicklung darstellen, sondern nur einen Rückfall. Reformation und Aufklärung sind bei Novalis nicht durch die Schlegelsche Dialektik von Entfremdung und Emanzipation, Entzweiung und Autonomie charakterisiert, sondern sie symbolisieren ausschließlich Auflösungserscheinungen der ursprünglichen Einheit. Während Schlegel ein Fortschrittsmodell konzipiert, beschreibt Novalis die geschichtliche Entwicklung als Niedergang.

Allerdings ist dies nur bedingt der Fall, denn Novalis – und darin liegt eine weitere Gemeinsamkeit zwischen beiden Schriften – übernimmt von Schlegel auch den Gedanken der „Anarchie" als Auflösung *und* Erneuerung der geschichtlichen Formen. Somit kommt er zu einer partiellen Wiederaufwertung gerade der historischen Auflösungserscheinungen, denn diese dienen zugleich als Vorbereitung für eine religiöse Erneuerung. Bereits Schlegel hatte eine allgemeine „Anarchie" des Geschmacks konstatiert[430] und die Frage aufgeworfen, ob der Anarchiezustand nicht auch als ästhetische Regeneration wirken könne. Über die moderne Poesie schreibt er: „Wären wir erst über das *Prinzipium ihrer Bildung* aufs Reine, so würde es vielleicht nicht schwer sein, daraus die *vollständige Aufgabe* derselben zu entwickeln. – Schon oft erzeugte ein dringendes Bedürfnis seinen Gegenstand; aus der Verzweiflung ging eine neue Ruhe hervor, und die Anarchie ward die Mutter einer wohltätigen *Revolution*. Sollte die ästhetische Anarchie unsres Zeitalters nicht eine ähnliche *glückliche Katastrophe* erwarten dürfen?"[431] Diese Umdeutung der „Anarchie" als Voraussetzung für die Erneuerung der geschichtlichen Formen übernimmt auch Novalis in seiner Rede. So heißt es dort über die Religion: „Wahrhafte Anarchie ist das Zeugungselement der Religion. Aus der Vernichtung alles Positiven hebt sie ihr glorreiches Haupt als neue Weltstifterin empor."[432] Wie bei Schlegel bewirkt auch bei Novalis die Anarchie eine Erneuerung der Religion durch die Vernichtung ihrer positiven, historisch überlieferten Form. In diesem Sinne deutet der Historiker in der Gestalt des Redners den Verfall als Regeneration um: „Daß die Zeit der Auferstehung gekommen ist, und grade die Begebenheiten, die gegen ihre Belebung gerichtet zu seyn schienen und ihren Untergang zu vollenden drohten, die günstigsten Zeichen ihrer Regeneration geworden sind, dieses kann einem historischen Gemüthe gar nicht zweifelhaft bleiben."[433] Der Untergang wird zur Regeneration: aus der Niedergangs- wird eine Fortschrittsgeschichte.

Diese Integration von Missständen und Krisenerfahrungen in den heilsgeschichtlichen Prozess[434], der Theodizeegedanke, stammt zunächst nicht von

---

[430] KA I 219, 221-2.

[431] KA I 224.

[432] Schriften III 517. Dies gilt allerdings mit folgender Einschränkung: „Der Zustand religiöser Anarchie darf nur vorübergehend seyn […]", Schriften III 511.

[433] Schriften III 517.

[434] Vgl. Ludwig Stockinger, Religiöse Erfahrung zwischen christlicher Tradition und romantischer Dichtung bei Friedrich von Hardenberg (Novalis), in: Religiöse Erfahrung: historische Modelle in christlicher Tradition, hrsg. von Walter Haug und Dietmar Mieth, München 1992,

Schlegel, sondern im Grunde schon von Lessing. In seinem Theodizeemodell geht Lessing nicht mehr wie Leibniz in seinen *Essais de Théodicée* (1710) von einer gegebenen, synchronen „harmonia rerum" aus, sondern von einer diachron-geschichtlichen Theodizee als Annäherung des Menschengeschlechts an die endzeitliche Harmonie.[435] In dieser säkularisierten heilsgeschichtlichen Perspektive erscheinen auch die binnengeschichtlichen dunklen oder krisenhaften Zeiten als sinnvoll. In § 91 heißt es: „Geh deinen unmerklichen Schritt, ewige Vorsehung! [...] Laß mich an dir nicht verzweifeln, wenn selbst deine Schritte mir scheinen sollen zurück zu gehen! – Es ist nicht wahr, daß die kürzeste Linie immer die gerade ist."[436] Dieser Umgang mit den geschichtlichen Rückschritten gehört ebenfalls zum Repertoire des Redners in der *Europa*. Dieser fordert sein Publikum dazu auf, sich nicht von Krisen erschüttern zu lassen, denn diese seien nur notwendige Vorstufen einer höheren Entwicklung. Selbst die Aufklärung erhält für Novalis von dieser höheren Warte aus eine Berechtigung:

> Jetzt stehn wir hoch genug um auch jenen oberwähnten, vorhergegangenen Zeiten freundlich zuzulächeln und auch in jenen wunderlichen Thorheiten merkwürdige Kristallisationen des historischen Stoffs zu erkennen. Dankbar wollen wir jenen Gelehrten und Philosophen die Hände drücken; denn dieser Wahn mußte zum Besten der Nachkommen erschöpft, und die wissenschaftliche Ansicht der Dinge geltend gemacht werden. Reizender und farbiger steht die Poesie, wie ein geschmücktes Indien dem kalten, todten Spitzbergen jenes Stubenverstandes gegenüber.[437]

Auch die Verfolgung der Religion im revolutionären Frankreich scheint in diesem Licht letztlich im Dienste der Regeneration der Religion zu stehen:

> In Frankreich hat man viel für die Religion gethan, indem man ihr das Bürgerrecht genommen, und ihr bloß das Recht der Hausgenossenschaft gelassen hat, und zwar nicht in einer Person, sondern in allen ihren unzähligen individuellen Gestalten. Als eine fremde unscheinbare Waise muß sie erst die Herzen wiedergewinnen, und schon überall geliebt seyn, ehe sie wieder öffentlich angebetet und in weltliche Dinge zur freundschaftlichen Berathung und Stimmung der Gemüther gemischt wird.[438]

Wie es aber vom Rückfall zur Erneuerung kommen kann, bleibt zunächst unklar, denn der Abfall von der religiösen Gewissheit stellt für Novalis durchaus einen Rückfall dar. Die religiös inspirierte Abfallsgeschichte und das durch Herder, Lessing und nicht zuletzt durch Schlegel vermittelte, aufklärerische Fortschrittsmodell scheinen sich somit einander unmittelbar gegenüber-

---

388-9.

[435] S. Lorenz, Artikel „Theodizee", in: Historisches Wörterbuch der Philosophie, hrsg. von Joachim Ritter, Bd. 10, Basel 1998, Sp. 1066-73, 1068.

[436] A.a.O., 97-8.

[437] Schriften III 520.

[438] Schriften III 518.

zustehen. Um nur ein einziges Beispiel für diesen konzeptionellen Widerspruch zu geben: am Anfang wird die „Kultur" als Quelle allen Übels ange-
prangert, am Ende der Rede jedoch plötzlich als Signal für das Nahen der
endzeitlichen Vollkommenheit gepriesen.[439]

Die Vermittlung von Rückfall und Erneuerung kann nicht wie bei Schlegel
durch ihre immanente Dialektik erfolgen, denn eine solche Dialektik ginge auf
Kosten der religiösen Gewissheit: der Sündenfall bedeutete dann zugleich
Emanzipation. Die Vermittlung kann nur über die göttliche Vorsehung erfolgen, die bei Novalis jedoch wiederum in säkularisierter Form als Theodizee
der Geschichts-Natur selbst erscheint. Durch den Gang der sich selbst erzeugenden Geschichts-Natur wird die gesamte menschliche Abfallsgeschichte in
eine natürliche Heilsgeschichte eingefangen. Die Vorstellung von einer sich
selbst entfaltenden Geschichts-Natur sorgt dafür, dass die Menschen ohne ihr
Bewusstsein ein verborgenes geschichtliches Telos erfüllen und der Verlust
der religiösen Wahrheit die Voraussetzung für eine religiöse Erneuerung stiftet.
Somit wird das Problem des Umschlags des Abfallens in Fortschritt ohne eine
Infragestellung der religiösen Wahrheit gelöst.

In diesem Punkt liegt freilich ein weiterer Unterschied zu Schlegel, da
Schlegel die Geschichte als Emanzipation des Menschen aus dem Naturstand
konzipiert. Er, der die *Wissenschaftslehre* erweitern wird, nicht um die Natur,
sondern um die Geschichte zu potenzieren[440], versteht bereits im *Studium*-
Aufsatz die geschichtliche Entwicklung im Unterschied zu Herder und Novalis nicht als Naturgeschichte, sondern als Emanzipation des Menschen von der
Natur. Der Anfang der Moderne bedeutet für ihn Schöpfung aus dem Nichts
heraus: „Das Wesen der Modernen besteht in d[er] *Schöpfung aus Nichts* –
Ein solches Princip lag im Christentum – ein ähnliches in der Revoluzion, in
Fichte's Philosophie [...]".[441] Aus diesem Grund konzipiert Schlegel Geschichte nicht als Evolution, sondern als Revolution, als tätiges und verän-
derndes Eingreifen des Ich in die Welt: „*Veränderung* ist historische Bewe-

---

[439] Die religiöse Erneuerung in der Gegenwart resultiert aus einer „Gährung" der Künste und
Wissenschaften, die mit aufklärerischem Pathos beschrieben wird: „Der Deutsche bildet sich
[...] mit allem Fleiß zum Genossen einer höhern Epoche der Cultur [...]", Schriften III 519.
Vorher wurde jedoch die „Schädlichkeit der Kultur, für den Sinn des Unsichtbaren" konstatiert (Schriften III 509). Die „Cultur" hatte – der religiösen Abfallsgeschichte entsprechend –
den Austritt aus dem Paradies zu verschulden. Daraufhin hatte sich der Redner nicht zufällig
korrigieren müssen – „wenigstens einer temporellen Schädlichkeit der Kultur einer gewissen
Stufe" (Schriften III 509), d.h. im Versuch, religiöse Abfalls- und aufklärerische Fortschrittsgeschichte noch zusammenzuhalten.
[440] Gegen Fichte heißt es: „Er ist zu μαθ[mathematisch] aber nicht συς[systematisch] d.h. nicht
hist[orisch] genug.", KA XVIII 32 Nr. 141. „*Fichte* hat unendlich viel Sinn für das Unendliche und doch keinen Sinn für das Universum.", KA XVIII 302 Nr. 1298. „Die *Wissenschafts-
liebe* als Urquell der Philosophie muß aus der Geschichte vollständig und analytisch entwickelt werden. Also kann auch die Wissenschaftslehre selbst den historischen Stoff und historischen Geist gar nicht entbehren; gleich beim ersten Schritt.", KA XVIII 520 Nr. 20.
[441] KA XVIII 315 Nr. 1471.

gung.“⁴⁴² Demgegenüber steht in der *Europa* die Warnung des Redners, nicht in die eigene Naturdynamik der Geschichte einzugreifen, sondern den sich in ihr offenbarenden göttlichen Wink ehrfürchtig zu studieren: „O! daß der Geist der Geister euch erfüllte, und ihr abließet von diesem thörichten Bestreben die Geschichte und die Menschheit zu modeln, und eure Richtung ihr zu geben. Ist sie nicht selbständig, nicht eigenmächtig, so gut wie unendlich liebenswerth und weissagend? Sie zu studiren, ihr nachzugehn, von ihr zu lernen, mit ihr gleichen Schritt zu halten, gläubig ihren Verheißungen und Winken zu folgen – daran denkt keiner.“⁴⁴³

Bezeichnenderweise findet sich die Parallelstelle zu dem eben angeführten Novalis-Zitat in Herders *Tithon und Aurora*. Dort wird der „weise Fürst“ als jemand beschrieben, der nicht gewaltsam in die Gesellschaft eingreift und sie nach seinem Bilde modelliert, sondern in ihrer naturhaften Selbstständigkeit anerkennt und wie ein Gärtner pflegt: „Was die Natur nicht halten konnte, wollte das der Gärtner halten? und zwar ihren Zwecken nicht gemäß, sondern gerade zuwider? Unendlich schöner ist das Werk, der Natur nachzugehn und auf ihre Zeiten zu merken, Kräfte zu wecken, woirgend sie schlummern, Gedanken, Thätigkeit, Erfindung, Lust und Liebe zu befördern [...]“.⁴⁴⁴ Diese Konzeption der Geschichte als naturwüchsiger Prozess ist im Zusammenhang mit der Entwicklung von Novalis' Denken, seiner zunehmenden Distanz zu Fichte zu betrachten. Noch 1796 scheint für Hardenberg die Vorstellung vom Schicksal irrelevant zu sein, wie aus einem Brief an Caroline Just vom 10. April desselben Jahres hervorgeht: „Schicksal und sich schicken scheinen mir nicht ohne Bedeutung nahe verwandt. Wie wir uns schicken, so ist unser Schicksal.“⁴⁴⁵ „Schicksal“ ist, „wie wir uns schicken“: dadurch destruiert Hardenberg die Vorstellung von einem dem Menschen von außen auferlegten Fatum. Je mehr jedoch die Natur in seinem Denken an Bedeutung gewinnt, weicht diese Position einer immer stärkeren Verehrung für die Notwendigkeit des geschichtlichen Gangs, denn die harmonische Dialektik von Ich und Natur hat zur Folge, dass der Natur eine eigene Geschichte zugeschrieben wird⁴⁴⁶

---

⁴⁴² KA XVIII 130 Nr. 103.

⁴⁴³ Schriften III 518. Von da aus wird für Klaus Peter auch Novalis' Interesse für Hemsterhuis verständlich, „[...] dessen moralisches Organ die Welt nicht verändern, sondern nur neu interpretieren lehrte.“, Idealismus als Kritik. Friedrich Schlegels Philosophie der unvollendeten Welt, Stuttgart 1973, 104.

⁴⁴⁴ Sämmtliche Werke XVI 120.

⁴⁴⁵ Schriften IV 180.

⁴⁴⁶ Vgl. etwa: „[...] die Oryktognosie gehört zur Historie.“, Schriften III 465 Nr. 1068, oder: „Die Naturlehre muß nicht mehr capitelweise – fachweise behandelt werden – Sie muß (ein Continuum) eine *Geschichte* – ein organisches Gewächs – ein Baum werden – oder ein *Thier* – oder ein Mensch [...]“, Schriften III 574 Nr. 140. Auch die Naturgeschichte kennt Revolutionen: „NAT[UR]GESCH[ICHTE] UND GEOGNOSIE. Geognostische i.e. *chronologische* Classification der Oryktognosie – Das Kieselgeschlecht wäre z.B. d[as] *Älteste* etc. [...] Die ältesten Fossilien tragen das Gepräge der *größ̈esten Revolutionen* [...]“, Schriften III 336 Nr. 465.

und die Menschheitsgeschichte ihrerseits als eine Potenzierung der Naturgeschichte erscheint.[447] Die Begriffe „Schicksal" und „Fatum" erhalten eine positive Bedeutung[448] und im *Heinrich von Ofterdingen* wird die Geschichte
schließlich als Vorsehung vorgestellt. „Die Kirche ist das Wohnhaus der Geschichte." bemerkt der Einsiedler im *Ofterdingen*, „[...] und der stille Hof ihr
sinnbildlicher Blumengarten. Von der Geschichte sollten nur alte, gottesfürch-
tige Leute schreiben [...]. Nicht finster und trübe wird ihre Beschreibung seyn;
vielmehr wird ein Strahl aus der Kuppel alles in der richtigsten und schönsten
Erleuchtung zeigen, und heiliger Geist wird über diesen seltsam bewegten
Gewässern schweben."[449] Der Bergmann bezeichnet die göttliche Kraft, die die
Geschichte gestaltet, ausdrücklich als „Vorsehung".[450] Wenn darin eine der
Schlegelschen entgegengesetzte Geschichtsdeutung zum Ausdruck kommt,
liegt andererseits eine gewisse Nähe zur Geschichtsphilosophie Schellings vor,
der ebenfalls von einer prästabilierten Harmonie von Ich und Natur ausgeht
und die Geschichte demzufolge als notwendige Entfaltung dieser Harmonie,
als „Vorsehung" deutet. Diese Geschichtskonzeption wird Schelling im *System des transcendentalen Idealismus* (1800) erstmalig formulieren[451] und spä-

---

[447] „Die Physik überhaupt ist die ursprüngliche, eigentliche Geschichte. Die gewöhnlich so
genannte Geschichte ist nur [abg]eleitete Geschichte.", Schriften III 246 Nr. 49. Die Geschichte der Philosophie ist Astronomie: „Hier hat Kant die Rolle des Copernikus gespielt
und das empirische Ich nebst seiner Außenwelt als Planet erklärt und den Mittelpunct des
Systems im Sittengesetz oder ins moralische Ich gesetzt – und Fichte Neuton ist der Gesetzer-
finder des innern Weltsystems – der 2te Copernikus geworden. / (Niedre und höhere Naturgeschichte.)", Schriften III 335 Nr. 460. Physikalisch ist die Methode des Historikers: „Physik
der Historie.", Schriften III 259 Nr. 97.

[448] In den *Vorarbeiten* von 1798 heißt es noch im Sinne des Briefes: „Das Fatum, das uns drückt,
ist die Trägheit unsers Geistes. Durch Erweiterung und Bildung unsrer Thätigkeit werden wir
uns selbst in das Fatum verwandeln.", Schriften II 583-4 Nr. 248. In den *Teplitzer Fragmenten* indes ist bereits die Auflösung der Geschichte in Schicksal programmatisch formuliert:
„Die Foderung die gegenwärtige Welt für die Beste, und die absol[ut] Meine anzunehmen ist
ganz der gleich, meine mir angetraute Frau für die *Beste* und Einzige zu halten und ganz für
Sie, und in ihr zu leben. Es giebt noch sehr viel ähnliche Foderungen und Ansprüche – deren
Anerkennung derjenige zur Pflicht macht – der einen für immer entschiednen Respect für al-
les, *was geschehn ist*, hat – der *historisch Religioes* ist – der Absolute Gläubige und Mystiker
der Geschichte überhaupt – der ächte *Liebhaber* des Schicksals. Das Fatum ist die mystificirte
Geschichte.", Schriften II 597 Nr. 333 (Nr. 14 der Teplitzer Fragmente). Dass Novalis in den
Teplitzer Fragmenten noch zwischen der ersten und der zweiten Position schwankt, bezeugt
eine Aufzeichnung über die empirische Philosophie, die letztere als „fatalistisch" verwirft:
„Empiriker ist: in den die Denkungsart eine Wirckung der Außenwelt und des Fatums ist –
der passive Denker [...]", Schriften II 605 Nr. 56.

[449] Schriften I 258.

[450] „Es giebt tausend entferntere Dinge, denen Sorgfalt und Mühe gewidmet wird, und gerade um
das Nächste und Wichtigste, um die Schicksale unsers eigenen Lebens, unserer Angehörigen,
unsers Geschlechts, deren leise Planmäßigkeit wir in den Gedanken einer Vorsehung aufgefaßt haben, bekümmern wir uns so wenig.", Schriften I 258. Geschichtliche Ereignisse werden zu Reliquien: „Wie Heiligthümer wird eine weisere Nachkommenschaft jede Nachricht,
die von den Begebenheiten der Vergangenheit handelt, aufsuchen [...]", Schriften I 258.

[451] „Wenn nun [...] jenes Absolute [d.i. der Grund der Identität zwischen dem absolut Subjekti-

ter in der achten seiner *Vorlesungen über die Methode des akademischen Studiums* (1803) vortragen.[452]

---

ven und dem absolut Objektiven, A.d.V.] der eigentliche Grund der Harmonie zwischen dem Objektiven und dem Subjektiven im freien Handeln, nicht nur des Individuums, sondern der ganzen Gattung ist, so werden wir die Spur dieser ewigen und unveränderlichen Identität am ehesten in der Gesetzmäßigkeit finden, welche als das Gewebe einer unbekannten Hand durch das freie Spiel der Willkür in der Geschichte sich hindurchzieht.", in: SW I/3 595; 600; 601.

[452] „Diese bewußte Versöhnung, die an die Stelle der bewußtlosen Identität mit der Natur und an die der Entzweiung mit dem Schicksal tritt und auf einer höhern Stufe die Einheit wiederherstellt, ist in der Idee der Vorsehung ausgedrückt.", SW I/5 290.

2.3. Zyklische Progressivität im *Heinrich von Ofterdingen*

Die Struktur des *Heinrich von Ofterdingen* zeugt ebenfalls von Novalis' Konzeption einer spiralförmigen Geschichtsentwicklung. Ein zentrales Formgesetz dieses Romans besteht darin, dass alles scheinbar Neue in Wahrheit die potenzierte Wiederkehr des Vergangenen repräsentiert.

So ist Heinrichs Traum eine Steigerung des Traums seines Vaters, welcher ebenfalls von der Blume geträumt, deren Farbe jedoch vergessen hatte. Dadurch, dass der Vater Träume generell gering schätzte, gelang es ihm nicht, die Bedeutung des Traums zu entschlüsseln. Das Gegenteil ist bei Heinrich der Fall: er kann sich im Unterschied zu seinem Vater genau an die Farbe der Blume erinnern[453], und zudem träumt er von der blauen Blume in der Johannisnacht, in welcher der Vater im Traum hätte erscheinen sollen, um die Blume zu pflücken und somit seinen einstigen Traum zu verstehen.[454] Heinrich hat somit nicht nur die Stelle des Vaters eingenommen: sein Bildungsweg ist vielmehr die Steigerung des väterlichen Bildungsweges. Dies geht eindeutig aus Heinrichs Gespräch mit Sylvester hervor, der auch der Mentor seines Vaters war.[455] Während Heinrichs Vater zwar künstlerisch veranlagt war, den Ruf der eigenen Neigung jedoch überhörte, ist Heinrich hingegen seiner Berufung zum Dichter gefolgt.

Spiralförmig angelegt ist Heinrichs Reise auch insofern, als sie nur scheinbar in die Fremde führt, im Grunde aber kein anderes Ziel als das Heimatland verfolgt, das Heinrich verlässt: „Die Wunderblume stand vor ihm, und er sah nach Thüringen, welches er jetzt hinter sich ließ mit der seltsamen Ahndung hinüber, als werde er nach langen Wanderungen von der Weltgegend her, nach welcher sie jetzt reisten, in sein Vaterland zurückkommen, und als reise er daher diesem eigentlich zu."[456] Der Weg in die Fremde bedeutet die Rückkehr nach Hause, was auch das Gespräch mit Zyane im zweiten Teil bestätigt: „Wo gehn wir denn hin? Immer nach Hause."[457] Das scheinbar Neue und Fremde erweist sich als das Alte und Vertraute, die Zukunft als die Vergangenheit. Programmatisch drückt sich dieses Strukturgesetz im Gedicht *Astralis* aus, das

---

[453] „Überall Quellen und Blumen, und unter allen Blumen gefiel mir Eine ganz besonders, und es kam mir vor, als neigten sich die Andern gegen sie. Ach! Liebster Vater, sagt mir doch, welche Farbe sie hatte, rief der Sohn mit heftiger Bewegung. Das entsinne ich mich nicht mehr, so genau ich mir auch sonst alles eingeprägt habe. War sie nicht blau? Es kann seyn, fuhr der Alte fort, ohne auf Heinrichs seltsame Heftigkeit Achtung zu geben.", *Schriften* I 201.

[454] „Nimm wohl in Acht, was ich dir sage: wenn du am Tage Johannis gegen Abend wieder hierher kommst, und Gott herzlich um das Verständniß dieses Traumes bittest, so wird dir das höchste irdische Loos zu Theil werden; dann gieb nur acht, auf ein blaues Blümchen, was du hier oben finden wirst, brich es ab, und überlaß dich dann demüthig der himmlischen Führung.", Schriften I 202.

[455] „Sylvester freute sich ihn zu sehn, und sprach: Es ist eine geraume Zeit her, daß ich deinen Vater eben so jung bey mir sah.", Schriften I 325-6.

[456] Schriften I 205.

[457] Schriften I 325.

dem zweiten Teil des Romans vorangestellt ist und auf ein zentrales Kompositionsprinzip des Romans hinweist:

> Keine Ordnung mehr nach Raum und Zeit
> Hier *Zukunft in der Vergangenheit* [...]
> Und was man geglaubt, es sey geschehen
> Kann man von weitem erst kommen sehn.[458]

Die Zukunft liegt in der Vergangenheit bzw. erweist sich als deren – potenzierte – Rückkehr. Das Buch, das Heinrich in der Höhle des Einsiedlers findet, bezeugt nicht nur, wie bereits zu Recht hervorgehoben wurde, die erstrebte Indifferenz zwischen Poesie und Wirklichkeit, sondern symbolisiert ebenfalls, dass Heinrichs Reise bereits stattgefunden hat:

> Er traute kaum seinen Sinnen, als er bald auf einem Bilde die Höhle, den Einsiedler und den Alten neben sich entdeckte. Allmählich fand er auf den andern Bildern die Morgenländerinn, seine Eltern, den Landgrafen und die Landgräfinn von Thüringen, seinen Freund den Hofkaplan, und manche Andere seiner Bekannten; doch waren ihre Kleidungen verändert und schienen aus einer andern Zeit zu seyn. Eine große Menge Figuren wußte er nicht zu nennen, doch däuchten sie ihm bekannt.[459]

Nach dem Fest und der Begegnung mit Mathilde bemerkt Heinrich, dass Mathildes Gesicht dem Antlitz jenes Mädchens gleicht, das sich Heinrich im Traum aus der Blume zuneigte: „Ist mir nicht zu Muthe wie in jenem Traume, beym Anblick der blauen Blume? Welcher sonderbare Zusammenhang ist zwischen Mathilden und dieser Blume? Jenes Gesicht, das aus dem Kelche sich mir entgegenneigte, es war Mathildens himmlisches Gesicht, und nun erinnere ich mich auch, es in jenem Buche gesehn zu haben."[460] Ebenso bekannt kommt Heinrich das Lied vor, welches der Bergmann im Wirtshaus singt.[461] Oder Heinrich befällt bei der Begegnung mit Sylvester der sonderbare Eindruck, dass Sylvester der Bergmann sei.[462] Zulima erkennt in Heinrich einen ihrer Brüder wieder: „Ihr habt wohl meinen Gesang gehört, sagte sie freundlich. Euer Gesicht dünkt mir bekannt, laßt mich besinnen – Mein Gedächtniß ist schwach geworden, aber euer Anblick erweckt in mir eine sonderbare Erinnerung aus frohen Zeiten. O! mir ist, als glicht ihr einem meiner Brüder, der noch vor unserm Unglück von uns schied, und nach Persien zu einem berühmten Dichter zog."[463] Abschließend sei zudem kurz auf die Bedeutung der Mutter im *Ofterdingen* eingegangen. Letztere repräsentiert das stati-

---

[458] Schriften I 318-9, meine Hervorhebung.
[459] Schriften I 264-5.
[460] Schriften I 277.
[461] „Es dünkte Heinrichen, wie der Alte geendigt hatte, als habe er das Lied schon irgend wo gehört.", Schriften I 250.
[462] „Wie sich der Alte zu ihm wandte, glaubte Heinrich den Bergmann vor sich zu sehn.", Schriften I 325.
[463] Schriften I 236.

sche Element im Fortgang von Heinrichs Reise. Bereits in der ersten Szene des Romans, in der Heinrichs Traum beschrieben wird, wird die Blume mit der Mutter assoziiert, deren Stimme Heinrich aus dem Schlaf weckt:

> die Blume neigte sich nach ihm zu, und die Blüthenblätter zeigten einen blauen ausgebreiteten Kragen, in welchem ein zartes Gesicht schwebte. Sein süßes Staunen wuchs mit der sonderbaren Verwandlung, als ihn plötzlich die Stimme seiner Mutter weckte, und er sich in der elterlichen Stube fand, die schon die Morgensonne vergoldete. Er war zu entzückt, um unwillig über diese Störung zu seyn; vielmehr bot er seiner Mutter freundlich guten Morgen und erwiederte ihre herzliche Umarmung.[464]

Sanft gehen das „zarte Gesicht" Mathildes, das sich in der Blume zeigt, und die Stimme der Mutter, das Fremde und das Vertraute, ineinander über. Das Ziel der Reise, die Blume, und der Anfang, die Gestalt der Mutter, verschmelzen miteinander. Als nicht zufällig dürfte auch der Umstand gelten, dass sich Heinrichs Reise in ständiger Begleitung der Mutter vollzieht.[465] Der inzestuösen Bewegung der Reflexion, die in sich selbst kreist[466], entspricht eine völlig andere Bewertung des Inzests als in den *Lehrjahren*. Goethe nämlich verhängt über den antisozialen Charakter des Inzests ein strenges Urteil: die inzestuöse Beziehung stürze das Individuum aus der Gemeinschaft und gebe es dem Schicksal preis. Für Heinrich bedeutet hingegen die enge Beziehung zu seiner Mutter Sicherheit und Trost: „Die Nähe seiner Mutter tröstete den Jüngling sehr."[467] – was vielleicht mit jenem Trost zu vergleichen ist, den der junge Hardenberg in den *Fichte-Studien* im Gefühl als Gewissheit des Absoluten empfand.

---

[464] Schriften I 197.

[465] Vgl.: „[...] der *Ofterdingen* dürfte der einzige Roman der Weltliteratur sein, in dem der Held ständig von seiner Mutter begleitet wird.", Herbert Uerlings, Friedrich von Hardenberg, genannt Novalis. Werk und Forschung, Stuttgart 1991, 403.

[466] Der Eindruck der organischen Geschlossenheit wird bei Novalis besonders durch die Parallelität der beiden Bewegungsrichtungen der Reflexion erzielt. Dem Romantisieren als Potenzierung entspricht das Logarithmisieren als Erniedrigung. Vgl. Schriften II 545 Nr. 105. Oder: „Vereinigung von Zu und Abnahme in Einer Bewegung – (Zirkelkr[umme] Linien).", Schriften III 425 Nr. 794. So konnte Ernst Behler zur Reflexion bei Novalis anmerken: „Ihr Rhythmus ist zyklischer, statischer Natur, auf der Stelle tretend.", Die Kunst der Reflexion. Das frühromantische Denken im Hinblick auf Nietzsche, in: Studien zur Romantik und zur idealistischen Philosophie, Paderborn 1988, I 133. Novalis nimmt in vielen Aufzeichnungen die Kreislinie zum Vorbild. Vgl.: Schriften III 434 Nr. 854; III 453 Nr. 974; III 140; II 193 Nr. 273.

[467] Schriften I 205.

II.

POETIK UND GESCHICHTLICHKEIT:
FRIEDRICH SCHLEGEL UND NOVALIS
IM VERGLEICH.

Im Folgenden sollen als Weiterführung der Untersuchungen Peter Szondis zur Poetik und Geschichtsphilosophie in der Goethezeit[468] Affinitäten und Unterschiede zwischen Friedrich Schlegel und Novalis im Hinblick auf die geschichtsphilosophische Fundierung ihrer Poetik erörtert werden. Dadurch sollen die Ergebnisse der Arbeiten von Helmut Schanze und Hans Dierkes vertieft werden, die als einzige innerhalb der Forschung die Frage nach den Unterschieden zwischen den beiden Frühromantikern aufgeworfen haben.[469] In den Ausführungen über die *Europa*-Rede wurde bereits die Differenz in Hardenbergs und Schlegels Auffassung der Geschichte deutlich, die vom ersten als Naturbewegung, vom zweiten als Emanzipation des Menschen von der Natur konzipiert wird. Dies ist auch der Grund dafür, dass Schlegel eine typologische Differenzierung von antiker und moderner Poesie aufgrund des Gegensatzes von Natur und Kunst entwickelt, die bei Novalis in der Tat nicht zu konstatieren ist, denn der Gedanke einer sich durch die Geschichte hindurchziehenden Identität von Ich und Natur macht diese Art von Typologie unmöglich. Gleichwohl differenziert auch Novalis zwischen Antike und Moderne: letztere unterscheiden sich für Hardenberg nicht aufgrund ihrer Bildungsprinzipien, sondern darin, dass die Werke der Alten etwas bereits Gebildetes und Abgeschlossenes darstellen, das den Bildungstrieb der Modernen nicht mehr befriedigen kann. Die Antike ist für Hardenberg zwar vollkommen, aber endlich, während der Vorzug der Poesie der Modernen in der Entdeckung der Dimension der Unendlichkeit liegt. Daraus folgt ein poetologischer Paradigmenwechsel, der nun im Detail rekonstruiert werden soll.

---

[468] Poetik und Geschichtsphilosophie, Bd. I und II, Frankfurt am Main 1974.

[469] Helmut Schanze: ‚Dualismus unsrer Symphilosophie'. Zum Verhältnis Novalis – Friedrich Schlegel, in: JbFDH 1966, 309-35. Hans Dierkes: ‚Geheimnisse unsrer Entzweyung'. Differenzen romantischer Religion in Novalis' Randbemerkungen zu Friedrich Schlegels ‚Ideen', in: Zeitschrift für neuere Theologiegeschichte, Bd. 5, Heft 2 (1998), 165-92. Bereits die ersten Briefe zeigen, dass sich beide über ihre Divergenzen völlig im Klaren waren. So Schlegels Brief an Novalis vom Ende Juli 1794: „Dein Weg ist vielleicht nicht blos divergirend von dem meinigen, sondern diametral entgegengesetzt.", Schriften IV 363. Daraufhin Hardenbergs Antwort vom 1. August: „Wir können doch *eine* Bahn gehen – Vergiß meine zweiundzwanzig Jahr auf einen Augenblick und laß mir den Traum – vielleicht wie Dion und Platon." Hardenberg schließt seinen Brief mit den Worten: „[...] vergiß nie wieder, daß ich Dich nicht vergessen kann und daß es Hypothese, pure, blanke Hypothese war von der divergirenden Bahn – Ein Schuß in die blaue Luft. Unser Gang muß Approximation sein – bis wir beide von *einer* Flamme anzünden, links und rechts um uns her [...]", Schriften IV 140-1. Bekannte waren sie seit der Leipziger Universitätszeit 1792. Im Jahre 1796 nahmen sie den Briefwechsel wieder auf.

1. Die Künstlichkeit der Kunst.
Friedrich Schlegels geschichtsphilosophische Fundierung
der modernen Poesie vom Aufsatz *Über das Studium
der griechischen Poesie* bis zu den *Heften zur Philologie*.

1.1. Geschichtsphilosophie im Aufsatz
Über das Studium der griechischen Poesie

Hinsichtlich der Problematik der Beziehung von Poetik und Geschichtlichkeit
ist Schlegels Ausbildung zum klassischen Philologen zweifellos der Haupt-
grund dafür, dass er ein besonders inniges Verhältnis zur Geschichte der Poesie entwickelte. Schlegel studierte 1790 zunächst, wie sein Bruder August
Wilhelm bereits seit 1786, bei Gottlob Christian Heyne, dem angesehenen
Professor für klassische Altertumswissenschaften in Göttingen. Daraufhin
setzte er sein Studium in Leipzig fort. Von Januar 1794 bis zum Sommer
1796, als Schlegel einundzwanzig Jahre alt war, entstanden in Dresden seine
Studien zum klassischen Altertum, mit denen er das Ziel verfolgte, der „Winckelmann der griechischen Poesie" zu werden.[470] Wie Winckelmann, der in
seiner *Geschichte der Kunst des Altertums* (1764) „keine bloße Erzählung der
Zeitfolge und der Veränderung in derselben", sondern zugleich in normativer
Absicht „ein Lehrgebäude" liefern wollte[471], verfolgte der junge Schlegel das
Ziel, über die Geschichte der Poesie zu deren Theorie zu gelangen.[472] Er betrachtete dabei die historische und die philosophisch-systematische Dimension
nicht als gegensätzlich, sondern als komplementär. Zu Recht erblickte Ernst
Behler Schlegels philosophisches Verdienst nicht zuletzt in dieser Ausweitung
der Transzendentalphilosophie durch die Sphäre der Geschichte.[473]

---

[470] KA I LXXIX.

[471] Johann Joachim Winckelmann, Geschichte der Kunst des Altertums. Vollständige Ausgabe,
hrsg. von Wilhelm Senff, Weimar 1964, 7.

[472] Von dieser Absicht legt auch ein Brief an Novalis Zeugnis ab: „[...] die Geschichte der Griechischen Dichtkunst ist eine Naturgeschichte des Schönen und der Kunst; ich schmeichle mir,
ja ich bin fest überzeugt, das Schöne ganz ergriffen zu haben. Ich lege hierauf einigen Werth,
denn diese Kenntniß ist wichtig, und bis iezt gab es noch keine <wahre> Theorie des Schönen.", XXIII 204. Vgl. auch: KA III 334; KA I 364-5.

[473] Vgl. Ernst Behlers Einleitung in die Studien des klassischen Altertums: „Theorie der Kunst
und Geschichte der Kunst ergänzten sich für Schlegel in einem derartigen Maße, daß sich in
seinen Arbeiten das eine Thema nicht vom anderen trennen läßt. [...] Diese historische Fundierung der Ästhetik war Schlegels nächster entscheidender Beitrag zur Entwicklung der i-
dealistischen Philosophie. Die Brüder Schlegel haben nie ein Hehl daraus gemacht, ja es sich
gegenüber den transzendentalen Deduktionen der Philosophen des Idealismus sogar als Verdienst angerechnet, daß ihre ästhetischen Untersuchungen auf konkreten historischen Beschäftigungen mit wirklichen empirischen Dingen und nicht bloß mit dem ‚An-Sich' der
Kunst beruhten.", KA I S. LXXVI.

Friedrich Schlegels geschichtsphilosophische Fundierung der frühromantischen Poesie ist in seiner Abhandlung *Über das Studium der griechischen
Poesie* (1795-1797), die in seine vor-romantische Phase fällt, formuliert. In
dieser Schrift, die zunächst als Verteidigung der griechischen Poesie und Kritik der Verirrungen des modernen Geschmacks konzipiert wurde, gelangt
Schlegel entgegen seiner anfänglichen Intention zu einer völlig unerwarteten
Wertung der Modernen. Ursprünglich als klassizistisches Bekenntnis konzipiert wird Schlegels Abhandlung zum theoretischen Labor der Poetologie der
Moderne, da Schlegel hier all die zentralen poetologischen Begriffe herausar-
beitet, die er später zu den Wesenszügen der modernen romantischen Poesie
erklären wird.

Die Opposition von Alten und Neueren, die Schlegels Aufsatz durchzieht,
war bereits in der Antike und dann im Mittelalter ein Topos der literarischen
Polemik.[474] Im Frankreich des späten 17. Jahrhunderts wurde sie besonders
vehement debattiert. Von dem Gedicht *Le Siècle de Louis Le Grand* von
Charles Perrault (1628-1703) ausgelöst, das er vor der *Académie française* am
27. Januar 1687 vorlas und in dem er den Vorrang der Alten in Kunst und
Wissenschaft in Frage stellte, entwickelte sich die Frage nach der Vorbildlich-
keit der Antike zu einem großen Gelehrtenstreit, zu dem Boileau, Longepierre,
Callières, Huet, de la Motte u.a. Stellung nahmen und der als *Querelle des
Anciens et des Modernes* in die Geschichte eingegangen ist.[475]

In seinem Gedicht, das er aus Anlass der Genesung des Königs nach einer
überstandenen Operation im Rahmen einer hierzu einberufenen außerordentlichen Sitzung der *Académie française* las, bewundert Perrault zwar die Größe
der Alten, betrachtet jedoch die Gegenwart, die Epoche Ludwigs XIV., als der
Antike zumindest ebenbürtig.[476] Vor allem Nicolas Boileau (1636-1711) rea-

---

[474] Vgl. dazu Hans Robert Curtius, Europäische Literatur und lateinisches Mittelalter, Bern 1954,
256-61 (*Die „Alten' und die „Neueren'*): „In Alexandria stellte Aristarch dem Homer die
‚Neueren' (νεώτεροι) gegenüber. Zu ihnen gehört Kallimachos, der gegen das Epos polemisiert. Alte und moderne Richtung pflegt Terenz in seinen Prologen zu kontrastieren (*Heau-
tont. Prol.* 43; *Eun. Prol.* 43; *Phormio Prol.* I). Im I. Jahrhundert v. Chr. treten die *poetae no-
vi* oder νεώτεροι (Cicero *Or.* 161; *ad Atticum* VII 2,1) der älteren ennianischen Richtung entgegen, um ihrerseits durch die augusteische Poesie abgelöst zu werden, die sich selbst wieder
als ‚Moderne' fühlte.", 256-7. Zum Mittelalter vgl. auch: Walter Freund, Modernus und andere Zeitbegriffe des Mittelalters, Köln – Graz 1957, sowie: Elisabeth Gössmann, Antiqui und
Moderni im Mittelalter. Eine geschichtliche Standortbestimmung, Paderborn 1974.

[475] Vgl. dazu: H.-R. Jauß, Ästhetische Normen und geschichtliche Reflexion in der „Querelle des
Anciens et des Modernes", in: ders. (Hrsg.), Charles Perrault. Parallèle des Anciens et des
Modernes, München 1964, 8-64. Vgl. ferner in dieser Schrift die Abhandlung (I) über *moder-
nité* und den Artikel *antiqui/moderni* in J. Ritters Historischem Wörterbuch der Philosophie.
Eine gute Dokumentation der *Querelle* bietet: Anne-Marie Lecoq (Hrsg.), La Querelle des
Anciens et des Modernes. Précédé d'un essai de Marc Fumaroli, Paris 2001.

[476] „La belle Antiquité fut toujours venerable; / Mais je ne crus jamais qu'elle fut adorable. / Je
voy les Anciens sans plier les genoux, / Ils sont grands, il est vray, mais hommes comme
nous; / Et l'on peut comparer sans craindre d'estre injuste, / Le Siecle de Louis au beau Siecle
d'Auguste.", zitiert nach: Charles Perrault, Parallèle des Anciens et des Modernes, a.a.O.,

gierte empört auf Perraults Preisgedicht, woraufhin sich die französische Ge-
lehrtenwelt in die Lager der *Anciens* bzw. der *Modernes* spaltete, d.h. in Traditionalisten und Modernisten, Parteigänger einer bedingungslosen Antikenver-
ehrung und Fürsprecher einer Emanzipation von der Antike und der klassizistischen Nachahmungsästhetik.[477] Auf die Seite Boileaus traten Jean de La Fon-
taine (1621-1695) mit seiner *Epître a Monseigneur Huet* sowie Jean de La
Bruyère (1645-1696) mit seiner Antrittsrede vor der *Académie*. Für Perrault
plädierte vor allem Bernard Le Bovier de Fontenelle (1657-1757), der in seiner *Digression sur les Anciens et les Modernes* (1688) die Sache der *Modernes* mit einem folgenschweren Argument verteidigte, das das Hauptargumen-
tationsmuster der *Modernes* in der ersten Phase der *Querelle* werden sollte.
Fontenelle berief sich in seiner *Digression* auf die zu allen Zeiten unwandelba-
re Natur des Menschen, die die Gleichrangigkeit von Antike und Moderne
begründete und die Vorstellung der Antike als Ideal-Natur aufhob.[478] Dieses
erste Argumentationsmuster der *Modernes*, das die Invarianz der konstitutiven
Wesensart der Menschheit und damit die Vergleichbarkeit von Antike und
Moderne ermöglichte, wurde bei Perrault von einem weiteren – und entgegengesetzten – Argument abgelöst, dem Gedanken des „beau relatif", der nicht
die Vergleichbarkeit, sondern die absolute Verschiedenheit und Relativität der
ästhetischen Vollkommenheit postulierte.[479] Dieses Argument entwickelte
Perrault in seinen fünf Dialogen *Parallèle des Anciens et des Modernes* (1688-
97), in denen ein kluger Abt, Wortführer der *Modernes*, mit einem Präsidenten,
einem stumpfsinnigen Verehrer der *Anciens*, disputiert. Im Verlaufe der Dialoge wird klar, dass sich der technische Fortschritt, den die *Modernes* als Ursache für die Überlegenheit der Gegenwart über die Antike betrachteten, nicht
ohne weiteres auf die Künste anwenden lässt. Diese Einsicht, dass Künste und
Wissenschaften ein verschiedenartiges Verhältnis zum Fortschritt haben, dass
also die Kunst keinen linearen Fortschritt kennt, führt dazu, dass im Bereich
der Ästhetik der Begriff des „Fortschritts" durch den des „Wandels" abgelöst
wird. Die im Wandelbegriff implizite Relativierung einer absoluten Schön-

---

165.
[477] Zum ausführlichen Verlauf der *Querelle* vgl.: H. Rigault, Histoire de la Querelle des Anciens
et des Modernes, Paris 1856 ; H. Gillot, La Querelle des Anciens et des Modernes en France,
Nancy 1914, sowie : H. Kortum, Charles Perrault und Nicolas Boileau. Der Antike-Streit im
Zeitalter der klassischen französischen Literatur, Berlin 1966.
[478] „Quoi qu'il en soit, ce me semble, la grande question des Anciens et du Modernes, vidée.
Les siècles ne mettent aucune différence naturelle entre les hommes. Le climat de la Grèce ou
de l'Italie et celui de la France sont trop voisins pour mettre quelque différence sensible entre
les Grecs ou les Latins et nous. Quand ils y en mettraient quelqu'une, elle serait fort aisée à
effacer, et enfin elle ne serait pas plus à leur avantage qu'au nôtre. Nous voilà donc tous par-
faitement égaux, Anciens et Modernes, Grecs, Latins et Français.", zit. nach: Anne-Marie Lecoq (Hrsg.), La Querelle des Anciens et des Modernes, a.a.O., 298. Vgl. auch: Schmidt, Die
Geschichte des Genie-Gedankens, a.a.O., I 16-7.
[479] Vgl. H.-R. Jauß, Einleitung zu: Charles Perrault, Parallèle des Anciens et des Modernes,
(Faksimiledruck) München 1964, 54-60.

heitsvorstellung drückt Perrault durch die Kategorie des „beau relatif" aus. Die Vorstellung des „beau relatif" ist auch das Hauptergebnis der *Querelle*. Letztere endet mit der Einsicht in die *Historizität* der Kunst und damit in die *Inkommensurabilität* der Alten und der Neueren. Antike und Moderne können nicht nach einem absoluten, sondern nur nach einem historisch relativen Schönheitsbegriff beurteilt werden. H.-R. Jauß hat dies als die Haupterkenntnis des französischen Streits festgehalten: „Die Antwort der letzten großen, in Frankreich an der Epochenschwelle von Klassik und Aufklärung ausgetragenen *Querelle* führte zu der neuen Erkenntnis, daß die Werke der Alten wie der Neueren als Hervorbringung verschiedener geschichtlicher Epochen, also nach einem relativen Maß des Schönen und nicht mehr nach einem absoluten Begriff des Vollkommenen zu beurteilen seien."[480]

Die französische Debatte strahlte nicht nur auf England, sondern auch auf Deutschland aus, wo die *Querelle* intensiv rezipiert wurde.[481] Nicht erst mit Schillers Abhandlung *Ueber naive und sentimentalische Dichtung* oder mit Schlegels *Studium*-Aufsatz, sondern spätestens seit Christian Fürchtegott Gellerts Vorlesung *Von den Ursachen des Vorzugs der Alten vor den Neuern in den schönen Wissenschaften, besonders in der Poesie und Beredsamkeit* (1767) und Christian Garves *Betrachtungen einiger Verschiedenheiten in den Werken der ältesten und neuern Schriftsteller, besonders der Dichter* (1770) entwickelte sich in Deutschland eine eigenständige Diskussion über die Vorzugsfrage, die sich nicht mehr auf die französische Debatte bezog.[482] Dabei muss insbesondere Johann Jakob Hottingers *Versuch einer Vergleichung der deutschen Dichter mit den Griechen und Römern* (1789) erwähnt werden, eine Preisschrift, die von der Mannheimer Akademie ausgezeichnet wurde, sowie Friedrich Bouterweks Abhandlung *Parallelen. Vom griechischen und modernen Genius. Nur Fragmente* (1791).

Bei Friedrich Schlegel ist eine unmittelbare Auseinandersetzung mit dem französischen Streit nicht belegt. Obwohl auch in Hardenbergs Schriften keine direkte Kenntnis der französischen *Querelle* dokumentiert ist, sollte immerhin erwähnt werden, dass sein Hauslehrer, der Hallenser Philologe Christian David Jani (1743-1790) den 24. Teil der *Nachrichten von den Begebenheiten und Schriften berühmter Gelehrten*, hrsg. von Siegmund Jacob Baumgarten, Halle 1749-1777, von Jean-Pierre Niceron (im Original: *Memoires pour servir à l'histoire des hommes illustres dans la république des lettres*, Paris 1729-1745) und den darin enthaltenen Artikel über Charles Perrault übersetzte, der auch

---

[480] Schlegels und Schillers Replik auf die „Querelle des Anciens et des Modernes", in: Literaturgeschichte als Provokation, Frankfurt am Main 1970, 71.

[481] Zur englischen Rezeption des französischen Streits vgl. vor allem Swifts Satire *The Battle of the Books* (1697-1704). Dokumentiert ist die Rezeption in Deutschland bei Peter K. Kapitza: Ein bürgerlicher Krieg in der gelehrten Welt. Zur Geschichte der Querelle des Anciens et des Modernes in Deutschland, München 1981. Vgl. auch: Gyula Alpár, Streit der Alten und Modernen in der deutschen Literatur bis um 1750, Budapest 1939.

[482] Vgl.: Kapitza, a.a.O., 331.

auf die *Querelle*-Schriften Longepierres (*Discours sur les Anciens*, Paris 1687) und Boileaus (*Réflexions critiques sur quelques passages du rhéteur Longin*, Amsterdam 1695) hinweist.[483]

Am wirkungsmächtigsten für Schlegel und Hardenberg waren die Schriften Winckelmanns und Herders, die das Hauptergebnis der *Querelle*, die Einsicht in die Historizität der Kunst, rezipierten und weiter vermittelten. So hält Schlegel im Athenäumsfragment Nr. 149 das Hauptergebnis der *Querelle* fest, wenn er über Winckelmann schreibt: „Der systematische Winckelmann, der alle Alten gleichsam wie Einen Autor las, alles im ganzen sah, und seine gesamte Kraft auf die Griechen konzentrierte, legte durch die Wahrnehmung der absoluten Verschiedenheit des Antiken und des Modernen, den ersten Grund zu einer materialen Altertumslehre."[484]

Das Hauptproblem, mit dem sich Winckelmann und Herder und nach ihnen die Frühromantiker auseinandersetzten, war nicht mehr die Einsicht in die Verschiedenheit von Antike und Moderne, sondern die Einsicht in ihre *Vergleichbarkeit*. Winckelmann und Herder diskutierten nun – die Verschiedenheit von Antike und Moderne einmal festgehalten – deren kunstgeschichtliche *Vermittlung*, die theoretische Erfassung und Aufhebung ihrer Entgegensetzung innerhalb eines geschichtsphilosophischen Entwicklungsmodells. Während diese Vermittlung bei Winckelmann – wie Szondi gezeigt hat – letztlich vom Widerspruch zwischen historischer Perspektive und neoklassizistischer Norm letztlich verhindert wurde[485], entwickelte Herder in der siebenten und achten Sammlung seiner *Briefe zu Beförderung der Humanität* (1796), ein historisiertes, vom Grundbegriff der „Humanität" getragenes Fortschrittsmodell, in dem der ungelöste Gegensatz der *Querelle*, die Unvergleichbarkeit der antiken und modernen Kunst, aufgehoben zu sein schien. Herders Geschichtsmodell hatte somit die von der *Querelle* offen gelassene Frage scheinbar gelöst, und zwar in zweifacher Hinsicht: erstens insofern, als durch den historischen Relativismus dem Neoklassizismus der Boden entzogen wurde, und zweitens, als ein allgemeiner Maßstab der ästhetischen Beurteilung und somit der Vergleichbarkeit von Antike und Moderne gefunden wurde, die Idee der „Humanität" als Identität von Geschichte und Kritik.[486]

---

[483] Jani selbst macht in einer Anmerkung auf Gellerts Vortrag *Von den Ursachen des Vorzugs der Alten vor den Neuern in den schönen Wissenschaften, besonders in der Poesie und Beredsamkeit. Eine Vorlesung* aufmerksam und entscheidet wie Gellert über die Vorzugsfrage: „In Absicht der eigentlichen oder ernstern Wissenschaften, als der Philosophie, Mathematik, Medicin, müssen wohl die Alten uns nachstehen. Aber in Absicht der schönen Wissenschaften und Künste stehen wir eben so gewiß unter den Römern, als diese unter den Griechen, ihren Lehrmeistern stunden.", 140.

[484] KA II 188-9 Nr. 149.

[485] Winckelmann ist sich laut Szondi der Aporie seiner Kunstauffassung nicht bewusst: „[...] nämlich die Unvereinbarkeit seiner Einsicht in die historisch-geographische Einmaligkeit und Bedingtheit der griechischen Kunst mit seiner Forderung nach einer modernen Kunst als der Nachahmung der alten.", Poetik und Geschichtsphilosophie I, Frankfurt am Main 1974, 28.

[486] „Zu allen Zeiten war der Mensch derselbe, nur er äußerte sich jedesmal nach der Verfassung,

H.-R. Jauß hat die Aporien der Herderschen Lösung beleuchtet und somit auch den Grund von der Herder-Kritik frei gelegt, die Schlegel in seiner Rezension von Herders Briefen formuliert.[487] Herders Betrachtung der menschlichen Kulturentwicklung ist so empirisch, dass kategorische Unterscheidungen wie die von antik und modern nicht mehr formuliert werden können. Die Konsequenz ist nicht nur, dass für Herder die alte Streitfrage der *Querelle* über den Vorzug der Alten oder Modernen nur noch ein sinnentleerter Streit ist.[488] Er kann diese Frage selbst nicht mehr artikulieren, d.h. über die Antiken und die Modernen als kategorial getrennte Typologien reflektieren. Denn Herder verzichtet insofern auf eine typologische Differenzierung der antiken und modernen Poesie, als der Sinn für das unverwechselbar Individuelle jeder einzelnen kulturellen Erscheinung diese inkommensurabel macht und jedem Vergleich den Boden entzieht. Zusammen mit der Normativität entfällt bei Herder selbst die Möglichkeit der begrifflichen Kategorienbildung. Somit verwirft Herder auch die Klassifikationen in „subjektive" oder „objektive" Literaturepochen, da er sie für ungeeignet hält, um die historisch-konkrete Erscheinung der Dichtung zu erfassen.[489] Damit vermag Herder jedoch auch die Aufgabe, die er sich selbst gestellt hatte, d.h. „das Gesetz" der „Veränderung" der Kulturentwicklung zu erkennen[490], nicht zu lösen, denn der Begriff der „Humanität" erweist sich letztlich als inadäquat. Er fasst zwar das abstrakte Gemeinsame, aber nicht das konkrete Individuelle der Kulturentwicklung, das sich für Herder der kategorischen Erfassung entzieht. Vor diesem Hintergrund aber erweist sich nicht nur jegliches literaturgeschichtliches Urteil als unmöglich, sondern letztlich sogar der Fortschrittsbegriff als eine bloße Behauptung.[491]

---

in der er lebte.", Sämmtliche Werke XVIII 139. Vgl. dazu: H. D. Weber, Friedrich Schlegels Transzendentalpoesie und das Verhältnis von Kritik und Dichtung im 18. Jahrhundert, München 1973, 100: „Die Historie hat also für Herder nicht *nur* den relativistischen Sinn, jede Blume an ihrem Ort zu betrachten, sondern sie hat zugleich den universalistischen Sinn, der dem Einzelwerk zugewandten Kritik ihre Sphäre zu bestimmen und ihr zu ermöglichen, das einzelne Schöne auf seinen Stellenwert in der Universalgeschichte zu reflektieren."

[487] Vgl.: KA II 47-54. Zu Schlegels Herder-Kritik vgl.: H.-R. Jauß, Schlegels und Schillers Replik auf die ‚Querelle des Anciens et des Modernes', in: Literaturgeschichte als Provokation, Frankfurt am Main 1970, 72-5, sowie Hans Dierkes, Literaturgeschichte als Kritik. Untersuchungen zu Theorie und Praxis von Friedrich Schlegels frühromantischer Literaturgeschichtsschreibung, Tübingen 1980, 16-20.

[488] „Die Poesie zu *Homers* Zeiten war bei den Griechen ein andres Ding als zu *Longins* Zeiten, selbst dem Begriff nach. Ganz ein andres wars, was sich der Römer und der Mönch, der Araber und der Kreuzritter, oder was nach wiedergefundenen Alten der Gelehrte, und in verschiednen Zeitaltern verschiedner Nationen der Dichter und das Volk sich an Poesie denken. Der Name selbst ist ein abgezogner, so vielfassender Begriff, daß wenn ihm nicht einzelne Fälle deutlich unterlegt werden, er wie ein Trugbild in den Wolken verschwindet. Sehr leer war daher der Streit über den *Vorzug der Alten oder der Neuern*, bei welchem man sich wenig Bestimmtes dachte.", Sämmtliche Werke XVIII 135.

[489] Ebd.

[490] Sämmtliche Werke XVIII 6.

[491] Vgl. Jauß: „Solange der Unterschied zwischen antiker und moderner Poesie nicht wieder

Schlegels Dissens zu Herder betrifft vor allem dessen empiristische Methode.[492] Schlegel, der anders als Herder nach einem apriorischen Raster sucht, um den Unterschied zwischen Antiken und Modernen typologisch zu erfassen, bemängelt vor allem den fehlenden kategorialen Überbau von Herders Schrift. So zitiert er Herders Feststellung über den unleugbaren Unterschied zwischen Antiken und Modernen und setzt hinzu: „Und doch ist es schwer, diesen unleugbar wahrgenommenen Unterschied durchgängig zu bestimmen, und vollständig zu erklären!"[493] Auch begrüßt Schlegel Herders Versuch, die starre Antithetik von antik und modern aufzulösen und Spuren der Moderne bereits in der antiken Poesie zu erkennen. Er merkt jedoch an: „Um aber den Ursprung der neuern Poesie in den Alten suchen und finden zu können, muß er [der Geschichtsschreiber] freilich schon streng bestimmte Begriffe vom Antiken und Modernen mitbringen."[494] Bei Herder fehlt eine genaue Fixierung der Begriffe antik und modern. Seine Darstellung der Entwicklungsgeschichte der Poesie verbleibt also für Schlegel letztlich auf der Oberfläche: „Dieser interessante Kampf des Alten und des Neuen, in welchem die beiden Hauptteile der Geschichte der Menschheit sich begegnen und scheiden – man könnte ihn einen bürgerlichen Krieg im Reiche der Bildung nennen – wird hier nur aus seinen äußern Veranlassungen erklärt: aus seinen innern Gründen könnte es auch erst dann geschehen, wenn die Begriffe des Antiken und Modernen schon fixiert und aus der menschlichen Natur selbst hergeleitet wären; Begriffe, die hier erst aufgesucht werden."[495] Herders induktiv-empiristischem Ansatz setzt Schlegel die Notwendigkeit entgegen, die Begriffe von antik und modern apriori zu deduzieren, um die Vergleichbarkeit unterschiedlicher Epochen der Dichtung überhaupt zu ermöglichen. „Das *Resultat*", so lautet Schlegels Fazit zu Herders Schrift, „leugnet, daß die Poesie verschiedner Zeiten und Völker verglichen werden könne, ja sogar, daß es einen *allgemeinen Maßstab* der Würdigung gebe. Aber ist dieses auch erwiesen?"[496]

Die in der *Querelle* unbeantwortete Frage nach der theoretischen Vermittlung von Antike und Moderne wurde folglich auch von Herder nicht gelöst. Für Schlegel ergiebiger war gewiss Schillers Abhandlung *Ueber naive und sentimentalische Dichtung*, die vor Herders Humanitätsbriefen 1795/96 in drei Folgen in der Zeitschrift *Die Horen* erschienen war. Diese Schrift war aus dem

---

historisch vermittelt, die nach Zeiten und Nationen gesonderten Geschichten der Künste nicht wieder unter das ‚Gesetz' einer geschichtlichen Kontinuität gebracht werden können, muß auch der von Herder schließlich apostrophierte ‚Fortgang' der Poesie zum Ziel der verwirklichten Humanität […] eine bloße Überzeugung bleiben.", a.a.O., 74.

[492] Derzufolge in der Natur „[…] nie das vollkommenste der Art, sondern nur Individuen […]" existiert, Sämmtliche Werke XXXII 80. Vgl.: Dierkes, a.a.O., 18 und: H. D. Weber, a.a.O., 94.

[493] KA II 48.

[494] Ebd.

[495] Ebd.

[496] KA II 54.

Bedürfnis Schillers heraus entstanden, seine eigene Dichtung gegenüber Goethe zu rechtfertigen und die prinzipielle Gleichberechtigung von antiker und moderner Poesie zu beweisen. In einer in der späteren Ausgabe gestrichenen Anmerkung fragt sich Schiller explizit, „[...] ob sich also [...] eine Koalition des alten Dichtercharakters mit dem modernen gedenken lasse, welche, wenn sie wirklich stattfände, als der höchste Gipfel aller Kunst zu betrachten sein würde."[497] Schlegel allerdings verfasste seine Abhandlung ohne von Schillers Schrift Kenntnis genommen zu haben, so dass sich der Eindruck von Schillers Aufsatz lediglich *post festum*, in der 1797 entstandenen Vorrede des *Studium*-Aufsatzes niederschlägt. Schlegel würdigt dort *Ueber naive und sentimentalische Dichtung* als Vorwegnahme seiner Unterscheidung zwischen antiker und moderner Poesie.[498] In Wirklichkeit jedoch unterscheiden sich Schillers und Schlegels Abhandlung in nicht geringem Maße hinsichtlich ihrer geschichtsphilosophischen Konsequenz.[499] Peter Szondi hat eindrucksvoll gezeigt, dass Schillers Begriffe des Naiven und Sentimentalischen eher psychologische und stilistische denn geschichtliche Kategorien repräsentieren.[500] Mit ihnen charakterisiert Schiller sowohl antike als auch moderne Werke. Als naiv bezeichnet Schiller nicht nur Homer und Sophokles, sondern auch Dante und Shakes-

---

[497] NA XXI 287.

[498] KA I 209.

[499] Vgl. dazu grundlegend: Peter Szondi, Poetik und Geschichtsphilosophie I, Frankfurt am Main 1974, 166-82, sowie: Richard Brinkmann, Romantische Dichtungstheorie in Friedrich Schlegels Frühschriften und Schillers Begriff des Naiven und Sentimentalischen. Vorzeichen einer Emanzipation des Historischen, in: DVjS 32 (1958), 344-71. Vgl. auch, den Einfluss Schillers relativierend, Hans Eichner, The supposed influence of Schiller's ‚Über naive und sentimentalische Dichtung' on Friedrich Schlegels ‚Über das Studium der griechischen Poesie', in: The Germanic Review 30 (1955), 260-5.

[500] Das Naive ist das Sentimentalische. Zur Begriffsdialektik in Schlegels Abhandlung, in: Schriften II, Frankfurt am Main 1978, 59-105. Vor dem Hintergrund von Szondis Analyse ist Jauß' Interpretation von Schillers Schrift und ihres Einflusses auf Schlegel letztlich nicht überzeugend. Schlegel kam durch seine Schiller-Lektüre nicht zum *geschichtsphilosophischen* Standpunkt, den er bereits selbst, und zwar viel klarer als Schiller, eingenommen hatte, sondern er wagte es, seinen *klassizistischen* Standpunkt aufzugeben. Dies betont auch Lovejoy, den Jauß übrigens zitiert: „What Schiller did for Schlegel [...] was not so much to suggest him new arguments as to give him, by example, the courage to follow through, even to a revolutionary conclusion, an argument which had already been suggested to him by an analogy from the ethics of Kant and the metaphysics of Fichte. That conclusion consisted in the thesis which may be defined as the generating and generic element in the Romantic doctrine – the thesis, namely of the intrinsic superiority of a *Kunst des Unendlichen* over a *Kunst der Begrenzung*", Arthur O. Lovejoy, Schiller and the Genesis of German Romanticism, in: Essais in the History of Ideas, Baltimore 1948, 220. Obwohl er einräumt, „[...] daß ohne Schiller die Ausbildung der romantischen Dichtungstheorie gar nicht denkbar ist [...]", bestreitet auch Brinkmann, dass Schillers Einfluss auf Schlegel von geschichtsphilosophischer Bedeutung war. Er hält vielmehr fest, dass Schlegel „viel mehr Geschichtsphilosoph als Schiller" war, a.a.O., 361. Dagegen Jauß, a.a.O., insb. 104, Anm. 37. Brinkmanns Lektüre ist umso überzeugender, wenn man bedenkt, dass für Schiller die indische Poesie, die Ritterromane, die Minnesänger-Dichtung und Shakespeare, also die späteren Paradigmen der romantischen Poesie, allesamt „naiv" sind. Vgl.: NA XX 478 Anmerkung.

peare, Cervantes, Sterne und selbst Goethe.[501] Schlegel hingegen umschreibt mit der Entgegensetzung natürlich-künstlich die historische Opposition von antik und modern.

Der Ertrag von Schlegels Schiller-Lektüre, wie er in der Vorrede zum Ausdruck kommt, ist folglich nicht geschichtsphilosophischer Art. Von Schiller übernahm Schlegel vielmehr den Mut zur Bejahung der Modernen, worauf sich Schlegel in seiner Würdigung Schillers explizit bezieht:

> Schillers *Abhandlung über die sentimentalen Dichter* hat außer, daß sie meine Einsicht in den Charakter der interessanten Poesie erweiterte, mir selbst über die Gränzen des Gebiets der klassischen Poesie ein neues Licht gegeben. Hätte ich sie eher gelesen, als diese Schrift dem Druck übergeben war, so würde besonders der Abschnitt von dem *Ursprunge*, und der ursprünglichen Künstlichkeit *der modernen Poesie* ungleich weniger unvollkommen geworden sein.[502]

Über die Grenzen der klassischen Poesie gegenüber der unendlichen Dichtung der Modernen, die positive Wertung ihrer Künstlichkeit hat Schillers Abhandlung Schlegel belehrt, d.h. sie hat ihn dazu ermutigt, die angeblichen Mängel der Modernen in Vorzüge umzuwandeln.[503]

Dies lässt sich im *Studium*-Aufsatz selbst noch nicht vernehmen. Zwar hat sich Schlegel bereits in seinem Aufsatz vom traditionellen Klassizismus entfernt; er versteht die Nachahmung nicht als bloße Reproduktion, sondern – vor dem Hintergrund von Moritz und Herder – als geistige, ja schöpferische Aneignung.[504] Den Modernen steht er aber noch ablehnend gegenüber. Somit ist

---

[501] Als naiv „[...] zeigt sich z.B. *Homer* unter den Alten und *Shakespeare* unter den Neuern; zwey höchst verschiedene, durch den unermeßlichen Abstand der Zeitalter getrennte Naturen, aber gerade in diesem Charakterzuge völlig eins.", NA XX 433. Obwohl seine Werke sentimentalische Stoffe behandeln, bleibt Goethes Geist für Schiller ebenfalls „naiv", NA XX 459. „Naiv" wird bei Schiller letztlich zum Attribut des Genies überhaupt: „Naiv muß jedes wahre Genie seyn, oder es ist keines. Seine Naivetät allein macht es zum Genie [...]", NA XX 424.

[502] KA I 209.

[503] Bereits in seinem Aufsatz *Über die Grenzen des Schönen* (1794) hatte Schlegel in der Unzulänglichkeit selbst der Modernen ihre Hoffnung erblickt: „Unsere Mängel selbst sind unsere Hoffnungen: denn sie entspringen eben aus der Herrschaft des Verstandes, dessen zwar langsame Vervollkommnung gar keine Schranken kennt.", KA I 35.

[504] „Es versteht sich von selbst, daß diese Nachahmung ohne die höchste Selbständigkeit durchaus unmöglich ist.", KA I 274. Vgl. dazu auch Brinkmann, a.a.O., 352. In der vor dem *Studium*-Aufsatz entstandenen Abhandlung *Vom Wert des Studiums der Griechen und Römer*, die damals nicht veröffentlicht wurde, heißt es, dass „[...] echte *Nachahmung* [...] nicht künstliche Nachbildung der äußern Gestalt [bedeutet], [...] sondern die Zueignung des Geistes, des Wahren, Schönen und Guten in Liebe, Einsicht und tätiger Kraft, die *Zueignung der Freiheit*." (KA I 638). Somit steht Schlegel Moritzens Neubestimmung der *imitatio* als „bildender Nachahmung" sehr nahe. In seinem berühmten Aufsatz *Über die bildende Nachahmung des Schönen* (1788) bestimmt Moritz die Nachahmung als schöpferische Haltung: „Wem also von der Natur selbst, der Sinn für ihre Schöpfungskraft in sein ganzes Wesen, und das *Maß* des Schönen in Aug' und Seele gedrückt ward, der begnügt sich nicht, sie anzuschauen; er muß ihr nachahmen, ihr nachstreben, in ihrer geheimen Werkstatt sie belauschen, und mit der lodernden Flamm' im Busen bilden und schaffen, so wie sie.", Werke, hrsg. von Horst Günther,

gerade aus der Vorrede, die Schlegel der Erstveröffentlichung 1797 voranstellt, vielfach die Distanz zu entnehmen, die Schlegel mittlerweile nicht nur vom Klassizismus, sondern auch von der Ambivalenz seines Aufsatzes trennt.

In dieser Vorrede versucht Schlegel, seine Abhandlung im Sinne Schillers in eine Verteidigung der Modernen umzudeuten. Von den zwei Argumentationsmustern, die Schlegels Aufsatz durchziehen, dem normativen und dem geschichtlichen, wird nur die zweite in der Vorrede als noch gültig anerkannt. Das Bestreben des Aufsatzes sei nicht – so Schlegel – die moderne Poesie als Geschmacksverirrung zu verurteilen, sondern vielmehr, den Streit zwischen den Vertretern der Alten und der Neueren zu schlichten, das von der *Querelle* und auch von Herders Humanitätsbriefen offen gelassene Problem der Vermittlung von antik und modern zu lösen. Vor diesem Hintergrund versucht Schlegel auch die antithetische Darstellung von Antike und Moderne zu rechtfertigen. Damit von einer *Versöhnung* zwischen Antiken und Modernen überhaupt die Rede sein kann, ist es für Schlegel erst einmal notwendig, eine typologische *Trennung* beider auf geschichtlicher Basis vorzunehmen, um zu verhindern, dass die Modernen anhand von ästhetischen Maßstäben beurteilt werden, die ihnen nicht adäquat sind. Die Eintracht von Antike und Moderne setzt also ihre scharfe historische Differenzierung voraus. Somit bezeichnet Schlegel seine Studie als einen „[...] *Versuch* [...] den langen Streit der einseitigen Freunde der alten und der neuen Dichter zu schlichten, und im Gebiet des Schönen durch eine scharfe Gränzbestimmung die Eintracht zwischen der natürlichen und der künstlichen Bildung wieder herzustellen [...]".[505] Dadurch soll die Bedeutung der Antike nicht gemindert werden. Schlegel schreibt: „Diese Abhandlung *über das Studium der Griechischen Poesie* ist nur eine Einladung, die alte Dichtkunst noch ernstlicher als bisher zu untersuchen.", d.h. sie nicht abstrakt-normativ, sondern historisch zu betrachten. Die ungeschichtliche Aufstellung „reiner Gesetze" des Schönen hingegen muss unweigerlich zur Verurteilung der Neueren führen:

> Nimmt man [...] diese reinen Gesetze, *ohne nähere Bestimmung und Richtschnur der Anwendung* zum Maßstab der Würdigung der modernen Poesie: so kann das Urteil nicht anders ausfallen, als daß die moderne Poesie, die jenen reinen Gesetzen fast durchgängig widerspricht, durchaus gar keinen Wert hat. Sie macht nicht einmal Ansprüche auf Objektivität, welches doch die erste Bedingung des reinen und unbedingten ästhetischen Werts ist, und ihr Ideal ist das *Interessante* d.h. subjektive ästhetische Kraft. – Ein Urteil, dem das Gefühl laut widerspricht! Man hat schon viel gewonnen, wenn man sich diesen Widerspruch nicht läugnet. Dies ist der kürzeste Weg, den eigentlichen Charakter der moder-

Frankfurt am Main 1981, II 560. Wie Moritz hat auch Herder zwischen bloßer Reproduktion und schöpferischer Nachahmung unterschieden, indem er das Verb „nachahmen" mit dem Akkusativ bzw. Dativ konstruiert: „*Einen* nachahmen, heißt, wie ich glaube, den Gegenstand, das Werk des andern nachahmen; *einem* nachahmen aber, die Art und Weise von dem andern entlehnen, diesen oder einen ähnlichen Gegenstand zu behandeln.", Sämmtliche Werke III 83.
[505] KA I 207.

nen Poesie zu entdecken das Bedürfnis einer klassischen Poesie zu erklären, und endlich durch eine sehr glänzende Rechtfertigung der Modernen überrascht und belohnt zu werden.[506]

Erkennt man die klassizistischen „reinen Gesetze" des Schönen, die Schlegel unter die Kategorie der Objektivität subsumiert[507], auch im Falle der neueren Poesie als absolut verbindlichen Maßstab an, so muss das Urteil über sie negativ ausfallen. Doch die Unstimmigkeit zwischen der klassizistischen Norm, welche die moderne Poesie ohne Appell verurteilt, und dem Gefühl, das für sie spricht, nutzt Schlegel, um zu einer Revision des klassizistischen Verdikts zu gelangen, das auch sein eigenes war. Das, was er selbst im Aufsatz an der Poesie der Modernen als Unvollkommenheit kritisiert hatte, wird von Schlegel nun als Ursache für deren ästhetische Rechtfertigung umgedeutet, denn die moderne Poesie kennt zwar das Objektive nicht, *strebt* jedoch danach, und gerade aus diesem Streben nach dem Objektiven bezieht sie ihre Legitimation.

1.1.1. Natürliche und künstliche Bildung

Antike und Moderne sind für Schlegel nicht bloß als unterschiedliche Epochen einander inkommensurabel, sondern miteinander vergleichbar aufgrund eines *tertium comparationis*, dem Bildungsprinzip. Der Begriff der Bildung hat bei Schlegel eine zentrale Bedeutung: „Bildung ist der eigentliche Inhalt jedes menschlichen Lebens, und der wahre Gegenstand der höhern Geschichte, welche in dem Veränderlichen das Notwendige aufsucht."[508] Das Bildungsprinzip ist der Gegenstand der „höheren", also nicht mehr, wie bei Herder, empirischen, sondern kategorial konstruierten Geschichte. Die Bildung, die im Veränderlichen, Äußerlichen, Zufälligen, das Notwendige, Gesetzmäßige sucht, ist letztendlich die Basis für die Vergleichbarkeit der Antiken und der Modernen, es ist der gesuchte allgemeine Maßstab für die literaturkritische Beurteilung, dessen Existenz noch Herder leugnete.

Schlegel differenziert zwei Arten von Bildung, in denen jeweils Natur bzw. Freiheit die lenkende Kraft darstellen:

> *Bildung* oder Entwicklung der Freiheit ist die notwendige Folge alles menschlichen Tuns und Leidens, das endliche Resultat jeder Wechselwirkung der Freiheit

---

[506] KA I 208.

[507] Zu Friedrich Schlegels Kategorie des Objektiven vgl.: Franz Norbert Mennemeier, Friedrich Schlegels Poesiebegriff dargestellt anhand der literaturkritischen Schriften, München 1971, 20 f., sowie dessen Rezension durch Ernst Behler in: Zeitschrift für deutsche Philologie 93 (1974), 604-13. Behler bestreitet die Bedeutungskontinuität in Schlegels Verwendung des Terminus in den 90er Jahren, von welcher Mennemeier ausgeht.

[508] KA I 229. Zu Schlegels Bildungsbegriff vgl.: Clemens Menze, Der Bildungsbegriff des jungen Friedrich Schlegel, Ratingen 1964, und: Wulf-W. Preising, Bildung und Geschichte. Studien zur Grundlegung des Bildungsbegriffs im Denken des frühen Schlegel, Köln 1974.

134   POETIK UND GESCHICHTLICHKEIT

und der Natur. In dem gegenseitigen Einfluß, der steten Wechselbestimmung, welche zwischen beiden stattfindet, muß nun notwendiger Weise eine von den beiden Kräften die wirkende, die andre die rückwirkende sein. Entweder die Freiheit oder die Natur muß der menschlichen Bildung den ersten bestimmenden Anstoß geben, und dadurch die Richtung des Weges, das Gesetz der Progression, und das endliche Ziel der ganzen Laufbahn determiniren; es mag nun von der Entwicklung der gesamten Menschheit oder eines einzelnen wesentlichen Bestandteils derselben die Rede sein.[509]

In der Bildung als „Wechselwirkung" zwischen Freiheit und Notwendigkeit[510] kann entweder die erste oder die zweite die Oberhand gewinnen und als leitende Kraft das Ziel der Entwicklung bestimmen. Während die antike Bildung von der Natur beherrscht wird, erscheint Schlegel die moderne Bildung als von der Reflexion geleitet. Die antike Poesie war Naturpoesie, während die Dichtung der Modernen Kunstpoesie ist.[511] Obwohl sich der frühe Schlegel

---

[509] KA I 230.

[510] Gerade an dieser Stelle wird deutlich, dass Schlegel, wie von Ernst Behler wiederholt betont wurde, mit dem Begriff der „Wechselwirkung" offensichtlich *vor* seinem Studium der *Wissenschaftslehre* vertraut war. Die Kenntnis von Schellings Schrift *Ueber die Möglichkeit einer Form der Philosophie ueberhaupt* von 1794 ist nicht nur für Novalis, sondern auch für Schlegel bezeugt. Zwar kann sie nicht Schlegels Relativierung der Grundsatzphilosophie erklären (vgl.: Frank, a.a.O., 891). Sie könnte jedoch zumindest den Grund erhellen, warum Schlegel in seinen Altertumsstudien bereits von „Wechselerweis" überhaupt sprechen kann, noch ohne sich mit Fichte näher befasst zu haben. Die früheste Erwähnung Fichtes findet sich in einem Brief an den Bruder vom 17. August 1795 (KA XXIII 248). Dass die „Wechselbestimmung" für Schlegel bereits *vor* der Ankunft in Jena von großer Bedeutung war, hat Ernst Behler in folgendem Aufsatz hervorgehoben: Friedrich Schlegel's Theory of an Alternating Principle Prior to his Arrival in Jena (6. August 1796), in: „Revue internationale de philosophie", „Le premier romantisme allemand (1796)", hrsg. von Manfred Frank, Bd. 50, Nr. 197, 3/1996, 383-402, bes. 394 f. In Schlegels frühen Studien zum Altertum ist in der Tat von der vollkommenen Entsprechung von der Kreisläufigkeit der Antike und der Progressivität der Moderne als „vollendete Wechselbegriffe" (KA I 229 f., 232; 631) die Rede.

[511] Hennemann Barale (Poetisierte Welt, Pisa 1990) erinnert daran, dass Schlegels Differenzierung zwischen moderner Kunst- und antiker Naturpoesie auf den frühen Herder zurückgeht. Diese Unterscheidung ist das Leitmotiv von zwei Schriften Herders von 1764-5, die *Fragmente einer Abhandlung über die Ode* und den *Versuch einer Geschichte der lyrischen Dichtkunst* (Sämmtliche Werke XXXII 61-85, 85-140), in denen Herder den geschichtsphilosophischen Unterschied von antik und modern mittels der Kategorien Natur und Kunst zu erfassen versuchte. Sowohl Schillers Entgegensetzung von naiv und sentimentalisch als Schlegels eigene Differenzierung von Kunst- und Naturpoesie lassen sich als originale Bearbeitungen dieser Herderschen Kategorien verstehen. Herders Unterscheidung von Natur- und Kunstpoesie entwickelte sich zu einem in der zeitgenössischen Ästhetik weit verbreiteten Topos. Vgl. z.B. K. H. Heydenreich, System der Ästhetik: „Die Natur selbst war die Schule der Alten [...] Die Schule der Neuern ist eine düstere Stube, Gedächtnis und verallgemeinernde Vernunft sind die Kräfte, welche von der frühesten Kindheit an beschäftigt [...] werden.", Bd. I, Leipzig 1790, 30. Fr. Bouterwek, Parallelen. Vom griechischen und modernen Genius. Nur Fragmente: „In Griechenland brachte man Meisterwerke hervor, ehe man einmal daran dachte, was Theorie für ein Ding sei [...] Die Kritik war ihnen [den Griechen] von der Natur ins Herz geschrieben. Uns ist sie das nicht [...] Der zivilisierte Nordländer wird alles durch den Verstand.", Göttingen 1791, 14; 17.

anders als Novalis noch nicht eingehend mit der *Wissenschaftslehre* befasst hatte, kannte er zumindest Fichtes *Vorlesungen über die Bestimmung des Gelehrten* von 1794. Schlegel sieht wie Fichte in der Reflexion und der daraus folgenden Progressivität das Wesen der modernen Bildung. Letztere wird von ihm als Kampf des Menschen mit der Natur charakterisiert:

> Man könnte die Geschichte der Menschheit [...] mit militärischen Annalen vergleichen. Sie ist der treue Bericht von dem Kriege der Menschheit und des Schicksals. Der Mensch bedarf aber nicht nur einer Welt außer sich, welche bald Veranlassung, bald Element, bald Organ seiner Tätigkeit werde; sondern sogar im Mittelpunkte seines eignen Wesens hat sein Feind – die ihm entgegengesetzte Natur – noch Wurzel gefaßt.[512]

Im Unterschied zu Novalis, aber auch zu Herder und später zu Schelling, für welche die moderne Geschichte nicht anders als die antike eine Naturbewegung darstellt, repräsentiert sie für Schlegel den unendlichen Kampf des Menschen mit dem Ziel, sich von der Natur abzusetzen.

Bestätigt fand Schlegel die Fichtesche Vorstellung der Progressivität der modernen Bildung durch die Lektüre von Condorcets postumem Werk *Esquisse d'un tableau historique des progrès de l'Esprit humain* (1795), das er unmittelbar nach dessen Erscheinen rezensierte.[513] Dieses Werk ist die zweite Quelle für Schlegels Progressivitätsgedanken.[514] Obwohl Schlegel gegen Condorcets historische Methode Einwände erhebt[515], charakterisiert er Condorcets Schrift doch als einen „[...] interessante[n] Versuch, zu beweisen: die bisherige Geschichte der Menschheit sei ein stetes Fortschreiten gewesen, und der künftige Gang des menschlichen Geistes werde ein grenzenloses Vervollkommnen sein."[516] Ohne mit Condorcets Methode übereinzustimmen, teilt Schlegel jedoch dessen Ziel, in der Fortschrittlichkeit das Gesetz der modernen Bildung zu erweisen.[517]

---

[512] KA I 229-30.

[513] Vgl.: KA VII 3-10. Die Rezension erschien im zweiten Heft des dritten Bandes von Friedrich I. Niethammers *Philosophischem Journal einer Gesellschaft teutscher Gelehrten.*

[514] H.D. Webers Vorschlag, Schlegel habe die Kategorie der Progressivität aus Herders Charakterisierung der frühchristlichen Hymnik in den *Briefen* rezipiert (a.a.O., 111), scheint mir nicht zutreffend, weil der Progressivitätsgedanke, zumindest beim frühen Schlegel, völlig säkularisiert ist.

[515] „Der Verf. hat, zwar nicht aus Gründen bestimmt gewußt, aber doch richtig gefühlt, daß es *Gesetze der menschlichen Geschichte* geben müsse.", KA VII 3. Allerdings ist Condorcet nicht zur Aufstellung von Grundsätzen, d.h. zu einer wissenschaftlichen Geschichtsschreibung in Schlegels Sinn gelangt. Schlegel macht auch die Haltung des Aufklärers, die sich mit der vorschnellen Verurteilung von Rückfällen und Stillständen der Bildung begnügt, dafür verantwortlich: „[...] nur die Voraussetzung, daß alle Erscheinungen notwendig seien, kann dahin führen, den Grund immer mehrerer zu erforschen.", KA VII 6.

[516] KA VII 3.

[517] Auch für Rudolf Haym ist Schlegels Rezension „[...] ein Zeugnis seines kühnen Glaubens, daß in den Tiefen des menschlichen Geistes das Gesetz des Fortschritts der Menschengeschichte sich entdecken lassen müsse.", Die romantische Schule. Ein Beitrag zur Geschichte

Den zwei entgegengesetzten Bildungsarten der Antike und der Moderne entsprechen in Schlegels Modell zwei ebenfalls entgegengesetzte, lenkende Faktoren. Während in der natürlichen Bildung der Antike der *Trieb* den Vorrang hat, ist er in der künstlichen Bildung dem *Verstand* unterworfen.[518] Letzterer greift in die Naturordnung ein, scheidet das Ungeschiedene und verknüpft es erneut willkürlich: „Die Willkür der lenkenden Bildungskunst ist unumschränkt; die gefährlichen Werkzeuge der unerfahrnen sind *Scheidung* und *Mischung* aller gegebnen Stoffe und vorhandnen Kräfte."[519] Als eine Vorwegnahme der frühromantischen Synthese aller poetischen Formen liest sich die Bemerkung Schlegels über die Tendenz der künstlichen Bildung, die ursprünglichen Gattungen und Kunstarten zu zersetzen und sie *chemisch* erneut miteinander zu kombinieren: „Weit unglücklicher noch sind aber diese seine chymischen Versuche in der willkürlichen Scheidung und Mischung der ursprünglichen Künste und reinen Kunstarten. Unvermeidlich wird sein unglücklicher Scharfsinn die Natur zerrütten, ihre Einfachheit verfälschen, und ihre schöne Organisation gleichsam in elementarische Masse auflösen und zerstören. Ob sich aber durch diese künstliche Zusammensetzungen wirkliche neue Verbindungen und Arten entdecken lassen, ist wenigstens äußerst ungewiß."[520] Die Grundlage von Schlegels späterer Theorie der frühromantischen Ironie liegt bereits in diesem Bewusstsein des chemischen Charakters der modernen Kunst.[521] Die Einsicht in die Fragilität der Synthese, die der Verstand mittels chemischer Scheidungen und Mischungen erlangt, ist die Voraussetzung für die Schlegelsche Ironie – wie umgekehrt das Vertrauen in den organischen Charakter der modernen Dichtung Novalis' Konzeption der Transzendentalpoesie prägt. Dies soll später genauer ausgeführt werden.

Organischen Charakter kann in Schlegels geschichtsphilosophischer Perspektive ausschließlich die antike griechische Bildung besitzen, in der der Trieb über den Verstand herrscht.

> Die Geschichte der Griechischen Dichtkunst ist eine allgemeine Naturgeschichte der Dichtkunst [...]. / In Griechenland wuchs die Schönheit ohne künstliche Pflege und gleichsam *wild*. Unter diesem glücklichen Himmel war die darstellende Kunst nicht erlernte Fertigkeit, sondern *ursprüngliche Natur*. Ihre Bildung war

---

des deutschen Geistes, Berlin 1906, 219.

[518] „In jener ist der erste ursprüngliche Quell der Tätigkeit ein unbestimmtes Verlangen; in dieser ein bestimmter Zweck. Dort ist der Verstand auch bei der größten Ausbildung höchstens nur der Handlanger und Dolmetscher der Neigung; der gesamte zusammengesetzte Trieb aber der unumschränkte Gesetzgeber und Führer der Bildung. Hier ist die bewegende, ausübende Macht zwar auch der Trieb; die lenkende, *gesetzgebende* Macht hingegen der Verstand: gleichsam ein oberstes *lenkendes Prinzipium*, welches die blinde Kraft leitet und führt, ihre Richtung determinirt, die Anordnung der ganzen Masse bestimmt und nach Willkür die einzelnen Teile trennt und verknüpft.", KA I 230-1.

[519] KA I 238.

[520] KA I 240.

[521] Vgl. dazu Peter Szondi, Poetik und Geschichtsphilosophie I, Frankfurt am Main 1974, 136-7.

keine andre als *die freieste Entwicklung der glücklichsten Anlage*. [...] Hier konnte die Willkür verkehrter Begriffe den freien Wuchs der Natur nicht fesseln, ihre Eintracht zerreißen und zerstören, ihre Einfalt verfälschen, den Gang und die Richtung der Bildung verschrauben.[522]

Wenn Schlegel schreibt, dass die griechische Kunst nicht „erlernte Fähigkeit" war, sondern gleichsam einer Naturanlage entsprang, steht er offensichtlich in der Tradition Winckelmanns und Herders. Von dieser entfernt er sich allerdings wiederum, wenn er eine allmähliche Emanzipation des griechischen Geistes von der Natur annimmt.[523] Wenn das Übergewicht der Natur über die Kunst die Grundlage für das griechische Epos darstellte, so vollzog sich der Schritt des griechischen Geistes zur Freiheit in der Lyrik: „Nur sie hat *in Masse* die Bildungsstufe der *Selbständigkeit* erreicht; nur in ihr ist das idealische Schöne *öffentlich* gewesen."[524] Jedoch verbleibt selbst der höchste Ausdruck der griechischen Poesie, die attische Tragödie, im Rahmen der Natur: die Tragödie vereinigt in sich organisch die Objektivität des Epos mit der Subjektivität der verschiedenen lyrischen Schulen. Das, was vorher voneinander getrennt war, gelangt in der attischen Tragödie zu einer organischen Synthese: „Die trefflichste unter den Griechischen Dichtarten, ist die *Attische Tragödie*. Alle einzelnen Vollkommenheiten der frühern Arten, Zeitalter und Schulen bestimmt, läutert, erhöht, vereinigt und ordnet sie zu einem neuen Ganzen."[525] So ist auch die Einheit der Dramen des Sophokles „[...] nicht mechanisch erzwungen, sondern *organisch entstanden*."[526]: „Diese Bildungen scheinen nicht gemacht oder geworden, sondern ewig vorhanden gewesen, oder von selbst entstanden zu sein [...]".[527]

Im Unterschied zu Herder stellt für Schlegel das Adelsprädikat der griechischen Poesie indessen zugleich auch deren Grenze dar: ausschließlich von der Natur, nicht vom Bewusstsein geleitet ist die griechische Dichtung geradezu dazu prädestiniert, letztlich in sich selbst ebenso bewusstlos zu versinken, wie sie entstanden war: „Auch das war *natürlich, ja notwendig*, daß die Griechische Poesie von dem höchsten Gipfel der Vollendung *in die tiefste Entartung versank*. Der Trieb nämlich, welcher die Griechische Bildung lenkte, ist ein

---

[522] KA I 276-7.

[523] „Das Schicksal bildete den Griechen nicht nur zu dem Höchsten, was der Sohn der Natur sein kann; sondern es entzog ihm auch seine mütterliche Pflege nicht eher, als bis die Griechische Bildung selbständig und mündig geworden, fremder Hülfe und Führung nicht weiter bedurfte. Mit diesem entscheidenden Schritt, durch den die Freiheit das Übergewicht über die Natur bekam, trat der Mensch in eine ganz neue Ordnung der Dinge; es begann eine neue Stufe der Entwicklung. Er bestimmt, lenkt und ordnet nun seine Kräfte selbst, bildet seine Anlagen nach den innern Gesetzen seines Gemüts. Die Schönheit der Kunst ist nun nicht mehr Geschenk einer gütigen Natur, sondern sein eignes Werk, Eigentum seines Gemüts.", KA I 285.

[524] KA I 286.

[525] KA I 296.

[526] KA I 297.

[527] KA I 298.

mächtiger Beweger, aber ein blinder Führer. Setzt eine Mannigfaltigkeit blinder bewegender Kräfte in freie Gemeinschaft, ohne sie durch ein vollkommnes
Gesetz zu vereinigen: sie werden sich endlich selbst zerstören."[528] Gerade
durch diese Relativierung der Natürlichkeit als ästhetischer Wertmaßstab stellt
Schlegel zugleich die Prämissen für seine theoretische Rettung der Modernen
auf. Deren künstliche Bildung ist nicht eine zu bedauernde Abweichung von
der Natur, sondern eine Antwort auf die Aporie der natürlichen Poesie, die
gerade in ihrer Natürlichkeit dem organischen Gesetz von Entstehung und
Verfall unterworfen ist. Daraus bezieht die moderne Dichtung ihre Legitimität.
Ist die antike Bildung gerade in ihrer Vollkommenheit dem Schicksal ausge-
liefert, ist hingegen die moderne Bildung in ihrer Unvollkommenheit davor
geschützt, da sie von der Reflexion gelenkt ist. Auf die „*verunglückte* natürliche Bildung"[529] der Antike, die so vollkommen wie ein Organismus entstand,
aber ebenso blind und bewusstlos wieder vergehen musste, folgt die stabilere,
reflexive Bildung der Modernen, die nicht im Trieb, sondern in der Theorie
ihre gesetzgebende Macht hat.[530] Sie vermag es, die moderne Dichtung dem
blinden Schicksal der natürlichen Ordnung zu entziehen:

> Die künstliche Bildung […] *kann* wenigstens zu einer richtigen Gesetzgebung,
> dauerhafter Vervollkommnung, und endlichen, vollständigen Befriedigung füh-
> ren: weil dieselbe Kraft, welche das Ziel des Ganzen bestimmt, hier zugleich
> auch die Richtung der Laufbahn bestimmt, die einzelnen Teile lenkt und ord-
> net.[531]

Zwar ist die künstliche Bildung bloß erlernte Fähigkeit, doch spricht für sie
der Umstand, dass gerade kraft ihres reflexiven Wesens in ihr eine Stabilität
möglich ist, die der natürlichen abging. Was den minderen Rang der modernen
Poesie im Vergleich zur antiken ausmacht, stellt zugleich ihren Vorzug dar,
denn die Reflexion ermöglicht es, die Poesie zu einer neuen Vollkommenheit
zu führen, die im Unterschied zur antiken nicht mehr blind und bewusstlos ist.
Schlegels Konzeption vertraut wesentlich auf die Fähigkeit der Reflexion, die
Natur ersetzen zu können:

> Der bessre Geschmack der Modernen soll nicht ein Geschenk der Natur, sondern
> das selbständige Werk ihrer Freiheit sein. Wenn nur Kraft da ist, so wird es der
> Kunst endlich gelingen können, die Einseitigkeit derselben zu berichtigen und
> die höchste Gunst der Natur zu ersetzen.[532]

Natur soll durch Kunst, Trieb durch Reflexion ersetzt werden: die Freiheit ist
laut Schlegel der einzige Weg, auf welchem die Moderne zu einer neuen und

---

[528] KA I 316.
[529] KA I 231.
[530] „Die *gesetzgebende Macht* der ästhetischen Bildung der Modernen dürfen wir aber nicht erst
lange suchen. Sie ist schon konstituiert. Es ist die Theorie […]", KA I 272.
[531] KA I 232.
[532] KA I 259.

höheren Unmittelbarkeit finden kann. Im Unterschied zu ursprünglichen Unmittelbarkeit sollte sie sich jedoch nicht als blindes Naturschicksal auf Kosten des Subjekts etablieren, sondern aus ihm selbst als Produkt der Vernunft hervorgehen.

Schlegel erblickt den Auftakt der modernen Bildung in der mittelalterlichen Dichtung, die bereits erste Zeichen der Künstlichkeit aufweist: „Schon in den frühesten Zeitaltern der Europäischen Bildung finden sich unverkennbare Spuren des *künstlichen Ursprungs* der modernen Poesie. Die Kraft, der Stoff war zwar durch Natur gegeben: das lenkende Prinzip der ästhetischen Bildung war aber nicht der Trieb, sondern gewisse *dirigirende Begriffe*.“[533] Bei Dante gewahrt Schlegel unverkennbare Elemente künstlicher Bildung – wie den Reim, welcher der antiken Dichtung fremd war.[534] Bahnen sich bereits im Mittelalter Zeichen der Künstlichkeit an, so erscheint die von der idealistischen Philosophie dominierte Gegenwart erst recht als Kulmination der Absetzungsbewegung des Geistes von der Natur. Dabei ist Schlegel davon überzeugt, dass die idealistische, künstliche Bildung den Sieg über die Natur erringen wird:

> Wenn die Natur nicht etwa *Verstärkung* bekommt, wie durch eine physische Revolution, die freilich alle Kultur mit einem Streich vernichten könnte: so kann die Menschheit in ihrer Entwicklung ungestört fortschreiten. Die künstliche Bildung kann dann wenigstens nicht wie die natürliche *in sich selbst* zurücksinken. – Es ist auch kein Wunder, daß die Freiheit in jenem harten Kampf endlich den Sieg davonträgt, wenngleich die Überlegenheit der Natur im Anfange der Bildung noch so groß sein mag. [...] Die blinde Übermacht muß endlich dem verständigen Gegner unterliegen.[535]

Im Gegensatz zu Novalis ist Schlegel darum bemüht, sich von Herder abzugrenzen. Gegen dessen biologisch-klimatisches Dichtungsverständnis, wie es etwa in den *Briefen zu Beförderung der Humanität* zum Ausdruck kommt, macht Schlegel sein Vertrauen in die Universalität moderner Bildung geltend. Herders Betrachtung geistiger Phänomene als naturwüchsig und von daher als vergänglich setzt Schlegel die stabilisierende Wirkung von Theorie und Reflexion entgegen. So heißt es in dessen *Studium*-Aufsatz in offener Polemik gegen Herder: „So denken viele: ‚Schöne Kunst sei gar nicht Eigentum der gan-

---

[533] KA I 232.

[534] „Das kolossalische Werk des *Dante* [...] ist ein neues Dokument für den künstlichen Charakter der ältesten modernen Poesie. [...] Der *Reim* selbst scheint ein Kennzeichen dieser ursprünglichen Künstlichkeit unsrer ästhetischen Bildung.“, in: KA I 233. Charakteristisch für Schlegels argumentativen Duktus ist der Umstand, dass die Einsicht in die Form moderner Poesie stets von ihrer ästhetischen Ablehnung begleitet wird. So wird der Reim vom Klassizisten Schlegel ohne viele Umstände als „Barbarei“ verurteilt: „[...] nur wo verkehrte Begriffe die Direktion der poetischen Bildung bestimmten, konnte man eine fremde gotische Zierrat zum notwendigen Gesetz, und das kindische Behagen an einer eigensinnigen Spielerei beinahe zum letzten Zweck der Kunst erheben.“, KA I 234.

[535] KA I 262-3.

zen Menschheit; am wenigsten eine Frucht künstlicher Bildung. Sie sei die unwillkürliche Ergießung einer günstigen Natur; die *lokale* Frucht des glücklichsten Klima; eine *momentane Epoche*, eine vorübergehende Blüte, gleichsam der kurze Frühling der Menschheit. [...] Jene frische Blüte der jugendlichen Phantasie, jene mächtige und schnelle Elastizität, jene höhere Gesundheit des Gefühls könne nicht erkünstelt, und einmal zerrüttet nie wieder geheilt werden."[536] In den später entstandenen *Heften zur Philologie* wird Schlegel gegen die Herdersche und Winckelmannsche Bestimmung der Dichtung als Natur das Argument geltend machen, dass die reine Naturpoesie letztlich Prosa sei, denn zur Poesie gehöre notwendigerweise die Form als künstliches Element: „Reine ächte Naturπ[poesie] muß prosaisch sein. Sobald ein Kunstmetrum da ist und eine Kunstdiction wie im Homer, so ists auch schon etwas Kunst und nicht ganz Naturpoesie."[537] Und an anderer Stelle heißt es: „In der *Naturp[poesie]* ist keine künstlerisch[e] Einheit, sondern nur mimisch-physisch[e] Ordnung."[538] War also für Schlegel schon die antike Poesie nicht reine Natur, trifft dies erst recht auf die moderne zu. Letztere besitzt als Vernunftprodukt universellen Charakter, und darin liegt ihre Unabhängigkeit von räumlichen und zeitlichen Umständen, ihre Entfernung von der Natur, begründet: „Die Poesie ist eine *universelle* Kunst: denn ihr Organ, die *Phantasie* ist schon ungleich näher mit der Freiheit verwandt, und unabhängiger von äußerm Einfluß."[539] Dank ihrer Universalität entkommt die moderne Poesie der blinden Notwendigkeit der organischen Entwicklung: ihre Entwicklung ist nicht kreisförmig, sondern linear.[540]

Schlegel gelangt infolgedessen wesentlich durch seine Distanzierung von Herder zu seiner Charakterisierung der modernen Poesie als Kunst. Von Anfang an bereits bezeugt ihm Schlegel zwar große Gelehrsamkeit, aber auch eine übertriebene, zur Schau gestellte Empfindlichkeit.[541] Diese anfängliche gefühlsmäßige Aversion wird dann theoretisch zugespitzt. Insbesondere im *Studium*-Aufsatz polemisiert Schlegel indirekt gegen Herders These, dass sich auch die Geschichte der modernen Poesie als zyklische Naturentwicklung

---

[536] KA I 264.

[537] KA XVI 136 Nr. 605.

[538] KA XVI 102 Nr. 211.

[539] KA I 265.

[540] Die Vorstellung, „[...] daß es die Bestimmung der ästhetischen Bildung sei, wie eine Pflanze oder ein Tier zu entstehen, allmählich sich zu entwickeln, dann zu reifen, wieder zu sinken, und endlich unterzugehen, – im ewigen Kreislauf immer endlich dahin zurückzukehren, von wo ihr Weg zuerst ausging; diese Voraussetzung beruht auf einem bloßen Missverständnisse [...]", KA I 269.

[541] Vgl. den Brief an den Bruder vom 4. Juni 1791: „Sehr zart und fein ist sein Sinn, aber auch empfindlich und verletzbar durch das kleinste. [...] Es fehlt ihm *ganz* an Kraft zum Wiederstande; seine Klagen quälen mich noch widerlicher wie die des Rousseau. Aechte Schönheit muß sich als Siegerin über das Schicksal zeigen. – Aber für das Schöne ist Herder zu zärtlich und das Erhabene gar würde ihn niederdrücken [...]", KA XXIII 12.

beschreiben lasse, an mindestens zwei Stellen.[542] Gegen Herders biologische Betrachtung der Poesie als Naturprodukt heißt es dann 1798, ironisch pointiert, in den *Philosophischen Lehrjahren*: „χεμ/0 [Reine Chemie] <oder χα/0 [reines Chaos]> von Keimen, Blumen, Früchten bei ihm. Ein eignes Chiaroscuro oft auch Scuro Scuro."[543] An anderer Stelle fällt Schlegel ein ebenso kritisches Urteil über Herder, indem er konstatiert, dass dem Übergewicht der Sinnlichkeit in seinen Schriften ein grundsätzlicher Mangel an Philosophie entspricht: „*Sinn* ist Herders dominirende Eigenheit. Was ist nun eigentlich das Männliche was ihm fehlt, die Schärfe, das Salz? – Erst fehlt ihm Philos[ophie] und damit Alles. Aber auch Praxis fehlt ihm und damit *Productionskraft*."[544] Der kritischen Haltung Schlegels entgegengesetzt ist hingegen die unübersehbare Herder-Aneignung des Novalis, der in *Blüthenstaub* Herders biologische Metaphorik nicht nur nicht kritisiert, sondern sogar im Titel führt und ferner für die Charakterisierung seiner Fragment-Auffassung übernimmt.[545]

Mit Novalis teilt Schlegel allerdings die Charakterisierung der unendlichen Progressivität der modernen Poesie, die schon im *Studium*-Aufsatz formuliert wurde: „Es springt in die Augen, daß *die moderne Poesie das Ziel, nach welchem sie strebt,* entweder *noch nicht erreicht hat*; oder daß ihr Streben überhaupt kein festes Ziel, ihre Bildung keine bestimmte Richtung, die Masse ihrer Geschichte keinen gesetzmäßigen Zusammenhang, das Ganze keine Einheit hat."[546] Dieser exzentrische Charakter der modernen Dichtung, die ihr Gleichgewicht nicht in sich, sondern außerhalb ihrer selbst hat, hat zur Folge, dass sie sich in einem endlosen Streben befindet, dem die Erfüllung versagt

---

[542] „Wenn die Natur nicht etwa *Verstärkung* bekommt, wie durch eine physische Revolution, die freilich alle Kultur mit einem Streich vernichten könnte: so kann die Menschheit in ihrer Entwicklung ungestört fortschreiten.", KA I 262-3, und: „Im strengsten Sinne des Worts hat auch nicht ein einziges modernes Kunstwerk, geschweige denn ein ganzes Zeitalter der Poesie den Gipfel ästhetischer *Vollendung* erreicht. Die stillschweigende Voraussetzung, welche dabei zum Grunde lag: daß es die Bestimmung der ästhetischen Bildung sei, wie eine Pflanze oder ein Tier zu entstehen, allmählich sich zu entwickeln, dann zu reifen, wieder zu sinken, und endlich unterzugehen, – im ewigen Kreislauf immer endlich dahin zurückzukehren, von wo ihr Weg zuerst ausging; diese Voraussetzung beruht auf einem bloßen Mißverständnisse […]", KA I 269 (Hinweis von Hennemann Barale, Poetisierte Welt, Pisa 1990, 139 Anmerkung).

[543] KA XVIII 219 Nr. 297.

[544] Literary Notebooks *1797-1801*, a.a.O., 35 Nr. 183.

[545] „Die Kunst Bücher zu schreiben ist noch nicht erfunden. Sie ist aber auf dem Punct erfunden zu werden. Fragmente dieser Art sind litterairische Sämereyen. Es mag freylich manches taube Körnchen darunter seyn – Indeß wenn nur einiges aufgeht.", Schriften II 462 Nr. 104. Bezeichnend ist auch die Überschrift der Gedichte, die der Fragmentsammlung *Glauben und Liebe* vorangestellt sind. Sie findet sich bei Herder recht oft (vgl. etwa das erste Stück der ersten Sammlung der *Zerstreuten Blätter* 1785 „Blumen aus der griechischen Anthologie gesammlet") und geht bekanntlich auf die griechische Bezeichnung für Gedichte als ἄνθη zurück – vgl. z.B. Pindar, Olympia, 9.48-9: „ἄνθεα δ' ὕμνων / νεωτέρων", oder Cicero, Epistulae ad Atticum, 16.11.1

[546] KA I 217.

bleibt.[547] Doch gerade in dieser Unvollkommenheit erblickt Schlegel den Vorzug der modernen Poesie, der in ihrer unendlichen Vervollkommnung besteht. Auf diesem Vorrang der Möglichkeit gegenüber der Wirklichkeit beruht die Gewissheit der Modernen, die griechische Vollkommenheit übertreffen zu können: „Alle Quanta sind unendlich progressiv, und es wäre wunderbar, wenn unsere Poesie durch die Fortschritte aller vorigen Zeitalter bereichert an Gehalt die Griechische nicht überträfe."[548]

1.1.2. Von Kants moralischem Interesse zu Schlegels Kategorie des Interessanten

Die Kategorie, mit welcher Schlegel das Wesen der modernen Poesie näher kennzeichnet, ist das Interessante.[549] Während die antike Poesie spielerisch war – „Sie strebt nur nach einem *Spiel* [...]"[550] –, ist die moderne vom Ernst des Interesses geprägt, das die Divergenz zwischen Idealem und Realem aufzuheben versucht.[551] Dabei sieht Schlegel das Interessante in Schillers Theorie des Sentimentalischen präfiguriert, denn auch letzteres ist durch ein *Interesse* an der Realität des Idealen charakterisiert:

Merkwürdig und bestätigend war es mir, daß in Schillers treffender Charakteris-

---

[547] „Das unbedingt *Höchste* kann aber nie ganz erreicht werden. [...] Ein *absoluter Stillstand* der ästhetischen Bildung läßt sich gar nicht denken.", KA I 255.

[548] KA I 318.

[549] Zum Begriff des „Interessanten": Klaus Peter, Objektivität und Interesse. Zu zwei Begriffen Friedrich Schlegels, in: Ideologiekritische Studien zur Literatur. Essays I., hrsg. von Volkmar Sander, Frankfurt am Main 1972, 9-34: „Der Begriff des Interesses zielt auf den Einbruch des Nichtkünstlerischen in die Kunst und soll damit – zum erstenmale in dieser Weise – erklären, warum im Vergleich mit der Antike, die Moderne notwendig zur Zweitrangigkeit verurteilt ist. Nur bei den Griechen nämlich sah auch Schlegel mit Winckelmann [...] den kategorischen Imperativ der Kunst verwirklicht, entsprechend der Bestimmung Kants, die, wie Schlegel es fasste, unbedingte Zweckmäßigkeit ihres zwecklosen Spiels. In dem Begriff des Interesses jedoch, dem Inbegriff absoluter Zweckbestimmtheit also, treibt die Analyse [...] über das ursprünglich gesteckte Ziel des Aufsatzes weit hinaus [...]. Das Geistige, Reflektierte, moderner Kunstwerke, Ausdruck eben der in ihnen sich reproduzierenden Subjektivität, erhebt Schlegels Aufsatz als das zu sich selbst gekommene Bewusstsein der Kunst überhaupt über die blinde Welt der Griechen und entdeckt in ihm das Historische als ihr wesentliches Moment. Was Schlegel als erster ansprach, ist die Differenz zwischen Kunst und Mythus.", 11 f. Vgl. auch: Helmut Kuhn, Die Vollendung der klassischen deutschen Ästhetik durch Hegel, in: Schriften zur Ästhetik, München 1966, 15-144.

[550] KA I 211.

[551] Poetischen Rang erhält das Interessante allerdings erst als Charakteristisches, durch die Darstellung der Divergenz zwischen Idealem und Realem *im Besonderen*: „Die charakteristischen Merkmale der sentimentalen Poesie sind das Interesse an der Realität des Ideals, die Reflexion über das Verhältnis des Idealen und Realen, und die Beziehung auf ein individuelles Objekt der idealisierenden Einbildungskraft des dichtenden Subjekts. Nur durch das *Charakteristische* d.h. die Darstellung des Individuellen wird die sentimentale Stimmung zur Poesie.", KA I 212.

tik der drei sentimentalen Dichtarten das Merkmal eines *Interesse* an der *Realität* des Idealen in dem Begriff einer jeden derselben stillschweigends vorausgesetzt, oder sichtbar angedeutet wird. Die objektive Poesie aber weiß von keinem Interesse und macht keine Ansprüche auf Realität.[552]

Da Schlegel jedoch Schillers Schrift erst nach der Verfassung seines Aufsatzes las, dürfte wohl Kant der eigentliche Ahnherr von Schlegels Theorie des Interessanten sein, denn die philosophische Bedeutung des Interesses und des Interessanten ist im idealistischen Zeitalter zunächst durch ihn eruiert worden. So sind in der *Kritik der Urteilskraft* das Angenehme und das Gute, womit Verhältnisse der Vorstellung zum Gefühl der Lust oder Unlust bezeichnet sind, im Unterschied zum Geschmacksurteil für Kant durch ein *Interesse* an der *Realität* ihres Gegenstands charakterisiert. Ein solches Interesse ist ein Wohlgefallen, das aus der Vorstellung der Existenz eines Gegenstands entspringt und im Begehrungsvermögen wurzelt.[553] Das Wohlgefallen am Angenehmen und am Guten basiert immer auf einem Interesse an der Realität ihrer Gegenstände.[554]

Unter den drei Arten des Wohlgefallens, die Kant unterscheidet – dem Angenehmen, Guten und Schönen –, stellt einzig das Schöne ein interesseloses und freies Wohlgefallen dar.[555] Das Geschmacksurteil, welches das ästhetische Wohlgefallen artikuliert, ist völlig interesselos. Nicht die Existenz des Gegenstands, sondern dessen Wirkung auf das urteilende Subjekt ist Gegenstand des Geschmacksurteils.[556] Dieses ist demzufolge nur „kontemplativ", indifferent in Anbetracht des realen Daseins des Gegenstands und folglich bar jeglichen Interesses,[557] da das Interesse aus der Vorstellung der Existenz des Gegenstands und letztlich aus dem Begehrungsvermögen erwächst. Darin liegt auch eine gewisse Objektivität des Interesses: selbst wenn das Angenehme

---

[552] KA I 211. Vgl. auch die Einschränkung: „Nicht jede poetische Äußerung des Strebens nach dem Unendlichen ist *sentimental*; sondern nur eine solche, die mit einer Reflexion über das Verhältnis des Idealen und des Realen verknüpft ist.", KA I 211.

[553] „Interesse wird das Wohlgefallen genannt, was wir mit der Vorstellung der Existenz eines Gegenstandes verbinden. Ein solches hat daher immer zugleich Beziehung auf das Begehrungsvermögen, entweder als Bestimmungsgrund desselben, oder doch als mit dem Bestimmungsgrunde desselben notwendig zusammenhängend.", KdU, in: Ak.-Ausg. V 204. Oder: „Alles Interesse setzt Bedürfnis voraus oder bringt eines hervor.", KdU, in: Ak.-Ausg. V 210.

[554] „Aber ungeachtet aller dieser Verschiedenheit zwischen dem Angenehmen und Guten kommen beide doch darin überein: daß sie jederzeit mit einem Interesse an ihrem Gegenstande verbunden sind.", KdU, in: Ak.-Ausg. V 209. Und: „Nicht bloß der Gegenstand, sondern auch die Existenz desselben gefällt.", KdU, in: Ak.-Ausg. V 209.

[555] KdU, in: Ak.-Ausg. V 210.

[556] „Nun will man aber, wenn die Frage ist, ob etwas schön sei, nicht wissen, ob uns oder irgend jemand an der Existenz der Sache irgend etwas gelegen sei, oder auch nur gelegen sein könne; sondern, wie wir sie in der bloßen Betrachtung [...] beurteilen. [...] Man will nur wissen: ob diese bloße Vorstellung des Gegenstandes in mir mit Wohlgefallen begleitet sei, so gleichgültig ich auch immer in Ansehung der Existenz des Gegenstandes dieser Vorstellung sein mag.", KdU, in: Ak.-Ausg. V 204-5.

[557] KdU, in: Ak.-Ausg. V 209.

und das Gute keine Erkenntnisurteile sind, entspringen beide der Existenz ihres Gegenstands. Aus diesem Grunde ist für Kant das Gute objektiver als das Schöne, denn das „Interesse der Vernunft" schickt im Guten „die Zweckmäßigkeit" des Gegenstandes „dem Gefühl der Lust", also das Objektive dem Subjektiven voran.[558] Das Geschmacksurteil hingegen setzt das Gefühl der Lust aller Zweckmäßigkeit, das Subjektive dem Objektiven voraus. So ist das Schöne für Kant von der Vorstellung des Guten völlig unabhängig, weil das Gute eine objektive Zweckmäßigkeit, nämlich die Beziehung des Gegenstands auf einen bestimmten Zweck voraussetzt.[559] Die Erkenntnis dieser Zweckmäßigkeit ist zwar dem sittlichen Wohlgefallen verwehrt, es äußert sich jedoch im Guten ein *Interesse* für diese Zweckmäßigkeit: ein Interesse dafür, dass das Objekt nicht nur in der Vorstellung des Subjekts, sondern an sich eine Zweckmäßigkeit entfaltet.

Genau dies ist jedoch in der ästhetischen Sphäre unmöglich. Kant hat in der *Kritik der Urteilskraft* jegliche Feststellung eines objektiven Zwecks aus der ästhetischen Sphäre ausgeschlossen, weil das Geschmacksurteil kein Erkenntnis-, sondern ein reflexives Urteil ist. Das urteilende Subjekt erkennt nicht, sondern reflektiert über das Objekt bzw. darüber, ob das Objekt der Vernunft angemessen ist. Die Zweckmäßigkeit betrifft nicht die Realität des Objekts, sondern dessen Beschaffenheit, die es mit Rücksicht auf das urteilende Subjekt besitzt. Letzteres vergleicht das Objekt mit seinem Zweckbegriff und urteilt darüber, ob beide übereinstimmen. Die Reflexion über das Objekt im Rahmen des Geschmacksurteils fällt nicht mit dessen Erkenntnis zusammen. Das ästhetische Urteil ist einzig in seiner Art und gibt keine Erkenntnis vom Objekt.[560] Wenn das Geschmacksurteil nämlich nicht etwas über das Subjekt, sondern über das Objekt aussagte, dann wäre dies ein Erkenntnisurteil. Gerade das ist jedoch nicht möglich, da das Geschmacksurteil „[...] die Vorstellung, wodurch ein Objekt gegeben wird, lediglich auf das Subjekt bezieht und keine Beschaffenheit des Gegenstandes, sondern nur die zweckmäßige Form in der Bestimmung der Vorstellungskräfte, die sich mit jenem beschäftigen, zu bemerken gibt."[561]

---

[558] KdU, in: Ak.-Ausg. V 223.

[559] „Die *objektive* Zweckmäßigkeit kann nur vermittelst der Beziehung des Mannigfaltigen auf einen bestimmten Zweck, also nur durch einen Begriff, erkannt werden. Hieraus allein schon erhellt: daß das Schöne, dessen Beurteilung eine bloße formale Zweckmäßigkeit, d.i. eine Zweckmäßigkeit ohne Zweck, zum Grunde hat, von der Vorstellung des Guten ganz unabhängig sei, weil das letztere eine objektive Zweckmäßigkeit, d.i. die Beziehung des Gegenstandes auf einen bestimmten Zweck, voraussetzt.", KdU, in: Ak.-Ausg. V 226.

[560] „Um zu unterscheiden, ob etwas schön sei oder nicht, beziehen wir die Vorstellung nicht durch den Verstand auf das Objekt zum Erkenntnisse, sondern durch die Einbildungskraft (vielleicht mit dem Verstande verbunden) auf das Subjekt und das Gefühl der Lust oder Unlust desselben. Das Geschmacksurteil ist also kein Erkenntnisurteil, mithin nicht logisch, sondern ästhetisch, worunter man dasjenige versteht, dessen Bestimmungsgrund *nicht anders* als *subjektiv* sein kann.", KdU, in: Ak.-Ausg. V 203.

[561] KdU, in: Ak.-Ausg. V 228.

Als bloß subjektives erkennt das Geschmacksurteil demzufolge keine reale, objektive Zweckmäßigkeit am Objekt selbst. Es kann nur eine subjektive Zweckmäßigkeit in der *Vorstellung* des Gegenstands angeben, ohne jeglichen objektiven oder subjektiven Zweck. Das Geschmacksurteil urteilt folglich über die bloß formale Zweckmäßigkeit im Spiel der Erkenntniskräfte des Subjekts. Von daher rührt die berühmte Kantische Bestimmung der Schönheit als Zweckmäßigkeit ohne eigentlichen Zweck: „*Schönheit* ist Form der *Zweckmäßigkeit* eines Gegenstandes, sofern sie ohne *Vorstellung eines Zwecks* an ihm wahrgenommen wird."[562] Die in der Schönheit festgestellte Zweckmäßigkeit ist lediglich Form der Zweckmäßigkeit ohne eigentlichen objektiven Zweck, d.h. sie ist nur in der Beziehung der Erkenntniskräfte zueinander anzutreffen, sie ist nur subjektiv, nicht objektiv gegeben. Aus diesem Grund entfällt im Geschmacksurteil auch jedes Interesse, die Existenz einer Zweckmäßigkeit am Objekt festzustellen, weil die Zweckmäßigkeit lediglich subjektintern ist.

An einer Stelle der *Kritik* räumt Kant allerdings die Möglichkeit der Existenz einer Verschränkung zwischen dem höchst interessierten, sittlichen und dem uninteressierten, ästhetischen Wohlgefallen. Diese Verschränkung verkörpert das *Naturschöne*. Letzteres bildet eine *coincidentia oppositorum*, eine Synthese des interesselosen Geschmacksurteils mit dem sittlichen Wohlgefallen, welches hingegen „das höchste Interesse bei sich führt".[563] Die Betrachtung des Naturschönen veranlasst im Subjekt ein Interesse daran, zu erkunden, ob die Zweckmäßigkeit, welche das Subjekt in seiner Vorstellung der Natur konstatiert, auch tatsächlich in der Natur herrsche. Dem Charakter nach ist solches „intellektuelle Interesse am Schönen" (§ 42) dem moralischen verwandt.[564] Kant beschränkt dieses allerdings ausschließlich auf die Erfahrung des Naturschönen: das Kunstschöne ist von diesem moralischen Interesse

---

[562] KdU, in: Ak.-Ausg. V 236.

[563] KdU, in: Ak.-Ausg. V 209. Denn das Gute ist der Gegenstand des Willens. „Etwas aber wollen und an dem Dasein desselben ein Wohlgefallen haben, d.i. daran ein Interesse nehmen, ist identisch.", a.a.O. Im Guten ist demzufolge „[...] immer der Begriff eines Zwecks, mithin das Verhältnis der Vernunft zum (wenigstens möglichen) Wollen, folglich ein Wohlgefallen am *Dasein* eines Objekts oder einer Handlung, d.i. irgendein Interesse enthalten. Um etwas gut zu finden, muß ich jederzeit wissen, was der Gegenstand für ein Ding sein solle, d.i. einen Begriff von demselben haben. Um Schönheit woran zu finden, habe ich das nicht nötig.", KdU, in: Ak.-Ausg. V 207.

[564] „Da es aber die Vernunft auch interessiert, daß die Ideen (für die sie im moralischen Gefühle ein unmittelbares Interesse bewirkt) auch objektive Realität haben, d.i. daß die Natur wenigstens eine Spur zeige oder einen Wink gebe, sie enthalte in sich irgendeinen Grund, eine gesetzmäßige Übereinstimmung ihrer Produkte zu unserem, von allem Interesse unabhängigen Wohlgefallen [...] anzunehmen: so muß die Vernunft an jeder Äußerung der Natur von einer dieser ähnlichen Übereinstimmung ein Interesse nehmen; folglich kann das Gemüt über die Schönheit der *Natur* nicht nachdenken, ohne sich dabei zugleich interessiert zu finden. Dieses Interesse aber ist der Verwandtschaft nach moralisch; und der, welcher es am Schönen der Natur nimmt, kann es nur sofern an demselben nehmen, als er vorher schon sein Interesse am Sittlich-Guten wohlgegründet hat.", KdU, in: Ak.-Ausg. V 300.

ausgeschlossen:

> Daß das Wohlgefallen an der schönen Kunst im reinen Geschmacksurteile nicht
> eben so mit einem unmittelbaren Interesse verbunden ist, als das an der schönen
> Natur, ist auch leicht zu erklären. Denn jene ist entweder eine solche Nachah-
> mung von dieser, die bis zur Täuschung geht: und alsdann tut sie die Wirkung
> als (dafür gehaltene) Naturschönheit; oder sie ist eine absichtlich auf unser
> Wohlgefallen sichtbarlich gerichtete Kunst: alsdann aber würde das Wohlgefal-
> len an diesem Produkte zwar unmittelbar durch Geschmack stattfinden, aber kein
> anderes als mittelbares Interesse an der zum Grunde liegenden Ursache erwe-
> cken, nämlich einer Kunst, welche nur durch ihren Zweck, niemals an sich selbst
> interessieren kann.[565]

In seiner Charakterisierung der modernen Poesie weitet Schlegel das moralische Interesse, welches Kant nur für das Naturschöne hatte gelten gelassen,
auch auf das Kunstschöne aus. Diese Erhebung des Interessanten zur zentralen
ästhetischen Kategorie zieht aber zugleich auch die Relativierung des Schönen
nach sich. „Das Schöne", schreibt Schlegel, ist „nicht das Ideal der modernen
Poesie und von dem Interessanten wesentlich verschieden."[566] Stellt aus der
klassizistischen Perspektive Kants das Schöne den vollendeten „*Ausdruck*
ästhetischer Ideen"[567] dar, so kann das Interessante lediglich ein Interesse an
dieser Vollendung artikulieren. Seine Bestimmung ist das „*Bedürfnis nach
einer vollständigen Befriedigung*", das „Streben nach einem *absoluten Maxi-
mum der Kunst.*"[568] In der Kategorie des Interessanten wird somit die Differenz der Frühromantik vom Klassizismus deutlich, ihre Überwindung der

---

[565] KdU, in: Ak.-Ausg. V 301, wie überhaupt Kant im Naturschönen mit Rousseau eine moralische Integrität findet, die er in der „Eitelkeit" der Kunstschönheit vermisst. Das Kunstschöne,
und dies macht den unüberhörbaren kunstfeindlichen Zug der *Kritik der Urteilskraft* aus,
bleibt für Kant stets moralisch suspekt: „Ich räume nun zwar gerne ein, daß das Interesse am
Schönen der Kunst (womit ich auch den künstlichen Gebrauch der Naturschönheiten zum
Putze, mithin zur Eitelkeit rechne) gar keinen Beweis einer dem Moralisch-Guten anhängli-
chen oder auch nur dazu geneigten Denkungsart abgebe. Dagegen aber behaupte ich, daß ein
unmittelbares Interesse an der Schönheit der *Natur* zu nehmen [...] jederzeit ein Kennzeichen
einer guten Seele sei [...] Wenn ein Mann, der Geschmack genug hat, um über Produkte der
schönen Kunst mit der größten Richtigkeit und Feinheit zu urteilen, das Zimmer gern verläßt,
in welchem jene die Eitelkeit und allenfalls gesellschaftliche Freuden unterhaltenden Schönheiten anzutreffen sind, und sich zum Schönen der Natur wendet, um hier gleichsam Wollust
für seinen Geist in einem Gedankengange zu finden, den er sich nie völlig entwickeln kann:
so werden wir diese seine Wahl selber mit Hochachtung betrachten und in ihm eine schöne
Seele voraussetzen, auf die kein Kunstkenner und Liebhaber, um des Interesse willen, das er
an seinen Gegenständen nimmt, Anspruch machen kann.", KdU, in: Ak.-Ausg. V 298-300.

[566] KA I 213.

[567] „Man kann überhaupt Schönheit (sie mag Natur- oder Kunstschönheit sein) den Ausdruck
ästhetischer Ideen nennen.", KdU, in: Ak.-Ausg. V 320.

[568] KA I 253. „Nachdem die vollendete natürliche Bildung der Alten entschieden gesunken, und
ohne Rettung ausgeartet war, ward durch den Verlust der endlichen Realität, und die Zerrüttung vollendeter Form ein *Streben nach unendlicher Realität* veranlaßt, welches bald allgemeiner Ton des Zeitalters wurde [...]", KA I 213.

Zentralität des Schönen: das Kunstwerk hat in der Frühromantik seinen Bestimmungsgrund nicht mehr im Schönen, sondern im Streben danach. Dieser Vorrang des Idealen vor dem Realen drückt sich in der Perfektibilität aus, welche die Abgeschlossenheit jedes einzelnen Werkes revoziert.

Die moderne Bildung unterscheidet sich von der antiken vor allem durch die Perfektibilität als Wesensmerkmal des Interessanten. Perfektibel ist die Poesie der Modernen, weil sie nicht mehr durch sich selbst, sondern den „ästhetischen *Imperativ*" bestimmt wird, welcher, wie der sittliche, „*absolut*", bedingungslos gebietet. [569] Das kategorische Gebot des ethisch-ästhetischen Gesetzes kann nie erfüllt werden, weil eine Erfüllung dessen streng formalem Charakter widerspräche. Aus der idealen Dimensionierung des Interessanten folgt also die Unmöglichkeit des Schönen.

Schlegel illustriert die Ablösung des Schönen durch das Interessante am Beispiel Shakespeares: er sei „[...] unter allen Künstlern derjenige, welcher den Geist der modernen Poesie überhaupt am vollständigsten und am treffendsten charakterisiert." [570] In Shakespeares Dramen ist die organische Wechselseitigkeit zwischen Mittel und Zweck, welche das Schöne auszeichnet, aufgehoben [571], und es dominiert ein absoluter, unbedingter Zweck, das Sollen, welches alles andere in der Komposition zum Mittel macht. Das vom „philosophischen Interesse" geweckte Sollen ist die absolute Bestimmung, welche die schöne, organische Wechselwirkung von Idealem und Realem zerrüttet und im Werk den Vorrang des Idealen vor dem Realen, des Strebens vor der Erfüllung im Schönen etabliert. Diese Dominanz des Allgemeinen gegenüber dem Besonderen veranlasst Schlegel, die interessante bzw. charakteristische

---

[569] „Läßt sich nun erweisen, daß [...] die künstliche ästhetische Bildung, welche nur auf die völlig aufgelöste natürliche Bildung folgen kann, und da anfangen muß, wo jene aufgehört hat, nämlich mit dem Interessanten, manche Stufen durchgehn müsse, ehe sie nach den Gesetzen einer objektiven Theorie und dem Beispiel der klassischen Poesie zum Objektiven und Schönen gelangen könne: so ist eben damit auch bewiesen, daß das Interessante, als die notwendige Vorbereitung zur *unendlichen Perfektibilität* der ästhetischen Anlage, *ästhetisch erlaubt* sei. Denn der ästhetische Imperativ ist *absolut*, und da er nie vollkommen erfüllt werden kann, so muß er wenigstens durch die endlose Annäherung der künstlichen Bildung immer mehr erreicht werden.", KA I 214.

[570] KA I 249.

[571] „Wer seine [d.h. Shakespeares, A.d.V.] Poesie als *schöne* Kunst beurteilt, der gerät nur in tiefere Widersprüche, je mehr Scharfsinn er besitzt, je besser er den Dichter kennt. Wie die Natur Schönes und Häßliches durcheinander mit gleich üppigem Reichtum erzeugt, so auch Shakespeare. Keins seiner Dramen ist *in Masse* schön; nie bestimmt Schönheit die Anordnung des Ganzen. Auch die einzelnen Schönheiten sind wie in der Natur nur selten von *häßlichen Zusätzen* rein, und sie sind nur *Mittel* eines andern Zwecks; sie dienen dem charakteristischen oder philosophischen Interesse.", KA I 250-1. Zur Kategorie des Häßlichen bei Friedrich Schlegel vgl.: Günter Oesterle, Entwurf einer Monographie des ästhetisch Hässlichen. Die Geschichte einer ästhetischen Kategorie von Friedrich Schlegels ,Studium'-Aufsatz bis zu Karl Rosenkranz' ,Ästhetik des Häßlichen' als Suche nach dem Ursprung der Moderne, in: Literatur und Sozialwissenschaften. 8. Zur Modernität der Romantik, hrsg. von Dieter Bänsch, Stuttgart 1977, 217-97.

Poesie auch als *didaktisch* zu bezeichnen: „Ich nenne die idealische Poesie, deren Ziel das philosophisch Interessante ist, *didaktische Poesie.*"[572] In der didaktischen Poesie artikuliert sich das Verhältnis des Einzelnen zum Allgemeinen so, dass das Einzelne im Dienste des Allgemeinen steht und zum Vehikel des philosophischen Interesses wird. In diesem Umstand liegt auch die Distanz der didaktischen Poesie zur Schönheit: „Auch die charakteristische Poesie kann und soll daher im Einzelnen das Allgemeine darstellen; nur ist dieses Allgemeine [...] nicht ästhetisch, sondern didaktisch."[573] Dieser ethisch-philosophische Zug prägt sowohl die niedrigste Form der didaktischen Poesie, d.h. die philosophische Charakteristik, welche nur den Verstand anspricht, als auch deren höchsten Ausdruck, die philosophische Poesie, die sich hingegen an die Vernunft wendet.[574] Letztere kulminiert in der philosophischen Tragödie: „Ihre eigne natürliche Entwicklung und Fortschreitung führt die charakteristische Poesie zur *philosophischen Tragödie*, dem vollkommnen Gegensatze der ästhetischen Tragödie."[575] Die philosophische verhält sich insofern entgegengesetzt zur ästhetischen Tragödie, als sie keine Versöhnung von Sein und Sollen, sondern deren Auseinanderklaffen schildert. Die ästhetische Tragödie „[...] ist die Vollendung der schönen Poesie, besteht aus lauter lyrischen Elementen, und ihr endliches Resultat ist die höchste Harmonie [...]", die philosophische Tragödie hingegen „[...] ist das höchste Kunstwerk der didaktischen Poesie, besteht aus lauter charakteristischen Elementen, und ihr endliches Resultat ist die höchste Disharmonie."[576] Im *Hamlet* erreicht die Disharmonie als das Wesen der philosophischen Tragödie ihren höchsten Ausdruck. Hamlets Gemüt „[...] trennt sich, wie auf der Folterbank nach entgegengesetzten Richtungen auseinander gerissen [...]. Es gibt vielleicht keine vollkommnere Darstellung der unauflöslichen Disharmonie, welche der eigentliche Gegenstand der philosophischen Tragödie ist, als ein so gränzenloses Missverhältnis der denkenden und der tätigen Kraft, wie in Hamlets Charakter."[577]

Die charakteristische Poesie, in der das Interessante dominiert, kennt folglich Objektivität nur in negativer Hinsicht, in der Gestalt der unerfüllten Objektivität des „ästhetischen Imperativs". Sie ist also lediglich provisorisch gültig: „Immer [...] hat das Interessante in der Poesie nur eine *provisorische*

---

[572] KA I 242.

[573] KA I 245.

[574] „Aber selbst die reichhaltigste philosophische Charakteristik ist doch nur eine einzelne Merkwürdigkeit für den Verstand, eine bedingte Erkenntnis, das Stück eines Ganzen, welches die strebende Vernunft nicht befriedigt. Der Instinkt der Vernunft strebt stets nach in sich selbst vollendeter Vollständigkeit, und schreitet unaufhörlich vom Bedingten zum Unbedingten fort. Das Bedürfnis des Unbedingten und der Vollständigkeit ist der Ursprung und Grund der zweiten Art der didaktischen Gattung. Dies ist die eigentliche *philosophische Poesie*, welche nicht nur den Verstand, sondern auch die Vernunft interessiert.", KA I 245-6.

[575] KA I 246.

[576] Ebd.

[577] KA I 247-8.

Gültigkeit, wie die despotische Regierung."[578] Allerdings besteht für Schlegel noch eine gewisse Hoffnung auf eine positive Gestaltung des Objektiven. In Goethes Werk vernimmt Schlegel Zeichen einer möglichen Überwindung des Interessanten: „Der Charakter der ästhetischen Bildung unsres Zeitalters und unsrer Nation verrät sich selbst durch ein merkwürdiges und großes Symptom. *Goethens* Poesie ist die Morgenröte echter Kunst und reiner Schönheit."[579] Beim Goethe der *Iphigenie* scheint sich für Schlegel eine Synthese anzubahnen, die den Nachweis erbringt, dass auch in der Moderne Objektivität möglich ist. Während in Shakespeares Werk das Subjektive, Manierierte überwiegt, ist bei Goethe das Wiedererwachen der poetischen Objektivität unübersehbar: „Mir scheint es", schreibt Schlegel, „daß man Goethen sehr Unrecht tue, wenn man ihn auf diese Weise in einen Deutschen Shakespeare metamorphosiert. In der charakteristischen Poesie würde der manirierte Engländer vielleicht doch den Vorzug behaupten. Das Ziel des Deutschen ist aber das Objektive. Das Schöne ist der wahre Maßstab, seine liebenswürdige Dichtung zu würdigen."[580] So steht Goethe „[...] *in der Mitte zwischen dem Interessanten und dem Schönen, zwischen dem Manirierten und dem Objektiven.* Es darf uns daher nicht befremden, daß in einigen wenigen Werken seine eigne Individualität noch zu laut wird, daß er in vielen andern sich nach Laune metamorphosiert, und fremde Manier annimmt. Dies sind gleichsam übriggebliebene Erinnerungen an die Epoche des Charakteristischen und Individuellen. Und doch weiß er, so weit dies möglich ist, selbst in die Manier eine Art von Objektivität zu bringen."[581] Goethe symbolisiert die Möglichkeit einer objektiven Poesie in der Moderne und eröffnet zugleich eine neue Stufe der Bildung:

> Dieser große Künstler eröffnet die Aussicht auf eine ganz *neue Stufe der ästhetischen Bildung.* Seine Werke sind eine unwiderlegliche Beglaubigung, daß das Objektive möglich, und die Hoffnung des Schönen kein leerer Wahn der Vernunft sei. Das *Objektive* ist hier wirklich schon erreicht, und da die notwendige Gewalt des Instinkts jede stärkere ästhetische Kraft (die sich nicht selbst aufreibt) aus der Krise des Interessanten dahin führen muß: so wird das Objektive auch bald allgemeiner, es wird öffentlich anerkannt, und *durchgängig herrschend* werden.[582]

Es handelt sich bei diesen Worten um die Hoffnung des Klassizisten Schlegel, dass Goethes Werk das Interessante als ästhetische Verirrung überwinden möge. Diese Hoffnung wird Schlegel als Romantiker nicht mehr teilen, denn dieser wird sich zum Interessanten bekennen und in der Perfektibilität den Vorzug der Modernen gegenüber den Alten erblicken.

---

[578] KA I 215.
[579] KA I 259-60.
[580] KA I 260-1.
[581] KA I 261.
[582] KA I 262.

1.2. Geschichtsphilosophie in den *Heften zur Philologie*

Wenn Friedrich Schlegel im *Studium*-Aufsatz noch eine klassizistische Ästhetik vertrat, so kehrt er sich in seinen *Heften zur Philologie* unmissverständlich von dieser ab. Über die Entstehung der *Hefte* berichtet ein Brief Schlegels von Ende August 1797 an F. J. Niethammer, dem Herausgeber des *Philosophischen Journals*: „Ich denke Ihnen nächstens *den Begriff der Philologie* schicken zu können. Ich denke damit eine ziemlich lange Reihe von philosophischen Aufsätzen zu eröffnen, die zusammen eine vollständige *Philosophie der Philologie* bilden werden [...]".[583] Die Niederschrift der *Hefte* fällt in die Zeit, in der Schlegels Glaube an den Klassizismus brüchig wird. Denkwürdig ist beispielsweise, dass die unmittelbar vorausgehende Schrift, die klassizistische Abhandlung *Von der Schönheit in der Dichtkunst* (1796), unvollendet bleibt.[584]

Über seine Distanzierung vom Klassizismus und seine ästhetische Neuorientierung versucht Schlegel insbesondere in den ersten zwei *Heften* Rechenschaft abzulegen. Dort kritisiert er beispielsweise Johann Heinrich Voß:

> Voß ist weder durch Witz noch durch Kunstgefühl, noch durch Sentimentalität, sondern bloß durch *Solidität* und Genauigkeit zum *Buchstaben* des Alterthums gelangt. Von der *absoluten Verschiedenheit* hat er noch keine Ahndung. Ist also nicht ins Reich Gottes gelangt. / <*Stupider Eiserner Köhlerglaube ans Alterthum*; wie bey Harris etwa. Glaube ans Alterth.[um] auf Autorität, weil andre dran glauben. – Dazu kömmt dann noch *Gewohnheit*. – Erst <oft> *eitle Nachahmung.*>[585]

Während Voß laut Schlegel kein Gespür für die „*absolute Verschiedenheit*", die Wesensdifferenz zwischen Antike und Moderne hat, fällt Schlegels Urteil über Winckelmann anders aus: „Die Antinomie der Antik[e] und d[er] Moderne hat Winkelmann zuerst gefühlt."[586] In der Tat ist Winckelmanns Betrachtung der Antike stark geschichtlich angelegt. Eine derartige, dem damaligen Klassizismus unbekannte Aufmerksamkeit für das Individuelle und Geschicht-

---

[583] Zitiert nach dem Kommentar: KA XVI S. XVI. Darüber urteilt der Herausgeber Hans Eichner: „Daß im Sommer 1797, wie diese Briefstelle anzudeuten scheint, wirklich schon ein zusammenhängender Entwurf eines Aufsatzes über die Philologie vorlag, ist unwahrscheinlich. Die Hefte *Zur Philologie* enthalten jedoch die Vorarbeiten zu der geplanten Aufsatzreihe und müssen zum kleineren Teil vor, zum größeren aber recht bald nach dem Brief an Niethammer entstanden sein. Einen Terminus a quo liefern die Notizen III [i.e. *Zur Philologie I*] 123 und 162, in denen der Berliner Arzt Marcus Herz und der Berliner Altphilologe Georg Ludwig Spalding erwähnt werden, die Schlegel im Sommer kennenlernte. Ein verlässlicher Terminus ad quem ist nicht zu ermitteln; sowohl Inhalt als auch Schriftbild der Hefte lassen jedoch darauf schließen, daß sie innerhalb weniger Monate entstanden sind, und es ist anzunehmen, daß sie gegen Ende des Jahres 1797 abgeschlossen wurden.", Kommentar in: KA XVI S. XVI-XVII.

[584] Vgl. dazu den Kommentar von Hans Eichner in: KA XVI S. XV.

[585] KA XVI 70 Nr. 109. Schlegel bezieht sich auf James Harris, Philological Inquiries, London 1781.

[586] KA XVI 104 Nr. 236.

liche der antiken Kunst prägt bereits Winckelmanns frühe Schrift *Gedancken über die Nachahmung griechischer Wercke*:

> Der gute Geschmack, welcher sich mehr und mehr durch die Welt ausbreitet, hat sich angefangen zuerst unter dem Griechischen Himmel zu bilden. Alle Erfindungen fremder Völcker kamen gleichsam nur als der erste Saame nach Griechenland, und nahmen eine andere Natur und Gestalt an in dem Lande, welches Minerva, sagt man, vor allen Ländern, wegen der gemässigten Jahres-Zeiten, die sie hier angetroffen, der Griechen zur Wohnung angewiesen, als ein Land, welches kluge Köpfe hervorbringen würde.[587]

Peter Szondi hat aus diesen Worten die Grundaporie hergeleitet, die Winckelmanns Klassizismus durchzieht und diesen letzten Endes zum Scheitern verurteilen wird: die Aporie zwischen der zeitlosen Normativität des „guten Geschmacks", die Winckelmanns Klassizismus aufrecht hält, und seinem geschichtlichen Blick, der Aufmerksamkeit für die einzigartige geographische und zeitliche Konstellation, welcher die antike Kunst ihr Entstehen zu verdanken hat.[588] Geprägt ist Winckelmanns Ästhetik von dem unterschwelligen Widerspruch zwischen dem zeitlosen Schönheitsideal des Geschmacks und dem „Griechischen Himmel" als dem bedingten und unwiederholbaren Entstehungsgrund antiker Kunst. Ein solcher Widerspruch bekundet sich noch ausdrücklicher in der *Erläuterung der Gedanken Von der Nachahmung der griechischen Werke*, Winckelmanns Replik auf eine von ihm selbst verfasste Attacke gegen die *Gedancken*, das anonym erschienene *Sendschreiben über die Gedancken*. In seiner *Erläuterung* heißt es:

> Eben so würksam muß sich auch der Himmel und die Luft bey den Griechen in ihren Hervorbringungen gezeiget haben, und diese Wirkung muss der vorzüglichen Lage des Landes gemäß gewesen seyn. Eine gemässigte Witterung regierte durch alle Jahreszeiten hindurch, und die kühlen Winde aus der See überstrichen die wollüstigen Inseln im ionischen Meere, und die Seegestade des festen Landes [...] Unter einem so gemässigten, und zwischen Wärme und Kälte gleichsam abgewogenen Himmel spüret die Creatur einen gleich ausgetheilten Einfluß desselben.[589]

Die Einzigartigkeit der geographisch-historischen Konstellation, welche die Entstehung antiker Kunst begleitet hat, steht bei Winckelmann im Widerspruch zur klassizistischen Normativität, die eine geschichtslose Wiederholbarkeit der griechischen Modelle postuliert. Die Antinomie dieser beiden Seelen, der klassizistischen, zeitlos normativen, welche die übergeschichtliche Gültigkeit der antiken Vorbilder vertritt, und der ausgeprägt geschichtlichen,

---

[587] J. J. Winckelmann, Kleine Schriften, Vorreden, Entwürfe, hrsg. von W. Rehm, zweite Auflage, Berlin – New York 2002, 29.

[588] Vgl. Szondi, Poetik und Geschichtsphilosophie I, Frankfurt am Main 1974, 22 f.

[589] Kleine Schriften, Vorreden, Entwürfe, hrsg. von W. Rehm, zweite Auflage, Berlin – New York 2002, 100.

welche die Antike als eine einzigartige und unwiederholbare Epoche betrachtet, bleibt in Winckelmanns Klassizismus ungelöst.

Schlegel benutzt diesen Grundwiderspruch als einen Hebel, mittels dessen
der Klassizismus der eigenen theoretischen Unhaltbarkeit überführt werden
kann. Lehnt er einerseits den Ästhetiker Winckelmann ab, verteidigt er ihn
andererseits als Historiker:

> Der Unterschied des Klassischen und Progressiven ist *historischen* Ursprungs.
> Darum fehlt er den meisten Philologen. Mit Winkelmann fängt auch in dieser
> Rücksicht eine ganz neue Epoche an. [...] Er hat den unermeßlichen Unterschied
> eingesehn, die ganz eigne Natur des Alterthums. Er ist eigentlich ohne Nachfol-
> ger geblieben.[590]

An anderer Stelle heißt es: „*Er* [Winckelmann] *hatte gar keinen Witz*, und
fühlte doch die *absolute* Versch.[iedenheit] des Antiken und Modernen."[591]
Winckelmanns geschichtliche Betrachtung der Antike hat das Fundament für
die moderne Philologie gelegt, die Schlegels Ansicht nach wesentlich histo-
risch verfahren soll: „Winkelmann ist der Hist[oriker] der Alterthumslehre.
(Alles fängt bey den Modernen wie es scheint mit Hist[orie] an)."[592] Eine neue
Philologie soll bei der geschichtlichen Perspektive Winckelmanns ansetzen.
Allerdings wurde die geschichtliche Dimension von Winckelmanns Ästhetik
nicht rezipiert. Nur die normative Seite seiner Ästhetik hat sich durchgesetzt:
„Grade Winkelm[ann]s Fehler hat man nachgeahmt, seine Manieren."[593]

Schlegel argumentiert entschieden gegen die zeitlose Normativität des
Klassizismus, indem er eine Fundierung der Philologie auf geschichtlicher
Basis fordert: „Das subjektive Fundament der Philologie ist [...] historischer
Enthusiasmus."[594] An anderer Stelle liest man: „*Der Zweck der Philologie ist
die Historie. Ein Satz. Dieß ist noch fast nirgends geschehn. Es giebt noch
kaum Historie. Hier wieder die sogenannte Geschichte der Menschheit."[595]
Eine zeitlos normative Ästhetik richtet sich selbst: „Wird das Historische vernachlässigt so wird die philologische Kunst βαναυσ[isch] und grammatisch,
wie sie es meistens ist."[596] Die Kriterien ästhetischer Beurteilung können nur
auf geschichtlicher Basis aufgestellt werden: „Ueberall stößt man auf Fragen,
die sich ohne φσ[Philosophie] der Historie nicht entscheiden lassen."[597] Die
Unfähigkeit, die Moderne von der Antike zu differenzieren, ist für Schlegel
ein Symptom dafür, dass man auch von der Antike keine historische Kenntnis
besitzt: „So manche φλ[Philologen] scheinen gleichsam ein *halbes* Kunstge-

---

[590] KA XVI 35 Nr. 1.
[591] KA XVI 44 Nr. 114.
[592] KA XVI 81 Nr. 224.
[593] KA XVI 35 Nr. 3.
[594] KA XVI 39 Nr. 52.
[595] KA XVI 37 Nr. 27.
[596] KA XVI 37 Nr. 25.
[597] KA XVI 46 Nr. 136.

fühl [zu haben]. Für das Moderne sind sie stumpf und null, und darum kennen sie auch das Antike nicht recht, für das man ihnen doch nicht allen Sinn absprechen kann."[598]

Vor diesem Hintergrund wird eine Philosophie der Philologie nötig, d.h. eine Theorie, welche eine geschichtsphilosophische Reflexion über die Beziehung zwischen klassischer und moderner Literatur entwickeln könnte: „Alle φλ[Philologie] ist nothwendig φσisch[philosophisch]; *sie mag wollen, oder nicht; sie mags wissen oder nicht.*"[599] Eine solche Philosophie der Philologie wird die Form einer Philosophie der Geschichte annehmen, denn: „Das wichtigste Stück zu einer Philosophie der Philologie ist also eine Theorie der historischen Kritik. – Winkelmanns Historismus."[600] Dies veranlasst Schlegel übrigens auch dazu, den Mangel an historischer Reflexion, der Kants Transzendentalphilosophie charakterisiert, zu bemängeln: „Es fällt in die Augen, wie lächerlich es seyn würde, wenn ein eigentl.[icher] Kantianer s.[ich] über die Philolog.[ie] hermachen wollte. – Weit mehr muß insistirt werden auf den *Historismus*, der zur Philologie nothwendig. Auf *Geist*, gegen den Buchstaben. Das gehört mit zum Historismus [...]".[601]

Der „Historismus", welcher der Philologie notwendigerweise zu Grunde liegen soll, erlaubt, der geschichtlichen Spezifik der antiken Kunst gerecht zu werden und ermöglicht es andererseits erst, die Zäsur zu erfassen, die zwischen Antike und Moderne liegt. Erst durch die historische Perspektive und die Betrachtung der Antike als einzigartige, jedoch abgeschlossene künstlerische Epoche kann die Moderne erst zu ihrem Recht kommen: „Selbst die alten Classiker konnten veralten."[602] Die Antike macht nur einen Teil der Geschichte aus: „Die Klassik geht durch alle Vermögen und Bestandtheile und Seiten des menschl.[ichen] Geistes durch. [...] Sie ist freyl[ich] nur ein Theil der Historie."[603] An anderer Stelle heißt es: „<Die Klassik könnte auch *Urbildungslehre* heißen. Diese ist aber doch nur wieder ein Theil der <ganzen> Vervollkommnungslehre [...]>".[604] Schlegel hält die Grundzüge seiner philologischen Methode fest und bemerkt: „Studium des Classischen als Grundlage. (Damit nothwendig vereint das Studium des Progressiven.)"[605] Erst auf historischer Basis werden die Differenzen zwischen Antike und Moderne artikulierbar. Die Moderne erscheint in diesem Rahmen nicht mehr als Verirrung oder als Unfähigkeit, sondern wird aus ihren spezifischen Voraussetzungen heraus verstan-

---

[598] KA XVI 50 Nr. 176.
[599] KA XVI 51 Nr. 193.
[600] KA XVI 35 Nr. 9.
[601] KA XVI 35 Nr. 8. Zur Philosophie und geschichtlichem Bewusstsein vgl. auch die Kritik an Wolfs Ontologie: „Wolf fängt ein wenig an zu historisiren. Doch lange nicht genug.", in: KA XVI 37 Nr. 26.
[602] KA XVI 99 Nr. 169.
[603] KA XVI 72 Nr. 129.
[604] KA XVI 72 Nr. 130.
[605] KA XVI 37 Nr. 23.

den. Während die Antike ein Übergewicht an realem Element aufweist, ist die Moderne hingegen von einem Vorrang des Idealen gekennzeichnet. Darin liegt ihr Mystizismus, d.h. die Bedeutung, die in ihr das Unendliche besitzt. „Durch aesthetischen Mystizismus hat W.[inkelmann] gefehlt und darin allein ist man ihm gefolgt."[606] Mystizismus bezeichnet hier keine religiöse Disposition, sondern umschreibt primär das Element der Unendlichkeit, die ethische Tendenz zum Absoluten, d.h. die Progressivität. Vom Philologen fordert Schlegel einen feinsinnigen Kunstgeschmack, der aber durch den historischen Sinn geschult werden soll:

> Jeder Philolog muß ein Philomusos seyn. Die Philomusie ohne Historie, ohne Unterscheidung des Progressiven und Classischen macht der Philologie ein Ende. Alles muß der Historie untergeordnet werden. Auf die Theorie der historischen Kritik muß die Aufmerksamkeit sehr gespannt; sie selbst aber nicht gegeben werden. <Herrschaft des Philosophischen über das Historische würde der Philologie ein Ende machen wie die des Aesthetischen. –>[607]

„Alles muß der Historie untergeordnet werden.": das Historische behält bei Schlegel in der Philosophie wie auch in der Ästhetik den Vorrang. Unter dem Titel „Zur Grundlage der Kunstlehre" notiert er: „Muß die Principien der progressiven und der class.[ischen] Kunst enthalten. – *Thesis*: Es soll Urbilder geben[.] Antithesis. Es soll keine geben; die Kunst soll ewig fortschreiten. Antinomie des Classischen und Progressiven."[608] Die Antinomie von Klassisch und Progressiv entspricht in Schlegels geschichtsphilosophischem Denken der Zäsur zwischen Antike und Moderne.[609] Die antike Vollendung ist der Moderne verwehrt. In diesem Sinn wird die Praxis des philologischen Kommentierens als unendliche Annäherung an die vergangene Vollkommenheit gewertet: „Wo der Text nur Veranlassung zu Dissert[ationen] ist, φλ[philologische] *Idyllen*. Disputationen φλ[philologische] *Improvisazion[en]*. Diese gehören zur επιδειξις. Schrift[en] in todt[en] Sprach[en] gehören auch zu den φλ[philologischen] *Mimen*. In beyden ist Vollkommenheit unerreichbar. Sie sind progressiver Natur."[610] Es handelt sich um ein Bewusstsein der Zäsur zwischen Antike und Moderne, das Schlegel nicht nur der historischen Dispo-

---

[606] KA XVI 37 Nr. 35.

[607] KA XVI 36 Nr. 18.

[608] KA XVI 100 Nr. 186.

[609] Vgl. etwa die Kritik an Gibbon: „Im *Gibb*.[on] auf jeder Seite Verwechslung der klassischen und progressiven Prinzipien.", KA XVI 47 Nr. 152. „Es giebt eine *progressive* und eine klassische Philologie. – Zur Charakteristik der progressiven fl[Philologie] ist die Geschichte der Kirchenväterischen *Talmudischen* und endlich auch der Protestantischen *Hermeneutik* sehr wichtig. – Die progr.[essive] fl[Philologie] hat, so scheint [es], mit Interpr.[etazion] heil[iger] Schrift[en] angefangen.", KA XVI 43-4 Nr. 107. Vgl. auch *Athenäum* Nr. 231: „[...] Der Protestantismus [...] hat außer seinem polemischen revolutionären Verdienst auch noch das positive, durch die Vergötterung der Schrift die einer universellen und progressiven Religion auch wesentliche Philologie veranlaßt zu haben.", KA II 203 Nr. 231.

[610] KA XVI 54 Nr. 218.

sition des Werkes Winckelmanns entnimmt, sondern in ausgeprägtem Maße
auch bei Karl Philipp Moritz feststellt:

> Moritz hatte eine Ahndung von absoluter Verschiedenheit der klass.[ischen] und
> der progr.[essiven] Grammatik. Die klass.[ischen] Metra können *absolut nicht*
> nachgemacht werden in den progr.[essiven] Sprachen. – In den Neuern hat die
> Stammsilbe oft *forte* und im Maaß vertritt s.[ie] die Länge, und eine andere hat
> die Höhe, den Akzent. Wir *zählen* auch im Sprechen die Sylben; die
> Engl.[änder] schmeißen sie hastig hin. Südl.[iche] und klass.[ische] Nazionen
> mahlen sie ruhig, lassen jedem Klang s.[ein] Recht widerfahren. Hievon liegt der
> Grund gewiß sehr tief. <*Dehnung* – also *willkührlich* unser Verweilen. Das klas-
> sische Sprechen ist gleichsam ein ruhiges um s.[einer] selbst willen. Das
> Progr.[essive] eilt nach einem Ziel.>[611]

In diesem Sinne stellen die *Hefte* den Auftakt zu jener kritischen Reflexion
über den Klassizismus dar, die später – im Erscheinungsjahr des *Studium*-
Aufsatzes, 1797 – in Schlegels frühesten Fragmenten aus der Zeitschrift *Ly-
ceum* fortgesetzt werden wird: „Es ist noch gar nichts recht Tüchtiges, was
Gründlichkeit, Kraft und Geschick hätte, wider die Alten geschrieben worden;
besonders wider ihre Poesie.“[612] Besonders die Nachahmung antiker Vorbilder
wird später zum Gegenstand von Schlegels Spott: „Die Geschichte der Nachahmung der alten Dichtkunst, vornehmlich im Auslande hat unter andern auch
den Nutzen, daß sich die wichtigen Begriffe von unwillkürlicher Parodie und
passivem Witz, hier am leichtesten und vollständigsten entwickeln lassen.“[613]
Die Überwindung der klassizistischen Gattungspoetik und die chemische
Vermischung der Formen bahnen sich in diesem Zusammenhang schon an:
„Alle klassischen Dichtarten in ihrer strengen Reinheit sind jetzt lächerlich.“[614]
Weiter heißt es: „Die Alten sind weder die Juden, noch die Christen, noch die
Engländer der Poesie. Sie sind nicht ein willkürlich auserwähltes Kunstvolk
Gottes; noch haben sie den alleinseligmachenden Schönheitsglauben; noch
besitzen sie ein Dichtungsmonopol.“[615], oder: „In den Alten sieht man den
vollendeten Buchstaben der ganzen Poesie: in den Neuern ahnet man den
werdenden Geist.“[616]

Noch im *Athenäum* sind Spuren der Schlegelschen Klassizismus-Kritik
vernehmbar: „Man kann niemand zwingen, die Alten für klassisch zu halten,
oder für alt; das hängt zuletzt von Maximen ab.“[617] Gegenüber der Abgeschlossenheit der griechischen Kunstepoche nimmt sich die Formlosigkeit der
Modernen als unendliches, unerschöpfliches Potential aus, wie von Schlegel

---

[611] KA XVI 72-3 Nr. 131.
[612] KA II 148 Nr. 11.
[613] KA II 151 Nr. 39.
[614] KA II 154 Nr. 60.
[615] KA II 158 Nr. 91.
[616] KA II 158 Nr. 93.
[617] KA II 188 Nr. 143.

bereits in den *Heften* bemerkt wurde: „Lächerlich und verächtlich könnte man die kleine Schönheit der Griech[en] mach[en] geg[en] die ungestaltete Kolossalität d.[er] Modernen!"[618] Mit dem Klassizismus verabschiedet sich Schlegel von einer Poetik, welche die Gültigkeit zeitloser Normen postulierte, um die romantische Poetik zu begründen, die in der Erfahrung der Historizität ihren Ursprung hat. An die Adresse der klassizistischen Griechenverehrung gerichtet heißt es dann ironisch im *Athenäum*: „An die Griechen zu glauben, ist eben auch eine Mode des Zeitalters. Sie hören gern genug über die Griechen deklamieren. Kommt aber einer und sagt: Hier sind welche; so ist niemand zu Hause."[619]

---

[618] KA XVI 110 Nr. 307.
[619] KA II 212 Nr. 277.

1.3. Die Transzendentalpoesie

1.3.1. Die Progressivität der Form

Eines der zentralen Ergebnisse der *Querelle des Anciens et des Modernes* war die Einsicht, dass die Kunst – im Unterschied zu den Wissenschaften – keinen linearen Fortschritt kennt. Perraults Dialoge *Parallèle des Anciens et des Modernes*, die von 1688 bis 1697 erschienen, hatten eben diese kategoriale Trennung von Wissenschaften und Künsten formuliert. Zwar kann im Verlauf von Perraults Dialogen der Abbé, der verständige Wortführer der *Modernes*, gegenüber dem Président, dem pedantischen Verteidiger der *Anciens*, die Überlegenheit der *Modernes* auf den Gebieten der Naturwissenschaften und der Technik mühelos nachweisen. Ihm gelingt es jedoch nicht zu beweisen, dass auch den Künsten dieser Fortschritt eigen ist.[620] Die Dichtung, die Eloquenz sowie die bildenden Künste befinden sich nicht wie die Naturwissenschaften auf einem gemeinsamen Weg zur Vervollkommnung. Künste und Wissenschaften haben ein verschiedenartiges Verhältnis zum Fortschritt. Zu Beginn des dritten Dialogs formuliert der Président die Ansicht, dass man zwischen manuellen und geistigen Künsten unterscheiden solle. Wenn er mit dem Abbé darin übereinstimmt, dass sich in den manuellen Wissenschaften ein Fortschritt beobachten lässt, betont er andererseits, dass sich Vergleichbares für die Künste nicht feststellen lasse: „Je croy bien que les grands travaux & les grands bastimens qu'on a faits icy de tous costez ont beaucoup perfectionné les Arts qui dépendent de la main, mais pour les Arts purement spirituels, comme l'Eloquence & la Poësie, je ne voy pas ce qui peut les avoir portez à un haut degré de perfection."[621] Diese Scheidung der Künste von den Wissenschaften, die bislang in der europäischen Kulturtradition ununterbrochen als eine Einheit betrachtet wurden, wird auch am Ende von Perraults Dialogen festgehalten. So muß am Schluss des letzten Dialoges der Abbé die Sonderstellung der Eloquenz und der Poesie einräumen: „Nous conclurons, si vous l'avez agreable, que dans tous les Arts & dans toutes les sciences, à la reserve de l'Eloquence & de la Poësie, les Modernes sont de beaucoup superieurs aux Anciens, comme je croy l'avoir prouvé suffisamment, & qu'à l'égard de l'Eloquence & de la Poësie, quoy-qu'il n'y ait aucune raison d'en juger autre-

---

[620] Vgl. Jauß: „Das Moment der Spannung, das auf der Seite des pedantischen *Président* fehlt, entspringt in der immanenten Dialektik der Dialoge dem wiederholt erwähnten *nœud principal de la difficulté*: den Fortschritt über die Antike hinaus nun auch für einen Bereich erweisen zu müssen, in dem er nicht schon in Erfindungen wie Fernrohr und Mikroskop für jeden Einsichtigen zutage lag – dem der Schönen Künste.", Ästhetische Normen und geschichtliche Reflexion in der ‚Querelle des Anciens et des Modernes', Einleitung zu: Charles Perrault, Parallèle des Anciens et des Modernes, München 1964.

[621] Charles Perrault, Parallèle des Anciens et des Modernes, a.a.O., II 2.

ment, il faut pour le bien de la paix ne rien decider sur cet article."[622] Somit wurde ein Kompromiss zwischen Traditionalisten und Modernisten geschlossen. Der Fortschrittsgedanke wurde zwar anerkannt, aber nicht auf die Künste angewandt.[623]

Ein Jahrhundert nach Perraults *Parallèle* stellen Friedrich Schlegel und Novalis dieses Ergebnis erneut in Frage. Beide formulieren den Gedanken, dass nicht nur den Wissenschaften, sondern auch der Poesie Perfektibilität zukomme. Sie stellen nun auch die Poesie unter das Gesetz der Progressivität. Der Progressivitätsgedanke war den Romantikern aus Fichtes *Wissenschaftslehre* vertraut.[624] Fichte hatte ihn jedoch auch in seinen *Vorlesungen über die Bestimmung des Gelehrten* von 1794 formuliert, welche die geschichtsphilosophischen Folgerungen aus dem dritten Grundsatz der *Wissenschaftslehre* ziehen. In diesen Vorlesungen sieht Fichte die Bestimmung des Ich darin, die Natur als das bedrohliche Vernunftlose zu bezwingen und vernunftmäßig zu gestalten. Allerdings bleibt dieses Ziel für Fichte auch hier nur ein Ideal, denn die Bildung des Vernunftlosen stellt eine Aufgabe dar, die nie gänzlich erfüllt werden kann.[625]

Im Unterschied zu Fichte wenden nun die Frühromantiker den Progressivitätsgedanken nicht nur auf die Wissenschaften, sondern auch auf die Poetik an. Auf das Gebiet der Poetik bezogen ist Fichtes Gedanke einer unendlichen

---

[622] A.a.O., IV 293.

[623] Vgl. auch Hans Gerd Rötzer: „Ein wichtiges Resultat der französischen *Querelle*, das von den Modernisten wie von den Traditionalisten – trotz der gegensätzlichen Argumentation im Detail – gleichermaßen akzeptiert wurde, war die endgültige Trennung zwischen den Schönen Künsten und den Wissenschaften im allgemeinen. Die Entwicklung beider Bereiche ließ sich nicht mehr auf ein gemeinsames Gesetz zurückführen. Der Begriff des Fortschritts war auf die Schönen Künste nur mehr bedingt, als ein relatives Kriterium, anzuwenden.", Traditionalität und Modernität in der europäischen Literatur, Darmstadt 1979, 98.

[624] An dieser Stelle ist allerdings auch auf Kant und seine Bestimmung des moralischen Gesetzes als „die wahre Unendlichkeit" hinzuweisen: denn dieses erhebt „[...] meinen Wert, als einer *Intelligenz*, unendlich durch meine Persönlichkeit, in welcher das moralische Gesetz mir ein von der Tierheit und selbst von der ganzen Sinnenwelt unabhängiges Leben offenbart, wenigstens soviel sich aus der zweckmäßigen Bestimmung meines Daseins durch dieses Gesetz, welche nicht auf Bedingungen und Grenzen dieses Lebens eingeschränkt ist, sondern ins Unendliche geht, abnehmen läßt.", KpV, in: Ak.-Ausg. V 162.

[625] „Alles Vernunftlose sich zu unterwerfen, frei und nach seinem eignen Gesetze es zu beherrschen, ist lezter Endzweck des Menschen; welcher lezte Endzweck völlig unerreichbar ist und ewig unerreichbar bleiben muß, wenn der Mensch nicht aufhören soll, Mensch zu seyn, und wenn er nicht Gott werden soll. Es liegt im Begriffe des Menschen, daß sein letztes Ziel unerreichbar, sein Weg zu demselben unendlich seyn muß. Mithin ist es nicht die Bestimmung des Menschen, dieses Ziel zu erreichen. Aber er kann und soll diesem Ziele immer näher kommen: und daher ist die *Annäherung ins Unendliche zu diesem Ziele* seine wahre Bestimmung als *Mensch*, d.i. als vernünftiges, aber endliches, als sinnliches, aber freies Wesen. – Nennt man nun jene völlige Uebereinstimmung mit sich selbst Vollkommenheit, in der höchsten Bedeutung des Worts, wie man sie allerdings nennen kann: so ist *Vollkommenheit* das höchste unerreichbare Ziel des Menschen; *Vervollkommnung ins unendliche* aber ist seine Bestimmung.", FG I.3 32.

sittlichen Vervollkommnung die Voraussetzung für die Progressivität der romantischen Poesie, wie sie im 116. Fragment des *Athenäums* formuliert wird:

> Die romantische Poesie ist eine progressive Universalpoesie. [...] Andre Dichtarten sind fertig, und können nun vollständig zergliedert werden. Die romantische Dichtart ist noch im Werden; ja das ist ihr eigentliches Wesen, daß sie ewig nur werden, nie vollendet sein kann. [...] Sie allein ist unendlich, wie sie allein frei ist, und das als ihr erstes Gesetz anerkennt, daß die Willkür des Dichters kein Gesetz über sich leide. Die romantische Dichtart ist die einzige, die mehr als Art, und gleichsam die Dichtkunst selbst ist: denn in einem gewissen Sinn ist oder soll alle Poesie romantisch sein.[626]

In der Bestimmung der Transzendentalpoesie als einer werdenden ist der Einfluss der Geschichtsphilosophie Fichtes deutlich zu spüren. Ziel der Progressivität ist hier allerdings – im Gegensatz zu Fichtes *Bestimmung des Gelehrten* – nicht die Idee der Wissenschaft, sondern die Idee der Kunst.

Diese Vermittlung zwischen Idealität und Realität, wie sie in der Idee der Kunst formuliert wird, liegt der Konzeption der progressiven Transzendentalpoesie zugrunde. In ihr wird die Anschauung von der Warte der Idee her, das Kunstwerk aus der Perspektive der Idee der Kunst kritisiert.[627] In seiner faktischen Begrenztheit, in seinem Ding-Charakter erscheint das abgeschlossene Werk als Verfälschung der ästhetischen Idee. Diese bleibt zwar als ästhetische auf die Anschauung bezogen, als Idee jedoch bildet sie einen Begriff, dem keine Anschauung adäquat sein kann. Die Vermittlung zwischen dem abgeschlossenen Kunstwerk und der Idee der Kunst ist dann nur insofern möglich, als letztere in das Werk selbst aufgenommen wird. Dies geschieht dadurch, dass sich die endliche Form zurücknimmt und über die eigene Begrenztheit reflektiert. Das einzelne Kunstwerk wird sich seiner Endlichkeit bewusst und verweist auf die von ihm notwendigerweise verfehlte Idee der Kunst. Diese Konzeption der Selbstbeschränkung durch Reflexion, die als Grundlage für das Phänomen der romantischen Ironie zu betrachten ist, geht aus der romantischen Interpretation des Terminus „transzendental" aus Kants kritischer Philosophie hervor. Bei Kant bezeichnet „transzendental" jene Erkenntnis, welche die Bedingungen, die logischen Voraussetzungen der Erkenntnis zum Gegens-

---

[626] KA II 182-3.

[627] Dieser platonische Charakter der romantischen Ästhetik kommt im *Ofterdingen* deutlich zur Geltung. Im zweiten Teil des Romans fragt Heinrich Klingsohr: „Wie versteht ihr das, lieber Vater? [...] Kann ein Gegenstand zu überschwänglich für die Poesie sein?", worauf dieser erwidert: „Allerdings. Nur kann man im Grunde nicht sagen, für die Poesie, sondern nur für unsere irdischen Mittel und Werkzeuge. Wenn es schon für einen einzelnen Dichter nur ein eigenthümliches Gebiet giebt, innerhalb dessen er bleiben muß, um nicht alle Haltung und den Athem zu verlieren: so giebt es auch für die ganze Summe menschlicher Kräfte eine bestimmte Grenze der Darstellbarkeit, über welche hinaus die Darstellung die nöthige Dichtigkeit und Gestaltung nicht behalten kann, und in ein leeres täuschendes Unding sich verliert.", Schriften I 285.

tand hat. So heißt es in der *Kritik der reinen Vernunft*: „Ich nenne alle Erkenntnis transcendental, die sich nicht sowohl mit Gegenständen, *sondern mit
unserer Erkenntnisart von Gegenständen, sofern diese a priori möglich sein
soll*, überhaupt beschäftigt."[628] Transzendental ist jene Erkenntnis, die keinen
Gegenstand erkennt, sondern sich selbst zum Erkenntnisgegenstand macht.
Besteht also das Transzendentale im erkenntnistheoretischen Sinne in „*einem
beständigen sich-selbst-Objekt-Werden des Subjektiven*"[629] – wie Schelling es
später formuliert –, so bestimmt sich für die Frühromantiker das Transzendentale im ästhetischen Sinne in dem Sich-Selbst-Objekt-Werden der einzelnen
Form. Transzendental ist jene Poesie, die sich selbst zum Gegenstand hat und
dadurch ein Wissen über die Differenz erlangt, die sie von der Idee der Form
trennt. Das Bewusstsein dieser Differenz zwischen Realem und Idealem ist für
die Transzendentalpoesie konstitutiv und steht im Mittelpunkt ihrer Bestimmung durch Friedrich Schlegel im Athenäumsfragment Nr. 238:

> Es gibt eine Poesie, deren eins und alles das Verhältnis des Idealen und des Rea-
> len ist, und die also nach der Analogie der philosophischen Kunstsprache Trans-
> zendentalpoesie heißen müßte. Sie beginnt als Satire mit der absoluten Verschie-
> denheit des Idealen und Realen, schwebt als Elegie in der Mitte, und endigt als
> Idylle mit der absoluten Identität beider. So wie man aber wenig Wert auf eine
> Transzendentalphilosophie legen würde, die nicht kritisch wäre, nicht auch das
> Produzierende mit dem Produkt darstellte, und im System des transzendentalen
> Gedanken zugleich eine Charakteristik des transzendentalen Denkens enthielte:
> so sollte wohl auch jene Poesie [...] in jeder ihrer Darstellungen sich selbst mit
> darstellen, und überall zugleich Pocsic und Poesie der Poesie sein.[630]

Die Transzendentalpoesie soll auch sich selbst darstellen, Poesie und zugleich
„Poesie der Poesie" sein, um sich ihrer eigenen Unvollkommenheit bewusst zu
werden. Die reflexive Selbstbeschränkung des Kunstwerks bedeutet allerdings
nur scheinbar eine Begrenzung, im Grunde ist sie zugleich dessen Erweiterung, denn der Standpunkt, von dem aus die Beschränkung geschieht, ist bereits über die Schranke hinweg – wie es später Hegel formulieren wird.[631]
Durch die transzendentale Reflexion über sich selbst wird die Form zum Gehalt einer neuen Form, die sich über deren Unzulänglichkeit hinwegsetzt. Diese formale Steigerung war den Romantikern auch durch Fichtes kurze er-
kenntnistheoretische Schrift *Über den Begriff der Wissenschaftslehre* von
1794, eine Einladungsschrift zu seinen Vorlesungen, bekannt. Fichte erklärt
dort, dass der Geist zwar den gesamten Stoff der Wissenschaftslehre bilde,

---

[628] KrV B 25 (Einleitung).

[629] SW I/3 345.

[630] KA II 204.

[631] „Es ist daher nur Bewußtlosigkeit, nicht einzusehen, daß eben die Bezeichnung von etwas als
einem Endlichen oder Beschränkten den Beweis von der *wirklichen Gegenwart* des Unendlichen, Unbeschränkten enthält, daß das Wissen von Grenze nur sein kann, insofern das Unbegrenzte *diesseits* im Bewußtsein ist.", Hegel, Enzyklopädie der philosophischen Wissenschaften, Frankfurt am Main 1986, 143-4.

allerdings nicht letztere selbst: er sei Wissen, noch nicht Wissen des Wissens.[632] Um die Wissenschaftslehre zu konstituieren, bedarf es einer Bewusstwerdung des Geistes seiner selbst. Geist, welcher Form, reine Tätigkeit ist, wird zum Gehalt einer neuen Form, jene der Reflexion bzw. des Bewusstseins: „Durch diese freie Handlung [die Handlung des Selbstbewusstseins, A.d.V.] wird nun etwas, das schon an sich Form ist, die nothwendige Handlung des menschlichen Geistes, als Gehalt in eine neue Form, die Form des Wissens, oder des Bewußtseyns aufgenommen, und demnach ist jene Handlung eine Handlung der Reflexion."[633] An anderer Stelle heißt es: jene „[...] Handlung der Freiheit, durch welche die Form zur Form der Form als ihres Gehalts wird und in sich selbst zurückkehrt, heißt *Reflexion*."[634]

Die poetische Reflexion ist in der Tat das Medium, durch welches sich das Kunstwerk beschränkt und die Beschränkung zugleich überwindet. Walter Benjamin hat in seiner Dissertation von einem „inhaltlich erfüllten Zusammenhang" der Reflexion gesprochen. Die poetische Reflexion der Romantiker, bemerkt er, verlaufe nicht in einer „leeren Unendlichkeit", sondern sei „in sich selbst substanziell und erfüllt".[635] In diesem Sinne bemerkt Friedrich Schlegel in den Windischmannschen Vorlesungen über die poetische Reflexion: „Es gibt [...] eine Art des Denkens, die etwas produziert und daher mit dem schöpferischen Vermögen, das wir dem Ich der Natur und dem Welt-Ich zuschreiben, große Ähnlichkeit der Form hat. Das *Dichten* nämlich; dies *erschafft*

---

[632] Vgl. Schellings *System des transzendentalen Idealismus*: „Im gemeinen Handeln wird über dem Objekt der Handlung das *Handeln selbst* vergessen; das Philosophiren ist auch ein *Handeln*, aber nicht ein Handeln nur, sondern zugleich ein beständiges *Selbstanschauen* in diesem Handeln.", in: SW I/3 345.

[633] FG I.2 142.

[634] FG I.2 138.

[635] Der Begriff der Kunstkritik in der deutschen Romantik, in: Gesammelte Schriften (im Folgenden als GS abgekürzt), hrsg. von Rolf Tiedemann und Hermann Schweppenhäuser, Frankfurt am Main 1972, I.1 31. „Die Unendlichkeit der Reflexion ist für Schlegel und Novalis in erster Linie nicht eine Unendlichkeit des Fortgangs, sondern eine Unendlichkeit des Zusammenhanges. Das ist neben und vor ihrer zeitlichen Unabschließbarkeit des Fortgangs, die man anders als eine leere verstehen müßte, entscheidend. Hölderlin, welcher ohne Fühlung mit den Frühromantikern in einigen ihrer Ideenzusammenhänge, die hier noch begegnen werden, das letzte und unvergleichlich tiefste Wort sprach, schreibt an einer Stelle, an der er einen innigen, höchst triftigen Zusammenhang ausdrücken will: ‚unendlich (genau) zusammenhängen'. Das Gleiche hatten Schlegel und Novalis im Sinn, indem sie die Unendlichkeit der Reflexion als eine erfüllte Unendlichkeit des Zusammenhanges verstanden: es sollte in ihr alles auf unendlich vielfache Weise, wie wir heute sagen würden systematisch, wie Hölderlin einfacher sagt ‚genau' zusammenhängen. Mittelbar kann dieser Zusammenhang von unendlich vielen Stufen der Reflexion aus erfaßt werden, indem gradweise die sämtlichen übrigen Reflexionen nach allen Seiten durchlaufen werden. In der Vermittlung durch Reflexionen liegt aber kein prinzipieller Gegensatz zur Unmittelbarkeit des denkenden Erfassens, weil jede Reflexion in sich unmittelbar ist. Es handelt sich also um eine Vermittlung durch Unmittelbarkeiten [...]. Diese prinzipielle, jedoch nicht absolute, sondern vermittelte Unmittelbarkeit ist es, auf der die Lebendigkeit des Zusammenhanges beruht.", a.a.O., 26-7.

gewissermaßen seinen Stoff selbst [...]".[636] Die romantische Reflexion verleiht nicht einem vorgegebenen Stoff Gestalt, sondern erzeugt diesen Stoff selbst. Im *Gespräch über die Poesie* stellt Ludoviko die Frage: „Halten Sie es etwa für unmöglich, zukünftige Gedichte *a priori* zu konstruieren?"[637] Dies bedeutet nichts anderes, als dass die Reflexion eine Unmittelbarkeit hervorbringt, die ihrerseits freilich wiederum vermittelt wird, denn die Reflexion, welche die Anschauung produziert, ist zugleich die Instanz, welche sie als unzulänglich aufhebt. Somit potenziert sie sich ins Unendliche. Um diese reflexive Potenzierung anschaulich zu vergegenwärtigen, bedient sich Friedrich Schlegel im Fragment Nr. 116 des *Athenäums* des Bildes einer „endlosen Reihe von Spiegeln". Dementsprechend kann die Transzendentalpoesie

> am meisten zwischen dem Dargestellten und dem Darstellenden, frei von allem realen und idealen Interesse auf den Flügeln der poetischen Reflexion in der Mitte schweben, diese Reflexion immer wieder potenzieren und wie in einer endlosen Reihe von Spiegeln vervielfachen.[638]

Schlegel selbst macht von der Spiegelmetapher Gebrauch, um die unendliche Potenzierung der Reflexion zu exemplifizieren. Dadurch wird der Eindruck erweckt, dass das Bild, das ein Spiegel ausstrahlt, von einem zweiten aufgefangen und reflektiert wird. Diese Reflexion, die im zweiten Spiegel stattfindet, wird ihrerseits vom ersten Spiegel aufgefangen, doch so, dass sie zugleich gebrochen und erneut reflektiert wird – die Form wird dabei zum Gehalt einer neuen Form. Die Einschränkung der Reflexion ist zugleich deren Potenzierung, deren erneute Spiegelung, wodurch eine unendliche Vervielfältigung der ursprünglichen Reflexion zustande kommt.

In der Reflexion als vermittelter Unmittelbarkeit, d.h. als Unmittelbarkeit, die zugleich reflexiv über sich hinaus getrieben wird, liegt die Ursache für die Verbindung von Poesie und Philosophie, wie sie Schlegels Theorie der Transzendentalpoesie vorsieht. Die über sich reflektierende Unmittelbarkeit kontaminiert die ästhetische mit der philosophischen Sphäre. Das Fragment Nr. 249 des *Athenäums* lautet: „Der dichtende Philosoph, der philosophierende Dichter ist ein Prophet."[639]

1.3.2. Die Universalisierung der Form

Schlegels zuvor zitiertes Fragment Nr. 116 bestimmt die Transzendentalpoesie als „progressive Universalpoesie". Nachdem ein Hauptmerkmal der Transzendentalpoesie – die Progressivität – erörtert wurde, soll nun auf ein weiteres

---

[636] KA XII 371.
[637] KA II 350.
[638] KA II 182-3.
[639] KA II 207.

Merkmal, die Universalität, eingegangen werden. Letztere ergibt sich aus der frühromantischen Erweiterung des Formbegriffs von Gattung zur allgemeinen Bezeichnung für den transzendentalen Reflexionsakt. Dabei ist es wiederum aufschlussreich, auf Benjamins Untersuchung Bezug zu nehmen. Dort heißt es, dass das Streben der Romantiker

> mit vollem Bewußtsein auf die Eroberung, Ausbildung und Reinigung der For-
> men gerichtet [war]. Doch war ihr Verhältnis zu ihnen ein ganz anderes als das
> der vorhergehenden Generationen. Die Romantiker faßten nicht, wie die Aufklä-
> rung, die Form als eine Schönheitsregel der Kunst, ihre Befolgung als eine not-
> wendige Vorbedingung für die erfreuliche oder erhebende Wirkung des Werkes
> auf. [...] Jede Form als solche gilt als eine eigentümliche Modifikation der
> Selbstbegrenzung der Reflexion, einer andern Rechtfertigung bedarf sie nicht,
> weil sie nicht Mittel zur Darstellung eines Inhalts ist.[640]

Form ist in der Frühromantik nicht mehr Gattung, kodifiziertes poetisches Mittel zur Darstellung eines bestimmten Inhalts, sondern bezeichnet prinzipiell jede transzendentale Reflexionshandlung, gleich ob poetisch oder nicht. Die Universalität der Transzendentalpoesie beruht auf diesem neuen Formverständnis und fordert die Mobilisierung aller möglichen Formen. Im Fragment Nr. 449 des *Athenäums* heißt es: „Universalität ist Wechselsättigung aller Formen und aller Stoffe.“[641] Die Universalität der Formen führt also notwendigerweise zur Aufhebung des Unterschiedes zwischen Dichtung und Nicht-Dichtung und zur Vermischung von Poesie und Prosa. Nach dem Fragment Nr. 116 des *Athenäums* hat die Transzendentalpoesie nicht nur die Aufgabe,

> alle getrennte Gattungen der Poesie wieder zu vereinigen, und die Poesie mit der
> Philosophie und Rhetorik in Berührung zu setzen. Sie will, und soll auch Poesie
> und Prosa, Genialität und Kritik, Kunstpoesie und Naturpoesie bald mischen,
> bald verschmelzen, die Poesie lebendig und gesellig, und das Leben und die Ge-
> sellschaft poetisch machen, den Witz poetisieren, und die Formen der Kunst mit
> gediegenem Bildungsstoff jeder Art anfüllen und sättigen, und durch die
> Schwingungen des Humors beseelen. [...] Nur sie kann gleich dem Epos ein
> Spiegel der ganzen umgebenden Welt, ein Bild des Zeitalters werden.[642]

Nicht nur Poesie und Philosophie, sondern auch Poesie und Prosa sollen miteinander vermittelt werden. An dieser Stelle wird zugleich der Unterschied zwischen Schlegels Transzendentalpoesie und Schillers sentimentalischer Dichtung fassbar. Dieser besteht zum Einen in dem Umstand, dass Schillers sentimentalische Poesie reine Poesie ist, während die Transzendentalpoesie auf der Vermischung von Poesie und Philosophie beruht, zum Anderen darin, dass die Transzendentalpoesie Poesie und Prosa miteinander vermischt, während Schiller die Prosa als minderwertige Form betrachtet und den Romanau-

---

[640] GS I.1 76.
[641] KA II 255.
[642] KA II 182.

tor als „Halbbruder" des Dichters definiert.[643] Einen besonderen Stellenwert
erhält in dieser Hinsicht auch die Vermischung von „Genialität und Kritik",
die Walter Benjamin zum Thema seiner Dissertation gemacht hat. Die Kritik
trägt keine ästhetischen Allgemeinbegriffe der Harmonie und Organisation an
das Werk heran, sondern verfährt immanent. Die immanente Tendenz des
Werkes – und Maßstab seiner Kritik zugleich – ist dabei die ihm eigentümliche Reflexion.[644] Die Kritik soll die Reflexion des Werkes weiterführen und
auf diese Weise das Werk selbst vollenden. Somit wird für Friedrich Schlegel
das „Kunsturteil" selbst zum „Kunstwerk".[645]

Schließlich wird durch die Aufstellung des Kriteriums der immanenten Kritik zugleich die psychologische Ästhetik der Aufklärung allmählich von einer
realen Ästhetik abgelöst, in deren Mittelpunkt nicht mehr die psychologische
Wirkung des Kunstwerks steht, sondern das Kunstwerk selbst. Damit bestätigen die Frühromantiker im Grunde die These der Autonomie des Kunstwerks,
wie sie bereits in Kants *Kritik der Urteilskraft* (1790)[646] und vor dieser in den
ästhetischen Schriften Karl Philipp Moritzens vertreten wurde. Wenn für die
Romantiker das Kunstwerk und dessen Selbsterkenntnis im Mittelpunkt stehen, so nimmt Moritz diese Position vorweg, wenn er in seinem Aufsatz *Über
den Begriff des in sich selbst Vollendeten* von 1785 bemerkt: „Wir bedürfen
des Schönen nicht so sehr, um dadurch ergötzt zu werden, als das Schöne
unsrer bedarf, um erkannt zu werden."[647]

1.3.3. Die Historisierung der Form

Ergibt sich aus dem Postulat der Universalität die *Universalisierung* des
Formbegriffs – und der damit verbundene neue Stellenwert der Kritik –, so
folgt aus dem Postulat der Progressivität dessen *Historisierung*. Die wichtigste
Konsequenz der Progressivität ist in der Tat die Historisierung der Form – ein
Aspekt, der im Fragment Nr. 116 des *Athenäums* bereits anklang. Dort wurde
die Historizität der Transzendentalpoesie nicht nur durch die Behauptung
hervorgehoben, dass sie „gleich dem Epos ein Spiegel der ganzen umgebenden Welt, ein Bild des Zeitalters werden" könne. Zugleich wurde die Ursache
für diese Historizität in der dialektischen Wechselwirkung zwischen Form und

---

[643] NA XX 462.

[644] GS I.1 77.

[645] „Ein Kunsturteil, welches nicht selbst ein Kunstwerk ist, entweder im Stoff, als Darstellung
des notwendigen Eindrucks in seinem Werden, oder durch eine schöne Form, und einen im
Geist der alten römischen Satire liberalen Ton, hat gar kein Bürgerrecht im Reiche der
Kunst.", KA II 162 Nr. 117.

[646] Anzumerken ist freilich, dass Kant noch weitgehend der aufklärerischen Wirkungsästhetik
insofern verhaftet bleibt, als die Formel der „Zweckmäßigkeit ohne Zwecke" sich nicht auf
das Kunstwerk, sondern auf das Spiel der Erkenntniskräfte bezieht.

[647] Werke, hrsg. von Horst Günther, Frankfurt am Main 1981, II 544.

Stoff erkannt. Die Transzendentalpoesie soll „die Poesie lebendig und gesellig, und das Leben und die Gesellschaft poetisch machen", d.h. in ihr schlägt die Form in Stoff, der Stoff in Form um. Diese Dialektik, die erst durch die Verabschiedung von Fichtes Grundsatz-Denken möglich wird, das die Form als Grundsatz aufstellte, historisiert den Formbegriff, der nicht länger ein Apriori darstellt, sondern sich durch die Beziehung auf den geschichtlich bedingten Stoff definiert. Anders als bei Aristoteles und in der klassizistischen Ästhetik erweist sich in der frühromantischen Poetik nicht nur der Stoff, sondern auch die Form als geschichtlich.[648] Auf diese Weise wird die normative Poetik der Aufklärung durch eine geschichtliche Poetik abgelöst. Entspringen die Formen nicht mehr den Regeln, die aus der zeitlosen Natur des Geschmacks abgeleitet werden, so wird auch ihre kategoriale Einteilung in zeitlose Gattungsbegriffe letztlich obsolet. Das 434. Athenäumsfragment bringt diese Kritik an der Gattungspoetik zum Ausdruck:

> Soll denn die Poesie schlechthin eingeteilt sein? oder soll sie die eine und unteilbare bleiben? oder wechseln zwischen Trennung und Verbindung? Die meisten Vorstellungsarten vom poetischen Weltsystem sind noch so roh und kindisch, wie die ältern vom astronomischen vor Kopernikus. Die gewöhnlichen Einteilungen der Poesie sind nur totes Fachwerk für einen beschränkten Horizont. Was einer machen kann, oder was eben gilt, ist die ruhende Erde im Mittelpunkt. Im Universum der Poesie selbst aber ruht nichts, alles wird und verwandelt sich und bewegt sich harmonisch [...].[649]

Dies impliziert eine Verbindung von Gattungspoetik und Geschichtsphilosophie[650], die letztlich zur Überwindung der Gattungspoetik selbst führt, die zugunsten der einzigen – und neuen – modernen Gattung, der des Romans, abgelöst wird.[651]

1.3.4. Schlegels Ablösung der Gattungspoetik durch die Romanpoetik

Zunächst konzipieren Schlegel und Novalis die Gattungspoetik grundsätzlich anders als die Aufklärung. Die aufklärerische Poetik beschränkt sich darauf, die unterschiedlichen Gattungen empirisch-deskriptiv zu klassifizieren. Paradigmatisch dafür ist J. G. Sulzers *Allgemeine Theorie der schönen Künste* als Kompendium der aufklärerischen Ästhetik. Die Poetik besteht nach Sulzer in

---

[648] Dazu Peter Szondi, Theorie des modernen Dramas, Frankfurt am Main 1963, 9-13. Vgl. Goethes Aufsatz *Über epische und dramatische Dichtung*, sowie Schillers Brief an Goethe vom 26. Dezember 1797.

[649] KA II 252.

[650] „Die ächte Classification ist historisch, sowohl nach d[em] principio cognoscendi als nach dem princ.[ipio] existendi.", KA XVIII 60 Nr. 408.

[651] Vgl. zum Folgenden: Peter Szondi, Friedrich Schlegels Theorie der Dichtarten, in: Schriften II, Frankfurt am Main 1978, 32-58.

dem Versuch, „[...] die verschiedenen Gattungen des Gedichts allgemein zu bestimmen, und den besondern Charakter einer jeden Gattung festzusetzen. Man müßte den Ursprung der Gattung und Arten in der Natur des poetischen Genies aufsuchen, und daher wieder die, jeder Art vorzüglich angemessene Materie, die geschichtlichen Formen, und den wahren Ton bestimmen.“[652] Der aufklärerischen empirischen *Induktion* der Gattungen setzen die Romantiker deren spekulative *Deduktion* entgegen: die Beschreibung der Dichtungsarten wird von der Erfassung ihres philosophischen Wesens abgelöst. Schlegel notiert dazu: „Wie zu classificiren sei, können wir oft von den Alten lernen; den Grund der Classification müssen wir mystisch hinzutun.“[653], wobei hier mystisch spekulativ-philosophisch bedeutet. Die Gattungen werden von Schlegel und Hardenberg mit Hilfe des philosophischen Gegensatzes subjektiv und objektiv erschlossen. Diese Opposition wird auf die drei Gattungen der klassizistischen Ästhetik, Epos, Lyrik und Drama, angewandt, und zwar so, dass eine von ihnen als Synthese der anderen beiden erscheint. Diese Klassifizierung der Gattungen, in der die dritte als Synthese, als *genus mixtum* erscheint, geht bereits – wie Szondi erinnert – auf Platons *Republica* zurück, denn dort werden Drama – Tragödie und Komödie –, Dithyrambos und Epos als unterschiedliche Vortragsweisen differenziert, wobei gerade das Epos als „δι' ἀμφοτέρων“, als aus beiden vereinigt erscheint.[654] Im Klassizismus hat sich aber stets die Tragödie als die höchste Form behauptet –durchaus in Entsprechung der Entwicklungsgeschichte der griechischen Poesie, in der die Tragödie auf Epos und Lyrik folgt.

Die scheinbar müßige Frage, ob Schlegel nun dem Epos oder der Tragödie einen Synthesecharakter zuschreibt, ist für die Standortbestimmung der frühromantischen Poetik von entscheidender Bedeutung. Wie Szondi bereits ausgeführt hat, ist die Bevorzugung des Dramas Zeichen der klassizistischen Haltung des frühen Schlegel und kanonisiert die Gattungsentwicklung der griechischen Literaturgeschichte. Die Bevorzugung des Epos hingegen widerspricht der Entwicklung der griechischen Poesie und steht, gerade weil sie sich von der Entwicklungsgeschichte der griechischen Poesie loslöst, im Dienst der modernen Romantheorie.[655] So folgt Schlegel noch 1799 der klassizistischen

---

[652] Allgemeine Theorie der schönen Künste, Nachdruck der 2. vermehrten Ausgabe Leipzig 1792, Hildesheim 1967, 656.

[653] Literary Notebooks 1797-1801, hrsg. von Hans Eichner, London 1957, 36 Nr. 190.

[654] „Ὀρθότατα, ἔφην, ὑπέλαβες, καὶ οἶμαί σοι ἤδη δηλοῦν ὃ ἔμπροσθεν οὐχ οἷός τ' ἦ, ὅτι τῆς ποιήσεώς τε καὶ μυθολογίας ἡ μὲν διὰ μιμήσεως ὅλη ἐστίν, ὥσπερ σὺ λέγεις, τραγῳδία τε καὶ κωμῳδία, ἡ δὲ δι' ἀπαγγελίας αὐτοῦ τοῦ ποιητοῦ – εὕροις δ' ἂν αὐτὴν μάλιστά που ἐν διθυράμβοις – ἡ δ' αὖ δι' ἀμφοτέρων ἔν τε τῇ τῶν ἐπῶν ποιήσει, πολλαχοῦ δὲ καὶ ἄλλοθι, εἴ μοι μανθάνεις", 394 b8-c5.

[655] „Die Reihenfolge Epos – Lyrik – Drama, die Anschauung vom Drama als einer Wiederkehr der Objektivität des Epos auf einer höheren Stufe, auf jene erste, epische Objektivität mit der Subjektivität des Lyrischen vermittelt sei, entspricht literarhistorisch der Entwicklung der griechischen Poesie, in der die Tragödie auf das Epos folgt, und nimmt die spekulative These der Hegelschen Ästhetik vorweg, die in dieser, die griechische Tragödie bevorzugenden, Hie-

Gattungsabfolge: „Ep[os] = objektive P[oesie], Lyr[ik] = subjektive, Dr[ama] = Obj[ektiv-]Subj[ektive]".[656] Um 1800 aber wird die Reihenfolge umgekehrt: „Ep[os] = Subj[ektiv-]Obj[ektiv]. Dr[ama] = Obj[ektiv]. Lyr[ik] = Subj[ektiv]".[657] Das bedeutet, dass damit der Weg für eine Theorie des Romans offen steht. Szondi bemerkt jedoch nicht, dass Schlegel das Epos bereits in einer Aufzeichnung von 1797/98 als Synthese betrachtet: „Es giebt eine ep[ische], lyr[ische], dr[amatische] *Form* ohne den Geist der alten Dichtarten dieses Nahmens, aber von bestimmtem und ewigem Unterschied. – Als *Form* hat die ep[ische] offenbar den Vorzug. Sie ist subjectiv-objectiv. – Die lyrische ist bloß *subjectiv*, die dramatische bloß *objectiv*."[658] Bereits 1797/98 also ist für Schlegel das Epos – und das heißt auch dessen moderne Entsprechung, der romantische Roman – die Form, die Synthesecharakter hat. Die Abfolge Drama – Roman entspricht somit nicht mehr der Entwicklung der griechischen Literatur, sondern der Aufeinanderfolge von antiker und moderner Dichtung.[659]

---

rarchie ihr klassizistisches Wesen verrät. Antiklassizistisch wäre dagegen die Bevorzugung des Epos nicht so sehr, weil dann von der Entwicklung der griechischen Poesie abstrahiert würde, als vielmehr, weil eine solche Bevorzugung der epischen Dichtart zugleich deren moderne Erscheinungsform, den Roman, über die Tragödie stellen würde.", a.a.O., 46.

[656] Literary Notebooks 1797-1801, hrsg. von Hans Eichner, London 1957, 175 Nr. 1750.

[657] Literary Notebooks 1797-1801, hrsg. von Hans Eichner, London 1957, 204 Nr. 2065.

[658] Literary Notebooks 1797-1801, hrsg. von Hans Eichner, London 1957, 48 Nr. 322 (Zur Grundlage der Kunstlehre). Szondi verweist auf eine ebenso bedeutende, freilich weniger explizite Eintragung aus dem Jahr 1797: „In allen R[oman]arten muß alles Subj[ektive] objektivirt werden; es ist ein Irrthum, daß der R[oman] eine subjektive Dichtart wäre.", Literary Notebooks 1797-1801, a.a.O., 95 Nr. 828.

[659] Szondi, a.a.O., 47 und 48: „Die Reihenfolge dramatisch – episch meint den Gegensatz von klassischer Tragödie und modernem Roman, zwei Formen, in denen die beiden Epochen für Schlegel, und nicht nur für ihn, ihren charakteristischen Ausdruck gefunden haben."

2. Geschichtsphilosophisches Bewusstsein in Novalis' Poetik

2.1. Die Überwindung des Klassizismus durch die Gleichsetzung der Poesie mit der Natur

Hardenberg gelangt zu einer Überwindung der klassizistischen *imitatio*-Lehre[660] zunächst durch die Bedeutung, die die Natur in seinem Werk erhält, sowie durch seine Betrachtung der Poesie als Analogon der Natur. Beides führt dazu, dass die Antike in ihrem bereits von Winckelmann hervorgehobenen Modellcharakter als Ideal-Natur von der Natur selbst abgelöst wird. Damit steht Novalis nicht nur in der Nachfolge Herders und des Sturm-und-Drang, sondern auch Fontenelles, der in seiner *Digression sur les Anciens et les Modernes* (1688) in der ersten Phase der *Querelle des Anciens et des Modernes* durch die Berufung auf die immer gleichbleibende Natur des Menschen die zeitlose Vorbildhaftigkeit der Ideal-Natur der Antike erschüttert hatte.[661]

2.1.1. Der Homer-Brief an Schiller vom 7. Oktober 1791

Ein bedeutendes Zeugnis für die Rezeption dieses antiklassizistischen Arguments und zugleich ein Dokument von Hardenbergs früher Abwendung von der *imitatio*-Lehre ist Hardenbergs Homer-Brief an Schiller vom 7. Oktober

---

[660] „Aufgegbne Tendenz die Natur zu copiren [...]", Schriften III 673 Nr. 618. Vgl. zur Überwindung der klassizistischen imitatio-Lehre in der Romantik: W. Preisendanz, Zur Poetik der deutschen Romantik I: Die Abkehr vom Grundsatz der Naturnachahmung, in: Die deutsche Romantik: Poetik, Formen und Motive, hrsg. von Hans Steffen, Göttingen 1967, 54-74.

[661] „Toute la question de la prééminence entre les Anciens et les Modernes étant une fois bien entendue, se réduit à savoir si les arbres qui étaient autrefois dans nos campagnes étaient plus grands que ceux d'aujourd'hui. En cas qu'ils l'aient été, Homère, Platon, Démosthène ne peuvent être égalés dans ces derniers siècles; mais si nos arbres sont aussi grands que ceux d'autrefois, nous pouvons égaler Homère, Platon et Démosthène. Éclaircissons ce paradoxe. Si les Anciens avaient plus d'esprit que nous, c'est donc que les cerveaux de ce temps-là étaient mieux disposés, formés de fibres plus fermes ou plus délicates, remplis de plus d'esprits animaux; mais en vertu de quoi les cerveaux de ce temps-là auraient-ils été mieux disposés? Les arbres auraient donc été aussi plus grands et plus beaux; car si la Nature était alors plus jeune et plus vigoureuse, les arbres, aussi bien que les cerveaux des hommes, auraient dû se sentir de cette vigueur et de cette jeunesse. [...] La Nature a entre les mains une certaine pâte qui est toujours la même, qu'elle tourne et retourne sans cesse en mille façons, et dont elle forme les hommes, les animaux, les plantes; et certainement elle n'a point formé Platon, Démosthène ni Homère d'une argile plus fine ni mieux préparée que nos philosophes, nos orateurs et nos poètes d'aujourd'hui.", zit. nach: Anne-Marie Lecoq (Hrsg.), La Querelle des Anciens et des Modernes. Précédé d'un essai de Marc Fumaroli, Paris 2001, 295-6. Fontenelles Digression erschien bekanntlich 1760 in deutscher Übersetzung (Auserlesene Schriften, Bernhard Christoph Breitkopf, Leipzig), versehen mit Anmerkungen J. Ch. Gottscheds, in denen er seine kritische Distanz zu Fontenelle markierte.

1791.[662] Hardenberg schreibt an seinen Lehrer:

> Ich habe jezt die Odyssee und den Don Karlos gelesen; auf einem Weinberge ge-
> lesen, mitten zwischen hochaufgeschossen vollen Rebenbüschen, und beyde wa-
> ren wieder für mich neu: So unterschieden sich die dadurch in mir erregten Emp-
> findungen zu andern Zeiten und in dieser romantischen Lage von einander.[663]

Außer Hardenbergs Verehrung für Schiller, die ihn die *Odyssee* zusammen mit
Don Karlos nennen lässt, wird hier auf den Homer-Kult des Sturm-und-Drang
sowie auf den durch den *Werther* verbreiteten Brauch zurückgegriffen, Homer
im Freien zu lesen.[664] Der Umstand, dass der junge Hardenberg Homer und
Don Karlos in der Natur liest, ist kein Detail, sondern schlägt sich entscheidend auf seine Lektüre nieder: „[...] beyde waren wieder für mich neu: So
unterschieden sich die dadurch in mir erregten Empfindungen zu andern Zeiten und in dieser romantischen Lage voneinander." Diese Veränderung ist nur
verständlich, wenn man bedenkt, dass für den Sturm-und-Drang die Poesie
nicht Belehrung oder Verschönerung, sondern vor allem Erlebnis bedeutet
hatte. Der Erlebnisgehalt des Homerischen Werkes wird durch das Erlebnis
der Natur amplifiziert.

Auch bleibt Hardenberg insofern dem Wertherschen Homer-Bild verpflichtet, als er das Unmittelbare und Ungekünstelte des Homerischen Gesangs

---

[662] Von Hardenberg sind mehrere Übersetzungsversuche aus dem ersten und neunten Gesang der
Ilias und aus dem neunten und vierzehnten Gesang der *Odyssee* überliefert. Vgl.: Schriften
VI.1 661 (Verzeichnis) und VI.2 499 (Kommentar). Selbst wenn er nicht Schlegels philologische Bildung besaß, hatte der junge Hardenberg eine solide humanistische Erziehung genossen und sich intensiv mit dem Studium der antiken Schriftsteller befasst. Dieses Studium ist
u.a. durch zahlreiche Übersetzungsversuche belegt, vor allem Übersetzungen von Homer,
Pindar, Theokrit, sowie Vergil, Horaz, Ovid und Juvenal. Hardenbergs frühe Lyrik bezeugt,
dass Hardenberg nicht nur die antiken Dichter kannte, sondern auch mit den Thesauri und
Kompendien der klassizistischen Poetik vertraut war. Wahrscheinlich hatte er auch die umfangreiche Poetik seines Hauslehrers Christian David Jani (1743-1790): Artis poeticae Latinae libri IV (Halle 1774) studiert.

[663] Schriften IV 99.

[664] Vgl. Werthers Brief vom 26. Mai: „So vertraulich, so heimlich hab'ich nicht leicht ein Plätz-
chen gefunden, und dahin lass'ich mein Tischchen aus dem Wirtshause bringen und meinen
Stuhl, trinke meinen Kaffee da und lese meinen Homer.", HA VI 14-5, den Brief vom 21. Juni. „Wenn ich des Morgens mit Sonnenaufgange hinausgehe nach meinem Wahlheim und
dort im Wirtsgarten mir meine Zuckererbsen selbst pflücke, mich hinsetze, sie abfädne und
dazwischen in meinem Homer lese [...]", HA VI 29, und den Brief vom 15. März, nachdem
Werther aus der adeligen Gesellschaft ausgeschlossen wird: „Ich strich mich sacht aus der
vornehmen Gesellschaft, ging, setzte mich in ein Kabriolett und fuhr nach M..., dort vom
Hügel die Sonne untergehen zu sehen und dabei in meinem Homer den herrlichen Gesang zu
lesen, wie Ulyß von dem trefflichen Schweinhirten bewirtet wird.", HA VI 69. Vgl. dazu:
Sture Packalén, „...trinke meinen Kaffee dort und lese meinen Homer." Zu Goethes Homer-
Aneignung im ‚Werther', in: Studia neophilologica 62 (1990), 189-93; Carol E. W. Tobol und
Ida H. Washington, Werther's selective reading of Homer, in: MLN 92 (1977), 596-601, sowie: Rahel Bacher, Vergleich der Rezeption Homers in Johann Wolfgang Goethes ‚Die Leiden des jungen Werthers' und Friedrich Hölderlins ‚Hyperion', in: Hölderlin-Jahrbuch 33
(2002-3), 230-43.

hervorhebt: der griechische Ursänger dünkt ihm „einfach", „häuslich" und „gutmüthig", ja sogar „bieder":

> Ich habe den Homer wieder so liebgewonnen in seiner heiligen, einfachen, Häus-
> lichen, gutmüthigen Sinn und Denkart, daß ich Kronen darum gegeben hätte,
> wenn ich den biedern Alten um den Hals fallen und mein erröthendes Gesicht in
> seinem dichten, ehrwürdigen Barte verbergen könnte. So, dachte ich mir, gieng
> er, so sprach er, so trug er sich. Jung und alt umhüpfte den heiligen Greis und ba-
> ten ihn um ein Lied von ihren Heroenvätern vor Troja: und dann sang er es Ihnen
> in der simpelsten, faßlichsten, melodischten Volksart und Weise kunstlos aber
> tieferschütternd, anschmiegend an jedes Herz und Sinn, und die himmlische
> Grazie schwebte leise und ihm nur sichtbar um seine Lippen und Natur und Ein-
> falt lehnten sich über seine Schultern.[665]

Hardenbergs Homer-Bild ist noch mit dem des Sturm-und-Drang zu vergleichen. Bereits bei Hamann wird der griechische Sänger zum Paradigma des
Naturgenies jenseits des Zwangs der Regelpoetik. So heißt es in den *Sokrati-
schen Denkwürdigkeiten* (1759) „Was ersetzt bey Homer die Unwissenheit der
Kunstregeln, die ein Aristoteles nach ihm erdacht […]? Das Genie ist die ein-
müthige Antwort."[666] Zur Homer-Renaissance nach 1750 bemerkt Jochen
Schmidt: „Während Scaliger noch Homer aus Anstandsgründen kritisieren zu
können glaubte, setzt in der Zeit nach 1750 ein wahrer Homerkult ein, weil
Homer unverstellte Natur und wahres, natürliches Leben zur Geltung bringe.
Man sucht jetzt auch nicht mehr das Typische, sondern das Individuelle, nicht
mehr das Distanzierte, sondern das Unmittelbare, nicht mehr den feinen Geschmack, sondern die unverstellte Empfindung."[667] Im Sturm-und-Drang galt
Homer als Dichter der ursprünglichen und unverstellten Natur – eine Deutung,
die bis in Vossens Homer-Übersetzung hinein wirksam ist.[668] Diese Sturm-

---

[665] Schriften IV 99.

[666] Johann Georg Hamann, Sämtliche Werke, Historisch-kritische Ausgabe von Josef Nadler, Wien 1950, Bd. II, 75.

[667] A.a.O., 27. Scaliger (1484-1558) formulierte seine Homer-Kritik nach dem Raster des ständi-
schen Denkens. So verstieß laut Scaliger der Aufenthalt des Odysseus bei einem Schweine-
hirten gegen die höfischen Standesgrenzen und Achills Weinen bei seiner Mutter erschien
ihm als eine unangemessene Gefühlshaltung. Die Lehre von der Angemessenheit wurde bereits von Aristoteles formuliert. Darunter verstand Aristoteles, dass der Dichter auf das nach
Alter, Geschlecht oder Stand Angemessene achten musste (vgl. Schmidt, a.a.O., 25). So soll
z.B. die Frau typisch weiblich sein: „ἔστιν γὰρ ἀνδρείαν μὲν τὸ ἦθος, ἀλλ' οὐχ
ἁρμόττον γυναικὶ οὕτως ἀνδρείαν ἢ δεινὴν εἶναι", 1454a. Horaz entwickelt die Kategorie der Angemessenheit weiter. In der *Epistula ad Pisones de arte poetica* fordert er für Götter und Helden einen hohen Stil und betrachtet Zoten sowie Bühnenleichen auf der Bühne als
unangemessen (v. 227-30, v. 244-50, v. 182-8). Die letzte Konsequenz der Angemessenheitsregel ist die sogenannte „Ständeklausel". Vgl.: Schmidt, a.a.O., 26 ff.

[668] Schmidt, a.a.O., 331. Vgl. dazu: H. Flashar, Formen der Aneignung griechischer Literatur
durch die Übersetzung, in: Arcadia 3 (1968), 133-56. Flashar spricht von einer „vom pietistischen Geist getragenen Umsetzung des Homer ins Idyllische", 148. Günter Häntzschel, Johann Heinrich Voß. Seine Homer-Übersetzung als sprachschöpferische Leistung, München
1977, 174, lässt dieses Urteil allerdings nur für die erste *Odyssee*-Fassung, nicht für die um-

und-Drang-Deutung wirkt bis zu Hardenbergs frühem Epigramm *Homer* fort. Dieses lautet:

> Maeonide dir nahm die Augen vergebens das Schicksal
> Daß du nicht sähest die Flur oder das endlose Meer,
> Nicht das Antliz der Männer, die Herrlichen Städte, den Himmel;
> Denn die ganze Natur trugst du im Busen mit dir.[669]

Homer, der mit dem Epitheton Mäonide – nach seinem Vater Maion bzw. nach seiner Heimat Maionia, im Westen Kleinasiens – bezeichnet wird, ist zwar vom Schicksal geblendet und somit der Natur beraubt worden. Dies ist jedoch nur scheinbar der Fall, denn er birgt die Natur mit seinem Gesang in sich. Letzteren charakterisiert Hardenberg in seinem Brief als „kunstlos aber tieferschütternd", Werther hatte von Homers „Wiegengesang" gesprochen.[670] Unschwer lässt sich hier der Herdersche Gedanke wiedererkennen, demzufolge Naturdichtung zugleich Volksdichtung ist – ein Gedanke, den Herder in seinem *Auszug aus einem Briefwechsel über Ossian und die Lieder alter Völker*, aus der Sammlung *Von deutscher Art und Kunst* (1773), zum ersten Mal formuliert hatte.

Das Weiterwirken des Homer-Bildes des Sturm-und-Drang wird im Fortgang des Briefes noch deutlicher:

> Wenn ich mich in diesen entzückenden Augenblicken des freysten Geistesgenusses hätte ärgern können, so wärs gewiß geschehn über alle die Schulfüchse und moralischen Krüppel und Zwerge, die aus seinem einfachen, schlichten Wanderstabe bald einen Pariser Badin, bald eine Krücke für seine seynwollenden Nachfolger und Schüler verwahrlost an Herz und Kopf, schnizten, und bald mit Lob bald mit Frechheit und Aberwiz die um sein Grabmal schwebenden Geister beleidigten, die moralische Grazie und die gerechte Nemesis. Jeder paßte seinen ästhetischen oder moralischen Leisten mit hohen, zermalmenden Schulwiz dem ehrlichen Alten an und gab dann nach einer angestellten elenden, sinnlosen Vergleichung sein Decisum streng und unerbittlich, wem er seinen demüthigenden Beyfall gnädig zuwinken wollte und wem sein Tadel in den Staub niederwürfe.[671]

Hier übernimmt Hardenberg die für den Sturm und Drang typische Polemik gegen die Franzosen und deren Regelpoetik. Aus Homers „einfache[m], schlichte[m] Wanderstabe" haben die „Schulfüchse" der Regelpoetik einen Pariser „Badin", eigentlich: eine „badine", d.h. ein elegantes Spazierstöckchen

---

gearbeitete *Odyssee* und die *Ilias* gelten.

[669] Schriften VI.1 503 Nr. 472. Die Herausgeber der HKA vermuten, dass es sich um die Übersetzung einer unbekannten Vorlage handle.

[670] Vgl. Werthers Brief vom 13. Mai: „Du fragst, ob du mir meine Bücher schicken sollst? – Lieber, ich bitte dich um Gottes willen, laß mir sie vom Halse! Ich will nicht mehr geleitet, ermuntert, angefeuert sein, braust dieses Herz doch genug aus sich selbst; ich brauche Wiegengesang, und den habe ich in seiner Fülle gefunden in meinem Homer.", HA VI 10.

[671] Schriften IV 99.

gemacht.[672] Den Nachahmern, die Hardenberg als „moralische Krüppel und Zwerge" bezeichnet, wird der ehrwürdige Wanderstab wiederum zu einer „Krücke", denn sie sind nicht in der Lage, sich aus eigener Kraft aufrechtzuerhalten. Bereits 1791 also nimmt Hardenberg sowohl von der Regelpoetik als auch vom Gebot der Nachahmung Abschied.

Der zitierte Briefabschnitt berührt aber auch die Frage des literaturgeschichtlichen Urteils und ist umso interessanter, als Hardenberg in diesem frühen Zeugnis explizit zu dem Problem Stellung nimmt, das später Schiller und Schlegel in ihren Abhandlungen zu lösen versuchen: die Vermittlung zwischen Antiken und Modernen. Indem Hardenberg mit gleicher Verachtung vom Lob als auch vom Tadel in bezug auf Homer schreibt, bezieht er sich implizit auf die am Anfang des 18. Jahrhunderts, im Rahmen der *Querelle des Anciens et des Modernes*, in Frankreich virulent ausgefochtene *Querelle d'Homère*.[673]

Bereits Perrault hatte in seiner Ode *Le Siècle de Louis Le Grand* (1687) Homer diskreditiert und in seinen Dialogen *Parallèle des Anciens et des Modernes* (1688-97) die „défauts" des Homer minutiös aufgelistet. Der eigentliche Streit um Homer entflammte aber später, als Anne Lefèvre-Dacier, Tochter des großen Philologen Tanneguy Lefèvre und bis 1674 Mitarbeiterin von Pierre-Daniel Huet anläßlich der Edition der griechischen und lateinischen Klassiker *ad usum Delphini*, 1711 die beste Übersetzung der *Ilias* vorlegte, die in Frankreich je erschienen war. Das traf die Partei der Modernen hart, und zwar nicht nur, weil die exzellente Übersetzung von Mme. Dacier Homer dem modernen Publikum nahebrachte, sondern auch, weil die bisherige Identifikation der *Querelle des Anciens et des Modernes* mit der *Querelle des Femmes* somit in Frage gestellt wurde. Als des Griechischen und des Lateinischen unkundig und als Leserinnen von Romanen und kurzen Gedichten waren die Frauen bislang gemeinhin als natürliche Parteigängerinnen der Modernen betrachtet worden. Die Emanzipationsfrage schien mit der Partei der Modernen verbunden zu sein. Mme. Daciers Homer-Übersetzung schadete den Modernen umso mehr, als sie an der Wurzel des Bündnisses zwischen Frauen und Modernen rüttelte. Letztere konnten nicht tatenlos zusehen: 1714 legte der Schüler Fontenelles, Houdar de la Motte, der durch Fontenelle und Mme. de Lambert zum Mitglied der *Académie française* gewählt wurde und das Grie-

---

[672] Balmes bemerkt Hardenbergs Fehler nicht und übersetzt: „Schalk", *Kommentar*, 221.

[673] Zum Folgenden vgl.: Marc Fumaroli, Les abeilles et les araignées, in: La Querelle des Anciens et des Modernes, hrsg. von Anne-Marie Lecoq, Paris 2001, 204 f. Was die Rezeption der *Querelle d'Homère* in Deutschland anbelangt, sorgten die Leipziger *Neuen Zeitungen von gelehrten Sachen*, die 1715 neugegründet wurden, für eine aktuelle Berichterstattung. Vgl.: Kapitza, a.a.O., 25 und 74 ff. Über die erste Phase der französischen *Querelle des Anciens et des Modernes* zwischen 1687 und 1694 berichteten hingegen Thomasius' und Ryssels *Monatsgespräche* sowie Tentzels *Monatliche Unterredungen*. Die erste deutsche umfassende Rekonstruktion der französischen *Querelle* stellte Georg Heinrich Ayrers *Dissertatio de comparatione eruditionis antiquae et recentioris* (1735) dar.

chische nicht beherrschte, eine komplette Übersetzung der *Ilias* aus einer lateinischen Übertragung vor, die gegen die Übersetzung der Mme. Dacier gerichtet war. Eingeleitet wurde sie durch ein Vorwort, *Discours sur Homère*, in dem de la Motte behauptete, dass Homers Original für einen modernen Leser aufgrund von unverständlichen Stellen, Verstößen gegen die Schicklichkeit, die Moral usw. unerträglich sein musste. Deswegen, so erklärte er weiter, habe er sich genötigt gefühlt, die *Ilias* dem modernen Geschmack anzupassen und sie als einen bloßen Entwurf für ein neues, moralisches und bewegendes Epos in französischen Alexandrinern zu betrachten. Der polemische Aufsatz von Dacier *Des causes de la corruption du goût* (1715), die Replik de la Mottes, *Réflexions sur la critique*, die darauf folgende Entgegnung des Dichters François Gacon, *Homère vengé*, und die *Apologie d'Homère* des Gräzisten Jean Boivin sind nur die prominentesten Schriften, die die *Querelle d'Homère* hervorgebracht hat.

Von der französischen *Querelle* selbst ist in Hardenbergs Brief freilich nur noch ein sehr ferner Nachklang zu vernehmen. Vielmehr ist das, was eindeutig weiterwirkt, Herders Positionierung gegenüber der *Querelle d'Homère*[674] sowie dessen Poesiekonzeption, vor deren Hintergrund die *Querelle* selbst als ein „leerer Streit" erscheint: Homer zu kritisieren oder ihn zum Vorbild zu nehmen – beides erscheint dem frühen Hardenberg als gleichermaßen sinnlos, denn bereits der Vergleich zwischen Antikem und Modernem ist aufgrund der natürlichen Individualität und Einzigartigkeit des Genies Homers unmöglich. Die Suche nach einem apriorischen Raster, mittels dessen der Unterschied zwischen Antiken und Modernen typologisch erfasst werden könne, führe

---

[674] In seinem Brief greift Hardenberg stillschweigend auf Herders Stellungnahme zur *Querelle d'Homère* zurück, wie sie in der zweiten Sammlung *Ueber die neuere Deutsche Litteratur. Eine Beilage zu den Briefen, die neueste Litteratur betreffend* (1767) formuliert wurde. Dort erörterte Herder die Frage, wie Homer übersetzt werden solle, und übte an der Homer-Übersetzung von Paul-Jérémie Bitaubé, L'Iliade d'Homère, traduction nouvelle précédée de réflexions sur Homère, 2 Bde., Paris 1764, besonders scharfe Kritik. Wie bei Hardenberg muss sich Homer auch bei Herder kostümieren, seinen „ehrwürdigen Bart", seine „einfältige Tracht", seine „bäurische Hoheit" abnehmen, und sich nach französischer Mode kleiden: „[…] und die Übersezzung? Beileibe muß sie nicht verschönert seyn, wie noch jezt die neue Bitaubésche als ein Greuel der Verwüstung dastehet. Die Franzosen, zu stolz auf ihren Nationalgeschmack, nähern demselben alles, statt sich dem Geschmack einer andern Zeit zu bequemen. Homer muß als Besiegter nach Frankreich kommen, sich nach ihrer Mode kleiden, um ihr Auge nicht zu ärgern: sich seinen ehrwürdigen Bart, und alte einfältige Tracht abnehmen lassen: Französische Sitten soll er an sich nehmen, und wo seine bäurische Hoheit noch hervorblickt, da verlacht man ihn als einen Barbaren.", Sämmtliche Werke I 290. Auch Moses Mendelssohn hatte in seiner im Übrigen durchaus positiven Besprechung der Übersetzung Bitaubés auf die Unart hingewiesen, den Homerischen Stil nach dem neuen Geschmack umzubilden: „Den Engländern zu gefallen, mußten mit dem Homer einige Veränderungen vorgenommen werden; den Franzosen zu gefallen, muß er beynahe aufhören Homer zu seyn.", in: Allgemeine deutsche Bibliothek, Bd. I, 2. Stück, Berlin und Stettin 1765, 1. Zu Herders Homer-Bild vgl. auch: Rene Nünlist, Homer, Aristoteles und Pindar in der Sicht Herders, Bonn 1971, 35-66.

nach Ansicht Hardenbergs nur zu einer Entweihung der Poesie: „Jeder paßte seinen ästhetischen oder moralischen Leisten mit hohen, zermalmenden Schulwiz dem ehrlichen Alten an und gab dann nach einer angestellten elen-den, sinnlosen Vergleichung sein Decisum streng und unerbittlich, wem er seinen demüthigenden Beyfall gnädig zuwinken wollte und wem sein Tadel in den Staub niederwürfe."[675] Hardenberg vertritt in diesem frühen Briefzeugnis also eindeutig noch den Standpunkt Herders, den Schlegel im *Studium*-Aufsatz überwinden wird.

Aber nicht nur Herders empiristischer Historismus, sondern auch seine Gleichsetzung der Poesie mit der Natur wirkt hier weiter. Diese sorgt wieder-um dafür, dass Homer auch in der Gegenwart rezipiert werden kann. Homers Epen sind in ihrem Naturgehalt übergeschichtlich und können immer noch als Natur nacherlebt werden:

> Genossen und empfunden will Homer seyn von seinen Zeitgenossen und wer sich nicht zu seinen Zeitgenossen erheben kann und will, der bleibe von fern stehn, schlage an seine Brust, und sage: Gott sey mir Sünder gnädig.[676]

Wie Herder glaubt der frühe Hardenberg an die Möglichkeit, sich in fremde Zeiten hineinzuversetzen und Homers Epen als überhistorische Natur wie einer seiner Zeitgenossen zu lesen. Wie bei Herder schlägt auch hier extreme Historisierung, die Behauptung der Einzigartigkeit und Unvergleichbarkeit Homers, in eine ebenso extreme Enthistorisierung, die Betrachtung Homers als Natur, um.

Dieser Forderung, man solle sich zu Zeitgenossen Homers erheben, werden später sowohl Schiller als auch Friedrich Schlegel widersprechen. Beide spie-len in ihren Abhandlungen wie Hardenberg in seinem Brief auf Werthers Ho-mer-Lektüre an. Sie tun dies aber, um die unüberbrückbare historische Diffe-renz zwischen Alten und Neuen zu veranschaulichen. Werther als ein Moder-ner kann Homer nicht mehr wie ein Grieche lesen. Schiller bringt diese Un-möglichkeit zum Ausdruck, wenn er ausführt, dass die Alten *natürlich* emp-fanden, wir Modernen aber *das Natürliche* empfinden. Zum *Werther* schreibt er: „Es war ohne Zweifel ein ganz anderes Gefühl, was Homers Seele füllte, als er seinen göttlichen Sauhirt den Ulysses bewirthen ließ, als was die Seele des jungen Werthers bewegte, da er nach einer lästigen Gesellschaft diesen Gesang las. Unser Gefühl für Natur gleicht der Empfindung des Kranken für

---

[675] Dass übrigens Hardenberg von Homers „gerechter Nemesis" spricht, zeigt wiederum den Einfluss Herders, und zwar seines Aufsatzes *Nemesis. Ein lehrendes Sinnbild* (1785). Vgl.: Sämmtliche Werke XV 395-428. In bezug auf Homer präzisiert Herder: „Bei *Homer* kommt sie als eine personifizierte Göttin noch nicht vor, obwohl der häufige Gebrauch des Aus-drucks: ου νεμεσις, ‚Darin ist kein Tadel, das wird oder wolle niemand mit Unwillen ansehn' nebst andern, die ihm verwandt sind, gnugsam zeigen wie tief die Empfindung dessen, was durch die Göttin bedeutet ward, in der Seele des Dichters gelegen habe.", 395.

[676] Schriften IV 99.

die Gesundheit."[677] Alte und Moderne haben folglich ein unterschiedliches Naturgefühl. Die moderne Empfindsamkeit, die wie Werther die Unmittelbarkeit in der Natur und in den Alten sucht, kann sich nicht über die geschichtliche Differenz von Antike und Moderne hinwegsetzen und wie die Alten fühlen. In diesem Sinne bemerkt Schlegel im *Studium*-Aufsatz: „Die treue Wahrheit, die ursprüngliche Kraft, die einfache Anmut, die reizende Natürlichkeit sind Vorzüge, welche der Griechische Barde vielleicht mit einem oder dem andern seiner Indischen oder Keltischen Brüder teilt. Es gibt aber andre charakteristische Züge der Homerischen Poesie, welche dem *Griechen* allein eigen sind."[678]

Die Gleichsetzung von Poesie und Natur, die von Schillers und Schlegels geschichtsphilosophischen Poetiken überwunden wird, hindert Hardenberg jedoch nicht daran, die Nachahmungspoetik des Klassizismus aufzuheben, denn die klassizistische Identifikation der Natur mit der Antike wird von Hardenberg in der Nachfolge Herders abgelehnt. *Jede* Epoche der Poesie hat nun Anspruch darauf, Natur zu sein. Bezeichnend dafür ist, dass Homer als Naturgenie zusammen mit anderen Epikern genannt wird – allen voran Ossian, der andere Ur-Sänger des Sturm-und-Drang[679]:

> Ossian und Homer, Milton und Ariost, Virgil und Klopstock, jeder ist, was er wollte und konnte: aber keiner wollte je ein infallibler, einziger Codex der Gesetze der Schönheit und Wahrheit seyn und ein Idol für alle Zeiten und Völker abgeben [...].[680]

Ossian, Milton, Ariost, Vergil und Klopstock sind allesamt für Hardenberg gerade in ihrer Einzigartigkeit vollkommen, ohne einen Codex normativer ästhetischer Gesetze zu etablieren. Diese Verbindung des Genie-Kults des Sturm-und-Drang mit der Aufhebung der Nachahmungspoetik wird noch deutlicher in folgender Passage, in der übrigens auch der *Werther* explizit genannt wird:

> Mir ist alles lieb im Homer, wie mir in der Natur alles auch lieb und werth ist und so muß es mit jedem großen Menschen seyn, dessen Geist eine runde, vollendete Form hat, wenn sie gleich von der andern himmelweit unterschieden ist. So finde ich auch im Ariost, im Ossian, im Werther, im Don Karlos mehr Homerisches, mehr ächte Homerheit als im Apollonius Rhodius und andern Nachahmern Homers, in deren Händen der Göttliche eine Anthropomorphose ausstehn

---

[677] NA XX 431.

[678] KA I 278-9. Zu diesen zählt Schlegel die „*Vollständigkeit*" von Homers „Ansicht der ganzen menschlichen Natur" und deren „*Ebenmaß*".

[679] Zu Ossian vgl.: Wolf Gerhard Schmidt, ‚Homer des Nordens' und ‚Mutter der Romantik': James Macphersons Ossian und seine Rezeption in der deutschsprachigen Literatur, 4 Bde., Berlin 2003-4. Besonders zu erwähnen ist Hardenbergs frühes Gedicht *An Ossian. Fragment*, Schriften VI.1 240-1. Hardenberg kannte die Ossian-Dichtungen aus der Übersetzung von J.N.C. Denis (Bücherliste Ia Nr. 531).

[680] Schriften IV 99.

muß.[681]

Jedes Naturgenie ist inkommensurabel, worauf seine Genialität beruht. Homers Genie, seine „Homerheit", besteht gerade in seiner Einzigartigkeit und kann deshalb auch nicht nachgeahmt. Aus diesem Grunde findet Hardenberg mehr „Homerheit" bei Ariost, Ossian, im *Werther* oder im *Don Karlos* als in einer Nachahmung des Homer wie den *Argonautica* des Apollonios (um 295-215 v. Chr.). Apollonios' *Argonautica* betrachtet Hardenberg nicht als Erneuerung des epischen Gedichts, sondern als Vermenschlichung des göttlichen Homer. Daran zeigt sich übrigens, wie die Überwindung der Nachahmungslehre aus der Genie-Konzeption selbst hervorgeht, denn – so argumentiert nicht erst Herder, sondern bereits Perrault in seinen Dialogen *Parallèle des Anciens et des Modernes* – das Genie kann nicht nachahmen, aber auch nicht nachgeahmt werden. Die antiken Werke als originelle Schöpfungen können nicht zum Gegenstand der Nachahmung werden: die „grands originaux" sind laut Perrault durch ein „genie inimitable" charakterisiert.[682] Nicht erst bei Herder, sondern bereits bei Perrault stehen sich Genie und Nachahmung, *inventio* und *imitatio* gegenüber.[683] Nicht die Treue zu Homer, sondern die Treue zu sich selbst, zum eigenen Genie macht auch nach Ansicht Hardenbergs die „Homerheit" eines jeden Epikers aus. Das heißt nichts anders, als dass das *Nachahmen* vom *Nacheifern* abgelöst wird. Auf diesem Wege wird die *imitatio*-Lehre verabschiedet.[684]

---

[681] Schriften IV 100. Hardenberg setzt hinzu: „Aber ich breche hiervon ab; besonders da ich es gewagt habe vertieft und verloren in diese Betrach[tungen] einen längern Aufsatz über Homer, seinen Karakter, seine Sinnesart, seine Beurtheilung und den Geist seines Zeitalters im allgemeinen betreffend, anzufangen, den ich Ihnen vielleicht zur Prüfung nach seiner Vollendung mitzutheilen wagen werde.", Schriften IV 100. Dieser Aufsatz über Homer ist leider nicht erhalten.

[682] Bd. I 88. Vgl. dazu auch: Jochen Schmidt, Die Geschichte des Genie-Gedankens in der deutschen Literatur, Philosophie und Politik 1750-1945, Darmstadt 1985, Bd. 1, 18.

[683] Vgl. Perraults „savoir inventer", in: Parallèle des Anciens et des Modernes (Faksimiledruck) München 1964, Bd. I 3.

[684] Diese Differenzierung zwischen Nachahmen und Nacheifern dürfte Hardenberg von Herder rezipiert haben. Bereits in der umgearbeiteten zweiten Sammlung *Ueber die neuere Deutsche Litteratur. Fragmente*, die allerdings ungedruckt blieb, entwickelt Herder diese Unterscheidung. Dort kritisiert Herder zunächst die „Kunstrichter", die, anstatt Homer zu erklären, ihn aufgrund von ihm fremden ästhetischen Maßstäben tadeln: „[...] nie hätten die Perraults in Frankreich und Deutschland über das Lächerliche Göttliche und Häßliche in Homer so seine Bemerkungen, Programm's und Briefe geschrieben, wenn man den Dichter in *eine* Zeit, Nation, und Stellung hätten setzen können. Erklärt würden sie ihn haben, statt ihn zu tadeln.", Sämmtliche Werke II 161. Darauf wendet sich Herder ebenso kritisch gegen die „Nachahmer", die durch eine gekünstelte Imitation der Idiotismen und Eigenheiten des Homerischen Stils Homer selbst der Nachwelt entfremden: „Noch schiefer abwärts irret der *Nachahmer*, der für seine Zeit, Nation und Sprache, Nationalschönheiten, Localzüge, Idiotismen nachahmen will, in dem, der sie der Natur seines Vaterlandes entwandte, freilich illusorisch und reizend – für den Nachahmer freilich künstlich und gelehrt; für Zeit und Nation aber, für Welt und Nachwelt fremde.", Sämmtliche Werke II 161-2. Für Herder ist die einzige Art, Homer Gerechtigkeit widerfahren zu lassen, ihm *nachzueifern* und somit in der eigenen

2.1.2. Der Goethe-Aufsatz

Ein weiteres Zeugnis für Hardenbergs Abwendung von der Nachahmungslehre ist der in der Zeit der Teplitzer Fragmentsammlung, zwischen Mitte Juli und Mitte August 1798 entstandene Goethe-Aufsatz.[685] Dort setzt sich Hardenberg mit Winckelmanns Lehre der Nachahmung der Antike als Ideal-Natur kritisch auseinander und hebt sie durch die Berufung auf die zu allen Zeiten invariable Natur auf. Winckelmann betrachtet die unmittelbare Nachahmung der Natur insofern als künstlerisch defizitär, als die gegenwärtige Natur, unter den modernen Sitten und Lebensumständen, nicht länger als Vorbild für den Künstler dienen könne. In den *Gedancken über die Nachahmung der Griechischen Wercke in der Mahlerey und Bildhauer-Kunst* heißt es:

> Die Griechen erlangeten diese Bilder, wären auch dieselben nicht von schönern Cörpern genommen gewesen, durch eine tägliche Gelegenheit zur Beobachtung des Schönen der Natur, die sich uns hingegen nicht alle Tage zeiget, und selten so, wie sie der Künstler wünschet. Unsere Natur wird nicht leicht einen so vollkommnen Cörper zeugen, dergleichen der Antinous Admirandus hat, und die Idee wird sich über die mehr als menschlichen Verhältnisse einer schönen Gottheit in dem Vaticanischen Apollo nichts bilden können: was Natur, Geist und Kunst hervor zu bringen vermögend gewesen, lieget hier vor Augen.[686]

Erst das Studium und die Nachahmung der Antike ermöglichen es den moder-

---

Literatur schöpferisch zu sein: *„Nacheiferer* wecke man, nicht Nachahmer. Je beßer den Alten erkannt, um so weniger geplündert: desto glücklicher nachgebildet, desto eher erreicht. Und das endlich ist kopirendes Original, wo keine Kopie sichtbar ist, wo man sich an einem Griechischen Nationalautor zum Schriftsteller seiner Nation und Sprache schaffet: wer dies ist, der schreibt *für seine Litteratur*!", Sämmtliche Werke II 162. Gerade diese Ablösung des „Nachahmens" durch das „Nacheifern" steht aber auch im Mittelpunkt von Hardenbergs Brief. Es ist wahrscheinlich, dass Hardenberg die Unterscheidung, die Herder zunächst in der ungedruckten zweiten Sammlung entwickelte, aus anderen Schriften Herders rezipiert hat, z.B. aus der 1767 erschienen *Dritten Sammlung* der Fragmente *Ueber die neuere deutsche Litteratur*, in der Herder im Rahmen seiner Polemik gegen die klassizistische Nachahmungspoetik und die Forderung, auf Latein zu dichten, seine Differenzierung zwischen Nachahmen und Nacheifern wiederaufnimmt: „Das ist doch einmal gewiß, daß die Römer auf einer andern Stuffe der Cultur gestanden, als wir, daß wir sie in einigen Stücken hinter uns haben, und in andern, wo sie vor uns sind, nicht nachahmen können. Die Gestalt unsrer Litteratur hat nicht blos eine andre Farbe, sondern eine andre Bildung, als die Altrömische; und es bleibt also nicht schlechterdings ein Ruhm; dieser Dichter singt wie Horaz, jener Redner spricht wie Cicero, dieser Philosophische Dichter ist ein andrer Lukrez; dieser Geschichtschreiber ist ein zweiter Livius. Ich sage: nicht schlechterdings! aber das ist ein großer, ein seltener, ein beneidenswerther Ruhm, wenn es heißen kann: so hätte Horaz, Cicero, Lukrez, Livius geschrieben, wenn sie über diesen Vorfall, auf dieser Stuffe der Cultur, zu der Zeit, zu diesen Zwecken, für die Denkart dieses Volks, in dieser Sprache geschrieben hätten. Das letzte heißt: einen Alten nachbilden, und ihm nacheifern; das erste ihn kopiren, und ihm nachahmen.", Sämmtliche Werke I 382-3.

[685] Gemeint ist die größere Aufzeichnung [Über Goethe], in: Schriften II 640.

[686] Kleine Schriften, Vorreden, Entwürfe, hrsg. von Walther Rehm, zweite Auflage, Berlin – New York 2002, 37.

nen Künstlern, in ihren Werken zu einer Schönheit zu gelangen, die sie durch bloße Naturnachahmung nie hätten erreichen können. Auch in der *Geschichte der griechischen Kunst des Altertums* heißt es, dass „die schönste Natur" der „Lehrer" der griechischen Kunst gewesen sei.[687] Andererseits haben sich aber auch die Griechen nicht darauf beschränkt, die Natur zu reproduzieren, sondern auch sie sind erst auf dem Weg der Idealisierung zur Vollkommenheit gelangt: „Das Gesetz aber; ‚die Personen ähnlich und zu gleicher Zeit schöner zu machen', war allezeit das höchste Gesetz, welches die Griechischen Künstler über sich erkannten, und setzet nothwendig eine Absicht des Meisters auf eine schönere und vollkommenere Natur voraus."[688] Auch die griechische Kunst hat die Natur nicht unmittelbar nachgeahmt, sondern eine platonische Ideal-Natur erschaffen: „Die Kenner und Nachahmer der Griechischen Wercke finden in ihren Meister-Stücken nicht allein die schönste Natur, sondern noch mehr als Natur; das ist, gewiße Idealische Schönheiten derselben, die, wie uns ein alter Ausleger des Plato lehret, von Bildern bloß im Verstande entworffen, gemacht sind."[689]

Winckelmanns Gleichsetzung der Antike mit einer platonischen Ideal-Natur, seine These, dass man, um die Natur nachzuahmen, die Antike nachahmen solle, wird bei Hardenberg umgekehrt: die Natur erscheint vielmehr als Ideal-Antike. Dies geht eindeutig aus Hardenbergs Lob Goethes hervor, der als Naturwissenschaftler gepriesen wird, weil er die Natur wie eine „lebende Antike" betrachtet:

> Auch dürfte man im gewissen Sinn mit Recht behaupten, daß Göthe der erste Physiker seiner Zeit sey – und in der That Epoke in der Geschichte der Physik mache. Vom Umfang der Kenntnisse kann Hier nicht die Rede seyn, so wenig auch Entdeckungen den Rang eines Naturforschers bestimmen dürften. Hier kommt es darauf an, ob man die Natur, wie ein Künstler die Antike, betrachtet – denn ist die Natur etwas anders, als eine lebende Antike.[690]

Durch die Betrachtung der Natur als einer „lebenden Antike" wird die klassizistische Gleichsetzung der Antike mit der Natur auf den Kopf gestellt. Die reale Natur ist die eigentliche Antike, d.h. der eigentliche Gegenstand der Nachahmung, nicht die Antike als Ideal-Natur. Winckelmanns Forderung in seinen *Gedancken über die Nachahmung der Griechischen Wercke*, dass der Künstler die Natur nicht unmittelbar, sondern vermittelt durch die griechische Kunst nachahmen solle, wird aufgehoben, denn die Natur ist überzeitlich: „die Natur – diese ewige *Antike* und *Moderne* zugl[eich]".[691] Die klassizistische These, welche die Natur ausschließlich mit der Antike identifiziert wissen

---

[687] Vollständige Ausgabe, hrsg. von Wilhelm Senff, Weimar 1964, 191.
[688] Kleine Schriften, Vorreden, Entwürfe, a.a.O., 35.
[689] Gedancken über die Nachahmung der griechischen Werke in der Malerei und Bildhauerkunst, a.a.O., 30. Gemeint ist Proclus' Kommentar zum *Timaeus*.
[690] Schriften II 640 Nr. 445.
[691] Schriften III 398 Nr. 686.

wollte, wird von Hardenberg unterhöhlt. Zwar ist die Antike immer noch Natur, jedoch nur eine ihrer historischen, akzidentiellen Kristallisationen. Höher als das Altertum rangiert nun die Natur selbst.[692]

Die Abkehr vom Klassizismus wird in Novalis' Goethe-Aufsatz auch an anderer Stelle vernehmbar:

> Wenn ich die neuesten Freunde der Litteratur des Alterthums recht verstehe, so haben sie mit ihrer Foderung, die klassischen Schriftsteller nachzuahmen nichts anders im Sinn, als uns zu Künstlern zu bilden – Kunsttalent in uns zu erwecken. Keine moderne Nation hat den Kunstverstand in so hohen Grad gehabt, als die Alten. Alles ist bey ihnen Kunstwerck – aber vielleicht dürfte man nicht zu viel sagen, wenn man annähme, daß sie es erst für uns sind, oder werden können. Der classischen Litteratur geht es, wie der Antike; sie ist uns eigentlich nicht gegeben – sie ist nicht vorhanden – sondern sie soll von uns erst hervorgebracht werden. Durch fleißiges und geistvolles Studium der Alten entsteht erst eine klassische Litteratur für uns – die die Alten selbst nicht hatten.[693]

Klarer hätte die Absage an die klassizistische Poetik nicht formuliert werden können: zwar wird das Studium der klassischen Literatur hochgeschätzt, letztere ist allerdings kein unüberbietbarer Höhepunkt der literarischen Entwicklung mehr. Ihr Wert besteht vielmehr darin, als „Reiz" zu dienen, der das literarische Talent der Modernen anregen soll: „Durch fleißiges und geistvolles Studium der Alten entsteht erst eine klassische Litteratur für uns – die die Alten selbst nicht hatten." Die antike Literatur soll nicht als Nachahmungsmodell, sondern als Ansporn zur eigenen Tätigkeit betrachtet werden. Sie enthält die Grundelemente, die in den Werken der Modernen miteinander vermischt und neu kombiniert werden sollen. Im *Studium*-Aufsatz hatte Schlegel bemerkt, dass die griechische Literatur „als die *„ewige Naturgeschichte des Geschmacks und der Kunst"* „eigentlich die *reinen und einfachen Elemente"* enthalte.[694] Die Literatur der Modernen erscheint hingegen als chemische Vermischung dieser einfachen Elemente. In diesem Sinne charakterisiert Schlegel auch Goethes Werk: „Man kann zum Beyspiel *Göthens Styl* nicht bestimmter, anschaulicher und kürzer erklären, als wenn man sagt, er sei aus dem Stil des Homerus, des Euripides und des Aristophanes gemischt."[695] Die

---

[692] So auch im Entwurf eines Beitrages zu Goethes *Propyläen*. Die Natur selbst, nicht mehr die als Natur verehrte Antike, wird hier als ästhetisches Vorbild betrachtet: „Über die Artistik der Natur. Ihre Zweckmäßigkeit für Freyheit des Menschen. Sie ist durchaus zukünftig – etc.", Schriften III 470 Nr. 1101.

[693] Schriften II 641-2.

[694] KA I 308.

[695] Ebd. Durch den Verweis auf den synthetischen, „chemischen" Charakter von Goethes Werk revidiert Schlegel am Ende seines Aufsatzes seine ebenfalls darin formulierte Kritik des synthetischen Charakters der Neueren. Kritisierend hatte Schlegel dort angemerkt, dass die „chemischen" Versuche des Verstandes als der lenkenden Kraft der modernen Poesie besonders unglücklich gerade „in der willkürlichen Scheidung und Mischung der ursprünglichen Künste und reinen Kunstarten" waren. „Unvermeidlich wird sein [i.e. des Verstandes, A.d.V.] unglücklicher Scharfsinn die Natur gewaltsam zerrütten, ihre Einfachheit verfälschen, und ih-

Elementaranschauung der Alten wird von Schlegel dem synthetischen Charakter der Neueren entgegengehalten. So heißt es an anderer Stelle bei Schlegel: *„Alles was in der alt[en] π[Poesie] getrennt war, ist in d[er] mod.[ernen] gemischt.“*[696] Zur Entwicklung der neueren Literatur liefern die Alten die Materialien, die Urelemente, welche die Modernen miteinander kombinieren: „Alles Neue ist nur Combinazion und Resultat d.[es] Alten.“[697] In diesem Sinne fordert auch Novalis an anderer Stelle die chemische Vermischung der Alten, die Verbindung von Homer und Archilochos: „Homer und Archilochus – in chemischer Verbindung.“[698], oder von Martial und Catull: „Martial, als Catull.“[699] Ebenfalls ist es nicht verwunderlich, wenn für Novalis der Schlüssel zur Wiederbelebung des Altertums in der *Naturphilosophie* liegt, denn die Antike wird in dieser Perspektive schlichtweg als Natur betrachtet. So notiert Novalis: „ARCHAEOLOGIE. Galvanism der Antiken, ihr *Stoff* – Revivification des Alterthums.“ und: „die Antiken sind zugleich *Produkte* der *Zukunft und der Vorzeit*.“[700] Bei Goethe findet Hardenberg diese naturphilosophische Betrachtung der Antike vorgebildet: „Göthe betrachtet die Natur wie eine Antike.“[701] Weiter heißt es: „[...] die Antiken sind aus einer andern Welt – Sie sind, wie vom Himmel gefallen.“[702] – eine Formulierung, die fast wörtlich mit einer Aufzeichnung Friedrich Schlegels übereinstimmt: „Die *Alten und Neuen* sind nicht Zeitalter, Perioden sondern *verschiedne Welten*.“[703] Doch weil sie eine „andere Welt“ darstellt, kann die Antike zurückkehren. Sie ist zugleich ein Produkt „der *Zukunft und der Vorzeit*“.[704] An anderer Stelle heißt es: „Die (neuere) Gesch[ichte] hat das Alterthum am Ende – die (ältere) Geschichte am Anfang [...]“.[705]

Die Vorstellung, dass die Antike nur als „Reiz“ zur Bildung einer neuen Antike dient, die noch entstehen soll, wird von Hardenberg im Goethe-Aufsatz weiter ausgeführt:

> Natur und Natureinsicht entstehn zugleich, wie Antike, und Antikenkenntniß; denn man irrt sehr, wenn man glaubt, daß es Antiken giebt. Erst jetzt fängt die Antike an zu entstehen. Sie wird unter den Augen und der Seele des Künstlers. Die Reste des Alterthums sind nur die specifischen Reize zur Bildung der Antike. Nicht mit Händen wird die Antike gemacht. Der Geist bringt sie durch das

---

re schöne Organisation gleichsam in elementarische Masse auflösen und zerstören. Ob sich aber durch diese künstliche Zusammensetzungen wirkliche neue Verbindungen und Arten entdecken lassen, ist wenigstens äußerst ungewiß.", in: KA I 240.

[696] KA XVI 110-11 Nr. 318.
[697] KA XVI 142 Nr. 682.
[698] Schriften II 635 Nr. 156.
[699] Schriften II 635 Nr. 158.
[700] Schriften III 248 Nr. 52.
[701] Ebd.
[702] Ebd.
[703] KA XVIII 222 Nr. 338.
[704] Schriften III 248 Nr. 52. Vgl. auch: „Erziehung zu den Antiken.", Schriften III 255 Nr. 84.
[705] Schriften III 259 Nr. 99.

Auge hervor – und der gehaune Stein ist nur der Körper, der erst durch sie Bedeutung erhält, und zur Erscheinung derselben wird.[706]

In der Tat unterscheiden sich die Modernen von den Alten für Novalis nicht darin, dass sie eine künstliche, jene hingegen eine natürliche Bildung besitzen, denn diese Unterschiede zwischen Natur und Kunst verschwinden bei Hardenberg auf der Basis der überzeitlichen Analogie von Ich und Natur. Die künstliche Poesie der Modernen hat nicht weniger Anspruch auf „Natur" als die natürliche Dichtung der Alten. Ihre Differenz scheint für Novalis vielmehr darin zu bestehen, dass die Werke der Alten etwas bereits Gebildetes und Abgeschlossenes darstellen, das den unendlichen Bildungstrieb der Modernen nicht befriedigen kann. Auch an anderer Stelle setzt Novalis das Alte ausdrücklich mit dem schon Gebildeten, das Junge mit dem Flüssigen, Beweglichen, d.h. noch zu Bildenden gleich:

> Alt entspricht dem Starren. / Jung --- dem Flüssigen. / Das Alte ist das *Gebildete* – plastisch. / Das Junge --- das *Bewegliche* – Gemeinsame.[707]

Antike und Moderne unterscheidet nicht der Umstand, dass die Antike der Moderne aufgrund ihres unterschiedlichen Bildungsprinzips inadäquat wäre, sondern die Tatsache, dass die Antike abgeschlossen, die Moderne hingegen noch unvollendet ist.

Indem Hardenberg das *principium individuationis* der Moderne in der Tätigkeit erblickt[708], die den Werken der Alten als bereits abgeschlossenen abgeht, steht er nicht Schlegel, sondern Hölderlin besonders nahe. Hölderlins Abgrenzung vom Klassizismus basiert insbesondere auf dem Argument, dass die Moderne deshalb über die Antike hinausgetrieben werde, weil diese etwas bereits Gebildetes darstelle, das den Bildungstrieb der Modernen nicht befriedigen könne. In seinem Aufsatz *Der Gesichtspunct aus dem wir das Altertum anzusehen haben* erscheint das Altertum als die erdrückende Last des schon Gebildeten, unter der die Tätigkeit der Modernen zu erliegen droht:

> Wir träumen von Bildung, Frömmigkeit p. p. und haben gar keine, sie ist angenommen – wir träumen von Originalität und Selbstständigkeit, wir glauben lauter Neues zu sagen, und alles diß ist doch Reaction, gleichsam eine milde Rache gegen die Knechtschaft, womit wir uns verhalten haben gegen das Altertum. Es scheint wirklich fast keine andere Wahl offen zu seyn, erdrükt zu werden von Angenommenem, und Positivem, oder, mit gewaltsamer Anmaßung, sich gegen alles erlernte, gegebene, positive, als lebendige Kraft entgegenzusetzen. Das schwerste dabei scheint, daß das Altertum ganz unserm ursprünglichen Triebe entgegenzuseyn scheint, der darauf geht, das Ungebildete zu bilden, das Ur-

---

[706] Schriften II 640-41 Nr. 445.

[707] Schriften III 258 Nr. 97.

[708] „Wir sind auf einer Mißion: zur Bildung der Erde sind wir berufen.", Schriften II 427 Nr. 32; „BILD[UNGS]LEHRE D[ER] NATUR. Die Natur soll moralisch werden. Wir sind ihre *Erzieher* – ihre moralischen *Tangenten* – ihre moralischen *Reitze*.", Schriften III 252 Nr. 73.

sprüngliche Natürliche zu vervollkommnen, so daß der zur Kunst geborene Mensch natürlicher weise und überall sich lieber mehr das Rohe, Ungelehrte, Kindliche, holt, als einen gebildeten Stoff, wo ihm, der bilden will, schon vorgearbeitet ist. Und was allgemeiner Grund vom Untergang aller Völker war, nemlich, daß ihre Originalität, ihre eigene lebendige Natur erlag unter den positiven Formen, unter dem Luxus, den ihre Väter hervorgebracht hatten, das scheint auch unser Schicksaal zu seyn, nur in größerem Maße, indem eine fast gränzenlose Vorwelt, die wir entweder durch Unterricht, oder durch Erfahrung innewerden, auf uns wirkt und drükt.[709]

Für Hölderlin ist die Antike der Moderne insofern entgegengesetzt, als sie ein Abgeschlossenes und schon Gebildetes darstellt, das die Modernen zur knechtischen Nachahmung zwingt und deren Bildungstrieb lähmt. Wie der Bildungstrieb der Antike, der in den Werken erloschen ist, zielt der Bildungstrieb der Modernen darauf ab, „das Ungebildete zu bilden, das Ursprüngliche Natürliche zu vervollkommnen" und kann nicht durch die bloß passive Aneignung des schon Gestalteten befriedigt werden.[710] Auch für Novalis ist das, was in den Werken der Alten nachgeahmt werden soll, nicht die *natura naturata*, das abgeschlossene Werk, sondern die *natura naturans*, der Bildungstrieb. Das Studium der Antike fungiert dadurch als Mittel, durch welches Kunsttalent in den Modernen erweckt wird und letztere zur Schaffung einer eigenen „Mythologie" ermutigt werden.

---

[709] Der Gesichtspunct aus dem wir das Altertum anzusehen haben, in: StA IV 221.

[710] Vgl. Szondi: „Das Vorbild der antiken Werke wird abgelehnt nicht, weil diese der Moderne unangemessen wären, sondern weil sie ein Vorbild sind, ein schon Gebildetes. [...] In Wahrheit wird hier noch keine typologische Unterscheidung von Antike und Moderne getroffen, es wird nicht gesagt, daß die Moderne wesentlich anders sei oder sein müsse als die Antike. Das Altertum erscheint auf dieser Stufe von Hölderlins Denken dem Bildungstrieb des heutigen Künstlers entgegen nicht, weil es einem anders gearteten Bildungstrieb gehorchte – etwa in Schlegels Sinn einem *natürlichen* und nicht, wie die Moderne, einem *künstlichen* Bildungsprinzip. Sondern das Altertum ist unserem ursprünglichen Trieb entgegen, weil es, als Versammlung von Werken, den Trieb, den diese Werke einst befriedigt haben, negiert.", in: Poetik und Geschichtsphilosophie I, a.a.O., 190. Vgl. auch: Dieter Jähnig, Vorstudien zur Erläuterung von Hölderlins Homburger Aufsätzen, Diss. Tübingen 1955, 127-44. Näher betrachtet hebt allerdings auch Hölderlin, wenn auch weniger deutlich als Friedrich Schlegel, die Andersartigkeit der Bildungstriebe hervor: „Von der andern Seite scheint nichts günstiger zu seyn, als gerade diese Umstände in denen wir uns befinden. Es ist nehmlich ein Unterschied ob jener Bildungstrieb blind wirkt, oder mit Bewußtseyn, ob er weiß, woraus er hervorgieng und wohin er strebt.", a.a.O.

2.2. Novalis' Rezeption der Kategorie des „Interessanten": die „indirecte Construction der Schönheit"

Bevor die Differenzen zwischen Novalis' und Schlegels Poetik genauer aufgezeigt werden sollen, soll zunächst die bislang nicht untersuchte Rezeption von Schlegels Kategorie des Interessanten durch Hardenberg dargestellt werden.

Hardenbergs Rezeption des Interessanten ist in den *Vermischten Bemerkungen* dokumentiert. Im Einklang mit dessen kritischer Darstellung in Schlegels *Studium*-Aufsatz erscheint das Interessante auch für Hardenberg zunächst als poetisch unzulängliche Form. Wie der frühe Schlegel konzipiert auch der frühe Hardenberg die moderne Poesie und das Interessante immer noch vor dem Hintergrund des Schönen. Erst allmählich, angeregt durch die Schillersche Abhandlung, die das Sentimentalische vom Maßstab des Schönen löst, nimmt Schlegel von dieser rein negativen Bestimmung des Modernen Abstand. Wie bereits erwähnt, konzediert Schlegel selbst in der Vorrede zum *Studium*-Aufsatz von 1797 die zentrale Rolle, die Schillers Schrift für seine Ablösung vom Klassizismus spielte: „*Schillers Abhandlung über die sentimentalen Dichter* hat außer, daß sie meine Einsicht in den Charakter der interessanten Poesie erweiterte, mir selbst über die Gränzen des Gebiets der klassischen Poesie ein neues Licht gegeben."[711] Dieses „neue Licht" ist der neue Maßstab zur Beurteilung der Modernen, die nicht mehr am Ideal der Schönheit gemessen werden und demzufolge als defizitär erscheinen, sondern gerade aufgrund ihrer Progressivität als der Antike überlegen betrachtet werden. Es bleibt nun zu prüfen, ob Hardenberg selbst ebenfalls vom Schönen als Maßstab der ästhetischen Beurteilung Abschied nimmt.

Nach Ansicht des frühen Hardenberg steht über dem Interessanten als Ausdruck einer vereinzelten Individualität weiterhin das Klassische als Verkörperung der Universalität: „Das Individuum interessirt nur. Daher ist alles Klassische nicht individuell."[712] Durch Rückgriff auf Fichtes *Wissenschaftslehre* vertieft Novalis die Entgegensetzung von Interessantem und Klassischem ferner am Leitfaden des Gegensatzes von theoretischem und praktischem Wissen:

> Das Interessante ist, was mich nicht, um Mein Selbst Willen, sondern nur, als Mittel, als Glied, in Bewegung setzt. Das *Klassische* stört mich gar nicht – es afficirt mich nur indirecte durch mich selbst – Es ist nicht für mich da, als klassisch, wenn ich es nicht setze, als ein Solches, das mich nicht afficiren würde, wenn ich mich nicht selbst zur Hervorbringung desselben für mich, bestimmte – anrührte, wenn ich nicht ein Stück von mir selbst losrisse, und diesen Keim sich auf eine eigenthümliche Weise vor meinen Augen entwickeln ließe – eine Entwickelung, die oft nur einen Moment bedarf – und mit der sinnlichen Wahrnehmung des Objects zusammenfällt – so daß ich ein Object vor mir sehe, in wel-

---

[711] KA I 209.
[712] Schriften II 434 Nr. 54.

chem das gemeine Object und das Ideal, *wechselseitig durchdrungen*, nur Ein wunderbares Individuum bilden.[713]

Novalis wendet hier die Dialektik der *Wissenschaftslehre* auf die Bestimmung des Interessanten an. Die „störende" Wirkung des Interessanten, welches das Ich nicht um seiner selbst willen affiziert, sondern zum „Mittel" einer ihm fremden Tätigkeit macht, ist der fremden Einwirkung der Natur auf das Ich im theoretischen Teil der *Wissenschaftslehre* nachgebildet. Auch dort ist die Wirkung der Natur dem Ich zunächst fremd, obwohl sie der vorausgehenden Übertragung eines Quantums an Tätigkeit in die Natur hinein zu verdanken ist, die vom Ich selbst stammt. Das Ich ist sich jedoch seiner als Urheber jener Tätigkeit nicht bewusst und fühlt sich als bloßes „Mittel" von ihr in Bewegung gesetzt.

Anders verhält es sich mit dem Klassischen, das „nicht für mich da, als classisch" ist, „wenn ich es nicht setze." Im Klassischen gelangt das Ich zum Bewusstsein, selbst der Urheber der Tätigkeit zu sein – einem Bewusstsein, das erst im praktischen Teil der *Wissenschaftslehre* deduziert wird. Die Ebene des theoretischen Wissens wird somit überwunden: das Klassische existierte gar nicht, wenn das Ich nicht auf der Ebene des praktischen Wissens angelangt wäre, d.h. „[...] wenn ich mich nicht selbst zur Hervorbringung desselben für mich, bestimmte – anrührte, wenn ich nicht ein Stück von mir selbst losrisse, und diesen Keim sich auf eine eigenthümliche Weise vor meinen Augen entwickeln ließe."

Somit verhalten sich für Novalis das Interessante und das Klassische zueinander wie das theoretische und das praktische Wissen. Wie das Praktische die Wahrheit des Theoretischen ist, so ist das Klassische die Wahrheit des Interessanten. Allerdings kann diese Entgegensetzung von Praktischem und Theoretischem nie überwunden werden. Das Praktische wird permanent auf das Theoretische zurückgeworfen, die Entgegensetzung nie wirklich aufgehoben, wie auch Hegel Fichte später vorwerfen wird.[714] Gerade aus der Unmöglichkeit, das Theoretische aufzuheben, entspringt für Hardenberg wie auch für Schlegel die Legitimation des Interessanten gegenüber dem Klassischen.

In einer anderen Aufzeichnung aus den *Vermischten Bemerkungen* erscheint das Interessante als die Materie, die sich um das Ideal der Schönheit bewegt:

---

[713] Schriften II 432 Nr. 51.

[714] Die Unendlichkeit Fichtes ist für Hegel eine „schlechte Unendlichkeit", weil es in ihr der Vernunft nie gelingt, das Theoretische wirklich aufzuheben: „Die schlechte Unendlichkeit ist dasselbe, wie das perennierende *Sollen*; sie ist zwar die Negation des Endlichen, aber sie vermag sich nicht in Wahrheit davon zu befreien; dieses tritt an ihr selbst wieder hervor als ihr Anderes, weil dieses Unendliche nur ist als in Beziehung auf das ihm andere Endliche. [...] *Dieses Unendliche ist selbst endlich.*", Wissenschaft der Logik. Das Sein, Hamburg 1999, 93. Vgl. allerdings bereits Fichte: „Das Ich ist unendlich, aber bloß seinem Streben nach; es strebt unendlich zu sein. Im Begriffe des Strebens selbst aber liegt schon die Endlichkeit, denn dasjenige, dem nicht *widerstrebt* wird, ist kein Streben.", FG I.2 404.

Gesellschaftstrieb ist Organisationstrieb. Durch diese geistige Assimilation entsteht oft aus gemeinen Bestandtheilen eine gute Gesellschaft um einen geistvol-
len Menschen her. / Das Interessante ist die Materie, die sich um die Schönheit
bewegt.[715]

Das Interessante steht nicht in einem absoluten Gegensatz zur Schönheit. Wie
aus „gemeinen Bestandtheilen" eine gute Gesellschaft kann aus dem Interessanten Schönheit entstehen. Dass dem Interessanten Bewegung, dem Schönen
aber Ruhe zugesprochen wird, markiert den Status des Schönen als zeitloser,
regulativer Idee. Dies bestätigt eine weitere Stelle:

> Schlechthin *ruhig* erscheint, was in Rücksicht der Außenwelt schlechthin unbe-
> weglich ist. So mannichfach es sich auch verändern mag, so bleibt es doch in
> Beziehung auf die Außenwelt immer in Ruhe. Dieser Satz bezieht sich auf alle
> Selbstmodificationen. Daher erscheint das Schöne, so ruhig. Alles Schöne ist ein
> *Selbsterleuchtetes*, vollendetes Individuum.[716]

Die Ruhe der Schönheit als überzeitlicher Idee ist indessen allem Interessanten
versagt.

Obwohl Hardenberg später zu einem positiven Begriff des Interessanten ge-
langt[717], durch das Romantisieren die Dimension des Unendlichen und Erha-
benen betritt und *de facto* das Schöne überwindet, betrachtet er weiterhin die
Schönheit als poetisches Ideal: „Poësie bezieht sich unmittelbar auf d[ie]
Sprache. Aesthetik ist nicht so unrechter Ausdruck, als die Herrn glauben –
Schönheitslehre ist der beste Ausdruck, wie mich dünckt."[718] Schönheit ist
auch für den späten, zum Romantiker gewordenen Hardenberg das Ideal der
Poesie. Unmissverständlich heißt es im *Allgemeinen Brouillon*: „Richtigkeit,
Deutlichkeit, Reinheit, Vollständigkeit, Ordnung sind *Praedicate* oder *Kenn-
zeichen* der niedrigern Gattungen der Poësie. Schönheit ist das Ideal, das
Ziel – die Möglichkeit – der Zweck der Poësie überhaupt."[719] Weiter schreibt
Hardenberg: „Wird nach dem nothwendigen Schema der Poësie (Rede) – der
nothw[endigen] Poësie (Rede) – die wirckliche Poësie (Rede) bearbeitet – so
entsteht die idealische Poësie (Rede), die Schönheitspoësie (rede). / Harmonie – Euphonie etc. alles begreift Schönheit überhaupt. *Schöne Seele.*"[720] Selbst
beim späten Hardenberg wirkt also die klassizistische Bestimmung der modernen Poesie durch den frühen Schlegel, ihre Beurteilung durch den Maßstab
des Schönen unterschwellig weiter.

Dieser Umstand, der umso überraschender ist, als sich Hardenberg zugleich

[715] Schriften II 436 Nr. 59.
[716] Schriften II 460 Nr. 101.
[717] Schriften III 650 Nr. 554: „[...] musicalisch poëtische oder überhaupt *interressante* Erscheinungen."
[718] Schriften III 399 Nr. 688.
[719] Ebd.
[720] Ebd. In einem Brief vom 1. Januar 1800 bezeichnet Hardenberg die Zeit der erneuerten
Freundschaft mit Hans Georg von Carlowitz als „romantischschön", Schriften IV 303.

weit entschiedener als Schlegel von den Maßstäben der klassizistischen Ästhetik entfernt, dürfte wohl Hardenbergs widersprüchlicher Zeitkonzeption zuzuschreiben sein. Die Poesie erscheint nur unter zeitlichen Bedingungen als interessant. Da sie aber zugleich Stellvertreterin der Idee des Absoluten ist, ist sie auch der Zeit enthoben und hat nicht im Interessanten, sondern im Schönen ihre Bestimmung. Hardenberg drückt diese Dialektik von Interessantem und Schönem im Begriff der „indirecten Construction" der Schönheit aus:

> Die Indirecte – von selbst eintretende *Folge* – der vollendeten Phil[osophie] – oder des *herrschenden Philosophism* – also ihr *indirecter Zweck* – ist das *höchste Gut*, wozu auch höchste Schönheit etc. gehört. [...] / Indirecte Construction und Beschwörung d[es] höchsten Guts.[721]

„Indirecte Construction" der Schönheit bedeutet, dass letztere den zeitlichen Schein des Interessanten, des Prosaischen, des Künstlichen annehmen darf, ohne sich selbst als Schönheit zu verleugnen. Eine ähnliche Dialektik, wie die zwischen dem Interessanten und dem Schönen, wird bei Hardenberg – wie sich in der Folge zeigen wird – auch zwischen dem Künstlichen und dem Natürlichen ausgetragen. Ebenso wie das Schöne für Hardenberg weiterhin das Ideal der interessanten Dichtung bleibt, stellt auch die Natur das Ideal der künstlichen Poesie der Modernen dar.

---

[721] Schriften III 391 Nr. 656. Vgl. auch : „*(Indirecte Construction der Synthese.)* (Die Synthese *erscheint nie in k o n k r e t e r Gestalt*) [...]", Schriften III 347 Nr. 488. Vgl. auch: „*Indirecte Construction*", Schriften II 643 Nr. 453.

2.3. Die „organische" Transzendentalpoesie

2.3.1. Progressivität und Universalität

Wie Schlegel konzipiert auch Hardenberg die Transzendentalpoesie als „progressiv", d.h. als Synthese von Poesie und Philosophie: „<Die transscendentale Poësie ist aus Philosophie und Poësie gemischt. Im Grunde befaßt sie alle transscendentale Functionen, und enthält in der That das transscendentale überhaupt>."[722] An anderer Stelle heißt es: „Dichtkunst ist wohl nur – willkührlicher, thätiger, produktiver Gebrauch unsrer Organe – und vielleicht wäre Denken selbst nicht viel etwas anders – und Denken und Dichten also einerley."[723] In diesem Sinne notiert Hardenberg: „Ergründen ist filosofiren. *Erdenken* ist Dichten."[724], und: „Der poët[ische] Phil[osoph] ist *en état de Createur absolu.*"[725]

Auch teilt Hardenbergs Transzendentalpoesie mit Schlegel das Postulat der Universalisierung der Form und die sich daraus ergebende Vorstellung, dass die Poesie erst in der Kritik vollendet wird. Novalis versteht die Kritik als Läuterung: die störende Materialität soll allmählich entfernt und die Idee aus ihrer Verdinglichung im Werk, ihrer Verstrickung im Empirischen, befreit werden. Die im einzelnen Werk niedergelegte Anschauung soll mit Hilfe des Lesers ihrer Materialität geläutert und dadurch an die Idee der Kunst angenähert werden.[726]

---

[722] Schriften II 536 Nr. 47.

[723] Schriften III 563 Nr. 56.

[724] Schriften II 271 Nr. 567.

[725] Schriften III 415 Nr. 758. Vgl. auch: „Das Poém des Verstandes ist Philosophie – Es ist der höchste Schwung, den der Verstand sich über sich selbst giebt – Einheit des *Verstandes* und der *Einbildungskraft.* Ohne Philosophie bleibt der Mensch in seinen wesentlichsten Kräften uneins – Es sind 2 Menschen – Ein Verständiger – und Ein Dichter. / Ohne Philosophie unvollkomner Dichter – Ohne Philosophie unvollkommner Denker – Urtheiler.", Schriften II 531 Nr. 29; „Sollte[n] die Grundgesetze der Fantasie die Entgegengesetzten (nicht die Umgekehrten) der Logik seyn? Inconsequenz d[er] Fantasie. *Magismus.* Vereinigung beyder der Fantasie und Denkkraft.", Schriften III 416-7 Nr. 765.

[726] „Das Gefühl, vermittelst dessen der Autor die Materialien seiner Schrift geschieden hat, scheidet beym Lesen wieder das Rohe und Gebildete des Buchs – und wenn der Leser das Buch nach seiner Idee bearbeiten würde, so würde ein 2ter Leser noch mehr läutern, und so wird dadurch daß die bearbeitete Masse immer wieder in frischthätige Gefäße kömmt die Masse endlich wesentlicher Bestandtheil – Glied des wircksamen Geistes. / Durch *unpartheyisches* Wiederlesen seines Buchs kann der Autor sein Buch selbst läutern.", Schriften II 470 Nr. 125.

2.3.2. Die Analogie und der Organismus-Gedanke

Im Unterschied zu Schlegel aber, der zwischen Natur und Kunst als zwei unterschiedlichen *Epochen* kategorial unterscheidet und die Transzendentalpoesie als künstlich konzipiert, trennt Novalis Natur und Kunst nicht scharf voneinander. Diese Unmöglichkeit ergibt sich aus der Analogie, die er zwischen Ich und Natur annimmt: deren Dialektik macht es ihm unmöglich, den Charakter der Transzendentalpoesie als rein künstlich zu betrachten. Im Folgenden wird sich zeigen, dass die Transzendentalpoesie für Novalis nicht als künstliche Poesie im Gegensatz zur Natur steht, sondern deren *höhere Entwicklung* darstellt.

Auf der Basis der dialektischen Wechselbestimmung von Ich und Natur sieht Novalis gerade im *Organischen* das Wesen der modernen Transzendentalpoesie. Hardenbergs Reflexionen über den Organismus sind durch seine Lektüre Herders, Kants und Schellings – insbesondere von dessen *Ideen* im Frühling 1797 – angeregt worden. In zahlreichen Aufzeichnungen erscheint der Organismus als Paradigma der Poesie, die in ihrer Vermittlung zwischen Realem und Idealem einem bloß mechanischen Wissen entgegensetzt ist und die ersehnte Synthese von Natur und Kunst, Zyklischem und Progressivem, Antikem und Modernem herbeiführen kann.[727] Darin zeigt er seine Nähe nicht nur zu Herder, sondern auch zu Schelling, welcher in den Vorlesungen über die *Philosophie der Kunst* aufgrund desselben Verständnisses der Wechselbestimmung von Ich und Natur das Organische als das Wesen der Kunst charakterisieren wird. In diesen Vorlesungen, die Schelling im Wintersemester 1802/03 in Jena, dann 1804/05 in Würzburg vortrug und erst postum von seinem Sohn aus dem handschriftlichen Nachlass veröffentlicht wurden, heißt es:

> Der ist noch sehr weit zurück, dem die Kunst nicht als ein geschlossenes, organisches und ebenso in allen seinen Theilen nothwendiges Ganzes erschienen ist, als es die Natur ist. Fühlen wir uns unaufhaltsam gedrungen, das innere Wesen der Natur zu schauen, [...] wie viel mehr muß es uns interessiren, den Organismus der Kunst zu durchdringen, in der aus der absoluten Freiheit sich die höchste Einheit und Gesetzmäßigkeit herstellt, die uns die Wunder unseres eignen Geistes weit unmittelbarer als die Natur erkennen läßt. Interessirt es uns, den Bau, die innere Anlage, die Beziehungen und Verwickelungen eines Gewächses oder eines organischen Wesens überhaupt so weit wie möglich zu verfolgen, wie viel mehr müßte es uns reizen, dieselben Verwickelungen und Beziehungen in den noch viel höher organisirten und in sich selbst verschlungeneren Gewächsen

---

[727] „Der Gelehrte und Handwercke[r] verfahren mechanisch bey ihrer Simplification – Sie vereinigen zerlegte Kräfte – und zerlegen diese vereinigte Kraft und Richtung wieder methodisch. Der Philosoph und Künstler verfahren *organisch* – wenn ich so sagen darf – Sie vereinigen *frey* durch eine reine Idee und trennen nach freyer Idee. Ihr Princip – ihre Vereinigungsidee – ist ein organischer Keim – der sich frey zu einer unbestimmte Individuen enthaltenden, unendlich *individuellen*, allbildsamen Gestalt entwickelt, ausbildet – eine Ideen reiche Idee.", Schriften II 587 Nr. 254.

zu erkennen, die man Kunstwerke nennt.[728]

In diesem Sinne definiert Novalis auch seine eigene Konzeption der Transzendentalpoesie.

Bereits die „Logologie" repräsentierte eine philosophische Umsetzung des Organismus-Gedankens, da sich das Ich und die Natur aus der Perspektive der „Logologie" in einer notwendigen, dialektischen Wechselwirkung befanden. Novalis beobachtete dazu: „Philosophism ist ein höheres Analogon des Organism. Der Organ[ism] wird durch den Philosophism complettirt und umg[ekehrt]. Beyde Symbolisiren sich einander. / Wer weis, was philosophiren ist, weis auch was Leben ist [...]".[729] Somit war auch die Spekulation keine reine Tätigkeit des Ich, sondern zugleich Ausdruck der Natur: *Die vollendete Speculation führt zur Natur zurück.*"[730] Gleichermaßen deduziert Novalis nun aus der „Logologie" als der höheren und „organischen" Wissenschaftslehre eine „organische" Transzendentalpoesie:

> <Die bisherigen Poësieen wirckten meistentheils dynamisch, die Künftige, transscendentale Poësie könnte man die organische heißen. Wenn sie erfunden ist, so wird man sehn, dass alle ächte Dichter bisher, *o h n e   i h r   W i s s e n*, organisch poëtisierten – daß aber dieser Mangel an Bewußtseyn dessen, was sie thaten – einen wesentlichen Einfluß auf das Ganze ihrer Wercke hatte – so daß sie größestentheils nur im Einzelnen ächt poëtisch – im Ganzen aber gewöhnlich unpoëtisch waren. Die Logologie wird diese Revolution nothwendig herbeyführen.>[731]

Die „bisherigen Poesien" wirkten nur „dynamisch", d.h. sie waren von der bloß „chemischen" Wechselwirkung des subjektiven und objektiven Prinzips beherrscht.[732] „Chemisch" gebraucht Novalis als Synonym für „unpoetisch", während dieses für Schlegel die Quintessenz der frühromantischen Poetik als künstliche Synthese darstellt.[733] Dagegen bezeichnet Novalis die künftige ro-

---

[728] SW I/5 357-8.

[729] Schriften III 403 Nr. 702.

[730] Ebd.

[731] Schriften II 535 Nr. 43.

[190] Vgl. Novalis' Exzerpte aus S. Th. Sömmerring, *Über das Organ der Seele, nebst einem Schreiben von I. Kant* (1796), Schriften II 380: die *dynamische* Organisation, im Gegensatz zur mechanischen, betrifft die *chemische* Zusammenwirkung der Kräfte der Anziehung und Zurückstoßung in der Materie.

[733] Im 426. Fragment des *Athenäums* drückt freilich auch Schlegel seine Hoffnung auf die Überwindung des chemischen Zeitalters in Anlehnung an Novalis mit dem Begriff des Organischen aus: „Wie wäre es möglich, die gegenwärtige Periode der Welt richtig zu verstehen und zu interpungieren, wenn man nicht wenigstens den allgemeinen Charakter der nächstfolgenden antizipieren dürfte? Nach der Analogie jenes Gedankens würde auf das chemische ein organisches Zeitalter folgen, und dann dürften die Erdbürger des nächsten Sonnenumlaufs wohl bei weitem nicht so groß von uns denken wie wir selbst, und vieles was jetzt bloß angestaunt wird, nur für nützliche Jugendübungen der Menschheit halten.", *KA* II 248-9 Nr. 426. Dies geschieht allerdings erst, nachdem Schlegel den *chemischen* Charakter nicht nur der frühromantischen Poetik – „Die chemische Natur des Romans, der Kritik, des Witzes, der Gesellig-

mantische Transzendentalpoesie als „organisch", weil sich in ihr die lebendige
Wechselwirkung des Ich mit der Natur ausdrücken soll. Auch die chemische
Wechselwirkung ist eine Organisation, aber eine untergeordnete, denn sie ist
nicht autonom. Anders verhält es sich mit dem Organismus, der von einer
inneren Teleologie geleitet ist und sich selbst organisiert angesichts eines Zie-
les.[734] Mit anderen Worten: im Übergang des Dynamischen zum Organischen
drückt sich der Übergang von der bloßen Materie zum Leben aus. So heißt es
auch an anderer Stelle: „Unsere Sprache ist entweder mechanisch, atomistisch,
oder dynamisch. Die ächt poëtische Sprache soll aber organisch, lebendig
seyn."[735] bzw. „Sprechen, als Secerniren, betrachtet."[736] Zudem drückt sich im
Organismus auch die absolute Harmonie der einzelnen Teile aus: jeder Teil ist
um des Ganzen willen da und ist wechselseitig Mittel und Zweck zugleich.[737]
Diese harmonische Wechselseitigkeit wird bei Novalis zum Bild der Analogie
des Ich und der Natur, die in der Transzendentalpoesie zum Ausdruck gebracht werden soll.

2.3.3. Differenz zu Herder: Bewusstsein und Künstlichkeit

An Novalis' Bestimmung der Transzendentalpoesie sind noch weitere Aspekte
hervorzuheben. Zunächst ist zu bemerken, dass mit der Nähe der Transzendentalpoesie zur Natur gleichzeitig der Unterschied zu dieser benannt ist, denn
die „organische" Poesie unterscheidet sich vom Organismus darin, dass sie
nicht blind, bewusstlos, sondern durch die Reflexion hindurchgegangen ist.
Sie ist eine Synthese aus Poesie und Philosophie[738] und muss sich ihres organischen Charakters *bewusst* sein, andernfalls wird sie „unpoetisch". Novalis
bemerkt explizit, dass „dieser Mangel an Bewußtsein" dem poetischen Charakter der Werke nur Abbruch tun kann: „[...] so daß sie größtenteils nur im

---

keit, der neuesten Rhetorik und der bisherigen Historie leuchtet von selbst ein." –, sondern
des Zeitalters überhaupt begrüßt hatte: „Das Zeitalter ist gleichfalls ein chemisches Zeitalter.
Revolutionen sind universelle nicht organische, sondern chemische Bewegungen.", a.a.O.,
248.

[734] Vgl. Kants Bestimmung des Organismus als System von Endursachen, die bereits in seiner
Schrift *Über den Gebrauch teleologischer Prinzipien in der Philosophie*, A 130-131, formuliert wird. Die innere Zweckmäßigkeit der organischen Welt stellt für Kant allerdings nur ein
subjektives Prinzip der Urteilskraft dar. Während der Organismus bei Kant nur teleologisch,
nicht physikalisch-mechanisch erklärt werden kann, wird er später in Schellings spekulativer
Naturphilosophie von einer regulativen Idee der reflektierenden Urteilskraft zum Phänomen.
Aus dem Postulat wird ein objektives Prinzip der Vernunft, das „[...] nicht in unserer Vorstellung, sondern im Objekt selbst ursprünglich und notwendig" angelegt ist. *SW* I/2 40 ff.; 42.

[735] Schriften II 441 Nr. 70.

[736] Schriften III 684 Nr. 666.

[737] So die Bestimmung des Organismus in der *Kritik der Urteilskraft*, § 66: „Ein organisiertes
Produkt der Natur ist das, in welchem alles Zweck und wechselseitig auch Mittel ist."

[738] „<Die transscendentale Poësie ist aus Philosophie und Poësie gemischt. [...]>", Schriften II
536 Nr. 47.

Einzelnen echt poetisch, im ganzen aber gewöhnlich unpoetisch waren." Damit ist zugleich der Unterschied zu Herders Gleichsetzung der Poesie mit der Natur als dem Vor-Reflexiven benannt.[739] Keineswegs wird bei Novalis das künstliche Moment der Poesie wie bei Herder verworfen. Kunst ist für Novalis, im Gegensatz zu Herder, keine reine Unmittelbarkeit, sondern *bewusste* Synthese des Bedingten und des Unbedingten.[740] Die Natur des Künstlers ist demzufolge eine durch den Schaffensprozess hindurchgegangene, *künstliche* Natur.[741]

Dies soll im Folgenden an einigen poetologischen Aufzeichnungen exemplifiziert werden. Bekannt ist Walter Benjamins Urteil, nach dem Novalis „[...] unvergleichlich genauer als die späteren Romantiker von klassischen Idealen sich geschieden wusste."[742] In diesem Sinne hebt Hardenberg in mehreren Notizen den künstlichen Charakter der Poesie hervor: „Der Dichter hat blos mit *Begriffen* zu thun. Schilderungen etc. borgt er nur als BegriffsZeichen."[743], oder: „[...] die Poësie [muss] schlechthin bloß verständig – *künstlich* – *erdichtet* – Fantastisch! etc. seyn."[744] An anderer Stelle heißt es: „Ich bin überzeugt, daß man durch kalten, technischen Verstand, und ruhigen, moralischen Sinn eher zu *wahren Offenbarungen* gelangt, als durch Fantasie, die uns blos ins Gespensterreich, diesem Antipoden des wahren Himmels, zu leiten scheint."[745] Insbesondere das VII Kapitel des *Ofterdingen* beweist, wie der gewöhnlich der Irrationalität beschuldigte Hardenberg das rationale und künstliche Element in seiner Dichtungstheorie hochschätzte. Im Rahmen der hier vorgetragenen poetologischen Ausführungen nimmt Hardenberg auch Abschied von der Erlebnispoetik. Das erlebnishafte Element wird zugunsten der kompositorischen Technik verdrängt. Klingsohr argumentiert:

Nichts ist dem Dichter unentbehrlicher, als Einsicht in die Natur jedes Geschäfts,

---

[739] So entschuldigt sich Herder in seinen *Briefen zu Beförderung der Humanität* für die Verwendung des Terminus „Reflexion" zur Charakterisierung der modernen Poesie: „Wenn ich bei einigen Neuern das Wort *Dichter aus Reflexion* gebrauchte, so war auch dies unvollkommen; denn ein Dichter aus *bloßer Reflexion* ist eigentlich kein Dichter.", Sämmtliche Werke XVIII 139.

[740] „Instinkt ist Kunst *ohne Absicht* – Kunst, ohne zu wissen wie und was man macht. Der Instinkt läßt sich in *Kunst* verwandeln – durch *Beobachtung* der Kunsthandlung. Was man also *macht*, das läßt sich am Ende kunstmäßig zu machen, erlernen.", Schriften III 287 Nr. 270.

[741] „W[as] ist ein *Autor*? D[er] Autor muß den *Zweck* haben Autor zu seyn – die Natur im gew[öhnlichen] Sinn läßt sich nicht, als Autor oder Künstler, betrachten – wenigstens nur, als Selbstkünstler. / Der Autor oder Künstl[er] hat einen *fremden* Zweck. / Diesem Zwecke gemäß bildet er sich eine *Autor (Künstler) Natur*, aus. Die Naturationen dieser Natur sind Kunstwercke – Kunstwerck entsteht aus künstl[icher] Natur.", Schriften III 365 Nr. 571. Oder ganz im Sinne von Schlegels *Studium*-Aufsatz: „<Der ächte Anfang ist NaturPoësie. Das Ende ist der 2te Anfang – und ist KunstPoësie.>", Schriften II 536 Nr. 50.

[742] GS I.1 363.

[743] Schriften III 683 Nr. 654.

[744] Schriften III 691 Nr. 695.

[745] Schriften III 578 Nr. 182.

> Bekanntschaft mit den Mitteln jeden Zweck zu erreichen, und Gegenwart des
> Geistes, nach Zeit und Umständen, die schicklichsten zu wählen. Begeisterung
> ohne Verstand ist unnütz und gefährlich, und der Dichter wird wenig Wunder
> tun können, wenn er selbst über Wunder staunt.[746]

An anderer Stelle mahnt Klingsohr zu Kühle und Besonnenheit: „Und so ist
auch die kühle, belebende Wärme eines dichterischen Gemüts gerade das
Widerspiel von jener wilden Hitze eines kränklichen Herzens. Diese ist arm,
betäubend und vorübergehend; jene sondert alle Gestalten rein ab, begünstigt
die Ausbildung der mannichfaltigsten Verhältnisse, und ist ewig durch sich
selbst. Der junge Dichter kann nicht kühl, nicht besonnen genug seyn."[747]
Nicht diffuses Erlebnis, sondern nüchterne Aufmerksamkeit ist die Voraussetzung für das Dichten: „Zur wahren, melodischen Gesprächigkeit gehört ein
weiter, aufmerksamer und ruhiger Sinn. Es wird ein verworrnes Geschwätz,
wenn ein reißender Sturm in der Brust tobt, und die Aufmerksamkeit in eine
zitternde Gedankenlosigkeit auflöst."[748] Klingsohr betont die rationale Härte
des kompositorischen Prozesses derartig, dass er den Dichter mit Stahl vergleicht: „Der Dichter ist reiner Stahl, eben so empfindlich, wie ein zerbrechli-
cher Glasfaden, und eben so hart, wie ein ungeschmeidiger Kiesel."[749] Auch
Heinrich schätzt die technische Geschicklichkeit sehr. Er nimmt das Hand-
werk seines Vaters zum Vorbild für sein eigenes Dichten, das auf einem ebenso ausgeprägten technischen Können beruhen sollte:

> Ich stand mit stillem Antheil an der Werkstatt meines Vaters, und freute mich,
> wenn ich ihm helfen und etwas geschickt zustande bringen konnte. Geschick-
> lichkeit hat einen ganz besondern stärkenden Reiz, und es ist wahr, ihr Bewußt-
> seyn verschafft einen dauerhafteren und deutlicheren Genuß, als jenes überflie-
> ßende Gefühl einer unbegreiflichen, überschwenglichen Herrlichkeit.[750]

Im achten Kapitel betont Klingsohr wiederum den werkzeugartigen Charakter
der Poesie: „Für den Dichter ist die Poesie an beschränkte Werkzeuge gebunden, und eben dadurch wird sie zur Kunst."[751] Nicht die Jagd nach Gefühlen
und Bildern, sondern das Nachdenken und distanzierte Betrachten, die technische Geschicklichkeit machen den Dichter aus: „Die Poesie will vorzüglich,
fuhr Klingsohr fort, als strenge Kunst getrieben werden. Als bloßer Genuß
hört sie auf Poesie zu seyn. Ein Dichter muß nicht den ganzen Tag müßig
umherlaufen, und auf Bilder und Gefühle Jagd machen. Das ist ganz der verkehrte Weg. Ein reines offenes Gemüth, Gewand[t]heit im Nachdenken und
Betrachten, und Geschicklichkeit alle seine Fähigkeiten in eine gegenseitig
belebende Tätigkeit zu versetzen und darin zu erhalten, das sind die Erforder-

---

[746] Schriften I 281.
[747] Ebd.
[748] Ebd.
[749] Ebd.
[750] Schriften I 282.
[751] Schriften I 286.

nisse unserer Kunst."[752]

Dieses Bekenntnis zu Künstlichkeit und Rationalität ist insbesondere am Beispiel von Hardenbergs Einbeziehung der Mathematik in die Poetik zu veranschaulichen.[753] Novalis' Gedanken zur Beziehung von Poesie und Mathematik entstehen im Rahmen seiner mathematischen Studien[754] und kreisen um Leibnizens Konzeption einer kombinatorischen Analysis, d.h. um die mathematische Anwendung der schon von Raimundus Lullus (1235-1315) in seiner *Ars magna* formulierten Theorie der *ars combinatoria*. [755] Dabei handelt es sich um eine mathematische Methode, mit der man von bekannten zu unbekannten Daten gelangen kann: die Kombinatorik bringt ohne das Zutun der Erfahrung Erkenntnis hervor. Aus Bekanntem wird auf Unbekanntes geschlossen. Insofern stellt die *ars combinatoria* in Novalis' Augen die methodologische Umsetzung des Genie-Gedankens dar, indem sie unter Ausschluss der Erfahrung Erkenntnis produziert. [756] Insbesondere wird die Musik als eine Kompositionskunst betrachtet, deren innere Logik auf Zahlenverhältnisse reduzierbar ist und dadurch auf einer kombinatorischen Analysis beruht: „Die

---

[752] Schriften I 282.

[753] Vgl. dazu: John Neubauer, Symbolismus und symbolische Logik. Die Idee der ars combinatoria in der Entwicklung der modernen Dichtung, München 1978.

[754] Vgl. das „mathematische Heft", die „Studien zu Bossut und Murhard" und die Hefte zur „Arythmetika universalis" und zur „Algebraischen Physik", aus den Freiberger naturwissenschaftlichen Studien von 1798-1799 in: Schriften III 50-3; 115-24; 125-8; 167-9; 173-8.

[755] Die zentrale Bedeutung Leibnizens für Novalis ist auch vom Umstand bezeugt, dass Hardenberg ihn gegen die Kritik Schlegels und Schleiermachers stets in Schutz genommen hat. Im Brief an Friedrich Schlegel vom 7. November 1798 liest man: „Leibnitzen scheint mir Schleyermacher sehr unrecht zu behandeln – die einzige Stelle von der Comb[inatio] Anal[ytica] ist alle Lobeserhebungen werth, die man ihm gegeben hat.", Schriften IV 264. Möglicherweise liegt hier ein Bezug auf C.F. Hindenburgs Sammelwerk *Der polynomische Lehrsatz das wichtigste Theorem der ganzen Analysis nebst einigen verwandten und andern Sätzen* (1796) vor, in dem Leibnizens Vorrede zu seiner Dissertationsschrift über die kombinatorische Analysis abgedruckt ist (vgl. darüber: Schriften III 387 Nr. 648). In seiner Verteidigung Leibnizens bezieht sich Novalis auf Friedrich Schlegel und Schleiermachers Athenäumsfragmente Nr. 276 und 279, in denen Leibniz als Moderantist gescholten wurde: „Leibniz war so sehr Moderantist, daß er auch das Ich, und Nicht-Ich, wie Katholizismus und Protestantismus verschmelzen wollte, und Tun und Leiden nur dem Grade nach verschieden hielt. Das heißt die Harmonie chargieren, und die Billigkeit bis zur Karikatur treiben.", KA II 212 Nr. 276. Und: „Leibnizens Methode der Jurisprudenz ist ihrem Zwecke nach eine allgemeine Ausstellung seiner Plane. Er hatte es auf alles angelegt: Praktiker, Kanzellist, Professor, Hofmeister. Das Eigne davon ist bloße Kombination des juristischen Stoffs mit der theologischen Form. Die THEODIZEE ist im Gegenteil eine Advokatenschrift in Sachen Gottes contra Bayle und Konsorten.", KA II 212 Nr. 279.

[756] Die Frage nach der Möglichkeit des Genies ist für Hardenberg nichts anderes als die Frage Kants nach der Möglichkeit synthetischer Urteile a priori, d.h. einer kombinatorischen Erfindungskunst: „Kants Frage: sind synthetische Urth[eile] a priori möglich? läßt sich auf mannichfaltige Weise specifisch ausdrücken. / z.B. = Ist die Philosophie eine *Kunst* (eine Dogmatik) [...] / = „Giebt es eine Erfindungskunst ohne Data, eine abs[olute] Erfindungskunst [...] / = Ist ein Genie möglich – läßt sich ein Genie definiren.", Schriften III 388 Nr. 650.

Musik hat viel Ähnlichkeit mit der *Algéber*.["757] Nicht nur musikalische Kompositionen jedoch, sondern auch Gedichte sollten für Hardenberg nach kombinatorischen Prinzipien entstehen. Novalis betrachtet dabei das Zahlensystem als Muster für das Sprachsystem: „Das Zahlensystem ist *Muster* eines ächten Sprachzeichensystems – Unsre Buchstaben sollen Zahlen, unsre Sprache Arythmetik werden."[758] Somit kann Novalis auch von einer „Mathem[atik] der *Poesie*"[759] sprechen, d.h. einer Methode, mit der man von gewöhnlichen zu neuen und unbekannten Wortverbindungen gelangt. Mit Wörtern soll musikalisch wie mit den Tönen komponiert werden:

> Gedichte – blos *wohlklingend* und voll schöner Worte – aber auch ohne allen Sinn und Zusamenhang – höchstens einzelne Strofen verständlich – sie müssen, wie lauter Bruchstücke aus den verschiedenartigsten Dingen [seyn]. Höchstens kann wahre Poësie einen *allegorischen* Sinn im Großen haben und eine indirecte Wirckung wie Musik etc. thun.[760]

Novalis denkt dabei an Kompositionen, in denen sich der Ausdruck der Vorherrschaft der Bedeutung entwinden soll und die „blos *wohlklingend* und voll schöner Worte – aber auch ohne allen Sinn und Zusamenhang" sein sollen. Ihr Charakter ist bruchstückhaft, aus verschiedenen Bedeutungszusammenhängen herausgerissen und ihre Wirkung indirekt wie Musik.

2.3.4. Differenz zu Schlegel: Dialektik von Kunst und Natur

Wenn Novalis folglich Herders Verwerfung der Kunst fern steht, muss allerdings hervorgehoben werden, dass er sich von der umgekehrt ebenso undialektischen Poetologie des frühen Friedrich Schlegel, die die frühromantische Poesie einfach als Kunst *im Gegensatz* zur Natur definiert, nicht weniger entfernt.

Wie bereits ausgeführt drückt Schlegel im *Studium*-Aufsatz die Differenz zwischen Antike und Moderne durch das Gegensatzpaar organisch vs. che-

---

[757] Schriften III 319 Nr. 415. Oder: „MUS[IKALISCHE] MATHEM[ATIK]. Hat die Musik nicht etwas von der Combinatorischen Analysis und umgekehrt. Zahlen Harmonieen – Zahlen acustik – gehört zur Comb[inatorischen] Analy[sis]. / Die Zähler sind die mathematischen Vokale – alle Zahlen sind *Zähler*. / Die Comb[inatorische] Analy[sis] führt auf das Zahlen-Fantasiren – und lehrt die *Zahlen compositionskunst* – den mathemat[ischen] Generalbaß. (Pythagoras. Leibnitz.) Die Sprache ist ein musicalisches Ideen Instrument. Der Dichter, Rhetor und Philosoph *spielen* und componiren grammatisch. Eine Fuge ist durchaus *logisch* oder wissenschaftlich – Sie kann auch poëtisch behandelt werden. / Der Generalbaß enthält die musicalische Algéber und Analysis. Die Combinat[orische] Anal[ysis] ist die kritische Alg[eber] und An[alysis] – und d[ie] musicalische Compositionslehre verhält sich zum *Generalbaß* wie die Comb[inatorische] An[alysis] zur einfachen Analysis.", Schriften III 360 Nr. 547.

[758] Schriften III 50.

[759] Ebd.

[760] Schriften III 572 Nr. 113.

misch aus. Wenn das Organische die natürliche Einheit der antiken Bildung
repräsentiert, symbolisiert für Schlegel hingegen das Chemische die synthetische Kraft der Modernen, die nicht auf Natur, sondern auf Freiheit beruht. So
besitzt aus Schlegels Perspektive die französische Revolution „chemischen"
Charakter, d.h. sie ist Ausdruck der moralischen Tätigkeit des Ich, welche die
überlieferten Bindungen auflöst und chemisch neue zustandebringt:

> Es ist natürlich, daß die Franzosen etwas dominieren im Zeitalter. Sie sind eine
> chemische Nation, der chemische Sinn ist bei ihnen am allgemeinsten erregt, und
> sie machen ihre Versuche auch in der moralischen Chemie immer im Großen.
> Das Zeitalter ist gleichfalls ein chemisches Zeitalter. Revolutionen sind univer-
> selle nicht organische, sondern chemische Bewegungen.[761]

Gleichermaßen wird auch die romantische Poesie als chemisch bezeichnet:
„Die chemische Natur des Romans, der Kritik, des Witzes, der Geselligkeit,
der neuesten Rhetorik und der bisherigen Historie leuchtet von selbst ein."[762]

Dieser Unterschied wird nun bei Novalis durch die Analogie überbrückt,
denn die Freiheit ist nicht der Natur entgegengesetzt, sondern zu letzterer analog. Sie ist „Liebe": „Freyheit und Liebe ist Eins."[763] Die moderne Poesie ist
demzufolge zwar „chemisch" disponiert, sie soll und kann allerdings wieder
„organisch" werden. An dieser Stelle zeigt sich eindeutig, wie in Novalis'
Poetik Herders Konzeption der Poesie als Natur weiterwirkt. Bereits die Form
des Fragments stellt für Novalis weniger ein Bruchstück, als vielmehr einen
„Keim" dar.[764] Als organisches Gebilde bürgt der „Keim" dafür, dass die moderne Poesie kein Werk des Verstandes ist, ohne zugleich Natur zu sein. So
bleibt die Poesie der Modernen, obwohl sie chemisch zusammengesetzt ist, in
ihrem Wesen doch „einfach". Zum Wesen der Poesie notiert Novalis: „Worinn
eigentlich das Wesen der Poësie bestehe, läßt sich schlechthin nicht bestim-

---

[761] KA II 248 Nr. 426.
[762] Ebd.
[763] Schriften III 406 Nr. 717. Vgl. auch den Brief an August Wilhelm Schlegel vom 12. Januar
1798, in dem die Liebe als „Schlüssel der Bildung" bezeichnet wird, Schriften IV 245. Darüber hinaus vgl. auch: „Tanz – Essen – Sprechen – gemeinschaftlich Empfinden und arbeiten
– zusammenseyn – sich hören, sehn, fühlen etc. – alles sind Bedingungen und Anlässe, und
selbst schon Functionen – der Wircksamkeit des *Höhern* – zusammengesezten Menschen –
des Genius etc. [...] *Amor ist es*, der uns zusammengedrückt. In allen obgedachten Functionen
liegt Wollust (*Sym[pathie]*) zum Grunde.", Schriften III 425 Nr. 797. „Der Liebe gehts, wie
der Phil[osophie]", schreibt Novalis, „– sie ist und soll allen – Alles und jedes seyn. Liebe ist
also das Ich – das Ideal jeder Bestrebung.", Schriften III 432 Nr. 835. „Es geht mit der Liebe,
wie der Überzeugung – wie viele glauben überzeugt zu seyn, und sind es nicht. Nur vom
Wahren kann man wahrhaft überzeugt seyn – nur das Liebe kann man wahrhaft lieben.",
Schriften II 545 Nr. 106. Und: „Die Liebe hat von jeher Romane gespielt, oder die Kunst zu
lieben ist immer romantisch gewesen.", Schriften III 694 Nr. 704.
[764] Vgl. die Bestimmung des Fragments als „Sämerey": „Die Kunst Bücher zu schreiben ist noch
nicht erfunden. Sie ist aber auf dem Punct erfunden zu werden. Fragmente dieser Art sind litterairische Sämereyen. Es mag freylich manches taube Körnchen darunter seyn – Indeß wenn
nur einiges aufgeht.", Schriften II 462 Nr. 104

men. Es ist unendlich zusammengesetzt und doch einfach. Schön, romantisch, harmonisch sind nur Theilausdrücke des Poëtischen."[765] „Unendlich zusammengesetzt", also chemischen Wesens, und zugleich „einfach" ist für Novalis der Charakter der romantischen Poesie. Die Bezeichnung „einfach" drückt die Homogenität des Heterogenen aus, eine Homogenität, die letztlich das Moment des Chemischen, des künstlich Zusammengesetzten verdrängt und die Differenz zwischen antik und modern verwischt.[766]

Man könnte an dieser Stelle einwenden, dass die Versöhnung des Modernen und des Antiken in der Tat auch dem frühen Schlegel als Ziel vorschwebte, und zwar nicht nur im *Studium*-Aufsatz, wo die Hoffnung ausgedrückt wird, dass sich diese Vermittlung in Goethes Werk verwirklichen möge, sondern bereits im Brief an den Bruder vom 27. Februar 1794, wo es heißt: „Das Problem unsrer Poesie scheint mir die Vereinigung des Wesentlich-Modernen mit dem Wesentlich-Antiken [...]".[767] Allerdings ist bemerkenswert, dass Schlegel diesen Gedanken viel vorsichtiger als Novalis formuliert.

Diese Vorsicht erklärt sich zum Einen aus Schlegels Bewusstsein der geschichtlichen Differenz von Antike und Moderne, das er seiner klassischen Bildung verdankt. Zum Anderen erklärt sich dessen zurückhaltendes Verhalten aus dem Umstand, dass Schlegel eine eigene Konzeption der Dialektik erst im Sommer 1796 unter Novalis', wahrscheinlich aber auch unter Herbarts Einfluss entwickeln wird.[768] Zwar kommt er bereits 1795, in einer Rezension von Condorcets *Esquisse d'un tableau historique de l'esprit humain*, in dem Schlegel den „Keim des wichtigen Begriffs der Wechselwirkung der Bildung" entdeckt, auf den Gedanken einer möglichen Vereinigung von Antike und Moderne, Kreislauf und Progression zu sprechen, jedoch mit der Vorsicht, die ihm sein historischer Sinn gebietet: der *Historiker* sei noch nicht gekommen, der eine solche Synthese *geschichtlich* begründen könne.[769] Erst in der

---

[765] Schriften III 690 Nr. 690.

[766] „Ironie und Chemie sind bei Schlegel insofern verwandte Vorstellungen, als der Ironie, welche die Gegensätze überspielt, die Illusion einer Einheit sich verdankt, welche real nicht gegeben ist, weil die Bildung eine künstliche, zusammengesetzte ist, oder subjektiv formuliert: weil sich dem analysierenden Blick des Chemikers, als den sich Friedrich Schlegel empfindet, die gegebene Ganzheit in ihre Elemente zersetzt.", Szondi, Poetik und Geschichtsphilosophie I, a.a.O., 136-7.

[767] KA XXIII 185.

[768] Vgl.: Manfred Frank, a.a.O., 892 ff, sowie: Guido Naschert, a.a.O., 35.

[769] „Wenn die Geschichte der Menschheit einmal ihren *Newton* finden wird, der mit gleicher Sicherheit den verborgenen Geist des Einzelnen zu treffen, und sich in dem unübersehlichen Ganzen zu orientieren weiß, der bei unverrücktem Streben dem allgemeinen Gesichtspunkt im Einzelnen zeigen und aus dem Einzelnen den allgemeinen Gesichtspunkt hervorgehen zu lassen, dennoch die Tatsachen nicht verfälscht und verstümmelt, sondern rein und vollständig faßt, sich die scheinbaren Widersprüche nicht verschweigt, sondern die rohe Masse so lange durcharbeitet, bis er Licht, Übereinstimmung, Zusammenhang und Ordnung findet: dann wird man in der Vorherbestimmung des künftigen Ganges der menschlichen Bildung (die ich sehr weit bin, für chimärisch zu halten) sicherer und weiter gehen können, als alle bisherigen Philosophen und der Verf. selbst.", KA VII 6-7.

Zeit des *Athenäums*, als Schlegel einen eigenen dialektischen Ansatz entwickelt hatte, werden die geschichtlichen Kategorien antik und modern an die identitätsphilosophischen von Natur und Ich völlig angeglichen, etwa in der Bestimmung der Transzendentalpoesie im 116. Athenäumsfragment, die die programmatische Absicht offen legt, „Kunstpoesie und Naturpoesie bald [zu] mischen, bald [zu] verschmelzen [...]".[770]

Schlegel vermeidet es jedoch auch zu diesem Zeitpunkt, diese Synthese als „organisch" oder „Natur" zu bezeichnen. Im *Studium*-Aufsatz hieß es eindeutig über den Vergangenheitscharakter der organischen Kultur: „Die einmal aufgelöste [...] Masse organisirt sich nie wieder."[771] Auch später verwendet Schlegel diesen Terminus nicht als poetologischen Begriff.[772] Andererseits hätte ihn seine eigene dialektische Konzeption seit dem Sommer 1796 davon abhalten sollen, weiterhin wie im *Studium*-Aufsatz undialektisch von der Poesie als bloßer Kunst zu sprechen. Es soll deshalb im Folgenden danach gefragt werden, was den *späteren* Schlegel davon abhielt, der Transzendentalpoesie einen Naturcharakter zu konzedieren.

Der wichtigste Grund dafür dürfte, wie bereits in der Einleitung angedeutet, in Schlegels spezifischer Konzeption der Dialektik liegen. Wohl ergänzt Schlegel wie Novalis das Ich um die Natur im Zeichen seiner Theorie des „Wechselerweises", aber durch diesen Schritt verfolgt er primär nicht eine Potenzierung der Natur, wie es bei Novalis der Fall ist, sondern eine Potenzierung des Ich. Schlegel beabsichtigt, dem moralischen Handeln ein reales Substrat zu verleihen und die Geschichtlichkeit als Eingriff des Ich in die Welt philosophisch zu fundieren.[773] Schlegel geht es nicht um Natur, sondern um

---

[770] KA II 182.

[771] „Nur da ist das höchste Schöne möglich, wo alle Bestandteile der Kunst und des Geschmacks sich gleichmäßig entwickeln, ausbilden und vollenden; in der *natürlichen* Bildung. In der künstlichen Bildung geht diese *Gleichmäßigkeit* durch die willkürlichen Scheidungen und Mischungen des lenkenden Verstandes unwiderbringlich verloren. An einzelnen Vollkommenheiten und Schönheiten kann sie vielleicht die freie Entwicklung sehr weit übertreffen: aber jenes höchste Schöne ist ein gewordnes *organisch gebildetes Ganzes*, welches durch die kleinste Trennung zerrissen, durch das geringste Übergewicht zerstört wird. Der künstlerische Mechanismus des lenkenden Verstandes kann sich die Gesetzmäßigkeit des goldnen Zeitalters der Kunst der bildenden Natur zueignen, aber seine Gleichmäßigkeit kann er nie völlig wiederherstellen; die einmal aufgelöste elementarische Masse organisiert sich nie wieder.", KA I 293.

[772] Dies geschieht nur äußerst selten, z.B. in folgenden Notizen aus der *Zweiten Epoche* der *Philosophischen Fragmente* (1799): „Romanze = ορy[organische]x/0 π[Poesie] der Keim und die Frucht von allen.", KA XVIII 234 Nr. 485, und: „Die ορy[organische] Poesie die göttliche", KA XVIII 235 Nr. 501.

[773] Klaus Peter hat deutlich gemacht, dass Schlegels Fichte-Kritik eine andere Intention verfolgte als Novalis und Schelling. Ihr ging es letztlich nicht um die Natur, sondern um die Moralität: „Schlegels Kritik an der Wissenschaftslehre [richtete sich] nicht, wie die Schellings, auf den Mangel an Natur; die Natur interessierte Schlegel selbst nur mittelbar. Die Abstraktheit der Fichteschen Lehre sah Schlegel vielmehr darin, daß Fichte, indem er die Wechselbestimmung von Ich und Nicht-Ich in der theoretischen Philosophie auf die Produktion von Vorstellungen

Moralität und damit um Geschichtlichkeit. Erst vor diesem Hintergrund wird beispielsweise die Kritik Schlegels an Fichte verständlich, dass bei letzterem die Moralität innerhalb des Theoretischen verbleibe. Bei Fichte beschränkt sich die Wechselbestimmung von Ich und Nicht-Ich auf die theoretische Wissenschaftslehre, sie erklärt lediglich die Produktion von Vorstellungen und hat keinen praktischen Stellenwert: in der „Wl[Wissenschaftslehre] ist doch eigent[lich] nur von der absoluten Idealität des Realen gehandelt."[774] Schlegel kommt somit zu folgendem Schluss: „<Bei F.[ichte] ist d[ie] *Moral* eigentlich gar keine πρ[praktische] Ws[Wissenschaft] mehr.>"[775] Dem fügt er hinzu: „Die absolute Realität des Idealen wird F.[ichte] nie deducieren können, weil er kein absoluter Idealist ist."[776] Es geht Schlegel hierbei nicht um die Deduktion der Realität, sondern um die Deduktion der Realität *des Idealen*.

In dieser grundsätzlichen Differenz in der Konzeption der Dialektik zwischen Schlegel und Hardenberg wird man auch die Hauptursache suchen müssen, die für die wiederholt auftretenden Differenzen zwischen ihnen, und zwar nicht nur in poetologischer, sondern auch in geschichts- und religionsphilosophischer Hinsicht verantwortlich ist. Die „Wechselbestimmung" führt Novalis in den *Fichte-Studien* primär dazu ein, um die *Natur* zu potenzieren, um diese als ein „Du", ein Analogon des Ich auszuweisen. Bereits in den ersten Heften der *Fichte-Studien* wirft Hardenberg folgende Frage auf: „Hat Fichte nicht zu willkührlich alles ins Ich hineingelegt? Mit welchem Befugniß?"[777] In dieser Potenzierung der Natur stimmt Novalis – bei aller Differenz – mit Schelling überein.[778] Bei Schlegel dient der „Wechselerweis" umgekehrt letztlich zur

---

reduzierte, und zwar auf Vorstellungen dieser Welt, wie sie ist, sich damit um die Möglichkeit brachte, in der praktischen Philosophie das Handeln im Sinne eines verändernden Eingreifens in die Welt, eben als Geschichte, zu verstehen.", in: Idealismus als Kritik. Friedrich Schlegels Philosophie der unvollendeten Welt, Stuttgart 1973, 91. „Für Novalis wie für Steffens […] gehörten […] Natur und Geschichte zusammen im Gegensatz zu Friedrich Schlegel, von dem Steffens gesagt hat: ‚Er lebte ganz in der Geschichte, die Natur war ihm völlig fremd'.", Paul Kluckhohn (Hrsg.), Deutsche Literatur in Entwicklungsreihen. Reihe Romantik. Bd. 10. Deutsche Vergangenheit und deutscher Staat, Leipzig 1935, 5-24, 5 f. „Schlegels Philosophie ist letzten Endes Geschichtsphilosophie.", Josef Körner (Hrsg.), Friedrich Schlegel. Neue philosophische Schriften, Frankfurt am Main 1935, 16. Schlegels Motto lautete: „Je wissenschaftlicher, je geschichtlicher […]", KA I 497.

[774] KA XVIII 38 Nr. 209.

[775] Ebd.

[776] Ebd. Andernorts differenziert er zwischen Fichtes Idealismus, den er abschätzig „Spiritualismus" nennt, und eigentlichem Idealismus: „Absoluter Idealismus ohne allen Re[alismus] ist Spiritualismus.", KA XVIII 33 Nr. 151. Und: „Id[ealismus] ist kr[kritischer], realisirter Spiritualismus.", KA XVIII 33 Nr. 153. „Die Wl.[Wissenschaftslehre] ist nicht d.[ie] Naturgeschichte und Freyheitsgeschichte – die *Bildungslehre d[er] reinen Ichheit*; sondern Einfälle und Erzählungen eines schwebenden, reisend lustwandelnden Mystikers.", KA XVIII 35 Nr. 175. „F.[ichte] deducirt bloß Abstracta, keine Individuen; also ists mit s.[einer] Construct[ion] nicht weit her.", KA XVIII 33 Nr. 152.

[777] Schriften II 107 Nr. 5.

[778] Vgl. den Brief an Friedrich Schlegel vom 14. Juni 1797: „Mit Schelling such ich je eher, je lieber bekannt zu werden. In Einem Stücke entspricht er mir mehr, als Fichte.", Schriften IV

Potenzierung der Moralität, die als Absetzung von der Natur und als geschichtliches Handeln verstanden wird.[779] Gerade in dieser Differenz in der Identität dürfte das „Geheimnis" von Schlegels und Novalis' „Entzweyung" liegen[780] – eine „Entzweyung", auf die später detailliert eingegangen werden soll. Dies erklärt auch, dass Schlegel die Transzendentalpoesie nicht als Naturprodukt, sondern ethisches und geschichtliches Phänomen begreift: „Die Transc[endental] π[oesie] eigentl[ich] Hist/0 π [absolut Historische Poesie]."[781]

Novalis' Poetologie dreht sich hingegen um eine Dialektik von Kunst und Natur, die im Zeichen ihrer Analogie steht und sich in der *Liebe* ausdrückt.[782]

230.

[779] Zur „Historie" als Feld der Moralität vgl. Athenäumsfragment Nr. 90: „Der Gegenstand der Historie ist das Wirklichwerden alles dessen, was praktisch notwendig ist.", KA II 178 Nr. 90. In Schlegels Notizen ist immer wieder der Nexus von „Realphilosophie" und „Historie" anzutreffen, während der Begriff „Natur" kaum auftritt. Aus den *Gedanken. < Zur zweiten Epoche>*: „Die erste moderne $\phi\sigma$[Philosophie] ist $\eta\phi$[ethische Philosophie], die zweite $\kappa\phi$[kritische Philosophie], die dritte muß nun Hist[orisch] seyn.", KA XVIII 74 Nr. 543. „Die Moral von Hist[orie] der constituirende Theil – $\phi\sigma$[Philosophie] der Thätigkeit, Willkür, Bildung, Kunst, Glaube usw. dieß ist die Seele der Hist[orie]. Diese Moral zugl[eich] eine Ges[chichte] d[er] Moral.", KA XVIII 75 Nr. 557. Aus den Aufzeichnungen *Zur Philosophie 1797*: „Sobald die $\phi\sigma$[Philosophie] Wiss[enschaft] wird, giebts Hist[orie]. Alles $\sigma\upsilon\sigma\tau$[System] ist Hist[orisch] und umgekehrt.", KA XVIII 85 Nr. 671. „Rϕ[Realphilosophie] = Hist[orische] ϕ[Philosophie].", KA XVIII 90 Nr. 736. „Historie = Rϕ[Realphilosophie].", KA XVIII 97 Nr. 818. „Absolute ϕ[Philosophie] – Rϕ[Realphilosophie] = Hist[orische] ϕ[Philosophie].", KA XVIII 97 Nr. 821. „*Historie* und *systematische* $\phi\sigma$[Philosophie] sind völlig identisch.", KA XVIII 95 Nr. 799. Auch die Definition eines Begriffs betrachtet Schlegel als dessen „Historie": „Eine vollständige *Definition* würde zugl.[eich] Charakteristik und Historie sein [...]", KA XVIII 96 Nr. 802. „Die Universalϕ[philosophie] ist die Hist[orische] ϕ[Philosophie].", KA XVIII 109 Nr. 961. „Gehören die Identitäten der Gegensätze – Id[ealität] Re[alität] – F[orm] Mat[erie] – jede in ihre ϕ[philosophische] Art, oder alle in d[ie] Hist[orische] ϕ[Philosophie].", KA XVIII 111 Nr. 982. Aus den Aufzeichnungen *Zur Moral*: „Hist[orie] ist nichts als $\phi\sigma$[Philosophie] und dieser Name könnte ganz abgesetzt werden.", KA XVIII 226 Nr. 382.

[780] So heißt es im Brief Novalis' an Schlegel vom 7. November 1798. Vgl.: Schriften IV 263.

[781] KA XVI 151 Nr. 772. In den Aufzeichnungen *Zur Moral. Angefangen 1798 in Dreßden im Sommer* heißt es: „η[Ethik] d[er] eigentl[iche] Mittelpunkt d[er] Kunst.", KA XVIII 198 Nr. 13. „Ist nicht alles was wir jetzt R[oman] nennen nur $\eta\phi$[ethische Philosophie] und $\eta\pi$[ethische Poesie]?", KA XVIII 198 Nr. 14. „Die Frage von d[er] *Moralität d[er] K.[unst]* gehört ganz eigent[lich] zur *Aesthetik* und ist Anfang und Ende derselben. – Kunstlehre d[er] Tugend und Tugendlehre der Kunst.", KA XVIII 200 Nr. 38.

[782] Die Liebe ist für Novalis nicht erst nach der Lektüre von Hemsterhuis, sondern bereits in den *Fichte-Studien* ein wichtiger Begriff. Vgl.: Schriften II 233 Nr. 387, 249 Nr. 462, 292 Nr. 651: „Liebe – als synthetische Kraft". Für die Gleichsetzung von Liebe und Religion vgl. das „Fragmentblatt", Schriften II 395 Nr. 56: „Ich habe zu Söfchen Religion – nicht Liebe. Absolute Liebe, vom Herzen unabhängige, auf Glauben gegründete, ist Religion", und Nr. 57: „Liebe kann durch absoluten Willen in Religion übergehn." Vgl. auch die *Vorarbeiten 1798*, Schriften II 524 Nr. 12, 541 Nr. 74, 619 Nr. 433; im *Allgemeinen Brouillon*: „Die Liebe ist der Endzweck der *Weltgeschichte* – das Unum des Universums.", Schriften III 248 Nr. 50; „Gott *ist die Liebe*. Die Liebe ist das höchste *Reale* – der Urgrund", „Theorie der Liebe ist die

So heißt es beispielsweise: „Wir selbst sind ein sichtbargewordner Keim der *Liebe* zwischen Natur und Geist oder Kunst."[783], oder andernorts: „Die Natur wird moralisch seyn – wenn sie aus *ächter Liebe* zur Kunst – sich der Kunst hingiebt – thut, was die Kunst will – die Kunst, wenn Sie aus ächter Liebe zur Natur – für die Natur lebt, und nach der Natur arbeitet. Beyde müssen es zugleich aus eigner *Wahl* – um ihrer Selbst willen – und aus fremder Wahl um des Andern willen, thun. Sie müssen in sich selbst mit dem Andern und mit sich selbst im Andern zusammentreffen. / Wenn unsre Intelligenz und unsre Welt harmoniren – so sind wir *Gott gleich.*"[784]

Diese Dialektik von Kunst und Natur liegt in einer Fülle von Notizen vor: „Natur und Kunst werden in einer höhern *Wissenschaft* – (der *moralischen Bildungslehre*) vereinigt – und *wechselseitig vollendet.* / Natur und Kunst werden durch Moralitaet gegenseitig armirt ins unendliche./"[785] Novalis fordert deshalb: „Natur soll Kunst und Kunst 2te Natur werden."[786] Er beobachtet ferner: „Das Buch ist die in Striche (wie Musik) *gesetzte*, und *complettirte* Natur."[787] An anderer Stelle liest man: „<Die Kunst ist die *complementarische* Natur.>"[788], oder: „Die Naturpoësie ist wohl der eigentliche Gegenstand der Kunstpoësie – und die Äußerlichkeiten der poëtischen Rede scheinen sonderbare Formeln ähnlicher Verhältnisse, sinnbildliche Zeichen des *Poëtischen* an den Erscheinungen zu seyn."[789] Der dialektische Grundgedanke verhindert also Schlegels Entgegensetzung von Kunst und Natur. Wenn demzufolge für Novalis die Natur, als ein „Du", eine Geschichte besitzt und insofern bereits „Kunst" ist, erweist sich auch die Kunst wiederum nicht als völlig entgegengesetzt dazu, sondern als sich bildende Natur. In den *Fragmenten und Studien* von 1799/1800 notiert Novalis: „Die Natur hat Kunstinstinkt – daher ist es

---

höchste W[issenschaft]", und: „*Liebe* ist der Grund der Möglichkeit der Magie. Die Liebe wirckt magisch.", Schriften III 254-5 Nr. 79.

[783] Schriften III 253 Nr. 79.

[784] Schriften III 253 Nr. 78. Dieses Ideal einer künstlichen Natur wird von Novalis auch im fünften Kapitel des *Ofterdingen* formuliert. Hier berichtet der Einsiedler von einem unterirdischen künstlichen Garten: „An manchen Orten sah ich mich, wie in einem Zaubergarten. Was ich ansah, war von köstlichen Metallen und auf das kunstreichste gebildet. In den zierlichen Locken und Ästen des Silbers hingen glänzende, rubinrothe, durchsichtige Früchte, und die schweren Bäumchen standen auf krystallenem Grunde, der ganz unnachahmlich ausgearbeitet war.", Schriften I 262. Diese Passage illustriert paradigmatisch Novalis' Anspruch der Vermittlung von Natur und Kunst. Gerade dieser Glaube an die Rückverwandlung der Kunst in Natur unterscheidet Novalis von den Dichtern des Symbolismus, von Baudelaire und auch von Stefan George, unterscheidet. Die unüberbrückbar gewordene Differenz von Natur und Kunst ist besonders in Baudelaires Gedicht *Rêve parisien* aus den *Fleurs du Mal* und noch stärker in Georges *Mein Garten* aus *Algabal* greifbar.

[785] Schriften III 253 Nr. 78.

[786] Schriften II 646 Nr. 468.

[787] Schriften III 368 Nr. 582.

[788] Schriften III 368 Nr. 583.

[789] Schriften III 652 Nr. 570.

Geschwätz, wenn man Natur und Kunst unterscheiden will."[790] Auch die antike Kunst erscheint Novalis nicht als „gemacht", sondern als Ausdruck der
Liebe von Kunst und Natur: „Man glaube nur auch nicht allzu steif, daß die
Antike und das Vollendete *gemacht* sey – Gemacht, was wir so gemacht nennen. Sie sind so gemacht, wie die Geliebte, durch das Verabredete Zeichen des
Freundes in der Nacht – wie der Funken durch die Berührung der Leiter – oder
der Stern durch die Bewegung im Auge."[791] Die dialektische Wechselwirkung
von Kunst und Natur ist vor allem in der längeren poetologischen Aufzeichnung „Des Dichters Reich" zu konstatieren. Dort verwirft Novalis das Ideal
einer lediglich künstlichen Poesie, die in ihrer „Leblosigkeit" „Geist und
Herz" „kalt" lässt:

> Was helfen uns Beschreibungen, die Geist und Herz kalt lassen – leblose Be-
> schreibungen der leblosen Natur – Sie müssen wenigstens symbolisch seyn, wie
> die Natur selber [...]. Entweder muß die Natur Ideenträger, oder das Gemüth
> Naturträger seyn. Dieses Gesetz muß im Ganzen und im Einzelnen wircksam
> seyn. Egoïst darf der Dichter durchaus nicht erscheinen.[792]

„Egoïst" darf der Dichter nicht sein – als „Egoisten" allerdings hatte Friedrich
Schlegel den romantischen Dichter in seinem *Studium*-Aufsatz definiert: „Die
Willkür der lenkenden Bildungskunst ist unumschränkt [...] eigentlich existirt
jeder Künstler für sich, ein *isolirter Egoist* in der Mitte seines Zeitalters und
seines Volks. Es gibt so viele individuelle Manieren als originelle Künstler."[793]
Gegen diesen Egoismus, der in Schlegels Augen den Wesenszug des modernen Dichters darstellt, richtet sich Novalis gerade aufgrund der Dialektik, die
seine Poetologie durchzieht. In der Äußerung des Dichters bekundet sich demzufolge nicht seine schrankenlose Willkür, sondern die dialektische Harmonie
von Kunst und Natur. Am Anfang der oben zitierten Aufzeichnung heißt es
programmatisch:

> Des Dichters Reich sey die Welt in den Focus seiner Zeit gedrängt. Sein Plan
> und seine Ausführung sey dichterisch – i.e. dichterische *Natur*. [...] Alle dichte-
> rische Natur ist *Natur* – ihr gebühren alle Eigenschaften der Leztern. [...] Der
> Dichter bleibt ewig wahr – Er beharrt im *Kreislauf* der Natur.[794]

Der Terminus „künstlich" charakterisiert somit bei Novalis nicht nur die moderne Poesie in ihrem reflexiven Charakter, sondern repräsentiert zuweilen
auch, anders als bei Schlegel, die pejorative Bezeichnung für eine Dichtung,

---

[790] In der Aufzeichnung heißt es weiter: „Beym Dichter sind sie höchstens dadurch verschieden,
daß sie durchaus verständig und nicht leidenschaftlich sind, welches sie von denjenigen Menschen unterscheidet – die aus Affect unwillkührlich musicalisch poëtische oder überhaupt *interressante* Erscheinungen werden.", Schriften III 650 Nr. 554.
[791] Schriften III 411 Nr. 737.
[792] Schriften III 692.
[793] KA I 238-9.
[794] Schriften III 692.

die ihren naturhaften Charakter verleugnet hat und unpoetisch geworden ist.[795] Das Wesen der Dichtung ist organisch: „<Dichten ist zeugen. Alles Gedichtete muß ein lebendiges Individuum seyn.>"[796] Selbst über den Roman, das Paradigma der künstlichen Poesie der Modernen, schreibt Novalis: „Der Roman gehört zur *natürlichen Poesie* […]".[797]

2.3.5. Die Kritik an Schlegels 116. Athenäumsfragment

Vor diesem Hintergrund dürfte auch Novalis' überraschende Kritik an Schlegels 116. Athenäumsfragment verständlich werden – eine Kritik, auf welche in der Forschung bisher kaum eingegangen wurde. In Schlegels berühmtem Fragment werden Kunstpoesie und Naturpoesie durch einen *freien* Akt des Dichters verbunden. Doch diese Synthese führt zu keiner organischen Wechselwirkung von Freiheit und Notwendigkeit, denn sie ist von der Willkür des Dichters beherrscht. „Und doch" – setzt Schlegel hinzu – „kann auch sie […] *frei* von allem realen und idealen Interesse auf den Flügeln der poetischen Reflexion in der Mitte schweben […]".[798] Gegen Ende des Fragments wird wiederum die Willkür des Dichters betont:

> Sie allein ist unendlich, wie sie allein *frei* ist, und das als ihr erstes Gesetz anerkennt, daß die *Willkür* des Dichters kein Gesetz über sich leide.[799]

Dieses Herausgerissensein der Transzendentalpoesie aus der organischen Analogie mit der Natur und die Akzentuierung der Willkür des Dichters dürfte auf Novalis' Befremden gestoßen sein. Novalis vermerkt dazu kritisch: „Zu herausgerissen eigenthümlich – nicht genetisch – oder generirend."[800] Schlegels Darstellungsform setzt an erste Stelle nicht die natürliche *Genese* der Poesie –

---

[795] So wird die Fabel aufgrund ihrer Künstlichkeit nicht als zur Poesie zugehörig betrachtet: „Fabel – […] nicht reine ursprüngliche Poësie – sondern künstliche – zur Poësie gewordne Philosophie. Zur schönen Kunst gehört sie nicht – Sie ist technisch – Gebild der Absicht – Leiter eines Zwecks.", Schriften II 570-1 Nr. 214. Vgl. auch den Gegensatz zwischen der „Bezahlbarkeit" der Kunstpoesie und der Unschätzbarkeit der sentimentalischen Dichtung als Naturäußerung: „Ächte Kunstpoësie ist bezahlbar. Die Poësie aus Bedürfniß – die Poësie, als Karacterzug – als Äußerung meiner Natur, kurz die *Sentimentale Poësie* läßt sich aber nur ein indelicater, roher Mensch bezahlen.", Schriften II 600 Nr. 348. Auch an anderer Stelle wird die Kategorie der Bezahlbarkeit kritisiert: „Macht die Bezahlung den Dichter, oder vernichtet sie ihn?", Schriften II 632 Nr. 115. Zur Kategorie des „Künstlichen" gehört auch das Rhetorische: „Unterschied zwischen *Dichten* und ein Gedicht machen. […] Die Vernunft sezt, die Fantasie *entwirft* – der Verstand führt aus. Umgekehrt, wo die Fantasie *ausführt* – und der Verstand entwirft. / romantische und rhetorische Poësie.", Schriften II 544 Nr. 99. „Poësie ist Poësie. Von *Rede(Sprach)kunst* himmelweit verschieden.", Schriften III 685 Nr. 668.

[796] Schriften II 534 Nr. 36 (*Vorarbeiten 1798*).

[797] Schriften II 572 Nr. 214.

[798] KA II 182. Hervorhebung von mir.

[799] KA II 183. Hervorhebung von mir.

[800] Schriften II 623 Nr. 28.4.

wiederum ein anderer Leitbegriff Herders, den Novalis rezipiert[801] –, sondern die aus jedem Naturzusammenhang herausgerissene, eigentümliche *Willkür* des Dichters, der „[...] kein Gesetz über sich leidet."

Dem fügt Novalis Folgendes hinzu: „[...] der lezte Satz hebt d[as] Ganze Vorhergehende auf."[802], und am Schluss des Schlegelschen Fragments heißt es:

> Die romantische Dichtart ist die einzige, die mehr als Art, und gleichsam die Dichtkunst selbst ist: denn in einem gewissen Sinn ist oder soll alle Poesie romantisch sein.[803]

Diese Bestimmung der romantischen Poesie als *die* Poesie schlechthin dürfte auf Novalis' Einverständnis gestoßen sein, sie hebt aber – so Novalis – alles Vorhergehende auf, denn vor dem Hintergrund der Identifikation der Poesie mit der romantischen Poesie entfallen alle Gegensätze, als deren künstliche Zusammensetzung Schlegel die romantische Poesie bestimmt hatte. Vor dem Hintergrund der Analogie gibt es für Novalis keine Opposition von Natur- und Kunstpoesie mehr. Jede Poesie ist, insofern sie poetisch ist, auch romantisch und stellt eine organische Synthese von Natur und Kunst dar. Dies wird wiederum durch das oben zitierte Fragment Novalis' bestätigt, in dem es heißt, dass Poesie *als* Poesie organisch ist, und dass *„alle* ächte Dichter", auch *„ohne ihr Wissen"*, seit jeher organisch dichteten. Somit wird auch Schlegels Kasuistik von Kunst- und Naturpoesie, Genialität und Kritik usw. überflüssig.

Der Umstand freilich, dass Novalis vom Dichter zugleich ein *Bewusstsein* dieser Organizität verlangt, verwandelt die organische Transzendentalpoesie wiederum in eine *künftige*. Sie hat sich noch nicht verwirklicht, sondern ist als ein Postulat zu betrachten. Novalis selbst bezeichnet sie in der vorher zitierten Aufzeichnung explizit als „die Künftige". So heißt es auch an anderer Stelle: „<Wie sich die bisherigen Philosophieen zur Logologie verhalten, so die bisherigen Poësieen zur Poësie, die da kommen soll>."[804] Indem Hardenberg nicht nur das organische Wesen, sondern auch den künftigen Charakter der Transzendentalpoesie betont, nimmt er eine Zwischenposition zwischen Friedrich Schlegel und Schelling ein. Wie Schelling erweitert Novalis die Perspek-

---

[801] Herders leitmotivisches Plädoyer für eine *genetische* Erklärung der Dichtung findet sich bereits in seinem frühen *Versuch einer Geschichte der lyrischen Dichtkunst*: „[…] nothwendig ist's, dem Ursprung der Gegenstände nachzuspüren, die man etwas vollständig verstehen will. Mit uns entgeht uns offenbar ein Theil von der Geschichte, und wie sehr dienet die Geschichte zur Erklärung des Ganzen? Und dazu der wichtigste Theil der Geschichte, aus welchem sich nachher Alles herleitet; denn so wie der Baum aus der Wurzel, so muß der Fortgang und die Blüthe einer Kunst aus ihrem Ursprunge sich herleiten lassen. Er enthält in sich das ganze Wesen seines Produktes, so wie in dem Samenkorn die ganze Pflanze mit allen ihren Theilen eingehüllet liegt; und ich werde unmöglich aus dem spätern Zustande den Grad von Erläuterung nehmen können, der meine Erklärung *genetisch* macht.", Sämmtliche Werke XXXII 86-7.

[802] Schriften II 623 Nr. 28.4.

[803] KA II 183 Nr. 116.

[804] Schriften II 535 Nr. 43.

tive der *Wissenschaftslehre*, indem er der Ich-Philosophie eine Naturphilosophie an die Seite stellt und die Transzendentalpoesie als organische Versöhnung von Ich und Natur bestimmt. Dass er sie als künftig bezeichnet, verleiht
ihr jedoch wiederum den Status eines Postulates und rückt sie in die Nähe von
Schlegels Bestimmung der Transzendentalpoesie: „[...] ja das ist ihr eigentliches Wesen, daß sie ewig nur werden, nie vollendet sein kann."[805]

2.4. Hardenbergs Ablösung der Gattungspoetik durch die Romanpoetik

Auch Hardenbergs Reflexion über die Gattungspoetik teilt mit Schlegel die
Abwendung von der aufklärerischen empirischen induktiven Gattungssyste-
matik. Letzterer setzt Hardenberg wie Schlegel deren spekulative *Deduktion*
entgegen: die Beschreibung der Dichtarten wird von der Erfassung ihres philosophischen Wesens abgelöst. Ebenso wie Schlegel reflektiert Hardenberg
ferner die Gattungsunterschiede mit Hilfe des philosophischen Gegensatzes
subjektiv und objektiv. Dieser wird auf die drei Gattungen der klassizistischen
Ästhetik, Epos, Lyrik und Drama, angewandt, und zwar so, dass eine von
ihnen als Synthese der anderen beiden erscheint. Nicht anders als Schlegel
betrachtet auch Hardenberg in seinen frühen gattungstheoretischen Aufzeichnungen nicht den Roman, sondern weiterhin das Drama als Synthese. Die
früheren Aufzeichnungen aus den *Vorarbeiten 1798* zeigen dies ganz deutlich.
So wird das Trauerspiel als höchster poetischer Ausdruck eines Volks charakterisiert: „Das Trauerspiel ist bey dem Höchsten Leben eines Volks am rechten Orte [...]".[806] An anderer Stelle wird noch die Entwicklung der *griechischen* Poesie zum Vorbild für die Entwicklung der *Universal*poesie erhoben:
„<Wie episches, lyrisches und dramatisches Zeitalter in der Geschichte der
griechischen Poësie einander folgten, so lösen sich in der Universalgeschichte
der Poësie die Antike, Moderne und Vereinigte Periode ab>".[807] Es ist offenkundig, dass Hardenberg die klassizistische Gattungsabfolge von Schlegels
Studium-Aufsatz übernimmt, ohne sie in Frage zu stellen. Der „Vereinigten
Periode" entspricht nicht der Roman, sondern das Drama. Auch später, in den

---

[805] KA II 183 Nr. 116. Hardenbergs Differenz zu Schelling wird auch von Friedrich Schlegel
genau markiert: „Noch fehlt das Tr[anszendentale] und das Elem[entare] zu Hülsen und zu
Schelling (Hardenb.[erg] der Tr.[anszendentalist]).", KA XVIII 68 Nr. 483.
[806] Schriften II 537 Nr. 58. Vgl. auch folgende Aufzeichnung zur griechischen Tragödie: „Der
Inhalt des Dramas ist ein Werden oder ein Vergehn. Es enthält die Darstellung der Entstehung
einer organischen Gestalt aus dem Flüssigen – einer wohlgegliederten Begebenheit aus Zufall – Es enthält die Darstellung der Auflösung – der Vergehung einer organischen Gestalt im
Zufall. Es kann beydes zugleich enthalten und dann ist es ein vollständiges Drama. Man sieht
leicht, daß der Inhalt desselben eine Verwandlung – ein Läuterungs, Reductionsproceß seyn
müsse. Oedipus in Colonos ist ein schönes Beyspiel davon – so auch Philoktet.", Schriften II
535 Nr. 44.
[807] Schriften II 537 Nr. 54.

Vermischten Fragmenten II aus den *Vorarbeiten*, liest man: „Das lyrische Gedicht ist für Heroen – es macht Heroen – Das epische Gedicht für Menschen. Der Heros ist lyrisch – der Mensch episch. Der Genius dramatisch. Der Mann lyr[isch]. Die Frau episch. Die Ehe dramatisch."[808] Unter Rückgriff auf die Kategorien des englischen Arztes John Brown sowie die Temperamentenlehre heißt es: „<epische Poesie ist die *Phlegmatische* (Indirect asthenische) – Lyrische Poësie die *Reizbare* (Dir[ect] asthenische) Poesie. <Die Dramatische ist die direct und indirect sthenische – oder die cholerische und Melancholische.>"[809] In dieser Aufzeichnung stellt Hardenberg der mangelnden Erregung[810] der Epik und Lyrik die zu starke Erregung des Dramas gegenüber. Er streicht allerdings diese letzte Bemerkung und setzt folgende an ihre Stelle: „<Die Dramatische die vollständig Gesunde, ächt Gemischte.>"[811] Nicht der Umstand, dass das Drama als sthenische Form wiederum Epos und Lyrik als asthenische Gattungen entgegengesetzt ist, scheint Novalis bedeutsam, sondern die Tatsache, dass das Drama in sich die Synthese von direkter und indirekter Sthenie und demzufolge die „gesunde" Gattung darstellt.

Die klassizistische Abfolge wird also von Novalis beibehalten – allerdings mit einer entscheidenden Einschränkung: unter dem Begriff des Dramas versteht Hardenberg nicht die Nachahmung der griechischen Tragödie, sondern die moderne Form der *Oper*. Letztere stellt die höchste Stufe des Dramas und die Synthese der anderen Gattungen dar: „<Rede – Gesang – Recitativ – oder besser Recitativ (Epos), Gesang (Lyra), ächte Declamation (Drama).>"[812] Hardenberg setzt hinzu: „Vollkommene Oper ist eine freye Vereinigung aller, die höchste Stufe des Dramas. Epos ist wohl nur ein unvollkommnes Drama. Epos ist ein poetisch erzähltes Drama."[813] Diese gattungstheoretische Hochschätzung der Oper, auf welche die opernhaften Züge von Klingsohrs Märchens im *Ofterdingen* zurückgeführt werden können, macht auch einen weiteren Unterschied Hardenbergs zu Schlegel aus, der in den *Fragmenten zur Literatur und Poesie* bemerkte, dass vom antiken Drama nur die „neue Komödie" Menanders eine moderne Entsprechung hätte: „Vom Drama läßt sich nur die neue Komödie romantisiren."[814] Schlegel intendiert damit wahrscheinlich das Lustspiel der Aufklärung als moderne Variante der „neuen Komödie".[815] Novalis

---

[808] Schriften II 560 Nr. 160.
[809] Schriften II 573 Nr. 219.
[810] Laut Brown besitzt jeder Mensch ein bestimmtes Quantum an Erregbarkeit. Die Asthenie und die Sthenie umschreiben Zustände zu geringer bzw. zu starker Erregung und die direkte und indirekte Asthenie mangelnde Erregbarkeit bzw. Erschöpfung der Erregung durch zu starke Reize. Vgl.: Novalis. Werke, hrsg. und kommentiert von Gerhard Schulz, München 1969, 777 sowie: John Neubauer, Dr. John Brown (1735-88) and Early German Romanticism, in: Journal of the History of Ideas 28 (1967), 367-82.
[811] Schriften II 573 Nr. 219.
[812] Schriften II 590 Nr. 276.
[813] Ebd.
[814] Literary Notebooks 1797-1801, hrsg. von Hans Eichner, London 1957, 48 Nr. 322.
[815] Szondi, a.a.O., 51.

hingegen denkt an die Oper als Romantisierung des antiken Dramas. Er bezeichnet sie sogar als die „höchste Stufe des Dramas", und zwar nicht nur aufgrund ihrer synästhetischen Vermischung der Künste, sondern auch, weil sie das Nachahmungsprinzip überwindet. In diesem Sinne notiert er: „ [...] auf dem Theater tyrannisirt der Grundsatz der Nachahmung der Natur. Darnach wird der Werth des Schausp[iels] gemessen. [...] / Unser Theater ist durchaus unpoëtisch – nur Operette und Oper nähern sich der Poësie [...]".[816]

Mit Schlegel teilt Hardenberg jedoch die Ansicht, dass die Gattungspoetik durch die Poetik der neuen und einzig modernen Gattung, des Romans, abgelöst werden soll. Friedrich Schlegel bemerkt: „Alle klassischen Dichtarten in ihrer strengen Reinheit sind jetzt lächerlich."[817] Die Relativierung der traditionellen Gattungsunterschiede erfolgt bei Novalis zunächst durch die *Kombination* der Gattungen. Jedes Gedicht besteht seiner Meinung nach aus einer Vermischung der drei Dichtarten. Novalis fragt sich: „Sind Epos – Lyra – und Drama etwa nur die 3 Elemente *jedes Gedichts* – und nur das vorzüglich Epos, wo das Epos *vorzüglich heraustritt* [...]"[818], oder: „Plastik, Musik und Poésie verhalten sich wie Epos, Lyra und Drama. Es sind unzertrennliche Elemente, die in jedem freyen Kunstwesen zusammen, und nur, nach Beschaffenheit, in verschiednen Verhältnissen geeinigt sind."[819] An anderer Stelle heißt es: „Körper – Seele und Geist sind die Elemente der Welt – wie Epos, Lyra und Drama die des Gedichts."[820] Die Beachtung, die bei Novalis die Romanze findet, ist nicht nur ihrer romanischen Herkunft, sondern auch dem Umstand zuzuschreiben, dass sie eine Mischgattung darstellt: „Alles Dramatische gleicht einer Romanze. Klar – einfach – seltsam – ein ächtpoëtisches Spiel, ohne eigentliche Zwecke."[821], und: „Große Romanzen in Gesprächen."[822]

Darüber hinaus werden die Gattungsunterschiede durch die *Adjektivierung* der Gattungsbegriffe relativiert. Hardenberg notiert: „<Schlegels Schriften sind lyrische Philosopheme.>"[823] Zur „Dramatische[n] Pr[osa.]" zählt er „Livius. Lavater. Fr[iedrich]"[824], zur „Epischen" wiederum „Schlegel. Cervantes. Luther."[825] Die romantische Prosa soll „durchaus dramatisch" sein.[826] Selbst

---

[816] Schriften III 691 Nr. 695.
[817] KA II 154 Nr. 60.
[818] Schriften II 589-90 Nr. 276.
[819] Schriften II 564 Nr. 196.
[820] Schriften II 592 Nr. 294.
[821] Schriften III 685 Nr. 668. Über die Romanze in der Frühromantik vgl.: Adalbert Elschenbroich, Die Romanze in der Dichtungstheorie des 18. Jahrhunderts und der Frühromantik, in: JbFDH 1975 124-52. In Ludwigs Tiecks *Kaiser Octavianus* tritt die Romanze als Personifikation der romantischen Poesie auf.
[822] Schriften III 685 Nr. 668. Hardenberg plante auch eine Romanzensammlung: „Die Guitarre oder Reliquien der romantischen Zeit. Eine Sammlung Romanzen von Novalis.", Schriften III 646 Nr. 534.
[823] Schriften II 462 Nr. 105.
[824] Schriften III 654 Nr. 580.
[825] Ebd.

die Romanze, die an sich bereits eine Mischgattung ist, wird wiederum adjektiviert und als Gattung aufgelöst: „[...] höchst kühne, Romanzenähnliche Dramatische Anfänge, Übergänge, Folgen – bald Gespräch – dann Rede – dann
Erzählung, dann Reflexion, dann Bild und so fort. Ganz Abdruck des Gemüths, wo Empfindung, Gedanke, Anschauung, Bild, Gespräch, Musik etc.
unaufhörlich schnell wechselt und sich in hellen, klaren Massen neben einander stellt.“[827]

Dieser Wechsel der Dichtarten erfolgt im Roman, worauf der Begriff „Romantik" zurückzuführen ist.[828] Näher betrachtet erfolgt indessen im Roman
kein bloßer Wechsel bzw. keine „Vermischung" der Gattungen als vielmehr
ihre Aufhebung, der Abschied von der Gattungspoetik selbst. An die Stelle der
Gattungen tritt der Roman als neue und einzige Dichtart, die alle anderen umfasst und in sich aufhebt.[829] Novalis fragt sich: „Sollte nicht der Roman alle
Gattungen des Styls in einer durch den gemeinsamen Geist verschiedentlich
gebundnen Folge begreifen?"[830] Schlegel bemerkt: „Man kann eben so gut
sagen, es giebt *unendlich viele* als es giebt nur *Eine* progressive *Dichtart*. Also
giebt es eigentlich gar keine; denn Art läßt sich ohne Mitart nicht denken."[831]
Der Roman hebt den Gattungsbegriff selbst auf. An die Stelle der Gattungspoetik tritt die Poetik des Romans.

Damit wird auch die traditionelle Entgegensetzung von Poesie und Prosa
aufgehoben. Schlegel beobachtet: „Die Meinung, der *Roman* sei kein Gedicht,
gründet sich auf den Satz: *Alle P[oesie] soll metrisch sein.* Von diesem Satz
kann aber zum Behuf der Progressivität, aber auch nur für diese eine Ausnahme gemacht werden."[832] Die Prosa des Romans ist poetisch. Eigentlich pro-

---

[826] Ebd.

[827] Schriften III 654-5 Nr. 580. Zum adjektivischen Gebrauch der Gattungsbegriffe bei Schlegel
vgl. Szondi, a.a.O., 53-7. Vgl. z.B.: „Auch unter d[en] R[omanen] giebts wieder eine
lyr[ische] – ep[ische] – dram[atische] Gattung.", Literary Notebooks 1797-1801, hrsg. von
Hans Eichner, London 1957, Nr. 114 Nr. 1063. Oder: „Giebts nicht auch eine [...] epische,
lyrische, dramatische, idyllische, satirische, epigrammatische Prosa?", a.a.O., 33 Nr. 153, und:
„Im *absoluten* p[oetischen] Dr[ama] darf nichts roh episch, nichts roh lyrisch sein; sondern
alles verschmolzen. Aber auch nicht roh elegisch oder roh idyllisch.", a.a.O., 60 Nr. 459.

[828] Für Schlegel vgl. den Kommentar von Hans Eichner in: KA II, LVII: „Romantische Poesie
heißt bei Schlegel 1797/98 vor allem Romanpoesie [...]". Vgl. auch: Arthur O. Lovejoy, The
Meaning of ‚Romantic' in Early German Romanticism, in: Essays in the History of Ideas,
Baltimore 1948, 186, sowie: René Wellek, The Concept of Romanticism in Literary History,
in: Concepts of Criticism, New Haven and London 1963, 134. Auch Hardenberg teilt Schlegels Gleichsetzung von Roman und romantisch: „Die Philosophie und Moral des Romans
sind *romantisch*.", Schriften III 326 Nr. 445. Zu bedenken ist allerdings, dass er – wiederum
im Unterschied zu Schlegel – den Roman mit dem *Märchen* gleichsetzt: „ROMANTIK. Alle
Romane, wo wahre Liebe vorkommt, sind *Mährchen – magische Begebenheiten*.", Schriften
III 255 Nr. 80, und: Schriften III 280 Nr. 234.

[829] Szondi, a.a.O., 35.

[830] Schriften III 271 Nr. 169.

[831] Literary Notebooks 1797-1801, a.a.O., 72 Nr. 583.

[832] A.a.O., 19 Nr. 4.

saisch ist nur die „logische Prosa", die Philosophie: „Alle Prosa ist poetisch. –
Sezt man Prosa der Poesie durchaus entgegen, so ist nur die logische eigent-
lich Prosa."[833] Auch Novalis konstatiert, dass die Zuordnung des Romans zur
Prosa und der Lyrik zur Poesie irrig ist: „<Wie man den Roman für Prosa
gehalten hat, so hat man das lyrische Gedicht für Poësie gehalten – beydes mit
Unrecht. Die höchste, eigentlichste Prosa ist das lyrische Gedicht.>"[834] Der
prosaische Charakter des lyrischen Gedichts rührt daher, dass es bestimmten
Gattungscharakteristika unterworfen ist, während das poetische Wesen des
Romans gerade in dessen Überwindung der Gattungsunterschiede und in der
sich daraus ergebenden Unendlichkeit der Formen besteht. Dieser Zusammenhang zwischen Prosa, Unendlichkeit und Poesie wird durch Hardenbergs Brief
an August Wilhelm Schlegel vom 12. Januar 1798 bestätigt. Im scheinbar
prosaischen Roman kann sich die Poesie jenseits der Gattungsschranken unendlich entfalten: „Wenn die Poësie sich erweitern will, so kann sie es nur,
indem sie sich beschränkt – indem sie sich zusammenzieht – ihren Feuerstoff
gleichsam fahren läßt – und gerinnt. Sie erhält einen prosaischen Schein [...]".
Erst diese prosaische Zusammenziehung der Poesie ermöglicht ihre unendliche Erweiterung:

> Diese erweiterte Poësie ist gerade das höchste Problem des practischen Dichters
> – ein Problem, was nur durch Annäherung gelößt werden kann, und was zu der
> *höhern Poësie* eigentlich gehört, deren Grundsätze zu der Niedern sich verhal-
> ten, wie die Grundsätze der höhern Meßkunde zu denen der Niedern. Hier ist
> noch ein unermeßliches Feld – ein, im eigentlichsten Sinn, unendliches Gebiet –
> Man könnte jene höhere Poësie die *Poësie des Unendlichen* nennen.[835]

Die Gattungspoetik verhält sich also zur Romanpoetik wie die niedere „Meß-
kunde" zur höheren, deren Gegenstand die Poesie des Unendlichen ist.

Wiederholt stellt Novalis die Unendlichkeit als Charakteristikum der Ro-
manform heraus. So heißt es etwa: „Jede Bekanntschaft, jeder Vorfall wäre für
den durchaus Geistigen – erstes Glied einer unendlichen Reihe – Anfang eines
unendlichen Romans."[836] An anderer Stelle wird betont, dass der Roman eine
„anschauliche Ausführung – Realisirung einer Idee" darstellt, und Novalis
setzt hinzu: „Aber eine Idee läßt sich nicht, in einen Satz fassen. Eine Idee ist
eine unendliche Reihe von Sätzen – eine *irrationale Größe* – *unsetzbar* (musik[alisch]) – incommensurabel. [...] / Das Gesetz ihrer Fortschreitung läßt
sich aber aufstellen – und nach diesem ist ein Roman zu kritisiren."[837] Das
Gesetz der „Fortschreitung" des Romans arbeitet Hardenberg durch dessen
Vergleich mit dem Epos heraus:

---

[833] Literary Notebooks 1797-1801, a.a.O., 23 Nr. 40.
[834] Schriften II 536 Nr. 51. Hardenberg fragt sich auch: „Es wäre eine artige Frage, ob denn das
lyrische Gedicht eigentlich *Gedicht*, PlusPoësie, oder Prosa, Minuspoësie wäre?", a.a.O.
[835] Schriften IV 246-7.
[836] Schriften II 438 Nr. 65.
[837] Schriften II 570 Nr. 212.

<Das Gedicht der Wilden ist eine Erzählung ohne Anfang, Mittel und Ende – das Vergnügen, das sie dabey empfinden[,] ist blos pathologisch – einfache Beschäftigung, blos dynamische Belebung des Vorstellungsvermögens. / Das epische Gedicht ist das veredelte primitive Gedicht. Im Wesentlichen ganz dasselbe. / Der Roman steht schon weit höher – Jenes dauert fort – dieser wächst fort – in Jenem ist arythmetische, im Roman geometrische Progression.>[838]

Der Unterschied zwischen Epos und Roman entspricht dem Unterschied zwischen arithmetischer Progression, d.h. Addition (a, a+b, a+2b, a+3b ...), und geometrischer Progression, d.h. Multiplikation (a, ar, ar^2, ar^3 ...). Der Roman wächst also in stärkerem Maße als das Epos.[839] Nach diesem geometrischen Wachsen ist der Roman zu beurteilen – es handelt sich dabei um ein Steigerungsgesetz, das am Beispiel der potenzierten Wiederkehr der Figuren und der Schicksale im *Ofterdingen* bereits illustriert wurde. An Novalis' Differenzierung von Epos und Roman wird im Übrigen auch der Unterschied zu Schlegel deutlich, der hingegen beide qualitativ, als *geschichtlich* verschiedene Formen voneinander unterscheidet, indem er sie den im *Studium*-Aufsatz formulierten, unterschiedlichen Bildungsprinzipien jeweils zuordnet: dem Kreislauf als Bildungsprinzip der Antike und der Progressivität als Bildungsprinzip der Moderne. Eine Spur von dieser qualitativ-geschichtlichen Differenzierung ist auch in Novalis' Anmerkung zu vernehmen, und zwar nicht nur insofern, als das Epos und das „Gedicht der Wilden" „im Wesentlichen" gleich sind und somit beide dem Altertum angehören. Das Epos ist für Hardenberg darüber hinaus „ohne Anfang, Mittel und Ende", und demzufolge zyklisch – woraus sich ergibt, dass der Roman im Gegenteil progressiv ist, d.h. sowohl einen Anfang als ein – ideales – Ende besitzt.

Die Wechselwirkung von Form und Stoff, die Forderung, die Schlegel im 116. Athenäumsfragment aufgestellt hatte, dass die Transzendentalpoesie „die Poesie lebendig und gesellig, und das Leben und die Gesellschaft poetisch machen" soll, ist auch bei Hardenberg wiederzufinden: „Ein Roman ist ein *Leben*, als Buch"[840], oder: „Nichts ist romantischer, als was man gewöhnlich Welt und Schicksal nennt – Wir leben in einem colossalen (im *Großen* und *Kleinen*) Roman. [...] Romantische Orientirung, Beurtheilung, und Behandlung des Menschenlebens."[841] Dass der Roman das Leben umreißen soll, heißt nichts anderes, als dass der Roman als Form wie das Leben selbst geschichtlich ist: „Der Roman handelt von Leben – stellt *Leben* dar. [...] Der Roman, als solcher, enthält kein bestimmtes Resultat – er ist nicht Bild und Factum eines *Satzes*."[842] Diese Geschichtlichkeit des Romans soll auch im Roman selbst

---

[838] Schriften II 534 Nr. 34.

[839] Vgl. Balmes, Kommentar, a.a.O., 419.

[840] Schriften II 599 Nr. 341.

[841] Schriften III 434 Nr. 853.

[842] Schriften II 570 Nr. 212. Vgl. auch: „Man sollte, um das Leben und sich selbst kennen zu lernen, einen Roman immer nebenher schreiben.", Schriften II 544 Nr. 97.

zum Gegenstand gemacht werden. Novalis notiert unter dem Stichwort „Einheiten des Romans": „Die Bedeutung der Geschichte. / Die Geschichte des *Romans* selbst [...]".[843] Der Roman soll folglich nicht nur geschichtlich sein, sondern diese seine spezifische Geschichtlichkeit auch in sich reflektieren und somit vermeiden, selbst wiederum zur geschichtslosen Gattung zu erstarren.

Gerade darin liegt die Ursache dafür, dass die Romantiker den Roman nicht als eine spezifische Dichtart betrachten. In Friedrich Schlegels *Brief über den Roman* aus dem *Gespräch über die Poesie* (1800) bemerkt Antonio, dass der Roman im Unterschied zum Epos keine Gattung repräsentiere:

> Wie unsre Dichtkunst mit dem Roman, so fing die der Griechen mit dem Epos an und löste sich wieder darin auf. / Nur mit dem Unterschiede, daß das Romantische nicht sowohl eine Gattung ist als ein Element der Poesie, das mehr oder minder herrschen und zurücktreten, aber nie ganz fehlen darf. Es muß ihnen nach meiner Ansicht einleuchtend sein, daß und warum ich fodre, alle Poesie solle romantisch sein; den Roman aber, insofern er eine besondre Gattung sein will, verabscheue.[844]

Wenn der Roman, der nichts anderes als die Progressivität der Formen in sich abbildet, als spezifische Gattung erschiene, fiele er hinter dem eigenen Begriff zurück. Vielmehr soll er, wie Novalis anmerkt, in sich selbst stets die eigene Geschichtlichkeit thematisieren und damit seine Erstarrung zur Gattung verhindern. Gerade an der Weigerung, den Roman als eine eigene Gattung zu bezeichnen, wird die geschichtliche Qualität des Romans als Aufhebung der Gattungspoetik evident. Somit entspricht der Roman am ehesten der Schlegelschen Bestimmung der Transzendentalpoesie: „Andre Dichtarten sind fertig, und können nun vollständig zergliedert werden. Die romantische Dichtart ist noch im Werden; ja das ist ihr eigentliches Wesen, daß sie ewig nur werden, nie vollendet sein kann."[845]

---

[843] Schriften III 639 Nr. 510.

[844] KA II 335. Somit grenzt Schlegel den Roman letztlich auch von der epischen Gattung ab: „Sie behaupteten zwar, der Roman habe am meisten Verwandtschaft mit der erzählenden ja mit der epischen Gattung. Dagegen erinnre ich nun erstlich, daß ein Lied ebenso gut romantisch sein kann als eine Geschichte. [...] Mein eigentlicher Einwurf ist folgender. Es ist dem epischen Stil nichts entgegengesetzter als wenn die Einflüsse der eignen Stimmung im geringsten sichtbar werden; geschweige denn, daß er sich seinem Humor so überlassen, so mit ihm spielen dürfte, wie es in den vortrefflichsten Romanen geschieht.", KA II 336.

[845] KA II 183 Nr. 116. Vgl.: Peter Szondi, Gattungspoetik und Geschichtsphilosophie, in: Schriften, Bd. I, Frankfurt am Main 1978, 376-412, hier: 407-8. Szondi macht darauf aufmerksam, dass selbst Arthur O. Lovejoy, der bekanntlich „romantisch" nicht im Sinne Hans Eichners als „romanhaft", sondern als „interessant, modern, nicht-antik" interpretiert, eingestehen muss: „[...] it can not be denied that Fragment 116 [...] reads as if it meant by *romantische Poesie* simply ‚der Roman' as a *genre*.", The Meaning of Romantic in Early German Romanticism, in: Essays in the History of Ideas, Baltimore 1948, 186.

2.5. Das Shakespeare-Bild in den Reflexionen
Friedrich Schlegels und Novalis'

Aufgrund der Untersuchung des Bildes Shakespeares bei Friedrich Schlegel und Novalis können weitere Berührungspunkte und Unterschiede ihrer Poetik-Konzeptionen festgehalten werden. Bis heute ist nicht erklärt, aus welchem Grund Schlegel und Novalis Shakespeare unterschiedlich beurteilen.[846] Es wird sich zeigen, dass Shakespeares Werk für Schlegel den Gipfelpunkt der modernen, individuellen Poesie darstellt und wesentlich „Kunst" ist, Novalis ihm hingegen aufgrund seiner dialektischen Poesiekonzeption einen „Natur"-Charakter zuspricht.

2.5.1. Die historische Folie: Herders Shakespeare-Aufsatz

Um die Spezifik von Schlegels und Hardenbergs Shakespeare-Bild zu rekonstruieren, ist es erforderlich, auf die historische Vorlage hinzuweisen, auf die sich beide beziehen: Herders Shakespeare-Aufsatz aus der Sammlung *Von deutscher Art und Kunst* (1773).[847] Die Infragestellung der Aristotelischen Regelpoetik erfolgt dort auf der Grundlage des historischen und antinormativen Ansatzes Herders. Die Regeln, die Aristoteles aus der Sophokleischen Tragödie herauskristallisiert hatte, stellten für Herder keine zeitlosen poetischen Normen dar, sondern entsprachen der historischen Entstehung der tragischen Form. Was sich später als Regel etablierte, war für die Griechen Natur.[848]

Auch in Herders Verteidigung von Shakespeare wird der Vorrang deutlich, den bei ihm die historische vor der normativen Perspektive erhält. Wie die auf dem Boden des damaligen griechischen Geistes entsprungenen Tragödien des

---

[846] Vgl.: Helmut Rheder, Novalis and Shakespeare, in: PMLA 63 (1948), 604-24, und dazu Uerlings: „Nicht ganz verständlich wird bei Rheder, warum und inwiefern Hardenberg von der romantischen Shakespeare-Deutung der Brüder Schlegel abrückt.", a.a.O., 279, Anm. 7.

[847] Andere wichtige Zeugnisse für die Shakespeare-Rezeption im Sturm-und-Drang sind bekanntlich Goethes Vortrag *Zum Shäkspears Tag* (1771) und J. M. R. Lenz' *Anmerkungen übers Theater* (1771, gedr. 1774), seine Schriften *Über die Veränderung des Theaters im Shakespear* und *Das Hochburger Schloß* sowie seine Übersetzungen von *Loves Labour's lost* und *Coriolan*. Vgl. zum Folgenden: Peter Szondi, Poetik und Geschichtsphilosophie I, a.a.O., 65-81.

[848] *„Einheit des Orts* – war Einheit des Orts; denn die Eine, kurze feierliche Handlung ging nur an Einem Ort, im Tempel, Pallast, gleichsam auf einem Markt des Vaterlandes vor [...]. Und daß Einheit der Zeit nun hieraus folgte und natürlich mitging – welchem Kinde brauchte das bewiesen zu werden? Alle diese Dinge lagen damals in der *Natur*, daß der Dichter mit alle seiner Kunst ohne sie nichts konnte!", Sämmtliche Werke V 211; „[...] das Alles lag ohne Kunst und Zauberei so natürlich und wesentlich im Ursprunge Griechischer Tragödie, daß diese ohne Veredlung zu alle Jenem nicht möglich war. Alles das war Schlaube, in der die Frucht wuchs.", Sämmtliche Werke V 210, oder: „[...] das Künstliche ihrer Regeln war – keine Kunst! war Natur!", Sämmtliche Werke V 211.

Sophokles für die Griechen in Herders Sprachgebrauch Natur waren, so sind die Werke Shakespeares ihrerseits ihnen ebenbürtige, „naturhafte" Erzeugnisse des nordischen Geistes.[849] Die formale Distanz der Sophokleischen Tragödie vom Shakespeareschen Drama tut ihrem Naturcharakter, ihrem Wesen als Poesie keinen Abbruch.[850] Herder versöhnt das Griechentum – Sophokles und Aristoteles – mit Shakespeare und setzt dabei beide den neueren französischen Tragikern entgegen. In Racine und Corneille lebt nicht mehr das griechische Drama in veränderter Gestalt wie bei Shakespeare fort. Ihre Dramen erscheinen Herder vielmehr als leere Nachahmungen der griechischen Vorbilder, von denen sie allerdings durch ihre Seelenlosigkeit notwendigerweise getrennt bleiben.[851] Spricht Shakespeare „die Sprache aller Alter, Menschen und Menschenarten, ist Dollmetscher der Natur in all' ihren Zungen"[852], so sprechen die französischen Dramatiker eine Sprache, die nicht die ihrige ist, und sind somit zur Verstellung verurteilt.[853]

Wenn Herder einerseits Shakespeare kraft seiner historisierenden Perspektive rettet, die er gegen die zeitlos-normative der klassizistischen Ästhetik ins Feld führt, tut andererseits seine Gleichsetzung von Poesie und Natur seinem historischen Standpunkt Abbruch. Herders Aversion gegenüber der Kunst der französischen Tragödie, die auch vor der Invektive nicht zurückschreckt[854], konstruiert ein ahistorisches Bild Shakespeares als „nur und immer Diener der Natur".[855]

---

[849] „In Griechenland entstand das Drama, wie es in Norden nicht entstehen konnte. In Griechenland wars, was es in Norden nicht seyn kann. In Norden ists also nicht und darf nicht seyn, was es in Griechenland gewesen. Also Sophokles Drama und Shakespears Drama sind zwei Dinge, die in gewißem Betracht kaum den Namen gemein haben.", Sämmtliche Werke V 209-10.

[850] „Sophokles blieb der Natur treu, da er Eine Handlung Eines Orts und Einer Zeit bearbeitete: Shakespear konnt ihr allein treu bleiben, wenn er seine Weltbegebenheit und Menschenschicksal durch alle die Örter und Zeiten wälzte, wo sie – nun, wo sie geschehen […]", Sämmtliche Werke V 226.

[851] „Man konnte zwar das Uralte, oder gar von andern Nationen ein Fremdes herbei holen, und nach der gegebnen Manier bekleiden: das that Alles aber nicht die Würkung: folglich war in Allem auch nicht die Seele: folglich wars auch nicht […] das Ding mehr. Puppe, Nachbild, Affe, Statüe, in der nur noch der andächtigste Kopf den Dämon finden konnte, der die Statüe belebte.", Sämmtliche Werke V 213.

[852] Sämmtliche Werke V 219.

[853] „Racine spricht die Sprache der Empfindung – allerdings nach diesem Einen zugegnen Übereinkommniße ist nichts über ihn; aber außer dem auch – wüste ich nicht, wo Eine Empfindung so spräche? Es sind Gemälde der Empfindung von dritter fremder Hand; nie aber oder selten die unmittelbaren, ersten, ungeschminkten Regungen, wie sie Worte suchen und endlich finden.", Sämmtliche Werke V 214-15.

[854] „[…] Griechisches Drama ists nicht! Trauerspiel des Sophokles ists nicht. Als Puppe ihm noch so gleich; der Puppe fehlt Geist, Leben, Natur, Wahrheit […]", oder: „Das Ganze ihrer Kunst ist ohne Natur, ist abentheuerlich, ist eckel!", Sämmtliche Werke V 216.

[855] Sämmtliche Werke V 222. Seine Dramen bilden „Eine Welt Dramatischer Geschichte, so groß und tief wie die Natur […]", Sämmtliche Werke V 221, und: „Wie vor einem Meere von Begebenheit, wo Wogen in Wogen rauschen, so tritt vor seine Bühne. Die Auftritte der Natur

2.5.2. Friedrich Schlegels Shakespeare-Bild

Herders Shakespeare-Verständnis wird von Friedrich Schlegel relativiert.[856] Herders Reduktion der Kunst und der Geschichte auf die Natur und sein Verständnis von Bildung und Kultur als pflanzenartigen Gebilden hatte Schlegel bereits in seiner Rezension der *Briefe zu Beförderung der Humanität* verworfen. Herders Methode, so heißt es dort, „[...] jede Blume der Kunst, *ohne Würdigung*, nur nach Ort, Zeit und Art zu betrachten, würde am Ende auf kein andres Resultat führen, als daß alles sein müßte, was es ist und war."[857]

Die von Herder abweichende Perspektive, die Schlegel bei seiner Shakespeare-Betrachtung einnimmt, wird schon im *Studium*-Aufsatz deutlich. Die moderne Poesie beruht laut Schlegel auf dem philosophischen Interesse und trägt demzufolge „didaktischen" Charakter. Didaktisch ist sie insofern, als sie den Unterschied von Sein und Sollen illustriert. Nun unterscheidet Schlegel unter den Arten des Didaktischen die „philosophische Charakteristik", die eine didaktische Poesie für den bloßen Verstand darstellt, und die „philosophische Poesie", die nicht nur den Erfordernissen des Verstandes, sondern auch jenen der Vernunft Genüge leisten soll. Zu den Gattungen der philosophischen Poesie zählt Schlegel die „philosophische Tragödie" Shakespeares.[858] Ihr auffälligstes Kennzeichen ist das Fehlen von „Schönheit"[859]: letztere erfüllt bei Shakespeare stets einen philosophischen Zweck und verliert somit ihren orga-

---

rücken vor und ab; würken in einander, so Disparat sie scheinen; bringen sich hervor, und zerstören sich, damit die Absicht des Schöpfers, der alle im Plane der Trunkenheit und Unordnung gesellet zu haben schien, erfüllt werde [...]", Sämmtliche Werke V 220.

[856] Vgl. etwa Schellings Polemik gegen Herder in der *Philosophie der Kunst*: „Daß Shakespeare bloß durch eine glückliche Begeisterung und in unbewußter Herrlichkeit gedichtet habe, ist ein sehr gemeiner Irrthum und die Sage einer gänzlich verbildeten Zeit gewesen, die in England mit Pope begann. [...] Shakespeares Jugendgedichte, die Sonette, Adonis, Lucretia zeugen von einer höchst liebenswerthen Natur und einem sehr *innigen, subjektiven* Gefühl, keinem bewusstlosen Genie-Sturm oder Drang.", SW I/5 725.

[857] KA II 54 Nr. 48.

[858] Obwohl Schlegel im Studium-Aufsatz noch nicht Partei für die Moderne ergriffen hat, weigert er sich, letztere nach den Maßstäben des Klassizismus zu beurteilen. Einer Kritik Shakespeares nach den Maßstäben der Aristotelischen Poetik spricht Schlegel jede Legitimität ab. Die ästhetischen Kriterien der Aristotelischen Poetik haben für die Beurteilung der modernen Poesie keine Gültigkeit mehr. So heißt es, an die Adresse Wielands gerichtet – der sich in den Anmerkungen zu seiner Übersetzung noch verpflichtet fühlte, Shakespeares „Inkorrektheit" zu entschuldigen: „Dennoch wußten viele gelehrte und scharfsinnige Denker nie recht, was sie mit Shakespeare machen sollten. Der inkorrekte Mensch wollte zu konventionellen Theorien gar nicht recht zusagen. [...] Das gewöhnliche Urteil, Shakespeares Inkorrektheit sündige wider die Regeln der Kunst, ist, um wenig zu sagen, sehr voreilig, so lange noch gar keine objektive Theorie existiert.", KA I 249-50.

[859] „Keins seiner Dramen ist *in Masse* schön; nie bestimmt Schönheit die Anordnung des Ganzen. Auch die einzelnen Schönheiten sind wie in der Natur nur selten von *häßlichen Zusätzen* rein, und sie sind nur *Mittel* eines andern Zwecks, sie dienen dem charakteristischen oder philosophischen Interesse. Er ist oft auch da eckig und ungeschliffen, wo die feinere Rundung am nächsten lag; nämlich um dieses höhern Interesse willen.", KA I 250-1.

nischen Charakter.

Schlegel betrachtet *Hamlet* als Paradigma der philosophischen Tragödie aufgrund der ihm zugrunde liegenden Dissonanz zwischen Sein und Sollen, Reflexion und Tat: im *Hamlet* besteht die Tragik darin, dass sie unmöglich geworden ist und der Held keiner mehr ist.[860] Hamlet repräsentiert für Schlegel das moderne Subjekt, das nicht mehr in der Lage ist, das Sollen mit dem Sein, das Unendliche mit dem Endlichen in Übereinstimmung zu bringen.[861] Daraus erfolgt die „kolossale Dissonanz", die Hamlet von seinem Schicksal trennt.[862] Die Größe Shakespeares besteht also für Schlegel gerade nicht in seiner angeblichen, von Herder gepriesenen „Natur", sondern in seiner „Unnatur", der Übermacht der Reflexion: letztere macht Shakespeare zum größten Dichter der modernen Poesie.[863]

Es sollte allerdings nicht in Vergessenheit geraten, dass Schlegel im *Studium*-Aufsatz noch eine klassizistische Poetik vertrat und die Hoffnung hegte, dass die Spannung, welche Shakespeare verkörperte, in Goethe versöhnt werden könne. Somit ist Shakespeare als größter Dichter der Moderne für Schlegel zugleich mit allen ihren Unzulänglichkeiten behaftet. Dies erklärt, dass Schlegel unter Rückgriff auf den Goetheschen Begriff von „Manier" Shakespeares Größe relativiert.[864] Bekanntlich differenziert Goethe in dem kurzen, unmittelbar nach der Rückkehr aus Italien verfassten Aufsatz *Einfache Nachahmung der Natur, Manier, Stil* die Manier als oberflächliche Darstellung, die nur „das Auffallende, Blendende" wiedergibt, des Stils als Erfassung des

---

[860] Schon in einem Brief an den Bruder vom 19. Juni 1793, also zwei Jahre vor dem Studium-Aufsatz, formuliert Schlegel diese Deutung des *Hamlets*. Gerade die Übermacht der Reflexion macht Hamlet zum modernen Subjekt. Auf nichts anderes als auf die „Größe seines Verstandes" ist seine Handlungsunfähigkeit zurückzuführen: „Wäre er weniger groß, so würde er ein Heroe seyn.", KA XXIII 104 f. Zur Hamlet-Deutung Friedrich Schlegels vgl.: Bernd Bräutigam, Eine schöne Republik. Friedrich Schlegels Republikanismus im Spiegel des ‚Studium'-Aufsatzes, in: Euphorion 70 (1976), 315-339, 323 f.; Eberhard Huge, Poesie und Reflexion in der Ästhetik des frühen Friedrich Schlegel, Stuttgart 1971, 35 f.; Franz Norbert Mennemeier, Friedrich Schlegels Poesiebegriff dargestellt anhand der literaturkritischen Schriften, München 1971, 100 f.

[861] So Schlegel in seiner Rezension von August Wilhelm Schlegels *Etwas über William Shakespeare bei Gelegenheit des Wilhelm Meister* im vierten Stück von Schillers Zeitschrift *Die Horen*: „Er [Hamlet] hat die Fäden verloren, wodurch er das Unendliche mit dem Endlichen verknüpfen, und das was sein soll, mit dem, was ist, in Übereinstimmung bringen könnte […]", KA II 15 Nr. 12.

[862] KA I 247-8.

[863] „Man darf ihn ohne Übertreibung den *Gipfel der modernen Poesie* nennen.", KA I 249.

[864] „Seine [i.e. Shakespeares, A.d.V.] Darstellung ist nie objektiv, sondern durchgängig *maniriert* […]. Unter Manier verstehe ich in der Kunst eine individuelle Richtung des Geistes und eine individuelle Stimmung der Sinnlichkeit, welche sich in Darstellungen, die idealisch sein sollen, äußern. / Aus diesem Mangel der Allgemeingültigkeit, aus dieser Herrschaft des Manirierten, Charakteristischen und Individuellen, erklärt sich von selbst die durchgängige Richtung der Poesie, ja der ganzen ästhetischen Bildung der Modernen aufs Interessante.", KA I 251-2.

„Wesens".[865] Kennzeichen der Manier ist nicht nur die Subjektivität, sondern auch der Relativismus, der diese nach sich zieht. Erst der Stil weist Objektivität der Erkenntnis auf. In der Charakterisierung des Werkes Shakespeares als „Manier", doch als „die größte, [...] welche wir bisher kennen", drückt sich die ambivalente Haltung des frühen Schlegel gegenüber der Moderne aus, die zwischen Ablehnung und Faszination schwankt, sowie eine stillschweigende Hommage an den Weimarer Goethe.[866]

Schlegels Shakespeare-Bild verliert seine Ambivalenz, je mehr sich Schlegel selbst zur modernen Poesie bekennt und das Individuelle, das Interessante, das Fragmentarische nicht länger als Ausdruck der Unfähigkeit interpretiert, sondern aus ihnen Leitbegriffe des frühromantischen Poesie-Programms macht. Dadurch wird auch das Werk Shakespeares von Schlegel mehr und mehr in den Dienst des neuen ästhetischen Programms gestellt. Es sei insbesondere auf die Shakespeare-Fragmente aus den *Heften zur Poesie und Litteratur* verwiesen.[867] Hier wird die bereits im *Studium*-Aufsatz an Shakespeare beobachtete – und gescholtene – Verwirrung des Schönen und Hässlichen[868] zum Wesenszug der modernen romantischen Poesie erklärt. Diese Vermischung wird nicht mehr als „incorrect", d.h. formlos betrachtet – wie etwa noch bei Wieland in den Anmerkungen zu seiner Shakespeare-Übersetzung –, sondern erscheint als Vorwegnahme der romantischen Ironie, des unauflöslichen Widerstreits zwischen Bedingtem und Unbedingtem, Niedrigem und Erhabenem. Diese in Shakespeare vorhandene romantische Mischung des Heterogenen[869] bezeichnet Schlegel als „witzig", vor dem Hintergrund der frühromantischen, auf Ganzheit orientierten Konzeption des Witzes als Vermögen, unerwartete Ähnlichkeiten zu stiften und auf diese Weise das Gegensätzliche in einem höheren Ganzen zu versöhnen.[870] So stiftet Shakespeare als

---

[865] HA XII 32.

[866] Peter Szondi bemerkt: „Auf Goethe verweist insgeheim schon der Abschnitt über den Manieristen Shakespeare, denn der Begriff der ‚Manier' ist Goethes Aufsatz über *Einfache Nachahmung, Manier, Stil* von 1788 entlehnt oder doch in Übereinstimmung mit ihm verwendet. Einen Manieristen hätte wohl auch Goethe den Verfasser des *Götz* genannt, dessen Erscheinen Herder am Schluß seines Aufsatzes über Shakespeare als dessen Reinkarnation enthusiastisch begrüßt. Inzwischen hat aber Goethe den Schritt von Manier zu Stil, von Sturm-und-Drang zu klassischer Ruhe, einer Ruhe, in der die Bewegung aufgehoben ist, und es ist der Weimarer, nicht der Straßburger Goethe, der die Hoffnung des neuen Literaturprogramms [Schlegels, A.d.V.] zu erfüllen scheint.", Szondi, a.a.O., 114.

[867] Genauer: *Fragmente zur Litteratur und Poesie* 1797, darin: *Über Shakespeare. Briefe über Shakespeares komischen Geist.*

[868] Dort hieß es nämlich, dass bei Shakespeare „Schönes und Häßliches durcheinander" wechseln und „seine Fülle eine unauflösliche Verwirrung und das Resultat des Ganzen ein unendlicher Streit" sei, KA I 251.

[869] „*Marino, Guarini, Cervantes* sind das Ende des *ersten* π[*poetischen*] *Cyklus.* – *Dante, Petrarcha, Pulci, Boyardo* der Anfang. – *Ariost* und *Tasso* der Gipfel. – *Sh[akespeare]* ist Anfang, Gipfel und Ende des 2ten Cyklus, wo die R[omantische] π[Poesie] erst recht Rom[antisch] d.h. recht *gemischt* ist.", KA XVI 158 Nr. 857.

[870] Zur frühromantischen Theorie des Witzes vgl.: John Neubauer, Symbolismus und symboli-

„witziger" Dichter unerwartete Verbindungen wie die des Niedrigen mit dem
Hohen[871] oder des Komischen mit dem Tragischen[872], die auch im Publikum
„witzige", gemischte Gefühle auslöst, so wie die Mischung von Mitleid und
Verachtung.[873]

2.5.3. Novalis' Shakespeare-Rezeption

Obwohl Shakespeares Werk für Novalis bei weitem nicht die Bedeutung hat,
die es für Schlegel besitzt, wird es auch von Novalis als witzige Mischung des
Heterogenen charakterisiert. Wie Schlegel bemerkt Novalis, dass bei Shakespeare die Poesie mit der „Antipoesie" verbunden sei: „Im Shakespeare wechselt durchaus Poësie mit Antipoësie – Harmonie mit Disharmonie ab – das
Gemeine, Niedrige [,] Hässliche, mit dem Romantischen, Höhern, Schönen –
das Wirckliche mit dem Erdichteten.", und stellt Shakespeare in dieser Beziehung den Griechen gegenüber.[874] Diese Entgegensetzung zwischen dem modernen und dem antiken Trauerspiel hatte übrigens Schlegel selbst im *Studium*-Aufsatz registriert: die philosophische Tragödie sei der radikale Gegensatz
zur poetischen.[875] Im griechischen Trauerspiel gäbe es keinen Wechsel zwischen Poesie und Unpoesie, während im modernen letztere ein notwendiger
Bestandteil der Poesie sei. „*Prosa*", hieß es schon im *Studium*-Aufsatz, „[...]
ist die eigentliche Natur der Modernen."[876] Auch Novalis betont den prosaischen Charakter, die „Unnatur" Shakespeares: „Pedantism und Unnatur der
Poësie. / Shakespeares Verse und Gedichte gleichen ganz der Boccazischen

---

sche Logik, München 1978, insb. 126-32. Vgl. Novalis' Bestimmung des Witzes als Synthese
Entgegengesetzter in den *Vermischten Bemerkungen*: „Witz, als Princip der Verwandtschaf-
ten, ist zugleich das Menstruum universale. / Witzige Vermischungen sind z.B. Jude und
Cosmopolit – Kindheit und Weisheit – Räuberey und Edelmuth – Tugend und Hetairie [...]",
Schriften II 434 Nr. 57.

[871] „Das Gemeine und das Göttlichste, beides muß im Dichter Statt finden. – <Aeußerste Un-
gleichheit in Hamlets Char[akter]>", KA XVI 185 Nr. 1215.

[872] „Das Naive, Groteske, Humor und Caricatur s[in]d im Sh[akespeare] immer oder doch am
häufigsten *tragisch* genommen.", KA XVI 180 Nr. 1158.

[873] „Man bedauert den Macbeth und verabscheut ihn doch [...]. Auch die Form des Ganz[en] im
Sh.[akespeare] ist *witzig*.", KA XVI 181 Nr. 1167.

[874] „Dies ist gerade mit dem griechischen Trauersp[iel] der entgegengesetzte Fall.", Schriften III
670 Nr. 611. Vgl. Auch: „In Shakesp[eares] historischen Stücken ist durchgehends Kampf der
Poesie mit der Unpoësie. Das Gemeine erscheint witzig und ausgelassen – wenn das Große
steif und traurig etc. erscheint. Das Niedrige Leben wird durchgehends dem Höhern entgegen[ge]stellt – oft tragisch, oft parodisch, oft des Contrasts wegen.", Schriften III 685 Nr.
668.

[875] „Diese ist die Vollendung der schönen Poesie, besteht aus lauter lyrischen Elementen, und ihr
endliches Resultat ist die höchste Harmonie. Jene ist das höchste Kunstwerk der didaktischen
Poesie, besteht aus lauter charakteristischen Elementen, und ihr endliches Resultat ist die
höchste Disharmonie.", KA I 246.

[876] KA I 257.

und Cervantischen Prosa – Eben so gründlich, elegant, nett, pedantisch und vollständig."[877]

Die Heterogenität, die Novalis bei Shakespeare konstatiert, erhebt er schließlich auch zur programmatischen Forderung für seine eigene Dichtung. Darin stimmt er mit Schlegel überein, der ebenfalls für eine Synthese von Poesie und Prosa gerade unter Verweis auf Shakespeare plädiert hatte.[878] Auch Novalis' Ansicht nach ist es erforderlich, Poesie und Prosa, Schönheit und Hässlichkeit miteinander zu verbinden. Wie Schlegel und Schelling, der ebenfalls „die Mischung der Entgegengesetzten, also vorzüglich des Tragischen und Komischen selbst"[879] als das Wesen des modernen Dramas charakterisiert hatte, fordert auch Hardenberg die Mischung des Komischen mit dem Tragischen: die „Vermählung des Komischen mit der höchsten Poësie – und dem Wichtigsten und Ernstesten überhaupt."[880] An anderer Stelle heißt es: „Tragische Wirckung der Farce, des Marionettenspiels – des buntesten Lebens – des Gemeinen, Trivialen."[881], oder: „Lustspiel und Trauerspiel gewinnen sehr und werden eigentlich erst poëtisch durch eine zarte, symbolische Verbindung. / Der Ernst muß heiter, der Scherz ernsthaft schimmern."[882] Dadurch nimmt Novalis Abschied von der klassizistischen Gattungstrennung von Tragödie und Komödie, wie sie erstmalig in Aristoteles' *Poetik* aufgrund der Ernsthaftigkeit oder Lächerlichkeit des Geschehens formuliert wurde.[883]

Auch Novalis' Charakterisierung des *Hamlet* ist jener Schlegels ähnlich. In

---

[877] Schriften III 670 Nr. 611. Vgl. auch: „Nothwendige Pedanterey der Poësie. *Steife* Perioden etc. Steinerne Umrisse", Schriften III 671 Nr. 611.

[878] „Idee einer romant.[ischen] Form wo das Ganze und Meiste π[poetisch], Einzelnes Prosa wäre; im Gegensatz der aus Prosa mit vielen untermischten Versen. – <So ists ja schon in Shak[speare].>", KA XVI 156 Nr. 834. „Die Vereinig[un]g des κωμ[Komischen] und τργ.[Tragischen] gehört vielleicht auch zu d[en] *unauflöslichen Gleichungen* in der π[Poesie].", KA XVI 173 Nr. 1067; „Die Clowns noch sehr verschieden vom Buffo. Das Naive, Groteske, Humor und Caricatur s[in]d im Sh[akespeare] immer oder doch am häufigsten *tragisch* genommen.", KA XVI 180 Nr. 1158.

[879] SW I/5 718.

[880] Schriften III 576 Nr. 158; „Nichts ist *poëtischer*, als alle *Übergänge* und heterogène Mischungen.", Schriften III 587 Nr. 221; die christliche Religion ist „tragisch und doch unendlich mild – ein ächtes Schauspiel – Vermischung des Lust- und Trauerspiels", Schriften III 651 Nr. 561. Andererseits ist Novalis' Urteil über Shakespeares Vermischung von Komik und Tragik nicht ohne Schwankungen: „Shakesp[eare] ist mir dunkler, als Griechenland. Den Spaß des Aristoph[anes] versteh ich – aber den Shak[espeares] noch lange nicht. Shak[espeare] versteh ich überhaupt noch sehr unvollkommen.", Schriften III 691 Nr. 695.

[881] Schriften III 306 Nr. 368.

[882] Schriften III 650 Nr. 556.

[883] So stellt für Aristoteles der dritte Teil der tragischen Fabel, welcher auf die Peripetie und die Wiedererkennung folgt, ein schweres Leid dar, das aus einem verderblichen oder schmerzlichen Geschehen entsteht. Darunter zählt Aristoteles Todesfälle auf offener Bühne, Schmerzen, Verwundungen etc. Vgl. Poetica, ed. R. Kassel, Aristotelis de arte poetica liber. Oxford: Clarendon Press, 1965 (repr. 1968 [of 1966 corr. edn.]): 3-49. (1447a8-1462b19), hier: 1452b 9-13. Als ein genaues Gegenstück dazu wird die Komödie insofern definiert, als der von ihr dargestellte Fehler gerade keinen Schmerz und kein Verderben verursacht (1449a 32-37).

seiner einzigen überlieferten Bemerkung über die Tragödie kommt gerade der bereits von Schlegel hervorgehobene Zwiespalt von Sein und Sollen zum Ausdruck: „Hamlet ist eine *Satyre* auf ein modernes zivilisirtes Zeitalter – [...] Die hohe Schule von Wittenberg ist ein höchstwichtiger Umstand – Hamlet soll Held seyn, und ist ein *Gelehrter* etc."[884] Im Brief vom 30. November 1797 an August Wilhelm Schlegel heißt es in Vorfreude auf dessen Hamlet-Übersetzung, die 1798 erscheinen sollte: „Auf den Hamlet freue ich mich, wie ein Kind. Ich möchte wissen, ob ich Recht oder Unrecht hätte – Sind nicht Hamlet und Elektra Pendants? Meinem Gefühl nach – scheidet sich griechische und moderne Poësie hier äußerst anschaulich. Sie müssen wissen, ich habe zeither Sofocles und Shakespear, beyde in den schlechten Übersetzungen, wechselweise gelesen."[885] Ein Vergleich des *Hamlet* mit der *Elektra* zeigt laut Novalis sehr anschaulich Shakespeares Modernität. Beiden Dramen liegt dieselbe Struktur zu Grunde: der Gatte – jeweils Agamemnon, der König von Argos, und der König von Dänemark – wird durch den Buhler der ehebrüchigen Frau – Ägisth und Claudius – ermordet und dessen Mord von Seiten des Sohnes – Orest und Hamlet – gerächt. Während sich aber bei Sophokles die Ermordung der Klytaimnestra und des Ägisth unter dem überwältigenden Diktat des Fatums vollzieht, handelt Shakespeares Drama gerade von der „kolossalen Dissonanz", die Hamlet als modernen Orest von seinem Schicksal trennt.

Stimmen Schlegel und Novalis soweit grundsätzlich überein, unterscheiden sie sich wiederum hinsichtlich der Beurteilung des künstlichen Charakters von Shakespeares Werk. Gegenüber Herders Shakespeare-Bild hatte Schlegel das Künstliche an Shakespeare geltend gemacht. Im Fragment Nr. 253 des *Athenäums* wurde seine bereits von Wieland – allerdings als Unzulänglichkeit – festgestellte „Korrektheit" in den Vordergrund gerückt:

> In dem edleren und ursprünglichen Sinne des Worts Korrekt, da es absichtliche Durchbildung und Nebenausbildung des Innersten und Kleinsten im Werke nach dem Geist des Ganzen, praktische Reflexion des Künstlers, bedeutet, ist wohl kein moderner Dichter korrekter als Shakespeare. So ist er auch systematisch wie kein andrer: bald durch jene Antithesen, die Individuen, Massen, ja Welten in malerischen Gruppen kontrastieren lassen; bald durch musikalische Symmetrie desselben großen Maßstabes, durch gigantische Wiederholungen und Refrains; oft durch Parodie des Buchstabens und durch Ironie über den Geist des

---

[884] Schriften III 651 Nr. 560. Die Interpretation des *Hamlet* als Satire betrifft auch den Kontrast zwischen Hamlet, der in Wittenberg studieren muss, und Laertes, der in Frankreich ein abwechlungsreiches Leben führt. Novalis notiert: „Frankreich paßt gut dazu", d.h. zum satirischen Gehalt. Diese Deutung steht in der Tradition der „Gallicomanie"-Kritik, wie sie bereits bei Herder, in der 9. Sammlung der *Briefe über Humanität*, ausgeprägt war. Vgl. Balmes, Kommentar, 634.

[885] Schriften IV 237-8, und zwar: Sophokles Tragödien in der Übersetzung von Graf Christian Stolberg (Leipzig 1787, 2 Bde.) und Shakespeares Werke in der Wieland-Eschenburg-Übersetzung (Zürich 1775 ff.).

romantischen Drama und immer durch die höchste und vollständigste Individualität und die vielseitigste aller Stufen der Poesie von der sinnlichsten Nachahmung bis zur geistigsten Charakteristik vereinigende Darstellung derselben.[886]

Für Novalis hingegen gilt weiterhin: „Correctheit ect. ist eine unvollk[ommne]
Schönheit."[887] Hatte Schlegel über Shakespeare notiert: „Das Δρ[Drama] für
ihn Kunst, Gewerbe, Arbeit."[888], oder ihn als einen der „absichtlichsten Künstler"[889] der vorigen Zeit bezeichnet, so ermöglicht die Dialektik zwischen Ich
und Natur es Novalis nicht, in Shakespeare eine „reine", d.h. der Natur entgegengesetzte Kunst zu erkennen. Wenn Schlegel folglich in seinem Aufsatz
Über Goethes Meister (1798) von der „tiefe[n] Künstlichkeit und Absichtlich-
keit" Shakespeares[890] spricht, wenn er Shakespeares Synthese der Gegensätze,
die vom Verstand als dem Bildungstrieb der Modernen erzielt wird, als „chemisch", d.h. *künstlich* bezeichnet[891], kann Novalis ihm darin nicht zustimmen.
Dass er sich auch in seinem Urteil über Shakespeare von der für ihn charakteristischen Dialektik von Kunst und Natur leiten lässt, lässt sich deutlich aus
einer seiner bedeutendsten Aussagen zu Shakespeare entnehmen, die zugleich
nicht zufällig die Brüder Schlegel kritisiert:

> <Schlegels übersehn, indem sie von der Absichtlichkeit und Künstlichkeit der
> Shakespearschen Werke reden – daß die Kunst zur Natur gehört, und gleichsam
> die sich selbst beschauende, sich selbst nachahmende, sich selbst bildende Natur
> ist. Die Kunst einer gut entwickelten Natur ist freylich von der Künsteley des
> Verstandes, des bloß raisonnirenden Geistes himmelweit verschieden.> Shake-
> speare war kein Calculator – kein Gelehrter – er war eine mächtige, buntkräftige
> Seele, deren Erfindungen und Wercke, wie Erzeugnisse der Natur das Gepräge
> des denkenden Geistes tragen und in denen auch der lezte scharfsinnige Beob-
> achter noch neue Übereinstimmungen mit dem unendlichen Gliederbau des
> Weltalls – Begegnungen mit spätern Ideen [,] Verwandtschaften mit den höhern
> Kräften und Sinnen der Menschheit finden wird. Sie sind sinnbildlich und viel-
> deutig, einfach und unerschöpflich, wie jene und es dürfte nichts sinnloseres von
> ihnen gesagt werden können, als daß sie Kunstwercke in jener eingeschränkten,
> mechanischen Bedeutung des Worts seyen.[892]

Wie Shakespeare kein „Calculator" oder „Gelehrter" war, so sind auch seine
Werke keine „Kunstwercke", d.h. mechanische Artefakte, sondern Naturpoe-

---

[886] KA II 208 Nr. 253.
[887] Schriften III 399 Nr. 687.
[888] KA XVI 181 Nr. 1173.
[889] KA II 370. „Shakespeare hat so unendlich viele Tiefen, Tücken, und Absichten; sollte er nicht
auch die Absicht gehabt haben, verfängliche Schlingen in seine Werke für die geistreichsten
Künstler der Nachwelt zu verbergen, um sie zu täuschen, daß sie ehe sie sichs versehen, glauben müssen, sie seien auch ungefähr so wie Shakespeare?", a.a.O.
[890] KA II 139.
[891] So heißt es, dass „Sh.[akspeare's] Diction sehr chemisch-gemischt" sei, KA XVI 180 Nr.
1156.
[892] Schriften III 569 Nr. 94.

sie. Herders Verwerfung der „Kunst" und sein Bild von Shakespeare als einem Naturgenie kommen hier wieder zu Ehren. Zwar wird nun, im Unterschied zur undialektischen Denkart Herders, das Künstliche nicht mehr verworfen: für Novalis macht nicht mehr, wie bei Herder, die Unmittelbarkeit allein Shakespeares Größe aus, sondern die „*Kunst* einer gut entwickelten Natur". Diese „Kunst" ist allerdings nicht absolut, sondern erweist sich dialektisch im Grunde als eine Naturäußerung. Verleugnet sie ihren Naturcharakter, so wird sie zur „Künsteley des Verstandes", des bloß „raisonnirenden Geistes".

2.6. Der Begriff des „Romantischen" bei Hardenberg

Antike und Moderne stehen sich bei Novalis nicht als natürlich vs. künstlich, sondern als endlich vs. unendlich gegenüber. Dieses geschichtsphilosophische Bewusstsein von der Differenz der endlichen Dichtung der Antiken von der unendlichen Poesie der Modernen schlägt sich auch im Begriff des „Romantischen" nieder, das von Hardenberg u.a. auch als „Unendliches" konzipiert wird.

An dieser Stelle soll darauf verzichtet werden, die Geschichte des Wortes bis zu seiner Verwendung durch die Frühromantiker zu umreissen.[893] Es soll nur darauf hingewiesen werden, dass die Wortbedeutung auf das mittellateinische Adverb „romanice" zurückgeht, was die nachantike Gattung des Romans als Dichtung in der Volkssprache bezeichnet.[894] „Romantisch" umschreibt demzufolge sowohl die literarische Form des Romans als auch ihre literarischen Eigenschaften: das Erfundene, Wunderbare, Nicht-Alltägliche[895] und entwickelt sich somit später, im England der Mitte des 17. Jahrhunderts, auch zur Bezeichnung für abgeschiedene Landschaften.[896] Auch in letzterer Bedeutung ist der Begriff übrigens bei Hardenberg belegt, der z.B. von „ein[em]

---

[893] Vgl. zusammenfassend: H. R. Jauß, Literarische Tradition und gegenwärtiges Bewußtsein der Modernität, in: Literaturgeschichte als Provokation, Frankfurt am Main 1970, 11-66, sowie: Lothar Pikulik, Frühromantik. Epoche – Werke – Wirkung, München 1992, 73-9.

[894] Jauß, a.a.O., 44. Wie Pikulik betont, ist auch das Adjektiv „romanticus" als literarische Bezeichnung bereits mittellateinisch belegt. Vgl.: Deutsches Wörterbuch von Jacob und Wilhelm Grimm, Bd. 14, Sp. 1155: „[...] im sinne von *romanhafte* erzählung begegnet schon mlat. *romanticus, -um: ex lectione quorundam romanticorum i.e. librorum compositorum in gallico poeticorum de gestis militaribus in quibus maxima pars fabulosa est.*" (Handschrift des 15. Jh. bei Joh. Andr. Schmeller, Bayerisches Wörterbuch, Stuttgart und Tübingen 1827-37, II 98).

[895] In dieser Bedeutung hatte Hardenberg den Terminus, freilich noch im negativen Sinne, bereits im Brief an seinen Vater vom 9. 12. 1793 benutzt, in dem Hardenberg nach der Leipziger Liebesaffäre ihm seine Entscheidung mitteilt, Soldat zu werden. Hier heißt es: „Der Romantische Schwung wird in dem alltäglichen, sehr unromantischen Gange meines Lebens viel von seinem schädlichen Einfluß auf meine Handlungen verlieren [...]", Schriften IV 109-10. In der Bedeutung von „überspannt" war „romantisch" übrigens bereits im *Werther* benutzt worden. Vgl. den letzten Brief an Lotte: „Es ist beschlossen, Lotte, ich will sterben, und das schreibe ich dir ohne romantische Überspannung [...]", HA VI 104.

[896] Dazu: Raymond Immerwahr, Romantisch. Genese und Tradition einer Denkform, Frankfurt am Main 1972, 15. Wie Jauß konstatiert, sind beide Bedeutungen durch das Moment der Ferne verbunden. „In dieser Einstellung, die im Fernen der Historie das Wahre einer gewesenen Natur, im Nahen der umgebenden Natur hingegen das abwesende Ganze, die verlorene Kindheit des Menschen sucht, rücken Geschichte und Landschaft in ein wechselseitiges Verhältnis zusammen. Auf ihm gründet das Selbstgefühl einer Generation, die ihre Modernität paradoxerweise nicht mehr als Gegensatz zum Alten, sondern als Zwiespalt mit der gegenwärtigen Zeit erfuhr.", a.a.O., 49-50. Jauß führt auch eine Belegstelle bei Goethe an: „Das sogenannte Romantische einer Gegend ist ein stilles Gefühl des Erhabenen unter der Form der Vergangenheit oder, was gleich lautet, der Einsamkeit, Abwesenheit, Abgeschiedenheit.", HA XII 488 (*Maximen und Reflexionen* Nr. 868).

romantische[n] Thal"[897], einer „romantische[n] Lage"[898] oder einer „romantische[n] Waldhöhe"[899] spricht. In diesem Zusammenhang relevanter ist die Bedeutung von „romanhaft", die den *Roman* als die poetische Form der Modernen im Unterschied zu den Antiken markiert.[900] Als Adjektiv zu „Roman" und auch im Sinne von unwahr und erfunden wird das Wort um 1700 in Deutschland rezipiert. Der 1698 entstandene polemische Traktat Gotthard Heideggers *Mythoscopia Romantica oder Discours von den so benannten Romanen*[901] ist laut Grimm der früheste Beleg für den Gebrauch des Adjektivs im Sinne von romanhaft, das somit „romanisch" ersetzt, was im 17. Jahrhundert gemeinhin als Adjektiv zu „Roman" verwendet wurde.[902]

Die Romantiker selbst hatten Schwierigkeiten, diesen Terminus genau zu bestimmen. Paradigmatisch dafür ist der Brief Friedrich Schlegels an den Bruder August Wilhelm vom 1. 12. 1797, in dem Friedrich auf Verlangen des Bruders den Begriff hätte genauer erklären sollen und statt dessen schreibt: „Meine Erklärung des Worts *Romantisch* kann ich Dir nicht gut schicken, weil sie – 125 Bogen lang ist."[903] Bei Hardenberg, der – wie Lothar Pikulik hervorgehoben, hat – im *Allgemeinen Brouillon* erstmalig aus „romantisch" die programmatischen Termini „Romantik" und „Romantiker" ableitete[904], lassen sich mindestens drei Hauptbedeutungen des Begriffs unterscheiden.

Zunächst bezieht sich „romantisch" bei Hardenberg auf den Roman als das Epos der Modernen und die Romanlehre. Diese Verwendung des Adjektivs „romantisch" im Sinne von ritterlich und „erfunden", „wunderbar" ist bei Hardenberg schon in einem Jugendgedicht an den Theologen Christian Gottlob Wolf (1757-1838) belegt, der sein Hauslehrer war und ihn in Italienisch unterrichtete:

> Du lehrtest mir wandeln mit Ariost
> Und Tasso durch wahre Labyrinthe
> Von Fabeln und durch ein mäeandrisches Gewinde
> Von Heldenthaten und Zaubereyen
> Verwandlungen, Reisen und Feeereyn,

---

[897] Schriften VI.1 469.
[898] Schriften I 221 (*Ofterdingen*)
[899] Schriften II 559 Nr. 157. Vgl. auch: Schriften I 236, 427; Schriften III 582 Nr. 204; Schriften I 299.
[900] Zur genaueren Entwicklung dieses Bedeutungsstrangs vgl.: Logan Pearsall Smith, Four Words, Tract XVII of the Soc. Pure Engl., Oxford 1924, 3-17, bes. 15 und Richard Ullmann – Helene Gotthard, Geschichte des Begriffs ‚Romantisch' in Deutschland. Vom ersten Aufkommen des Wortes bis ins 3. Jahrzehnt des 19. Jahrhunderts, Berlin 1927 (Nachdruck: Nendeln/Liechtenstein 1967), 93.
[901] Neu hrsg. von W. E. Schäfer, Bad Homburg 1969.
[902] Vgl.: Deutsches Wörterbuch, a.a.O., Sp. 1155, sowie: Pikulik, a.a.O., 74.
[903] KA XXIV 53. 125 Bogen sind ungefähr „2000 Druckseiten" (Pikulik, a.a.O., 78).
[904] A.a.O., 78.

Und kurz von dem was pflegt in *romantischen* Zeiten zu seyn.[905]

In diesem Sinne heißt es später in einer Aufzeichnung zum *Ofterdingen*, dass das Leben des Ritters „romantisch" sei.[906] Novalis stellt die zeitliche und räumliche Ferne als das romantisierende Prinzip dar: „So wird alles in der Entfernung *Poësie – Poëm. Actio in distans.* Ferne Berge, ferne Menschen, ferne Begebenheiten etc. alles wird romantisch, quod idem est [...]".[907] Eine geplante Sammlung von Romanzen hätte den Titel „Die Guitarre oder Reliquien der romantischen Zeit. Eine Sammlung Romanzen von Novalis"[908] tragen sollen, wobei die zeitliche Ferne dadurch symbolisiert werden sollte, dass von der romantischen Zeit der Minnesänger – die durch „die Guitarre" veranschaulicht ist – nur noch „Reliquien" überliefert sind. Im *Allgemeinen Brouillon* notiert Hardenberg dann unter dem Stichwort „Romantik": „Alle Romane, wo wahre Liebe vorkommt, sind *Mährchen – magische Begebenheiten.*"[909], oder „Die Philosophie und Moral des Romans sind *romantisch.*"[910] „Romantisch" sind das Leben und das Schicksal, weil beide den Gegenstand des Romans darstellen: „Nichts ist romantischer, als was man gewöhnlich Welt und Schicksal nennt – Wir leben in einem colossalen [...] Roman."[911]

Zweitens umschreibt „romantisch" die Ausrichtung der modernen Poesie auf das Unendliche, die Kunst, das Endliche ins Unendliche zu verwandeln und damit das Alltägliche, Gewohnte zum Unbekannten und Fremden zu erheben:

> Die Welt muß romantisirt werden. So findet man den urspr[ünglichen] Sinn wieder. [...] Indem ich dem Gemeinen einen hohen Sinn, dem Gewöhnlichen ein geheimnißvolles Ansehn, dem Bekannten die Würde des Unbekannten, dem Endlichen einen unendlichen Schein gebe so romantisire ich es [...].[912]

Insofern drückt sich im Romantisieren das Bewusstsein der geschichtsphilosophischen Differenz zwischen der endlichen Poesie der Antike und der unendlichen Dichtung der Modernen aus. Das Romantisieren besteht in der Verwandlung des Endlichen ins Unendliche: „ROMANTIK. Absolutisirung – Universalisirung [...] des individuellen Moments [...] ist das eigentliche Wesen des *Romantisirens* [...]".[913] Gerade an dieser Bedeutung des Terminus „romantisch" als „unendlich" wird der kategoriale Unterschied des Modernen zum Antiken deutlich. Während das Antike das Endliche darstellt, repräsen-

---

[905] Schriften IV 66, meine Hervorhebung.
[906] „Romantisches Leben des Kriegers", Schriften I 346.
[907] Schriften III 302 Nr. 342.
[908] Schriften III 646 Nr. 534.
[909] Schriften III 255 Nr. 80. Vgl. auch: Schriften III 271 Nr. 169.
[910] Schriften III 326 Nr. 445; vgl. auch: Schriften IV 247.
[911] Schriften III 434 Nr. 853.
[912] Schriften II 545 Nr. 105.
[913] Schriften III 256 Nr. 87.

tiert das Romantische das Unendliche und grundsätzlich Unabgeschlossene.[914]

Als *Epochenbegriff* schließlich bezieht sich „romantisch" auf die christliche Poesie des Mittelalters sowie die Romanpoesie seit dem Spätmittelalter, die für Hardenberg und Schlegel die Dichtung der „älteren Modernen" darstellt.[915] In Schlegels *Brief über den Roman* heißt es: „Da suche und finde ich das Romantische, bei den ältern Modernen, bei Shakespeare, Cervantes, in der italiänischen Poesie, in jenem Zeitalter der Ritter, der Liebe und der Märchen, aus welchem die Sache und das Wort selbst herstammt."[916] In dieser Beziehung hat Lothar Pikulik bezweifelt, dass sich die Frühromantik tatsächlich bereits als „Romantik" verstanden hat. Mit „romantisch" sei vielmehr nur die poetische Tradition des Romans, also die älteste Stufe der modernen Dichtung, an die die Moderne anknüpfte – d.h. Ariost, Tasso, Cervantes, die Ritterromane usw. –, nicht die Moderne selbst gemeint gewesen: „Als literarischer Epochenbegriff meint das Romantische die ‚Moderne' im Gegensatz zur Antike, aber nicht die jüngste Phase der Moderne, das 18. Jahrhundert, sondern eine ältere Stufe, nach heutigen Begriffen: späteres Mittelalter und Renaissance."[917] Diese These ist jedoch insofern problematisch, als Hardenberg den Begriff „romantisch" durchaus auch zur Umschreibung seines *eigenen* poetischen Programms benutzt hat. „Romantisch" hat dann bei Novalis als Gegensatz zum Klassischen jeweils die Bedeutungsnuance von modern: „aus romantischem und modernem Instinkt"[918], individuell: „Die Persönlichkeit ist das romantische Element des Ich"[919], esoterisch: „Popularitaet und Romantismus"[920], verschlungen: „einen romantischen oder sonst artig verschlungnen Gegenstand"[921], heterogen: „Lektüre des Heterogenen – romantischen"[922] usw.

---

[914] In diesem Zusammenhang ist auch Hardenbergs Interesse für die Infinitesimalrechnung zu lesen. Vgl. dazu: Käthe Hamburger: Novalis und die Mathematik. Eine Studie zur Erkenntnistheorie der Romantik, in: Romantik-Forschungen, Halle 1929, 113-84, überarbeitet in: Dies., Philosophie der Dichter, Stuttgart 1966, 11-82, sowie: Martin Dyck, Novalis and Mathematics. A Study of Friedrich von Hardenberg's Fragments on Mathematics and ist Relation to Magic, Music, Religion, Philosophy, Language and Literature, Chapel Hill 1960.

[915] Vgl. auch: Hans Ulrich Gumbrecht, Art. „Modern", „Modernität", „Moderne", in: Geschichtliche Grundbegriffe, hrsg. von Otto Brunner u.a., Bd. 4, Stuttgart 1978, 93-109: „Schon die Bezeichnung der eigenen Gegenwart durch das Wort ‚romantisch', dessen Geschichte auf die literarische Gattung der Ritterromane zurückführt, deutet an, dass nunmehr das Mittelalter, welches noch in Perraults Parallelisierung von weltgeschichtlichen Zeiten und Phasen des menschlichen Lebensalters ungenannt geblieben war, als Beginn und Höhepunkt einer von der Antike gänzlich verschiedenen christlichen Epoche der Gegenwart eingesetzt wurde, an deren Ende die Romantiker zu stehen glaubten.", 106.

[916] KA II 335.

[917] A.a.O., 77.

[918] Schriften II 645 Nr. 466.

[919] Schriften II 616 Nr. 425.

[920] Schriften II 635 Nr. 153.

[921] Schriften II 640 Nr. 445.

[922] Schriften III 573 Nr. 132. „Romantische Gelehrsamkeit – und romantische Geschicklichkeit – *Combinations und Variationsfertigkeit*.", Schriften III 277 Nr. 213. Vgl. auch: Schriften III

und erfasst folglich allesamt programmatische Züge der modernen Poesie. Wenn es daher bei Pikulik heißt: „Novalis war es auch, der im *Allgemeinen Brouillon* die Ausdrücke ‚Romantik' und ‚Romantiker' prägte, freilich noch nicht als Bezeichnung für die eigene Epoche und das eigene Programm und deren Vertreter."[923], dann dürfte diese These schwerlich absolute Gültigkeit beanspruchen. Unbestreitbar ist allerdings, dass Hardenbergs Begriff in der Tat nicht streng geschichtsphilosophisch perspektiviert ist. Romantisch ist bei ihm sehr oft einfach der Gegenbegriff zu prosaischen Gegenwart, ohne nähere zeitliche Bestimmung. So ist nicht nur das Neue, sondern auch das Alte romantisch: „Alles Neue wirckt, als *Äußres*, Fremdes, *poëtisch* –. Alles Alte wirckt als Innres, Eigenes, ebenfalls romantisch – Beydes im Kontrast gegen das *Gewöhnliche* – oder gegen einander. Neuheit des Alten – Altheit des Neuen."[924] Ein weiteres Beispiel lässt sich dafür anführen. Im Brief an Schlegel vom 18. Juni 1800 schreibt Hardenberg in bezug auf den geplanten zweiten Teil des *Ofterdingen* von der „Vermischung des Romantischen *aller Zeiten*".[925] Das „Romantische" ist demzufolge *nicht nur* der Programmbegriff der modernen Poesie, sondern drückt eine ästhetische Qualität aus, die auch andere Epochen der Poesie charakterisiert.[926]

---

308 Nr. 373; Schriften IV 279; Schriften III 654 Nr. 580; Schriften III 647 Nr. 537; Schriften III 261 Nr. 114; Schriften I 583; Schriften IV 76; Schriften II 544 u.a.

[923] A.a.O., 78.

[924] Schriften III 303 Nr. 347.

[925] Schriften IV 333, meine Hervorhebung.

[926] Vgl. dazu Ulmann – Gotthard: „Romantisches ist also nichts Zeitgebundenes", a.a.O., 135. Darin dürfte Novalis in gewisser Weise Jean Paul nahe stehen, der in seiner *Vorschule der Ästhetik* (1804), wie Pikulik betont, das Romantische auch in der Antike, bei Homer und Sophokles findet: „mitten im Homer" findet Jean Paul eine „[...] romantische Stelle, da Jupiter von seinem Olymp die kriegerische unruhige Ebene Trojas und die fernen arkadischen Auen voll stiller Menschen unter einerlei Sonnenlichte überschaut.", Sämtliche Werke, hrsg. von Norbert Miller, München 1963, V 88. Das Schicksal in Sophokles' *Oedipus Rex* ist ihm ebenfalls romantisch: „Einzelne romantische Streiflichter fallen schon durch die griechische Poesie hindurch, wohin z.B. Ödips Dahinverschwinden im Sophokles, der fürchterliche Dämogorgon, das Schicksal etc. gehören.", Sämtliche Werke, a.a.O., V 98. In diesem Sinne spricht Jean-Paul von einer „christlichen", aber auch einer „indischen", einer „nördlichen", aber auch einer „südlichen" Romantik (Sämtliche Werke, a.a.O., V 92).

2.7. Das Offenbarungsargument

Der Gegensatz von Antike und Moderne wird von Novalis insbesondere religionsgeschichtlich perspektiviert. Vor dem Hintergrund der *Querelle* könnte man sagen, dass sich Hardenberg des *Offenbarungsarguments* bedient. Dabei handelt es sich um ein sehr altes Argumentationsmuster, auf das bereits in der französischen und in der deutschen *Querelle* zurückgegriffen wurde.

In Frankreich hatte sich vor allem Jean Desmarets de Saint-Sorlin (1595-1676), ein ehemaliger Berater von Richelieu, bereits vor der eigentlichen *Querelle*, um den Primat der modernen Poesie gegenüber der antiken zu begründen, auf die religiöse Überlegenheit der christlichen Dichter berufen.[927] Desmarets de Saint-Sorlins Argumentation kreiste um das Problem des Wunderbaren. In seinem christlichen Nationalepos *Clovis Ou La France Chrestienne* (1657, neu herausgegeben 1673) vollzieht er den Bruch mit dem heidnischen Wunderbaren, den irrtümlichen Fabeln des Heidentums, und lässt einzig das christlich Wunderbare gelten. Die Konversion des ersten französischen Königs und die Entstehung der christlichen Monarchie aus den Ruinen des römischen Reichs, über die sein Epos berichtet, konnten einzig auf das christliche Wunderbare zurückgeführt werden. Damit führt Desmarets zugleich einen religiös begründeten Fortschrittsgedanken in die Poetik ein: wie das Christentum einen theologischen Fortschritt gegenüber dem Heidentum darstellt, stellt auch die christliche Poesie einen Fortschritt gegenüber der antiken dar. So schreibt Desmarets im einleitenden *Discours* seines Epos *Clovis* in der Edition von 1673: „Ce n'est pas presomption à vn Chrestien de croire qu'il fait de la Poësie mieux conceuë, mieux conduite, & plus sensée que celle des Payens: c'est vn honneur qu'il rend à Dieu, qui assiste les siens, & qui les fait autant surpasser les Anciens, qu'il fit surpasser par Moyse les enchanteurs de Pharaon."[928] Auch in Deutschland wurde das Offenbarungsargument gegen die Verehrer der Antike ins Feld geführt.[929] Seit Masenius wurde der pädagogische Wert der antiken Dichtung in Zweifel gezogen: gerade aus pädagogischen Gründen seien die Neuren wegen ihres Rückgriffs auf christliche Stoffe zu empfehlen.[930] Bis ins 18. Jahrhundert hinein wirkte das Offenbarungsargument weiter. Mit ihm begründete Johann Friedrich Steffens die Überlegenheit der modernen Schriftsteller in seinem Programm *Von dem*

---

[927] Vgl.: Hugh Gaston Hall, Richelieu's Desmarets and the Century of Louis XIV, Oxford 1990, sowie: Ders., Aspects esthétiques et religieux de la Querelle des Anciens et des Modernes: Boileau et Desmarets de Saint-Sorlin, in: Critique et création littéraires en France au XVIIe siècle, Centre National de la recherche scientifique, Paris 1977, 210-30.

[928] Discours pour prouver que les sujets chrétiens sont les seuls propres à la poésie héroïque, in: Jean Desmarets de Saint-Sorlin, Clovis Ou La France Chrestienne: poème héroïque. Texte de 1657, publié avec une introd., des notes, des variantes de l'éd. de 1673, un glossaire, un index, des append. et une bibliogr. par Félix R. Freudmann, Louvain 1972, 730.

[929] Vgl. Kapitza, a.a.O., 367-73.

[930] Jakob Masenius, Palaestra Styli Romani, Köln 1659.

Nutzen der heidnischen Schrift=Steller in christlichen Schulen (1746): „Sehen
wir auf die Religion, so sind alle Bücher wahrer Christen vortreflicher, als die
heydnischen. Das allerkleinste von jenem übertrift auch in dem Stücke die
grösten von diesen."[931] Auch Christian Fürchtegott Gellert kritisierte in seinen
Moralischen Vorlesungen (1770) die aus seiner Sicht unzulänglichen Moral-
vorstellungen der antiken Philosophie und hielt ihnen die Vollkommenheit der
christlichen Moral entgegen.[932]

Die poetologische Auswirkung dieses Arguments war die Infragestellung
der vom Klassizismus geforderten Nachbildung der antiken Mythologie. So
weisen Sebastian Kortholt und Wilhelm Ludwig Hudemann 1703 den Standpunkt zurück, dass die antike Mythologie zur Vollendung des epischen Gedichts notwendig sei: „Majora siquidem nobis commoda e sacris litteris afflu-
ant, quam quidem sufficere paganorum fabulae possint."[933] In diesem Sinne
nehmen auch Thomasius und Gottsched den antiken Homer-Kritiker Zoïlos
von Amphipolis aus dem 4. Jahrhundert v. Chr. in Schutz, dem seine kritischen Bemerkungen über Homers Mythologie in seinem Κατὰ τῆς Ὁμήρου
Ποιέσεος den Titel Ὁμηρομάστιξ (Geißel des Homer) eingebracht hatten.[934]
Insbesondere Thomasius erscheint Zoïlus' Kritik gerechtfertigt, als Homers
Götterwelt auf phantastischem Aberglauben beruht und als solche aus christ-
lich-theologischen Motiven heraus verurteilenswert ist.[935]

Hardenberg selbst betrachtet den Gegensatz von Antike und Christentum
im Lichte von Lessings *Erziehung des Menschengeschlechts* (1780), derzufolge die historischen Offenbarungsreligionen als Erziehung des Menschengeschlechts gewirkt haben und insofern implizit eine höhere Stufe der Entwicklung als das Altertum darstellten. Zwar sucht man eine strikte Entgegensetzung von Antike und Christentum bei Hardenberg vergebens: zum Einen aufgrund der Spiralförmigkeit seiner Geschichtsauffassung, zum Anderen wegen
der Relevanz des Pantheismus in seiner Religionsphilosophie, aber Hardenberg räumt letztlich dem Christentum den Vorrang ein. In der V. *Hymne* begründet er die Überlegenheit der christlichen Ära gegenüber der Antike gerade

---

[931] Von dem Nutzen der heidnischen Schrift=Steller in christlichen Schulen, Celle 1746, in: Acta
Scholastica, 2. Stück, VII. Bd., Nürnberg 1747, 140-78, hier 158.

[932] Moralische Vorlesungen, in: Sämtliche Schriften, 6. Theil, Leipzig 1770, 54 ff. (Von dem
Vorzuge der heutigen Moral vor der Moral der alten Philosophen, und von der Schrecklich-
keit der freygeisterischen Moral).

[933] Poeticam veterem romanam atque graecam [...] praeside S. K. [...] a contemptu scriptoris
parrhasianorum [...] vindicabit W. L. H., Kiel 1703, 22.

[934] Vgl.: (Einführung zu) SAMUELIS à PUFENDORFF Epistola Gratulatoria ad D. Val. Alberti
Sponsarum Parentem, in: Freymüthiger Jedoch Vernunfft= und Gesetzmäßiger Gedancken
Uber allerhand/fürnehmlich aber Neue Bücher DECEMBER des 1689. Jahrs, Halle 1690,
1053-7, bes. 1055 f., und: Der Biedermann. Erster Theil Darinnen Fünfzig wöchentliche Blätter enthalten sind. Vier und dreyßigstes Blatt 1717. den 22. December, 133 f.

[935] Im Unterschied zu Thomasius lässt Gottsched hingegen Homers Autorität als Dichter weiterhin gelten. Vgl.: Thomas Bleicher, Homer in der deutschen Literatur (1450-1740). Zur Rezeption der Antike und zur Poetologie der Neuzeit, Stuttgart 1972, 204-6.

durch den Besitz der biblischen Offenbarung. Noch radikaler ist Hardenbergs Position in der *Europa*-Rede, indem dort die Antike in ihrer traditionellen Rolle als goldener Zeit durch das christliche Mittelalter ersetzt wird.

Dieses religionsgeschichtliche Bewusstsein der Überlegenheit der christlichen Moderne schlägt sich auf dem Gebiet der Poetik in Hardenbergs Ablehnung der klassizistischen Nachbildung der antiken Mythologie nieder. Das Privileg der Offenbarung, das die Moderne gegenüber der Antike auszeichnet, zieht nach sich, dass die romantische Poesie nicht die antike Mythologie reproduzieren, sondern an die christliche Kunst und Ikonographie anknüpfen soll, die vor dem Hintergrund von Hardenbergs Geschichtsphilosophie als die einzig „sittlichen" erscheinen. Die Götterwelt des Homer ist hingegen für Hardenberg, wie bereits für Thomasius, unsittlich. Zu Schlegels Idee-Fragment Nr. 145 – „Als Dichter betrachtet, ist Homer sehr sittlich" – merkt Novalis an: „Die Sittlichkeit des Homers versteh ich nicht".[936] Paradigmatisch für Hardenbergs Anknüpfung an die christliche Ikonographie sind die *Geistlichen Lieder* (1799-1800). An die Stelle der realistischen Mythologie der Alten tritt dort das Christentum als die idealistische Mythologie der Modernen. Das XV. *Geistliche Lied* bringt die ästhetische Differenz zwischen antiker und christlicher Mythologie deutlich zum Ausdruck:

> Ich sehe dich in tausend Bildern,
> Maria, lieblich ausgedrückt,
> Doch keins von allen kann dich schildern,
> Wie meine Seele dich erblickt.
>
> Ich weiß nur, daß der Welt Getümmel
> Seitdem mir wie ein Traum verweht,
> Und ein unnennbar süßer Himmel
> Mir ewig im Gemüte steht.[937]

Zwischen den „tausend Bildern", in denen das Göttliche betrachtet wird, und letzterem selbst herrscht für Hardenberg eine ontologische Differenz. Zwischen der antiken und der christlichen Mythologie waltet derselbe Unterschied wie zwischen Symbol und Allegorie: das Göttliche kann zwar allegorisch repräsentiert werden, als Unendliches exzediert es aber stets die Darstellung und kann nur in der Seele, im „Gefühl" erfahren werden. An diesen Versen wird auch ersichtlich, dass Novalis den Gegensatz zwischen antiker und moderner Poesie wesentlich als Opposition von Endlichkeit und Unendlichkeit konzipiert.

---

[936] Schriften II 623 Nr. 38.1.
[937] Schriften I 177.

2.8. Das Gegensatzpaar naiv vs. sentimentalisch

Um den Unterschied zwischen antiker und moderner Poesie zu formulieren, bedient sich Hardenberg zuweilen auch Schillers Gegensatzpaar naiv vs. sentimentalisch. In einer der wenigen diesbezüglichen Aufzeichnungen werden beide Begriffe jeweils mit dem Morgen und dem Abend assoziiert: „Der Abend ist sentimental, wie der Morgen naïv ist."[938] An derselben Stelle heißt es auch: „Man ist Morgens jung und Abends alt."[939] Diese Notizen legen es nahe, auch den Gegensatz von Tag und Nacht in den *Hymnen* geschichtsphilosophisch als Antithese von antiker Immanenz und christlicher Transzendenz und somit als poetologische Positionsbestimmung der Frühromantik gegenüber der Weimarer Klassik zu deuten.[940] Diese Deutung kann durch eine Stilanalyse untermauert werden. In der Charakterisierung des Tages am Anfang der I. *Hymne* ist eine antikisierende Färbung des Stils zu konstatieren, die durch Gräzismen, zusammengesetzte Beiwörter, Partizipien und häufige, für die griechische Literatursprache charakteristische Epitheta erzielt wird.[941] Ferner wird dem Tag „Schönheit" zugesprochen, während die Nacht hingegen durch die ästhetische Kategorie der Modernen, die „Erhabenheit" charakterisiert wird.[942]

Novalis assoziiert die Termini naiv und sentimental auch mit den identitätsphilosophischen Begriffen subjektiv und objektiv. An einer anderen Stelle, an der sich Novalis zum Gegensatz von naiv und sentimentalisch äußert, heißt es: „Naïv und Sentimental – objectiv – Subjectiv", und anschließend: „Die Ältern

---

[938] Schriften II 622 Nr. 442.

[939] Ebd.

[940] Vgl.: H. Kamla, a.a.O., bes. 27-8. Die von Kamla aufgestellte strikte Antithese zwischen Antike und Christentum erklärt allerdings nicht, warum Novalis in der V. Hymne diese Gegensätze dialektisch miteinander vermittelt. Zur Nacht als Symbol der frühromantischen Poetik der Unendlichkeit in den Hymnen vgl.: Verfasser, Novalis' erste Hymne an die Nacht in der Tradition der Poetik des Erhabenen, in: Jahrbuch der Novalis-Gesellschaft 1 (2006).

[941] Vgl.: „das allerfreuliche Licht", „milde Allgegenwart", „weckender Tag", „innerste Seele", „die rastlosen Gestirne", die „blaue Flut", „der funkelnde und ewigruhende Stein", „die sinnige und saugende Pflanze", „das wilde, brennende und vielgestaltete Thier", „der herrliche Fremdling", die „sinnvollen Augen, der „schwebende Gang", die „zartgeschlossenen, tonreichen Lippen", die „zahllosen Verwandlungen", die „unendlichen Bündnisse", das „himmlische Bild" und das „irdische Wesen", Schriften I 131. Einige Epitheta sind auch dem Griechischen direkt nachgebildet: so entspricht „vielgestaltet" griechisch πολύμορφος, „allerfreulich" griechisch παντερπής und „tonreich" griechisch πολύφωνος. In der Charakterisierung des Lichts als Prinzip der Antike liegt auch eine Vorwegnahme der fünften Hymne, in der das Licht als das Prinzip erscheint, das die antike Welt beherrschte: „Ueber des Morgens rothen Bergen, in des Meeres heiligem Schooß wohnte die Sonne, das allzündende, lebendige *Licht*.", Schriften I 141.

[942] In der IV. Hymne wird der Tag ausdrücklich mit dem Schönen in Beziehung gesetzt: „Gern will ich […] unverdroßen verfolgen deines künstlichen Werks *schönen* Zusammenhang." – eine Schönheit, die sodann von der Erhabenenheit der Nacht abgelöst wird: „Aber getreu der Nacht bleibt mein geheimes Herz [...]", Schriften I 137

sind naïver – so auch die Alten."[943] Gleichwohl ist daran zu erkennen, dass Hardenberg wie Schiller und im Gegensatz zu Schlegel die Möglichkeit der Entstehung naiver Dichtung in der Gegenwart nicht grundsätzlich ausschließt. Dass die „Ältern" „naïver" sind, schließt nicht grundsätzlich aus, dass auch die Modernen in gewisser Weise „naiv" sein können.

Darüber gibt das Märchen aus den *Lehrlingen zu Saïs* Aufschluss. Ulrich Stadler hat überzeugend nachgewiesen, dass Hardenberg sich dort implizit des Gegensatzpaares naiv vs. sentimentalisch bedient und dieses vor dem Hintergrund der Fichteschen Dialektik von Ich und Nicht-Ich perspektiviert.[944] Hyacinths Suche nach dem Heiligtum der Isis entspricht genau Schillers Definition des sentimentalischen Dichters. Laut Schiller werden die Dichter „[...] entweder Natur *seyn*, oder sie werden die verlorene *suchen*."[945] Hyacinth seinerseits gesteht gegenüber seinen Eltern: „[…] die Ruhe ist fort, Herz und Liebe mit, ich muß sie *suchen* gehen."[946] Dabei ist besonders interessant, dass in Novalis' Märchen naiv und sentimentalisch keinen absoluten Gegensatz darstellen. Bezeichnend dafür ist zunächst der Umstand, dass Hyacinth, obwohl er den sentimentalischen Dichter verkörpert, den Namen einer Blume trägt. Aber auch nach dem Besuch des Hexenmeisters und dem Verlust seiner Naivität verharrt Hyacinths sentimentalisches Bewusstsein nicht in Entgegensetzung zur Natur. Vielmehr gelingt es ihm, zur Natur, die im Märchen durch seine Geliebte Rosenblüthe symbolisiert ist, zurückzufinden.[947] Damit übernimmt Novalis Schillers Dialektik des Naiven und des Sentimentalischen. Bekanntlich konzipiert Schiller das Sentimentalische nicht nur als Gegensatz zum Naiven, sondern auch als das Naive unter den Bedingungen der Reflexion.[948] Diese Konzeption teilt Hardenberg, wenn er Hyacinth mit Rosenblüthe, das sentimentalische Bewusstsein mit der Natur vereinigt. Das Sentimentalische bedeutet dabei nicht bloß Verlust des Naiven, sondern auch eine neue, durch die Reflexion hindurchgegangene Naivität. Auch die moderne Poesie ist für Hardenberg nicht bloße „Kunst", sondern kann wie die antike noch einmal „Natur" werden. Das Sentimentalische ist nicht nur – wie bei Schlegel – der

---

[943] Schriften II 256 Nr. 483.

[944] Vgl. dazu: Ulrich Stadler, Novalis – ein Lehrling Friedrich Schiller?, in: Aurora 1991 (50), 47-62.

[945] NA XX 432.

[946] Schriften I 93, meine Hervorhebung.

[947] Stadler, a.a.O., 57.

[948] „Für den wissenschaftlich prüfenden Leser bemerke ich, daß beyde Empfindungsweisen, in ihrem höchsten Begriff gedacht, sich wie die erste und dritte Kategorie zu einander verhalten, indem die letztere immer dadurch entsteht, daß man die erstere mit ihrem geraden Gegentheil verbindet. Das Gegentheil der naiven Empfindung ist nehmlich der reflektirende Verstand, und die sentimentalische Stimmung ist das Resultat des Bestrebens, *auch unter den Bedingungen der Reflexion* die naive Empfindung, dem Inhalt nach, wieder herzustellen.", NA XX. 473 (Anmerkung). Vgl. dazu: Peter Szondi, Das Naive ist das Sentimentalische. Zur Begriffsdialektik in Schlegels Abhandlung, in: Schriften II, Frankfurt am Main 1978, 59-105, 93 ff.

Gegensatz zum Naiven, sondern auch – wie bei Schiller – das unendliche
Streben danach, letzteres wiederzuerlangen.

2.9. Der Vorrang von Musik und Malerei über die Plastik

Hardenbergs Absage an das klassizistische Prinzip der Nachahmung der Natur bzw. der Alten, die für Winckelmann eine Art unverdorbener Ideal-Natur darstellten, zeigt sich ferner in seiner Aufhebung des Primats, den die Skulptur unter den Künsten in der klassizistischen Ästhetik inne hatte, sowie in seiner Hochschätzung der Musik. Im *Ofterdingen* hält Klingsohr diese Verwandtschaft zwischen Dichtern, Musikern und Malern fest: „Überhaupt können die Dichter nicht genug von den Musikern und Malern lernen."[949] Dieser Paradigmenwechsel hat mindestens zwei Gründe. Der erste ist im Zusammenhang mit der Verzeitlichung als Grunddimension von Novalis' Poetik zu sehen: die Bildhauerei ist mit der Dimension des Raums verbunden, die Musik und die Dichtung hingegen mit der Zeit. Somit ist die Bildhauerei bereits durch ihre Form dazu prädestiniert, die Grundforderung von Novalis' Ästhetik nach Verzeitlichung der Kunst nicht einlösen zu können.

Der zweite Grund liegt in der von Novalis geforderten Abkehr von der unmittelbaren Mimesis – eine Abkehr, die im Fall der Musik sowohl auf der Rezeptionsebene erfolgt, denn die Skulptur beschäftigt das Auge, während die Musik wie auch die Poesie auf die Einbildungskraft wirkt[950], als auch auf der Produktionsebene, denn auch hier kommt in der Musik als amimetische Kunst schlechthin das Prinzip der *poiesis* besonders deutlich zur Geltung. So erklärt Novalis in den *Anekdoten* die Musik zur poietischen Kunst *par excellence*: „Nirgends […] ist es auffallender, daß es nur der Geist ist, der die Gegenstände, die Veränderungen des Stoffs poëtisirt, und daß das Schöne, der Gegenstand der Kunst uns nicht gegeben wird oder in den Erscheinungen schon fertig liegt – als in der Musik. Alle Töne, die die Natur hervorbringt sind rauh – und geistlos – nur der musikalischen Seele dünkt oft das Rauschen des Waldes – das Pfeifen des Windes, der Gesang der Nachtigall, das Plätschern des Bachs

---

[949] Schriften I 286.

[950] Dies hatte bereits Schiller in seiner Abhandlung *Ueber naive und sentimentalische Dichtung* bemerkt: „Ein Werk für das Auge findet nur in der Begrenzung seine Vollkommenheit; ein Werk für die Einbildungskraft kann sie auch durch das Unbegrenzte erreichen.", NA XX 440. Auf Novalis hatte besonders Hemsterhuis' Differenzierung der Poesie von den plastischen Künsten gewirkt. Vgl. folgende Notiz: „Nach Hemsterh[uis] wircken Poësie und Rhetorik stärker und umfassender, als die plastischen Künste, weil sie auf die reproduktive Imagination wircken […]", Schriften II 379 Nr. 41. Novalis bezieht sich auf eine Stelle im Dialog *Simon*. Vgl.: Œuvres Philosophiques de M. F. Hemsterhuis, ed. H. J. Jansen, Paris 1792, Bd. II, 218. Dieselbe Position formuliert Hemsterhuis auch in seiner *Lettre sur la sculpture*: „[…] elles ressemblent beaucoup à l'art oratoire et à la poësie, qui, en se servant de signes et de paroles, au lieu de crayon et de pinceaux, agissent uniquement sur la faculté reproductive de l'âme, et produisent par conséquent des effets beaucoup plus considérables que ne sauroit le faire la peinture ou la sculpture, même dans leur plus grande perfection.", Œuvres Philosophiques, a.a.O., Bd. I 19-20. Die „Versteinerung" ist bei Hardenberg stets ein negativ konnotiertes Bild und symbolisiert die gegenwärtige, entfremdete Gestalt der Natur. Vgl.: „Die Natur ist eine versteinerte Zauberstadt.", Schriften III 564 Nr. 65. Im Brief an Schlegel vom 18. Juni 1800 spricht Hardenberg vom „Petrificirende[n] und Petrificirte[n] Verstand", Schriften IV 333.

melodisch und bedeutsam."[951]

Dass die Musik Novalis zum Paradigma des frühromantischen Ideals einer rein amimetischen Kunst wird, erklärt auch, warum Novalis im Einklang mit seiner Fichte-Rezeption wiederholt das musikalische Wesen der Erscheinungswelt hervorhebt, denn somit umschreibt er ihren Charakter als Schöpfung des Ich. Die sichtbare Welt, auch die Skulptur, lässt sich als Verdichtung von Tönen auffassen.[952] Der Kosmos ist rhythmischer Natur.[953] Wenn das Geschaffene rhythmisch ist, so ist es umso mehr das schaffende Prinzip: Fichtes Setzung ist reiner Rhythmus. Novalis notiert dazu: „Fichte hat nichts, als den Rhythmus der Philosophie entdeckt und Verbalacustisch ausgedrükt."[954] Das Wesen des Genies wird mit Rhythmusgefühl gleichgesetzt: *„Rythmischer Sinn* ist Genie."[955] Das Genie entwickelt ein Gefühl für den Rhythmus des Allzusammenhangs: die Musik wird vor dem Hintergrund des Orpheus-Mythos als Zauberkraft betrachtet, sie ist die „Bildnerinn und Besänftigerinn des Weltalls."[956] Die Poesie orientiert sich an der Musik, die Worte des Dichters sind „nicht allgemeine Zeichen", sondern „Töne", „Zauberworte": die Welt des Dichters ist zwar „einfach, wie sein Instrument – aber eben so unerschöpflich an Melodieen.>"[957]

---

[951] Schriften II 573-4 Nr. 226.

[952] „Reale – schaffende Musik", Schriften III 310 Nr. 382. „Sollte alle plastische Bildung, vom Krystall bis auf den Menschen, nicht *acustisch*, durch gehemte Beweg[ung] zu erklären seyn.", Schriften III 308 Nr. 376. „Plastik also nichts anders, als Figuristik der Musik", und: „Plastik – obj[cctive] Musik", Schriften III 309 Nr. 382. Novalis erwähnt auch die Statue des Memnons, die der Sage nach einen Klang von sich gegeben haben soll, wenn die Morgensonne sie beschien. Vgl.: Schriften II 373: „Der Geist der Poësie ist das Morgenlicht, was die Statüe des Memnons tönen macht" (ein Exzerpt aus Hemsterhuis' Dialog *Alexis*. Die Stelle lautet im Original: „Ainsi, vous voyez que la poësie, soit qu'elle naisse de l'effort d'un *grand génie*, ou qu'un *souffle divin* la produise, préside à tous les arts et à toutes les sciences, et qu'elle est non-seulement à l'auguste vérité ce que les Grâces sont à l'Amour, mais ce que l'Aurore est à la statue de *Memnon* qu'elle éclaire, et qu'elle fait parler.", in: Œuvres Philosophiques, a.a.O., Bd. II 158); III 590 Nr. 233: „Bilds[äule] des Memnons" (aus den Paralipomena zu den *Lehrlingen*).

[953] „Die *musicalischen Verhältnisse* scheinen mir recht eigentlich die Grundverh[ältnisse] der Natur zu seyn.", Schriften III 564 Nr. 65. „Die Betrachtung der Welt fängt im unendlichen – abs[oluten] Discant am Mittelpunct an und steigt die Skala herunter – Die Betrachtung unsrer selbst fängt mit dem unendlichen, abs[oluten] Bass an der Peripherie, und steigt die Skala aufwärts.", Schriften III 311 Nr. 387.

[954] Schriften III 310 Nr. 382.

[955] Ebd.

[956] „Großer Rhythmus. In wessen Kopfe dieser große Rhythmus, dieser innre poëtische Mechanismus einheimisch geworden ist, der schreibt ohne sein absichtliches Mitwircken, bezaubernd schön und es erscheint, indem sich die höchsten Gedanken von selbst diesen sonderbaren Schwingungen zugesellen und in die reichsten mannichfaltigsten Ordnungen zusammentreten, der tiefe Sinn sowohl der alten orphischen Sage von den Wundern der Tonkunst, als der geheimnißvollen Lehre von der Musik, als Bildnerinn und Besänftigerinn des Weltalls. Wir thun Hier einen tiefen, belehrenden Blick in die acustische Natur der Seele [...]", Schriften III 308-9 Nr. 380.

[957] Schriften II 533 Nr. 32. Vgl. auch: „Die *musicalischen Verhältnisse* scheinen mir recht eigent-

Obwohl das poietische Prinzip in der Musik besonders deutlich zur Geltung kommt, betrachtet Novalis dieses nicht als ein Adelsprädikat der Musik. Er sieht das poietische Prinzip ebenfalls nicht nur in den anderen Künsten[958], sondern prinzipiell in jeder Wahrnehmung am Werk, denn vor dem Hintergrund Fichtes wird bereits die Wahrnehmung von Novalis als kein bloß rezeptiver Akt, sondern als aktive, schöpferische und insofern „künstlerische" Erzeugung der Objektwelt konzipiert. Diese Ästhetisierung der Wahrnehmung macht die Nachahmungslehre nicht erst unter dem Gesichtspunkt der Kunstlehre, sondern bereits unter dem der Anthropologie unmöglich. Nicht erst die Musik, und auch nicht erst die Kunst im Allgemeinen, sondern bereits die Wahrnehmung ist *poiesis*, amimetische und autonome Schöpfung. Insofern erhebt Novalis, in der Nachfolge Fichtes, das Genie-Prinzip zur Grundlage nicht nur der Kunst, sondern der gesamten Philosophie.[959] Wenn Novalis also betont, dass der Musiker schöpferisch, „aktiv" hört: „Der Musiker hört eigentlich [...] active – Er hört heraus. [...]" –, so verzichtet er nicht auf die Präzisierung, dass diese Tätigkeit im Grunde nicht nur den Künstler, sondern jeden normalen Menschen auszeichnet: „Fast jeder Mensch ist in geringen Grad schon Künstler – Er sieht in der That heraus und nicht herein – Er fühlt heraus und nicht herein."[960] Zwar wird die Musik zum Paradigma amimetischer Kunst erklärt, ohne aber die anderen Künste zu verdrängen, denn jede Kunst, ja jede Wahrnehmung ist für Hardenberg amimetisch. Vor diesem Hintergrund verwischt nicht nur die Differenz zwischen künstlerischer und nichtkünstlerischer Sphäre, da es gar keine außerkünstlerische Sphäre mehr geben kann, sondern auch der Unterschied zwischen der Musik und den anderen Künsten. So unterscheidet sich die Malerei für Novalis nicht grundsätzlich von der Musik, denn sie verfährt ebenso apriori wie die letztere:

> Der Musiker nimmt das Wesen seiner Kunst aus sich – auch nicht der leiseste Verdacht von Nachahmung kann ihn treffen. Dem Mahler scheint die sichtbare Natur überall vorzuarbeiten [...] Eigentlich ist aber die Kunst des Mahlers so unabhängig, so ganz a priori entstanden, als die Kunst des Musikers. [...] Seine Kunst ist die Kunst regelmäßig, und Schön zu sehn. Sehn ist hier ganz activ –

---

lich die Grundverh[ältnisse] der Natur zu seyn.", Schriften III 564 Nr. 65.

[958] Herbert Uerlings (Friedrich von Hardenberg, genannt Novalis. Werk und Forschung, Stuttgart 1991, 205) konstatiert, dass in einigen Aufzeichnungen Novalis die Poesie selbst über die Musik stellt und sie als Durchdringung von bildenden und tönenden Künsten, als höchste künstlerische Synthese, charakterisiert. Vgl. z.B. Schriften III 297 Nr. 323.

[959] Somit vollzieht sich eine Emanzipation der deutschen Poetik vom Klassizismus, die bereits mit Lessing eingesetzt hatte. Die *imitatio naturae*, von der klassizistischen Ästhetik aus Aristoteles' Poetik abgeleitet, in der die Poesie als Mimesis der Wirklichkeit definiert wird, wurde bereits von Lessing im *Laokoon* (1766) in Frage gestellt, wo das *ut pictura poesis* des Horaz (*Epistula ad Pisones de* arte *poetica*, v. 361) kritisiert wird, um dann vom Sturm-und-Drang und seiner Genie-Poetik gänzlich verworfen zu werden. Dazu: Jochen Schmidt, Die Geschichte des Genie-Gedankens in der deutschen Literatur, Philosophie und Politik 1750-1945, Darmstadt 1985, Bd. 1.

[960] Schriften II 574 Nr. 226.

durchaus bildende Thätigkeit.[961]

Novalis macht wiederum der Musik ihren Vorrang streitig, indem er konstatiert:

> Um aber auf die Unterschiede der Mahlerey und Musik zurückzukommen, so ist gleich auffallend, das bey der Musik Chiffer, Werckzeug und Stoff getrennt, bey der Mahlerey aber Eins sind und eben deshalb bey ihr jedes in abstracto so unvollkommen erscheint. So viel, dünkt mich, werde daraus gewiß, daß die Mahlerey bey weiten schwieriger, als die Musik, sey. Daß sie eine Stufe gleichsam dem Heiligthume des Geistes näher, und daher, wenn ich so sagen darf, edler, als die Musik sey ließe sich wohl gerade aus dem gewöhnlichen encomischen Argumente der Lobredner der Musik folgern, daß die Musik viel stärkere und allgemeinere Wirckung thue. Diese physische Größe dürfte nicht der Maaßstab der intellectuellen Höhe der Künste seyn, und eher kontraindiciren. Musik kennen und haben schon die Thiere – von Mahlerey haben sie aber keine Idee. Die schönste Gegend, das reizendste Bild werden sie eigentlich nicht sehn. Ein gemahlter Gegenstand aus dem Kreise ihrer Bekanntschaft betrügt sie nur – Aber, als Bild, haben sie keine Empfindung daran.[962]

Letztere Bemerkung ist besonders aufschlussreich – nicht zuletzt deshalb, weil sie zeigt, dass sich bei Novalis der Standpunkt der Realästhetik noch nicht völlig durchgesetzt hat, sondern dass für den Dichter ein Schwanken zwischen Real- und Wirkungsästhetik charakteristisch ist: die Malerei ist insofern höher einzustufen als die Musik, als sie, indem sie die Wirklichkeit scheinbar abbildet, den kategorialen Unterschied zwischen Kunst und Wirklichkeit umso sinnfälliger vorführt – eine Differenz, deren sich Tiere nicht bewusst sind.[963]

Die Annahme eines aktiven, „bildenden" Sehens führt bei Novalis folglich zur Konzeption der Malerei als amimetischer Kunst. Damit lässt er Du Bos', Lessings und Diderots Abwertung der Malerei gegenüber der Dichtung hinter sich – eine Abwertung, die gerade auf der Kritik des mimetischen Charakters der Malerei gründete.[964] Bestätigung fand Hardenberg bei A. W. Schlegel in

---

[961] Ebd.

[962] Schriften II 575 Nr. 226.

[963] Wahrscheinlich bezieht sich Hardenberg auf Goethes Dialog *Über Wahrheit und Wahrscheinlichkeit der Kunstwerke*, der im ersten Heft der *Propyläen* im Oktober 1798 veröffentlicht wurde. Um hervorzuheben, dass Kunst keine Naturnachahmung ist, wird dort behauptet, dass nur den Tieren ein Kunstwerk als Naturwerk erscheint. Goethe greift dabei sowohl auf die von Plinius in der *Naturalis Historia* (XXXV 64.6) überlieferte Geschichte von Zeuxis, dessen Weintrauben die Vögel täuschten, als auch auf eine andere ähnliche Anekdote zurück: „Ein großer Naturforscher besaß, unter seinen Haustieren, einen Affen, den er einst vermißte und nach langem Suchen in der Bibliothek fand. Dort saß das Tier an der Erde und hatte die Kupfer eines ungebundnen naturgeschichtlichen Werkes um sich her zerstreut. Erstaunt über dieses eifrige Studium des Hausfreundes, nahte sich der Herr, und sah zu seiner Verwunderung und zu seinem Verdruß, daß der genäschige Affe die sämtlichen Käfer, die er hie und da abgebildet gefunden, herausgespeist habe.", HA XII 71.

[964] Vgl. Du Bos' *Réflexions critiques sur la poésie et sur la peinture* (1719), Lessings *Laokoon* (1766) und Diderots *Salon* von 1767. Dazu: J. Schmidt, a.a.O., Bd. 1, 74-8. Darin liegt auch

dessen Gespräch *Die Gemählde*, das 1799 im ersten Stück des *Athenäums* erschienen war. Eine Lektürenotiz dazu lautet:

> K[UNST]L[EHRE]. KRIT[IK]. Über das neuere *Princip* der *Nachahmung der Natur. / Realisirung des Scheins.* Schl[egel]Sen[ior].[965]

Novalis bezieht sich hier auf eine Passage des Dialogs, in der die Malerei der Plastik gegenübergestellt wird. Das Kennzeichnende der Malerei seien die Mittel, durch welche die Körper erst erscheinen können, „Färbung und Beleuchtung", im Unterschied zur Bildhauerei, in welcher die „Formen", also die Körper selbst, dominieren. Somit ist die Malerei die eigentliche „Kunst des Scheines", „wie die Bildnerey die Kunst der Formen" repräsentiert.[966] Gerade die Hochschätzung der Idealität des malerischen Scheins gegenüber der Realität der plastischen Form, die in ihrem materiellen Gehalt noch allzu wirklich bleibt, ist der Grund für Schlegels Aufwertung der Malerei gegenüber der bildenden Kunst, die gegen die Ästhetik des Klassizismus verstößt, in der die Malerei gegenüber der Plastik nur eine untergeordnete Bedeutung besaß.[967] Als Kunst, die wesentlich auf dem Schein beruht, ist die Malerei für Schlegel somit keine Nachahmung der Wirklichkeit, sondern eine Nachahmung des Un-

---

Novalis' Unterschied zum Sturm-und-Drang, für den die Malerei als Mimesis in den Hintergrund gerückt war. Zur Frage von Novalis' Rezeption des *Laokoon* vgl. seine Lektüre-Notizen in: Schriften II 379 Nr. 40: „Poët und Mahler wechseln – *Handlungen* kann der leztere nur andeuten – So *Körper* der Erstere", sowie: „Schönheit, als Handlung, ist Grazie. Was hat dagegen der Mahler?" Novalis' Quelle war allerdings nicht die deutsche Ausgabe des *Laookon*, sondern einige Zitate aus der zweiten Ausgabe (1788), die der Herausgeber von Hemsterhuis' Schriften in einer Anmerkung zum Dialog *Simon ou des facultés de l'âme* aufgenommen hatte. Vgl.: Balmes, Kommentar, 329. Der Passus, auf den sich die zweite Notiz bezieht, lautet dort: „Il y a un autre moyen par lequel la poësie peut égaler et même surpasser l'art dans la peinture de la beauté corporelle; c'est en changeant la beauté en grâce, qui peut être considérée comme la beauté mise en action; de sorte qu'elle semble être moins du ressort du peintre que de celui du poëte.", Œuvres Philosophiques de M. F. Hemsterhuis, ed. H. J. Jansen, Paris 1792, Bd. II 273. Balmes betont allerdings, dass Lessing nicht von „Grazie", sondern von „Reiz" spricht: „Ein andrer Weg, auf welchem die Poesie die Kunst in Schilderung körperlicher Schönheit wiederum einholt, ist dieser, daß sie Schönheit in Reiz verwandelt. Reiz ist Schönheit in Bewegung, und eben dem Maler weniger bequem als dem Dichter.", Kap. XXI, in: Werke und Briefe, a.a.O., V/2 155.

[965] Schriften III 244 Nr. 38.

[966] Vgl.: *Athenäum*, Zweiten Bandes Erstes Stück, Berlin 1799 (Reprograph. Nachdr., Darmstadt 1992), 63-4.

[967] So bei Winckelmann, der in der Geschichte der Kunst des Altertums zwar zugesteht, dass die Malerei „viele andere Kenntnisse erfordert" als die Bildhauerei, sie aber letztlich als „die Zierrerin der Bildhauerei" bezeichnet. Vgl.: Geschichte der Kunst des Altertums. Vollständige Ausgabe, hrsg. von Wilhelm Senff, Weimar 1964, 22. Hardenberg besaß davon zwei Ausgaben: Johann Joachim Winckelmann, Geschichte der Kunst des Alterthums. Nach dem Tode des Verfassers herausgegeben [von Friedrich Just Riedel], und dem Fürsten Wenzel von Kaunitz-Rietberg gewidmet von der kaiserlichen königlichen Akademie der bildenden Künste. Erster – Zweiter Theil. Wien 1776 (Schriften IV 692) und eine französische Übersetzung: Histoire de l'art chez les anciens. Traduit de l'Allemand par M[ichael] Huber, Paris 1789 (Schriften IV 695).

gegenständlichen und Unbestimmbaren an der Wirklichkeit, dessen, was in der normalen Wahrnehmung gewöhnlich untergeht. Die Malerei imitiert nicht das Sichtbare, sondern den Schein als das *unsichtbare* Medium alles Sichtbaren:

> In der Wirklichkeit gewöhnen wir uns, über ihn [d.h. den Schein] weg, oder durch ihn hindurch zu sehen: wir vernichten ihn gewissermaßen unaufhörlich. Der Mahler giebt ihm einen Körper, eine selbständige Existenz außer unserm Organ: er macht uns das Medium alles Sichtbaren selbst zum Gegenstande.[968]

Die Malerei ist keine Nachahmung des Sichtbaren, sondern dessen, was in der Wahrnehmung selbst unsichtbar bleibt. Ihre scheinbare Nachahmung von Gegenständen ist in Wirklichkeit Erschaffung des Ungegenständlichen. Diese malerische „Realisierung des Scheins" bezeichnet Novalis als das *neuere* Princip der Nachahmung der Natur.[969]

Gleichwohl sieht man daran, dass Hardenberg den Nachahmungsbegriff nicht schlechterdings verwirft. Dass für Hardenberg die Nachahmung, verstanden als Darstellung der Natur, noch bedeutsam ist, lässt sich auch anhand von Aufzeichnungen aus den Jahren 1797/98, den „Vermischten Bemerkungen" Nr. 26-30 sowie den „Vorarbeiten zu verschiedenen Fragmentsammlungen", belegen, in denen der Begriff der „Darstellung" im Mittelpunkt steht.[970] Besonders das Fragment Nr. 26 der „Vermischten Bemerkungen" ist hierfür aufschlussreich: „Der Mensch wird nie, als Darsteller, etwas vorzügliches leisten, der nichts weiter darstellen mag, als seine Erfahrungen, seine Lieblings Gegenstände, der es nicht über sich gewinnen kann, auch einen ganz fremden, ihm ganz uninteressanten Gegenstand, mit Fleiß zu studiren und mit Muße darzustellen. Der Darsteller muß alles darstellen können und wollen. Dadurch entsteht der große Styl der Darstellung, den man, mit Recht, an Göthe, so sehr bewundert."[971] Dass sich hier Berührungspunkte mit der Weimarer Klassik ergeben, hat bereits Balmes gezeigt.[972] Besonders auffallend ist die Nähe zu Goethes Aufsatz *Einfache Nachahmung der Natur, Manier, Stil*, der 1789 in Wielands *Teutschem Merkur* veröffentlicht wurde und in seiner Kritik des traditionellen Nachahmungsbegriffs Novalis als Vorbild gedient haben dürfte. Dort heißt es: „Wie die einfache Nachahmung auf dem ruhigen

---

[968] A.a.O., 64.
[969] Auch in der Behandlung von Fragen zur Farbe und Mannigfaltigkeit bindet Hardenberg die Poesie an die Malerei. Vgl.: „Es ist gewiß, daß mit Erfindungsgeist und Geschick sich jeder Gegenstand artig zu Papier bringen, *zeichnen, coloriren* und *gruppiren* läßt.", Schriften III 558 Nr. 16; „Mannichfaltigkeit in *Darstellung* von Menschenkaracteren – nur keine *Puppen* – keine sog[enannten] Karactere – lebendige, bizarre, inconsequente, bunte Welt.", wobei Novalis gerade die antike Mythologie dafür als Vorbild betrachtet: „Mythologie der Alten", Schriften III 558 Nr. 16.
[970] Dies hat neuerdings Herbert Uerlings hervorgehoben: Einbildungskraft und Poesie, in: Ders. (Hrsg.), Novalis. Poesie und Poetik, Tübingen 2004, bes. 45 f..
[971] Schriften II 422.
[972] Kommentar 353f.

Dasein und einer liebevollen Gegenwart beruhet, die Manier eine Erscheinung mit einem leichten, fähigen Gemüt ergreift, so ruht *der Stil* auf den tiefsten Grundfesten der Erkenntnis, auf dem Wesen der Dinge, insofern uns erlaubt ist, es in sichtbaren und greiflichen Gestalten zu erkennen."[973] Wie Goethe unter „Stil" keine einfache Nachahmung der Natur, sondern die Erfassung ihres Wesens versteht, bedeutet auch für Novalis der „große Styl" – ein Terminus, den er von Goethes Aufsatz direkt übernimmt – keine „einfache" Nachahmung, sondern Nachahmung als Erkenntnis.[974] Schließlich differenziert Hardenberg selbst zwischen einer „symptomatischen" und einer „genetischen" Nachahmung: „Die lezte ist allein lebendig. [...] Dieses Vermögen eine fremde Individualitaet wahrhaft in sich zu erwecken – nicht blos durch eine oberflächliche Nachahmung zu täuschen – ist noch gänzlich unbekannt – und beruht auf einer höchst wunderbaren *Penetration* und geistigen Mimik."[975] „Genetische" Nachahmung ist im Unterschied zur „symptomatischen" nicht „Täuschung", sondern geistige Durchdringung der Erscheinung.

Abschließend soll betont werden, dass Hardenberg überhaupt erst aufgrund der von ihm formulierten Dialektik von Kunst und Natur am Nachahmungsbegriff festhalten kann, denn im Unterschied zu Schlegel schwebt ihm nicht das Ideal einer absoluten Künstlichkeit vor, sondern das einer mit der Natur vermittelten Kunst. Die klassizistische Forderung der Naturnachahmung wird aufgrund der Bedeutung, die bei Hardenberg der Natur zufällt, in seine Poetik integriert, zugleich aber abgewandelt. Das poetische Ziel ist immer noch die Nachahmung, aber nicht die der sichtbaren, sondern der unsichtbaren, ideellen Natur. Dieses ideelle Wesen der Natur erfasst die poetische Sprache dabei nicht durch deren direkte Nachahmung, sondern durch die Nachahmung ihrer selbst, d.h. ihre poetische Selbstreferentialität.[976] Darin liegt die Modernität von Novalis' Poetik, die an Novalis' *Monolog* dargestellt werden soll.

---

[973] HA XII 32.

[974] Zu Goethes Verabschiedung des Begriffs der Naturnachahmung in seiner Schrift *Über Wahrheit und Wahrscheinlichkeit der Kunstwerke* (1798) vgl.: Jürgen H. Petersen, Mimesis – Imitatio – Nachahmung, München 2000, 204 ff.

[975] Schriften II 534-5 Nr. 41. Aus Hardenbergs Aufzeichnungen zur „Mimik" vgl. z.B.: „Über mimische Nachahmung – mahlenden Ausdruck. vid. Göthes Prosa [...] Seine Kunst zu beschreiben, zu zeigen. Einfaches Auseinanderlegen und Zusammensetzen der Dinge mit Worten.", Schriften II 544 Nr. 96. Vgl. hierzu auch Herbert Uerlings, a.a.O., 52-3, Anm. 61.

[976] Vgl. dazu auch Uerlings: „Die Paradoxie hervortreibend, könnte man sagen: Nur die nichtrepräsentationistische Kunst ist Naturnachahmung, nämlich Darstellung der Idee der Natur, des Ideellen in der Natur [...]", Einbildungskraft und Poesie bei Novalis, in: a.a.O., 44.

2.10. Die Überwindung des Schönen

Novalis' geschichtsphilosophische Fundierung der modernen Poesie drückt sich auch in der Infragestellung der Kategorie des Schönen aus. Zwar bleibt das Schöne für Novalis ästhetisches Ideal, kann aber, wie bereits gezeigt, nicht direkt erreicht werden. Schönheit und Hässlichkeit befinden sich wie Gut und Böse, Wahrheit und Irrtum, Harmonie und Disharmonie in einer wechselseitigen Dialektik: „Böse ist eine *nothw[endige] Illusion* – um d[as] Gute zu verstärken und zu entwickeln – wie *d[er] Irrthum* zum Behuf der Wahrheit – So auch Schmerz – Hässlichkeit – Disharmonie."[977] Die Disharmonie rechtfertigt sich als notwendige Vorstufe zur Harmonie: „Der Übergang von Monotonie zur Harmonie wird freylich durch Disharmonie gehn – und nur am Ende wird eine Harmonie entstehn."[978] An einer anderen Stelle heißt es: „Je mehr der Mensch seinen Sinn *fürs Leben* künstlerisch ausbildet, desto mehr interessirt ihn auch die *Disharmonie* – wegen der Auflösung."[979] Die Notwendigkeit der Unvollkommenheit schlägt sich bei Hardenberg in einer ganzen Reihe von Aufzeichnungen nieder, die für eine Vermischung des Schönen und Hässlichen plädieren. Diese antiklassizistische Vermischung der Gegensätze, die bei Schlegel durch die Ironie bewirkt wird, ist bei Hardenberg auf den *Humor*, Novalis' Entsprechung zu Schlegels Ironie[980], bzw. den *Witz* zurückzuführen. Beides umschreibt die notwendige Kombination von Bedingtem und Unbedingtem. Ihre Differenz liegt darin, dass der Witz für Hardenberg auf der Berührung von Phantasie und Urteilskraft und der Humor auf der Vermischung von Vernunft und Willkür beruht: „Wo Fantasie und Urtheilskraft sich berühren entsteht Witz – Wo sich Vernunft und Willkühr paaren – Humor."[981] Über den Humor heißt es weiter: „Humor ist eine willkührlich angenommene Manier. Das Willkührliche ist das Piquante daran – Humor ist Resultat einer freyen Vermischung des Bedingten und Unbedingten. Durch Humor wird das Eigenthümlich Bedingte allgemein interessant – und erhält objectiven Werth."[982] Zum Witz schreibt Novalis: „<Witz zeigt ein gestörtes Gleichgewicht an – Er ist die Folge der Störung, und zugleich das Mittel der Herstellung.>"[983] und führt alsdann Beispiele für den „Witz, als Princip der Verwandtschaften" an: „Witzige Vermischungen sind z.B. Jude und Cosmopolit –

---

[977] Schriften III 417 Nr. 769.

[978] Schriften II 546-7 Nr. 111.

[979] Schriften III 278 Nr. 224.

[980] Schriften II 428 Nr. 36.

[981] Schriften II 424 Nr. 30.

[982] Ebd. Sterne und Jean Paul werden von Novalis als Paradigmen des Humors wiederholt erwähnt: „Geschwätzigkeit des Humors – Tristr[am] Shandy. Jean Paul.", Schriften III 290 Nr. 281. Zu Jean Pauls Humor vgl. auch: „Jean Paul ließ sich vielleicht ein *humoristischer Epiker* nennen. Er ist auch ein (instinctartiger) *natürlicher*, encyclopaedischer Humorist.", Schriften III 291 Nr. 287.

[983] Schriften II 424 Nr. 30.

Kindheit und Weisheit – Räuberey und Edelmuth – Tugend und Hetairie – Überfluß und Mangel an Urtheilskraft, in der Naïvität – und so fort in infinitum."[984] Somit werden durch den Witz das Göttliche und das Gemeine, das Grobe und das Poetische miteinander verbunden. Novalis notiert dazu: „Trivialisirung des Göttlichen und Apotheosiren des Gemeinen"[985], „Verbindung des Vornehmen und Gemeinen"[986], „*Komische Gespräche* zur Übung mit großen Ideen und ächter Poësie vermischt"[987] und „Mischung des Groben, Gemeinen, sprüchwörtlichen mit Edeln, Hohen, Poëtischen"[988], denn „Nichts ist *poëtischer*, als alle *Übergänge* und heterogène Mischungen."[989] Selbst das Gemeine und Ungesittete, das aus der klassizistischen Ästhetik traditionell ausgeschlossen wurde[990], wird von Novalis akzeptiert, denn dieses kann durch den Witz poetisiert werden: „<Das Unbedeutende, Gemeine, Rohe, Häßliche, Ungesittete wird *durch Witz allein*, Gesellschaftsfähig. Es ist gleichsam nur um *des Witzes willen* – Seine Zweckbestimmung ist der Witz.>"[991]

Aus Humor und Witz ergibt sich eine Reihe von unklassizistischen Kategorien. Einige davon sind die *Manier*[992], das *Lächerliche*[993], das *Groteske*[994], die *Karikatur*[995], die *Persiflage*[996], das *Bizarre*[997] oder das *Verworrene*.[998] Einen

---

[984] Schriften II 434 Nr. 57. „Der Mensch erscheint am würdigsten, wenn sein erster Eindruck – der Eindruck eines absolut witzigen Einfalls ist – nemlich Geist und bestimmtes Individuum zugleich zu seyn. Einen jeden vorzüglichen Menschen muß gleichsam ein Geist zu durchschweben scheinen, der die sichtbare Erscheinung idealisch parodirt.", Schriften II 434 Nr. 58.

[985] Schriften II 649 Nr. 479.

[986] Schriften III 350 Nr. 499.

[987] Schriften III 563 Nr. 54.

[988] Schriften III 587 Nr. 221.

[989] Ebd.

[990] Aufgrund der Angemessenheitsregel (*bienséance* oder *convenance*). Vgl. Schmidt, a.a.O., 25-7.

[991] Schriften II 426 Nr. 30. Dass diese Rechtfertigung des Ungesitteten durch den Witz bei Novalis nur bedingt war, bezeugt seine kühle Aufnahme von Schlegels *Lucinde*. Vgl. den Brief an Caroline Schlegel vom 27. Februar 1799: Schriften IV 277-81.

[992] „Humor ist eine willkührlich angenommene Manier.", Schriften II 424 Nr. 30; „Personification einer phil[osophischen] Manier – bey Plato und Aristoteles.", Schriften II 636 Nr. 161.

[993] „Kunst das Lächerliche und das Romantische hervorzubringen.", Schriften III 287 Nr. 270; „Das Lächerliche ist eine *Mischung* widersprechender Vorstellungen. *Darüber mehr.* / Explosion frey werdenden Geistes.", Schriften II 379 Nr. 40; „Das Lächerliche ist eine Mischung, die *auf Null hinausläuft.* (Detonation) (Mischung des *Gemeinen*, Niedrigen und Erhabenen etc.)", Schriften III 287 Nr. 269; „Die Ursache des Lachens muß […] von einer plötzlichen Entladung der gespannten Aufmercksamkeit – durch einen Contrast entstehn. Aehnlichkeit mit dem electrischen Funken. Der ächte Komicker muß ernsthaft und wichtig aussehn, wenn er eine Posse macht. (*Ironie. Parodie. Travestie* – Die Verkleidung ist ein Haupt-Bestandtheil des Lächerlichen […])", Schriften III 288 Nr. 270.

[994] „Philosophische Grotesken", Schriften II 630 Nr. 75; „Grotesken und Arabesken der Natur", Schriften III 320 Nr. 422.

[995] „Ideal – Carricatur", Schriften II 227 Nr. 332.

[996] „Persifflage gehört zum Humor, ist aber um einen Grad geringer – Sie ist nicht mehr rein artistisch [...]", Schriften II 424 Nr. 30.

hohen Stellenwert räumt Hardenberg in diesem Zusammenhang schließlich auch der antiken Gattung der *Satire* ein.[999] Den Begriff übernimmt Hardenberg von Schlegel, allerdings kommt es auch hier zu einer Bedeutungsverschiebung, welche die Geschichtlichkeit der Gattung betrifft. In seinem Brief vom 11. Mai 1798 schreibt Novalis an den Freund: „Für Einen Begriff weis ich Dir noch insonders Dank, der bey mir schön ausgeschlagen ist – das ist Dein Begriff von der römischen Satyre – Du wirst künftig Proben davon sehn."[1000] Hardenberg bezieht sich auf Schlegels Athenäumsfragment Nr. 146:

> Wie der Roman die ganze moderne Poesie, so tingirt auch die Satire, die, durch alle Umgestaltungen, bei den Römern doch immer eine klassische Universalpoesie, eine Gesellschaftspoesie aus und für den Mittelpunkt des gebildeten Weltalls blieb, die ganze römische Poesie [...] und gibt darin gleichsam den Ton an [...].[1001]

Novalis notiert dazu: „Schlegel hat Recht, der ächte Roman muß eine *Satyre* seyn."[1002], und – unter den Fragmentplänen – „Satyre und Roman. eine Ähnlichkeit."[1003] Es dürfte sich jedoch um ein Missverständnis Hardenbergs handeln, denn Schlegels Fragment behandelt Satyre und Roman als *geschichtlich verschiedene* Formen.[1004] Die historische Differenz von Satire und Roman wird von Schlegel auch in einer anderen Notiz unmissverständlich markiert: „*Drei herrschende Dichtarten.* 1) *Tragödie* bei den *Griechen* 2) *Satire* bei den Rö-

---

[997] Anders als im Klassizismus ist die Natur nicht mehr schön, sondern „bizarr". In den *Lehrlingen* hat sie „[...] alle Abwechselungen eines unendlichen Gemüths, und mehr als der geistvollste, lebendigste Mensch überrascht sie durch sinnreiche Wendungen und Einfälle, Begegnungen und Abweichungen, große Ideen und Bizarrerieen.", Schriften I 99. Vgl. auch: „Die Natur hat Witz – Humor, Fantasie etc. Naturkarricaturen – Unter den *Thieren* – den *Pflanzen*. Im Thierreiche war die Natur am *Witzigsten* – durchaus Humoristisch.", Schriften III 320 Nr. 420.

[998] „Verworrenheit deutet auf Überfluß an Kraft und Vermögen [...]. / Daher ist der Verworrne so progressiv – so perfektibel – dahingegen der Ordentliche, so früh, als Philister aufhört.", Schriften II 434 Nr. 53.

[999] Der Klassizismus hat den poetischen Wert der Satire stets streitig gemacht. So bezeichnet Charles Batteux die Satire als eine didaktische Gattung und spricht ihr einen poetischen Charakter ab. Vgl. die von Johann Adolf Schlegel und Karl Wilhelm Ramler ins Deutsche übersetzten *Cours de belles lettres*, Nouv. éd., Paris 1753, III 106. Noch in Hegels klassizistischen Vorlesungen über die Ästhetik wird der poetische Wert der Satire bestritten. Hegel, der die Satire bezeichnenderweise im Kapitel „Auflösung der klassischen Kunst in ihrem eigenen Bereich" behandelt, behauptet, dass der satirische Dichter „[...] den Mißklang der eigenen Subjektivität und deren abstrakter Grundsätze, der empirischen Wirklichkeit gegenüber, mißmutig festhält und insofern weder wahrhafte Poesie noch wahrhafte Kunstwerke produziert.", Vorlesungen über die Ästhetik, Frankfurt am Main 1986, II 123.

[1000] Schriften IV 254.

[1001] KA II 188.

[1002] Schriften II 567 Nr. 205

[1003] Schriften II 635 Nr. 146.

[1004] So auch Samuel in seinem Kommentar: Schriften II 774, Anmerkung 567.

mern 3) *Roman* bei den *Modernen*".[1005] Hardenberg dürfte wohl mit seiner Aktualisierung der Satire einen Gleichgesinnten in Schiller finden, der das Satirische als eine Empfindungsart des sentimentalischen Dichters bestimmt hatte: „Satyrisch ist der Dichter, wenn er die Entfernung von der Natur und den Widerspruch der Wirklichkeit mit dem Ideale […] zu seinem Gegenstande macht."[1006] In diesem Sinne bemerkt Novalis, dass sich die moderne romantische Poesie aus der Einsicht ihrer Unzulänglichkeit stets aufheben und somit „Satyre" sein solle: „Poëtische Satyre und Annihilation der Poësie."[1007] Folglich fungiert die Satire, als Annihilation und Erweiterung der Poesie, auch als Kategorie der Literaturkritik. So bedauert Hardenberg: „Eine Recension hat bisher ein vollständiger *Inbegriff* und *Extract* dessen seyn sollen, was sich über ein Buch schreiben und sagen läßt […]. Wenn es nur erst eine *Satyre* wäre."[1008] Bezeichnend für Novalis' Interesse an der Satire sind ferner seine Notizen zu den Kupferstichen William Hogarths (1697-1764), die er in der kommentierten Ausgabe Georg Christoph Lichtenbergs, *Ausführliche Erklärung der Hogarthischen Kupferstiche*[1009], las. Er betrachtet Hogarth als „den *ersten* Satyrendichter seiner Gattung": „Schöne poëtische Hogarthismen, z.b. d[ie] Liebe. Hogarths Blätter sind Romane. Hogarths Wercke sind gezeichneter Witz – Wahrhaft römische Satiren für das Auge. So wie eine ächte musicalische Fantasie Satyre für das Ohr seyn sollte.", und setzt hinzu: „Hogarth ist der *erste* Satyrendichter – Shakespear seiner Gattung."[1010] Mit „Der *bizarre* Hogarth" ist einer von Novalis' Fragmentplänen betitelt.[1011] An anderer Stelle notiert Hardenberg: „Witz *der gemeinen Leute. Carricaturen. Hogarth. Lichtenberg.*"[1012] Novalis bemerkt sogar: „Es ließe sich etwas über W[ilhelm] Meister schreiben, wie Lichtenbergs Commentar über Hogarth."[1013]

Novalis rechtfertigt das Hässliche als Gegenstand der Satire schließlich damit, dass die poetische Darstellung zwangsläufig unvollständig, unvollkommen und fragmentarisch sein muß. Somit besteht ein Zusammenhang zwischen der Legitimation des Hässlichen und der Poetik des Fragments.[1014] Dieser Nexus wird in folgender Lektüre-Notiz zu Lessings *Laokoon* ausdrück-

---

[1005] Literary Notebooks 1797-1801, hrsg. von Hans Eichner, London 1957, 22 Nr. 32.
[1006] NA XX 442.
[1007] Schriften III 588 Nr. 223.
[1008] Schriften II 567 Nr. 205.
[1009] Göttingen 1794-99.
[1010] Schriften II 559-60 Nr. 159.
[1011] Schriften II 637 Nr. 183.
[1012] Schriften III 288 Nr. 270.
[1013] Schriften II 567 Nr. 205.
[1014] Zur Einführung in das Fragment als Form der Moderne vgl.: Justus Fetscher, Art. „Fragment", in: Ästhetische Grundbegriffe, hrsg. von Karlheinz Barck u.a., Bd. 2, Stuttgart – Weimar 2001, dort weitere Bibliographie. Auch in der Auffassung der Fragment-Form lassen sich Differenzen zwischen Novalis und Friedrich Schlegel nachweisen. Dazu vgl.: Pikulik: a.a.O., 128-9.

lich bestätigt, in der das Hässliche eine Konsequenz des fragmentarischen Charakters der Poesie repräsentiert:

> Häßlichkeit kann der Poët mahlen – meynt Lessing. In die Gründe geht er nicht tief hinein. Wenn nun Häßlichkeit um deswillen ins Gebiet d[es] Dichters gehörte – weil die Unvollkommenheit der dichterischen Mahlerey der Darstellung des Häßlichen sehr zu statten käme – und das Zerstückelte derselben der Vorstellung des Häßlichen, als eines Unzusammengehörigen etc. keinen Abbruch thäte?[1015]

Insbesondere das „Zerstückelte" der dichterischen Malerei, deren fragmentarischer Charakter rechtfertigt das Hässliche als das Unvollkommene.[1016] Friedrich Schlegel markiert übrigens explizit diese implizite antiklassizistische Bedeutung des Fragments, wenn er im *Athenäum* beobachtet: „Viele Werke der Alten sind Fragmente geworden. Viele Werke der Neuern sind es gleich bei der Entstehung."[1017] Die ungewollte Unvollkommenheit der Alten steht der beabsichtigten Unvollkommenheit der Neueren gegenüber.

Der zentrale Gedanke der Unvollkommenheit und der sich daraus ergebenden Progressivität charakterisiert nicht nur Novalis' Absetzung von der Antike, sondern prägt auch seine Betrachtung der Antike selbst. Davon legen seine Notizen zum *Laokoon* Zeugnis ab, die durch die Lektüre von Goethes Aufsatz *Über Laokoon* (1798) angeregt wurden, der im ersten Stück der *Propyläen* erschienen war. In seiner Schrift würdigt Goethe den *Laokoon* insbesondere als Darstellung, die den erfüllten Augenblick thematisiert. Die Größe des Werkes beruht vor allem auf der Konzentration auf den Augenblick:

> Äußerst wichtig ist dieses Kunstwerk durch die Darstellung des Moments. Wenn ein Werk der bildenden Kunst sich wirklich vor dem Auge bewegen soll, so muß ein vorübergehender Moment gewählt sein; kurz vorher darf kein Teil des Ganzen sich in dieser Lage befunden haben, kurz hernach muß jeder Teil genötigt sein, diese Lage zu verlassen […]. / Um die Intention des Laokoons recht zu fassen, stelle man sich in gehöriger Entfernung mit geschloßnen Augen davor; man öffne sie und schließe sie sogleich wieder, so wird man den ganzen Marmor in Bewegung sehen, man wird fürchten, indem man die Augen wieder öffnet, die ganze Gruppe verändert zu finden. Ich möchte sagen, wie sie jetzt dasteht, ist sie

---

[1015] Schriften II 379 Nr. 40. Hardenberg bezieht sich auf das Kap. XXIII von Lessings *Laokoon*. Vgl.: Werke und Briefe, a.a.O., V/2 164 f.. Im Unterschied zur Malerei darf sich die Poesie nach Ansicht Lessings viel freier der Hässlichkeit bedienen: „In der Poesie, wie ich angemerket, verlieret die Häßlichkeit der Form, durch die Veränderung ihrer coexistierenden Teile in successive, ihre widrige Wirkung fast gänzlich; sie höret von dieser Seite gleichsam auf, Häßlichkeit zu sein, und kann sich daher mit andern Erscheinungen desto inniger verbinden, um eine neue besondere Wirkung hervorzubringen. In der Malerei hingegen hat die Häßlichkeit alle ihre Kräfte beisammen, und wirket nicht viel schwächer, als in der Natur selbst.", a.a.O., 171-2.

[1016] „Als Fragment erscheint das Unvollkommne noch am Erträglichsten – und also ist diese Form der Mittheilung dem zu empfehlen, der noch nicht im Ganzen fertig ist – und doch einzelne Merckwürdige Ansichten zu geben hat.", Schriften II 595 Nr. 318.

[1017] KA II 169 Nr. 24.

ein fixierter Blitz, eine Welle, versteinert im Augenblicke, da sie gegen das Ufer anströmt.[1018]

Goethes Charakterisierung des *Laokoons* als Werk des erfüllten Augenblicks steht Novalis kritisch gegenüber. Er betrachtet den *Laokoon* nicht als im Augenblick erfülltes, abgeschlossenes Werk, sondern – als potenzielles Glied einer Kette: „Laocoon, als Glied einer Reihe – als Studium – nicht, als Kunstwerck – blos wissenschaftliches K[unst]W[erck]"[1019] und schlägt sogar weitere Studien zu deren Fortsetzung vor: „2 Satyrs, die 3 Nymfen fassen etc."[1020] Dies geschieht aus einer Perspektive, die im Grunde bereits Goethes Aufsatz geprägt hatte, in dem die verschiedenen Darstellungsmöglichkeiten der Gruppe in Erwägung gezogen wurden.[1021] Goethe allerdings hatte all diese Möglichkeiten verworfen, denn seiner Ansicht nach konnte der vom Künstler dargestellte Augenblick nicht übertroffen werden: „[…] so gibt es nur *einen* Moment des höchsten Interesse: wenn der eine Körper durch die Umwindung wehrlos gemacht ist, wenn der andere zwar wehrhaft, aber verletzt ist und dem dritten eine Hoffnung zur Flucht übrigbleibt."[1022] In bezug darauf fragt sich Novalis: „Ließe sich nicht ein umfassenderer, kurz höhergrädiger Moment im Laocontischen Drama denken – vielleicht der, wo der höchste Schmerz in Rausch – der Widerstand in Ergebung – das höchste Leben in Stein übergeht."[1023] Somit versucht Hardenberg, den von Goethe gepriesenen, klassizisti-

---

[1018] HA XII 59-60.

[1019] Schriften III 412 Nr. 745.

[1020] Schriften III 412 Nr. 745. Samuel vermutet, dass es sich um eine Reminiszenz an den Besuch der Antikensammlung in Dresden handele. Vgl. Goethe: „Wir gedenken hier nur des anmutigen Knaben, der sich den Dorn aus dem Fuße zieht, der Ringer, zweier Gruppen von Faunen und Nymphen in Dresden […]", a.a.O., XII 59. Vgl. auch August Wilhelm Schlegels Dialog *Die Gemälde*: „[…] wo sollen […] die Faunen Platz finden, die mit Nymphen scherzen, die Fechter, die im Ausfalle begriffen sind, die Helden, die sich in Todesnoth gegen umwindende Schlangen wehren?", Athenäum, Zweiten Bandes Erstes Stück, Berlin 1799 (Reprograph. Nachdr., Darmstadt 1992), 40.

[1021] So ist der Gedanke der Abstufung bereits bei Goethe zu finden: „Die alten Vasen geben uns hundert Beispiele einer solchen anmutigen Gruppierung, und es würde vielleicht möglich sein, stufenweise von der ruhigsten Vasengruppe bis zu der höchst bewegten des Laokoons die schönsten Beispiele einer symmetrisch künstlichen, den Augen gefälligen Zusammensetzung darzulegen.", HA XII 58. Die anderen Darstellungsmöglichkeiten werden von Goethe jedoch verworfen: „Man denke sich an seiner Statt einen rüstigen Jüngling, und die Gruppe wird ihren ganzen Wert verlieren.", HA XII 63; „Man könnte vielleicht einen schlafenden jungen Herkules bilden, wie er von Schlangen umwunden wird, dessen Gestalt und Ruhe uns aber zeigte, was wir von seinem Erwachen zu erwarten hätten.", HA XII 64, und: „Man versuche noch einen andern Fall zu finden! man suche die Rollen anders, als sie hier ausgeteilt sind, zu verteilen! / Denken wir nun die Handlung vom Anfang herauf und erkennen, daß sie gegenwärtig auf dem höchsten Punkt steht, so werden wir, wenn wir die nächstfolgenden und fernern Momente bedenken, sogleich gewahr werden, daß sich die ganze Gruppe verändern muß und daß kein Augenblick gefunden werden kann, der diesem an Kunstwert gleich sei.", HA XII 64.

[1022] Ebd. Streben und Leiden sind „in *einem* Augenblick vereinigt", HA XII 62.

[1023] Schriften III 412-3 Nr. 745.

schen Augenblick zu verflüssigen. Seine Absetzung von der Statik des klassizistischen Schönheitsideals gipfelt in folgender Maxime:

> Die höchsten Kunstwercke sind schlechthin *ungefällig* – Es sind Ideale, die uns nur approximando gefallen können – und *sollen* – ästhetische Imperative. So soll auch das Moralgesetz approximando – Neigungs(Willens)Formel werden. […] Vom Unerreichbaren, seinem Character nach, läßt sich keine Erreichung denken – es ist gleichsam nur der idealische Summenausdruck der ganzen Reihe und mithin scheinbar das lezte Glied.[1024]

Zweierlei kommt dadurch zur Geltung: zum Einen der mathematische Begriff der Reihe, mit welchem Hardenberg die klassizistische Vorstellung der Abgeschlossenheit des Kunstwerks in Frage stellt. Goethe hatte in seinem *Laokoon*-Aufsatz beobachtet: „Es ist ein großer Vorteil für ein Kunstwerk, wenn es selbständig, wenn es geschlossen ist. Ein ruhiger Gegenstand zeigt sich bloß in seinem Dasein, er ist also durch und in sich selbst geschlossen."[1025] Diese Geschlossenheit sprengt Hardenberg durch Rückgriff auf den in seinen mathematischen Studien bereits entwickelten Reihenbegriff[1026], der die Statik der klassizistischen Schönheitslehre dynamisiert. Hardenberg reaktiviert damit auch frühere Überlegungen zum Reihenbegriff, die ihm bei der Personendarstellung im *Wilhelm Meister* aufgegangen waren: „Darstellung eines Gegenstandes in *Reihen* – (Variationsreihen – *Abänderungen* etc.). So z.B. die Personendarstellung in Meister, die schöne Seele und Natalie […] So ist z.B. eine historische Reihe, eine Sammlung Kupferstiche vom rohsten Anfang der Kunst bis zur Vollendung und so fort – der Formen vom Frosch bis zum Apollo etc."[1027] Zweitens stellt Novalis den Reihenbegriff in den Dienst der *Ethisierung* der Ästhetik, auf welche die frühromantische Kategorie der Progressivität zurückgeführt werden kann. In diesem Sinne gleichen die Werke „ästhetischen *Imperativen*" und müssen wie das „Moralgesetz" betrachtet werden, das nur „approximando" zur „Neigung" werden kann. Das ästhetische Ideal erscheint als „der idealische Summenausdruck der ganzen Reihe und mithin scheinbar [als]

[1024] Schriften III 413 Nr. 745. Zu Novalis' *Laokoon*-Rezeption vgl. auch: Fabrizio Desideri, Laocoonte classico e romantico: Goethe e Novalis, in: Goethe e le culture romanze, Roma 2002, 171-80.

[1025] HA XII 58.

[1026] Vgl.: Schriften III 115 (Mathematische Studien zu Charles Bossuts *Traités de Calcul différentiel et de Calcul intégral*, Paris 1798: „Unendliche Reihen, die man nicht summiren kann, oder die nicht summirbar sind, nennt man, wenn auch jeder einzelne Ausdruck, oder Glied, *algebraïsch* ist, *transcendente* Größen"). Vgl. auch den Begriff der Logarythmenreihe und arithmetischen Reihe, Schriften III 386 Nr. 643, sowie der geometrischen Reihe, Schriften III 92.

[1027] Schriften II 647 Nr. 472.

das lezte Glied", denn die Reihe ist prinzipiell unendlich und das Ideal unerreichbar.[1028]

[1028] Nicht zu vergessen ist allerdings, dass Novalis sich auch in einem anderen Punkt von Goethes Beurteilung abgrenzt. Wenn Goethe die „Anmuth" der *Laokoon*-Gruppe hervorhebt und
betont, dass sie im Betrachter „eine angenehme Empfindung" erregt, unterstreicht Hardenberg die „Wollust" der Skulptur, die für ihn ein „unmoralisches", d.h. sinnliches Kunstwerk
bleibt. In dieser Auffassung der Antike als „unmoralisch", d.h. unfrei und in Sinnlichkeit verstrickt, liegt Hardenbergs Differenz zu Schlegel, der auch in der Antike Moralität erkennt und
z.B. im 145. Fragment des *Athenäums* Homer als sittlich bezeichnet: „Als Dichter betrachtet,
ist Homer sehr sittlich", KA II 188.

2.11. Die Allegorie

Die Überwindung des Schönen zeigt sich auch in Hardenbergs Wiederaufwertung der Allegorie, denn als zweckmäßige Darstellung verstößt diese gegen die klassizistische Vorstellung des Schönen als Zwecklosigkeit. Insbesondere Moritzens Aufsatz *Über die Allegorie* (1789) verdeutlicht, wie die allegorische Darstellung den Anforderungen des Schönen nicht genügen kann. Die „Figur, in so fern sie schön ist, soll nichts bedeuten, und von nichts sprechen, was außer ihr ist, sondern sie soll nur von sich selber, von ihrem innern Wesen durch ihre äußere Oberfläche gleichsam sprechen, soll durch sich selbst bedeutend werden."[1029] Die Allegorie jedoch ist nicht per se bedeutsam, sondern verweist über sich selbst hinaus auf etwas, das sie nur stellvertretend repräsentiert, so dass sie ihren Zweck nicht mehr in sich, sondern außerhalb ihrer selbst hat. Wenn das „wahre Schöne" für Moritz darin besteht, „[...] daß eine Sache bloß sich selbst bedeute, sich selbst bezeichne, sich selbst umfasse, ein in sich vollendetes Ganze sei [...]"[1030], „[...] so ist nichts dem wahren Begriff des Schönen mehr widersprechend, als dergleichen Allegorien."[1031] Auch Herder war der Allegorie gegenüber wenig wohlwollend eingestellt. In seiner Schrift *Plastik. Einige Wahrnehmungen über Form und Gestalt aus Pygmalions bildendem Traum* (1778)[1032] wird die allegorische Darstellung, die „ein Wort, eine abstrakte Redart" hervorbringt, beispielsweise als „Grimasse" und als „unnatürlicher, kraller oder aufgelöster Zustand" kritisiert.[1033] Verständnisvoller hatte sich Winckelmann gezeigt, der in seinem *Versuch einer Allegorie besonders für die Kunst* (1766) die Allegorie nicht einfach verworfen, sondern durch die Aufstellung eines Katalogs von Regeln und Listen zulässiger „brauchbarer" Allegorien zu regulieren versucht hatte. Ebenso deutlich war aber auch Winckelmanns Versuch, die Allegorie ihres allegorischen Charakters zu entkleiden. In Absetzung von der Emblematik, aber auch von der Hieroglyphe sollten die Allegorien „[...] durch sich selbst verständlich seyn, und keiner Beyschrift vonnöthen haben."[1034] Das Zweckmäßige sollte wieder zum klassizistisch Zwecklosen umgebildet werden.

Erst mit der Frühromantik und mit Novalis wird die Allegorie nicht lediglich toleriert, sondern wieder aufgewertet und zum programmatischen Bestandteil der frühromantischen Poetik erklärt.[1035] Zunächst ist die Allegorie,

---

[1029] Schriften zur Ästhetik und Poetik. Kritische Ausgabe, hrsg. von H. J. Schrimpf, Tübingen 1962, 112 f.

[1030] A.a.O., 113.

[1031] A.a.O., 114.

[1032] Sämmtliche Werke VIII 1-87. Hardenberg hatte Herders Aufsatz exzerpiert.

[1033] A.a.O., 83.

[1034] Versuch einer Allegorie, besonders für die Kunst, Dresden 1766, 2.

[1035] Zu Novalis' allegorischem Stil in Klingsohrs Märchen vgl.: Max Diez, Novalis und das allegorische Märchen, in: PMLA 48 (1933), 488-507, sowie neuerdings: Heinz J. Drügh, Anders-Rede. Zur Struktur und historischen Systematik des Allegorischen, Freiburg im Breisgau

literatursoziologisch gesehen, die poetische Form, die die *esoterische* Grundintention des frühromantischen Kreises am besten poetisch umsetzen kann, da sie durch ihren verschlüsselten Charakter nur eine Elite von Eingeweihten anspricht und eine Profanation der Poesie durch die „Philister" verhindert.[1036] In der Allegorie drückt sich aber auch die Grunderfahrung der romantischen Philosophie aus, die Nicht-Identität von Sein und Darstellung. Insofern ist Novalis' Bekenntnis zur Allegorie bereits im ersten Fragment der *Vermischten Bemerkungen* implizit formuliert: „Wir *suchen* überall das Unbedingte, und *finden* immer nur Dinge."[1037] In der allegorischen Differenz zwischen dem unbedingten Inhalt und der bedingten Form, zwischen der Zwecklosigkeit der metaphysischen Wahrheit und der Zweckmäßigkeit der Darstellung drückt sich das Bewusstsein der Unmöglichkeit des Schönen aus. Gegen die klassizistische Kritik der Allegorie als zweckmäßiger und demzufolge subalterner dichterischer Form wertet Novalis gerade den zweckmäßigen, nützlichen Charakter der allegorischen Darstellung wieder auf:

> Auch Geschäftsarbeiten kann man poëtisch behandeln. Es gehört ein tiefes poëtisches Nachdenken dazu, um diese Verwandlung vorzunehmen. Die Alten haben dies herrlich verstanden. Wie poëtisch beschreiben die Kräuter, Maschinen, Häuser, Geräthschaften etc. Eine gewisse Alterthümlichkeit des Styls, eine richtige *Stellung* und Ordnung der Massen, eine leise Hindeutung auf Allegorie, eine gewisse Seltsamkeit, Andacht und Verwunderung, die durch die Schreibart durchschimmert – dies sind einige wesentliche Züge dieser Kunst, die ich zu meinem bürgerlichen Roman recht nöthig habe.[1038]

Dadurch verleiht Novalis dem Nützlichen erneut eine poetische Legitimation, nachdem es von Moritz in seiner Schrift *Über die bildende Nachahmung des Schönen* (1788) aus der Ästhetik verwiesen worden war.

Da Hardenberg allerdings in seinen Aufzeichnungen oft auch vom „Symbol" spricht, soll an dieser Stelle ein terminologisches Missverständnis geklärt werden. Wie im 18. Jahrhundert üblich differenziert Novalis *nicht* zwischen Symbol und Allegorie und verwendet den Terminus „Symbol" als Synonym für Allegorie. Dies bestätigt auch ein Aufsatz von Ernst Behler.[1039] Noch keine Rolle spielt für Novalis die terminologische Differenzierung von Symbol und Allegorie, die H. Meyer in seinem Aufsatz *Über die Gegenstände der bildenden Kunst* (1797) aus dem ersten Stück der *Propyläen* vornahm. Dort unterscheidet Meyer zwischen „symbolischen" und „allegorischen" Darstellungen:

> Rein allegorische Gegenstände würden wir [...] diejenigen nennen, welche, un-

---

2000.

[1036] Zur frühromantischen Esoterik: Dirk von Petersdorff, Mysterienrede. Zum Selbstverständnis romantischer Intellektueller, Tübingen 1996.

[1037] Schriften II 412 Nr. 1.

[1038] Schriften III 654 Nr. 579.

[1039] Symbol und Allegorie in der frühromantischen Theorie, in: Studien zur Romantik und zur idealistischen Philosophie, Paderborn 1993, II 249-63.

ter der Außenseite des poetischen, historischen oder symbolischen Bildes, eine wichtige, tiefe Wahrheit verbergen, die der Verstand erst dann entdekt, nachdem der befriedigte Sinn nichts mehr zu erwarten hat. Allegorien überschreiten daher gewissermaßen, schon als solche, die Grenzen der Kunst, und sind nur in dem Falle zu dulden, wenn sie richtig und treffend sind [...].[1040]

Für das Symbol gilt hingegen:

In symbolischen Figuren der Gottheiten oder ihrer Eigenschaften, bearbeitet die bildende Kunst ihre höchste Gegenstände, gebietet selbst Ideen und Begriffen uns sinnlich zu erscheinen, nöthigt dieselben in den Raum zu treten, Gestalt anzunehmen, und den Augen anschaulich zu werden.[1041]

Diese terminologische Differenzierung, die von Goethe 1824 in den *Maximen und Reflexionen* genauer festgehalten wurde[1042], ist bei Hardenberg noch nicht anzutreffen. Der Begriff „Symbol" wird von ihm als Synonym für „Allegorie" gebraucht. [1043] Wenn Hardenberg also von symbolischer Darstellung schreibt, meint er eine solche, die durch die Nicht-Identität von Ausdruck und Bedeutung charakterisiert ist. Eine Bestätigung dafür findet sich in einer poetologischen Aufzeichnung, in der Hardenberg ausdrücklich vor der Verwechselung von Symbol und Symbolisiertem warnt und so den allegorischen Charakter des „Symbols" markiert:

Auf Verwechselung des *Symbols* mit dem Symbolisirten – auf ihre Identisirung – auf den Glauben an wahrhafte, vollst[ändige] Repraesentation – und Relation des Bildes und des Originals – der Erscheinung und der Substanz – auf der Folgerung von äußerer Aehnlichkeit – auf durchgängige innre Übereinstimmung und Zusammenhang – kurz auf Verwechselungen von Subj[ect] und Obj[ect] beruht

---

[1040] Propyläen. Eine periodische Schrifft, herausgegeben von Goethe, Ersten Bandes Erstes Stück, Tübingen 1798, 39. Behler schreibt den Aufsatz irrtümlicherweise Goethe zu.

[1041] A.a.O., 49.

[1042] Die berühmten Definitionen lauten: „Die Symbolik verwandelt die Erscheinung in Idee, die Idee in ein Bild, und so, daß die Idee im Bild immer unendlich wirksam und unerreichbar bleibt und, selbst in allen Sprachen ausgesprochen, doch unaussprechlich bliebe." (Nr. 749); „Die Allegorie verwandelt die Erscheinung in einen Begriff, den Begriff in ein Bild, doch so, daß der Begriff im Bilde immer noch begrenzt und vollständig zu halten und zu haben und an demselben auszusprechen sei." (Nr. 750). Vgl. auch: „Es ist ein großer Unterschied, ob der Dichter zum Allgemeinen das Besondere sucht oder im Besondern das Allgemeine schaut. Aus jener Art entsteht Allegorie, wo das Besondere nur als Beispiel, als Exempel des Allgemeinen gilt; die letztere aber ist eigentlich die Natur der Poesie, sie spricht ein Besonderes aus, ohne ans Allgemeine zu denken oder darauf hinzuweisen." (Nr. 751), HA XII 470-1.

[1043] Dies geht aus einer Anmerkung Novalis' zu F. A. C. Grens *Grundriß der Naturlehre* (Halle 1797) eindeutig hervor: „Gren nimmt hier *Materie* in einem Ausgedehnten Sinne, wo sie *Handlung* und Produkt zugleich begreift. Die Theile der Handl[ung] wodurch das Produkt entsteht, heißen die *Elemente* des Produkts. Alles Produkt ist die Folge einer *Gliederung* der Thätigkeit überhaupt. Durch die Gliederung wird nemlich eine *neue Einheit* hervorgebracht – diese neue Einheit ist die *Allegorie der alten Einheit* – und wenn man das idealische – das *Repraesentative* – dem Realen, dem Repraesentirten, dem *Selbstgegenwärtigen*, entgegensetzen will, so ist die neue Einheit die repraesentative, symbolische, *idealische alte* Einheit [...]", Schriften III 173-4 Nr. 14.

der ganze Aberglaube und Irrthum aller Zeiten, und Völker und Individuen.[1044]

Jedes „Symbol" hat für Hardenberg einen allegorischen Charakter, weil jede Darstellung gerade als solche – den *Fichte-Studien* entsprechend – das Sein verfälscht.

Mit seinem Bekenntnis zur Allegorie löst sich Hardenberg auch vom Nachahmungsprinzip. Im Brief an seinen Bruder Karl von Ende März 1800 wird der Zusammenhang zwischen Abkehr von der Nachahmung und Allegorie genau formuliert: „Ja keine Nachahmung der Natur. Die Poësie ist durchaus das Gegentheil. Höchstens kann die Nachahmung der Natur, der Wircklichkeit nur allegorisch, oder im Gegensatz, oder des tragischen und lustigen Effects wegen hin und wieder gebraucht werden."[1045] Die Allegorie verfolgt keine *imitatio*, sondern rückt die Faktur, die Künstlichkeit der Darstellung in den Vordergrund. Mit der für sie typischen Ostentation der Faktur mahnt sie somit auch an die Fiktionalität jeder Darstellung.[1046]

Dessen ungeachtet darf nicht angenommen werden, dass sich Hardenberg mit der Allegorie zum Ideal der Künstlichkeit bekannte. Ihm geht es vielmehr um eine Künstlichkeit, die indirekt einen Naturgehalt auszudrücken vermag. Unverhüllt gesteht Hardenberg sein Ungenügen an einer Allegorie, die nur referentieller Ausdruck eines ihr fremden Gehalts wäre: Er fordert deshalb: „Bild – nicht Allegorie, nicht Symbol eines Fremden: *Symbol von sich selbst*"[1047] und rückt damit letztlich doch in die Nähe von Meyers und Goethes Verwendung der Termini „Symbol" und „Allegorie". Hardenberg formuliert das Ideal einer Allegorese, die zugleich selbstreferentiell, symbolisch wäre und somit der Dialektik von Ich und Natur, die seine gesamte Philosophie bestimmt, Rechnung trüge. Auch Ingrid Hennemann Barale hat in diesem Paradoxon einer „symbolischen Allegorese" bzw. „allegorischen Symbolik" die Forderung festgehalten, die Novalis an die poetische Sprache richtet.[1048] Auch macht sie darauf aufmerksam, dass Novalis über diese besondere

---

[1044] Schriften III 397 Nr. 685. Andererseits muss man daran erinnern, dass es auch vor Goethe durchaus Ansätze zu einer Differenzierung beider Termini gab. Bereits Adelung behandelt Symbol und Allegorie nicht gänzlich als Synonyme: unter „Allegorie" versteht er „die anschauliche Darstellung einer allgemeinen Wahrheit unter einem sinnlichen Bilde", unter „Symbolum" „[...] ein sinnliches oder bildliches Erkenntnißzeichen eines andern ähnlichen Dinges, da alles dasjenige symbolisch genannt werden kann, was ein anderes Ding vermittelst einiger Ähnlichkeiten abbildet oder bezeichnet [...]", Grammatisch-kritisches Wörterbuch der Hochdeutschen Mundart, Leipzig 1793, S. 1796; S. 53133.

[1045] Schriften IV 327.

[1046] „Sonderbar genug, daß man in Gedichten nichts mehr, als den Schein von Gedichten zu vermeiden gesucht hat, und nichts mehr darinn tadelt, als die Spuren der Fiction, der erfundnen Welt.", Schriften III 688 Nr. 683.

[1047] Schriften II 562 Nr. 185. So notiert er auch: „Rechter Gebrauch der Allegorie." (Schriften III 670 Nr. 611) und: „Nur nicht sehr streng allegorisch." (Schriften I 342).

[1048] Vgl.: „[...] il nodo di una simbolicità che sarebbe autoreferenziale e al tempo stesso allegorica; il nodo di una riflessività infinitamente potenziata che si propone quale sola possibile esperienza dell'originario.", Luoghi dell'originario. Il tema del linguaggio nella prospettiva

Art von Allegorese in zwei wichtigen Aufzeichnungen der Logologischen Fragmente, Nr. 214 und Nr. 264, reflektiert, die zugleich die Sprachkonzeption des *Monologs* vorwegnehmen. Insbesondere erstere soll im Folgenden zitiert werden:

> Der Karacter der künstlichen Poësie ist Zweckmäßigkeit – fremde Absicht – [...] ihr Zweck ist bestimmte Mittheilung – Erregung eines *bestimmten* Gedanckens. / Der Roman gehört zur *natürlichen Poësie* – die *Allegorie* zur Künstlichen. / Die natürliche Poësie kann oft ohne Schaden den Schein der Künstlichen – der *Didaktischen* – haben – Es muß aber nur zufällig, nur frey damit verknüpft seyn. Dieser Schein der Allegorie giebt ihr dann noch einen Reitz mehr – und sie kann nicht Reitze (Incitamente jeder Art) genug haben.[1049]

Hardenberg fordert keine absolut künstliche, referentielle Dichtung, sondern eine natürliche und selbstreferentielle Poesie, die den *Schein* der Allegorie annimmt. Vor dem Hintergrund von Hardenbergs Konzeption der Transzendentalpoesie könnte diese auch als eine „organische" Allegorese bezeichnet werden, die die Antithese zwischen Künstlichem und Natürlichen, „rohem, diskursivem Denker" und „rohem, intuitivem Dichter", bloß „mechanischem" oder bloß „dynamischem" Gebrauch der Sprache überwunden hat.

Erst wenn man diese Dialektik berücksichtigt, die Hardenbergs Auffassung der Allegorie charakterisiert und ihr einen höheren, naturnotwendigen Gehalt zuschreibt, wird zum Einen verständlich, wie sich Hardenberg zur Allegorie bekennen und zugleich im *Monolog* das Ideal einer selbstreferentiellen Sprache entwerfen kann. Zum Anderen wird seine Kritik an Friedrich Schlegels Gebrauch der Allegorie evident. Schlegel verabsolutiert laut Novalis den künstlichen Charakter der Allegorie, verdrängt ihren Naturgehalt und verwandelt sie letztlich in spekulative „Spielerey". So heißt es in einer denkwürdigen, leider unvollständig erhaltenen Notiz vom 11 Februar 1800:

> [...] Fridrich treibt poëtische Spielerey mit Spekulation. Die Begriffe und ihre Worte sind seine [Personen] – [...] einen dunkeln, mysteriösen Roman. Diese Allegorischen Figuren, dieser Glaube an die Persönlichkeit der Begriffe [...] durchaus.[1050]

Zu Recht lehnt Helmut Schanze die Konjektur Samuels „Diese allegorischen Figuren, dieser Glaube an die Persönlichkeit der Begriffe ist poetisch durchaus." ab: „Für das Wort ‚poetisch' im letzten Satz gibt es keinerlei Anhaltspunkt."[1051] Die Aufzeichnung ist schwer entzifferbar, weil Rasuren, die in

---

storica e nei progetti letterari del primo romanticismo tedesco, Pisa 1998, 249-50.

[1049] Schriften II 572 Nr. 214.

[1050] Schriften III 652 Nr. 569. Diese Notiz, die Nr. 569 der *Fragmente und Studien* aus den Jahren 1799-1800, ist die einzig überlieferte, in der Novalis Schlegels Allegorie-Gebrauch kritisiert.

[1051] Dualismus unsrer Symphilosophie'. Zum Verhältnis Novalis – Friedrich Schlegel, in: JbFDH 1966, 332.

Novalis' Manuskripten kaum vorkommen, sinntragende Wörter unverständlich machen. Da Friedrich Schlegel der Nachlassverwalter war, und die Rasur nach Schanzes Untersuchungen „kaum vom Alter der Schriftzüge differieren" kann, ist es nicht unwahrscheinlich, dass Schlegel selbst, auf den sich die Stelle bezieht, diese gestrichen hat. Schanze weist auch darauf hin, dass Novalis in einem Brief an Tieck vom 23. Februar 1800 in bezug auf den Kontakt zu den Brüdern Schlegel schreibt, er sei „unter Speculanten ganz Speculation" geworden[1052] und so eine Kritik formuliert, die jener der ausradierten Aufzeichnung nahe kommt.[1053] Schlegels Allegorien verweisen Novalis' Ansicht nach nicht auf einen höheren, naturhaften Symbolgehalt, sondern zeugen lediglich von einer „künstlichen", schließlich unpoetischen Dichtung. Somit entspricht Novalis' Kritik an Schlegels künstlichem Allegorie-Gebrauch dem Grundtenor seiner Kritik an Schlegels Shakespeare-Auffassung, welche genau in diese Zeit fällt.[1054]

[1052] Schriften IV 322.

[1053] Vgl. Schanze, a.a.O., 331.

[1054] Seinerseits fand Schlegel Novalis' Harmonisierung von Kunst und Natur „geschmacklos": „Es giebt eine reizende romantische Geschmacklosigkeit (Novalis). – <N[ovalis] ist der hoffnungslose Jüngling der deutschen Litteratur.–>", Literary Notebooks, a.a.O., 114 Nr. 1063.

2.12. Das Wunderbare und das Erhabene

Novalis' Absetzung vom Klassizismus wird an zwei weiteren zentralen Kategorien seiner Poetik evident: am Wunderbaren und am Erhabenen. Beide sind Zustände, die über die Normalität hinausgehen, ja diesen Begriff selbst sprengen, und legen somit von Novalis' radikaler Ausweitung der Einbildungskraft Zeugnis ab.

Bereits Bodmer und Breitinger hatten Gottsched gegenüber die Einbildungskraft und das Wunderbare verteidigt.[1055] In seiner *Critischen Dichtkunst* hatte Gottsched – im Einklang mit Aristoteles und Leibniz – die Dichtung als Sphäre des „Möglichen" definiert, die Dimension des „Möglichen" aber eng ausgedeutet und im Grunde mit dem Wahrscheinlichen, dem rational Einsehbaren identifiziert: die klassizistisch-rationalistische Wahrscheinlichkeitsregel behielt bei ihm das letzte Wort. Bodmer und Breitinger verstehen hingegen unter dem „Möglichen" eine tatsächliche Entfernung von dem unmittelbar Wahrscheinlichen. Jedoch verlassen auch sie den Boden der rationalistischen Poetik nicht wirklich. Das Wunderbare ist für Breitinger „nichts anderes, als ein vermummtes Wahrscheinliches"[1056], wird also als bloßer Schein verstanden und auf das Wahrscheinliche zurückgeführt. Das Wunderbare repräsentiert für Breitinger all das, „[...] was uns, dem ersten Anschein nach, unsern gewöhnlichen Begriffen von dem Wesen der Dinge, von den Kräften, Gesetzen und dem Laufe der Natur und allen vormals erkannten Wahrheiten in dem Lichte zu stehen und dieselben zu bestreiten dünket."[1057] Auf den „Schein" der Entfernung vom Wahrscheinlichen kommt es an – denn dieser Schein hat eine spezifische Gemütserregung zur Folge. Dennoch soll der Verstand diesen Schein durchschauen und hinter dem Wunderbaren das Wahrscheinliche erkennen. Die Wahrscheinlichkeit bleibt jedoch nach Ansicht Breitingers das allein verbindliche Kriterium.[1058]

Erst mit Hardenberg vollzieht sich eine Wandlung in der Bewertung der Einbildungskraft und des Wunderbaren. Die Einbildungskraft wird dabei nicht nur vom Gebot des Wahrscheinlichen befreit, sondern zur Quelle der Wirklichkeit erklärt und erhält damit den Status einer ontologischen Kategorie.

Hardenberg entwickelt seine eigene Konzeption der Einbildungskraft durch Absetzung von Fichtes *Grundlage der gesammten Wissenschaftslehre* von 1794/1795. Dort repräsentiert die Einbildungskraft das Vermögen, durch wel-

---

[1055] Zum Folgenden: Schmidt, a.a.O., 49 ff. Vgl. auch: Karl-Heinz Stahl, Das Wunderbare als Problem und Gegenstand der deutschen Poetik des 17. und 18. Jahrhunderts, Frankfurt am Main 1975.

[1056] Johann Jacob Breitinger, Critische Dichtkunst. Faksimiledruck nach der Ausgabe von 1740, mit einem Nachwort von Wolfgang Bender, Stuttgart 1966, I 132.

[1057] Critische Dichtkunst, a.a.O., 129 f.

[1058] Vgl. Schmidt: „Also bleibt für Breitinger das Wunderbare stets ein – wenn auch extrem verfremdetes – Wahrscheinliches, und mitten im Plädoyer für das Wunderbare findet er die letzte Rechtfertigung immer noch in dieser Kategorie des Wahrscheinlichen.", a.a.O., 51.

ches sich der Wechsel des Ich in und mit sich selbst ereignet und letzteres
zwischen Endlichkeit und Unendlichkeit schwebt:

> Dieser Wechsel des Ich in und mit sich selbst, da es sich endlich und unendlich
> zugleich setzt – ein Wechsel, der gleichsam in einem Widerstreite mit sich selbst
> besteht, [...] indem das Ich Unvereinbares vereinigen will, jetzt das Unendliche
> in die Form des Endlichen aufzunehmen versucht, jetzt, zurückgetrieben, es wie-
> der außer derselben setzt [...] – ist das Vermögen der *Einbildungskraft*.[1059]

Die Einbildungskraft versucht, das Ich und das Nicht-Ich, das Unendliche und
das Endliche zusammenzuführen. Sie hat – in Fichtes Worten – „keinen festen
Standpunkt"[1060], d.h. keine *bestimmte* Realität, sondern ist endlos *bestimmbar*,
schwebt zwischen Bestimmung und Nicht-Bestimmung: „Die Einbildungskraft ist ein Vermögen, das zwischen Bestimmung und Nicht-Bestimmung,
zwischen Endlichem und Unendlichem in der Mitte schwebt [...]".[1061]
Als höchste Synthese, die im Rahmen der theoretischen *Wissenschaftslehre*
zwischen Endlichem und Unendlichem erzielt werden kann, stellt die Einbildungskraft für Fichte das zentrale *theoretische* Vermögen des menschlichen
Geistes dar. Fichte behauptet sogar, „[...] daß alle Realität – es versteht sich
für uns, wie es denn in einem System der Transcendental-Philosophie nicht
anders verstanden werden soll – bloß durch die Einbildungskraft hervorgebracht werde."[1062] Andererseits ist deren unaufhörliches Schweben und Sich-
in-der-Luft-Erhalten zugleich grundlos. Die Einbildungskraft ist demzufolge
gleichzeitig absolut und relativ, in ihr ist die Relation absolut und das Absolute eine Relation.[1063]
Novalis übernimmt nun von Fichte diese Bestimmung der produktiven Einbildungskraft, modifiziert sie aber an zwei entscheidenden Stellen. Zum Einen
schwebt bei ihm die Einbildungskraft nicht mehr innerhalb des Ich, sondern
innerhalb eines Ich und Natur übergreifenden Absoluten. Sie ist demzufolge
kein Ausdruck des Ich, ohne zugleich auch Ausdruck der dem Ich analogen
Natur zu sein. Zum Anderen befreit Novalis die Einbildungskraft aus den
Schranken, in die sie die *Wissenschaftslehre* gezwungen hatte, denn obgleich
die Einbildungskraft hier als die höchste Synthese galt, blieb ihre Wirkungs-
sphäre für Fichte in der *theoretischen* Wissenschaftslehre. Sie repräsentierte
ein bloß theoretisches Vermögen, welches das „Vorstellen" des Ich, d.h. die
Objektkonstitution erklärte. Anders verhält es sich bei Novalis, in dessen Augen die Einbildungskraft die höchste, sowohl *theoretische* als auch *praktische*

[1059] FG I.2 359.
[1060] FG I.2 360.
[1061] Ebd.
[1062] FG I.2 368.
[1063] Ebenso hatte Fichte über die gegenseitige Bestimmung der Materie und der Form des Wechsels bemerkt: „[...] absoluter und relativer Grund der Totalitätsbestimmung sollen Eins und
ebendasselbe seyn; die Relation soll absolut, und das Absolute soll nichts weiter seyn, als eine Relation.", FG I.2 345.

Synthese darstellt, wobei letztlich Fichtes Einteilung zwischen Theorie und Praxis, Realität und Idealität hinfällig wird. Die Einbildungskraft selbst ist die Vermittlung beider: „Die Einbildungskraft ist das verbindende Mittelglied – die Synthese – die *Wechselkraft.*"[1064] Die Einbildungskraft ist nicht nur die Quelle der Vorstellungen, sondern auch die des hinter den Vorstellungen liegenden Seins: „Alles Seyn, Seyn überhaupt ist nichts als Freyseyn – *Schweben* zwischen Extremen, die nothwendig zu vereinigen und nothwendig zu trennen sind."[1065] Dieser ontologische Status der Einbildungskraft als Quelle des Seins ist auch in einer anderen Aufzeichnung deutlich vernehmbar:

> Aus diesem Lichtpunct des Schwebens strömt alle Realität aus – in ihm ist alles enthalten – Obj[ect] und Subject sind durch ihn, nicht er d[urch] sie. / Ichheit oder productive Imaginationskraft, das *Schweben* – bestimmt, producirt die Extreme, das wozwischen geschwebt wird – Dieses ist eine Täuschung, aber nur im Gebiete des gemeinen Verstandes. Sonst ist es etwas durchaus Reales, denn das Schweben, seine Ursache, ist der Quell, die Mater aller Realität, die Realität selbst.[1066]

Anders als bei Fichte ist für Novalis die Einbildungskraft kein Vermögen des endlichen Ich, sondern erscheint als das „Vermögen des Vorreflexiven selber".[1067] Dementsprechend wird sie von Novalis als mystische Quelle beschrieben, aus der die gesamte Realität hervorströmt.[1068] Darin besteht ihr göttlicher Charakter: „[...] die Einbildungskraft – als Anschauung, ist Gott."[1069] Das durch die Einbildungskraft hervorgebrachte Sein erhält in den *Fichte-Studien* verschiedene Bezeichnungen, beispielsweise „absolute Sfäre", „Existenz", „Gott", „Nur Seyn", „Chaos" oder „Leben":

> Um das Ich *zu bestimmen* müssen wir es auf etwas beziehn. Beziehn geschieht durch Unterscheiden – beydes durch These einer absoluten Sfäre der Existenz. Dis ist das Nur Seyn – oder Chaos. / Sollte es noch eine höhere Sfäre geben, so wäre es die zwischen Seyn und Nichtseyn – das Schweben zwischen beyden –

[1064] Schriften II 186 Nr. 246.

[1065] Schriften II 266 Nr. 555. „Thätigkeit und Seyn ist durchaus idem.", Schriften II 218 Nr. 305.

[1066] Schriften II 266 Nr. 555.

[1067] Stefan Summerer, Wirkliche Sittlichkeit und ästhetische Illusion. Die Fichte-Rezeption in den Fragmenten und Aufzeichnungen Friedrich Schlegels und Hardenbergs, Bonn 1979, 156.

[1068] Vgl. Wolfgang Janke: „Das Schweben wird vermerkt als Quell und Mater aller Realität. Kommt so das Schweben nicht als ein Zustand des Geistes (der Ichheit) zur Sprache, der jenseits und über dem Selbstbewusstsein liegt? Denn das Selbstbewusstsein braucht ja das Element des Unterschieds und die Urhandlung des Entgegensetzens. Dann aber wäre der Lichtpunkt des Schwebens nicht ein Vermögen des endlich-menschlichen Ich, sei es theoretisch zeitbildend, sei es praktisch idealbildend. Das Schweben beschriebe jenen Urzustand, in welchem Subjekt und Objekt noch ungeschieden sind. Er läge ihrer Spaltung voraus. [...] Die Aufzeichnung des Novalis zielt im Bedenken des Ineinanderverschwebens von Subjektivität und Objektivität auf das Absolute.", in: Vom Bilde des Absoluten. Grundzüge der Phänomenologie Fichtes, Berlin 1993 (darin: Die Erhebung der Imaginationskraft ins Absolute. „Fichte-Studien" des Novalis, 315).

[1069] Schriften II 168 Nr. 218.

Ein Unaussprechliches, und hier haben wir den *Begriff* von *Leben*.[1070]

Der Stellenwert, den das absolute Ich bei Fichte eingenommen hatte, wird bei Novalis vom „Leben" ausgefüllt, das philosophisch nicht erfasst werden kann und sich erst in der Einbildungskraft offenbart.[1071] Erst vor dem Hintergrund dieser ontologischen Bedeutung der Einbildungskraft als Quelle des Seins kann verstanden werden, warum Hardenberg das Märchen zum Kanon der Poesie erhebt.[1072]

Dem Wunderbaren verwandt ist die Kategorie des Erhabenen.[1073] Bereits im Titel von Boileaus *Traité du sublime ou du merveilleux dans le discours* (1674) wurde die Affinität von Wunderbarem und Erhabenem festgehalten. Im Unterschied zum Wunderbaren allerdings wurde in der Novalis-Forschung dem Erhabenen bislang keine Aufmerksamkeit geschenkt, obschon diese zentrale Kategorie der nicht-klassizistischen Ästhetik für Hardenberg ebenso bedeutsam ist wie etwa für Hölderlin und die Poetik seines berühmtesten Werkes, der *Hymnen an die Nacht*, prägt.[1074] Gerade weil Hardenberg ebenso wie Hölderlin den Unterschied zwischen antik und modern nicht als Entgegensetzung von Kunst und Natur, sondern als Gegensatz von endlich und unendlich konzipiert, erhält das Erhabene in seiner Poetik als paradigmatische Kategorie der modernen Poesie eine entscheidende Bedeutung. Hardenberg knüpft an die Poetik des Erhabenen an und entwickelt sie weiter, weil die Ausrichtung auf das Unendliche für seine Poetik wesentlich ist. Das Romantisieren versteht Hardenberg als ein Streben nach dem Unendlichen, als Entgrenzung: „Indem ich [...] dem Endlichen einen unendlichen Schein gebe so romantisire ich es [...]"[1075] – und gerade das Erhabene, das sich am Unendlichen orientiert, kann die Forderung des Romantisierens am besten einlösen.

Die entscheidende Bedeutung des Erhabenen für Hardenbergs *Hymnen an die Nacht* geht bereits aus dem Einfluss hervor, den ein in der Tradition des Erhabenen zentrales Werk auf ihre Komposition ausgeübt hat: Edward Youngs *The Complaint, or Night-Thoughts on Life, Death and Immortality: in Nine Nights* (1742–1745 in London erschienen). Youngs neun Elegien hatten damals einen außerordentlichen Erfolg in ganz Europa. So bezeichnet Hölder-

---

[1070] Schriften II 106 Nr. 3.

[1071] „Der *Begriff* der Thätigkeit ist Ausdruck des ursprünglichen accidentialverhältnisses – des Identischen, als Gegenstand und Zustand.", Schriften II 218 Nr. 305.

[1072] „Das Mährchen ist gleichsam der *Canon* der *Poësie* – alles poëtische muß märchenhaft seyn.", Schriften III 449 Nr. 940; „<In Mährchen glaube ich am besten meine Gemüthsstimmung ausdrücken zu können.> (POËTIK. *Alles* ist ein *Mährchen*.)", Schriften III 377 Nr. 620. Zu Hardenbergs Märchenauffassung vgl.: Marianne Thalmann, Das Märchen und die Moderne. Zum Begriff der Surrealität im Märchen der Romantik, Stuttgart 1961, sowie: Sophia Vietor, Das Wunderbare in den Märchen von Goethe und Novalis, Halle 1995.

[1073] Vgl.: Schmidt, a.a.O., 54. Vgl. auch: Marilyn K. Torbruegge, Johann Heinrich Füßli und ‚Bodmer-Longinus'. Das Wunderbare und das Erhabene, in: DVjS 46 (1972), 161-85.

[1074] Ausführlicher zur Poetik des Erhabenen in den *Hymnen* vgl. meinen bereits zitierten Aufsatz.

[1075] Schriften II 545 Nr. 105.

lin Young mit Klopstock als einen der Großen, denen er als Dichter nachfolgen will.[1076] Auch Kant erwähnt in seiner vorkritischen Schrift *Über das Gefühl des Schönen und Erhabenen* explizit Youngs *Night-Thoughts* als ein Werk, das für den erhabenen Stil paradigmatischen Charakter besitze.[1077] Es ist bekannt, dass Novalis Youngs Werk in der deutschen Prosa-Übersetzung von Ebert, einem Freund Klopstocks, las, welche den Titel *Klagen, oder Nachtgedanken über Leben, Tod und Unsterblichkeit* trägt. Weniger bekannt dürfte der Umstand sein, dass die von Novalis benutzte Ausgabe von Ebert selbst ausführlich kommentiert war und dass der Ebertsche Kommentar Youngs Werk immer wieder in den Kontext der Poetik des Erhabenen stellt. In seinem Kommentar zieht Ebert das gesamte für die Tradition des Erhabenen bedeutsame Textcorpus, von Pseudo-Longins *ΠΕΡΙ ΥΨΟΥΣ* bis zu Klopstock und Bodmers Milton-Übersetzung, heran und zitiert ausführlich daraus. Die Anknüpfung an die Tradition des Erhabenen im lyrischen Duktus der Hymnen dürfte folglich offensichtlich nicht zuletzt durch die Lektüre des Ebertschen Kommentars vorbereitet worden sein.[1078] Sowohl für den Traktat des Pseudo-Longin – eine Schrift, die im 18. Jahrhundert eine enorme Wirkung ausübte[1079] – als auch für Bodmers Milton-Übersetzung und Klopstocks Lyrik ist eine Ästhetisierung der religiösen Dimension bezeichnend. Die Poesie wird als „Hypsos", als eine Erhöhung des Dichters über das Normalbewusstsein

---

[1076] „Wann ein Klopstok in des Tempels Halle / Seinem Gott das Flammenopfer bringt / [...] Wann mein Yung in dunkeln Einsamkeiten / Rings versammelnd seine Todte wacht, / Himmlischer zu stimmen seine Saiten / Für Begeistrungen der Mitternacht – – / Ha! Der Wonne! ferne nur zu stehen / Lauschend ihres Liedes Flammenguß, / Ihres Geistes Schöpfungen zu sehen / Warlich! es ist Himmelsvorgenuß.", Die Lorbeer, in: StA I 36.

[1077] „Die Empfindungen des Erhabenen spannen die Kräfte der Seele stärker an und ermüden daher eher. Man wird ein Schäfergedicht länger in einer Folge lesen können als Miltons Verlorenes Paradies und den de la Bruyère länger wie den Young.", Ak.-Ausg. II 211 (Anmerkung).

[1078] Die HKA vermerkt zu der von Novalis benutzten Ausgabe folgende Angaben: Braunschweig und Hildesheim 1766-67. Leider sind diese Angaben nicht korrekt, denn eine solche Ausgabe ist im Gesamtverzeichnis des deutschsprachigen Schrifttums (1700-1910) nirgendwo vermerkt. Es erschien hingegen eine kommentierte Ebert-Ausgabe bei Schröder in Braunschweig, 1760-1767 (Vgl.: Gesamtverzeichnis des deutschsprachigen Schrifttums (1700-1910), bearb. unter der Leitung von Peter Geils u. a., München 1979 f., Bd. CLIX., bearbeitet unter der Leitung von Hilmar Schmuck und Willi Gorzny, München/New York/Paris/London 1987, 34-35). Unter allen im Gesamtverzeichnis angeführten Ausgaben nähert sich diese am ehesten den Angaben der HKA an. Eine Ausgabe bei Schröder: Braunschweig und Hildesheim, ist zwar erschienen, jedoch nicht 1766-67, sondern 1753.

[1079] Pseudolonginus, Vom Erhabenen, Griechisch und Deutsch, hrsg. von Reinhard Brandt, Darmstadt 1966. Zur Wirkung vgl. die Literaturangaben bei Schmidt (54): Th. Litman, Le sublime en France (1660-1714), Paris 1971; E. Poirson, Le sublime et le beau chez les grands préromantiques français, Paris 1975; W. J. Hipple jr., The Beautiful, the Sublime and the Picturesque in Eighteen-Century British Theory, Carbondale 1957; S. H. Monk, The Sublime. A study of Critical Theories in 18th Century England, 2. Aufl., Ann Arbor 1960, und: K. Viëtor, Die Lehre des Erhabenen in der deutschen Literatur, in: Geist und Form, 1952, 134-66.

charakterisiert, die ihn in die Nähe des Göttlichen rückt.[1080] Diese Erhöhung kennzeichnet auch die *Hymnen*, in denen die Nacht für das lyrische Ich eine mystische Steigerungserfahrung und die Verbindung mit dem Göttlichen bedeutet.

Der zweite Subtext dürfte Edmund Burkes Traktat *A Philosophical Enquiry into the Origin of Our Ideas of the Sublime and Beautiful* (1757) gewesen sein. Hardenberg besaß die deutsche Übersetzung von C. Garve: *Philosophische Untersuchungen über den Ursprung unserer Ideen Begriffe vom Erhabenen und Schönen* (Riga 1773).[1081] Nicht nur durch unmittelbare Lektüre, sondern auch indirekt durch Hugo Blairs *Vorlesungen über Rhetorik und schöne Wissenschaften* wirkte Burkes Schrift auf Hardenberg.[1082] Blairs *Vorlesungen* widmen sich nicht nur ausführlich dem Erhabenen: die IV. Vorlesung – *Uiber das Erhabne in den Gegenständen* – und die V. Vorlesung – *Uiber das Erhabne in den Werken der Redner und Dichter* – halten sich in ihrer Bestimmung des Erhabenen sehr eng an Burke und zitieren ihn immer wieder.

Der Einfluss von Burkes Traktat auf die *Hymnen* lässt sich vor allen Dingen in der Betrachtung der Nacht und der Dunkelheit als einer Hauptquelle des Erhabenen fassen: „Alle gänzlichen Privationen sind groß, weil sie alle schrecklich sind, *Leere, Finsternis, Einsamkeit, Stillschweigen.*"[1083] Der Nacht kommt in Burkes Traktat eine Schlüsselrolle zu. Dort heißt es, dass das Erhabene „astonishment" – in Garves Übersetzung: „Erstaunen" – hervorruft und zum „astonishment" „obscurity" – „Dunkelheit" – notwendig sei.[1084] Für Burke ist die Dunkelheit „erhaben" gerade aufgrund ihrer schreckensvollen Unbestimmtheit. Denn kein Ding – so Burkes Argument – sei in der Lage, uns zu imponieren, solange wir seine Grenzen wahrnähmen.[1085] Bloßes Licht ist für Burke zu alltäglich, als dass es in der Seele einen erhabenen Eindruck hinterlassen könnte. Erst wenn das Licht eine das Auge blendende Intensität erhalte

---

[1080] Vgl. dazu: Schmidt, a.a.O., 55.

[1081] Das Werk ist in Novalis' Bücherverzeichnis aufgeführt (Schriften IV 695 Nr. 123). Belegt ist auch Novalis' Hochschätzung von Edmund Burkes *Reflections on the Revolution in France* (1790): „Es sind viele antirevolutionäre Bücher für die Revolution geschrieben worden. Burke hat aber ein revolutionäres Buch gegen die Revolution geschrieben.", Schriften II 464 Nr. 115.

[1082] Aus dem Englischen übersezt und mit einigen Anmerkungen und Zusätzen begleitet von K[arl] G[ottfried] Schreiter. Erster – Zweiter Theil. Leipzig 1786-7. Vgl.: Schriften IV 694 Nr. 78.

[1083] Philosophische Untersuchungen über den Ursprung unserer Ideen Begriffe vom Erhabenen und Schönen, Riga 1773, 109.

[1084] „Die Leidenschaft, die von dem Großen und Erhabenen in der Natur ... erregt wird, ist Erstaunen. Erstaunen aber ist derjenige Zustand der Seele, in welchem alle ihre Bewegungen, mit einigem Grade von Schrecken, gehemmt und unterbrochen werden.", Edmund Burke, a.a.O., S. 83. Und: „Um irgend eine Sache sehr schrecklich zu machen, scheint allemal Dunkelheit nothwendig zu seyn.", a.a.O., S. 86.

[1085] A.a.O., 95. Burke zieht dazu eine Bibelstelle heran: „Im Träume des Gesichts in der Nacht, wenn der Schlaf auf die Leute fällt, da kam mich Furcht und Zittern an, und alle meine Gebeine erschracken.", Hiob 4, 13-17.

und dadurch der Dunkelheit gleichkäme, erhielte es einen erhabenen Charakter. Noch erhabener als das blendende, „finstere" Licht sei jedoch die Finsternis selbst: „Überhaupt aber ist Dunkelheit weit mehr fähig, erhabne Ideen zu
erwecken, als Licht."[1086] Dies sei auf die konstitutive Fähigkeit der Finsternis,
das Gemüt in Erregung zu versetzen, zurückzuführen, „[...] weil die Dunkelheit an sich […] mehr und stärkere Leidenschaften in Bewegung setzt, als das
Licht."[1087] Gerade aufgrund der schreckensvollen Unbestimmtheit, die sie charakterisiert, führt Burke die Nacht ausdrücklich als Quelle des Erhabenen an:
„Ich habe schon angemerkt, daß die Nacht mehr als alles andre unser Schrecken vergrößert; es liegt in unsrer Natur, daß, wo wir nicht wissen, was uns
wiederfahren wird, wir das schlimmste befürchten."[1088] Somit gilt für Burke:
„[...] die Nacht ist erhabner und feyerlicher, als der Tag."[1089]

Mit Burkes Bewertung der Nacht als Hauptquelle des Erhabenen stimmen
übrigens auch Kant und Schiller überein, deren Schriften zum Erhabenen e-
benso als Quelle für Hardenberg angenommen werden können. Der Einfluss
von Kants und Schillers spezifischer Konzeption des Erhabenen dürfte in dem
für die I. *Hymne* charakteristischen Umschlag von Ohnmacht und Angst in ein
Gefühl von geistiger Überlegenheit zu sehen sein. Hardenbergs besondere
Konzentration auf das Pathetische in der ersten *Hymne*, in der die Einsamkeit
und Verlassenheit des lyrischen Ich angesichts der hereinbrechenden Dunkelheit beschrieben wird[1090], weist auf eine besondere Variante des Erhabenen hin,
die von Schiller als das „Pathetisch-Erhabene" bezeichnet wird. In dessen
1793 entstandener Schrift *Über das Pathetische* betrachtet Schiller das „Pathetisch-Erhabene" als eine Unterkategorie des Erhabenen, d.h. als Erhabenheit
dem Leiden gegenüber. Für Schiller ist Freiheit, das Übersinnliche im Menschen, erst vollkommen dargestellt, wenn vorher ihr Gegenteil, die leidende
sinnliche Natur geschildert worden ist. Schiller schreibt: „Man gelangt [...] zur
Darstellung der moralischen Freiheit nur durch die lebendigste Darstellung der
leidenden Natur."[1091] Die pathetische Schilderung wird somit zur unabdingba-
ren Voraussetzung für das Erhabene: „Die gemeine Seele bleibt bloß bey diesem Leiden stehen, und fühlt im Erhabenen des Pathos nie mehr als das

---

[1086] A.a.O., 126.

[1087] A.a.O., 128.

[1088] A.a.O., 133.

[1089] A.a.O., 129. Über die erhabene Natur der Finsternis und der Nacht vgl. auch: a.a.O., 237-
249.

[1090] „Abwärts wend ich mich zu der heiligen, unaussprechlichen, geheimnißvollen Nacht. Fernab
liegt die Welt – in eine tiefe Gruft versenkt – wüst und einsam ist ihre Stelle. In den Sayten
der Brust weht tiefe Wehmuth. In Thautropfen will ich hinuntersinken und mit der Asche
mich vermischen. – Fernen der Erinnerung, Wünsche der Jugend, der Kindheit Träume, des
ganzen langen Lebens kurze Freuden und vergebliche Hoffnungen kommen in grauen Klei-
dern, wie Abendnebel nach der Sonne Untergang. In andern Räumen schlug die lustigen Ge-
zelte das Licht auf. Sollte es nie zu seinen Kindern wiederkommen, die mit der Unschuld
Glauben seiner harren?", Schriften I 131.

[1091] NA XX.1 196.

Furchtbare; ein selbstständiges Gemüth hingegen nimmt gerade von diesem Leiden den Übergang zum Gefühl seiner herrlichsten Kraftwirkung und weiß aus jedem Furchtbaren ein Erhabenes zu erzeugen."[1092] Vor diesem Hintergrund dient die Darstellung des Pathetischen im zweiten Teil der ersten Hymne dazu, um desto eindrucksvoller die geistige *Erhabenheit* über das Leiden im dritten Teil zu gestalten.[1093] Gerade die äußerste physische Gefährdung, die sich symbolisch in der hereinbrechenden Finsternis ausdrückt, ermöglicht dem Ich, die eigene übersinnliche Bestimmung zu erfahren. Somit ist auch die Nacht in zweifacher Hinsicht bedeutsam. Wenn sie einerseits das Symbol der Isolation und der Hilflosigkeit des vereinsamten Ich darstellt, provoziert sie andererseits als die Kraft, welche das Ich in physische Ohnmacht stürzt, dessen übersinnliche Bestimmung. Erst in der Nacht, in der die sinnliche Ohnmacht des Ich sinnfällig wird, kann das Ich seine geistige Übermacht erfahren. Dadurch realisiert sich das „Pathetisch-Erhabene" als Umschlag der sinnlich-physischen Ohnmacht in übersinnlich-geistige Überlegenheit, als Umschlag des Leidens in Erhabenheit.

Ferner dürfte Klopstocks erhabener Stil Vorbild für Hardenbergs *Hymnen* gewesen sein. Hardenbergs Klopstock-Rezeption ist bisher von der Forschung nicht eingehend berücksichtigt worden. Seine Jugendlyrik steht zwar im Zeichen der Anakreontik, einzelne Gedichte sind aber auch vom erhabenen Duktus von Klopstocks Oden geprägt.[1094] Von Klopstock rezipiert Hardenberg in den *Hymnen* zunächst die Konzeption des Dichters als Priester. Dieser Typus des *poeta vates*, des inspirierten Dichters stammt von Klopstock.[1095] Damit verbindet sich die Grundhaltung, dass die Dichtung aus göttlicher Begeisterung hervorgehen und Verwunderung erregen soll. Sie soll nicht auf unbedeutende Sujets zurückgreifen, sondern sich an kosmischer Weite und Größe orientieren. Trotz aller Vorliebe des frühen Hardenberg für die Anakreontik zeugen davon bereits einzelne frühe Gedichte wie *Die Gestirne, Die Gestirnennacht* und der Dichtungsplan *Die Gestirnnacht. Sonnet*.[1096] Vor allem das Gedicht *Die Gestirne* kann als Vorwegnahme des kühnen Aufschwungs ins Kosmische gelten, der die *Hymnen* charakterisiert:

> Wage dich, kühnere Muse auf
> Den Fittichen meiner Begeisterung

[1092] NA XX.1 209-210.

[1093] „Was quillt auf einmal so ahndungsvoll unterm Herzen, und verschluckt der Wehmuth weiche Luft? Hast auch du ein Gefallen an uns, dunkle Nacht? Was hältst du unter deinem Mantel, das mir unsichtbar kräftig an die Seele geht? Köstlicher Balsam träuft aus deiner Hand, aus dem Bündel Mohn. Die schweren Flügel des Gemüths hebst du empor.", Schriften I 131.

[1094] Zu Hardenbergs Jugendlyrik: Alfred Wolf, Zur Entwicklungsgeschichte der Lyrik von Novalis. Ein stilkritischer Versuch. I: Die Jugendgedichte, Uppsala 1928, und: Margot Seidel, Friedrich von Hardenberg (Novalis). Die unveröffentlichte Jugendlyrik, in: JbFDH 1981, 261-337.

[1095] Zu Klopstock vgl.: Schmidt, a.a.O., 63.

[1096] Vgl.: Schriften VI.I 286f., 419 und 240.

In den Weltraum, in unendbare Nacht
Wo dich oft hemt Labyrinth stürzender Welten.[1097]

Somit steht Hardenberg in der Tradition von Klopstocks Weltraumgedichten, wie seine Oden *Die Gestirne* (1764) oder *Dem Unendlichen* (1764) bezeugen. Zugleich rezipiert Hardenberg Klopstocks Akzentuierung der dichterischen Begeisterung. So formuliert das frühe Gedicht *Der Gesang*, eine Ode im Stile Klopstocks, eine Beschwörung der dichterischen Begeisterung, die auch zahlreichen anderen Gedichten gemein ist.[1098] In diesem Rahmen ist auch Hardenbergs Jugendaufsatz *Apologie der Schwärmerey* (1789) zu lesen, in dem Novalis zu einem positiven Begriff von „Schwärmerei" und zu einer Konzeption der Poesie als inspirierten und begeisterten Singens in der Nachfolge Klopstocks gelangt.[1099] Bemerkenswert ist auch, dass Novalis seine Verteidigung der Schwärmerei mit einem Zitat des Pindar pointierend beschließt, d.h. dem Dichter, der im 18. Jahrhundert als poetisches Paradigma des Erhabenen galt. Es handelt sich um eine sehr freie Übersetzung aus Pindars XI. *Olympische Ode*:

> Götter! O führ ich stolz auf den Wogen
> Der Sprache, ein Empfindungschöpfer
> Daher und begleite mich Kühnheit und
> unwiederstehliche Suada.[1100]

[1097] Schriften VI.1 286.

[1098] Schriften VI 63 f. Für andere Belege vgl.: Schriften VI.2 184 Anmerkung 1.

[1099] Zu Hardenbergs Aufsatz vgl.: Hermann Kurzke, Hardenbergs „Apologie der Schwärmerei", JbFDH 1983, 132-46. Kurzke führt Hardenbergs Verteidigung der „Schwärmerey" auf Anregungen Herders zurück, obwohl letzterer diesen pejorativen Begriff durch „Enthusiasmus" ersetzte (143).

[1100] Das Original lautet: „εἴην εὑρησιεπὴς ἀναγεῖσθαι / πρόσφορος ἐν Μοισᾶν δίφρῳ · / τόλμα δὲ καὶ ἀμφιλαφὴς δύναμις / ἕσποιτο [...]", vv. 80-83. Es lassen sich auch andere Spuren für Hardenbergs Beschäftigung mit Pindar zusammentragen. Hardenbergs Übersetzung des Anfangs der zweiten Pythischen Ode (1-8) sowie der elften Olympischen Ode in lyrische Prosa orientierte sich am Vorbild der Prosa-Übersetzung C. T. Damms, Winckelmanns Lehrer, Versuch einer prosaischen Übersetzung der griechischen Lieder des Pindar, Berlin und Leipzig 1770-71, die er besaß (Schriften IV 693 Nr. 53). Die Übertragung hymnischer Verse in lyrische Prosa war damals eine beliebte Übersetzungstechnik, der Novalis dann selbst im Falle der *Hymnen*, bei der Übertragung der Vers- in die Prosafassung, gefolgt ist. Für Novalis' Pindar-Rezeption bedeutsam ist auch seine Übersetzung eines berühmten Epigramms, in dem berichtet wird, dass Alexander, als er Theben einnahm, das Geburtshaus Pindars verschonte: „Oedipus nicht und Cadmus bezähmten die Wut Alexanders / Als er die prangende Stadt Theben hinab in den Staub / Schmetterte, aber der Musen besiegender Reitz, denn er schonte / Mild das einzige Dach, welches einst Pindar bedeckt.", HKA VI 503. Novalis besaß zwei Pindar-Ausgaben von F. Gedike, die auch Hölderlin benutzte: Carmina selecta, Berlin 1786 und Olympische Siegshymnen, Berlin 1777, sowie die bereits erwähnte Prosa-Übersetzung von Damm. Zur Pindar-Rezeption im 18. Jh. vgl.: Siegmund Lempicki, Pindar im literarischen Urteil des 17. und 18. Jahrhunderts, in: Eos. Commentarii societatis philologiae Polonorum 33 (1930-31), 419-74, sowie: Thomas Gelzer, Pindarverständnis und Pindarübersetzung im deutschen Sprachbereich vom 16. bis zum 18. Jahrhundert, in: Geschichte

Die wichtigste Veränderung des Originallauts ist die Bezeichnung des Dichters als „Empfindungsschöpfer" – wiederum ein deutliches Zeichen für die Rezeption der Wirkungsästhetik Klopstocks in der Poetik des jungen Hardenberg.[1101] Darüber hinaus preist Hardenberg Klopstock in seinem Jugendgedicht *An Klopstock*, indem er ihn mit Pindar indirekt vergleicht:

> Und stürzt, wie Donner hoch vom Gewölk
> In Fichtenwäldern splittert und hallt,
> Daß Myriaden erschrocken
> Schrecklich dröhnen zur Erde hin.[1102]

Hardenberg variiert somit die berühmte Pindar-Ode des Horaz (*carmen* 4,2), in der Pindar als ein Strom dargestellt wird, der sich vom Berg herabstürzt und „numerisque lege solutis", also regelfrei dichtet.[1103]

Nicht nur in der Orientierung an kosmische Größe (etwa in der Antithese von Tag und Nacht) und in der begeisterten, inspirierten Haltung, sondern auch im Stil lässt sich Klopstocks Einfluss in den *Hymnen* verfolgen. War in der Jugenddichtung besonders der absolute Komparativ ein auffallend häufiges, von Klopstock übernommenes Stilmittel[1104], so stellen sich die *Hymnen* insbesondere durch den exponierten Gebrauch von Komposita in die Nachfolge der erhabenen Schreibart Klopstocks, der wohl als erster die Komposita in die deutsche Dichtersprache als erhabenes Stilmittel zum Zweck der Gefühlsintensivierung einführte.[1105] Sein Argument dabei war, dass der Leser bei Komposita gezwungen werde, schneller zu denken und dadurch eine Intensivierung des Gefühls herbeigeführt werde. Der Gebrauch der zusammengesetz-

---

des Textverständnisses am Beispiel von Pindar und Horaz, hrsg. von W. Killy, München 1981, 81-116.

[1101] Noch im Alter schrieb Klopstock an Voß: „Ich betrachte überhaupt alles, was Kunst heißt, nach der Wirkung." (Brief vom 23. September 1789, in: Briefe 1783-1794, hrsg. von Helmut Riege, Berlin – New York 1994, I 152). Klopstock selbst berief sich auf die von Breitinger theorisierte „hertzrührende Schreibart" (vgl.: Schmidt, a.a.O., 53). Hermann Kurzke, der in seinem Aufsatz (a.a.O., 144) auf diese gewichtige Änderung in der Pindar-Übersetzung aufmerksam macht, erkennt den Zusammenhang mit Klopstock nicht.

[1102] Schriften VI.1 78.

[1103] Hardenberg übersetzt: „Wer den Pindar sich zu erreichen vorsezt, / Stüzt sich auf Daedalisches Wachsgefieder / Wird, Licin, dem bläulichen Meere seinen / Namen verleihen. // Wie der Strom vom Berge herabstürzt, welchen / Offne Wolken über die Ufer hoben, / Strömt begeistert donnerndes Rufes Pindar / Mächtigen Geistes.", Schriften VI.1 522.

[1104] Vgl. die Ode *An meine Freunde* – einen vaterländischen Gesang im Ton der Oden Klopstocks (VI.2 489). Hervorzuheben ist hier der Gebrauch des absoluten Komparativs nach Klopstocks Vorbild – „freyeren Busen" – ein stilistisches Merkmal, das zahlreiche andere Gedichte Hardenbergs aufweisen (für Belege vgl. Schriften VI.2 489, Anm. 1). Hardenbergs Vorliebe für Klopstocks absoluten Komparativ ist auch in der V. *Hymne* belegt: „*Süßer* schmeckte der Wein von sichtbarer Jugendfülle geschenkt [...]", Schriften I 141-3, meine Hervorhebung.

[1105] Vgl. z.B. die erste *Hymne*: „Sinnbegabte", „Wundererscheinungen", „allerfreulich", „Allgegenwart", „rastlos", „Riesenwelt", „ewigruhend", „vielgestaltet", „sinnvoll", „zartgeschlossen", „tonreich", „zahllos", „Wunderherrlichkeit" usw.

ten Beiwörter (damals als „Machtwörter" bezeichnet) wurde erstmals von Breitinger in der Fortsetzung der „Critischen Dichtkunst" als Kennzeichen des neuen, erhabenen Stils den Dichtern empfohlen – und von Gottsched und dessen Anhängern aufs Heftigste bekämpft.[1106] Bei Klopstock wird die Bildung von Komposita unter das „Stilprinzip der Kürze" gefasst, das auf „herzbewegende" Wirkung abzielt. So heißt es in der Abhandlung *Von der Darstellung*: „Durch Hülfe der Kürze denkt oder fühlt man schneller." und: „[...] diese Schnelligkeit vergrößert den Eindruck des Dargestellten. Sie ist einer der wesentlichsten Punkte, worauf es ankömmt. Denken Sie sich den, der ... sich selbst etwas darstellt, wie denn Alles in seiner Seele fliegt."[1107] Durch die Kürze wird der Eindruck des Dargestellten vergrößert: „Das Zusammensetzen macht, dass man schneller denkt: und der schnellere Gedanke ist lebendiger, hat mehr Kraft."[1108] Der poetische Gebrauch von Komposita geht jedoch im Grunde schon auf die griechische Gattung des Dithyrambos zurück. In seiner *Poetik* bemerkt Aristoteles, dass die Verwendung von Komposita eines der stilbildenden Merkmale des Dithyrambos darstelle: „τῶν δ' ὀνομάτων τὰ μὲν διπλᾶ μάλιστα ἁρμόττει τοῖς διθυράμβοις".[1109] Die Verwendung von Komposita in den Hymnen steht also im Zusammenhang sowohl mit Klopstocks erhabener Schreibart als auch mit dem Interesse, das die Frühromantiker – insbesondere die Brüder Schlegel, aber auch Novalis – für die griechische Form des Dithyrambos hegen: letzterer galt ihnen als paradigmatische Form des enthusiastischen und rauschhaften Singens.[1110]

Ein anderes Charakteristikum der Erhabenheit in den *Hymnen* ist ihre Ver-

---

[1106] Breitinger schreibt dazu: „Zu diesem Ende dienen vornehmlich die zusammengesetzten Beywörter, die zwar vornehmlich in der griechischen Sprache ihre Geburt zu dancken haben. Diese Zusammensetzung der Wörter tauget für die Poesie auf eine besondere Weise, nicht nur weil solche die Schreibart erhöht und verherrlichet, sondern auch, weil dadurch der Thonlaut verstärcket wird, mehr Klang und Pomp überkömmt, und die Bilder desto mehr Nachdruck erhalten.", *Fortsetzung der Critischen Dichtkunst*, zit. nach: Karl-Ludwig Schneider, *Klopstock und die Erneuerung der deutschen Dichtersprache im 18. Jahrhundert*, Heidelberg 1965, 18-19.

[1107] Zit. nach: Schneider, a.a.O., 59.

[1108] Zit. nach: Schneider, a.a.O., 107.

[1109] Poetica, ed. R. Kassel, Aristotelis de arte poetica liber, Oxford 1965, 1459a - „[...] unter den Wörterarten passen die Doppelwörter am besten zum Dithyrambos."

[1110] Zu Schlegels Aufzeichnungen zum Dithyrambos vgl. Petersdorff, a.a.O., S. 147. Novalis versucht eine christliche Umdeutung des Dithyrambos: „Christliche Dithyramben" (Schriften I 433; III 591; III 653; vgl. auch: IV 241, III 244). Besonders bedeutsam in diesem Zusammenhang ist auch Novalis' berühmte Nachdichtung der Horazischen Ode 3.25 - *Quo me Bacche* -, die ganz vom dionysisch-dithyrambischen Gestus beherrscht ist: „Wohin ziehst du mich, / Fülle meines Herzens, / Gott des Rausches, / Welche Wälder, welche Klüfte / Durchstreif ich mit fremdem Muth. / Welche Höhlen / Hören in den Sternenkranz / Caesars ewigen Glanz mich flechten / Und den Göttern ihn zugesellen. / Unerhörte, gewaltige / Keinen sterblichen Lippen entfallene / Dinge will ich sagen. / Wie die glühende Nachtwandlerinn / Die bacchische Jungfrau / Am Hebrus staunt / Und im thrazischen Schnee / Und in Rhodope im Lande der Wilden / So dünkt mir seltsam und fremd / Der Flüsse Gewässer / Der einsame Wald.", Schriften I 406.

bindung mit dem Schönen. Die Abgrenzung des Erhabenen vom Schönen geht erst auf Burkes Traktat zurück. In Boileaus *Traité du sublime ou du merveilleux dans le discours* (1674), einer französischen Übersetzung der Schrift des Pseudo-Longinus *ΠΕΡΙ ΥΨΟΥΣ*, wurde das Erhabene vom Schönen noch nicht kategorisch abgegrenzt. Das Erhabene erschien vielmehr als eine höhere Form von Schönheit. Diese Konzeption des Erhabenen vertreten auch die ersten deutschen Autoren, die sich des Begriffs bedienten: Bodmer (im dritten und vierten der dreizehnten *Kritischen Briefe* von 1746), Baumgarten (in den §§ 203, 213-4, 281, 322 und 416 seiner *Aesthetica* von 1750) und Winckelmann (in verschiedenen Passagen seiner *Gedanken über die Nachahmung der griechischen Werke in der Malerei und Bildhauerkunst* von 1755).[1111] Auch der erste deutsche Traktat über das Erhabene, Mendelssohns *Betrachtungen über das Erhabene und Naive* (1758) definiert das Erhabene als höchste Form der Vollkommenheit und Schönheit: „Nun wird eine iede Eigenschaft eines Dinges überhaupt *erhaben* genannt, wenn sie durch ihren außerordentlichen Grad der Vollkommenheit Bewunderung zu erregen fähig ist."[1112] Erst nach der Veröffentlichung von Burkes Traktat setzte sich allmählich die Auffassung durch, dass zwischen Schönem und Erhabenem ein grundsätzlicher Unterschied herrsche. Burke entwickelte diese Unterscheidung insbesondere im §§ 27 des dritten Teils seiner Abhandlung:

> diese Vergleichung wird uns einen merkwürdigen Kontrast zwischen beyden zeigen. Denn erhabne Gegenstände sind in ihren Dimensionen groß; schöne, vergleichungsweise klein. Das Schöne muß glatt und polirt; das Große rauh und nachläßig seyn. [...] Das Schöne darf nicht dunkel; das Erhabne muß zuweilen düstern und finster seyn. Das Schöne muß leicht, behend und zart; das Erhabne muß fest, standhaft und sogar massiv seyn.[1113]

Diese Unterscheidung wurde seit der zweiten Auflage von Mendelssohns *Betrachtungen* (1761) auch in Deutschland rezipiert.[1114] In der Empfindsamkeit und bei Klopstock war sie dominant. Insbesondere bei Klopstock herrschte

---

[1111] Vgl.: Hennemann Barale, Poetisierte Welt, Pisa 1990, 62 Anmerkung. Diese Kategorie wurde hingegen von Gottsched und den Theoretikern der darauffolgenden Generation, J.E.Schlegel, G.F.Meier und J.G.Sulzer, ignoriert.

[1112] Gesammelte Schriften, hrsg. von I. Elbogen, J. Guttmann, E. Mittwoch, Berlin 1929, I (bearbeitet von Fritz Bamberger) 191-218, hier 193. Vgl.: Hennemann Barale, a.a.O., 45-6.

[1113] Philosophische Untersuchungen über den Ursprung unsrer Begriffe vom Erhabnen und Schönen, Riga 1773, 206-7.

[1114] Mendelssohn las Burkes Schrift wenige Wochen nach ihrem Erscheinen, nachdem sie ihm von Lessing empfohlen worden war. Aufgrund dieser Lektüre revidierte Mendelssohn seine eigene Schrift. Burkes Einfluss lässt sich in der zweiten (1761) und dritten Auflage (1771) der *Betrachtungen* deutlich nachverfolgen. Vgl. dazu: J.-P. Meier, L'esthétique de Moses Mendelssohn (1729-1786), 2 Bde., Paris 1978 II 813-82. Hennemann Barale (Poetisierte Welt, a.a.O., 24 ff) erinnert daran, dass Lessing plante, Burkes Schrift zu übersetzen. Vgl. den Brief an Mendelssohn vom 21.1.1758 (G. E. Lessing, Gesammelte Werke in zehn Bänden, hrsg. von P. Rilla, Berlin 1954-57, vol. IX, S. 158), sowie Lessing an den Bruder Karl vom 20.10.1768 (ibidem S. 295).

eine strikte Entgegensetzung zwischen dem Erhabenen als dem, was man achten, aber nicht lieben durfte, und dem Schönen, das hingegen mit der Sphäre der Liebe verbunden wurde, aber auch das Unverbindliche, Kleine und Zierliche darstellte. So war das Erhabene von der schreckenerregenden Figur des Vaters beherrscht, während das Schöne die sanften Züge der Mutter trug. Kurz: die Erhabenheit repräsentierte – wie später noch bei Schiller – die Ertüchtigung, die Schönheit eher die Erschlaffung der Seelenkräfte, das Erhabene stand für Askese, während das Schöne Lust und Befriedigung bedeutete.[1115]

Prima facie bleibt auch bei Novalis diese Entgegensetzung zwischen Schönem und Erhabenem erhalten, denn sie entspricht genau der Opposition zwischen Tag und Nacht.[1116] Das Schöne steht – wie der Tag – für die Antike als geschichtlich überwundenem Prinzip der Vollendung in der Immanenz, während das Erhabene – und mit ihm dessen Sinnbild, die Nacht – hingegen das moderne und christliche Prinzip des Strebens nach Transzendenz symbolisiert. Der Anspruch, den Novalis in den *Hymnen an die Nacht* formuliert, ist aber der einer *Vermittlung* zwischen Immanenz und Transzendenz. Ihr Sinnbild ist die Auferstehung Christi, welche das weltgeschichtliche Symbol der Aufhebung der Schranken zwischen Irdischem und Himmlischem repräsentiert. Die Nacht verkündet demzufolge nicht nur den Tod, sondern ein „ewiges Leben", eine vergeistigte sinnliche Erfahrung.[1117] Diese *weltanschauliche* Vermittlung zwischen Irdischem und Himmlischem entspricht nun *ästhetisch* der Synthese zwischen Schönem und Erhabenem. Das Erhabene lässt ein höheres Reich der Schönheit erahnen. Diese Vermittlung zwischen Erhabenem und Schönem drückt sich in den Hymnen in der Nebeneinanderstellung der erhabenen Gestalt Christi und der schönen weiblichen Gestalt der Geliebten aus. Beide sind in Novalis' religionsphilosophischem Konzept gleichberechtigte, sich gegenseitig ergänzende Mittler des Absoluten. Das Erhabene bedeutet demzufolge nicht nur Askese, Erhebung über die Sinnlichkeit, sondern ist zugleich die Voraussetzung, um zu einem Reich höherer sinnlicher Erfüllung zu gelangen. Diese Dimension der Schönheit wird in der Vision der Geliebten, die im dritten Teil der I. *Hymne* formuliert wird, nicht zuletzt durch einen versteckten Vierzeiler vergegenwärtigt.[1118] Der Reim steht dabei für die glatte, weiche,

---

[1115] Vgl. dazu die aufschlussreichen Ausführungen Giuliano Baionis, in: Deutsche Literatur. Eine Sozialgeschichte. Hrsg. von Horst Albert Glaser. Bd. IV (1740-1786). Hrsg. von Ralph-Rainer Wuthenow, Reinbek bei Hamburg 1980, 234-253 (Naturlyrik).

[1116] So wird der Tag in der IV. Hymne ausdrücklich mit dem Schönen in Verbindung gesetzt: „Gern will ich [...] unverdrossen verfolgen deines künstlichen Werks *schönen* Zusammenhang." (meine Hervorhebung) – eine Schönheit, die von der Erhabenheit der Nacht abgelöst wird: „Aber getreu der Nacht bleibt mein geheimes Herz [...]", Schriften I 137.

[1117] Ein Hinweis darauf findet sich auch in der V. Hymne: „Die Nacht ward der Offenbarungen mächtiger Schoos – *in ihn kehrten die Götter zurück* – schlummerten ein, um in neuen herrlichern Gestalten auszugehn über die veränderte Welt.", Schriften I 145, meine Hervorhebung.

[1118] Vgl.: „[...] ein ernstes Antlitz seh ich froh erschrocken (A), / das sanft und andachtsvoll sich zu mir neigt (B), / und unter unendlich verschlungenen Locken (A) / der Mutter liebe Jugend zeigt (B).", Schriften I 133.

sensualistische Form, die im rauen und asketischen Duktus der Hymne das Element des Schönen vertritt.[1119]

Aber nicht nur die *Hymnen* sind von der Ästhetik des Erhabenen geprägt, sondern auch der *Ofterdingen*. So dürfte insbesondere die Thematisierung des Kriegs im Rahmen von Hardenbergs Poetik des Erhabenen gelesen werden.[1120] Bereits Kant hatte in der *Kritik der Urteilskraft* (§§ 26) die Erhabenheit des Kriegs hervorgehoben. Dort heißt es, dass – angesichts von dessen tapferer und überlegener Haltung – der Feldherr und nicht der Staatsmann die größte Bewunderung für seine Erhabenheit auf sich ziehe:

> Daher mag man noch so viel in der Vergleichung des Staatsmanns mit dem Feldherrn über die Vorzüglichkeit der Achtung, die einer vor dem andern verdient, streiten; das ästhetische Urteil entscheidet für den letztern. Selbst der Krieg, wenn er mit Ordnung und Heiligachtung der bürgerlichen Rechte geführt wird, hat etwas Erhabenes an sich und macht zugleich die Denkungsart des Volks, welches ihn auf diese Art führt, nur um desto erhabener, je mehreren Gefahren es ausgesetzt war und sich muthig darunter hat behaupten können [...].[1121]

In seinem Roman hat Hardenberg diesen erhabenen und poetischen Charakter des Krieges vor allem durch die Parallelisierung von Dichtertum und Heldentum zum Ausdruck gebracht. Heinrich, der allmählich seine Berufung zum Dichtertum entdeckt, fühlt sich zugleich unwiderstehlich vom Schwert des Schlossherrn angezogen.[1122] Im achten Kapitel, dem Gespräch zwischen Heinrich und Klingsohr, wird diese Nähe von Dichtertum und Heldentum explizit reflektiert. Heinrich bemerkt dort:

> Der Krieg überhaupt scheint mir eine poetische Wirkung. Die Leute glauben sich für irgend einen armseligen Besitz schlagen zu müssen, und merken nicht, daß sie der romantische Geist aufregt, um die unnützen Schlechtigkeiten durch sich selbst zu vernichten. Sie führen die Waffen für die Sache der Poesie, und beyde

---

[1119] Die von Novalis angestrebte Synthese zwischen dem Erhabenen und dem Schönen wird auch von den anderen Frühromantikern vertreten. So wendet August Wilhelm Schlegel in seinen Berliner *Vorlesungen über schöne Literatur und Kunst* gegen Kants Bestimmung des Erhabenen ein: „Wogegen ich ... am meisten einzuwenden habe, das ist eben die scharfe Absonderung vom Schönen, welche keinen allmähligen Übergang aus einem ins andre denken läßt.", Vorlesungen über Ästhetik, hrsg. von Ernst Behler. Bd. I. Paderborn 1989, 234.

[1120] Zum Krieg bei Novalis vgl.: Mähl, a.a.O., 320-22; Fabrizio Desideri, Guerra e pace: ‚voluttà della sintesi' e ‚malinconia bacchica' in Novalis, in: Filosofia e guerra nell'età dell'idealismo tedesco, hrsg. von Gaetano Rametta, Milano 2003, 151-61. Wolfgang Klimbacher, ‚Auf Erden ist der Krieg zu Hause': Krieg, Goldenes Zeitalter und Revolution im ‚Heinrich von Ofterdingen', in: Mnemosyne 13 (1992), 36-42.

[1121] Ak.-Ausg. V 262-3.

[1122] „Alle besahen das prächtige Schwerdt, auch Heinrich nahm es in seine Hand, und fühlte sich von einer kriegerischen Begeisterung ergriffen. Er küßte es mit inbrünstiger Andacht. Die Ritter freuten sich über seinen Antheil. Der Alte umarmte ihn, und munterte ihn auf, auch seine Hand auf ewig der Befreyung des heiligen Grabes zu widmen, und das wunderthätige Kreuz auf seine Schultern befestigen zu lassen. Er war überrascht, und seine Hand schien sich nicht von dem Schwerdte losmachen zu können.", Schriften I 231.

Heeren folgen Einer unsichtbaren Fahne.[1123]

Nicht die Habsucht, sondern der romantische Geist treibt die Menschen zum Krieg. Dieser erscheint als Entgrenzungsdrang zum Absoluten hin und insofern als Romantisierung des Lebens.

> ,Im Kriege', versetzte Klingsohr, ,regt sich das Urgewässer. Neue Welttheile sollen entstehen, neue Geschlechter sollen aus der großen Auflösung anschießen. Der wahre Krieg ist der Religionskrieg; der geht gerade zu auf Untergang, und der Wahnsinn der Menschen erscheint in seiner völligen Gestalt. Viele Kriege, besonders die vom Nationalhaß entspringen, gehören in diese Klasse mit, und sie sind ächte Dichtungen. Hier sind die wahren Helden zu Hause, die das edelste Gegenbild der Dichter, nichts anders, als unwillkührlich von Poesie durchdrungene Weltkräfte sind. Ein Dichter, der zugleich Held wäre, ist schon ein göttlicher Gesandter, aber seiner Darstellung ist unsere Poesie nicht gewachsen.[1124]

Die von Klingsohr ausdrücklich formulierte Nähe von Dichtertum und Heldentum wollte Hardenberg auch im zweiten Teil weiter ausführen. Dort hätte Heinrich „Feldherr" werden sollen:

> Heinrich überfällt mit einem flüchtigen Haufen die feindliche Stadt. Alle Elemente des Kriegs in poëtischen Farben. / (Ein großer Krieg, wie ein Zweykampf – durchaus *generoes* – philosophisch – human. Geist der alten Chevalerie. Ritterspiel. Geist der *bacchischen* Wehmuth. [)] / Die Menschen müssen sich selbst untereinander tödten – das ist edler, als durchs Schicksal fallen. Sie suchen den Tod. […] Im Tode und als Schatten lebt der Krieger.[1125]

Auch das Vorhaben, im zweiten Teil den Wartburgkriegsstoff als „*Streit* der Poesie" in die Romanhandlung einzubeziehen, weist in dieselbe Richtung: „Die Dichter wetten aus Enthusiasmus und bacchischer Trunkenheit um den Tod."[1126] Der Krieg erscheint Hardenberg als eine dionysische – „bacchische" – Erfahrung, als ein rauschhaftes, ekstatisches Ausbrechen aus den Grenzen des Daseins, das das Leben romantisiert.

Diese poetische Aufwertung des Krieges als erhabener Entgrenzungserfahrung teilt Hardenberg mit dem späten Hölderlin. Die Leitvorstellung einiger später Oden Hölderlins ist gerade der selbstzerstörerische Drang zum Ungebundenen als Streben zum Absoluten. Das bekannteste Zitat, das an dieser Stelle angebracht werden kann, sind die Verse aus der dritten Fassung von *Mnemosyne*: „Und immer / Ins Ungebundne gehet eine Sehnsucht."[1127] Aber auch in anderen späten Oden, der zweiten Fassung der *Stimme des Volks*, *Trä-*

[1123] Schriften I 285.

[1124] Ebd.

[1125] Schriften III 676 Nr. 628. Vgl. auch: „Italiänische Händel. Hier wird H[einrich] Feldherr. Beschr[eibung] eines Gefechts etc.", Schriften III 671 Nr. 612.

[1126] Schriften III 672 Nr. 616. „Wartburg. Innrer Streit der Poesie. Mystizism dieses Streites.", Schriften III 671 Nr. 612. Der „Mystizism" dieses Streits besteht gerade in der für ihn wie für jeden Krieg charakteristischen Ausrichtung auf das Unendliche.

[1127] StA II.1 197.

nen, *Lebensalter* und dem Entwurf *Griechenland* steht immer wieder der Drang zur Entgrenzung und Auflösung im Mittelpunkt.[1128] Die Übereinstimmung mit Novalis liegt nicht nur in der Parallelisierung von Heldentum und Dichtertum, von *furor heroicus* und *furor poeticus*.[1129] Sie reicht bis in die Wortwahl hinein. So spricht Hölderlin wie Hardenberg von „Todeslust" unter Verwendung des gleichen Neologismus. Wenn es in den Paralipomena des *Ofterdingen* heißt: „Todeslust ist Kriegergeist. Romantisches Leben des Kriegers"[1130], so kehrt derselbe Terminus wörtlich auch bei Hölderlin wieder, mit welchem er den erhabenen Genuss an der Auflösung markiert: „Und Völker auch ergreiffet die Todeslust, und Heldenstädte sinken [...]"[1131], sowie: „Die Todeslust der Völker [...]".[1132]

Im Unterschied zu Hardenberg allerdings erwächst bei Hölderlin die Problematik der Entgrenzung nicht nur aus rein ästhetischen Überlegungen, sondern sie steht auch im Zusammenhang mit der Krankheit. Sie wird als Bedrohung empfunden, der es durch den Rückgriff auf das Feste und Gesetzliche zugleich entgegenzuwirken gilt.[1133] *Mutatis mutandis* fehlt aber auch bei Hardenberg eine solch kritische Relativierung der Todeslust nicht. Sie zeigt sich darin, dass im *Ofterdingen* der Verherrlichung des Krieges immer wieder die Ideale des Friedens und der Liebe als identitätsstabilisierende Korrektive an die Seite gestellt werden. So folgt auf Heinrichs kriegerische Begeisterung die Begegnung mit Zulima, in der letztere ihr sehnsüchtiges Verlangen nach Frie-

---

[1128] Vgl.: Jochen Schmidt, Kommentar zu: Friedrich Hölderlin. Gedichte, Frankfurt am Main 1992, 500.

[1129] Schmidt, a.a.O., 821. Schmidt weist darauf hin, dass Hölderlin mit seiner Verklärung des „Zorns" – *furor* – sich zugleich in eine neuplatonische Tradition einreiht: „Vermittelt von Marsilio Ficinos neuplatonisch-mystischem Kommentar zu Platons *Symposion*, seiner für das Thema programmatischen Schrift *De divino furore* und entsprechenden Partien in der für den Traditionsprozeß zentralen *Theologia Platonica*, hat die idealistische Vorstellung vom furor heroicus ihre größte neuzeitliche Entfaltung in Giordano Brunos Schrift *De gl'heroici furori* erfahren.", 821.

[1130] Schriften III 677 Nr. 628.

[1131] StA II.1 49.

[1132] StA II.1 158. Das Wort ist bereits bei Körner und Tieck (*Fortunat*) belegt. Vgl.: Deutsches Wörterbuch von Jacob und Wilhelm Grimm, XXI, Sp. 566. Der Terminus findet dann bei Loeben und Eichendorff oft Verwendung. Vgl. vor allem Eichendorffs Gedicht *Todeslust*, in: Sämtliche Werke des Freiherrn Joseph von Eichendorff, hrsg. von Hermann Kunisch und Helmut Koopmann, Stuttgart – Berlin – Köln 1993, Bd. I 335.

[1133] Vgl. Schmidt: „Zugleich aber artikuliert sich jetzt, wo Hölderlin sich selbst aufs äußerste bedroht fühlt, immer wieder eine beinahe verzweifelte Gegenwehr gegen diesen Entgrenzungsdrang, überhaupt gegen alles Ekstatische. So ebenfalls in *Mnemosyne* – als antagonistischer Reflex gegen die ‚ins Ungebundene' gehende ‚Sehnsucht' – und in dem späten hymnischen Entwurf *Griechenland*, auch in der 2. Fassung des *Einzigen*. Ja, manche früheren Gedichte erfahren nun eine tiefgreifende Neufassung mit dem Ziel, das Feste, Gesetzliche, Mittelbare, das Maß, das Endliche, die Individualität und das seiner selbst mächtige Bewußtsein gegen das Elementare, Grenzenlose, Diffuse, insbesondere gegen die Unmittelbarkeit des Erlebens, das Übermaß des Gefühls und gegen die ekstatische Hingerissenheit energisch zu markieren.", 500.

den zum Ausdruck bringt und Heinrichs selbstzerstörerischen Entgrenzungsdrang in Schranken weist. Das existenzauflösende Streben ins Ungebundene
weicht den Vorstellungen von Frieden und Liebe als existenzsichernden Ener-
gien.[1134] Ästhetisch betrachtet wird somit eine Synthese von Erhabenheit und
Schönheit angestrebt, die als ästhetische Kategorien zugleich – wie bereits in
der Empfindsamkeit – geschlechtstypologische Bedeutung annehmen: der
Frau kommt die Aufgabe zu, den erhabenen Drang des Mannes zu regulieren,
ihn mit der Schönheit zu vermitteln und zugleich zu begrenzen.[1135] Auch in
diesem Fall also wird bei Hardenberg das Erhabene mit dem Schönen vermittelt.

[1134] „Heinrich war voll Gedanken, die kriegerische Begeisterung war gänzlich verschwunden.
[…] Zulima ging still neben ihm her, und führte das Kind. Heinrich trug die Laute. Er suchte
die sinkende Hoffnung seiner Begleiterinn, ihr Vaterland dereinst wieder zu sehn, zu beleben,
indem er innerlich einen heftigen Beruf fühlte, ihr Retter zu seyn, ohne zu wissen, auf welche
Art es geschehen könne. Eine besondere Kraft schien in seinen einfachen Worten zu liegen,
denn Zulima empfand eine ungewohnte Beruhigung und dankte ihm für seine Zusprache auf
die rührendste Weise.", Schriften I 238.

[1135] „Die Frau ist das Symbol der *Güte* und *Schönheit* – der *Mann* das Symbol der Wahrheit und
des Rechts.", Schriften III 399 Nr. 690.

2.13. Das Genie

Die Kategorie des Genies stellt eine weitere Stufe von Novalis' Absetzung von der klassizistischen Nachahmungspoetik dar. Das Genie löst die *imitatio* durch die *inventio* ab. Das Schweben der Einbildungskraft als Quelle aller Realität verweist auf einen Zustand des Geistes, der – dem endlichen Selbstbewusstsein gegenüber erhaben – präreflexiv ist und aus dem die Wirklichkeit hervorströmt. Dieser Zustand ist für Novalis das Genie, das geradezu zum Synonym für Poesie wird: „<Das Genie überhaupt ist poëtisch. Wo das Genie gewirckt hat – hat es poëtisch gewirckt>".[1136]

Die Voraussetzungen für Novalis' Genie-Konzeption liegen in Fichtes Ich-Philosophie begründet. Zwar hat Fichte das Genie nicht als solches thematisiert, jedoch beruht die Grundform seiner Philosophie, in ihrer Verabsolutierung des Ich-Prinzips, das aus sich heraus die Realität „setzt", auf dem genialischen Standpunkt.[1137] Das Ich wird von Fichte als absolut schöpferisches Prinzip charakterisiert, das vor aller Erfahrung liegt und nicht nur die äußere Wirklichkeit, sondern auch sich selbst durch eine „Tathandlung" hervorbringt. Dabei trennt Fichte allerdings das endliche Bewusstsein vom Bewusstsein des Philosophen und des Künstlers, welche allein fähig sind, den transzendentalen Standpunkt, auf dem die Wirklichkeit produziert wird, einzunehmen. Entscheidend ist, dass nicht nur dem Philosophen, sondern auch dem Künstler das Vermögen zuerkannt wird, sich zum transzendentalen Standpunkt zu erheben. Dieses Erheben, das beim Philosophen Resultat der Reflexion ist, erfolgt beim Künstler unbewusst.[1138] Fichtes Hervorhebung der Bewusstlosigkeit des künstlerischen Genies bereitet gewissermaßen die weitere Entwicklung des Genie-Gedankens bei Novalis und Schelling vor, die den bewusstlos-notwendigen Charakter des Genies deutlich hervorheben. Grundsätzlich anders dimensioniert ist hingegen Schlegels Genie-Konzeption. In seinen Vorlesungen zur Transzendentalphilosophie, die er in Jena von 1800 bis 1801 gehalten hat, erscheint zwar das Genie wie bei Novalis und Schelling als die ersehnte Vermittlung von Subjektivem und Objektivem als Interessantem und Klassischem. Der Mittelbegriff zwischen beiden ist das Genie: „Wir haben nur noch den Mittelbegriff zwischen interessant und classisch zu suchen. [...] Genie ist der

---

[1136] Schriften II 536 Nr. 49.

[1137] Jochen Schmidt, Die Geschichte des Genie-Gedankens in der deutschen Literatur, Philosophie und Politik 1750-1945, Darmstadt 1985, Bd. 1, 381 ff.

[1138] So heißt es im *System der Sittenlehre nach den Principien der Wissenschaftslehre* (1798): „Die schöne Kunst [...] *macht den transscendentalen Gesichtspunkt zu dem gemeinen. –* Der Philosoph erhebt sich und andere auf diesen Gesichtspunkt mit Arbeit, und nach einer Regel. Der schöne Geist steht darauf, ohne es bestimmt zu denken; er kennt keinen anderen, und er erhebt diejenigen die sich seinem Einflusse überlassen, ebenso unvermerkt zu ihm, daß sie des Übergangs sich nicht bewußt werden. [...] Auf dem transscendentalen Gesichtspunkte wird die Welt gemacht, auf dem gemeinen ist sie gegeben: auf dem ästhetischen ist sie gegeben, aber nur nach Ansicht, wie sie gemacht ist.", FG I.5 307-8.

Mittelbegriff. [...] Die Materie der Historie wird nun näher bestimmt durch
genialisch, oder interessant und classisch."[1139] Diese Vermittlung ist jedoch
nicht organisch oder unbewusst. In seinen Vorlesungen über *Die Entwicklung
der Philosophie in zwölf Büchern*, die er in Köln von 1804 bis 1805 hielt,
argumentiert Schlegel entschieden gegen eine organische, angeborene und
unbewusste Genieauffassung, weil sie die Moralität aufhebt: „Dieser Begriff
von Genie ist durchaus unmoralisch, weil dadurch dem Hochmute und der
Selbstvergötterung gar zu großer Vorschub getan wird. Er wurde schnell und
allgemein benutzt, um die Moralität im Grunde aufzuheben."[1140] Das Unbewusste und Organisch-Angeborene kennzeichnet hingegen sowohl Hardenbergs als auch Schellings Genie-Konzeption.

   Schellings Erörterung des Genie-Gedankens in seinem *System des transzendentalen Idealismus* von 1800 soll im Folgenden als Vorlage dienen, um
Novalis' eigene Genie-Konzeption zu eruieren. [1141] Schellings Genie-
Verständnis baut wesentlich auf dem von Fichte auf, unterscheidet sich von
letzterem jedoch insofern, als es das Genie nicht ich-, sondern identitätsphilosophisch bestimmt. Obschon im *System des transzendentalen Idealismus* das
Absolute noch fichteanisch als „Ich" bezeichnet wird, hat Schelling den Boden
der Ich-Philosophie bereits verlassen. Das Absolute ist bei ihm nicht mehr
durch die Reflexion, sondern durch die Anschauung charakterisiert, es handelt
sich um einen spinozistisch gefärbten, unbewussten Einheitsgrund von Ich und
Natur. Nun ist dieses Fundament in der intellektuellen Anschauung zwar er-
fahr-, jedoch nicht objektivierbar. Die intellektuelle Anschauung bürgt zwar
für die subjektive Erfahrung des Absoluten, nicht aber für seine konkrete,
objektive Wirklichkeit, da sie eine Intuition der Ureinheit darstellt, die sich der
Objektivierung entzieht. Das Genie und das Ergebnis seiner Tätigkeit, das
Kunstwerk, sind für Schelling insofern zentral, als in ihnen eine Objektivierung der ansonsten unfassbaren und mystischen intellektuellen Anschauung
erfolgt: die ästhetische Anschauung – so Schellings Definition – ist die objektiv gewordene intellektuelle Anschauung.

   Diese Objektivierung birgt den Charakter des objektivierten Absoluten in
sich. Schellings Auffassung vom Absoluten entsprechend wird das Genie
identitätsphilosophisch als das zwischen Realität und Idealität Vermittelnde
definiert, das „[...] weder theoretisch noch praktisch, sondern *beides* zugleich
ist."[1142] Die Tätigkeit des Genies ist bei Schelling nicht nur – wie bei Fichte –
Ausdruck des Ich, sondern ebenso Ausdruck der Natur und des Unbewussten.

[1139] KA XII 104-5.

[1140] KA XII 368.

[1141] Zu Schellings Ästhetik vgl. Dieter Jähnig, Schelling. Die Kunst in der Philosophie. Erster
Band: Schellings Begründung von Natur und Geschichte, Pfullingen 1966, und Zweiter Band:
Die Wahrheitsfunktion der Kunst, Pfullingen 1969. Zu Schellings Genie-Begriff vgl. den
zweiten Band.

[1142] SW I/3 348.

Es ist ein und dieselbe Kraft, die im freien Handeln bewusst produktiv ist und in der Natur bewusstlos produziert. Das künstlerische Werk ist also einerseits Produkt einer bewussten Tätigkeit, andererseits Erzeugnis einer schicksalhaft notwendigen Naturkraft. Daraus entsteht beim Künstler das Gefühl der Notwendigkeit, es entsteht der Eindruck, dass das Werk durch eine Kraft zustande kommt, die das Bewusstsein transzendiert. Die Intelligenz, schreibt Schelling, fühlt sich selbst im Kunstwerk „überrascht" und „beglückt" durch eine Vereinigung von Freiheit und Notwendigkeit, die nicht gänzlich ihr Werk, sondern auch Ausdruck einer höheren Natur ist, welche durch sie gewirkt hat.[1143] Diese dunkle Gewalt, dem Schicksal gleich, bezeichnet Schelling als „Genie".[1144] Die Gleichsetzung des Genies mit einer schicksalhaften und unbegreiflichen Notwendigkeit, der das Ich ausgesetzt ist, bringt die religiös-irrationale Dimension des Genie-Begriffs Schellings prägnant zum Ausdruck. Die Assoziation des Genies mit der Sphäre des Göttlichen nimmt bei ihm allerdings keine emanzipatorische Valenz wie im Sturm-und-Drang an. Das Genie steht bei Schelling nicht für Autonomie, sondern für Heteronomie. Es repräsentiert nicht mehr das sich von der transzendenten Gottesvorstellung emanzipierte und sich selbst zum Gott erklärende Ich, sondern das entmachtete, der Gottheit schicksalhaft verfallene Subjekt.[1145] An anderer Stelle setzt Schelling das Genie mit dem tragischen Menschen gleich, der einem undurchschaubaren Schicksal unterworfen ist:

> Ebenso wie der verhängnißvolle Mensch nicht vollführt, was er will, oder beabsichtigt, sondern was er durch ein unbegreifliches Schicksal, unter dessen Einwirkung er steht, vollführen muß, so scheint der Künstler, so absichtsvoll er ist, doch in Ansehung dessen, was das eigentlich Objektive in seiner Hervorbringung ist, unter der Einwirkung einer Macht zu stehen, die ihn von allen andern Menschen absondert, und ihn Dinge auszusprechen oder darzustellen zwingt, die er selbst nicht vollständig durchsieht, und deren Sinn unendlich ist. Da nun jenes absolute Zusammentreffen der beiden sich fliehenden Thätigkeiten schlechthin

---

[1143] Schelling schreibt: die Intelligenz „[...] wird sich durch jene Vereinigung selbst überrascht und *beglückt* fühlen, d.h. sie gleichsam als freiwillige Gunst einer höheren Natur ansehen, die das Unmögliche durch sie möglich gemacht. / Dieses Unbekannte aber, was hier die objektive und die bewusste Thätigkeit in unerwartete Harmonie setzt, ist nichts anders als jenes Absolute, welches den allgemeinen Grund der prästabilierten Harmonie zwischen dem Bewußten und dem Bewußtlosen enthält.", SW I/3 683.

[1144] „Dieses unveränderliche Identische, was zu keinem Bewußtseyn gelangen kann und nur aus dem Produkt widerstrahlt, ist für das Producirende eben das, was für das Handelnde das Schicksal ist, d.h. eine dunkle Gewalt, die zu dem Stückwerk der Freiheit das Vollendete oder das Objektive hinzubringt; und wie jene Macht, welche durch unser freies Handeln ohne unser Wissen, und selbst wider unsern Willen, *nicht vorgestellte* Zwecke realisirt, Schicksal genannt wird, so wird das Unbegreifliche, was ohne Zuthun der Freiheit und gewissermaßen der Freiheit entgegen, in welcher ewig sich flieht, was in jener Produktion vereinigt ist, zu dem Bewussten das Objektive hinzubringt, mit dem dunkeln Begriff des *Genies* bezeichnet.", SW I/3 683-4.

[1145] Vgl. Jochen Schmidt, a.a.O., Bd. 1, 399-400.

nicht weiter erklärbar, sondern bloß eine *Erscheinung* ist, die, obschon unbegreiflich, doch nicht geleugnet werden kann, so ist die Kunst die einzige und e-
wige Offenbarung, die es gibt, und das Wunder, das, wenn es auch nur Einmal
existirt hätte, uns von der absoluten Realität jenes Höchsten überzeugen müßte.[1146]

Es ist daher nicht verwunderlich, wenn sich Schelling theologischer Wendungen wie des *pati Deum* bedient, um seine Genie-Konzeption zu charakterisieren:

> so wie der Künstler unwillkürlich, und selbst mit innerem Widerstreben zur Pro-
> duktion getrieben wird (daher bei den Alten die Aussprüche: *pati Deum* u.s.w.,
> daher überhaupt die Vorstellung von Begeisterung durch fremden Anhauch), e-
> benso kommt auch das Objektive zu seiner Produktion gleichsam ohne sein
> Zuthun, d.h. selbst bloß objektiv, hinzu.[1147]

An dieser Stelle wird die irrationale Dimension von Schellings Genie-
Auffassung in aller Deutlichkeit ausgesprochen. Nur scheinbar ist der Künstler
tätig, denn realiter wird er zur Produktion getrieben und seine Tätigkeit ist auf
eine fremde göttliche Einwirkung zurückzuführen.

Novalis' Genie-Auffassung rückt in die Nähe der Schellingschen. Systematisch betrachtet entspringt bei Novalis der Genie-Gedanke wie bei Schelling
aus der Überwindung des ich-philosophischen Standpunkts der *Wissenschaftslehre*, der gemäß das Unbewusste, Naturhafte als ein bloßes Nicht-Ich verdrängt wurde. Den beschränkten Standpunkt der *Wissenschaftslehre* überwindet Novalis durch die Konzeption einer „höheren Wissenschaftslehre", auch
als „Logologie" bezeichnet, die im Unterschied zur Fichteschen nicht mehr
auf dem Selbstbewusstsein des Ich, sondern auf der unbewussten und zeitlosen
Analogie zwischen Ich und Natur beruht, was Novalis bereits in den *Fichte-
Studien* bemerkt hatte: „Ich *bin nicht* inwiefern ich mich setze, sondern inwiefern ich mich aufhebe […]".[1148] Schon hier wird Novalis' Gleichsetzung des
„Seins" mit dem Unbewussten deutlich: an die Stelle von Fichtes „Set-
zung" tritt die Intuition einer unbewussten Ganzheit. „Höher" oder „logolo-
gisch" soll die neue Wissenschaftslehre heißen, weil in ihr der Standpunkt des
Selbstbewusstseins nicht mehr mit dem Absoluten zusammenfällt, sondern
von einer präreflexiven Einheit des Ich mit der Natur übertroffen wird. Im
System des transzendentalen Idealismus (1800) wird Schelling, der in dieser
Hinsicht Novalis auch in terminologischer Hinsicht äußerst nahe steht, die
Philosophie, welche die Aufgabe hat, die Harmonie von Freiheit und Notwendigkeit im Handeln des Subjekts festzuhalten, ebenfalls „höhere Philoso-
phie" nennen:

> Diese nothwendige Coexistenz einer freien, aber begrenzten, und einer unbe-

---

[1146] SW I/3 617-8.
[1147] SW I/3 617.
[1148] Schriften II 196 Nr. 278.

grenzbaren Thätigkeit in einem und demselben identischen Subjekt muß, wenn sie überhaupt ist, *nothwendig* seyn, und diese Nothwendigkeit zu deduciren, gehört der *höheren* Philosophie, welche theoretisch und praktisch zugleich ist.[1149]

Somit wird auch die Verbindung von Novalis' Gleichsetzung des Genies mit dem *Unbewussten* fassbar. Im Genie wird die Freiheit des Subjekts an die unbewusste Notwendigkeit der Natur gekoppelt. So heißt es: „Der Sinn für P[oësie] hat nahe Verwandtschaft mit dem Sinn der Weissagung und dem religiösen, dem Sehersinn überhaupt. Der Dichter ordnet, vereinigt, wählt, erfindet – und es ist ihm selbst unbegreiflich, warum gerade so und nicht anders."[1150] Auch darin ist übrigens die Ablösung eines klassizistischen Paradigmas zu sehen, weil die traditionelle Inspirationslehre, das Über-Bewusste, vom Unter-Bewussten ersetzt wird.[1151] Hardenberg kann nicht länger, wie im Klassizismus, von Inspiration sprechen, denn er kann nicht hinter dem Sturm-und-Drang und Fichte zurückfallen. Er weigert sich aber auch, das Genie völlig zu säkularisieren und auf die Autonomie des dichterischen Geistes zu reduzieren. Die Mittellösung ist die Fundierung des Genies auf dem Unbewussten, das immanent *und* heteronom zugleich ist. Das Unbewusste erscheint somit als Säkularisat der religiösen Fundierung des schöpferischen Aktes durch die Inspiration, wie letztere ist es durch Heteronomie gekennzeichnet, aber auf einer immanenten und säkularisierten Grundlage.

Diese zentrale Verknüpfung von Genie, Natur und Unbewusstem charakterisiert nicht erst die Ansätze Novalis' und Schellings, sondern wurde bereits von Sulzer in seiner *Allgemeinen Theorie der schönen Künste* (1771-1774) vorgenommen.[1152] Dort verband Sulzer erstmalig die organologische Genie-Vorstellung, wie sie von Herder und Young propagiert worden war[1153], mit Leibnizens Konzeption von unmerklichen, unbewussten Perzeptionen. [1154]

[1149] SW I/3 379.

[1150] Schriften III 686 Nr. 671.

[1151] Schmidt, a.a.O., 135.

[1152] Zum Folgenden vgl. Schmidt: „Sulzer griff in seiner 1771-1774 erstmals erschienenen *Allgemeinen Theorie der schönen Künste*, die eine lexikalische Summe der zeitgenössischen Ästhetik ist, die Vegetations-Metapher auf und verband sie unter Heranziehung der Leibnizschen Lehre von den unbewussten Vorstellungen mit dem Moment des Unbewussten. Diese Verbindung von Organischem und Unbewusstem mußte um so überzeugender erscheinen, als das bevorzugte Paradigma des Organischen, die Pflanze, ein unbewusstes Lebensphänomen ist.", a.a.O., 133.

[1153] Für Herder erübrigen sich die Einzelnachweise. Für Young vgl.: „Man kann von einem Originale sagen, daß es etwas von der Natur der Pflanzen an sich habe: es schießt selbst aus der belebenden Wurzel des Genies auf; es wächset selbst, es wird nicht durch die Kunst getrieben.", Edward Young, Gedanken über die Original-Werke. Aus dem Englischen von H. E. Teubern, Faksimiledruck nach der Ausgabe von 1760, Nachwort und Dokumentation zur Wirkungsgeschichte in Deutschland von Gerhard Sauder, Heidelberg 1977, 17. Vgl. auch: M. H. Abrahms, Spiegel und Lampe, München 1978, 250-55 und 255-69 (,Deutsche Theorien zur Pflanzenanalogie des Genies').

[1154] Vgl.: „[...] les perceptions insensibles sont d'un aussi grand usage dans la Pneumatique que les corpuscules insensibles le sont dans la Physique.", in: Nouveaux essais sur l'entendement

Demzufolge definierte Sulzer die poetische „Erfindung" folgendermaßen:

> Es ist eine anmerkungswürdige Sache, und gehört unter die andern psychologi-
> schen Geheimnisse, daß bisweilen gewisse Gedanken, wenn man die größte
> Aufmerksamkeit darauf richtet, sich dennoch nicht wollen entwikeln und klar
> fassen lassen; lange hernach aber sich von selbst, und wenn man es nicht sucht,
> in großer Deutlichkeit darstellen, so daß es das Ansehen hat, als wenn sie in der
> Zwischenzeit, *wie eine Pflanze*, unbemerkt fortgewachsen wären und nun auf
> einmal in ihrer völligen Entwiklung und Blüthe da stünden. Mancher Begriff
> wird allmählig reif in uns, und löset sich dann gleichsam von selbst von der
> Masse der dunkeln Vorstellungen ab und fällt ans Licht hervor. Auf dergleichen
> glükliche Äußerungen des Genies muß sich jeder Künstler auch verlassen, und
> wenn er nicht allemal finden kann, was er mit Fleiß sucht, mit Geduld den Zeit-
> punkt der Reife seiner Gedanken abwarten.[1155]

Bereits bei Sulzer erscheint folglich die dichterische Erfindung als vom Unbewussten abhängig und wird im Bild des unbewussten organischen Wachs-
tums der Pflanze umschrieben.

In diesem Sinne charakterisiert Novalis die Transzendentalpoesie. Wie in
der höheren Wissenschaftslehre keine Handlung des Ich allein letzterem entspringt, ohne dass in ihr die Natur selbst unbewusst mitwirkt, so ist in der
Transzendentalpoesie keine Dichtung lediglich freier Ausdruck des Dichters,
ohne zugleich in sich den Charakter einer unbewussten Notwendigkeit zu
tragen. In einer zentralen Aufzeichnung aus den „Logologischen Fragmenten" bemerkt Novalis Folgendes:

> Es giebt gewisse Dichtungen in uns, die einen ganz andern Karacter, als die Üb-
> rigen zu haben scheinen, denn sie sind vom Gefühle der Nothwendigkeit beglei-
> tet, und doch ist schlechterdings kein äußrer Grund zu ihnen vorhanden. Es
> dünckt dem Menschen, als sey er in einem Gespräch begriffen, und irgend ein
> unbekanntes, geistiges Wesen veranlasse ihn auf eine wunderbare Weise zur
> Entwickelung der evidentesten Gedancken. Dieses Wesen muß ein Höheres We-
> sen seyn, weil es sich mit ihm auf eine Art in Beziehung sezt, die keinem an Er-
> scheinungen gebundenen Wesen möglich ist – Es muß ein homogenes Wesen
> seyn, weil es ihn, wie ein geistiges Wesen behandelt und ihn nur zur seltensten
> Selbstthätigkeit auffordert. Dieses Ich höherer Art verhält sich zum Menschen,
> wie der Mensch zur Natur, oder wie der Weise zum Kinde. Der Mensch sehnt

---

humain, Préf. (1704), in: Die philosophischen Schriften, hrsg. von C. I. Gerhardt, Berlin
1875-90, V 49. Vgl. dazu: W. Janke, Art.: „Perceptions, petites", in: Historisches Wörterbuch
der Philosophie, hrsg. von Joachim Ritter und Karlfried Gründer, Basel 1989, Bd. 7: „Durch
den Begriff der ‚petites perceptions' (bzw. ‚perceptions insensibles', ‚indistinguables', ‚im-
perceptibles'), einen Grundbegriff der Monadologie, bezeichnet Leibniz Vorstellungen, die
die Seele besitzt, ohne ihrer bewußt zu sein, weil sie zu schwach, zu zahlreich oder zu gleich-
förmig sind, um gesondert bemerkt und behalten werden zu können.", 238.

[1155] Johann Georg Sulzer, Allgemeine Theorie der schönen Künste in einzelnen, nach alphabetischer Ordnung der Kunstwörter auf einander folgenden Artikeln abgehandelt, Nachdruck der
2. vermehrten Ausgabe Leipzig 1792, Hildesheim 1967, Bd. 2, 93-4. Novalis besaß die 2.
vermehrte Auflage. Erster – Vierter Theil, Leipzig 1786-7 (Schriften IV 692 Nr. 32).

sich ihm gleich zu werden, wie er das N[icht] I[ch] sich gleich zu machen sucht. / Darthun läßt sich dieses Factum nicht. Jeder muß es selbst erfahren. Es ist ein Factum höherer Art, das nur der höhere Mensch antreffen wird. Die Menschen sollen aber streben es in sich zu veranlassen. / Die Wissenschaft, die hierdurch entsteht ist die höhere W[issenschafts]L[ehre].[1156]

Der rätselhafte Charakter einiger poetischer Werke rührt daher, dass sie von einem unerklärlichen Gefühl der Notwendigkeit begleitet sind und sich wie von selbst produziert zu haben scheinen, weil sie auf keinen „äußeren Grund" zurückzuführen sind.[1157] Es wird der Eindruck erweckt, dass sich in ihnen ein „Ich höherer Art" bekundete. Obwohl sich Novalis hier noch der Fichteschen Terminologie bedient und von einem „Ich höherer Art", d.h. einem absoluten Ich spricht, hat er *de facto* den Boden der *Wissenschaftslehre* Fichtes bereits verlassen. Dieses „Ich höherer Art" umschreibt im Grunde das „Seyn", die zeitlose Analogie von Ich und Natur. Diese Einwirkung des höheren auf das endliche Ich führt zur Umkehrung der von Fichte in der *Wissenschaftslehre* aufgestellten Priorität des Praktischen vor dem Theoretischen: der praktische Teil der höheren Wissenschaftslehre ist nicht mehr die Bildung des Nicht-Ich durch das Ich, sondern die Bildung des Ich durch das unbewusste „Ich höherer Art"; der theoretische Teil ist nicht länger die Einwirkung des Nicht-Ich auf das Ich, sondern umgekehrt die Einwirkung des Ich aufs Nicht-Ich.[1158] Die Bildung hat nicht mehr im Denken ihren Träger, sondern im Unbewussten. Das Ich *scheint* das Nicht-Ich zu bilden, d.h. die Instanz der Moralität zu repräsentieren: die Wahrheit der Tätigkeit, hegelianisch gesprochen, ist jedoch die Passivität, die Bestimmung des scheinbar bildenden Ich durch das Unbewusste. Hier liegt auch die entscheidende Differenz von Hardenbergs Genie-Begriff zu dem des Sturm-und-Drang, der das Genie als Autonomie verstand. Bei Hardenberg ist hingegen alles Bilden des Ich auf ein ursprüngliches Gebildet-Werden zurückzuführen. Gerade in diesem heteronomen Bestimmt-Werden durch das Unbewusste liegt für Novalis das Wesen des Genies. So ist im *Heinrich von Ofterdingen* Heinrichs Entwicklung nichts anderes als die Entfaltung des ursprünglichen Traums von der Blume, in dem ihm seine Berufung zum Dichter offenbart wird. Der Werdegang des Dichters gleicht der organischen Entfaltung einer ursprünglich im Traum erblickten Vision.[1159]

[1156] Schriften II 528-9 Nr. 21.

[1157] Hier ist auch die Konzeption einer *nicht-subjektiven* Sprache aus dem *Monolog* begründet. So geht auch jedes Werk nicht nur aus der Tätigkeit des Dichters hervor, sondern entspricht einer höheren, apriorischen Notwendigkeit: „Jedes K[unst]W[erk] hat ein Ideal a priori – hat eine Nothwendigkeit bey sich *da* zu seyn.", Schriften II 648 Nr. 476.

[1158] Novalis schreibt zu dieser Umkehrung des Praktischen und des Theoretischen: „<Hier ist der Satz: Ich bestimmt N[icht]I[ch] das Princip des theoretischen, und der Satz: Ich wird bestimmt – Princip des practischen Theils.> Der practische Theil enthält die Selbsterziehung des Ich um jener Mittheilung fähig zu werden – der theoretische Theil – die Merckmale der ächten Mittheilung.", Schriften II 529 Nr. 21.

[1159] Schmidt, a.a.O., Bd. 1. 134. Zu Recht hat Wolfgang Kayser bemerkt, dass nicht die *bewusste*

Die Gleichsetzung des Genies mit dem Unbewussten wird auch in einigen Bemerkungen von Novalis zu Goethes Einleitung in das erste Heft der *Propyläen* ersichtlich.[1160] Hardenberg bezieht sich dort auf Goethes Betonung der Kluft, die die Natur von der Kunst trennt und die auch das Genie ohne äußere Hilfsmittel nicht zu überbrücken vermag: „Die Natur ist von der Kunst durch eine ungeheure Kluft getrennt, welche das Genie selbst, ohne äußere Hülfsmittel, zu überschreiten nicht vermag."[1161] Während Goethe das *Bewusstsein* in der künstlerischen Arbeit als deren *differentia specifica* gegenüber der Natur hervorhebt[1162], erscheint der Künstler bei Hardenberg als Vollzugsorgan der unbewussten Natur, so dass das eigene Werk ihm letztlich wie ein fremdes Erzeugnis anmutet:

> Mit jedem Zuge der Vollendung springt das Werck vom Meister ab in mehr, als Raumfernen – und so sieht mit dem lezten Zuge der Meister, sein vorgebliches Werck durch eine Gedankenkluft von sich getrennt – deren Weite er selbst kaum faßt – und über die nur die Einbildungskraft, wie der Schatten des Riesen Intelligenz, zu setzen vermag. In dem Augenblicke, als es ganz Sein werden sollte, ward es mehr, als er, sein Schöpfer – er zum unwissenden Organ und Eigenthum einer höhern Macht. Der Künstler gehört dem Wercke und nicht das Werck dem Künstler.[1163]

Hatte Goethe von der „ungeheuren Kluft" gesprochen, die die Natur von der

---

Handlung, sondern das *unbewusste Gezogenwerden* „die typische Erscheinungsweise aller Bewegung" im *Ofterdingen* sei. Vgl.: Das sprachliche Kunstwerk, 20. Aufl., Tübingen und Basel 1992, 309. So in der Begegnung mit Mathilde: „Heinrich fühlte die entzückenden Weissagungen der ersten Lust und Liebe zugleich. Auch Mathilde ließ sich willig von den schmeichelnden Wellen tragen, und verbarg ihr zärtliches Zutrauen, ihre aufkeimende Neigung zu ihm nur hinter einem leichten Flor.", Schriften I 277. Heinrich fühlt sich unwiderstehlich zu Mathilde hingezogen, wie letztere zu Heinrich. Beide werden von einer höheren Notwendigkeit bestimmt. Ebenso wenig vermag Heinrich im Schloss des alten Kriegsmannes das dem muslimischen Anführer abgerungene Schwert loszulassen: „Alle besahen das prächtige Schwerdt, auch Heinrich nahm es in seine Hand, und fühlte sich von einer kriegerischen Begeisterung ergriffen. Er küßte es mit inbrünstiger Andacht. Die Ritter freuten sich über seinen Antheil. Der Alte umarmte ihn, und munterte ihn auf, auch seine Hand auf ewig der Befreyung des heiligen Grabes zu widmen, und das wunderthätige Kreuz auf seine Schultern befestigen zu lassen. Er war überrascht, und seine Hand schien sich nicht von dem Schwerdte losmachen zu können.", Schriften I 231. Andererseits tragen die Wünsche des Individuums zugleich den Charakter der Notwendigkeit: „Heinrich und Mathilde wurden roth. Sie sahen sich einander mit Verwunderung an. Sie fragte ihn mit kaum hörbaren leisen Worten: Ob er gern küsse. Eben als er die Frage bejahte, fing eine fröhliche Tanzmusik an.", Schriften I 270.
[1160] Das erste Heft der *Propyläen* erschien Ende Oktober 1798 in Tübingen bei Cotta. Hardenberg notierte sich die neue Zeitschrift in einer Büchernotiz: „Göthe Prophylaen", Schriften III 284 Nr. 246. Am 7. November hatte er das Heft bereits gelesen und wollte darüber an Caroline Schlegel berichten. Dieser am 7. November 1798 an Schlegel angekündigte Brief über die *Propyläen* – „Von den Propylaeen im Briefe an die Schwägerinn", Schriften IV 264 – ist leider nicht erhalten.
[1161] HA XII 42.
[1162] HA XII 46.
[1163] Schriften III 411 Nr. 737.

Kunst trennt, um die Eigengesetzlichkeit der Kunst zu pointieren, so spricht Novalis im Gegenteil von der „Gedankenkluft", die den Künstler von seinem unbewusst entstandenen Werk trennt. Das Kunstwerk ist nur „vorgeblich" das Erzeugnis des Künstlers, denn dieser kann sein Zustandekommen kaum fassen. Nur die Einbildungskraft als unbewusstes genialisches Vermögen ist dazu in der Lage. Sie wird deshalb von Hardenberg mit dem Schatten des Riesen aus Goethes *Märchen* verglichen. Bei Goethe heißt es:

> Der große Riese, der nicht weit von hier wohnt, vermag mit seinem Körper nichts, seine Hände heben keinen Strohhalm, seine Schultern würden kein Reisbündel tragen; aber sein Schatten vermag viel, ja alles. Deswegen ist er beim Aufgang und Untergang der Sonne am mächtigsten, und so darf man sich abends nur auf den Nacken seines Schattens setzen: der Riese geht alsdann sachte gegen das Ufer zu, und der Schatten bringt den Wanderer über das Wasser hinüber.[1164]

Der Schatten des Riesen, der seine eigentliche, ja einzige Kraft darstellt, die „hinter seinem Rücken" wirkt, wird bei Hardenberg zum Bild für das genialische und unbewusste Wirken der Einbildungskraft.

Eine Folge, die sich aus dem Verständnis des Genies als unbewusst wirkender Kraft ergibt, ist der Umstand, dass das Kunstwerk selbst von Novalis höher als der unbewusst schaffende Künstler eingeschätzt wird. Es ist nicht mehr der sich im Werk bekundende Künstler, der im Mittelpunkt der ästhetischen Betrachtung steht, da letzterer unbewusst schafft und selbst Instrument einer höheren Macht ist. Die ästhetische Konsequenz, die diese Akzentuierung des Unbewussten im Schaffensprozess nach sich zieht, rückt das Werk selbst in den Vordergrund: „In dem Augenblicke, als es [das Werk] ganz Sein werden sollte, ward es mehr, als er, sein Schöpfer – er zum unwissenden Organ und Eigenthum einer höhern Macht." Der Dichter repräsentiert hier weniger einen autonomen Schöpfer als vielmehr, wie bei Schelling, das heteronome Vollzugsorgan der Einbildungskraft. Das heißt auch, dass das Werk „mehr ist als sein Schöpfer" und die bewusste Autorintention übersteigt: „Der Künstler gehört dem Wercke und nicht das Werck dem Künstler."[1165] Durch diese auf dem Unbewussten basierenden Entmachtung des Dichters gegenüber seinem Werk nimmt Hardenberg die später von Schelling und Hegel formulierte Realästhetik vorweg, die das Interesse auf den objektiven Gehalt des Kunstwerks zentriert und es nur noch aus seiner objektiven Logik heraus begreift.[1166]

[1164] HA VI 213.

[1165] Darin nimmt Hardenberg eine Einsicht Freuds vorweg: „Die Schöpferkraft eines Autors folgt leider nicht immer seinem Willen; das Werk gerät, wie es kann, und stellt sich dem Verfasser oft wie unabhängig, ja fremd gegenüber.", in: Gesammelte Werke, London 1950, XVI 211 [Der Mann Moses und die monotheistische Religion], zit. nach: Th. W. Adorno, Philosophie der neuen Musik, in: GS XII 25 (Anmerkung).

[1166] So polemisiert Friedrich Schlegel im Athenäumsfragment Nr. 256 gegen eine bloß psychologische Kunstbetrachtung, die auf der aufklärerischen Rezeptionsästhetik gründete, und stellt ihr eine auf dem Faktum der Kunstproduktion und des Werkes selbst beruhende Realästhetik entgegen: „Der Grundirrtum der sophistischen Ästhetik ist der, die Schönheit bloß für einen

Diese Überwindung der schöpferischen Individualität, die nur noch Mittel eines unbewussten Schöpfungstriebes ist, führt aber letztlich auch zu einer Überwindung des Genie-Begriffs selbst. Wenn das Genie nur noch das heteronome Vollzugsorgan des Unbewussten ist, gibt es *stricto sensu* auch kein genialisches Individuum mehr. Dies erklärt auch Hardenbergs Kritik an Schlegels Genie-Begriff, die in einer Notiz zu Schlegels *Ideen* eindeutig dokumentiert ist. Zwar verbindet auch Schlegel dort das Genie mit der Natur, aber mit der *spezifischen* Natur des Menschen, d.h. seiner Subjektivität und Autonomie. Schlegel schreibt:

> Genie zu haben ist der natürliche Zustand des Menschen; gesund mußte auch er aus der Hand der Natur kommen, und da Liebe für die Frauen ist, was Genie für den Mann, so müssen wir uns das goldne Zeitalter als dasjenige denken, wo Liebe und Genie allgemein waren.[1167]

Wie das Genie die spezifische Natur des Mannes ausmacht, macht die Liebe die spezifische Natur der Frau aus. Diese spezifische Natur aber ist für Hardenberg „widernatürlich". Er kommentiert:

> Jetzt bin ich überzeugt, daß Genie, wenn es nicht mit Geist verwechselt wird, nichts, als Specifiker Geist und daher eine widernatürliche Beschränkung, eine Leidenschaft des Geistes ist.[1168]

In dieser Aufzeichnung verabschiedet sich Hardenberg *de facto* vom Genie-Begriff. Als autonome Subjektivität, „spezifische" Natur repräsentiert das Genie eine „widernatürliche" Beschränkung. Der schöpferische Geist, den Hardenberg meint, ist hingegen transsubjektiv, er verbindet Ich *und* Natur, hebt jede Beschränkung auf und lässt sich letztlich nicht mit dem Terminus „Genie", als Individualität verstanden, umschreiben.

Wenn sich Hardenbergs neues Genie-Verständnis als mit jenem Schellings verwandt erweist, indem beide den traditionellen, auf Autonomie basierenden Genie-Begriff des Sturm-und-Drang überwinden, besteht ihr zentraler Unterschied in der Bedeutsamkeit, die bei Hardenberg weiterhin der Tätigkeit zukommt. Insbesondere der frühe Hardenberg spricht – noch fichteanisch – von der *Selbsterziehung* des Ich, um der genialischen Passivität fähig zu werden. So heißt es auch in einem Fragment aus den *Vermischten Bemerkungen*: „Die

---

gegebnen Gegenstand, für ein psychologisches Phänomen zu halten. Sie ist freilich nicht bloß der leere Gedanke von etwas was hervorgebracht werden soll, sondern zugleich die Sache selbst, eine der ursprünglichen Handlungsweisen des menschlichen Geistes; nicht bloß eine notwendige Fiktion, sondern auch ein Faktum, nämlich ein ewiges transzendentales.", KA II 209 Nr. 256. Diese wichtige Wendung zur Realästhetik war freilich bereits vor der Romantik von Karl Philipp Moritz vollzogen worden, insbesondere in seinem wichtigen Aufsatz *Über den Begriff des in sich selbst Vollendeten* (1785), in dem zum ersten Mal die psychologische Wirkungsästhetik der Aufklärung aufgekündigt wurde. Vgl.: Werke, hrsg. von Horst Günther, Frankfurt am Main 1981, 543-8.

[1167] Schriften III 489 Nr. 19.
[1168] Schriften III 489.

höchste Aufgabe der Bildung ist – sich seines transscendentalen Selbst zu bemächtigen – das Ich ihres Ichs zugleich zu seyn."[1169] Im Unterschied zu Schelling verdrängt die regressive Valenz des Genie-Begriffs bei Hardenberg nicht gänzlich die emanzipatorische Konzeption des Genies als Selbstbestimmung, wie sie auch von Fichte gedacht wurde. Nur durch die eigene Tätigkeit kann sich das Genie seines transzendentalen Selbst bemächtigen und am Ewigen Anteil haben. Somit behält selbst die Passivität in gewisser Weise einen tätigen Kern und kommt einer *Selbstbezauberung* des Ich gleich. Wie es im bereits zitierten Fragment heißt, soll das Ich dazu imstande sein, sich selbst zu bezaubern und seine Tätigkeit in Passivität umschlagen zu lassen: „Der *größeste Zauberer*", beobachtet Novalis, „würde der seyn, der sich zugleich so bezaubern könnte, daß ihm seine Zaubereyen, wie fremde, selbstmächtige Erscheinungen vorkämen […]".[1170] Darin besteht Novalis' Lehre des *magischen Idealismus*.[1171] Diese Konzeption, welche den Fichteschen Idealismus überbietet, hat einen unüberhörbaren tätigen Kern und markiert auch Novalis' Differenz zu Schellings Spinozismus, der das Ich selbst letztlich zugunsten der Anschauung aufhebt.[1172] Zudem ist das vom Genie Hervorgebrachte bei Hardenberg noch nicht existent: das Genie *antizipiert* einen Zustand der analogischen Entsprechung von Ich und Natur, der noch nicht Wirklichkeit geworden ist.[1173] Diesen fundamentalen Unterschied, der Schellings Ansatz von Novalis und Friedrich Schlegel trennt, bringt letzterer folgendermaßen zum Ausdruck: „*Schelling* geht nicht aus von dem Satze: Wissenschaft soll seyn; oder ich will

---

[1169] Schriften II 424 Nr. 28. Eine Betrachtung des Genies als Tätigkeit, die bereits in den *Fichte-Studien* formuliert wurde: „Selbstthätigkeit – *Genie* gehört zum *philosophiren*.", in: Schriften II 189 Nr. 251. In den *Vermischten Bemerkungen* heißt es über das Genie, dass es auf *Selbstdurchringung* beruhen soll: „Beynah alles Genie war bisher einseitig – Resultat einer kranckhaften Konstitution. Die Eine Klasse hatte zu viel äußern, die andre zu viel innern Sinn. Selten gelang der Natur ein Gleichgewicht zwischen beyden – eine vollendete, genialische Constitution. Durch Zufälle entstand oft eine vollkommne Proportion, aber nie konnte diese von Dauer seyn, weil sie nicht durch den Geist aufgefaßt und fixirt ward – Es blieb bey glücklichen Augenblicken. Das erste Genie, *das sich selbst durchdrang*, fand hier den typischen Keim einer unermeßlichen Welt – Es machte eine Entdeckung, die die Merckwürdigste in der Weltgeschichte seyn mußte – denn es beginnt damit eine ganz neue Epoke der Menschheit – und auf dieser Stufe wird erst wahre Geschichte aller Art möglich – denn der Weg, der bisher zurückgelegt wurde, macht nun ein *eignes*, durchaus erklärbares Ganze aus.", Schriften II 454 Nr. 93.

[1170] Schriften II 612 Nr. 407.

[1171] „Wir müssen Magier zu werden suchen, um recht moralisch seyn zu können. Je moralischer, desto harmonischer *mit Gott* – desto göttlicher – desto *verbündeter* mit Gott.", Schriften III 250 Nr. 61.

[1172] Zur Frage des magischen Idealismus, der die Differenz des Novalis zum Schellingschen Spinozismus markiert, vgl. Manfred Frank: Die Philosophie des sogenannten magischen Idealismus, in: Euphorion 63, 1969, 88-116.

[1173] Vgl. etwa: „Die Welt ist noch nicht fertig – so wenig wie der Weltgeist – Aus Einem Gott soll ein Allgott werden. Aus Einer Welt – ein Weltall. Gemeine Physik – höhere Physik. Der Mensch ist gemeine Prosa – er soll höhere Prosa – allumfassende Prosa werden.", Schriften III 316-7 Nr. 407.

wissen: sondern: *Wissenschaft ist* [...] Nicht von einem *logischen Imperativ*, sondern von einem *logischen Datum* [...]".[1174] Während Novalis und Schlegel das Absolute als logischen Imperativ betrachten, stellt es für Schelling ein logisches Faktum dar. Dass aber andererseits bei Schelling diese Ontologisierung des Absoluten nie die Form eines abgeschlossenen Systems annimmt, sondern jeder Systementwurf in Schellings ständig neuen Formulierungen der eigenen Philosophie vom nächsten abgelöst wird – darüber äußert sich Novalis in einem Brief vom 7. November 1798 an Friedrich Schlegel: „Es ist ein sonderbares, modernes Phaenomén, das nicht zu Schellings Nachtheil ist, daß seine Ideen *schon* so *welk*, so unbrauchbar sind – Erst in neuesten Zeiten sind solche *kurzlebige* Bücher erschienen. Auch Deine Griechen und Römer sind zum Theil eine solche interressante Indication der zunehmenden Geschwindigkeit und Progression des menschl[ichen] Geistes."[1175] Schellings Versuch, die Dimension des Werdens im System stillzulegen, wird selbst vom werdenden Charakter seiner Philosophie ironischerweise eingeholt. Und „nicht zu Schellings Nachteil", wie der Fichteaner Novalis betont, denn die Aufeinanderfolge der systematischen Entwürfe zeugt indirekt vom Absoluten als unendlicher Progression. Im Unterschied zu Schelling erhält das Genie bei Novalis einen „prophetischen" Charakter.[1176] Es bezeugt nicht den seienden Charakter der Synthese, sondern nimmt letztere prophetisch vorweg. Das ontologische Fundament, das der Genie-Gedanke bei Schelling besitzt, wird dabei unterhöhlt. Zwar ist Novalis' Werk die Schnittstelle, an welcher der transzendentale in spekulativen Idealismus, das Konstruktive, Tätige, Gemachte in ein Gewachsenes, Passives, Naturhaft-Gewordenes umschlägt. In diesem Sinne notiert Novalis mit einem polemischen Seitenhieb auf Kant: „Alle Schrancken sind blos des Übersteigens wegen da."[1177] – übrigens in erstaunlicher Vorwegnahme von Hegels Diktum, eine Schranke setzen hieße, letztere schon überstiegen zu haben.[1178] Der Akt des Grenze-Setzens widerspricht der gesetzten

---

[1174] KA XVIII 514 Nr. 89.

[1175] Schriften IV 263-4.

[1176] „*Alles* geht in uns viel eher vor, als es geschieht. *Profeten*.", Schriften III 355 Nr. 516.

[1177] Schriften III 269 Nr. 151. „Wir müssen Magier zu werden suchen, um recht moralisch seyn zu können. [...] Nur durch den Moralischen Sinn wird uns Gott vernehmlich – der moralische Sinn ist der Sinn für *Daseyn*, ohne *äußre Affection* – [...] der Sinn fürs Ding an sich – der ächte *Divinationssinn*. / diviniren, etwas ohne Veranlassung, Berührung, vernehmen.", Schriften III 250 Nr. 61.

[1178] „Es pflegt zuerst *viel* auf die Schranken des Denkens, der Vernunft usf. gehalten zu werden, und es wird behauptet, es *könne* über die Schranke *nicht* hinausgegangen werden. In dieser Behauptung liegt die Bewußtlosigkeit, daß darin selbst, daß etwas als Schranke bestimmt ist, darüber bereits hinausgegangen ist.", Wissenschaft der Logik I, Frankfurt am Main 1986, 145. Vgl. auch Vorlesungen über die Philosophie der Religion: „Die Schranke der Endlichkeit also ist für uns, insofern wir darüber hinaus sind.", Frankfurt am Main 1986, 168; auch 178-9. In der *Enzyklopädie* kommt der Ursprung der Formulierung in Hegels Kant-Kritik deutlich zum Ausdruck: „Es ist [...] die größte Inkonsequenz, einerseits zuzugeben, daß der Verstand nur Erscheinungen erkennt, und andererseits dies Erkennen als *etwas Absolutes* zu behaupten, indem man sagt, das Erkennen *könne* nicht weiter, dies sei die natürliche, absolute

Grenze, er setzt m. a. W. die Absolutheit der Vernunft voraus, welche, um überhaupt eine Grenze zu setzen, letztere bereits überschritten haben muss. Zum Anderen ist jedoch die spekulative Grenzüberschreitung durch das Genie bei Novalis weniger real als vielmehr prophetisch: *„Instinkt* oder Genie heißen wir sie – Sie ist überall v o r h e r . Sie ist die *Fülle der Zukunft* [...]".[1179] Novalis versteht Spekulation nicht als objektive Bewegung des Geistes, wie Hegel, sondern als *Experiment*, im Sinne der hypothetischen Methode, die auch den Gedankenstil seiner Fragmente charakterisiert. In einem der *Dialoge* findet sich eine Verteidigung des experimentellen und hypothetischen Denkens, die in diesem Sinne exemplarisch ist. Dort begegnen sich ein Skeptiker (A.) und ein Idealist (B.). Während der Skeptiker die empiristische Erkenntnisauffassung verteidigt und nur Überprüfbares als Erkenntnisgegenstand anerkennt, preist der Idealist in Distichen die hypothetische Methode, die Intuition als geniale Vorwegnahme des empirisch noch nicht Erkennbaren: „Hypothesen sind Netze, nur der wird fangen, der auswirft. / Ist nicht America selbst durch Hypothese gefunden? / Hoch und vor allen lebe die Hypothese – nur sie bleibt / Ewig neu, so oft sie sich auch selbst nur besiegte."[1180] Erkenntnisgewinn kann für Novalis nur die Hypothese erzielen. Ihr Wert liegt in ihrem heuristischen Charakter, d.h. darin, dass sie nicht bereits Gegebenes bestimmt, sondern neue Gegenstände möglicher Erfahrung aufspürt: so bemerkt Novalis, dass „America" nur „durch Hypothese" entdeckt worden sei. Als solche können Hypothesen allerdings, bevor sie von der Empirie bestätigt werden, *per definitionem* nicht bewiesen werden, sondern nur Wahrscheinlichkeit beanspruchen. Das hypothetisch Angenommene bleibt ein Gedankenexperiment und stellt noch keine objektive Wirklichkeit dar. Darin, dass das Genie in diesem Sinne keinen objektiven, sondern nur einen hypothetischen Charakter besitzt, zeigt sich, dass der transzendentale Standpunkt bei Novalis immer noch von entscheidender Bedeutung ist.

Schranke des menschlichen Wissens. [...] Als *Schranke*, Mangel wird etwas nur gewußt, ja empfunden, indem man zugleich darüber *hinaus* ist. [...] Es ist daher nur Bewußtlosigkeit, nicht einzusehen, daß eben die Bezeichnung von etwas als einem Endlichen oder Beschränkten den Beweis von der *wirklichen Gegenwart* des Unendlichen, Unbeschränkten enthält, daß das Wissen von Grenze nur sein kann, insofern das Unbegrenzte *diesseits* im Bewußtsein ist.", Frankfurt am Main 1986, 143-4.

[1179] Schriften III 462 Nr. 1036.
[1180] Schriften II 668 Nr. 5.

2.14. Das illusionäre Schauspiel in Klingsohrs Märchen als Illustration des Genie-Gedankens

In Klingsohrs Märchen im *Heinrich von Ofterdingen* wird die Märchen-Form von einer anderen Erzählform überboten. Letztere könnte als ein illusionäres Schauspiel bezeichnet werden, das eine Steigerung gegenüber der Märchenform darstellt. Durch diese das Märchen überbietende Form erhebt sich das Ich zu einem gottähnlichen Bewusstsein und verwandelt seine eigene Grenze in die Grenze des Kosmos. Von einem solchen transzendentalen Standpunkt aus beherrscht das Ich den Allzusammenhang. Durch dieses illusionäre Gestaltungsprinzip setzt Novalis das Genie-Prinzip erzähltechnisch um. Diese Form des illusionären Schauspiels kommt bereits in Heinrichs Traum zur Geltung. Dort findet eine unaufhörliche Metamorphose der Zeiten und Räume statt, die allesamt um denselben zeitlosen, transzendentalen Mittelpunkt, das träumende Ich kreisen:

> Da träumte ihm erst von unabsehlichen Fernen, und wilden, unbekannten Gegenden. Er wanderte über Meere mit unbegreiflicher Leichtigkeit; wunderliche Thiere sah er; er lebte mit mannichfaltigen Menschen, bald im Kriege, in wildem Getümmel, in stillen Hütten. Er gerieth in Gefangenschaft und die schmählichste Noth. Alle Empfindungen stiegen bis zu einer niegekannten Höhe in ihm. Er durchlebte ein unendlich buntes Leben; starb und kam wieder, liebte bis zur höchsten Leidenschaft, und war dann wieder auf ewig von seiner Geliebten getrennt.[1181]

Bereits hier wird deutlich, dass Hardenbergs Form der illusionären Darstellung eine gewisse Ähnlichkeit mit der im 18. Jahrhundert überaus beliebten Technik der *Laterna magica* und der auf dieser beruhenden *Phantasmagorie* hat.[1182] Paradigmatisch für die Beliebtheit der *Laterna magica* im 18.-19. Jahrhundert ist Goethes *Faust*. Bereits die Erscheinung des Erdgeistes aus dem ersten Teil des *Faust* wollte Goethe als durch die *Laterna magica* produzierte „Phantasmagorie" auf die Bühne zaubern.[1183] Im zweiten Teil beschwört Faust die Gestalten von Paris und Helena auf eine illusionäre Art, die an die *Laterna magica* erinnert. Auch der dritte Akt des zweiten Teils wurde von Goethe als Phantasmagorie konzipiert und in der Handschrift mit dem Titel „Helena klassisch = romantische Phantasmagorie" versehen. Der dritte Akt erschien im Jahre 1827-28 unter eben diesem Titel in einer separaten Veröffentlichung.

Wie bei der *Laterna magica* besteht auch die Technik von Hardenbergs

---

[1181] Schriften I 196.

[1182] Die Entwicklung der *Laterna magica* und ihre Verbreitung im 18. Jahrhundert hat Klaus Bartels rekonstruiert: Proto-kinematographische Effekte der Laterna magica in Literatur und Theater des achtzehnten Jahrhunderts, in: Die Mobilisierung des Sehens. Zur Vor- und Frühgeschichte des Films in Literatur und Kunst, München 1996, 113-47.

[1183] Vgl.: Marianne Viefhaus-Mildenberger, Die Anwendung von Film und Projektion als Mittel szenischer Gestaltung, Emsdetten 1961, 9.

Darstellung in der schnellen Aufeinanderfolge von Bildern: Faszination entsteht dabei aus der Geschwindigkeit des Bildwechsels sowie der Mannigfaltigkeit der Bilder, die gezeigt werden und den Eindruck von Totalität vermitteln sollen. Vollkommen zum Ausdruck kommt diese Form des illusionären Schauspiels allerdings erst in Klingsohrs Märchen, in dem Ginnistan ein Schauspiel für Eros aufführen lässt:

> Die Schatzkammer war ein großer Garten, dessen Mannichfaltigkeit und Reichtum alle Beschreibung übertraf. Zwischen den ungeheuren Wetterbäumen lagen unzählige Luftschlösser von überraschender Bauart, eins immer köstlicher, als das Andere. Große Heerden von Schäfchen, mit silberweißer, goldner und rosenfarbner Wolle irrten umher, und die sonderbarsten Thiere belebten den Hayn. Merkwürdige Bilder standen hie und da, und die festlichen Aufzüge, die seltsamen Wagen, die überall zum Vorschein kamen, beschäftigten die Aufmerksamkeit unaufhörlich. Die Beete standen voll der buntesten Blumen. Die Gebäude waren gehäuft voll von Waffen aller Art, voll der schönsten Teppiche, Tapeten, Vorhänge, Trinkgeschirre und aller Arten von Geräthen und Werkzeugen, in unübersehlichen Reihen. Auf einer Anhöhe erblickten sie ein romantisches Land, das mit Städten und Burgen, mit Tempeln und Begräbnissen übersäet war, und alle Anmuth bewohnter Ebenen mit den furchtbaren Reizen der Einöde und schroffer Felsengegenden vereinigte. Die schönsten Farben waren in den glücklichsten Mischungen. Die Bergspitzen glänzten wie Lustfeuer in ihren Eis- und Schneehüllen. Die Ebene lachte im frischesten Grün. Die Ferne schmückte sich mit allen Veränderungen von Blau, und aus der Dunkelheit des Meeres wehten unzählige bunte Wimpel von zahlreichen Flotten. Hier sah man einen Schiffbruch im Hintergrunde, und vorne ein ländliches fröhliches Mahl von Landleuten; dort den schrecklich schönen Ausbruch eines Vulkans, die Verwüstungen des Erdbebens, und im Vordergrunde ein liebendes Paar unter schattenden Bäumen in den süßesten Liebkosungen. Abwärts eine fürchterliche Schlacht, und unter ihr ein Theater voll der lächerlichsten Masken. Nach einer andern Seite im Vordergrunde einen jugendlichen Leichnam auf der Baare, die ein trostloser Geliebter festhielt, und die weinenden Eltern daneben; im Hintergrunde eine liebliche Mutter mit dem Kinde an der Brust und Engel sitzend zu ihren Füßen, und aus den Zweigen über ihrem Haupte herunterblickend. Die Szenen verwandelten sich unaufhörlich [...].[1184]

In der Ökonomie des Märchens verfolgt Ginnistan mit diesem Schauspiel die Verführung des Eros. Andererseits verkörpern Ginnistan und Eros hier lediglich die zwei Seiten des genialischen Verfahrens, wodurch der Erzähler als gottähnliches Bewusstsein eine phantastische Welt aus sich entlässt. Dieses illusionäre Schauspiel stellt gewiss einen Höhepunkt in Hardenbergs Abwendung vom klassizistischen Nachahmungspostulat dar. Die Technik des *tableau vivant*[1185], die eine wahrheitsgetreue Abbildung eines bedeutsamen Wirklich-

---

[1184] Schriften I 298-9.
[1185] Als Darbietung bewegungsloser Szenen ohne Handlung finden sich Tableau und Attitüde „[...] einerseits in Plastik und Malerei, andererseits in der Schauspielkunst. Auf dem Theater sind beide recht eigentlich zuhause und als Urformen der Darstellung gegeben. Das Gesche-

keitsabschnitts beabsichtigt, wird mit dem für die *Laterna magica* charakteristischen Prinzip der raschen Aufeinanderfolgende von sich abwechselnden Bildern kombiniert und somit in den Dienst der Aufhebung des Nachahmungsprinzips gestellt. Wie in der *Laterna magica* besteht der Reiz der Darstellung bei Novalis im schnellen Wechsel der Bilder, der im Text auch besonders pointiert wird: „Die Szenen verwandelten sich unaufhörlich." Der Erzähler seinerseits überschaut alle Szenen, als absolutes Bewusstsein thront er über dem Allzusammenhang.[1186] Eine zentrale Bedeutung kommt in dieser Hinsicht den Antithesen zu, die das Schauspiel strukturieren und durch welche die Totalität selbst veranschaulicht werden soll.[1187] Darunter kontrastieren nicht zufällig Bilder des Lebens mit Bildern des Todes, denn es soll der Charakter des schauenden Bewusstseins als eines überirdischen, göttlichen Standpunkts hervorgehoben werden, der über Leben und Tod, Sterben und Geboren-Werden erhaben ist.[1188] Somit erweist sich das an die *Laterna magica* angelehnte illusionäre Schauspiel als poetologische Chiffre für das göttliche Bewusstsein des Genies.

Die Gottähnlichkeit des Bewusstseins wird insofern noch gesteigert, als sich das genialische Bewusstsein nicht bloß über das Sein, sondern auch über das Werden erhebt. Der göttlichen Überschau einer mannigfaltigen, aber letzt-

---

hen im Drama ist eine ununterbrochene Folge von Einzelstellungen und Gruppenbildungen, aus deren Fluß sich besonders bedeutsame akzentuiert herausheben.", August Langen, Attitüde und Tableau in der Goethezeit, in: Jahrbuch der deutschen Schiller-Gesellschaft 12 (1968), 194-258, hier 194. Auf Langes Studie hat Luciano Zagari in seiner Deutung des Märchens: „Uno spettacolo per Eros", in: Mitologia del segno vivente. Una lettura del romanticismo tedesco, Bologna 1985, 195, hingewiesen. Attitüde und Tableau entstanden im Rahmen des Theaters des 18. Jahrhunderts: so die Attitüden der Lady Hamilton, von denen Goethe in der *Italienischen Reise* berichtet, oder jene der berühmten Schauspielerin Henriette Hendel-Schütz. Die Tableaux haben auch bei Goethe Aufnahme gefunden, etwa als die vier Tableaux vivants, die im fünften und sechsten Kapitel des zweiten Teils der *Wahlverwandtschaften* dargestellt werden

[1186] Erzielt wird die Vorstellung der Totalität durch den Unsagbarkeitstopos – „Die Schatzkammer war ein großer Garten, dessen Mannichfaltigkeit und Reichtum alle Beschreibung übertraf." –, die hyperbolische Hervorhebung des Kolossalen und Unzählbaren – „ungeheuren"; „unzählige"; „Große Heerden"; „in unübersehlichen Reihen"; „übersäet"; „mit allen Veränderungen"; „unzählige"; „zahlreichen" –, die *enumeratio* – „mit silberweißer, goldner und rosenfarbner Wolle"; „voll von Waffen aller Art, voll der schönsten Teppiche, Tapeten, Vorhänge, Trinkgeschirre und aller Arten von Geräthen und Werkzeugen" –, sowie den Gebrauch von Komparativa – „eins immer köstlicher, als das Andere" – und insbesondere Superlative – „sonderbarsten"; „buntesten"; „schönsten"; „glücklichsten"; „frischesten"; „süßesten"; „lächerlichsten".

[1187] Vgl.: „[...] ein romantisches Land, das [...] alle Anmuth bewohnter Ebenen mit den furchtbaren Reizen der Einöde und schroffer Felsengegenden vereinigte."; „Die Bergspitzen glänzten wie Lust*feuer* in ihren *Eis*- und *Schnee*hüllen."

[1188] Der Schiffbruch im Hintergrund wird einem fröhlichen ländlichen Mahl entgegengesetzt, während ein ausbrechender Vulkan und die Verwüstungen des Erdbebens mit einem liebenden Paar kontrastiert werden; inmitten einer fürchterlichen Schlacht erblickt man ein Theater mit lächerlichen Masken; im Vordergrund ist ein jugendlicher Leichnam auf der Baare zu erkennen, während im Hintergrund eine liebliche Mutter mit ihrem Kinde an der Brust steht.

lich statischen Welt folgt die Darstellung des Einbruchs der Zeit als Vergänglichkeit und Tod – eine apokalyptische Szene, die an Bruegels Gemälde *Triumph des Todes* erinnert:

> Himmel und Erde waren in vollem Aufruhr. Alle Schrecken waren losgebrochen. Eine gewaltige Stimme rief zu den Waffen. Ein entsetzliches Heer von Todtengerippen, mit schwarzen Fahnen, kam wie ein Sturm von dunkeln Bergen herunter, und griff das Leben an, das mit seinen jugendlichen Schaaren in der hellen Ebene in muntern Festen begriffen war, und sich keines Angriffs versah. Es entstand ein entsetzliches Getümmel, die Erde zitterte; der Sturm brauste, und die Nacht ward von fürchterlichen Meteoren erleuchtet. Mit unerhörten Grausamkeiten zerriß das Heer der Gespenster die zarten Glieder der Lebendigen. Ein Scheiterhaufen thürmte sich empor, und unter dem grausenvollsten Geheul wurden die Kinder des Lebens von den Flammen verzehrt.[1189]

Die Fähigkeit des Lebens, sich zu regenerieren, bricht jedoch die Macht des Todes:

> Plötzlich brach aus dem dunklen Aschenhaufen ein milchblauer Strom nach allen Seiten aus. Die Gespenster wollten die Flucht ergreifen, aber die Flut wuchs zusehnds, und verschlang die scheusliche Brut. Bald waren alle Schrecken vertilgt. Himmel und Erde flossen in süße Musik zusammen. Eine wunderschöne Blume schwamm glänzend auf den sanften Wogen.[1190]

Durch den Einbruch des Todes und dessen Aufhebung wird der göttliche Status des genialen Bewusstseins noch gesteigert. Die Sterblichkeit wird überwunden, und selbst die Grenze zwischen unterschiedlichen Lebensformen wird überschritten.[1191]

Dieser erhabene Standpunkt des poetischen Bewusstseins entspricht exakt der Definition, die Schelling und Novalis von der intellektuellen Anschauung als eines festen Punktes außerhalb der Welt geben, an dem der idealistische Philosoph den „Hebel" ansetzt. So heißt es bei Schelling:

> Die ganze Revolution, welche die Philosophie durch Entdeckung dieses Prinzips [d.i. der intellektuellen Anschauung] erfährt, verdankt sie dem einzigen glücklichen Gedanken, den Standpunkt, von welchem die Welt betrachtet werden muß, nicht in der Welt selbst, sondern außerhalb der Welt anzunehmen. Es ist die alte Forderung Archimeds (auf die Philosophie angewandt), welche dadurch erfüllt wird. Den Hebel an irgend einem festen Punkte innerhalb der Welt selbst anlegen, und sie damit aus der Stelle rücken zu wollen, ist vergebliche Arbeit. Höchstens gelingt es, damit einzelne Dinge fortzubewegen. Archimed verlangt einen festen Punkt *außer* der Welt.[1192]

[1189] Schriften I 299-300.
[1190] Schriften I 300.
[1191] „In dem Kelche lag Eros selbst, über ein schönes, schlummerndes Mädchen hergebeugt, die ihn fest umschlungen hielt. Eine kleinere Blüthe schloß sich um beyde her, so daß sie von den Hüften an in Eine Blume verwandelt zu seyn schienen.", Schriften I 300.
[1192] SW I/1 400.

In überraschender bildlicher Übereinstimmung mit Schelling schreibt Novalis
in den *Vermischten Bemerkungen*: „Jene Stelle außer der Welt ist gegeben und
Archimed kann nun sein Versprechen erfüllen."[1193], oder, unter explizitem
Rückgriff auf das Wort des Archimedes: „*Dos me pu sto* im *Innern* – Formati-
on eines Beobachters – eines *unabhängigen Organs* [...]".[1194]
Gerade der von der Wirklichkeit unabhängige, über diese erhabene Standpunkt des Genies führt allerdings nicht nur zu einer absoluten *Erschaffung*,
sondern auch zu einer ebenso absoluten *Entleerung* der erschaffenen Welt.
Insbesondere Luciano Zagari hat in seiner Interpretation des Schauspiels für
Eros diese Dimension besonders betont: durch die Radikalisierung des genialischen Schaffens, der *poiesis*, verlieren die Zeichen ihren Wirklichkeitsgehalt
und verkommen zu Ornamenten.[1195] Diese Verwandlung der Zeichen in Deko-
ration trägt opernhafte Züge und ist auch von Novalis' allgemeinem Interesse
für die Oper bezeugt.[1196] Hardenbergs Betrachtung der Oper als Modell amimetischer Kunst dürfte auch durch Goethes Dialog *Über Wahrheit und Wahrscheinlichkeit der Kunstwerke* angeregt worden sein, der im ersten Heft der
Propyläen im Oktober 1798 veröffentlicht wurde und den Hardenberg unmittelbar nach dessen Erscheinen las. In diesem Dialog, der das ästhetische Illusionsprinzip gegenüber der Nachahmungslehre verteidigt, wird gerade die Oper
als Paradigma des amimetischen Prinzips angeführt, um den Unterschied zwischen Kunstwahrem und Naturwahrem zu verdeutlichen.[1197]

[1193] Schriften II 455 Nr. 94. Im Unterschied zu Schelling betrachtet Novalis die Aufhebung des
Allzusammenhangs allerdings nicht als wirklich, sondern nur als möglich: „Archimed *kann*
nun sein Versprechen erfüllen." Das Genie erweist sich nur als Vorwegnahme einer künftigen
Erfüllung, nicht als diese selbst.

[1194] Schriften III 421 Nr. 784. Novalis zitiert hier den vom Alexandriner Pappus in seiner *Syn-
agoge* überlieferten Spruch des Archimedes: „δός μοι, φησί, ποῦ στῶ, καὶ κινῶ τὴν γῆν",
in: Archimedes, Fragmenta, ed. J.L. Heiberg und E. Stamatis, Archimedis opera omnia cum
commentariis Eutocii, vol. 2. Leipzig 1913 (repr. Stuttgart: 1972): Mechanica, Fr. 15.

[1195] Luciano Zagari, „Uno spettacolo per Eros". Dimensioni nichilistiche nella fiaba allegorica di
Novalis, in: Mitologia del segno vivente. Una lettura del romanticismo tedesco, Bologna
1985, 187-204. Deutsche Fassung: ‚Ein Schauspiel für Eros'. Nihilistische Dimensionen in
Friedrich von Hardenbergs allegorischem Märchen, in: Aurora 42 (1982), 130-42.

[1196] Die Oper bildet für Novalis die höchste Stufe des Dramas. „<Rede – Gesang – Recitativ –
oder besser Recitativ (Epos), Gesang (Lyra), ächte Declamation (Drama).> / Vollkommene
Oper ist eine freye Vereinigung aller, die höchste Stufe des Dramas.", Schriften II 589-90 Nr.
276.

[1197] „Anwalt: Wir sprachen vorher der Oper eine Art Wahrheit ab; wir behaupteten, daß sie
keinesweges das, was sie nachahmt, wahrscheinlich darstelle; können wir ihr aber eine innere
Wahrheit, die aus der Konsequenz eines Kunstwerks entspringt, ableugnen? Zuschauer:
Wenn die Oper gut ist, macht sie freilich eine kleine Welt für sich aus, in der alles nach gewissen Gesetzen vorgeht, die nach ihren eignen Gesetzen beurteilt, nach ihren eigenen Eigenschaften gefühlt sein will. Anwalt: Sollte nun nicht daraus folgen, daß das Kunstwahre und
das Naturwahre völlig verschieden sei, und daß der Künstler keinesweges streben solle noch
dürfe, daß sein Werk eigentlich als ein Naturwerk erscheine?", HA XII 70. Bedeutsam ist
auch, dass Novalis Goethes „Märchen", von dem er sich bei der Komposition von Klingsohrs
Märchen inspirieren lassen hat, als eine „erzählte Oper" bezeichnet: „Goethes Märchen ist ei-

Hardenbergs Akzentuierung des opernhaften Charakters der poetischen Darstellung dürfte dabei auf den Widerspruch zwischen der subjektiven poetischen Wahrheit und der geschichtlichen Konstellation, die hingegen durch die „Götterferne" der Verdinglichung charakterisiert ist, zurückzuführen sein. Aus dieser Kollision zwischen subjektivem Sinnbedürfnis und objektiver Sinnlosigkeit folgt, dass der Schein zunehmend theatralische Züge annimmt: das sinnlose Besondere wird so inszeniert, als ob es von sich aus das Allgemeine noch ausstrahlen könnte. So erinnert der Anfang von Klingsohrs Märchen an die allmähliche Beleuchtung eines Bühnenbildes:

> Die lange Nacht war eben angegangen. Der alte Held schlug an seinen Schild, daß es weit umher in den öden Gassen der Stadt erklang. Er wiederholte das Zeichen dreymal. Da fingen die hohen bunten Fenster des Pallastes an von innen heraus helle zu werden, und ihre Figuren bewegten sich. Sie bewegten sich lebhafter, je stärker das röthliche Licht ward, das die Gassen zu erleuchten begann. Auch sah man allmählich die gewaltigen Säulen und Mauern selbst sich erhellen; Endlich standen sie im reinsten, milchblauen Schimmer, und spielten mit den sanftesten Farben. Die ganze Gegend ward nun sichtbar.[1198]

Die Ankunft des Königs Arctur erfolgt ihrerseits im Rahmen der Symmetrie einer Theaterkulisse:

> Der Held senkte seinen Schild und sah nach der Kuppel hinauf, zu welcher zwey breite Treppen von beyden Seiten des Saals sich hinauf schlangen. Eine leise Musik ging dem Könige voran, der bald mit einem zahlreichen Gefolge in der Kuppel erschien und herunter kam.[1199]

Die opernhafte Dimension wird ferner besonders im Kartenspiel des Königs mit der Prinzessin evident. Dort wird der Charakter der Natur als Bühnenrequisit offenkundig. Im theatralischen Innenraum werden die Sterne als Theatermaschinerie vom Kartenspiel des Königs bewegt.[1200] Dadurch zeigt sich allerdings auch der Anspruch, der vom Genie erhoben wird: das analogische Band, das seine künstlichen, apriorischen Zeichen und die Natur miteinander verbinden soll.[1201] Auch das Ende des Märchens wird von Fabel ausdrücklich als „Schauspiel" charakterisiert: „Das Innre wird offenbart, und das Äußre verborgen. Der Vorhang wird sich bald heben und das *Schauspiel* seinen An-

---

[1198] Schriften I 290.

[1199] Schriften I 292.

[1200] „Die Sterne schwangen sich, bald langsam bald schnell, in beständig veränderten Linien umher, und bildeten, nach dem Gange der Musik, die Figuren der Blätter auf das kunstreichste nach.", Schriften I 293.

[1201] „Die Musik wechselte, wie die Bilder auf dem Tische, unaufhörlich, und so wunderlich und hart auch die Übergänge nicht selten waren, so schien doch nur Ein einfaches Thema das Ganze zu verbinden. Mit einer unglaublichen Leichtigkeit flogen die Sterne den Bildern nach.", Schriften I 293.

ne erzählte Oper.", Schriften II 535 Nr. 45.

fang nehmen."[1202] Der Mond bittet den König, ihm das Reich der Parzen zu gewähren, um darin Schauspiele zu inszenieren und den Triumph der Zeitlosigkeit über die Zeit zu feiern: „Gönnet mir, sagte der Mond, das Reich der Parzen, dessen seltsame Gebäude eben auf dem Hofe des Pallastes aus der Erde gestiegen sind. Ich will euch mit Schauspielen darin ergötzen [...]".[1203] Gerade im Reich der Parzen, das im Märchen als Domäne der entfremdeten Zeit dargestellt wurde, soll nun der Triumph der poetischen Zeitaufhebung durch Schauspiele gefeiert werden.

Die opernhafte Entleerung der Zeichen, die im illusionären Schauspiel zu konstatieren ist, geht allerdings nicht aus einem absichtlichen Nihilismus hervor, sondern ist näher betrachtet die indirekte Konsequenz der ethischen Überforderung der Zeichen, ihrer Herkunft aus einer Sphäre absoluter ethischer Forderung.[1204] Die nihilistische Unterhöhlung der Zeichen hängt paradoxerweise gerade mit ihrer ethischen Überspannung zusammen. Wie das Märchen stellt das Schauspiel nicht das Seiende, sondern das Seinsollende, nicht die Wirklichkeit als vielmehr ihre ethische Korrektur dar. Die Sphäre des Sollens entbehrt allerdings des Wirklichkeitsgehalts, denn ihre Allgemeinheit ist keine Wirklichkeit, sondern ein praktisches Postulat. Der Umschlag des Ethischen ins Dekorative ist – in den Worten des frühen Lukács – an der „Sonnenuhr des Geistes" abzulesen, d.h. er hängt mit der geschichtsphilosophischen Lage des Dichters zusammen. Der Verlust der Lebensimmanenz in der Moderne führt Novalis dazu, die verlorene spontane Seinstotalität durch eine artifizielle zu ersetzen. Der ästhetische Schein ist nicht die *Rezeption* des im Potential der Epoche liegenden, „substantiellen" Sinnes, sondern dessen apriorische *Konstruktion*.[1205] Gerade aus diesem Grunde bleibt er aber auch abstrakt.

Von der überspannten ethischen Dimensionierung des Theaters bei Hardenberg zeugt auch die Schlussszene des Märchens, die wie eine Bühnenapotheose konzipiert ist, in der sich der König und seine Gemahlin dem Volk als theatralisches Tableau präsentieren:

Unterdessen hatte sich unmerklich der Thron verwandelt, und war ein prächtiges

---

[1202] Schriften I 310 (Hervorhebung von mir).

[1203] Schriften I 314-5. Vgl. auch die Bezeichnung des Mondes als Regisseur in den Paralipomena: „Der Mond wird Theater Director.", Schriften I 339.

[1204] Der frühe Lukács hat diese Frage in den Mittelpunkt seiner *Theorie des Romans* gestellt. Zum Umschlag des Ethischen ins Dekorative bei Novalis heißt es: „Die Wirklichkeit ist allzu behaftet und beladen von der Erdenschwere ihrer Ideenverlassenheit, und die transzendente Welt ist zu luftig und inhaltslos wegen ihrer allzu direkten Abstammung aus der philosophischen-postulativen Sphäre des abstrakten Überhaupt, als daß sie sich zur Gestaltung einer lebendigen Totalität organisch vereinigen könnten.", Die Theorie des Romans, 5. Aufl., München 1994, 125.

[1205] Der Terminus „substantiell" wird hier im Sinne Hegels verwendet und bezeichnet bei Hegel den *geschichtlichen* Charakter der Wahrheit: „Aber der Geist und der Verlauf seiner Entwicklung ist das Substantielle.", Vorlesungen über die Philosophie der Geschichte, Frankfurt am Main 1986, 29.

Hochzeitbett geworden, über dessen Himmel der Phönix mit der kleinen Fabel schwebte. Drey Karyatiden aus dunklem Porphyr trugen es hinten, und vorn ruhte dasselbe auf einer Sphynx aus Basalt. Der König umarmte seine erröthende Geliebte, und das Volk folgte dem Beyspiel des Königs, und liebkoste sich unter einander. Man hörte nichts, als zärtliche Namen und ein Kußgeflüster.[1206]

Gerade an dieser Passage wird die ethische Chiffre vernehmlich, die dem Schauspiel laut Novalis zukommt. Die dem Volk dargebotene Szene illustriert die universelle Kraft der *Liebe*, die über die *Zeit* triumphiert. Dieser Triumph der Liebe über die Zeit wird dadurch augenfällig, dass die Parzen, die unterdessen in Karyatiden aus Porphyr verwandelt wurden[1207], und die Sphinx, die ebenfalls eine Statue aus Basalt geworden ist, das prächtige Hochzeitsbett des königlichen Ehepaars tragen und somit auf ewig im Dienste der Liebe stehen.[1208] Wie die Feinde des Königs in Schachfiguren gebannt worden sind[1209], ist auch den Parzen und der Sphinx dasselbe Schicksal zuteil geworden: sie gehen in das Tableau, das die Ewigkeit darstellt, als Gespenster ihrer selbst, als depotenzierte Zeichen ein. Gerade in ihrem schattenhaften Dasein zeigt sich allerdings unmissverständlich die Entmachtung der Zeit.

In der ethischen Dimensionierung des Schauspiels in Klingsohrs Märchen drückt sich schließlich auch Novalis' Distanz zur Abwertung des Theaters aus, die in den *Lehrjahren* zu konstatieren ist. Dort wird das Theater der Bildung entgegengesetzt: das Schauspiel beruht gerade auf sämtlichen menschlichen Untugenden und Schwächen, die – von der Gesellschaft sanktioniert – auf der Bühne geradezu erforderlich sind.[1210] Novalis wertet nicht nur das Illusions-

---

[1206] Schriften I 315.

[1207] Vgl. die Studien zu Klingsohrs Märchen: „Der Schreiber und die Parzen –? Die letztern zu Caryatiden am Thron.", Schriften III 645.

[1208] So singt Fabel am Ende: „Gegründet ist das Reich der *Ewigkeit*, / In Lieb' und Frieden endigt sich der Streit, / Vorüber ging der lange Traum der Schmerzen, / Sophie ist *ewig* Priesterin der Herzen.", Schriften I 315 (Hervorhebung von mir).

[1209] „Perseus trat herein, und trug eine Spindel und ein Körbchen. Er brachte dem neuen Könige das Körbchen. Hier, sagte er, sind die Reste deiner Feinde. Eine steinerne Platte mit schwarzen und weißen Feldern lag darin, und daneben eine Menge Figuren von Alabaster und schwarzem Marmor. Es ist ein Schauspiel, sagte Sophie; aller Krieg ist auf diese Platte und in diese Figuren gebannt.", Schriften I 314. Vgl. dazu Zagari: „Die Gegenkräfte erscheinen ,gebannt', d.h. in die Eindimensionalität der Schachplatte eingeengt, zu streng geregelten, repetierenden Bewegungen verurteilt, über die keine Schachfigur ja hinausgehen kann. […] Hier führen […] die auf die ‚Schachplatte' als Figuren gebannten Gegenkräfte das schemenhafte Leben von ‚depotenzierten' Zeichen, die in ihrer mechanisch fixierten und eingeschränkten Beweglichkeit von jeder lebenspendenden Kommunikation mit dem Ganzen ausgeschlossen bleiben.", ,Ein Schauspiel für Eros'. Nihilistische Dimensionen in Friedrich von Hardenbergs allegorischem Märchen, in: Aurora 42 (1982), 130.

[1210] So gesteht Jarno ein: „Wahrhaftig, ich verzeihe dem Schauspieler jeden Fehler, der aus dem Selbstbetrug und aus der Begierde zu gefallen entspringt; denn wenn er sich und andern nicht etwas scheint, so ist er nichts. Zum Schein ist er berufen, er muß den augenblicklichen Beifall hoch schätzen, denn er erhält keinen andern Lohn […]. Alle Fehler des Menschen verzeih' ich dem Schauspieler, keine Fehler des Schauspielers verzeih' ich dem Menschen.", HA VII 434-5. Dass aus dem Schauspiel keine Bildung entspringen kann, ist das von Wilhelm verständli-

prinzip um, welches für ihn nicht länger einen Betrug darstellt, sondern zur eigentlichen Wirklichkeit wird. Er konstruiert gerade auf der Basis der theatralischen Illusion seine Bildungsauffassung. Der Schlussszene des Märchens, in der das Bildungspotential des Theaters völlig entfaltet wird, liegen Überlegungen aus der Fragmentsammlung *Glauben und Liebe* zu Grunde.

Dort wurde der Monarch als der transzendentale „absolute Mittelpunct" des Staats[1211] dargestellt, der kraft seiner Anwesenheit das Staatswesen belebt:

> Der König ist das gediegene Lebensprinzip des Staats; ganz dasselbe, was die Sonne im Planetensystem ist. Zunächst um das Lebensprinzip her, erzeugt sich mithin das höchste Leben im Staate, die Lichtatmosphäre. Mehr oder weniger vererzt ist es in jedem Staatsbürger. Die Äußerungen des Staatsbürgers in der Nähe des Königs werden daher glänzend, und so poëtisch als möglich, oder Ausdruck der höchsten Belebung seyn.[1212]

In der Gegenwart des Monarchen wird die Reflexion des Bürgers die „höchste Belebung" erreichen. Ziel ist, dass alle Menschen das Beispiel des Königs befolgen und selbst „thronfähig" werden: „Alle Menschen sollen thronfähig werden. Das Erziehungsmittel zu diesem fernen Ziel ist ein König. Er assimilirt sich allmählich die Masse seiner Unterthanen."[1213] Das Theater wird also von Novalis nicht nur vom Vorwurf der Selbsttäuschung freigesprochen, sondern auch zum Ort der transzendentalen Bildung erklärt.

---

cherweise gezogene Fazit: „'Von welchem Irrtum kann der Mann sprechen', sagte er zu sich selbst, ‚als von dem, der mich mein ganzes Leben verfolgt hat, daß ich da Bildung suchte, wo keine zu finden war.", a.a.O., 495. Im Theater ist nicht die Bildung, sondern der Selbstbetrug zu Hause. So bemerkt Therese über die Leidenschaft ihrer Mutter für das Theater: „Ich kann Ihnen gar nicht sagen, wie lächerlich mir es vorkam, wenn die Menschen, die ich alle gut kannte, sich verkleidet hatten, da droben standen und für etwas anders, als sie waren, gehalten sein wollten.", a.a.O., 448.

[1211] Schriften II 489 Nr. 18.

[1212] Schriften II 488 Nr. 17.

[1213] Schriften II 489 Nr. 18.

2.15. Die Aufhebung des Vorbildcharakters der Antike

Hardenbergs Absetzung vom Klassizismus äußert sich schließlich auch in der Abwendung von der *imitatio* der Antike und der Wiederentdeckung von Kunstepochen aus, die von der klassizistischen Ästhetik als nicht-klassisch verworfen wurden. Diese Form der Klassizismus-Kritik ist zugleich eine der wichtigsten poetologischen Konsequenzen von Novalis' Reflexion über die Geschichtlichkeit der Kunst.

Gerade an dieser Stelle wird der Einfluss *Herders* auf die Poetik Hardenbergs besonders deutlich. Auch Herders historistischer Ansatz[1214], der ebenfalls aus seiner Konzeption des Genies hervorgeht, schreibt jedem Volk, jeder Epoche, jeder Kultur ein eigenes, individuelles Genie zu sowie die Fähigkeit, eine gültige Ästhetik hervorzubringen. Diese ist nicht an den fremden Maßstäben des Klassizismus zu messen, sondern soll aus ihrem individuellen Genie heraus verstanden werden. An diesem Ansatz, der bereits in der frühen Abhandlung *Auch eine Philosophie der Geschichte der Menschheit* (1774) entwickelt wird, hält Herder auch gegenüber der Betrachtung der griechischen Kultur fest, die ihm zwar als vollkommen, aber zugleich unwiederholbar erscheint. Somit wird durch die Würdigung der geschichtlichen Bedingungen der Entstehung des Griechentums dessen ahistorische Erhebung zur übergeschichtlichen Norm durchbrochen. Allerdings ist auch hier Herders Position bereits in Perraults zwischen 1688 und 1697 erschienenen Dialogen *Parallèle des Anciens et de Modernes* vorgeprägt, in denen Perrault zeigte, dass Antike und Moderne nicht nach den gleichen Maßstäben zu bewerten sind. Somit formuliert Perrault vor Herder den wichtigen Begriff des „beau relatif".[1215]

Auch bei Hardenberg ist die Abkehr von der normativen Betrachtung der Antike zu konstatieren. Das zeitlose Ideal der griechischen Kunst wird vom Geist der Geschichte ergriffen: „Das Alterth[um]. […] Contact mit dem Geist der Geschichte."[1216] Diese Abkehr vom Vorbild der Antike erklärt sich aus Hardenbergs Konzeption der Geschichte als zyklischer Progressivität. Das zyklische Element in Hardenbergs Geschichtsauffassung ist dafür verantwortlich, dass wie bei Herder nicht nur das Altertum, sondern prinzipiell jede Epo-

---

[1214] Vgl.: Friedrich Meinecke, Die Entstehung des Historismus, München 1965, 355-444.

[1215] Vgl. H.-R. Jauß, Einleitung zu: Charles Perrault, Parallèle des Anciens et des Modernes, (Faksimiledruck) München 1964, 54-60, sowie Schmidt, a.a.O., 16: „An die Stelle des Fortschritts tritt so im Bereich der schönen Künste die Vorstellung des geschichtlichen Wandels. Diese Überlegungen bilden den Ansatz für das historistische Denken, wie es sich später bei Herder voll entfaltet. Wenn es aber nicht ein ideal und schlechthin Vollkommenes und Schönes gibt, sondern nur ein ‚beau relatif‘, dann läßt sich weder die Überlegenheit der Moderne noch die Überlegenheit und Vorbildlichkeit der Antike im Bereich der Kunst behaupten. Immerhin aber ergab sich für die Moderne daraus wenigstens die Freiheit und Unabhängigkeit gegenüber der Antike. Das ‚beau relatif‘ hebt das Nachahmungspostulat gegenüber der Antike tendenziell auf."

[1216] Schriften I 431 Nr. 1.

che eine gültige Gestalt des Absoluten formulieren kann und jede historische Kristallisation der Poesie, jede „Mythologie" zugleich ewig und dadurch ästhetisch legitimiert ist. Wie Herder räumt Novalis jeder geschichtlichen Epoche unvoreingenommen die Chance ein, ihre Besonderheit zum Ausdruck zu bringen.[1217] Die Universalität – die frühromantische Grundforderung an das Kunstwerk, Offenbarung des Ganzen zu sein[1218] – bleibt demzufolge nicht das Adelsprädikat des Altertums, sondern kann in jeder Epoche der Kunst erreicht werden – eine Historisierung der Universalität, die Herders Ästhetik der geschichtlichen Individualitäten wieder aufnimmt.

Andererseits interagiert bei Hardenberg das Herdersche Moment der Veränderung mit dem Fichteschen Gedanken der Progressivität, dem dialektischen Element seiner Geschichtsauffassung. Da Hardenberg die geschichtliche Entwicklung als progressiv konzipiert, kennt auch die Kunst einen Fortschritt. Deshalb erscheint Novalis, im Unterschied zu Hegel, die Geschichte der Kunst nicht als ein Abfall von der Vollkommenheit der Antike, sondern als Fortschrittsgeschichte. Darauf ist auch zurückzuführen, dass Hardenberg die christliche Kunst aufgrund des ihr zugrundeliegenden Bewusstseins der menschlichen Freiheit höher einschätzt als die griechische Kunst. Ebenso verfährt er in seiner Aufwertung geschichtlicher Individualitäten nicht zufällig, sondern sucht in der Kunstgeschichte nach den geschichtlichen Präfigurationen der christlichen Kunst, als welche Hardenberg z.B. die ägyptische Kunst betrachtet.[1219]

2.15.1. Das Mittelalter

Das Mittelalter ist nicht erst durch die Romantik wiederentdeckt worden. Bereits seit dem frühen 18. Jahrhundert setzt in Deutschland eine neue Beschäftigung mit der mittelalterlichen Literatur ein.[1220] Diesbezüglich kommen Gott-

---

[1217] Für Schelling vgl. Szondi, Poetik und Geschichtsphilosophie I, Frankfurt am Main 1974, 238.

[1218] Zur Kategorie der Universalität vgl. Schriften II 632 Nr. 113. Vgl. auch Schellings *Philosophie der Kunst*: „Die Grundforderung an alle Poesie ist – nicht universelle Wirkung, aber doch Universalität nach innen und außen. [...] Zu jeder Zeit sind nur einige gewesen, in welchen sich ihre ganze Zeit und das Universum, sofern es in dieser angeschaut wird, concentrirt hat, diese sind berufene Dichter.", SW I/5 444.

[1219] Der Einfluss Herders auf Novalis reicht allerdings so weit, dass an einigen Stellen der Fortschrittsgedanke von dem der Veränderung verdrängt wird: „Ob das Menschengeschlecht progrediendo etc. geht, ist eine sonderbare, *unbeantwortliche*, phil[osophische] Frage; warum fragt nicht auch – Verändert sich das Menschengeschlecht? Diese Frage ist höher – Aus der Veränderung läßt sich erst ein Schluß auf die Verbesserung oder Verschlimmerung ziehn.", Schriften III 381 Nr. 633.

[1220] Vgl. dazu: Friedrich Strack, Zukunft in der Vergangenheit? Zur Wiederbelebung des Mittelalters in der Romantik, in: Heidelberg im säkularen Umbruch. Traditionsbewusstsein und Kulturpolitik um 1800, hrsg. von Friedrich Strack, Stuttgart 1987, 252-81, bes. 257-8; Gisela

sched, aber insbesondere Bodmer und Breitinger viele Verdienste zu. Letztere verfolgten mit der Sammlung und Edition alter mittelalterlicher Handschriften das Ziel der Einbürgerung und Popularisierung der altdeutschen Poesie.[1221] Im Sturm und Drang kam diese Faszination für das Mittelalter nicht nur philologisch, sondern auch poetologisch zur Geltung: sie reicht von Goethes *Von deutscher Baukunst* (1772) und seiner leidenschaftlichen Verteidigung von Erwin von Steinbachs Straßburger Münster gegen den abwertenden Begriff des Gotischen über Herders Würdigung des Mittelalters in seiner frühen Schrift *Auch eine Philosophie zur Bildung der Menschheit* (1774) bis zu Johann Jakob Wilhelm Heinses (1746-1803) Renaissanceroman *Ardinghello und die glückseligen Inseln. Eine italienische Geschichte aus dem sechzehnten Jahrhundert* (1787).[1222]

Die romantische Zuwendung zum Mittelalter stellt nun eine dritte Phase dar, die am Mittelalter etwas betont, was im Sturm und Drang nicht von Interesse war, nämlich die Einheit von katholischer Religiosität und Kunst. Das erste Dokument der romantischen Mittelalter-Rezeption, in dem zugleich das Interesse für die Synthese von katholischer Religion und Kunst stark zum Ausdruck kommt, sind Wackenroders und Tiecks *Herzensergießungen eines kunstliebenden Klosterbruders* (1796).[1223] Dort fällt allerdings die Bezeichnung „Mittelalter" nur an einer einzigen, noch dazu unbedeutenden Stelle.[1224] Wackenroder und Tieck orientieren sich an der Renaissance, Raffael und Dürer. Als zum Mittelalter zugehörig betrachten sie auch noch das frühe 16. Jahrhundert, wie dies um 1800 gemeinhin der Fall war.[1225] Auch die *Phantasien über die Kunst. Für Freunde der Kunst*, die 1799 Tieck herausgegeben hatte, kommen als Anregungsquelle für den *Ofterdingen* in Frage. Novalis las diese Schrift bereits im Januar 1799. Dass seine Rezeption allerdings zwiespältig war, bezeugen folgende Bemerkungen aus einem Brief an Caroline

---

Brinker-Gabler, Poetisch-Wissenschaftliche Mittelalter-Rezeption. Ludwig Tiecks Erneuerung altdeutscher Literatur, Stuttgart 1980, 5 ff. sowie: Wolfgang Harms, Das Interesse an mittelalterlicher deutscher Literatur zwischen der Reformationszeit und der Frühromantik, in: Akten des 6. Internationalen Germanisten-Kongresses, Basel 1980, Teil 1, 60-84.

[1221] Brinkler-Gabler, a.a.O., 35.

[1222] Lemgo 1787. Hardenberg hatte den Roman rezipiert. Vgl.: Schriften IV 687 (Bücherrechnung), sowie den Brief an Caroline Schlegel vom 27. Februar 1799, Schriften IV 280 (in bezug auf Schlegels *Lucinde* heißt es: „Vergleichungen mit Heinse können nicht ausbleiben."). Bei Heinse ist allerdings noch die antike Kunst Vorbild.

[1223] Der Lehrer Wackenroders und Tiecks, Erduin Julius Koch, gab 1790 eine erstmals umfassende Darstellung der deutschen Literatur heraus: das *Compendium der deutschen Literaturgeschichte von den ältesten Zeiten bis zu Lessings Tod*. Vgl. Strack, a.a.O., 258. Für Koch hatte Wackenroder 1793 in Archiven und Bibliotheken recherchiert. Vgl.: Silvio Vietta (Hrsg.), Die literarische Frühromantik, Göttingen 1983, 19.

[1224] So heißt es im Abschnitt „Einige Worte über Allgemeinheit, Toleranz und Menschenliebe in der Kunst" ganz im Sinne Herders: „Und doch wollt ihr das Mittelalter verdammen, daß es nicht solche Tempel baute, wie Griechenland?", Stuttgart 1973, 47.

[1225] Ira Kasperowski, Mittelalter-Rezeption im Werk des Novalis, Tübingen 1994, 5 (Anmerkung 8).

Schlegel vom 20. Januar 1799:

> Tieks Fantasieen hab ich gelesen – So viel Schönes darinn ist, so könnte doch
> weniger darinn seyn. Der Sinn ist oft auf Unkosten der Worte menagirt. Ich fan-
> ge an das Nüchterne, aber ächt fortschreitende, Weiterbringende zu lieben – in-
> deß sind die Fantasieen immer fantastisch genug und vielleicht wollen Sie auch
> dies nur seyn.[1226]

Positiver war die Rezeption eines anderen Mittelalter-Romans von Tieck, in
dem ebenfalls die Synthese von Religiosität und Kunst zum Tragen kommt,
Franz Sternbalds Wanderungen. Eine altdeutsche Geschichte (1798). Hardenbergs Interesse für Tiecks Roman ist im Brief an Tieck vom 23. Februar 1800,
während der Verfassung des *Ofterdingen*, bezeugt:

> Mein Roman ist im vollen Gange. 12 gedruckte Bogen sind ohngefähr fertig.
> Der ganze Plan ruht ziemlich ausgeführt in meinem Kopfe. Es werden 2 Bände
> werden – der Erste ist in 3 Wochen hoffentlich fertig. Er enthält die Andeutun-
> gen und das Fußgestell des 2ten Theils. Das Ganze soll eine Apotheose der Po-
> ësie seyn. Heinrich von Afterdingen wird im 1sten Theile zum Dichter reif – und
> im Zweyten, als Dichter verklärt. Er wird mancherley Ähnlichkeiten mit dem
> Sternbald haben – nur nicht die Leichtigkeit.[1227]

Am 31 Januar 1800 erkundigt sich Hardenberg bei Schlegel nach der Fortsetzung des *Sternbald*, die jedoch nicht erschien: „Sternbald und Genoveva erscheinen doch wohl noch Ostern?"[1228], und erneut am 5. April 1800 heißt es,
ebenfalls an Schlegel gerichtet: „Tiek ist fleißig gewesen [...]. Doch hat er mir
nicht geschrieben, ob der Sternbald fertig ist."[1229] Bestätigung finden diese
Briefstellen schließlich in dem Umstand, dass sich nach Hardenbergs Tode ein
Exemplar des *Sternbald* in der Bibliothek seines Arbeitszimmers befand.[1230]

a) Der Projektionscharakter von Hardenbergs Mittelalterbild

Der Periodisierung entsprechend, die Ernst Behler vorgeschlagen hat[1231], fallen
diese dem *Ofterdingen* vorausgehenden Zeugnisse der romantischen Hinwendung zum Mittelalter sowie Hardenbergs Roman selbst in die *erste* Phase der
romantischen Mittelalter-Rezeption, die ungefähr zwischen 1796 und 1808,
d.h. vom Anfang der Frühromantik bis zu Friedrich Schlegels Konversion und
Übersiedlung nach Wien liegt. Charakteristisch für diese erste Rezeptionspha-
se ist die Stilisierung des Mittelalters zum Mythos. Von dieser ersten, unhisto-

---

[1226] Schriften IV 275.
[1227] Schriften IV 322.
[1228] Schriften IV 317.
[1229] Schriften IV 331.
[1230] Vgl.: Schriften IV 696 Nr. 40.
[1231] Ernst Behler, Gesellschaftskritische Motive in der romantischen Zuwendung zum Mittelalter,
in: Das Weiterleben des Mittelalters in der deutschen Literatur, hrsg. von James F. Poag und
Gerhild Scholz-Williams, Königstein/Ts. 1983, 47-70.

rischen Etappe der Rezeption unterscheidet sich dann eine zweite Phase, in der das Mittelalter zum Gegenstand der philologischen Forschung wird. Zu erinnern ist diesbezüglich insbesondere an Tiecks Edition der *Minnelieder aus dem schwäbischen Zeitalter* (1803) sowie an A. W. Schlegels „historische Untersuchungen" über das Nibelungenlied, die er in dem zusammen mit dem Bruder Friedrich herausgegebenen *Deutschen Museum* erscheinen ließ.[1232] Behlers Periodisierungsvorschlag ermöglicht es, den *projektiven* Charakter des Mittelalterbildes Tiecks, Wackenroders und Hardenbergs zu fokussieren. Das Mittelalter erscheint als eine goldene Vorzeit, die der prosaischen Gegenwart entgegengesetzt wird und somit eine kulturkritische Funktion erhält. Darin sieht Behler auch den Grund dafür, dass Wackenroder und Tieck den Begriff des Mittelalters nicht verwenden; dies gilt in der Tat auch für Hardenberg mit wenigen Einschränkungen.[1233] Diese Leerstelle ist für Behler ein Indiz für die mangelnde historische Durchschauung des Mittelalters, das nicht als Epoche des Übergangs zwischen Antike und Renaissance bzw. zwischen Urchristentum und Reformation wahrgenommen, sondern zu einer abstrakten poetischen „Vorzeit" stilisiert wird:

> Von hier aus besehen ist klar, warum Wackenroder, Tieck und später Novalis den Begriff Mittelalter für die von ihnen projizierte Epoche nicht verwenden konnten und Bezeichnungen wie ,altdeutsch', ,Vorzeit' oder ,schöne glänzende Zeiten' den Vorrang gaben. Dies lag keineswegs daran, dass diese Autoren, im Gegensatz zu den gelehrten Brüdern Schlegel, eigentlich keine rechte Kenntnis und auch keine wirkliche Beziehung zum klassischen Altertum hatten und so die Vorstellung einer Zwischenzeit zwischen Antike und Neuzeit für sie weniger anschaulich war. Es war vielmehr eine fremde Vorstellung für Wackenroder, Tieck und Novalis, diese Periode als ein mittleres Zeitalter, ein *medium aevum*, zwischen dem antiken Humanismus und dem modernen Humanismus der Renaissance, oder zwischen dem Urchristentum und der Reformation zu sehen. Sie dachten in gegenaufklärerischen Konzeptionen und setzten der kranken, mechanischen, entzweiten, rationalistischen, prosaischen, kalten und ungläubigen Gegenwart eine gesunde, organische, geordnete, poetische, künstlerische, innige und gläubige Vorzeit entgegen.[1234]

Dieser Projektionscharakter des Mittelalterbildes im *Ofterdingen* wird bereits

---

[1232] Vgl.: Josef Körner, August Wilhelm Schlegels Nibelungenstudien, in: Neue Jahrbücher für wissenschaftliche Jugendbildung 4 (1928), 74-90.

[1233] Einzig an vier Stellen: in den Paralipomena zu *Die Lehrlinge zu Saïs*: „[...] Die *pneumatische* Chemie. Das *Mittelalter. Naturromane* [...]", Schriften I 111 Nr. 6, in den *Vermischten Bemerkungen*: „Der edle Kaufmannsgeist, der echte Großhandel, hat nur im Mittelalter, und besonders zur Zeit der deutschen Hanse geblüht [...]", Schriften II 438 Nr. 67, in den *Physicalischen Fragmenten*: „Die Physik der Alten und des Mittelalters ist äußerst *merckwürdig –* bes[onders] als Versuche a priori zu *physiciren*.", Schriften III 86, und in den *Fragmenten und Studien 1799-1800*: „Ächt litterärisch ist die Schreibart in *Folianten*. / Ungeheure Litteratur Schätze des Mittelalters.", Schriften III 566 Nr. 78.

[1234] Ernst Behler, Gesellschaftskritische Motive in der romantischen Zuwendung zum Mittelalter, in: a.a.O., 51.

an dem Umstand deutlich, dass Hardenberg seinen Roman als Gegenentwurf zur bürgerlichen Gegenwart und zu dem Roman konzipierte, der in seiner Sicht diese Gegenwart verherrlichte: Goethes *Meister*.[1235] Am meisten bemängelte Hardenberg an Goethes Roman den Sieg der Ökonomie über die Poesie, d.h. – in Novalis' Worten – „künstlerischen Atheismus":

> Wilhelm Meisters Lehrjahre sind gewissermaßen durchaus *prosaïsch* – und modern. Das Romantische geht darinn zu Grunde – auch die Naturpoësie, das Wunderbare – Er handelt blos von gewöhnlichen *menschlichen* Dingen - die Natur und der Mystizism sind ganz vergessen. Es ist eine poëtisirte bürgerliche und häusliche Geschichte. Das Wunderbare darinn wird ausdrücklich, als Poesie und Schwärmerey, behandelt. Künstlerischer Atheïsmus ist der Geist des Buchs. / Sehr viel Oeconomie – mit prosaïschen, wohlfeilen Stoff ein poëtischer Effect erreicht.[1236]

An anderer Stelle heißt es, wie Heselhaus treffend bemerkt hat, „mit der Heftigkeit eines zurückgestauten Ressentiments"[1237]:

> *Gegen* Wilhelm Meisters Lehrjahre. Es ist im Grunde ein fatales und albernes Buch – so pretentiös und pretiös – undichterisch im höchsten Grade, was den Geist betrift – so poëtisch auch die Darstellung ist. Es ist eine Satyre auf die Poësie, Religion etc. Aus Stroh und Hobelspänen ein wolschmeckendes Gericht, ein Götterbild zusammengesezt. Hinten wird alles Farçe. Die Oeconomische Natur ist die Wahre – *Übrig bleibende.* [...] Die Freude, daß es nun aus ist, empfindet man am Schlusse im vollen Maaße. [...]W[ilhelm] M[eister] ist eigentlich ein Candide, gegen die Poësie gerichtet. Die Poësie ist der Arlequin in der ganzen Farce. [...] Er macht die Musen zu Comödiantinnen, anstatt die Comoediantinnen zu Musen zu machen. Es ist ordentlich tragisch, daß er den Shakespear in diese Gesellschaft bringt. Avanturiers, Comoedianten, Maitressen, Krämer und Philister sind die Bestandtheile des Romans. Wer ihn recht zu Herzen nimmt, ließt keinen Roman mehr.[1238]

[1235] Zur Rezeption der Lehrjahre durch die Romantiker vgl.: Clemens Heselhaus, Die Wilhelm Meister-Kritik der Romantiker und die romantische Romantheorie, in: Nachahmung und Illusion (Poetik und Hermeneutik I), hrsg. von H. R. Jauß, München 1964, 113-27 (Diskussion: 210-18). Hennemann Barale hat hervorgehoben, dass auch Friedrich Schlegel, trotz seiner anfänglichen Begeisterung, die sich in der Charakterisierung von Goethes Roman zusammen mit der Französischen Revolution und der Fichteschen *Wissenschaftslehre* als eine der „größten Tendenzen des Zeitalters" im Athenäumsfragment Nr. 216 und in seinem Aufsatz *Über Goethes Meister* niederschlug, die *Lehrjahre* kritisierte. Diese Kritik formuliert Schlegel in lange unveröffentlichten Notizen vom Sommer-Herbst 1797 (KA XVI 85-190), in denen gerade die *Unvollkommenheit* der *Lehrjahre* angesichts des romantischen Poesie-Ideals markiert wird: „Appunti a lungo inediti attestano al di là di ogni dubbio che, come Novalis, anche Schlegel non ritenne mai il Meister opera romantica e che, anzi, proprio sul suo esito non-romantico ha costantemente insistito.", Poetisierte Welt, Pisa 1990, 157-275 (Bildungsroman e Universalpoesie. Sul significato del *Wilhelm Meister* nelle prime formulazioni della teoria romantica), hier 159.

[1236] Schriften III 638-639 Nr. 505.

[1237] A.a.O., 123.

[1238] Schriften III 646-647 Nr. 536.

Gerade aus dieser Kritik des *Meisters* als bürgerlichem Roman heraus wird der projektive Charakter des Mittelalters ersichtlich als aristokratische Welt, in welcher der Adel noch Garant der ewigen Werte der Poesie und der Religion ist und sich der Utilitarismus noch nicht ausgebildet hat.[1239] Dieses Mittelalter, das weniger historischer Rekonstruktion entspringt als es eine Antithese zur bürgerlichen Gegenwart darstellt, stellt Novalis in polemischer Absicht den *Lehrjahren* als Gegenmodell gegenüber.

Der Projektionscharakter von Novalis' Mittelalterbild wird bereits an der hierfür paradigmatischen Gestalt des Bergmanns ersichtlich.[1240] Seine Tätigkeit trägt nicht die Züge der entfremdeten Arbeit der modernen Gesellschaft als ein bloßes Mittel zur Bedürfnisbefriedigung, sondern ist selbst die Befriedigung eines Bedürfnisses.[1241] Der Bergbau besitzt einen ausgeprägt ästhetischen Charakter und wird mehrfach als „Kunst" bezeichnet.[1242] Für den Bergmann hat das von ihm ausgegrabene Gold ausschließlich ästhetischen Gebrauchswert, keinen merkantilen Tauschwert. Die Metalle „[...] haben für ihn keinen Reiz mehr, wenn sie Waaren geworden sind, und er sucht sie lieber unter tausend Gefahren und Mühseligkeiten in den Vesten der Erde, als daß er ihrem Rufe in die Welt folgen, und auf der Oberfläche des Bodens durch täuschende, hinter-

---

[1239] Auch A. W. Schlegel wird in seinen *Berliner Vorlesungen* die Aufklärung als Herrschaft des ökonomischen Prinzips darstellen und das Mittelalter als poetisches Zeitalter jenseits der Brauchbarkeit stilisieren. Schlegel zweifelt nicht daran, „[...] daß es das ökonomische Prinzip ist, welches die Aufklärer leitet.", in: Sturm und Drang. Klassik. Romantik. Texte und Zeugnisse, hrsg. von Hans-Egon Hass, München 1966, I 57. Die Aufklärung verfolgt nicht die spekulative Wahrheit, sondern die Nützlichkeit: „Da sie folglich überall auf halbem Wege stehenbleibt, die Wahrheit an sich aber durchaus nur zu einem unbedingten Streben anregen kann, so muß es wohl etwas andres sein, was sie von der Wahrheit will, mit einem Worte Brauchbarkeit und Anwendbarkeit. Hier zeigt sich nun schon die ganze verkehrte Denkart, das an sich Gute, (wovon das Wahre ein Teil, eine Seite ist) dem Nützlichen unterzuordnen.", a.a.O., 56. Den germanischen Urvölkern hingegen lag jeder ökonomische Nützlichkeitskalkül fern: „Den germanischen Eroberern, welche römische Provinzen unterjochten, waren viele Bedürfnisse fremd: Waffen und ein freies Leben ihr eins und alles. Um einen so schlechten Preis wollten sie nicht gekämpft haben, daß sie sich nun hätten zum Anbau des Landes, oder gar zur Fabriken-Industrie und dem Handel bequemen mögen. Noch weniger verstanden sie sich auf Finanzkünste [...]", a.a.O., 487.

[1240] Dazu vgl. Wolfgang Kloppmann, Eine materialistische Lektüre des Bergmann-Kapitels im ‚Ofterdingen‘, in: Romantische Utopie, Utopische Romantik, hrsg. von Gisela Dischner und Richard Faber, Hildesheim 1979, 222-227.

[1241] „Das Rauschen des Wassers, die Entfernung von der bewohnten Oberfläche, die Dunkelheit und Verschlungenheit der Gänge, und das entfernte Geräusch der arbeitenden Bergleute ergötzte mich ungemein, und ich fühlte nun mit Freuden mich in vollem Besitz dessen, was von jeher mein sehnlichster Wunsch gewesen war. Es läßt sich auch diese volle Befriedigung eines angebornen Wunsches, diese wundersame Freude an Dingen, die ein näheres Verhältniß zu unserm geheimen Daseyn haben mögen, zu Beschäftigungen, für die man von der Wiege an bestimmt und ausgerüstet ist, nicht erklären und beschreiben. Vielleicht daß sie jedem Andern gemein, unbedeutend und abschreckend vorgekommen wären; aber mir schienen sie so unentbehrlich zu seyn, wie die Luft der Brust und die Speise dem Magen.", Schriften I 242.

[1242] Vgl.: „seltne, geheimnißvolle Kunst", Schriften I 241; Schriften I 244.

listige Künste nach ihnen trachten sollte."[1243] Gerade die Erwähnung der modernen Warenwelt lässt Hardenbergs Mittelalter als Gegenentwurf zur modernen Gesellschaft sichtbar werden. Auch in der Armut des Bergmanns drückt sich die Ablehnung der Zivilisation der modernen Welt aus, die bereits in Schillers fünftem Brief *Über die ästhetische Erziehung des Menschen* in ihren schädlichen Folgen für die Moralität, als Erstickung des „Triebs zur Verbesserung" kritisiert worden war[1244]: „Arm wird der Bergmann geboren, und arm gehet er wieder dahin. Er begnügt sich zu wissen, wo die metallischen Mächte gefunden werden, und sie zu Tage zu fördern; aber ihr blendender Glanz vermag nichts über sein lautres Herz. Unentzündet von gefährlichem Wahnsinn, freut er sich mehr über ihre wunderlichen Bildungen, und die Seltsamkeiten ihrer Herkunft und ihrer Wohnungen, als über ihren alles verheißenden Besitz."[1245]

b) Mittelalter-Rezeption als poetologische Traditionsvergewisserung

Ernst Behlers These vom Projektionscharakter von Hardenbergs Mittelalterbildes erhellt allerdings nur einen Aspekt der Mittelalterrezeption im *Ofterdingen*.[1246] Insbesondere im Hinblick auf die Perspektive, aus der Hardenbergs

---

[1243] Schriften I 244-245.

[1244] NA XX 319-21. Ludwig Stockinger, Kommentar, 391, deutet eine ähnliche Kritik des Luxus in *Glauben und Liebe* vor dem Hintergrund von Schillers fünftem Brief. Vgl.: „Mit wachsender Kultur mußten die Bedürfnisse mannichfacher werden, und der Werth der Mittel ihrer Befriedigung um so mehr steigen, je weiter die moralische Gesinnung hinter allen diesen Erfindungen des Luxus, hinter allen Raffinements des Lebensgenusses und der Bequemlichkeit zurückgeblieben war.", Schriften II 495 Nr. 36.

[1245] Schriften I 244.

[1246] Wobei zu ergänzen wäre, dass einige „projektive" Züge von Novalis' Mittelalterbild zugleich aus direkter Rezeption mittelalterlicher Quellen stammen. So ist das Bergmann-Kapitel, in dem Hardenberg seine Kritik der modernen bürgerlichen Warenwirtschaft formuliert, zugleich durch die Lektüre der *Vita S. Elisabethae, Landgraviae Thuringiae* von Johannes Rothe angeregt worden. Wie der Bergmann die Schätze aus der Erdentiefe befördert, aber sie nicht für sich in Anspruch nimmt, sondern dem König übergibt – „Zwar reicht er treu dem König / Den glückbegabten Arm, / Doch fragt er nach ihm wenig / Und bleibt mit Freuden arm.", Schriften I 248 –, so wird in der Heiligenvita erzählt, wie ein Berggeist die Bergleute auf Bodenschätze aufmerksam macht und sie zugleich ermahnt, sie ihrem König, Andreas von Ungarn, dem Vater der Heiligen, anzuvertrauen, damit er die Bodenschätze den Armen übergeben kann: „In den zeiten die bergleute giengen / Vnd suechten ertzs nach denselbigen dingen / Die sie an der erden erkantenn / Die Steyne sie fast vmbwanten / Vnd dae sie kein warzeichen funden / Dae giengen sie ire strasse zustunden / Gar fromm dieselbigen warenn / Darnach begonde sich offenbarenn / Eine Stymme die wieder sie also sprach / *Habt mit ewerm suechen gemach / In diesem berge dae ir nue seyt / Ein vnaussprechlicher schatzs leyt / Von golde ertzs verborgenn / Den suchet und last ewer sorgenn / Vnd es ist guet fein golt / Wan got ist ewerm konige holt / Den schatzs sol er seiner seell zu heyle / Den armen leuten nue mitteilen / Der schatzs ist Ime von gotte gegeben / Vmb das so milde ist sein lebenn / Wir haben sein lange Zeit gehuetet […]*", Vita S. Elisabethae, Landgraviae Thuringiae, in: Scriptores rerum Germanicarum, praecipue Saxonicarum, hrsg. von Johann Burkhard Mencke, Tomus II, Lipsiae 1728, Sp. 2033-2103, hier Sp. 2035. Vgl. dazu auch: Kasperowski, a.a.O.,

Mittelalter-Rezeption im Folgenden betrachtet werden soll, nämlich die poetische Traditionsvergewisserung in antiklassizistischer Funktion, greift Behlers These zu kurz. Es sollte nicht in Vergessenheit geraten, dass Hardenberg durch seine Thematisierung des Hochmittelalters in seinem Roman in ästhetischer Perspektive gegen die klassizistische Ablehnung der mittelalterlichen Kunst argumentiert. Dies belegt übrigens auch der in dieser Hinsicht interessante Wandel in Hardenbergs Gebrauch des Wortes „gotisch" vom Frühwerk bis zum *Ofterdingen*.[1247] Ira Kasperowskis beachtliche Quellenforschungen zu

---

220 ff.

[1247] Vgl. Samuel, a.a.O., 247-8. Im kunsthistorischen Terminus „gotisch" drückt sich nämlich in der Regel die klassizistische Verurteilung der mittelalterlichen Kunst aus. Bei Sulzer liest man im entsprechenden Artikel: „Man bedient sich dieses Beyworts in den schönen Künsten vielfältig, um dadurch einen barbarischen Geschmak anzudeuten [...]", a.a.O., II 433. „Gotisch" gilt ihm als Synonym für die Unreife des Kunstgeschmacks: „Also ist der gothische Geschmak den Gothen nicht eigen, sondern allen Völkern gemein, die sich mit Werken der zeichnenden Künste abgeben, ehe der Geschmak eine hinlängliche Bildung bekommen hat.", a.a.O. Auch produktionsästhetisch umschreibt „gotisch" einfach die Unfähigkeit des Künstlers: „Es scheinet also überhaupt, daß der gothische Geschmak aus Mangel des Nachdenkens über das, was man zu machen hat, entstehe. Der Künstler, der nicht genau überlegt, was das Werk, das er ausführet, eigentlich seyn soll, und wie es müsse gebildet werden, um gerade das zu seyn, wird leicht gothisch.", a.a.O. Bereits der Sturm und Drang hatte dagegen Einspruch erhoben und war für die gotische Kunst eingetreten. Goethe hatte in seiner frühen Schrift *Von deutscher Baukunst* (1772), die Erwin von Steinbach in Schutz nahm, die klassizistische Diskreditierung des Begriffs kritisiert: „Unter die Rubrik *Gotisch*, gleich dem Artikel eines Wörterbuchs, häufte ich alle synonymische Mißverständnisse, die mir von Unbestimmtem, Ungeordnetem, Unnatürlichem, Zusammengestoppeltem, Aufgeflicktem, Überladenem jemals durch den Kopf gezogen waren.", HA XII 10. Herder hatte in seiner geschichtsphilosophischen Schrift von 1774 den „gothischen Geist" des Mittelalters zwar noch „geschmacklos", aber „mächtig" genannt: „Wem ists nicht erschienen, wie in jedem Jahrhunderte das sogenannte ,Christenthum' völlig *Gestalt* oder *Analogie* der *Verfaßung* hatte, mit- oder in der es existirte! wie eben derselbe *Gothische Geist* auch in das *Innere* und *Äussere* der Kirche eindrang, *Kleider* und *Cerimonien*, *Lehren* und *Tempel* formte, den *Bischoffstab* zum *Schwert* schärfte, da alles Schwert trug, und *Geistliche Pfründen*, *Lehne* und *Sklaven* schuf, weils überall nur solche gab. Man denke sich von Jahrhundert zu Jahrhundert jene *ungeheuren Anstalten* von *Geistlichen Ehrenämtern*, *Klöstern*, *Mönchsorden*, endlich später gar *Kreuzzügen* und der offenbaren *Herrschaft der Welt* – ungeheures *Gothisches Gebäude*! überladen, drückend, finster, Geschmacklos – die Erde scheint unter ihm zu sinken – aber *wie groß! reich! überdacht! mächtig!* – ich rede von einem *Historischen Eräugniße*! Wunder des *Menschlichen Geists* und gewiß der Vorsehung *Werkzeug*.", Sämmtliche Werke V 522. Was Hardenberg anbelangt, so legt er im Journal seiner Harzreise im Jahre 1793 noch kein Gespür für den Geist der Gotik an den Tag. Die von ihm besichtigte Kirche in Bernburg findet er zwar „schön", aber in ihrer gotischen Art: „[...] die Haupt-Kirche in dem jenseidigen Theil der Stadt ist ein in seiner Art schönes gothisches Gebäude [...]", Schriften IV 11. Über den Halberstädten Dom heißt es, dass er „zwar gothisch" ist, „[...] aber mit einer Simplicität und einem so edlen Stil gebaut [...], wie ich noch in keiner gothischen Kirche fand [...]", Schriften IV 15. „Gotisch" und „schön" sind noch antithetische Begriffe. Die Stadtmauer von Aschersleben aus dem 14. Jahrhundert möchte Hardenberg lieber eingerissen sehen, um die wertvollen Steine für andere Zwecke zu verwenden: „Eine alte hohe Mauer mit massiven viereckigten Thürmen mit langen pyramidalischen Schieferdächern, die auch über die Thore gebaut sind, laufen um die Stadt her. Diese Art der Befestigung ist hinlänglich für die alte Art des

Hardenbergs Mittelalter-Bild ermöglichen es, Behlers These zu relativieren und den poetologischen Wert von Hardenbergs Rückgriff auf das Mittelalter und die mittelalterliche Dichtung gerade im Rahmen der deutschen *Querelle* freizulegen.[1248]

c) Mittelalter als dichterisch fruchtbare Übergangszeit

Zunächst soll präzisiert werden, dass das Mittelalter im *Ofterdingen* nicht nur mythisch, sondern – zumindest an einer Stelle ausdrücklich – auch historisch als „Mittel-Alter", als für die Dichtung besonders fruchtbare *Übergangszeit* betrachtet wird:

> In allen Übergängen scheint, wie in einem Zwischenreiche, eine höhere, geistliche Macht durchbrechen zu wollen; und wie auf der Oberfläche unseres Wohnplatzes, die an unterirdischen und überirdischen Schätzen reichsten Gegenden in der Mitte zwischen den wilden, unwirthlichen Urgebirgen und den unermeßlichen Ebenen liegen, so hat sich auch zwischen den rohen Zeiten der Barbarey, und dem kunstreichen, vielwissenden und begüterten Weltalter eine tiefsinnige und romantische Zeit niedergelassen, die unter schlichtem Kleide eine höhere Gestalt verbirgt. Wer wandelt nicht gern im Zwielichte, wenn die Nacht am Lichte und das Licht an der Nacht in höhere Schatten und Farben zerbricht; und also vertiefen wir uns willig in die Jahre, wo Heinrich lebte.[1249]

Kasperowski hat hervorgehoben, dass Hardenbergs These von der poetischen Fruchtbarkeit der Übergangsalter, die sich zwischen einer barbarischen Vor-

---

Angriffs mit Steinwerfen aus großen Maschinen, und zum Schießen mit Bolzen sind die Thürme und die Brustwehren [...] recht brauchbar, aber jetzt wäre es wohl der Frage werth, ob man nicht wenigstens die Höhe um die Hälfte verringern könnte, um die schönen Steine zu benutzen [...]", Schriften IV 13. Später hingegen vollzieht sich eine deutliche Wandlung. Die gotische Kirche ist für Hardenberg nicht nur schön, sondern in ihr drückt sich die Quintessenz des religiösen Gefühls aus: „Der ächt Gothische Tempel ist wahrhaft religiös.", Schriften III 567 Nr. 84. Im *Ofterdingen* schließlich repräsentieren „die engen, tiefen Bogenfenster" und „das düstre Gemach" des Schlosses des Kreuzritters eine Hommage Hardenbergs an den gotischen Stil (Schriften I 233).

[1248] Ira Kasperowski, Mittelalter-Rezeption im Werk des Novalis, Tübingen 1994. Trotz der von ihr für Hardenberg belegten Lektüre mittelalterlicher Quellen ist für Kasperowski eine genaue zeitliche Fixierung des Romangeschehens nicht möglich. Sie schließt sich an Ursula Ritzenhoffs Vorschlag an, die Handlung sei „[...] in die Zeit der Kreuzzüge zu Anfang des 13. Jh.s, etwa in die Jahre zwischen 1225 und 1227, gelegt, in der Elisabeth von Ungarn (1207-31) mit dem thüringischen Landgrafen Ludwig IV. (1200-27) verbunden war." Vgl.: Dies., Erläuterungen und Dokumente. Novalis (Friedrich von Hardenberg), Heinrich von Ofterdingen. Hrsg. von U. Ritzenhoff, Stuttgart 1988, 7.

[1249] Schriften I 204. Über den Schluss dieser Passage bemerkt Kasperowski: „Es fällt auf, dass Novalis trotz der positiv ausgedeuteten Bildlichkeit, mit der das Mittelalter der Gegenwart kontrastiert wird, diesen Abschnitt der zeitlichen Situierung mit einer *captatio benevolentiae* beschließt [...]. Es ist eine Bitte um Bereitwilligkeit, um die wohlwollende Bereitschaft des Lesers, sich auf ein Mittelalterbild einzulassen, das mit diesen Eigenschaften nicht dem Erwartungshorizont entspricht.", a.a.O., 182.

zeit und einer raffinierten Kulturepoche befinden, durchaus nicht neu war und zahlreiche Vorbilder hatte.[1250] So hatte bereits 1735 Thomas Blackwell in seiner anonymen Schrift *Enquiry into The Life and Writings of Homer* (1776 von Johann Heinrich Voß übersetzt) die Homerische Poesie als einem solchen Übergangszeitalter entsprungen beschrieben.[1251] Friedrich Schlegel übernahm in seinem Aufsatz *Über die Homerische Poesie. Mit Rücksicht auf die Wolfischen Untersuchungen* (1776) diese Argumentation.[1252] Bodmer übertrug dann in seinem Aufsatz *Von den vortrefflichen Umständen für die Poesie unter den Kaisern aus dem schwäbischen Hause* (1743) dieses Modell auf die Stauferzeit und untermauerte dadurch seine Wiederaufwertung der mittelalterlichen Literatur geschichtsphilosophisch.[1253] Selbst entschiedene Kritiker des Mittelalters wie der Aufklärer Isaak Iselin übernahmen Bodmers Hochschätzung der mittelalterlichen Literatur. Iselin folgte Bodmer in dieser Beziehung, indem er den deutschen Dichtern des Mittelalters gleichsam das Epitheton „homerisch" verlieh.[1254] Auch Herder hatte sich dieses Argumentationsmuster angeeignet und in seiner Preisschrift *Ueber die Würkung der Dichtkunst auf die Sitten der Völker in alten und neuen Zeiten* den Übergangscharakter des hochmittelalterlichen Minnesangs als Sublimierung der wilden Leidenschaft in zarte Empfindung charakterisiert.[1255] Hardenbergs Hauptquelle war aller-

---

[1250] Zum Folgenden: Ira Kasperowski, Novalis und die zeitgenössische Geschichtsschreibung. Zum Bild des Mittelalters im ‚Heinrich von Ofterdingen', in: Novalis und die Wissenschaften, hrsg. von Herbert Uerlings, Tübingen 1997, 269-82, 276 f.

[1251] „Früher geboren, hätte er nichts als Nacktheit und Barbarey gesehn; und später, wäre er entweder in die Zeiten friedlicher Einrichtungen, oder allgemeiner Kriege gefallen, wo die Privatleidenschaft unter Ordnung und Disciplin erliegt.", Untersuchung über Homers Leben und Schriften. Aus dem Englischen des Blackwells übersetzt von Johann Heinrich Voß, Leipzig 1776, 46. Dieselbe Übergangskonstellation war nach Blackwell auch für Dante, Vergil und Milton entscheidend.

[1252] „Der Mittelzustand zwischen freier Wildheit und bürgerlicher Ordnung ist überhaupt der Entwicklung des Schönheitsgefühls sehr günstig.", KA I 121.

[1253] „Damahls that die deutsche Freyheit ihr äusserstes, sich des sclavischen Jochs zu entschütten, das ihr von Rom angedrohet war. Die Deutschen waren nicht mehr diese rohen und halbwilden, die aller Gemählichkeiten des Lebens, und politischen Veranstaltungen beraubet waren. Sie hatten friedliche Zeiten, zwischen langen und zweyträchtigen Versuchen, gehabt, wo sie es in den Künsten und Wissenschaften auf einen gewissen Grad gebracht hatten. Doch waren sie von Zucht, Höflichkeit und Cerimoniel nicht zu enge eingethan.", Johann Jakob Bodmer, Johann Jakob Breitinger, Schriften zur Literatur, hrsg. von Volker Meid, Stuttgart 1980, 228.

[1254] „Auf einmal erschien in den mittägigen Provinzen von Frankreich, und in den alemannischen Theile des deutschen Reiches eine Menge lieblicher und tugendhafter Dichter. Mit einem kühnen und glücklichen Fluge erhuben diese sich zu einer Höhe, von welcher sich die Dichtkunst homerische Tage hätte versprechen sollen.", Isaak Iselin, Über die Geschichte der Menschheit, Zweyter Theil, Carlsruhe 1784, 323. Kasperowski kommentiert: „Der Vergleich mit Homer ist ein vorsichtiges Qualitätsurteil, in dem eine Gleichwertigkeit der mittelhochdeutschen Klassik mit dem großen antiken Vorbild denkbar erscheint, letztlich aber – in der Verwendung des Konjunktivs – negiert wird.", Novalis und die zeitgenössische Geschichtsschreibung. Zum Bild des Mittelalters im ‚Heinrich von Ofterdingen', in: a.a.O., 279.

[1255] Vgl.: „Eine andere Gattung von Poesie aus demselben Stamme und von eben der grossen Würkung auf Sitten war der *Minnegesang*, die *Akademie der Liebe*. Sie waren Blüthen der

dings – wie Kasperowski hervorhebt – die *Geschichte Kaiser Friedrichs des Zweiten* (1792) des Historikers Karl Wilhelm Ferdinand von Funck, mit dem Hardenberg befreundet war. Auch von Funck bezeichnet das Hochmittelalter als „[...] Mittelzustand zwischen dem blos kriegerischen Geist der Barbaren und den sittlichen Tugenden einer verfeinerten Societät [...], der das Zeitalter der Ritterschaft so sonderbar auszeichnet."[1256] Die „Morgenröthe der Dichtkunst", die im Hochmittelalter über Deutschland aufgegangen war, habe ihren Ausdruck im dichterischen Wettstreit am Hofe Friedrichs II und Hermanns von Thüringen gefunden, wobei letzterer „ein eifriger Beschützer der Minnesinger" gewesen sei, „die an dem Hofe zu Wartburg eine ehrenvolle Rolle spielten."[1257] Darüber hinaus sollte die Rolle von Herders früher Schrift *Auch eine Philosophie zur Bildung der Menschheit* (1774) für Hardenbergs Hinwendung zum Mittelalter nicht unterschätzt werden. Mit diesem Aufsatz hat Herder gewissermaßen die geschichtsphilosophischen Prämissen zu Hardenbergs Wiederentdeckung des Mittelalters gelegt. Dort verteidigt Herder zwar noch nicht, wie später Novalis, die Schattenseiten des Mittelalters, etwa die Kreuzzüge, und erweist sich darin noch der Aufklärung verpflichtet.[1258] Er würdigt aber eindeutig das Mittelalter als geschichtliche Individualität. In sein Geschichtsmodell integriert Herder auch die mittelalterliche Epoche der Finsternis, die sich als im Dienste der Aufklärung stehend erweist:

> Die *dunkeln* Seiten dieses Zeitraums stehn in allen Büchern [...]. Alle das ist wahr und nicht wahr. Wahr, wenn man, wie ein Kind, *Farbe* gegen *Farbe* hält, und ja ein *helles, lichtes* Bildchen haben will – in unserm Jahrhundert ist leider! so viel Licht! – Unwahrheit, wenn man die damalige Zeit in ihrem *Wesen* und *Zwecken, Genuß* und *Sitten*, insonderheit als *Werkzeug* im Zeitlaufe betrachtet.[1259]

Das Mittelalter wird von Herder jedoch nicht nur als notwendige Dunkelheit gerechtfertigt, durch welche hindurch man zum Licht der Aufklärung gelange: „Um das Licht zu geben, war ein so *großer* Schatte nötig [...]".[1260] Herder verteidigt das Mittelalter sogar nicht nur als Mittel, sondern auch als Zweck an

---

Galanterie des damaligen Rittergeistes. Kaiser und Könige, Fürsten und Grafen schämten sich nicht daran Theil zu nehmen. Sie machten Sprache und Sitten geschmeidig, verwandelten eine wilde Leidenschaft in zartere Empfindungen und ketten die voraus zu sehr getrennten Geschlechter durch unschuldige Blumenkränze.", Sämmtliche Werke VIII 401, sowie: „Wie alles vorhergehende, so gehörte auch diese Poesie zum *Uebergange*, zur *Verschmelzung der Sitten* ins Feinere, bis sie so fein geworden sind, als das heutige Tageslicht zeigt.", Sämmtliche Werke VIII 401.

[1256] Geschichte Kaiser Friedrichs des Zweiten, Züllichau/Freystadt 1792, 73.

[1257] A.a.O., 73 f.

[1258] „Ich will nichts weniger, als die ewigen Völkerzüge und Verwüstungen, Vasallenkriege und Befehdungen, Mönchsheere, Wallfahrten, Kreuzzüge vertheidigen: nur erklären möchte ich sie: wie in allem doch *Geist* hauchet! Gährung *Menschlicher Kräfte*. [...]", Sämmtliche Werke V 526.

[1259] Sämmtliche Werke V 524.

[1260] Sämmtliche Werke V 527.

sich: „Aber kein Ding im ganzen Reiche Gottes kann ich mich doch überreden! ist *allein* Mittel – alles *Mittel* und *Zweck* zugleich, und so gewiß auch diese Jahrhunderte."[1261] Somit hat Herder die romantische Verteidigung des Mittelalters als poetische Blütezeit vorbereitet, wie sie etwa in August Wilhelm Schlegels Berliner Vorlesungen von 1801-04 *Über Literatur, Kunst und Geist des Zeitalters* Ausdruck findet. Im dritten Kurs heißt es in bezug auf die Vorrede zum zweiten Kurs, die unter dem Titel „Über Litteratur, Kunst und Geist des Zeitalters" in Friedrich Schlegels *Europa* veröffentlicht wurde:

> Sie enthält besonders manches zur Berichtigung der herrschenden Vorstellungsarten von dem so unbillig verunglimpften sogenannten Mittelalter, was mir jetzt besonders wichtig ist: denn die ältere romantische Poesie schreibt sich aus diesem Zeitraume her, und die spätere ist wahrlich nicht dadurch romantisch, daß sie in die neue Zeit fällt, sondern vielmehr, weil sie sich an die Gesinnung der ritterlichen Zeit anschließt, und ein Nachklang jener mächtigen Naturlaute ist. Wenn demnach das Mittelalter eine so verwahrloste, ausgeartete, finstre, rohe, barbarische Zeit wäre (und wie die neumodischen Historiker sie sonst schelten mögen), als man gemeinhin glaubt, so würde es allerdings unbegreiflich sein, wie es eine nicht minder zarte und süße als edle und hohe Poesie hätte erzeugen können.[1262]

Friedrich Schlegel schließlich war zwar der letzte unter den Jenaer Frühromantikern, der sich dem Mittelalter zuwandte. Seine eigentliche Beschäftigung mit dem Mittelalter setzte erst 1803 an. Trotzdem hielt er bereits im *Gespräch über die Poesie* den romantischen Vorbildcharakter der mittelalterlichen Dichtung fest und bezeichnete das Mittelalter als „fruchtbares Chaos zu einer neuen Ordnung der Dinge".[1263] Genauer betrachtet hatte Schlegel aber bereits in den *Philosophischen Lehrjahren* 1796/97 die Verwandtschaft von Mittelalter und Moderne erkannt: „Das Mittelalter ist wie die Epoche d[er] Krystallisation d[er] modernen Bildung."[1264] Die mittelalterlichen Dichter sind die ältesten Modernen: „Die ältesten Modernen sind οργ[organisch] – Germaniens Mittelalter – die zweiten sind Abstr[akt]."[1265] Schlegel nimmt deshalb den Begriff des Mittelalters auch für die Charakterisierung der Moderne in Anspruch: „Es giebt wohl mehr als ein Mittelalter – eine Pause voll Chaos in d[er] Cultur."[1266] Als eine Phase produktiven Chaos' gehört also für Schlegel

---

[1261] Ebd.

[1262] August Wilhelm Schlegel, Geschichte der romantischen Literatur, hrsg. von E. Lohner, zugleich: Kritische Schriften und Briefe, Bd. 4, Stuttgart 1965, 18.

[1263] „Dagegen war die Erfindung und Begeisterung in der Religion um so reger; in der Ausbildung der neuen, in den Versuchen zur Umbildung der alten, in der mystischen Philosophie müssen wir die Kraft jener Zeit suchen, die in dieser Rücksicht groß war, eine Zwischenwelt der Bildung, ein fruchtbares Chaos zu einer neuen Ordnung der Dinge, das wahre Mittelalter.", KA II 296.

[1264] KA XVIII 128 Nr. 73.

[1265] KA XVIII 222 Nr. 338.

[1266] KA XVIII 239 Nr. 544. Friedrich Schlegels Beschäftigung mit dem Mittelalter setzt zwar

auch die Moderne zum – letzten – Mittelalter: „[...] wir stehn im lezten Mittelalter.“[1267]

d) Das Rittertum

Es lassen sich im *Ofterdingen* unterschiedliche Aspekte der Mittelalter-Rezeption herauskristallisieren, die von poetischer oder poetologischer Bedeutung sind.[1268] Ein erstes Element ist das Rittertum. Die ritterliche Weltauffassung war durch die aufklärerische Geschichtsschreibung – etwa von Iselin – diskreditiert worden. Aber auch Hemsterhuis hatte sie in einem seiner Dialoge kritisiert.[1269] Herder hingegen, der in der Schrift von 1774 unter Mittelalter ohne weitere Periodisierung den „nordischen Rittergeist" versteht[1270], verteidigt den *„Rittersinn"* als „die *Mischung* von Begriffen *der Ehre* und *der Liebe* und *der Treue* und *Andacht* und *Tapferkeit* und *Keuschheit".*[1271] Auch später im XX. Buch der *Ideen zur Philosophie der Geschichte der Menschheit* (1784-1791) wird das Rittertum von Herder als Mischung von normannischem und arabischem Geist charakterisiert und insofern als für die Einheit Europas förderlich betrachtet.[1272] Der eigentliche Apologet des Rittertums aber, der in dieser Beziehung auch auf Novalis starken Einfluss ausübte, war Edmund Burke. In seinen *Reflections on the Revolution in France* (1790), die Hardenberg begeistert rezipierte[1273], wünscht sich Burke angesichts der französischen

---

nach Novalis ein, erweist sich aber als vielfältig und intensiv: er befasst sich mit mittelalterlicher Malerei in den *Gemäldebeschreibungen* (1803-05) (KA IV 3-152) und mit mittelalterlicher Architektur in den *Grundzügen der gotischen Baukunst* (1806) (KA IV 153-204). Schlegel gab auch Sammlungen von *Memoiren und romantischen Dichtungen des Mittelalters aus altfranzösischen und deutschen Quellen* (1802-05) heraus (KA XXXIII 3-452). Seit 1806 sammelt er in seinen 20 Heften *Zur Geschichte und Politik* seine Forschungen zum Mittelalter (KA XX-XXII). Erwähnenswert sind auch seine Studien zur Scholastik und Mystik des Spätmittelalters (KA XII 244-311). Seine berühmtesten Äußerungen zum Mittelalter sind aber in seinen Wiener Vorlesungen zur *Geschichte der alten und neuen Literatur* (1812) enthalten (KA VI 145-208). Zum Mittelalter-Bild der Brüder Schlegel vgl. jetzt die umfangreiche Studie von Edith Höltenschmidt, Die Mittelalter-Rezeption der Brüder Schlegel, Paderborn 2000.

[1267] KA XVIII 356 Nr. 421.

[1268] Zum Folgenden vgl.: Samuel, a.a.O., 268 ff. und Kasperowski, a.a.O., 133 ff.

[1269] Vgl. Hardenbergs Exzerpt: „Das Point'honneur des alten Rittergeistes hat zuerst jene lächerliche Förmlichkeit zwischen *Menschen* eingeführt – Etikette ist der Tod aller freyen Humanitaet – eine Mischung asiatischer Sklavenkleinlichkeit und Despotenhochmut – mit kristlicher Demuth.", Lettre sur les désirs, in: a.a.O., I 77 (nach: Schriften II 362).

[1270] „Und ohne mich hier auf die verschiednen Perioden des Geists der mittlern Zeiten einlaßen zu können; wir wollens *Gothischen Geist*, *Nordisches Ritterthum* im weitesten Verstande nennen – *grosses Phänomenon* so vieler Jahrhunderte, Länder und Situationen.", Sämmtliche Werke V 522-3.

[1271] Sämmtliche Werke V 527.

[1272] Sämmtliche Werke XIV bes. 460.

[1273] „<Es sind viele antirevolutionnaire Bücher für die Revolution geschrieben worden. Burke hat aber ein revolutionnaires Buch gegen die Revolution geschrieben.>", Schriften II 464 Nr.

Revolution, die ihm als die Auflösung jeglicher Ordnung erscheint, die ritterliche Weltauffassung zurück. In bezug auf die Misshandlungen, denen die französische Königin ausgesetzt wurde, fragt sich Burke, wo der „Geist der alten Chevalerie" geblieben sei[1274]:

> Ich hätte geglaubt, zehntausend Schwerdter müßten aus ihren Scheiden fahren, um einen Blick zu bestrafen, der sie zu beschimpfen drohte. – Aber die Zeiten der Rittersitte sind dahin. Das Jahrhundert der Sophisten, der Oekonomisten und der Rechenmeister ist an ihre Stelle getreten, und der Glanz von Europa ist ausgelöscht auf ewig.[1275]

Das monarchische Herrschaftssystem ruht laut Burke auf dem mittelalterlichen Rittergeist, der für dessen Vorzüge, d.h. „Gleichheit", „gesellschaftliche Achtung" und „Sittlichkeit" verantwortlich ist:

> Dies aus Meynungen und Gefühlen zusammen gebaute System hatte seinen Ursprung in den Ritterbegriffen des Mittelalters, und die Grundsätze desselben haben, (obgleich unter wechselnden Gestalten, weil sie dem Wechsel der menschlichen Angelegenheiten folgten) eine lange Reihe von Generationen hindurch bis auf das Zeitalter, worin wir leben, ihre Farbe und ihren Einfluß behalten. Sollte dieses System jemals gänzlich ausgerottet werden, der Verlust würde wahrlich sehr groß seyn.[1276]

Die feudalen Werte der ritterlichen Weltauffassung sind für Burke Leitbegriffe auch in seiner Besprechung der modernen Verfassungen. Ebenso wurde in Michael Ignaz Schmidts *Geschichte der Deutschen*, die Novalis ebenfalls rezipierte, das Ideal des Rittertums propagiert und auf die zentralen Begriffe des Frauendienstes und des Faustrechts gebracht.[1277]

e) Ritterroman und Illusionsprinzip

Von poetologischer Bedeutung ist die Thematisierung des Rittertums im *Ofterdingen* nun insofern, als sie die ursprüngliche Bedeutung des Wortes „romantisch" als Adjektiv zum Ritterroman aktiviert.[1278] Da Hardenberg besonde-

---

115.

[1274] Burkes Ausdruck kehrt bei Hardenberg wörtlich wieder. Vgl.: Schriften III 676 Nr. 628.

[1275] Betrachtungen über die Französische Revolution. Aus dem Englischen übertragen von Friedrich Gentz, Berlin 1793, 114.

[1276] A.a.O., 114-7.

[1277] Geschichte der Deutschen. Nach der neuen und von dem Verfasser verbesserten, und unter seinen Augen veranstalteten Auflage. Erster – Vierter Theil, Ulm 1785-1787, Bd. VII, 1-21.

[1278] Vgl. H. R. Jauß, Literarische Tradition und gegenwärtiges Bewußtsein der Modernität, in: Ders., Literaturgeschichte als Provokation, Frankfurt am Main 1970, 44, sowie Lothar Pikulik, Frühromantik. Epoche – Werk – Wirkung, München 1992, 73-9: „Romantisch" geht auf eine mittelalterliche Wortform zurück, „[...] die ursprünglich als Bezeichnung für die romantische Volkssprache im Gegensatz zum Latein der Gebildeten diente, sodann – in der Form

ren Wert darauf legt, die Verwandtschaft der Poesie der Modernen mit der
Ritterzeit hervorzuheben, markiert er damit gerade die Ablösung der Nachahmung durch das Illusionsprinzip, insofern man bereits mit dem Ritterroman
selbst das Abenteuerliche, Phantastische und Unglaubwürdige assoziierte.[1279]
Die Abkehr von der Nachahmung wird somit nicht erst durch den geplanten
Übergang des Romans in das Märchen, sondern genauer betrachtet bereits
durch die Thematisierung der Ritterzeit als phantastische abenteuerliche Zeit
implizit markiert. In diesen Zusammenhang der poetologischen Traditionsvergewisserung gehört auch ein nicht zufälliges Detail: der Umstand nämlich,
dass das Buch, das Heinrich in der Höhle des Einsiedlers findet, in provenzali-
scher Sprache geschrieben ist. Das Provenzalische, in dem die Troubadours
die *res gestae* der Kreuzfahrer besangen, wurde bereits in der siebenten
Sammlung von Herders *Briefen zu Beförderung der Humanität* (1796) als
Ursprung der modernen Kultur betrachtet.[1280] Für Friedrich Schlegel stellte die
provenzalische Dichtung einen Vorläufer der romantischen Poesie dar.[1281]
Auch dadurch bringt Novalis die Etymologie des Terminus „romantisch" zur
Geltung, der für die Frühromantiker die kulturelle Identität des christlichen
Europas seit dem Mittelalter meint. Damit steht er zugleich in der Tradition
der frühromantischen Wiederentdeckung der romanischen Literaturen, wie sie
in Friedrich Schlegels *Gespräch über die Poesie* zum Ausdruck kommt, in
dem Dante, Petrarca, Boccaccio, Tasso und Ariost als Ahnherren der literarischen Moderne dargestellt werden.[1282]

---

französisch ‚romance', italienisch ‚romanzo' – ein in der Volkssprache verfasstes erzählendes
Gedicht meinte, insbesondere den Typus des im hohen und Spätmittelalter verbreiteten Ritter-
und Abenteuerbuches. Aus französisch ‚romance' entwickelt sich ‚roman', das im 17. Jahrhundert in Deutschland als Fremdwort aus dem Französischen übernommen und bis ins 18.
Jahrhundert der immer noch fortlebenden und weithin beliebten Ritter- und Abenteuererzäh-
lung zugeordnet wird.", 73-4.

[1279] Vgl. Jauß: „Das Wort (frz.) *romanesque* und sein englisches Pendant *romantic*, Ableitungen
aus der *romanice* = ‚Erzählung in romanischer Volkssprache' entsprungenen Gattungsbe-
zeichnung roman, ist erst im 17. Jahrhundert belegt und bezeichnet das, was für die alten
Romane kennzeichnend ist. Und da die Welt der mittelalterlichen Romane mehr und mehr in
eine ferne und immer fremdere Vergangenheit entrückte, nahm das Wort *romanesque* bzw.
romantic die Bedeutung an: etwas, das nur in den Romanen, nicht aber in der Wirklichkeit
des Lebens so vorkommt." in: Nachahmung und Illusion (Poetik und Hermeneutik I), hrsg.
von H. R. Jauß, München 1964, 214 (Diskussionsbeitrag zum Referat von Heselhaus).

[1280] Herder nannte 1796 in seinen *Briefen zu Beförderung der Humanität* die provenzalische
Dichtung, die den Minnesang begründete, die „Morgenröthe der *neueren* Europäischen Cultur
und Dichtkunst", in: Sämmtliche Werke XVIII 34 (Anmerkung).

[1281] „Die barbarische (provenzalische) P[oesie] ist der Keim der Transc[endentalen] und der
R[omantischen] P[oesie] [...]", Literary Notebooks 1797-1801, a.a.O., 105 Nr. 955. Dies
wird auch Herder in den *Ideen* bestätigen: „In ihren ersten blühenden Zeiten hatte die Dichtkunst der Provenzalen eine sanftharmonische, rührende und reizende Anmuth, die den Geist
und das Herz verfeinte, Sprache und Sitten bildete, ja überhaupt die Mutter aller neuern europäischen Dichtkunst ward.", Sämmtliche Werke XIV 461.

[1282] Im Unterschied zu Schlegel interessierte sich Novalis stärker für die germanische Poesie. Zu
Cervantes ist z.B. bei ihm eine einzige Textstelle überliefert, nämlich der Brief an Caroline

f) Die Legende

Von Bedeutung als Zeugnis für Hardenbergs Rezeption der mittelalterlichen Dichtung ist ferner auch die Form der Legende, die einen großen Einfluss auf die Komposition des *Ofterdingen* ausgeübt hat.[1283] Bereits Herder versuchte in der VI. Sammlung der *Zerstreuten Blätter* (1797), die Legende, das Heiligenleben als literarische Form zu rehabilitieren. Dort lässt er eine Anzahl von Verslegenden, die er selbst verfasst hatte, von einer Abhandlung *Über die Legende* folgen, in der er den Wert dieser Gattung insbesondere für die Literatur der „mittleren Zeiten" hervorhebt. Allerdings erweist sich Herder in seiner Betrachtung der Legende noch als weitgehend von der Aufklärung geprägt. Die Legende sei seiner Ansicht nach nur insofern legitim, als sie eine didaktische und moralische Aufgabe erfülle. Somit kennen auch die von Herder verfassten Legenden keine Transzendenz. Demgegenüber betont Hardenberg in mehreren Aufzeichnungen wiederholt den religiösen Charakter der Legende.[1284] An einer prominenten Stelle heißt es sogar „Legende = Evangelium".[1285] Was die Einbeziehung der Legendenform im *Ofterdingen* anbelangt, wurde Novalis vor allem durch die unmittelbare Lektüre einer Legende – der *Vita S. Elisabethae, Landgraviae Thuringiae* von Johannes Rothe (um 1360-1434) – beeinflusst.[1286] In dieser Heiligenvita wird erzählt, wie die Heilige nach dem Tod ihres Mannes, dem Landgrafen von Thüringen, ihrem Reichtum und Glanz entsagt und ein mönchisches Leben führt, bis sie schließlich am Hun-

---

Schlegel vom 20. Januar 1799, wo Novalis von Tiecks Übersetzung des *Don Quixote* spricht: „Tiecks Don Quixote ist ja auch schon unterweges.", Schriften IV 275 (Tiecks *Leben und Thaten des edlen und sinnreichen Junkers Don Quixote von La Mancha* erschien in vier Teilen von 1799 bis 1801). Anders Tieck, Friedrich und August Wilhelm Schlegel, die sich ebenso stark für die romanische Poesie interessierten. Das Interesse A.W. Schlegels für die romanische Dichtung lässt sich auch an seiner Wiederentdeckung der Sonett-Form belegen. Dazu bemerkt Gerhard Schulz: „[...] das Sonett war ja eben eine romanische Form aus romantisch-christlicher Tradition, und wenn sich Schlegel in zunehmendem Maße dafür engagierte, dann tat er es nicht nur aus prosodischem, sondern ebenso aus historischem Interesse als einer von denjenigen deutschen Schriftstellern, die zuerst dem Begriff Romantik eine spezifische Bedeutung gaben. Seine *Blumensträuße italiänischer, spanischer und portugiesischer Poesie* (1804) enthalten musterhafte Übersetzungen von Sonetten aus dieser romantischen Tradition, zusammen mit Übertragungen jener anderen romantischen Formen, [...] also von Stanzen, Romanzen, Terzinen, Kanzonen, Madrigalen und Glossen.", Die deutsche Literatur zwischen französischer Revolution und Restauration, München 2000, 616.

[1283] Vgl. Samuel, a.a.O., 260 f.

[1284] „Predigten sollten eigentlich *Legenden* heißen, denn der eigentliche Stoff der Predigten ist der *Legendenstoff*.", Schriften III 565 Nr. 70; Schriften III 589 Nr. 230; Schriften III 591 Nr. 240; Schriften III 754 Nr. 9. Die Legende wird auch von Friedrich Schlegel im *Gespräch über die Poesie* als typische Form der mittelalterlichen und romantischen Poesie erwähnt. Vgl.: KA II 297.

[1285] Schriften III 567 Nr. 87.

[1286] In: Scriptores rerum Germanicarum, praecipue Saxonicarum, hrsg. von Johann Burkhard Mencke, Tomus II, Lipsiae 1728, Sp. 2033-2103. Mencke (1674-1732) war ein Leipziger Geschichtsprofessor. Hardenberg erwähnt Menckes Ausgabe in einer Notiz vom Oktober 1800: Schriften IV 59.

gertod stirbt. Dieselbe Absage an das weltliche Leben ist auch für den Einsiedler im *Ofterdingen* charakteristisch. Dieser stellt Graf Friedrich III. von Ho-
henzollern dar, der, wie übrigens auch der Landgraf Ludwig von Thüringen,
der Mann der Elisabeth, ein Kreuzfahrer war und zum Kreuzzugsgefolge von
Barbarossa und Heinrich VI. gehörte. Später hat er sich aber vom weltlichen
Leben abgewandt und als Asket nur noch in der Sehnsucht nach Transzendenz
gelebt. Ihn lässt Novalis die frommen Betrachtungen über das Walten der
heiligen Vorsehung in der Geschichte vortragen.[1287]

Nach dem Vorbild der Legendenerzählung hat Hardenberg nicht nur die
Gestalt des Einsiedlers, sondern auch die Heinrichs am Anfang des zweiten
Teils gestaltet. Der Romanheld, der bereits am Anfang des ersten Teils proleptisch das Leben als „Wallfahrt zum heiligen Grabe"[1288] bezeichnet hatte, wird
nun als Pilger dargestellt, der sich nach dem Verlust von Mathilde vom irdischen Leben abgewandt hat:

> Der arme Pilgrimm gedachte der alten Zeiten, und ihrer unsäglichen Entzückun-
> gen – Aber wie matt gingen diese köstlichen Erinnerungen vorüber. Der breite
> Hut verdeckte ein jugendliches Gesicht. Es war bleich, wie eine Nachtblume. In
> Thränen hatte sich der Balsamsaft des jungen Lebens, in tiefe Seufzer sein
> schwellender Hauch verwandelt. In ein fahles Aschgrau waren alle seine Farben
> verschossen.[1289]

Das vergängliche irdische Leben hat für Heinrich jeden sinnlichen Reiz verloren. Seine Wanderschaft, die den alten christlichen Topos des *homo viator*
variiert, hat die Transzendenz zum Ziel als einzige, dauerhafte Erfüllung.[1290]
An einem Stein und einem Baum angelangt, die Grab und Kreuz, d.h. den
irdischen Passionsweg symbolisieren, bittet Heinrich darum, dass Gott und die
Mutter Gottes ihm beistehen mögen.[1291] Daraufhin erblickt Heinrich, wiederum

---

[1287] Einen anderen versteckten Hinweis auf Rothes Legende dürfte auch der Kranz von Lilien
und Rosen darstellen, der auf dem Grab in der Höhle eingehauen ist. Die Rose ist das Symbol
der Heiligen Elisabeth.

[1288] Schriften I 199.

[1289] Schriften I 320.

[1290] Eine „Wallfahrt nach Loretto", dem Marienwallfahrtsort, wird in den Aufzeichnungen zum
zweiten Teil erwähnt. Dieselbe Sehnsucht nach dem Jenseits prägt die Darstellung des
Mönchtums in den Aufzeichnungen zum zweiten Teil.

[1291] „Seitwärts am Gehänge schien im ein Mönch unter einem alten Eichbaum zu knieen. Sollte
das der alte Hofkaplan seyn? so dachte er bey sich ohne große Verwunderung. Der Mönch
kam ihm größer und ungestalter vor, je näher er zu ihm trat. Er bemerkte nun seinen Irrthum,
denn es war ein einzelner Felsen, über den sich der Baum herbog. Stillgerührt faßte er den
Stein in seine Arme, und drückte ihn lautweinend an seine Brust: Ach, daß doch jezt deine
Reden sich bewährten und die heilge Mutter ein Zeichen an mir thäte. Bin ich doch so ganz
elend und verlassen. Wohnt in meiner Wüste kein Heiliger, der mir sein Gebet liehe? Bete du,
theurer Vater, jezt in diesem Augenblick für mich.", Schriften I 320-1. Auch im XI. der
Geistlichen Lieder ist der Baum – „Wunderstamm" – das Symbol des Kreuzes. Vgl. auch das
Lied, das Heinrich nach der Vision singt: „Liebeszähren, Liebesflammen / Fließt zusammen; /
Heiligt diese Wunderstätten, / Wo der Himmel mir erschienen, / Schwärmt um diesen Baum

im Stil der Legende, Mathilde in einer Vision, die den legendenhaften Topos der Erscheinung Christi auf dem Passionsweg variiert.[1292]

g) Der Wartburgkrieg

Dass sich im *Ofterdingen* aber auch konkretere Rückgriffe auf die mittelalterliche Dichtung nachweisen lassen, ist bereits im Titel des Romans angedeutet, der auf den Stoff des Wartburgkrieges Bezug nimmt.[1293] Der Name Heinrich von Ofterdingen stammt bekanntlich aus dem Wartburggedicht, einem mittelhochdeutschen Gedicht, das Hardenberg wohl nicht zuerst im Original bzw. in der Ausgabe Bodmers und Breitingers las[1294], sondern das ihm zunächst durch die bereits erwähnte, legendenhafte Chronik des Johannes Rothe *Vita S. Elisabethae, Landgraviae Thuringiae* sowie durch dessen Thüringer Weltchronik

---

wie Bienen / In unzähligen Gebeten.", Schriften I 323.

[1292] Samuel, a.a.O., 166. Bemerkenswert für Novalis' Engführung von Religion und Kunst ist der Umstand, dass Heinrichs Vision ästhetische Züge trägt und sich wie eine Gemäldebeschreibung im Stile Wackenroders und Tiecks ausnimmt: „Da drang durch die Aeste ein langer Strahl zu seinen Augen und er sah durch den Strahl in eine ferne, kleine, wundersame Herrlichkeit hinein, welche nicht zu beschreiben, noch kunstreich mit Farben nachzubilden möglich gewesen wäre. Es waren überaus feine Figuren und die innigste Lust und Freude, ja eine himmlische Glückseligkeit war darinn überall zu schauen, sogar daß die leblosen Gefäße, das Säulwerk, die Teppiche, Zierrathen, kurzum alles was zu sehn war nicht gemacht, sondern, wie ein vollsaftiges Kraut, aus eigner Lustbegierde also gewachsen und zusammengekommen zu seyn schien. Es waren die schönsten menschlichen Gestalten, die dazwischen umhergiengen und sich über die Maaßen freundlich und holdselig gegen einander erzeigten. Ganz vorn stand die Geliebte des Pilgers und hatt' es das Ansehn, als wolle sie mit ihm sprechen. Doch war nichts zu hören und betrachtete der Pilger nur mit tiefer Sehnsucht ihre anmuthigen Züge und wie sie so freundlich und lächelnd ihm zuwinkte, und die Hand auf ihre linke Brust legte.", Schriften I 321-2.

[1293] Zum Folgenden: Kasperowski, a.a.O., 136 ff. sowie Samuel, a.a.O., 277 ff. Obwohl sein Augenmerk im Unterschied zu Hardenberg eher der romanischen Dichtung gilt, preist Friedrich Schlegel im *Gespräch über die Poesie* auch die germanische Poesie: „Mit den Germaniern strömte ein unverdorbener Felsenquell von neuem Heldengesang über Europa, und als die wilde Kraft der gotischen Dichtung durch Einwirkung der Araber mit einem neuen Nachhall von den reizenden Wundmärchen des Orients zusammentraf, blühte an der südlichen Küste gegen das Mittelmeer ein fröhliches Gewerbe von Erfindern lieblicher Gesänge und seltsamer Geschichten, und bald in dieser bald in jener Gestalt verbreitete sich mit der heiligen lateinischen Legende auch die weltliche Romanze, von Liebe und von Waffen singend.", KA II 296-7.

[1294] Das Wartburgkrieggedicht ist am Anfang des zweiten Bandes von Bodmers und Breitingers Ausgabe der Großen Heidelberger Liederhandschrift von 1758/59 unter dem Titel 'Klingesor von Ungerlant' abgedruckt. Vgl.: Sammlung von Minnesingern aus dem schwaebischen Zeitpuncte. CXL Dichter enthaltend; durch Ruedger Manessen, weiland des Rathes der uralten Zyrich. Aus der Handschrift der koeniglich-franzoesischen Bibliotheck herausgegeben. Zyrich 1759, 1-16. Kasperowski weist daraufhin, dass diese Ausgabe insofern auch schwer lesbar war, als alle Fehler der Handschrift, die nicht die ursprüngliche, sondern eine verderbte Fassung darstellt, von den Herausgebern übernommen wurden. Den Archetypus des Gedichts hat Tom Albert Rompelman rekonstruiert: Der Wartburgkrieg. Kritisch hrsg. von T. A. Rompelman, Amsterdam 1939.

bekannt war.[1295] Diese Werke entdeckte er im Frühjahr 1799 in der Bibliothek des Historikers Karl Wilhelm Ferdinand von Funck in Artern.[1296] Ein Beleg dafür, dass Hardenberg Rothes Werke kannte, ist laut Samuel z.B. der Umstand, dass Hardenberg in vielen Romannotizen die dialektale Variante ‚Afterdingen' von Rothe übernimmt. Die endgültige Schreibung ‚Ofterdingen' entspricht hingegen der handschriftlichen Überlieferung des Gedichts, die Hardenberg auch gekannt haben dürfte.[1297] Auskunft über den Wartburgkrieg holte sich Hardenberg später bei A. W. Schlegel ein, der, vor allem durch Bodmer angeregt, den Minnesang studierte; er gelangte wahrscheinlich auf diesem Wege zur Handschrift.[1298] Andererseits – wie Samuel erinnert – war die Bodmersche und Breitingersche Ausgabe des Wartburggedichts in den 80er und 90er Jahren relativ weit verbreitet. Auch Herder hatte sich mit Bodmers Minnesängerausgabe befasst und in der V. Sammlung der *Zerstreuten Blätter* (1793) für eine neue übersichtlichere Ausgabe plädiert.[1299]

Nach dem Wartburggedicht der Heidelberger Liederhandschrift spielt sich der Dichterstreit am Hofe des Landgrafen Hermann von Thüringen (um 1155-1217) ab, wo der Minnesänger Heinrich von Ofterdingen auftritt und in Konflikt mit den anderen Sängern gerät, als er dem österreichischen Herzog Leopold VI. (um 1176-1230) höchstes Lob zuteil werden lässt und ihn mit der Sonne vergleicht.[1300] Es entfacht sich ein Wettstreit um das beste Fürstenlob zwischen Heinrich, Walther von der Vogelweide, dem Tugendhaften Schreiber, Rinmar von Zweter, Wolfram von Eschenbach und Biterolf, wobei der Verlierer mit dem Tod bestraft werden soll. Nachdem bereits am ersten Wett-

---

[1295] Beide Werke sind im zweiten Band der Sammlung: Scriptores rerum Germanicarum, praecipue Saxonicarum, hrsg. von Johann Burkhard Mencke, Lipsiae 1728, enthalten. Vgl.: Auctor rhythmicus de Vita S. Elisabethae, Landgraviae Thuringiae. E codice bibl. ducalis Saxo-Vinariensis, in: a.a.O., Sp. 2033-2103, sowie: Monachi Isenacensis, vulgo Ioannis Rothe Chronicon Thuringiae, vernaculum, alias Isenacense vel Erfordiense dictum, e codice bibliothecae Weissenfelsensis, in: a.a.O., Sp. 1633-824.

[1296] Nach der Auskunft der Novalis-Biographie des Bruders Karl. Vgl.: Schriften IV 534.

[1297] Vgl.: Samuel, a.a.O., 279.

[1298] A. W. Schlegel an Tieck vom 10.07.1801: „Wir sind beyde Hardenbergs Freunde, er hat mit uns beiden mündliche Mittheilungen über seinen Roman gehabt. Mich hat er unter andern über den Krieg zu Wartburg zu Rathe gezogen, und hat durch mich die Behandlung desselben in den Minnesingern kennen gelernt.", Schriften V 139.

[1299] Heinrich Christian Boies „Deutsches Museum" spielte in dieser Hinsicht eine entscheidende Rolle bei der literaturgeschichtlichen Popularisierung der mittelalterlichen Literatur. Besonders hervorzuheben sind Eschenburgs *Beiträge zur alten deutschen Literatur*, die im „Deutschen Museum" in drei Folgen 1776 (S. 131-147 und S. 389-408) und 1779 (S. 33-60) erschienen. Im dritten *Beitrag* konstatierte Eschenburg: „Unstreitig macht die Zeit der Minnesinger in der Geschichte unsrer ältern vaterländischen Dichtkunst die glänzendste Epoche.", „Deutsches Museum", siebentes Stück, Julius 1779, S. 33. Aus dem Jahr 1780 ist ferner der Aufsatz *Zur Geschichte der Minnesinger* (S. 28-35) erwähnenswert. Einen Einblick in die Diskussion über den Wartburgkrieg im 18. Jh. gewährt auch Kasperowski (a.a.O., 156-60).

[1300] Vgl. dazu: Tomas Tomasek, Zur Sinnstruktur des ‚Fürstenlobs' im ‚Wartburgkrieg', in: Beiträge zur Geschichte der deutschen Sprache und Literatur, 115 (1993), 421-42, sowie Kasperowski, a.a.O., 138 ff.

kampfstag die Schiedsrichter Reinmar und Wolfram Heinrich von Ofterdingen zum Verlierer gegenüber Walther erklärt haben, tritt letzterer am zweiten Gerichtstag wieder auf und übertrifft Heinrichs Sonnenvergleich, indem er Hermann von Thüringen mit dem Tag gleichsetzt – was insofern eine Überbietung darstellt, als die Sonne erst am vierten Tag, der Tag hingegen am ersten Schöpfungstag erschaffen wurde.

In Rothes Werken wird der Stoff des Wartburgkriegs abgewandelt wiedergegeben und der Erzählung der Heiligen-Vita untergeordnet.[1301] Der ursprüngliche Zweck des Gedichts, das Mäzenatentum Hermanns von Thüringen zu preisen, geht verloren. Der Wettstreit der Sänger wird nur deshalb erzählt, um Klingsohrs Anwesenheit auf der Wartburg zu begründen, denn er prophezeit hier die Geburt Elisabeths.[1302] Aber auch bei Rothe wird der Streit dadurch ausgelöst, dass Heinrich von Afterdingen den Herzog von Österreich über die anderen Fürsten erhebt und mit der Sonne vergleicht. Heinrich, der im Wartburggedicht als maßlos, überheblich und unhöfisch erschien, wird bei Rothe zum frommen und vorbildlichen Sänger[1303], der von allen anderen um seine überlegene Kunst beneidet sowie aufgrund des Standesunterschieds verachtet wird – denn er ist kein Adliger, sondern Bürger von Eisenach. Deshalb sind die Sänger ihm gegenüber heimtückisch eingestellt. In der Heiligenvita versuchen sie ihn sogar zu töten.[1304] In seiner Charakterisierung Heinrichs als eines zarten, empfindsamen Jünglings steht Hardenberg Rothes Version näher als dem Wartburggedicht.

Hardenberg plante das Motiv des Wartburgkriegs im zweiten Teil seines Romans zu entwickeln. Davon zeugen einige Paralipomena.[1305] Anfänglich hätte der Sängerstreit ein eigenes Kapitel ausmachen sollen.[1306] Darüber unterrichten einige erhaltene Notizen aus den Berliner Papieren. Eine der bedeutendsten lautet: „Die Dichter wetten aus Enthusiasmus und bacchischer Trunkenheit um den Tod."[1307] Wie Kasperowski gezeigt hat, verbindet sich hier die

---

[1301] Kasperowski (a.a.O., 143, Anmerkung 71) weist darauf hin, dass diese Vermischung bereits in den Legenden des 13. Jh.s praktiziert wurde. Die älteste Legende, in der das Leben der Heiligen Elisabeth mit dem Wartburgkrieg verknüpft wurde, ist die *Vita Ludovici* (zwischen 1270 und 1280).

[1302] Vgl.: „§ V. Wye *Klingßör* weyssagte von *Sandt Elisabetenn* geburt", Vita S. Elisabethae, Sp. 2042, sowie: „*Wi meister Clinsor kundigete sente Elsbetin gebort*", Chronicon Thuringiae, Sp. 1698-9.

[1303] „[…] *Heinrich* von *Aftirding*, der waz eyn borger vz der stad *Ysenache*, von eyme fromen geslechte […]", Chronicon Thuringiae, Sp. 1697.

[1304] Vgl.: „Er sang auch wieder die andern alle / Vnd das begont Ine zu misfalle / Vnd haften Ine darzu gar sere / Das das der vntuchtige burger were / Der allezeit wieder sie were mit gesang / Vnd funden darumb den gedanck / Wie sie das möchten ausgegebenn / Das sie Ine brechten vmb sein leben […] Vmgeben er dae wart / Von iren knechten auf der fart / Vnd wolden Ine dae greiffen an / Als einen der doe vbel hette gethan / Vnde Ine fur Wartburg brengen / Vnd Ine an einen boum lassen hengen.", Vita S. Elisabethae, Sp. 2036-9.

[1305] Vgl. Kasperowski, a.a.O., 166-74.

[1306] Vgl.: Schriften III 674 Nr. 619.

[1307] Schriften III 672 Nr. 616.

Rezeption des Sängerwettstreits, der mit dem Tod einer der Sänger endigt, mit Elementen wie „Enthusiasmus" und „bacchischer Trunkenheit", die sich auf die Form des Dithyrambos und auf Herders Forderung einer „trunkenen Dichtung"[1308] zurückführen lassen, die Herder bereits 1767 im Kapitel *Pindar und der Dithyrambensänger* in der zweiten Sammlung der Fragmente *Ueber die neuere Deutsche Litteratur* aufgestellt hatte. Entgegen Kasperowskis Annahme[1309] lässt sich jedoch ein eindeutiger Beleg für Hardenbergs Lektüre des Herderschen Aufsatzes ausfindig machen. In einer weiteren Aufzeichnung notiert Hardenberg sein Vorhaben, „Christliche Dithyramben"[1310] zu verfassen und nimmt somit Herders Forderung nach „Christlichen und Deutschen Dithyramben" wörtlich auf.[1311]

Hardenbergs Engführung des mittelalterlichen Sängerwettstreits mit der Erneuerung des Dithyrambos ist vor dem Hintergrund der *Querelle* besonders bedeutsam. Demzufolge ist der Dithyrambos nicht nur eine Form, die ausschließlich der Antike und somit der Vergangenheit angehört. Auch die christliche Moderne kann unter veränderten kulturellen Bedingungen den Anspruch erheben, eine *eigene* Art des dithyrambischen Gesangs zu entwickeln. Wie Herder, der ausdrücklich die Möglichkeit der Nachahmung des griechischen Dithyrambos ablehnte[1312], jedoch die Komposition von zeitgemäßen, christlichen und deutschen Dithyramben nicht ausschloss, verfolgte Novalis die Absicht, im Sängerwettstreit die Dithyrambenform für die Moderne zu gewinnen.[1313] Nicht nur der geplante Sängerwettstreit, sondern im Grunde genommen auch die *Hymnen an die Nacht* dürften im Rahmen von dieser Bemühung

---

[1308] Sämmtliche Werke I 307-30.

[1309] „Zwar lässt sich Novalis' Kenntnis dieses Frühwerks nicht anderweitig belegen [...]", a.a.O., 167.

[1310] „*Xstliche Dythiramben und Lieder*", Schriften I 433 Nr. 24 (Ende 1799); „Dythiramben sind ein ächt kristliches Produkt.", Schriften III 653 Nr. 573.

[1311] Sämmtliche Werke I 317. Kasperowski kommentiert: „Damit hat Herder die Idee der bacchischen Trunkenheit für Themen der christlichen Religion und der deutschen Nation gerettet und in Anspruch genommen. In der Gegenwart können solche Gegenstände Anlaß zu einer heiligen Trunkenheit bzw. Begeisterung geben.", a.a.O., 168.

[1312] „Aber wenn wir ihn alsdenn blos als eine Sache der Nachahmung betrachteten, bei der wir zwar nicht eben die Ursache, Zwecke und Hülfsmittel des Originals hätten, aber doch eine neue, eine bessere Art der Gedichte bekämen? – Kaum! Dithyramben, nach dem Griechischen Geschmack nachgeahmt, bleiben für uns fremde.", Sämmtliche Werke I 315.

[1313] Kasperowski zeigt, wie die Möglichkeit für Hardenbergs Verständnis des Sängerwettstreits im Lichte der Herderschen Forderung nach „christlichen und deutschen Dithyramben" im Wartburggedicht selbst angelegt war. Sie verweist auf die folgenden Verse der Elisabeth-Vita, in denen die Sänger die Heilige Schrift sowie die fürstlichen Mäzenen und mit ihnen die deutsche Nation verherrlichen: „Sie sungen gar hubsche redesall / Aus der heyligen schriefft vbirall / Vnd waren doch gar wenig gelart / Got der hat es Ine geoffenbart.", und: „Ir iezlicher ouch einen fursten lobt / Den er mit seynen liedern begobt / Heinrich von Afterdingen der sang / Das er vil dicke verdient danck / Von deme herzogen von Osterreich / Das er were der Sonnen gleich / Vor andern fursten in deutzschen landen.", Vita S. Elisabethae, Sp. 2036.

Hardenbergs um eine Erneuerung des Dithyrambos gelesen werden.[1314] Dies ist umso einleuchtender, wenn man bedenkt, dass die Romantiker, allen voran Friedrich Schlegel in seinen Altertumsstudien, den Dithyrambos nicht einfach der Antike zurechneten, sondern in ihm, ebenso wie in der orphischen Dichtung, bereits die Entstehung der modernen Subjektivität und des modernen, romantischen Freiheitsbewusstseins erblickten. So betrachtet Schlegel in der *Geschichte der Poesie der Griechen und Römer* (1798) den Dithyrambos als das „Urbild vollkommener Freiheit".[1315]

Den Plan eines Sängerstreits auf der Wartburg, von dem auch andere Notizen überliefert sind[1316], hat Hardenberg schließlich aufgegeben[1317], aber bereits im ersten Teil gibt es Spuren davon.

Das Buch des Einsiedlers, in dem Heinrich seine Lebensgeschichte widergespiegelt sieht, stellt Heinrich als Minnesänger dar, der von der Landgräfin von Thüringen bekränzt wird[1318]: „Die Guitarre ruhte in seinen Armen, und die Landgräfinn reichte ihm einen Kranz. Er sah sich am kayserlichen Hofe […]"[1319] – wobei in den Chroniken Heinrichs Aufenthalt am ungarischen und thüringischen Hofe ausführlich beschrieben wird. Zum Komplex des Wartburgkriegs gehört auch die Gestalt Klingsohrs. Letzterer, ursprünglich der Zauberer in Wolframs *Parzival*, wird im Wartburggedicht von Heinrich von Ofterdingen herbeigeholt, der sich vor den Angriffen der anderen Minnesänger verteidigen will.[1320] Obwohl letztere gemäß der Vereinbarung Heinrichs Tod fordern, genießt dieser den Schutz der Landgräfin von Thüringen und kann somit nach Ungarn aufbrechen und zu seiner Verteidigung Klingsor „in Ungerlandt" gewinnen, der als Arzt, Dichter, Magier und Astrologe galt.[1321] Es kommt somit zu einem Streit zwischen Klingsor und Wolfram von Eschenbach, der in der Lösung von fünf Rätseln von Seiten Wolframs besteht. Die

---

[1314] Die dithyrambische Form schlägt sich bis in einzelne Formelemente der *Hymnen* nieder wie im häufigen Gebrauch der Komposita, der bereits für Aristoteles eines der stilbildenden Merkmale des Dithyrambos darstellt (*Poetica* 1459a).

[1315] KA I 558.

[1316] Vgl.: „Gegen das Gleichniß mit der Sonne ist Heinrich bey mir.", Schriften III 674 Nr. 622. Kasperowski, a.a.O., 169-70, widerlegt m.E. überzeugend Samuels Deutung der Notiz. Novalis wollte das Sonnengleichnis aus dem Wartburggedicht in der Fortsetzung des Romans fallen lassen: erstens, weil die Sonne bei ihm eine negative Kraft bildet und ihr Verlöschen im Märchen die Bedingung für die Herstellung der goldenen Zeit darstellt, zweitens, weil das Sonnengleichnis im Wartburggedicht Ofterdingens Niederlage zu verschulden hatte.

[1317] „Über den Streit auf der Wartburg und die <lezte> Verklärung noch reiflich nachgedacht. […] Keinen Streit auf der Wartburg. Mehrere Szenen an Kayser Fridrichs Hofe.", Schriften III 677 Nr. 631.

[1318] Samuel, a.a.O., 279.

[1319] Schriften I 265.

[1320] Tomasek vermutet, dass dieser zweite Teil der Handlung des Wartburgkriegs eine eigenständige Dichtung gewesen sei, die um 1230 entstanden sein dürfte. Vgl.: Das deutsche Rätsel im Mittelalter, Tübingen 1994, 230 (Kasperowski, a.a.O., 141).

[1321] Vgl.: N. R. Wolf, Die Gestalt Klingsors in der deutschen Literatur des Mittelalters, in: Südostdeutsche Semesterblätter, München 1967, 19. Heft, 1-19.

Pointe dieser Auseinandersetzung liegt laut Tomasek darin, den Dichter des
Parzival im Streit mit einer seiner Figuren darzustellen.[1322] Als Sieger des
Wettstreites geht Wolfram hervor, der die Rätsel des Zauberers löst, aber dessen astrologische Fragen zurückweist, um nicht der *curiositas* anheimzufallen.
Dies ist in Rothes Elisabeth-Vita und in der Thüringischen Weltchronik nicht
der Fall: hier unterliegt Wolfram, weil er – in Umkehrung des Wartburggedichts – auf die astrologischen Fragen keine Antwort gibt.[1323] Ferner verhilft
Klingsor in der Thüringischen Weltchronik Heinrich von Afterdingen gerade
dadurch zum Sieg, dass er nachweist, dass die Sonne – wiederum in Umkehrung des Wartburggedichts – höheren Rang als der Tag besitzt.[1324]

In seinem Roman spielt Hardenberg insofern auf den Wartburgkrieg an, als
er Heinrich beim Fest bei Schwaning Klingsohr als den Gefährten wiedererken-
kennen lässt, der ihn in der Erzählung des Buchs des Einsiedlers begleitet
hatte:

> Unter der Gesellschaft war Heinrichen ein Mann aufgefallen, den er in jenem
> Buche oft an seiner Seite gesehn zu haben glaubte. Sein edles Ansehn zeichnete
> ihn vor allen aus. Ein heitrer Ernst war der Geist seines Gesichts; eine offene
> schön gewölbte Stirn, große, schwarze, durchdringende und feste Augen, ein
> schalkhafter Zug um den fröhlichen Mund und durchaus klare, männliche Ver-
> hältnisse machten es bedeutend und anziehend. Er war stark gebaut, seine Bewe-
> gungen waren ruhig und ausdrucksvoll, und wo er stand, schien er ewig stehen
> zu wollen. Heinrich fragte seinen Großvater nach ihm. Es ist mir lieb, sagte der
> Alte, daß du ihn gleich bemerkt hast. Es ist mein trefflicher Freund Klingsohr,
> der Dichter. Auf seine Bekanntschaft und Freundschaft kannst du stolzer seyn,
> als auf die des Kaysers.[1325]

Das Motiv der Schülerschaft Heinrichs unter Klingsohr war in Rothes Elisabeth-Vita bereits vorgeprägt.[1326] Noch deutlicher als bei Rothe aber, bei dem
Klingsohr nicht nur als Dichter, sondern auch als Weiser, Gelehrter, Meister in
den sieben freien Künsten, Astrologe usw. erscheint[1327], betont Hardenberg die

---

[1322] Das deutsche Rätsel im Mittelalter, Tübingen 1994, 221 (Kasperowski, a.a.O.., 121).

[1323] Vita S. Elisabethae, Sp. 2044, sowie: Chronicon Thuringiae, Sp. 1700.

[1324] Chronicon Thuringiae, Sp. 1699.

[1325] Schriften I 269-70. Auch im *Chronicon Thuringiae* wird Klingsohrs Schönheit hervorgehoben: „[...] her waz gar ein schoner man vnde eyn richir.", Sp. 1668. Ob Hardenbergs Kling-
sohr-Porträt auf Goethe gemünzt war, sei dahingestellt. Vgl.: A. Schlagdenhauffen, Klingsohr-Goethe? In: Un Dialogue des nations. Albert Fuchs zum 70. Geburtstag, München-Paris
1967, 121-30. Dagegen kritisch Gerhard Schulz, Die Poetik des Romans bei Novalis, in:
JbFDH 1964, 120-57, bes. 145. Schulz bezweifelt die Parallele zu Goethe, insbesondere aufgrund der von Klingsohr vorgetragenen Poetik im VII. und VIII. Kapitel.

[1326] Klingsor tritt eindeutig als Heinrichs Meister auf: „Geselle biß wol getrost / Du solt gar wol
werden erlost / Wir wollen disen schaden beware / Ich will selber mit dir dare / Vnd die lieder
von Ine hoeren / Vnd die Zwentracht verstören / Lass mich hoeren dein geticht / So kann ich
mich darnach gericht.", Vita S. Elisabethae, Sp. 2040.

[1327] „Er was meyster *Klingsoer* gnant / Des wart Ime des konigs soldes / Alle monat ein marck
goldes / Wen er was ein wunder weyse man / Vnd nam sich des gestirnsehens an / Vnd sagte

Rolle Klingsohrs bei Heinrichs Erziehung zum Dichter. Davon zeugen nicht nur seine Gespräche mit Heinrich in den Kapiteln VII und VIII des Romans, die von zentraler poetologischer Bedeutung sind, sondern auch der Umstand, dass Klingsohr der Erzähler des Märchens ist – wobei zu berücksichtigen ist, dass noch Bodmer und Breitinger das Wartburggedicht ,Klingesor von Ungerlant' zugeschrieben hatten. Zwischen dem Rätsel, das Klingsor im Wartburggedicht formuliert, und dem Märchen, das er in Hardenbergs Roman erzählt, lassen sich einige Parallelen erkennen. Die Zerstörung des Sonnenreichs, die Verwandlung der Natur oder die Herrschaft der Liebe am Ende der Zeiten[1328] sind Motive, die bereits im Wartburggedicht anklingen und die Hardenberg in seinem Märchen in Charakteristika der goldenen Zeit verwandelte. [1329] Im zweiten Teil des Romans sollte Klingsohr offenbar ganz die Gestalt des mittelalterlichen Zauberers annehmen. Wenn es in den Paralipomena in bezug auf Heinrich heißt: „Sehnsucht nach dem Kyffhäuser", und: „Klingsohr führt ihn auf seinem Mantel nach dem Kyffhäuser [...]", so spielt Hardenberg auf die Szene in der Elisabeth-Vita an, in der sich Heinrich von Ungarn nach der Heimat sehnt[1330], sowie auf die *transvolatio* Klingsors und Heinrichs.[1331]

h) Die thüringischen Kyffhäusersagen und die Barbarossasage

Somit verknüpft Novalis den Stoff des Wartburgkriegs mit den thüringischen

---

zukonftige dynck / Vnd was man in dem lande beging / Wan er kond ouch die schwartze kunst / Damit er kriegt viell gunst / Des königs vnd ouch anderer leute / Die heylige schriefft kont er gedeute.", *Vita S. Elisabethae*, Sp. 2040, sowie: „Dessin meistir waz eyn grossir wol gelartir man vnde eyn wisir, vnde konde vel behendikeid. her waz eyn meister in den sibin frien kunstin, her waz eyn sternluger vnde konde an deme gesterne zcukunftige ding gesehin, vnde darumme hilt en der Konnig stetlichin by eme, her was eyn meister in der swartzin kunst, vnde dy geiste mustin eme gehorsam sin. Vnde wuste dy verborgene schetzce in der erdin, darumme hilt en der Konnig lieb [...], Chronicon Thuringiae, Sp. 1668.

[1328] Zum Liebesmotivs vgl. z.B. Klingsors Verse: „[...] seht, alsam die sunne dur daz glas kann schînen, / sus kam diu reine gotheit zuo sîner muoter lîbe. / bin ich an pfaffen künste snel, / sô schein er wider uz ir dur das ganze vel.", Sammlung von Minnesingern aus dem schwaebischen Zeitpuncte. CXL Dichter enthaltend; durch Ruedger Manessen, weiland des Rathes der uralten Zyrich. Aus der Handschrift der koeniglich-franzoesischen Bibliotheck herausgegeben. Zyrich 1758-9, 12.

[1329] Samuel, a.a.O., 281.

[1330] Vita S. Elisabethae, Sp. 2041.

[1331] „Sanfte vnde wol quam meistir *Clinsor* mit den synen yn bettint in *Heinrichis Hellegrafin* hof, der zcu *Isenache* an sente Georien tor lit zcu der linkin hant, also man vz der stat gehit, vor deme tage gefarin vnde ere kleidir lagin uf en [...]", Chronicon Thuringiae, Sp. 1668-9 (*Clinsorus cum Henrico Isenacum transvolat*), sowie: „Dae sie des Abents waren gesessen / Dae lyes er Ime geben einen tranck / Da er von Schlaffe hiensang / Vnd lyes Ine auf ein bette tragen / Dae wart er in eine decke geschlagen / Dye was lydern vnd auch feste / Der Meister thet dae sein beste / Vnd leget sich zu Ime darein / Vnd hyes die geyste bereyt sein / Vnd sich gegen *Eysenach* furen / Vnd Inen nicht vnsanffte beruren / Vnd ouch in demselben gefert / Sie bringen zu dem besten wyrt / Der in der Stadt irgend were [...]", Vita S. Elisabethae, Sp. 2041 (*Clingsorius cum hospite Isenacum transvolat*).

Kyffhäusersagen als einem weiteren mittelalterlichen Quellenkomplex, aus dem er für seinen Roman schöpfte. Samuel erinnert daran, dass Novalis von 1799 bis 1800 am Fuße des Kyffhäusers lebte, wahrscheinlich in Tilleda, in der alten Königspfalz; zweifelsohne waren ihm einige mündlich überlieferte Sagen bekannt, die sich im *Ofterdingen* insbesondere im Traum von Heinrichs Vater aus dem ersten Kapitel niedergeschlagen haben.[1332] Der Vater träumt davon, in Thüringen einen hohen Berg zu besteigen, der sich als Kyffhäuser identifizieren lässt: „Als ich oben war, sah ich die goldne Aue vor mir, und überschaute Thüringen weit und breit, also daß kein Berg in der Nähe umher mir die Aussicht wehrte."[1333] Wie Heinrichs Bergbesteigung hat auch die des Vaters am Johannistag stattgefunden. Dieses Detail lässt sich ebenfalls mit dem Kyffhäuser in Verbindung bringen, denn der Volksglaube, demzufolge die Bergbesteigung am Johannistag besonders leicht ist, geht auf einige Kyffhäusersagen zurück. Sogar das Motiv der Wunderblume, die der Vater sowie Heinrich in ihren Träumen erblicken, ist in einigen thüringischen Sagen bereits vorgebildet.[1334] An die Kyffhäusersagen knüpft Hardenberg Barbarossasage. Der Greis in der Höhle, dessen Bart sich um den eisernen Tisch herum windet, ist Kaiser Friedrich Barbarossa, der nach der Sage im Kyffhäuser auf die Wiederkehr des Reichs wartet. Zum ersten Mal wurde Barbarossa im *Volksbuch von Friedrich Barbarossa* (1519) als Bewohner des Kyffhäusers dargestellt.[1335] Georg Behrens' *Hercynia curiosa* (1703) machte das 18. Jahrhundert mit dieser Version der Sage bekannt, derzufolge Heinrich im zweiten Teil des Romans mit Klingsohr nach dem Kyffhäuser fliegen sollte, um den schlafenden Kaiser zu wecken und somit ein neues Kaiserreich einzuleiten. Hardenberg plante in den Paralipomena allerdings, in den Mittelpunkt des neuen Kaiserreichs nicht Barbarossa, sondern dessen Enkel Friedrich II. zu rücken, der sowohl von Herder als auch in Funcks Biographie als eminenter Repräsentant des Mittelalters als Übergangszeitalter von der Barbarei zu einer Zeit der kulturellen Entfaltung dargestellt worden war.[1336]

[1332] A.a.O., 284.

[1333] Schriften I 201.

[1334] Samuel verweist auf folgende Sammlung: Sagen aus Thüringen, hrsg. von A. Witzschel, Wien 1866, die Sagen von Wunderblumen und Schätzen enthält – insb. Nr. 174, 125, 264, 279.

[1335] Vgl.: Elisabeth Frenzel, Stoffe der Weltliteratur, Stuttgart 1992, 238.

[1336] Vgl. dazu: Kasperowski, a.a.O., 194 ff. Herder würdigt Friedrich II. 1767 in der dritten Sammlung seiner Fragmente *Ueber die neuere deutsche Litteratur* und bezeichnet ihn als „Morgenstern eines bessern Tags" (Sämmtliche Werke I 368). Auch Funck gebraucht die Metapher der „Morgenröthe" in bezug auf Friedrich II. (Geschichte Kaiser Friedrich des Zweiten, Züllichau/Freystadt 1792, 73 und 397). Auf ihn und nicht auf Barbarossa bezog sich ursprünglich auch die Sage vom entrückten Kaiser.

i) Die Symbolik des Nordens in Klingsohrs Märchen

Auch anhand von Klingsohrs Märchen kann Hardenbergs Fokussierung auf das Mittelalter in ihrem Charakter als antiklassizistischem Paradigmenwechsel verfolgt werden. Auf die Rezeption der nordischen Mythologie der *Edda* in den Gestalten der Freya und des Helden „Eisen" sowie die Rolle, die dabei D. F. Graeters *Nordische Blumen* gehabt haben dürften, wurde bereits hingewiesen. Der Norden ist aber nicht nur in mythologischer Hinsicht von Bedeutung, sondern erscheint vielmehr als das Ziel der Eschatologie des Märchens und als Ausgangspunkt einer neuen Welterlösung.[1337] Dabei ist „Norden" nicht nur geographisch zu verstehen, sondern auch als universales Symbol für das Mittelalter.[1338] Die Symbolik des Nordens wird im Märchen hauptsächlich an drei Aspekten sichtbar: zunächst an den Verweisen auf nördliche Sternenkonstellationen, dann an der Darstellung der königlichen Stadt und der polaren Landschaft des königlichen Gartens und schließlich an den zahlreichen magnetischen Phänomenen, die das Märchen inszeniert.[1339]

Bereits der Name des Königs, „Arctur", verweist durch den Gleichklang von „Arctur" und „Arctos", der griechischen Bezeichnung für den nördlichsten Stern im Sternbild des großen Bären, auf den nördlichen Sternenhimmel. Auch bei Schiller bedeutet arcturisch nördlich.[1340] Demzufolge stellt „Arctur" den König eines am äußersten Norden gelegenen Reiches dar.[1341] Auch

---

[1337] Vgl. dazu: Karl Heinz Bohrer, Der Mythos vom Norden. Studien zur romantischen Geschichtsprophetie, Heidelberg 1961.

[1338] Hardenberg betrachtet die Universalisierung als das Wesen des Romantisierens. „Absolutisirung – Universalisirung [...] des individuellen Moments, der ind[ividuellen] Situation etc. ist das eigentliche Wesen des *Romantisirens*.", Schriften III 256 Nr. 87. In diesem Sinne fordert er die „Universalisirung der Geschichtlichen und geografischen Wesen" (Schriften III 270 Nr. 161) und zitiert zur Verdeutlichung einen Vers aus den *Venezianischen Epigrammen*: „Überall ist Sardinien, wo man allein schläft.", wobei das seit der Antike sprichwörtlich ungesunde Klima Sardiniens zum Symbol für die Öde der Einsamkeit universalisiert wird (Goethes Verse aus dem *Venezianischen Epigramm* Nr. 26: „Nun was soll ich denn hier? Breit ist das Bette, doch leer, / Überall ist Sardinien, wo man allein schläft; und Tibur / Überall ist es, Freund, wo dich die Liebliche weckt.", Musen-Almanach für das Jahr 1796, hrsg. von Schiller, Neustrelitz, S. 221, gehen zurück auf Martial 4,60: „Nullo fata loco possis excludere: cum mors / Venerit, in medio Tibure Sardinia est.", Epigrammata, recognovit brevique adnotatione critica instruxit W.M.Lindsay, editio altera, Oxonii 1929. Im Gegensatz zu Tibur galt Sardinien in der Antike als ungesund).

[1339] Zum Folgenden: Karl Heinz Bohrer, Der Mythos vom Norden. Studien zur romantischen Geschichtsprophetie, a.a.O.

[1340] Vgl. Schillers Gedicht *Die Antike. An einen Wanderer aus Norden*, das 1795 in den „Horen" erschien: „Ueber Ströme hast du gesetzt und Meere durchschwommen, / Ueber der Alpen Gebirg trug dich der schwindliche Steg, / Mich in der Nähe zu schauen und meine Schöne zu preisen, / Die der begeisterte Ruf rühmt durch die staunende Welt; / Und nun stehst du vor mir, du darfst mich heilige berühren, / Aber nist du mir jetzt näher und bin ich es dir? / Hinter dir liegt zwar dein nebligter Pol und dein eiserner Himmel, / Deine *arkturische* Nacht flieht vor Ausoniens Tag [...]", NA I 257, meine Hervorhebung.

[1341] Novalis' Symbolik des Polarsterns und des Magneten wird sich für die spätere Romantik als identifikationsstiftend erweisen. In einer seiner Vorlesungen erwähnte A. W. Schlegel „Pols-

seine Krone ist „nördlich": „Der König saß umringt von seinen Räthen [...].
Die nördliche Krone zierte sein Haupt."[1342] Die Verbindung des Königs Arctur
mit dem Astralhimmel geht schließlich auch aus seinem Kartenspiel mit Freya
hervor, denn dort werden die Figuren der Blätter von den Sternen kunstreich
nachgebildet.

Darüber hinaus wird die königliche Stadt selbst mit Bildern charakterisiert,
die aus der Sphäre der Polarzone stammen:

> alles dies spiegelte sich in dem starren Meere, das den Berg umgab, auf dem die
> Stadt lag, und auch der ferne hohe Berggürtel, der sich rund um das Meer her-
> zog, ward bis in die Mitte mit einem milden Abglanz überzogen. [...] Die Stadt
> erschien [...] hell und klar. Ihre glatten, durchsichtigen Mauern warfen die schö-
> nen Strahlen zurück, und das vortreffliche Ebenmaaß, der edle Styl aller Gebäu-
> de, und ihre schöne Zusammenordnung kam zum Vorschein. Vor allen Fenstern
> standen zierliche Gefäße von Thon, voll der mannichfaltigsten Eis- und Schnee-
> blumen, die auf das anmuthigste funkelten.[1343]

Auch der königliche Garten vor dem Palast ist in einen ewigen Winter versun-
ken:

> Am herrlichsten nahm sich auf dem großen Platze vor dem Pallaste der Garten
> aus, der aus Metallbäumen und Krystallpflanzen bestand, und mit bunten E-
> delsteinblüthen und Früchten übersäet war. Die Mannichfaltigkeit und Zierlich-
> keit der Gestalten, und die Lebhaftigkeit der Lichter und Farben gewährten das
> herrlichste Schauspiel, dessen Pracht durch einen hohen Springquell in der Mitte
> des Gartens, der zu Eis erstarrt war, vollendet wurde.[1344]

Ein letzter Bereich der Symbolik des Nordens liegt in den magnetischen Vor-
gängen, die das Märchen durchziehen. Auf Befehl des Königs wirft der Held
„Eisen"[1345] sein Schwert in die Welt der Menschen, damit diese erfahren, wo
der Friede ruht:

> Der Held riß das Schwerdt von der Hüfte, stellte es mit der Spitze gen Himmel,
> dann ergriff er es und warf es aus dem geöffneten Fenster über die Stadt und das
> Eismeer. Wie ein Komet flog es durch die Luft, und schien an dem Berggürtel

---

tern" und „Magnet" als Symbole für die Richtung des romantischen Geistes. Chamisso und
Varnhagen, der in Schlegels Vorlesung saßen, schlossen einen Freundschaftsbund, den sie
„Nordsternbund" nannten. Chamisso unterzeichnete oft seine Briefe mit το τοῦ πόλου
ἄστρον. Vgl.: Bohrer, a.a.O., 20 ff.

[1342] Schriften I 304.

[1343] Schriften I 291.

[1344] Schriften I 291.

[1345] Bereits sein Name verweist auf den Norden. Im Gefolge von Henrik Steffens *Beiträge zur
innern Naturgeschichte der Erde* (1801) assoziiert auch Schelling in seiner kurzen Schrift *Die
vier edlen Metalle* (1802) das Eisen mit dem Norden: „*Steffens* hat schon von der *klimatischen* Vertheilung dieser Metalle gehandelt [...]. Am Eisen ist, wie Steffens gezeigt hat, der
Norden fruchtbarer.", SW IV 523.

mit hellem Klange zu zersplittern, denn es fiel in lauter Funken herunter.[1346]
Der Vater findet daraufhin einen Splitter des Schwertes, der sich dabei von selbst „in der Mitte an einem Faden aufgehängt, nach Norden" aufrichtet.[1347] Die Ausrichtung des Magnets auf den Norden weist auch auf das Ziel der Eschatologie des Märchens hin.[1348] Durch den Hauch der Ginnistan wird das eiserne Stäbchen in eine Schlange verwandelt, die sich in den Schwanz beisst – was bekanntlich ein Symbol der Ewigkeit darstellt. Indem Eros die Schlange berührt, verwandelt er sich durch die magnetische Kraft in einen wackeren Jüngling: „Wie er sie erhielt, sprang er rüstig, daß Ginnistan erschrak, und der Schreiber beynah vor Entsetzen vom Stuhle fiel, aus der Wiege, stand, nur von seinen langen goldernen Haaren bedeckt, im Zimmer, und betrachtete mit unaussprechlicher Freude das Kleinod, das sich in seinen Händen nach Norden ausstreckte, und ihn heftig im Innern zu bewegen schien. Zusehends wuchs er."[1349] Daraufhin brechen Eros und Ginnistan zum Reich des Mondes auf und folgen dabei immer der Schlange, die nach Norden weist:

> Die kleine Schlange blieb getreu:
> Sie wies nach Norden hin,
> Und beyde folgten sorgenfrey
> Der schönen Führerin.[1350]

Der Weg des Eros führt fortwährend in Richtung Norden, in Arcturs Reich. Auch nachdem die Sonne durch die Glut der Liebe zerstört wurde, richtet sich die Flamme aus dem Scheiterhaufen der Mutter gen Norden aus: „Die Flamme war über allen Ausdruck glänzend geworden. Der Scheiterhaufen war verzehrt. Sie hob sich langsam in die Höhe und zog nach Norden."[1351] Dass der Norden den Ort der eschatologischen Erfüllung darstellt, wird auch in der Beschreibung des Anbruchs der neuen goldenen Zeit deutlich: „Fabel und Eros gingen mit ihrer Begleitung schnell hinweg. Es war ein mächtiger Frühling über die Erde verbreitet. Alles hob und regte sich. Die Erde schwebte näher unter ihrem Schleyer. Der Mond und die Wolken zogen mit fröhlichem Getümmel nach Norden."[1352] Weiter heißt es: „Sie kamen an das Meer. Ein Fahrzeug von geschliffenem Stahl lag am Ufer festgebunden. Sie traten hinein und lösten das Tau. Die Spitze richtete sich nach Norden, und das Fahrzeug durchschnitt, wie im Fluge, die buhlenden Wellen."[1353]

[1346] Schriften I 293.
[1347] Schriften I 294.
[1348] „'Nach Norden' ist die magische Formel des Märchens für den eschatologischen Prozeß, der sich in ihm vollzieht. Bei der permanenten Mischung der Raum- und Zeitkategorien ist sie Wink, Verweisung, Chiffre der ,Zukunft'.", Bohrer, a.a.O., 39.
[1349] Schriften I 295.
[1350] Schriften I 297.
[1351] Schriften I 307.
[1352] Schriften I 312.
[1353] Schriften I 313.

Der Norden ist der Ort, an dem die goldene Zeit wiederkehren wird und repräsentiert insofern die Aufhebung aller zeitlichen und räumlichen Schranken. Andererseits ist er durchaus auch geographisch zu verstehen. Im Unterschied zum Klassizismus wird bei Novalis nicht länger der Süden, und damit verbunden die Antike, als Ideal betrachtet: an deren Stelle tritt vielmehr der Norden und das Mittelalter als Gegenstand der Sehnsucht.[1354]

j) Die mittelalterliche Psychomachie in Klingsohrs Märchen

Schließlich lässt sich noch eine weitere Verwandtschaft des Märchens mit der mittelalterlichen Dichtung feststellen, die in dessen allegorischer Form liegt. Diesbezüglich wurde der Einfluss Jakob Böhmes auf die Gestaltung des Märchens bereits hervorgehoben.[1355] Insbesondere der Sophia-Mythos des Märchens weist deutliche Bezüge zu Böhmes Anschauungen über die göttliche Sophie auf, wie er sie in der Beschreibung der *Drey Principien Göttlichen Wesens* (1619) darstellte.[1356] Was bislang aber nicht erkannt wurde, ist der

---

[1354] Allerdings sollte nicht vergessen werden, dass Hardenberg – von dem späteren romantischen Nationalismus weit entfernt – zugleich eine Vermittlung von Norden und Süden anstrebte. Diese Überwindung des Nordens geht bereits aus dem Lied des schönen Vogels des Königs hervor: „Nicht lange wird der schöne Fremde säumen. / Die Wärme naht, die Ewigkeit beginnt. / Die Königin erwacht aus langen Träumen, / Wenn Meer und Land in Liebesglut zerrinnt. / Die kalte Nacht wird diese Stätte räumen, / Wenn Fabel erst das alte Recht gewinnt. / In Freyas Schooß wird sich die Welt entzünden / Und jede Sehnsucht ihre Sehnsucht finden.", Schriften I 292. Anvisiert ist eine Vermittlung des Nordens mit der südlichen Wärme, die erst den erstarrten Norden wieder in ein irdisches Paradies verwandeln kann. Der königliche Garten, in dem der Frühling ausbricht, liegt zwar immer noch im Norden, trägt aber südliche Züge: „Im Hofe sprang der lebendiggewordne Quell, der Hain bewegte sich mit den süßesten Tönen, und ein wunderbares Leben schien in seinen heißen Stämmen und Blättern, in seinen funkelnden Blumen und Früchten zu quellen und zu treiben.", Schriften I 313. Freya, die Göttin des Nordens, vereinigt sich mit Eros. Im Zeichen dieser Vereinigung von Norden und Süden steht auch Novalis' Versuch einer Synthese von antiker und moderner Poesie, der im Folgenden erörtert werden soll.

[1355] Vgl. dazu: Walter Feilchenfeld, Der Einfluss Jacob Böhmes auf Novalis, Berlin 1922. Eine bibliographische Notiz hält die von Hardenberg gelesenen Schriften Böhmes fest. Vgl.: Schriften IV 691 und 1041-4. Hardenberg plante auch eine „Abh[andlung] über Jac[o]b Boehme – Seinen Werth, als Dichter.", Schriften III 646 Nr. 535.

[1356] Auch der allegorische Stil des Hans Sachs, der wie überhaupt das 16. Jh. um 1800 literaturgeschichtlich noch dem Mittelalter zugerechnet wurde, findet in einigen vorbereitenden Notizen des Romans Erwähnung. Erstmalig wird Hans Sachs aber bereits im Reisejournal von Mitte April 1793 erwähnt, anlässlich der Beschreibung der Bibliothek des Grafen Stolberg-Wernigerode: „Ein paar schöne Ausgaben von Voltaire und Rousseau, ein Koran, ein Hans Sachs, […] schienen die Merckwürdigkeiten zu seyn, auf die man die Fremden am meisten aufmercksam macht.", Schriften IV 18. Ferner in den Paralipomena zum *Ofterdingen*: „Gedichte der Minnesinger. Hans Sachsens etc.", Schriften III 641 Nr. 524. Bedeutsam ist insbesondere folgende Notiz, die Hans Sachs mit der Poetik der Allegorie in Verbindung bringt: „Im Hans Sachse liegt der Entwurf einer eignen Art von allegorischer, sittlicher, ächtdeutscher Mythologie.", Schriften III 670 Nr. 611. Auch vorher hatte Hardenberg notiert: „Deutsche Masken.", Schriften III 641 Nr. 526. Sachs Mythologie ist nicht mehr antik, sondern

Umstand, dass Hardenberg – wahrscheinlich durch die Vermittlung Böhmes – eine weitere bedeutsame Form der mittelalterlichen Allegorese wieder aufnimmt: die *Psychomachia*.[1357]

Gerade das Märchen-Geschehen, das sich auf der Ebene der Menschenwelt abspielt, ereignet sich dem *sensus allegoricus* nach innerhalb der Seele selbst, deren Kräfte als Allegorien personifiziert werden. Schon in den vorbereitenden Notizen dazu bemerkt Novalis: „<Die Liebe in der Wiege – die Träume.> <Vernunft – Fantasie. Verstand. Gedächtniß. Herz>", und: „<(Ihre Wohnung – das menschliche Gemüth.)>"[1358] Das menschliche Gemüt als „Wohnung" und die Seelenkräfte als deren Bewohner sind auch der Gegenstand der ersten Szene des Märchens auf der Ebene der Menschenwelt. Hardenberg gewährt dort einen Einblick in das innere Funktionieren der Seele. Im Gemüt wohnen die Kinder des Herzens, die Geschwister Liebe und Poesie, die von der Phantasie als Amme gepflegt werden: „Zu der Zeit lag der schöne Knabe Eros in seiner Wiege und schlummerte sanft, während Ginnistan seine Amme die Wiege schaukelte und seiner Milchschwester Fabel die Brust reichte."[1359] Ihnen feindlich gesinnt ist der Verstand: „Der Schreiber schrieb unverdrossen, sah sich nur zuweilen nach den Kindern um, und schnitt der Amme finstere Gesichter, die ihn gutmüthig anlächelte und schwieg."[1360] Durch den Sinn – den Vater – bezieht der Verstand die Sinnesdaten, die er geflissentlich aufnimmt:

> Der Vater der Kinder ging immer ein und aus, indem er jedes Mal die Kinder betrachtete und Ginnistan freundlich begrüßte. Er hatte unaufhörlich dem Schreiber etwas zu sagen. Dieser vernahm ihn genau, und wenn er es aufgezeichnet hatte, reichte er die Blätter einer edlen, göttergleichen Frau hin, die sich an einen Altar lehnte, auf welchem eine dunkle Schale mit klarem Wasser stand, in welches sie mit heiterm Lächeln blickte.[1361]

Die Weisheit, Sophie, taucht die Blätter des Verstandes in die Schale des Gedächtnisses. Nicht alles aber von dem, was der Verstand umsichtig registriert hat, besteht die Prüfung des Gedächtnisses und wird aufbewahrt: „Sie tauchte

---

„ächtdeutsch", nicht mehr heidnisch, sondern christlich und „sittlich".

[1357] So konzipiert Böhme das Leben des Christen als ständigen Kampf der Seele gegen das irdisch gesinnte Ich und den Teufel. Vgl. z.B.: „Darumb schawe zu / daß du den Pantzer des Geistes anhabest […] Du must dem teuffel und der welt absagen / willstu kaempfen / sonst siegestu nicht.", Morgen-Röte im Aufgangk, in: *Werke*, hrsg. von Ferdinand van Ingen, Frankfurt am Main 1997, 221. Oder: „Schlaeget er mich / so muß ich zuruecke weichen / aber die goettliche Krafft hilfft mir auff / dan bekompt er auch seinen streich / und verleuret offt die schlacht.", a.a.O., 189. Böhmes geistliche Kampfmetaphorik hat ihrerseits biblische Vorbilder. Vgl. z.B.: Tim. 6,12: „kaempfe den guten Kampf des Glaubens", Eph. 6,17: „nehmet den Helm des Heils", 1. Thess. 5,8: „angetan mit dem Helm der Hoffnung", Eph. 6,11: „Harnisch Gottes" usw.

[1358] Schriften III 643 Nr. 531.

[1359] Schriften I 293.

[1360] Schriften I 293-4.

[1361] Schriften I 294.

die Blätter jedes Mal hinein, und wenn sie bey'm Herausziehn gewahr wurde, daß einige Schriften stehen geblieben und glänzend geworden war, so gab sie das Blatt dem Schreiber zurück, der es in ein großes Buch heftete, und oft verdrießlich zu sein schien, wenn seine Mühe vergeblich gewesen und alles ausgelöscht war."[1362] Aufgrund der Verachtung, die ihm die anderen Seelenkräfte entgegenbringen, aber insbesondere aufgrund seiner eigenen Ansprüche auf Alleinherrschaft in der Seele revoltiert der Verstand, der bislang im Seelenhaushalt als Schreiber eine lediglich untergeordnete Funktion inne gehabt hatte, gegen die anderen Seelenvermögen, bemächtigt sich gewaltsam des ganzen Seelenhaushaltes und löst einen Kampf gegen die anderen Seelenkräfte aus.

Dieser Kampf der als Allegorien auftretenden Seelenkräfte, der im Mittelpunkt des Märchens steht, lässt letzteres als die Säkularisierung einer mittelalterlichen allegorischen Gedichtform, der Psychomachie, erscheinen, die im gleichnamigen Werk des Prudentius (348 - nach 405) ihren Ursprung hat. In seinem epischen Gedicht, das eine außergewöhnlich große Wirkung auf Kunst und Literatur des Mittelalters ausgeübt hat[1363], beschreibt der Dichter einen Kampf, der innerhalb der Seele unter den Allegorien der Seelenkräfte ausgetragen wird.[1364] Das Lehrgedicht des Prudentius schildert den Kampf der guten und schlechten Seelenkräfte, d.h. der *Fides* gegen die Idolatrie, der *Pudicitias* gegen die *Libido*, der *Patientia* gegen die *Ira*, der *Superbia* gegen die *Mens Humilis*, der *Luxuria* gegen die *Sobrietas* etc.

Tugenden und Laster werden freilich bei Hardenberg nicht mehr rigoros nach kirchlicher Lehre ausgelegt, sondern dem Wertsystem der Romantik angepasst; allerdings tragen die verderblichen Seelenkräfte – der Verstand – noch eindeutig dämonische Züge. Das Modell einer *seditio*[1365], eines Aufruhrs der schlechten Seelenkräfte – d.h. des Schreibers und seiner Gesellen – und darauffolgender *concluctantia*[1366], eines Nahkampfes der guten und schlechten Seelenkräfte, das Hardenberg seinem Märchen zugrunde gelegt hat, schreibt sich eindeutig in die Psychomachie-Tradition ein. Dies wird bereits durch eine vorbereitende Notiz zum Märchen belegt, in der offenkundig vom

---

[1362] Ebd.

[1363] Vgl.: Hans Robert Jauß, Form und Auffassung der Allegorie in der Tradition der ,Psychomachia' (von Prudentius bis zum ersten ,Romanz de la Rose'), in: Medium Aevum Vivum. Festschrift für Walther Bulst, hrsg. von H. R. Jauß und Dieter Schaller, Heidelberg 1960, 179-206; A. Katzenellenbogen, Die ,Psychomachie' in der Kunst des Mittelalters, Diss. Hamburg 1933, sowie: Joanne S. Norman, Metamorphoses of an allegory: the iconography of the psychomachia in medieval art, New York 1988.

[1364] Zum Psychomachiegedanken des Prudentius vgl.: Reinhart Herzog, Die allegorische Dichtkunst des Prudentius, München 1966, 93-118.

[1365] „Exoritur quotiens turbatis sensibus intus / Seditio, atque animam morborum rixa fatigat.", Psychomachie. Contre Symmaque, texte établi et traduit par M. Lavarenne, Paris 1948, vv. 7-8.

[1366] „Vincendi praesens ratio est, si comminus ipsas / Virtutum facies et concluctantia contra / Viribus infestis liceat portenta notare.", vv.18-20.

„Kampf" der Seelenkräfte die Rede ist: „ [...] Dunkle Beziehungen auf den Kampf der Vernunft – des Verstandes – der Fantasie, des Gedächtnisses und des Herzens [...]".[1367] Die Psychomachie, die im Märchen ausgefochten wird, wird vom Verstand ausgelöst, der sich durch eine *seditio* des Seelenhaushaltes bemächtigt und Sinn und Herz unterwirft: „Der Schreiber hatte das Gesinde in eine gefährliche Verschwörung verwickelt. Sein feindseliges Gemüth hatte längst Gelegenheit gesucht, sich des Hausregiments zu bemächtigen, und sein Joch abzuschütteln. Er hatte sie gefunden. Zuerst bemächtigte sich sein Anhang der Mutter, die in eiserne Bande gelegt wurde. Der Vater ward bey Wasser und Brod ebenfalls hingesetzt."[1368] Nachdem der Verstand in seiner *seditio* das Herz getötet hat, gelingt es Poesie, Liebe und Phantasie, seine unrechtmäßige Herrschaft zu stürzen und die Seelenharmonie wiederherzustellen. Als Resultat der Psychomachie hält Novalis bereits am Anfang der Studien zu Klingsohrs Märchen fest: „<(Der Verstand ist feindselig – er wird verwan­delt.)>"[1369]

Novalis' Märchen teilt nicht nur die didaktische Intention, sondern auch die heilsgeschichtliche Ausrichtung mit der Tradition der *Psychomachia*, wie sie etwa im *Anticlaudianus* des Alanus ab Insulis (ca. 1128-1202) zum Ausdruck kommt. Wie in Novalis' Märchen führt auch der Sieg der Tugenden, der im *Anticlaudianus* beschrieben wird, zur Wiederherstellung einer neuen goldenen Zeit.[1370] Auch in der allegorischen Konzeption des Märchens also, die ein episches Kampfgeschehen innerhalb der Seele schildert und insofern als säkularisierte Form der Psychomachie erscheint, lässt sich der Einfluss der mittelalterlichen Dichtung auf Hardenberg verfolgen.

2.15.2. Der Orient

a) Indien als Ursprungsland der Poesie

Auch an Novalis' Interesse für den Orient lässt sich seine Abwendung von der griechisch-römischen Antike und seine Suche nach ästhetischen Paradigmen illustrieren, die eine Alternative zum Klassizismus darstellen – auch in diesem Fall war Herders Einfluss auf Hardenberg entscheidend.[1371]

[1367] Schriften III 643 Nr. 530.

[1368] Schriften I 301.

[1369] Schriften III 643 Nr. 531.

[1370] „Die Allegorie der *Psychomachia*, mit der Alanus seinen Anticlaudianus enden lässt, führt ein neues goldenes Zeitalter herauf: der Sieg der Tugenden und ihres Protagonisten iuvenis, des vollkommenen Menschen, über die Laster gipfelt in der Vision einer besseren, zukünftigen Welt jenseits aller Geschichte.", H.R. Jauß, a.a.O., 190.

[1371] Über Novalis' Beziehung zum Orient: Kurt Goldammer, Novalis und die Welt des Ostens, „Lebendige Wissenschaft", Heft 6, Stuttgart 1948, sowie René Gerard, L'orient dans la pen-

Bereits in seiner *Abhandlung über den Ursprung der Sprache* (1770) hatte Herder den Orient als Ursprungsland der Sprache und der Poesie charakterisiert[1372] und die orientalischen Alphabete als Vorbild für die westlichen betrachtet.[1373] Herders Ansicht nach war die griechische Grammatik der der morgenländischen Sprachen vorzuziehen, da sie von ihnen abstammte.[1374] Später, in seiner Abhandlung *Auch eine Philosophie der Geschichte zur Bildung der Menschheit* (1774), betrachtet Herder nicht mehr Griechenland, sondern das Morgenland als die Wiege der Menschheit. Letzteres nennt er „auserwählte[n] Boden Gottes"[1375] und fügt hinzu:

> Anfangs unter der *milden Vaterregierung* war nicht eben der Morgenländer mit seinem *zarten Kindessinne der glücklichste* und *folgsamste Lehrling*? [...] der Menschliche Geist bekam die ersten Formen von Weisheit und Tugend mit einer *Einfalt*, *Stärke* und *Hoheit*, die nun – gerade herausgesagt – in unsrer Philosophischen, kalten Europäischen Welt wohl nichts, gar nichts ihres gleichen hat.[1376]

Herders Ansicht, dass Indien das Ursprungsland der Kultur, Religion und Poesie sei, wurde vielfach rezipiert. Vor Novalis findet sie sich vor allem bei Jean Paul in dessen Romanen *Die unsichtbare Loge* (1793) und insbesondere *Hesperus* (1795). Einer der Initiatoren dieser Gleichsetzung Indiens mit dem Ursprungsland der Poesie war Georg Forster, dessen Übersetzung von Kalidas' *Sakontala* 1790 erschien.[1377] Hardenberg muss das Werk schon früh gekannt haben, weil Sophie von Kühn im Grüninger Kreis „Sakontala" genannt wurde.[1378] In den Plänen zur Fortsetzung des *Ofterdingen* vermerkte Novalis Kalidas' Werk mehrfach: „Ostindische Pflanzen – etwas indische Mythologie. / *Sakontala*"[1379], oder „Höchst wunderbares Drama in Versen, wie Sakonta-

---

sée romantique allemande, Paris 1963, 77-83, und Leslie Wilson, A mythical Image. The ideal of India in German Romanticism, Durham 1964, 147-169. Einen Überblick über die Indien-Rezeption der Romantik findet man bei Ernst Behler, Das Indienbild der deutschen Romantik, in: Germanisch-romanische Monatsschrift 49 (1968), 21-37.

[1372] Nach dem Theorem, dass eine Sprache um so reicher an Metaphern sei, je älter sie ist: „Eine feurige Nation offenbart ihren Muth in solchen Metaphern, sie mag in Orient, oder Nordamerika wohnen; die aber in ihrem tieffsten Grunde die meisten solcher Verpflanzungen zeigt, deren Sprache ist voraus die ärmste, die älteste, die ursprünglichste gewesen, und die war ohne Zweifel in Orient.", Sämmtliche Werke V 72.

[1373] Sämmtliche Werke V 139.

[1374] Vgl.: „[...] die Grammatik der Griechen konnte beßer seyn und werden, als die Morgenländische, denn sie war Tochter [...]", Sämmtliche Werke V 143. Noch in den *Ideen* wird Herder die These der Entstehung der Menschheit in Asien und der Ursprünglichkeit der orientalischen Sprachen formulieren: „Alle Völker Europens, woher sind sie? Aus Asien. [...] und wo auf der ganzen Erde giebt es die ältest-cultivirten Sprachen? In Asien.", Sämmtliche Werke XIII 406-7.

[1375] Sämmtliche Werke V 483.

[1376] Sämmtliche Werke V 484.

[1377] Sakontala oder der entscheidende Ring, ein indisches Schauspiel von Kalidas, Mainz und Leipzig 1791.

[1378] Schriften IV 422, 441, 596.

[1379] Schriften III 673.

la."[1380] Wie Herder betrachtet Hardenberg Indien und den Orient im Allgemeinen als mythischen Ursprungsort der Dichtung. Im *Ofterdingen* ist das „romantische Morgenland" das Land der Poesie.[1381] Auch nach Tiecks *Bericht über die Fortsetzung* hätte Indien im zweiten Teil des Romans eine große Rolle spielen sollen: „Nachdem Heinrich die Heldenzeit und das Alterthum hat verstehen lernen, kommt er nach dem Morgenlande, nach welchem sich von Kindheit auf seine Sehnsucht gerichtet hatte. Er besucht Jerusalem; er lernt orientalische Gedichte kennen. Seltsame Begebenheiten mit den Ungläubigen halten ihn in einsamen Gegenden zurück, er findet die Familie des morgenländischen Mädchens; [...] Persische Mährchen. Erinnerungen aus der ältesten Welt."[1382] In den Notizen zur Fortsetzung des *Ofterdingen* finden sich Belege dafür, dass Novalis in seinem Roman auf die Gestalt des persischen Königs Schach Nadir zurückgreifen wollte.[1383] In der *Europa* wird Indien zur Metapher für die Poesie, wobei gerade das klimatologische Argument Novalis' Nähe zu Herder verrät: „Reizender und farbiger steht die Poesie, *wie ein geschmücktes Indien* dem kalten, todten Spitzbergen jenes Stubenverstandes gegenüber. Damit Indien in der Mitte des Erdballs so warm und herrlich sey, muß ein kaltes starres Meer, todte Klippen, Nebel statt des gestirnvollen Himmels und eine lange Nacht, die beiden Enden unwirthbar machen."[1384]

b) Hinduismus und Monotheismus

Ferner wird Indien nicht nur poetisch, sondern auch religionsphilosophisch von Hardenberg aufgewertet. Auch hierin dürfte Herder Vorbild gewesen sein, der die Nähe von indischer und christlicher Religion schon 1792 thematisiert

---

[1380] Schriften III 672.

[1381] Vgl. Schriften I 283 („das Land der Poesie, das romantische Morgenland") und die Paralipomena, Schriften I 342 („Die Morgenländerinn ist auch die Poesie."). Hardenberg notiert auch: „Indische Märchen.", Schriften III 280 Nr. 234; „*Naturalien. Indische Märchen.*", Schriften III 588 Nr. 222. „Indische Gottheiten.", Schriften III 590 Nr. 234. Die Musik versetzt den Geist in seine „indische Heimat": „Über die allg[emeine] *n Sprache* der Musik. Der Geist wird frey, *unbestimmt* angeregt – das thut ihm so wohl – das dünkt ihm so bekannt, so vaterländisch – er ist auf diese kurzen Augenblicke in seiner indischen Heymath.", Schriften III 283 Nr. 245.

[1382] Schriften I 366.

[1383] „Leben des Nadir Shach.", Schriften I 347, und: „Leben des Thamas Kuli Khan [...]", Schriften III 684 Nr. 658. Novalis bezieht sich auf folgende Biographie: Herkunft, Leben und Thaten des persianischen Monarchen Schach Nadir, vormals Kuli Chan genannt, sammt vielen historischen Erzählungen und Nachrichten. Aus glaubwürdigen autoribus sorgfältig zusammengetragen von Pithander v.d. Quelle, Leipzig-Rudolstadt 1738. In einer bibliographischen Notiz ist auch ein Werk des Zoroaster vermerkt, die Zendavesta, die heiligen Schriften der Perser: Zend-Avesta, Ouvrage de Zoroaster, Contenant les Idées Théologiques, Physiques et Morales de ce Législateur, les Cérémonies du Culte Religieux qu'il a établi, et plusieurs traits importants relatifs à l'ancienne Histoire des Perses, etc. – ein Werk, das auch in deutscher Übersetzung erschienen war (Leipzig und Riga 1781-3), Schriften IV 689.

[1384] Schriften III 520 – Hervorhebung von mir.

hatte.[1385] Diese Affinität von Christentum und Hinduismus wird von Novalis selbst in den *Geistlichen Liedern* hervorgehoben. Dort heißt es, gleich im ersten Lied, auf Christus bezogen:

> Mit ihm bin ich erst Mensch geworden;
> Das Schicksal wird verklärt durch ihn,
> Und Indien muß selbst in Norden
> Um den Geliebten fröhlich blühn[1386]

und am Anfang des zweiten Liedes wird der Orient als Land der Erlösung verklärt:

> *Fern in Osten* wird es helle,
> Graue Zeiten werden jung.[1387]

Im Brief an A. C. Just vom November 1800 wird der Orient schließlich zum Synonym für die Religion: „Religion ist der große Orient in uns, der selten getrübt wird. Ohne sie wäre ich unglücklich."[1388]

In diesem Punkt lässt sich zwischen Hardenberg und Schlegel ein vergleichbares Interesse für den Orient feststellen. So heißt es im *Gespräch über die Poesie*, in der *Rede über die Mythologie*: „Wären uns nur die Schätze des Orients so zugänglich wie die des Altertums! Welche neue Quelle von Poesie könnte uns aus Indien fließen […]".[1389] In Schlegels Rezension der *Reden* Schleiermachers wird die neue Religion mit dem Orient gleichgesetzt: „Sieh auch hier, mein Geliebter, noch ein unerwartetes Zeichen des fernher nahenden *Orients*!"[1390] Schließlich enthält Schlegels Widmung der *Ideen* an Novalis einen Hinweis auf den Orient als Geburtsland der Religion und der Poesie: „Allen Künstlern gehört jede Lehre vom ewigen Orient."[1391] Schlegels Interes-

---

[1385] So heißt es in der vierten Sammlung der *Zerstreuten Blätter* (1792) über die indische Religion: „Das *Erste und einzige Wesen* […] Brehm, die *Selbstständigkeit* […] hat die Indische Philosophie in einer so entfernten Höhe, zugleich aber auch in einer so innigen Nähe mit uns vorzustellen gesucht, daß sie von beiden Seiten schwerlich übertroffen werden möchte.", Sämmtliche Werke XVI 79. Auch den Trinitätsgedanken findet Herder in der indischen Göttertrias Brahma, Vishnu und Siva wieder (XVI 78). Im dritten Band seiner *Adrastea* (1802) lässt Herder einen Brahman hervorheben, dass die indische Gottheit wie die christliche den Sinnen unsichtbar ist: „Was Sonne und Licht der sichtbaren Welt sind, das ist der unsichtbaren, der Verstandeswelt *Gott* und die *Wahrheit*.", Sämmtliche Werke XXIII 499. Vgl. dazu: Wilson, a.a.O., 59-60.

[1386] Schriften I 159. Balmes' Deutung dieser Verse: „Indien ist für Novalis das Land der Poesie, das hier nicht nur *dem kalten, todten Spitzbergen jenes Stubenverstandes* entgegengesetzt ist, sondern diesem sogar huldigen soll." – Kommentar, 93 –, ist offenbar falsch. Es geht nicht darum, dass Indien – die Poesie – dem Verstand huldigen soll. Gemeint ist vielmehr, dass Christus eine solche verwandelnde Kraft besitzt, aus dem Norden Indien zu machen, den Verstand in Poesie zu verwandeln.

[1387] Schriften I 161, Hervorhebung von mir.

[1388] Schriften IV 341-342.

[1389] KA II 319.

[1390] KA II 279, Hervorhebung von mir.

[1391] Schriften III 493 (An Novalis).

se für den Orient sollte sich allerdings erst später deutlicher entfalten und in seiner Schrift *Über die Sprache und Weisheit der Indier* (1808) seinen Niederschlag finden. Dieses Werk, dem im Anhang Schlegels glänzende Übersetzungen aus dem Gesetzbuch des *Manu*, der *Bhagvadgita*, der *Sakuntala*-Episode des *Mahabharata* und des Anfangs des Heldengedichts *Ramayana* beigefügt sind, ist allerdings zugleich ein Werk der Desillusionierung.[1392] Schlegel, der in der Nachfolge Herders im Hinduismus den christlichen Monotheismus vorgeprägt zu finden glaubte, stieß anstelle des erhofften Monotheismus auf Pantheismus, Aberglauben, Seelenwanderungslehre und Emanationssystem und kehrte dem Hinduismus zugunsten des Christentums endgültig den Rücken.[1393]

Schlegels spätere Enttäuschung blieb Hardenberg jedoch erspart, denn letzterer betrachtet den Hinduismus weiterhin „mythisch" als Präfiguration des Christentums. Darin stimmt er übrigens auch mit Schelling überein. Beide charakterisieren die orientalische Religion und Kunst als Ausdruck eines Strebens nach Transzendenz und deswegen als dem Christentum wesensverwandt. In Schellings *Philosophie der Kunst* (1802/03) heißt es, dass sich der Orientale „mit seiner Einbildungskraft ganz in der übersinnlichen oder Intellektualwelt" befände, „[...] wohin er auch die Natur versetze, statt umgekehrt die Intellektualwelt [...] durch die Natur zu symbolisieren [...] und insofern kann man wirklich sagen, daß seine Poesie das Umgekehrte der griechischen ist."[1394] Wie die christliche Kunst ist auch die indische für Schelling auf das Übersinnliche gerichtet und stellt einen Gegensatz zur griechichen Kunst dar. In der achten *Vorlesung über das akademische Studium*, *Über die historische Construktion des Christentums* (1803), meint Schelling, dass die indische Mythologie im Unterschied zur griechischen nicht im Widerspruch zum Christentum stünde. So setzt Schelling die griechische Religion der christlichen *und* der indischen entgegen:

> Die absolute Beziehung ist, daß in dem Christenthum das Universum überhaupt als *Geschichte*, als moralisches Reich, angeschaut wird [...]. Vollkommen können wir dieß nur im Gegensatz gegen die Religion hauptsächlich des griechischen Alterthums einsehen. Wenn ich der noch älteren, vorzüglich der Indischen nicht erwähne, so ist es, weil sie in dieser Beziehung keinen Gegensatz bildet, ohne deßwegen, nach meiner Meinung, die Einheit zu seyn.[1395]

Die Verwandtschaft zwischen indischer und christlicher Kunst wird von Schelling auch durch die Architektur untermauert. In den Vorlesungen über die *Philosophie der Kunst* bemerkt Schelling, wenn auch verhalten, dass die indische Architektur als Voraussetzung für die gotische zu betrachten sei:

[1392] Wilson, a.a.O., 220.

[1393] Ernst Behler, Das Indienbild der deutschen Romantik, in: Germanisch-romanische Monatsschrift 49 (1968), 28.

[1394] SW I/5 422.

[1395] A.a.O. 287.

Es ist nämlich eine verwundernswerthe und in die Augen springende Ähnlichkeit, welche die indische Bauart mit der gothischen zeigt. Sicher kann diese Bemerkung niemand entgehen, der etwa die Zeichnungen indischer Landschaften und Gebäude von Hodges gesehen hat. Die Architektur der Tempel und Pagoden ist ganz gothischer Art; selbst gemeinen Gebäuden fehlen die gothischen Pfeiler und die spitzigen Thürmchen nicht. Das Laubwerk als architektonische Verzierung ist ohnehin orientalischen Ursprungs. Der ausschweifende Geschmack der Orientalen, der überall das begrenzte meidet und auf das Unbegrenzte geht, blickt unverkennbar durch die gothische Baukunst hindurch, und diese wird im Kolossalen noch von der indischen Architektur übertroffen, welche Gebäude, die einzeln dem Umfang einer großen Stadt gleichen, ebenso wie die riesenhafteste Vegetation der Erde aufzuweisen hat.[1396]

Eine weitere bedeutsame Ähnlichkeit zwischen Hardenberg und Schelling ist der Umstand, dass beide dem Orient eine entscheidende Rolle bei der Herausbildung des Christentums zuschreiben. Das Christentum erscheint in den geschichtsphilosophischen Konstruktionen Hardenbergs und Schellings als Vermittlung des Orientalen und Okzidentalen, d.h. des Idealen und Realen. Schelling erklärt, dass das Christentum orientalischen und ideellen Ursprungs sei und sich nur deswegen zur Religion herausbilden konnte, weil es von Paulus im römischen Reich verbreitet und somit gleichsam in den okzidentalen Boden eingepflanzt wurde. Dadurch vermied er, dass es sich in reine Philosophie verflüchtige. So heißt es in der *Philosophie der Kunst*:

> Der erste große Schritt zur künftigen Bildung des Christenthums war der Eifer des Apostels Paulus, der jene Lehre zuerst unter die Heiden trug. Nur in dem fremden Boden konnte es sich gestalten. *Es war nothwendig, daß die orientalischen Ideen in den occidentalischen Boden verpflanzt wurden.* Allerdings war dieser Boden für sich unfruchtbar, das ideale Princip mußte vom Orient kommen, aber auch dieses war für sich wie in den orientalischen Religionen reines Licht, reiner Aether, gestalt- und sogar farblos. Nur in der Verbindung mit dem Entgegengesetztesten konnte es Leben entzünden.[1397]

Auch bei Novalis kann sich das Christentum erst „in dem fremden Boden" entwickeln, auch bei ihm erscheint es als Synthese von Orient und Okzident. Allerdings lässt Hardenberg nicht Paulus den orientalischen Geist des Christentums in den westlichen Boden verpflanzen, sondern umgekehrt einen griechischen Sänger die christliche Botschaft empfangen und letztere dann in Indien verkünden. Durch den griechischen Ursprung des Sängers vollzieht sich also auch bei Novalis die von Schelling anvisierte Synthese zwischen okzidentaler Realität und orientalischer Idealität, wodurch das Christentum im Sinne Schellings erst „universalhistorisch" wird.[1398] Im Unterschied zu Schel-

---

[1396] „Wie dieser ursprünglich indische Geschmack sich naher über Europa verbreitet hat, die Beantwortung dieser Frage muß ich dem Historiker überlassen.", SW I/5 585-6.
[1397] SW I/5 426.
[1398] „Nur in der Verbindung mit dem Entgegengesetztesten konnte es [das Christentum] Leben

ling aber verbreitet der Sänger die christliche Botschaft nicht im Westen, sondern in Indien. So heißt es in der V. *Hymne*: „Der Sänger zog voll Freudigkeit nach Indostan – das Herz von süßer Liebe trunken; und schüttete in feurigen Gesängen es unter jenem milden Himmel aus, daß tausend Herzen sich zu ihm neigten, und die fröhliche Botschaft tausendzweigig emporwuchs."[1399] – wobei Indostan bzw. Hindustan das Land der Hindus in Nordindien bezeichnet. Im Orient verflüchtigt sich die Botschaft nicht und geht nicht in Philosophie über, denn bereits der Sänger vermittelt den idealen Gehalt mit dem realen Prinzip. Die Verbreitung des Christentums in Indien durch den Sänger beweist gerade, dass Hardenberg viel deutlicher als Schelling die Nähe des Christentums zum Orient markiert. Wahrscheinlich stützt sich Hardenberg dabei wiederum auf Herder, der im XVII. Buch aus dem IV. Teil seiner *Ideen zur Philosophie der Geschichte der Menschheit* (1784-1791) die „Fortpflanzung des Christentums in den Morgenländern" behandelt hatte. Im Unterschied zu Herder allerdings, für den die Verbreitung des Christentums im Orient keine Früchte trug, ist sie für Hardenberg ertragreich – einzig im Orient fände die christliche Botschaft einen fruchtbaren Boden. Nur im Indostan kann sich die christliche Botschaft verbreiten, während für den inzwischen zum Klassizismus bekehrten Herder das Christentum nur in den griechischen und lateinischen Provinzen florierte.[1400] Es ist Hardenberg also vor allem daran gelegen, die Affinität zwischen Christentum und Indien zu markieren, den orientalischen und unendlichen Charakter der christlichen Lehre hervorzuheben. Diese Nähe wurde übrigens in der V. *Hymne* bereits vorher zum Ausdruck gebracht, wenn es in der Erzählung der Weihnachtsgeschichte unter Abwandlung eines biblischen Zitates (Matthäus 2,1 f.) hieß: „Des Morgenlands ahnende, blüt[h]enreiche Weisheit erkannte zuerst der neuen Zeit Beginn."[1401]

[1399] entzünden. Wo ganz verschiedenartige Elemente sich berühren, da erst bildet sich der chaotische Stoff, der der Anfang alles Lebens ist. Nimmermehr aber hätte sich der christliche Stoff zur Mythologie gebildet, wäre das Christentum nicht universalhistorisch geworden.", SW I/5 427.

[1399] Schriften I 147.

[1400] Auch der Nestorianismus konnte laut Herder keine eigentlichen Wurzeln schlagen: „Niemand indessen erwarte aus dieser Bewegung eine neue eigne Blüthe des Menschengeistes, wie wir sie etwa bei Griechen und Römern fanden. Die Nestorianer, die so viel bewirkten, waren kein Volk, kein selbstgewachsner Stamm in einer mütterlichen Erde; sie waren Christen, sie waren Mönche.", Sämmtliche Werke XIV 311. Bei Hardenberg wird hingegen gerade die Verpflanzung des Christentums im Orient hervorgehoben. Über die frohe Botschaft, die der griechische Sänger im Indostan verkündet, heißt es in der V. *Hymne*, dass sie „[...] tausendzweigig emporwuchs." (Schriften I 147).

[1401] Schriften I 145. Kamla verfehlt Hardenbergs Hervorhebung der Nähe des Orients zum Christentum, wenn er die Könige aus dem Morgenland zusammen mit dem griechischen Sänger als Vertreter der „alten Welt" charakterisiert: „Das ‚Beste' der ‚alten' Welt, d.h. der Sänger aus Hellas, die heiligen drei Könige des Morgenlands, huldigen dem ersten und größten Vertreter der ‚neuen' Welt.", vgl.: Novalis' Hymnen an die Nacht. Zur Deutung und Datierung, Kopenhagen 1945, 56.

c) Der ägyptische Ursprung des Griechentums

Ein letzter Aspekt der Orient-Rezeption bei Hardenberg soll noch zur Sprache kommen, und zwar die entscheidende Rolle, die dem Orient bei der Ablösung des klassizistischen Antike-Bilds zukommt. Indem Hardenberg hinter dem klassizistisch-apollinischen Bild des Griechentums ein dionysisch-orientalisches Element aufspürt, kündigt er in der Nachfolge Herders und im Einklang mit Hölderlin eine neue Interpretation der griechischen Antike an.[1402]

Noch Winckelmann hatte die These einer Entstehung des Griechentums *ex nihilo* vertreten. Dabei hatte er eine kulturgeschichtliche Zäsur zwischen Ägypten und Griechenland postuliert und die ägyptische Kunst gegenüber der griechischen abgewertet. Um die Unterlegenheit der ägyptischen gegenüber der griechischen Kunst nachzuweisen und ihre mangelnde Entwicklung zu erklären, greift Winckelmann in seiner *Geschichte der Kunst des Altertums* auf mehrere Argumente anthropologischer, weltanschaulicher, religiöser und ästhetischer Natur zurück:

> Die Ägypter haben sich nicht weit von ihrem ältesten Stil in der Kunst entfernt, und dieselbe konnte unter ihnen nicht leicht zu der Höhe steigen, zu welcher sie unter den Griechen gelangt ist; wovon die Ursache teils in der Bildung ihrer Körper, teils in ihrer Art, zu denken, und nicht weniger in ihren sonderlich gottesdienstlichen Gebräuchen und Gesetzten, auch in der Achtung und in der Wissenschaft der Künstler kann gesucht werden.[1403]

Mittels des anthropologischen Argumentes erklärt Winckelmann, dass sich die Ägypter aufgrund ihrer besonderen physischen Beschaffenheit im Unterschied zu den Griechen nicht zur Idee hoher Schönheit erheben konnten.[1404] Was ferner die ägyptische Mentalität anbelangt, ist diese laut Winckelmann von düsterem, melancholischem und kunstfeindlichem Wesen und hat der Entwicklung der ägyptischen Kunst ebenso im Wege gestanden. Deswegen seien in Ägypten Musik und Poesie sogar verboten worden.[1405] Die Starre und Unwandelbar-

---

[1402] Genauer wird dieser Zusammenhang erörtert in meinem Aufsatz: Gegen den „leichtfertigen Gang der Zivilisation": Novalis' Wiederaufwertung der ägyptischen Kunst in ihrer strategischen Bedeutung für die Herausbildung der frühromantischen Poetik, in: Athenäum. Jahrbuch für Romantik 15 (2005). Im Folgenden wird nur der Hauptgang der Argumentation resümiert.

[1403] Johann Joachim Winckelmann, Geschichte der Kunst des Altertums. Vollständige Ausgabe, hrsg. von Wilhelm Senff, Weimar 1964, 42 („Von der Kunst unter den Aegyptern, Phoeniziern und Persern").

[1404] „Die erste von den Ursachen der Eigenschaft der Kunst unter den Ägyptern liegt in ihrer Bildung selbst, welche nicht die jenigen Vorzüge hatte, die den Künstlern durch Ideen hoher Schönheit reizen konnten. Denn die Natur war ihnen weniger als den Etruriern und Griechen günstig gewesen; welches eine Art sinesicher Gestaltung, als die ihnen eigentümliche Bildung, sowohl an Statuen als auf Obelisken und geschittenen Steinen beweist: es konnten also ihre Künstler das Mannigfaltige nicht suchen.", a.a.O., 43 f.

[1405] „Was zum zweiten die Gemüts- und Denkungsart der Ägypter betrifft, so waren sie ein Volk, welches zur Lust und Freude nicht erschaffen schien. Denn die Musik, durch welche die ältesten Griechen die Gesetze selbst annehmlicher zu machen suchten, und in welcher schon

keit der ägyptischen Religion habe zu einer entsprechenden Erstarrung der Repräsentationsformen des Göttlichen in der Kunst geführt.[1406] Verantwortlich für das geringe Niveau der ägyptischen Kunst ist laut Winckelmann schließlich die geringe soziale Anerkennung des Künstlers, die Übernahme des väterlichen Berufes durch den Sohn, das darauf folgende Fehlen von Kunstakademien im eigentlichen Sinne, wie sie in Griechenland existierten, und mangelnde Anatomiekenntnisse, die auf das Verbot der Leichensezierung zurückzuführen sind.[1407] All diese Gründe erklären nach Winckelmann die Entwick-

---

vor den Zeiten des Homerus Wettspiele angeordnet waren, wurde in Ägypten nicht geübt; ja es wird vorgegeben, es sei dieselbe verboten gewesen, wie man es auch von der Dichtkunst versichert. Weder in ihren Tempeln, noch bei ihren Opfern wurde, nach dem Strabo, ein Instrument gerühret. Dieses aber schließt die Musik überhaupt bei den Ägyptern nicht aus oder müßte nur von ihren ältesten Zeiten verstanden werden; denn wir wissen, daß die Weiber den Apis mit Musik auf den Nil führten, und es sind Ägypter auf Instrumenten spielend vorgestellt sowohl auf dem Musaico des Tempels des Glücks zu Palestrina, als auf zwei herkulanischen Gemälden. Diese Gemütsart verursachte, daß sie sich durch heftige Mittel die Einbildung zu erhitzen und den Geist zu ermuntern suchten. Die Melancholie dieser Nation brachte daher die ersten Eremiten hervor, und ein neuerer Skribent will irgendwo gefunden haben, dass zu Ende des vierten Jahrhunderts in Unterägypten allein über siebzigtausend Mönche gewesen.", a.a.O., 44.

[1406] „In ihren Gebräuchen und Gottesdiensten bestanden die Ägypter auf eine strenge Befolgung der uralten Anordnung derselben noch unter den römischen Kaisern, und die Feindschaft einer Stadt gegen die andere über ihre Götter dauerte noch damals. [...] Hierzu kam der Abscheu dieses Volkes gegen alle fremde, sonderlich griechische Gebräuche, vornehmlich ehe sie von den Griechen beherrscht wurden, und dieser Abscheu mußte ihre Künstler sehr gleichgültig gegen die Kunst unter anderen Völkern machen; dieses hemmte den Lauf der Wissenschaft sowohl als der Kunst. So wie ihre Ärzte keine andere Mittel, als die in den heiligen Büchern verzeichnet waren, vorschreiben durften, ebenso war auch ihren Künstlern nicht erlaubt, von dem alten Stil abzugehen; denn ihre Gesetze schränkten den Geist auf die bloße Nachfolge ihrer Vorfahren ein und untersagten ihnen alle Neuerungen. Daher berichtet Plato, daß Statuen, die zu seiner Zeit in Aegypten gemacht worden, weder in der Gestalt noch sonst von denen, welche tausend und mehr Jahre älter waren, verschieden gewesen.", a.a.O., 44 f.

[1407] „Endlich liegt eine von den Ursachen der angezeigten Beschaffenheit der Kunst in Ägypten in der Achtung und in der Wissenschaft ihrer Künstler. Denn diese waren den Handwerkern gleich und zu dem niedrigsten Stande gerechnet. Es wählte sich niemand die Kunst aus eingepflanzter Neigung und aus besonderem Antriebe, sondern der Sohn folgte, wie in allen ihren Gewerken und Ständen, der Lebensart seines Vaters, und einer setzte den Fuß in die Spur des anderen, so daß niemand scheint einen Fußtapfen gelassen zu haben, welcher dessen eigener heißen konnte. Folglich kann es keine verschiedenen Schulen der Kunst in Ägypten, wie unter den Griechen, gegeben haben. In solcher Verfassung konnten die Künstler weder Erziehung noch Umstände haben, die fähig waren, ihren Geist zu erheben, sich in das Hohe der Kunst zu wagen; es waren auch weder Vorzüge noch Ehre für dieselben zu hoffen, wenn sie etwas Außerordentliches hervorgebracht hatten. Den Meistern der ägyptischen Statuen kommt daher das Wort *Bildhauer* in seiner eigentlichen ersten Bedeutung zu: sie meißelten ihre Figuren nach einem festgesetzten Maß und Form aus, und das Gesetz, nicht davon abzugehen, wird ihnen also nicht hart gewesen sein. Der Name eines einzigen ägyptischen Bildhauers hat sich nach griechischer Aussprache erhalten; er hieß Memnon und hatte drei Statuen am Eingange eines Tempels zu Theben gemacht, von welchen die eine die größte in ganz Ägypten war. / Was die Wissenschaft der ägyptischen Künstler betrifft, so muß es ihnen an

lungslosigkeit der ägyptischen Kunst sowie ihre Minderwertigkeit gegenüber der griechischen.

Ein dezidierter Gegner des Winckelmannschen Ägypten- und Griechenlandbildes war Herder. Bereits in seiner frühen Schrift *Auch eine Philosophie der Geschichte zur Bildung der Geschichte der Menschheit* und der *Ältesten Urkunde des Menschengeschlechts* (1774) polemisiert Herder gegen die normativ begründete Voraussetzungslosigkeit des Winckelmannschen Griechenlandbildes und stellt die – im späteren Aufsatz *Denkmahl Johann Winkelmanns* (1777) wiederaufgenommene – These der ägyptischen Herkunft der griechischen Kultur auf. Dem Diktum Winckelmanns, nach dem die Griechen „sich ihre Kunst selbst erfunden" hätten und demzufolge „einem fremden Volke nichts schuldig" seien[1408], entgegnet Herder in seinem Winckelmann-Aufsatz unter Hervorhebung der *historischen* Voraussetzungen, denen die griechische Kultur ihre Entstehung verdankte: „[...] die gerühmtesten Erfindungen sind nur Blitze, die aus dem Reiben der vorbereitetsten Umstände und gleichsam Vorerfindungen trafen, und auch bei ihnen *findet* der Mensch viel öfter, als er *erfindet*."[1409] So heißt es in *Auch eine Philosophie der Geschichte* gegen Winckelmanns Darstellung der ägyptischen Kunst, dass letztere auf griechischen Maßstäben – also auf einer normativen, und nicht historischen Grundlage – beruhe:

> Der beste Geschichtschreiber der Kunst des Alterthums, *Winkelmann*, hat über die Kunstwerke der Ägypter offenbar nur nach Griechischem Maasstabe geurtheilt, sie also *verneinend* sehr gut, aber *nach eigner Natur und Art* so wenig geschildert, daß fast bei jedem seiner Sätze in diesem Hauptstück das offenbar Einseitige und Schielende vorleuchtet.[1410]

In der *Ältesten Urkunde des Menschengeschlechts* vertieft Herder seine gegen Winckelmanns Klassizismus gerichtete These vom ägyptischen Ursprung der griechischen Kultur durch die Analyse der Mythologie. Indem Herder Orpheus auf Hermes und letzteren wiederum auf Toth als dessen ägyptisches Vorbild zurückführt, hebt er das voraussetzungslose Griechenlandbild Winckelmanns durch den Nachweis des unterschwelligen Weiterlebens orientalischer Traditionen im Griechentum auf.[1411] Ägypten, und nicht mehr Griechenland, wird bei Herder zum Ursprung der abendländischen Welt. Orpheus'

---

einem der vornehmsten Stücke der Kunst, nähmlich an Kenntnis in der Anatomie, gefehlt haben; einer Wissenschaft, welche in Ägypten sowie in China gar nicht geübt wurde, auch nicht bekannt war: denn die Ehrfurcht gegen die Verstorbenen würde auf keine Weise erlaubt haben, eine Zergliederung toter Körper anzustellen; ja es wurde, wie Diodorus berichtet, als ein Mord angesehen, nur einen Schnitt in dieselbe zu tun.", a.a.O., 46.

[1408] J. J. Winckelmann, Geschichte der Kunst des Althertums, Th. I. Kap. I.4, 26, zit. nach J. G. Herder, Denkmahl Johann Winkelmanns, in: Sämmtliche Werke VIII 472.

[1409] Sämmtliche Werke VIII 472-473.

[1410] Sämmtliche Werke V 491.

[1411] Sämmtliche Werke VI 395 ff.

Werke und Legenden sind demzufolge nichts anderes als „Nachklänge", „barbarischer, Thracischer, Griechischer Echo von den Geheimnissen Asiens und Aegyptens, von der *Ersten Urstiftung der Welt*".[1412] Diese Position ist allerdings nur für den frühen Herder und dessen Faszination für die orientalische Ästhetik zwischen 1769 und 1777 charakteristisch und wird vom späten, sich zum Klassizismus bekennenden Herder aufgegeben. In den *Ideen zur Philosophie der Geschichte der Menschheit* (1784-1791) findet die These des Weiterwirkens der ägyptischen in der griechischen Kultur kein Gehör mehr[1413]; sie wirkt aber bei Novalis weiter.

In den *Lehrlingen zu Saïs* und den diesen vorausgehenden Aufzeichnungen erscheint Ägypten und nicht mehr Griechenland als Ursprungsort der Poesie. Gegen Winckelmanns These einer Entstehung der griechischen Kunst *ex nihilo* ist Novalis in der Nachfolge des frühen Herder danach bestrebt, den ägyptischen Ursprung der griechischen Kunst nachzuweisen. So betont Hardenberg in einigen bedeutsamen Jugendaufzeichnungen im Anschluss an Herder den Einfluss Ägyptens auf die griechische Kunst. Bedeutsam sind in diesem Sinne insbesondere die Jugendaufsätze *Mythologie für Frauenzimmer, [Der Griechen Vorfahren ...]* und *Von der Begeisterung*.[1414] Dabei ist zu bemerken, dass Hardenberg die These vom ägyptischen Ursprung des Griechentums zuneh-

---

[1412] A.a.O. 398-399.

[1413] Vgl. René Gérard, L'Orient et la pensée romantique allemande, Paris 1963, 61. Gérard verweist diesbezüglich auf eine Passage aus dem dritten Teil der *Ideen*, aus dem Abschnitt „Wissenschaftliche Übungen der Griechen": „Man wird es nicht von mir erwarten, daß ich die einzelnen Wissenschaften der Mathematik, Medicin, Naturwissenschaft und aller schönen Künste durchgehe, um eine Reihe Namen zu nennen, die entweder als Erfinder oder als Vermehrer des Wissenschaftlichen derselben allen künftigen Zeiten zur Grundlage gedient haben. Allgemein ists bekannt, daß Asien und Aegypten uns eigentlich keine wahre Form der Wissenschaft in irgend einer Kunst oder Lehre gegeben; dem feinen, ordnenden Geist der Griechen haben wir diese allein zu danken.", Sämmtliche Werke XIV 129. Gérard macht ferner auf einen Passus aus dem zweiten Teil der *Ideen* (VI. Buch) aufmerksam, in dem die Frage nach dem Weiterwirken jeglicher relevanten Erbschaft des Orients im Griechentum verneint und der qualitativ unüberbrückbare Sprung hervorgehoben wird, der die griechische von der orientalischen Kunst trennt: „Endlich fand an den Küsten des mittelländischen Meers die menschliche Wohlgestalt eine Stelle, wo sie sich mit dem Geist vermählen und in allen Reizen irrdischer und himmlischer Schönheit nicht nur dem Auge, sondern auch der Seele sichtbar werden konnte; es ist das dreifache Griechenland in Asien und auf den Inseln, in Gräcia selbst und auf den Küsten der weitern Abendländer. Laue Westwinde fächelten das Gewächs, das von der Höhe Asiens allmählich herverpflanzt war und durchhauchten es mit Leben: Zeiten und Schicksale kamen hinzu, den Saft desselben höher zu treiben und ihm die Krone zu geben, die noch jedermann in jenen Idealen griechischer Kunst und Weisheit mit Freuden anstaunet. Hier wurden Gestalten gedacht und geschaffen, wie sie kein Liebhaber Tsirkaßischer Schönen, kein Künstler aus Indien oder Kaschmire entwerfen können.", Sämmtliche Werke XIII 225-6.

[1414] Hardenberg besaß auch eine Sammlung von alten und neuen Zeugnissen über die ägyptische Kulturgeschichte: Aegyptische Merkwürdigkeiten aus alter und neuer Zeit. Ein raisonnirter Auszug aus Herodots, Diodors, Strabo's, Plutarchs und andrer alten Schriftsteller Werken und aus den neuern Reisenachrichten Shaws, Pococks, Nordens, Niebuhrs und Savary's. Erster und Zweiter Theil. Leipzig 1786-7. Vgl.: Schriften IV 694 Nr. 77.

mend prononcierter vertritt. Wenn in der *Mythologie für Frauenzimmer* Ägypten und Phönizien der Mythologie der Griechen eine erste, aber auch nur „einfach[e] und kunstlos[e]" Gestalt verleihen, so wird in der Skizze *[Der Griechen Vorfahren ...]* der ägyptische Einfluss als entscheidend für die Herausbildung des Griechentums betrachtet, bis im Aufsatz *Von der Begeisterung* nicht mehr Griechenland, sondern das Morgenland selbst den Ort der Entstehung der Dichtung darstellt. Novalis verwirft die These Winckelmanns von einer Entstehung der griechischen Kunst aus dem Nichts und erkennt im orientalisch-dionysischen Element der „Begeisterung" den ursprünglichen Wesenszug des Griechentums. Im Folgenden soll der Aufsatz vollständig zitiert werden:

> Der erste Wind, das erste Lüftchen, das dem Ohre des Wilden hörbar, durch den Gipfel der Eiche saußte, brachte gewiß in demselben in seinen jungen, unausgebildeten, allen äußerlichen Eindrücken noch offenen Busen eine Bewegung, einen Gedanken von dem Daseyn eines mächtigern Wesens hervor, der sehr nahe an die Begeisterung gränzte und wo ihm nichts als Worte fehlten um sein volles, überfließendes Gefühl durch sie ausströmen und es gleichsam den leblosen Gegenständen um ihn mit empfinden zu lassen, da er jezt ohne Sprache gewiß unwillkührlich auf die Knie sank und durch seine stumme Bewegung verriet, daß Gefühle an Gefühle in seinem Herzen sich drängten. Wie sich allmählig die Sprache auszubilden anfieng und nicht mehr blos in NaturTönen stammelte sondern mit vollen Strome der Jugendfülle des menschlichen Geschlechts dahin braußte und jeder Ton, jede Stimme derselben fast Empfindung, und durch abstrakte Begriffe und Erfahrung noch nicht ausgebildet und verfeinert war, da entstand zuerst die Dichtkunst die Tochter des edelsten Ungestüms der erhabensten und stärksten Empfindungen und Leidenschaften, die sich zwar nachher wie ein Kamäleon nach den organisationen der verschiedenen Erdstriche, Zeiten und Charaktere umgebildet, aber in ihrer Urbedeutung, zu ihrer größten Stärke, Zauberey und Wirkung auf die Gemühter, ihrer Mutter der hohen Begeistrung noch immer nöthig hat. Alles dieß aber was ich hier gesagt habe gilt nur hauptsächlich von dem Morgenlande, dem eigentlichen Vaterlande der Menschheit Sprache, Dichtkunst und daher auch der Begeistrung, von woher eigentlich wie vom Urstamme sich alles in die übrigen Erdgegenden und Zonen nur fortgepflanzt hat und eingepfropft worden ist. Das ganze Clima desselben war für die Kindheit des menschlichen Geschlechts und der Künste und Wissenschaften wie seine Gegenden ganz vorzüglich geschickt; die Menschen und Künste erhielten hier die Kraft die sie in den kältesten Wüsten und Regionen noch immer nach vielen Jahrhunderten erhält und ihnen feste Wurzeln fassen lässt; die schönen Gegenden, die Wärme und Heiterkeit des selten bewölkten Himmels bildeten sie, nährten sie und die Fruchtbarkeit des Bodens ließ ihnen Ruhe sich allmählig auszubilden und zu reifen; das ihnen in einen weniger milden Boden durch die Einflüsse des Klima, stumpfere Organisation und ängstliche Mühe und Suchen nach Lebensunterhalt und nach den nothwendigsten Bedürfnissen wäre verwehrt worden. Hier entstand dann jenes göttliche Feuer.[1415]

[1415] Schriften VI.1 358-359.

In dieser Aufzeichnung zeigt sich Hardenbergs Nähe zu Hölderlins berühmtem Brief an Casimir Ulrich Böhlendorff vom 4. Dezember 1801.[1416] Für Hölderlin, der ebenfalls in der Nachfolge Herders argumentiert, ist die griechische Poesie mystisch-orientalischen Ursprungs. Die griechische Literatursprache entstand laut Hölderlin durch die Vermittlung Homers, der „seelenvoll genug" war, das abendländische Element der Klarheit für die eigene epische Sprache zu gewinnen und so das Eigene, das mystisch-orientalische Prinzip, das „Feuer vom Himmel" mit dem Fremden, der „Junonischen Nüchternheit" zu vermitteln.[1417] Sowohl Hölderlin als auch Novalis erkennen folglich ein irrationales, dionysisches Element im Ursprung des Griechentums. Bemerkenswert ist auch die terminologisch-metaphorische Nähe in der Bezeichnung dieses mystischen Moments: Hölderlin schreibt vom „Feuer vom Himmel", Novalis im Jugendaufsatz von „hoher Begeistrung" und „göttlichem Feuer". Hardenberg geht allerdings noch weiter und erklärt das „Morgenland" selbst zum Geburtsort und zur Heimat der Dichtung. Das „Morgenland" – nicht mehr Griechenland – ist für ihn die Quelle, aus welcher, dank ihrer günstigen klimatisch-geographischen Umstände, die Poesie hervorgehen konnte.

Schließlich dient der Nachweis der ägyptischen Herkunft des Griechentums Hardenberg zur Legitimation der eigenen frühromantischen Poetik, die, wie die alt-ägyptische Kunst, um die Allegorie zentriert ist. Diese Affinität zwischen ägyptischer Archaik und christlich-romantischer Moderne wird in den *Lehrlingen zu Saïs* sehr deutlich formuliert. Die Analogie, die Novalis dort zwischen der romantischen Dichtung, welche die entfremdete Naturerfahrung thematisiert, und der ägyptischen Kunst feststellt, liegt darin, dass für beide die Sphäre der Äußerlichkeit als Hieroglyphe, als Rätsel erscheint. In der entfremdeten Gegenwart ist der metaphysische Sinn der Naturerscheinungen verloren gegangen, und letztere sind zu Hieroglyphen geworden.[1418] Die ägyp-

---

[1416] Friedrich Hölderlin, Sämtliche Werke. Stuttgarter Ausgabe, hrsg. von Friedrich Beissner, Stuttgart 1943 ff., VI 425-6.

[1417] „Wir lernen nichts schwerer als das Nationelle frei gebrauchen. Und wie ich glaube, ist gerade die Klarheit der Darstellung uns ursprünglich so natürlich wie den Griechen das Feuer vom Himmel. Eben deßwegen werden diese eher in schöner Leidenschaft, die Du Dir auch erhalten hast, als in jener homerischen Geistesgegenwart und Darstellungsgaabe zu *übertreffen* seyn. / Es klingt paradox. Aber ich behaupt' es noch einmal, und stelle es Deiner Prüfung und Deinem Glauben frei; das eigentliche nationale wird im Fortschritt der Bildung immer der geringere Vorzug werden. Deßwegen sind die Griechen des heiligen Pathos weniger Meister, weil es ihnen angeboren war, hingegen sind sie vorzüglich in Darstellungsgabe, von Homer an, weil dieser außerordentliche Mensch seelenvoll genug war, um die abendländische *Junonische Nüchternheit* für sein Apollonsreich zu erbeuten, und so wahrhaft das fremde sich anzueignen.", a.a.O.

[1418] So lautet der Anfang des Romans: „Mannichfache Wege gehen die Menschen. Wer sie verfolgt und vergleicht, wird wunderliche Figuren entstehen sehn; Figuren, die zu jener großen Chiffernschrift zu gehören scheinen, die man überall, auf Flügeln, Eierschalen, in Wolken, im Schnee, in Krystallen und in Steinbildungen, auf gefrierenden Wassern, im Innern und Äußern der Gebirge, der Pflanzen, der Thiere, der Menschen, in den Lichtern des Him-

tische Hieroglyphe ist dann eine Bezeichnung für das Formprinzip der romantischen Allegorie, in der die Gestalt nicht mit der Bedeutung zusammenfällt,
sondern sich als Rätsel präsentiert. Durch die Aneignung des Motivs der Hie-
roglyphenschrift in den *Lehrlingen* begründet Novalis folglich seine eigene,
auf der Allegorie als Divergenz von Bedeutung und Ausdruck basierende
Poetik. Die ägyptische Kunst, durch ihre von der Hieroglyphe exemplarisch
festgehaltene Dichotomie von Idee und Gestalt, wird zum Archetyp der allegorischen Ästhetik der Frühromantik.

---

mels, auf berührten und gestrichenen Scheiben von Pech und Glas, in den Feilspänen um den
Magnet her, und sonderbaren Conjuncturen des Zufalls, erblickt. In ihnen ahndet man den
Schlüssel dieser Wunderschrift, die Sprachlehre derselben; allein die Ahndung will sich selbst
in keine feste Formen fügen, und scheint kein höherer Schlüssel werden zu wollen. [...] Nur
augenblicklich scheinen ihre Wünsche, ihre Gedanken sich zu verdichten. So entstehen ihre
Ahndungen, aber nach kurzen Zeiten schwimmt alles wieder, wie vorher, vor ihren Blicken.",
Schriften I 79.

2.16. Das Sprachideal des *Monologs*

Wie bereits dargelegt wendet sich Hardenberg von einer abbildenden Konzeption der Poesie als unmittelbarer Nachahmung der Natur ab. Das Wesen der Natur kann auf diese Weise Hardenbergs Ansicht nach nicht erreicht werden. Direkte Imitation hieße, die Idealität der Natur zu verfehlen. Nur auf indirekte Weise, durch Nachahmung ihrer selbst, die Besinnung auf ihre künstliche Eigengesetzlichkeit, kann die Poesie laut Hardenberg einen Naturgehalt ausdrücken. Das bedeutet aber, dass sich die poetische Sprache nicht oder nur scheinbar von der Natur trennt, wenn sie sich auf ihre Künstlichkeit besinnt. Sie erreicht vielmehr eine – höhere – mimetische Qualität. Dieser Zusammenhang soll in diesem Kapitel genauer dargelegt werden. Im Vordergrund wird dabei Novalis' berühmter sprachphilosophischer Aufsatz, der *Monolog*, stehen, in dem Hardenberg die Abkehr der poetischen Sprache nicht nur von der direkten Nachahmung der Natur, sondern auch von der Kommunikation fordert und zur Konzeption einer poetischen Sprache gelangt, die nur *sich selbst* mitteilt, aber gerade dadurch zu einer höheren Form der Mimesis gelangt.

Um Hardenbergs kühne Sprachspekulationen nachzuvollziehen, muss auf die *Fichte-Studien* zurückgegriffen werden. Dort geht es Novalis darum, hinter der Arbitrarität des Zeichens eine Dimension der natürlichen Ähnlichkeit, eine notwendige Korrespondenz zwischen Zeichen und Bezeichnetem aufzudecken, die der Analogie zwischen Ich und Natur entspricht. Novalis' identitätsphilosophischer Ansatz unterscheidet sich folglich auch in sprachphilosophischer Hinsicht von dem Fichtes, denn durch die These einer natürlichen Ähnlichkeit von Zeichen und Bezeichnetem distanziert sich Novalis von Fichtes Theorie eines absolut freien, d.h. willkürlichen Ursprungs der Sprache, wie sie im Aufsatz *Von der Sprachfähigkeit und dem Ursprung der Sprache* (1795) formuliert wurde. Die Sprache, schreibt Fichte in dieser Arbeit, „[...] ist der *Ausdruck unserer Gedanken durch willkürliche Zeichen.*"[1419] Die Sprachfähigkeit ist für Fichte nichts anderes als „das Vermögen, seine Gedanken *willkürlich* zu bezeichnen."[1420] Dem steht Hardenbergs lapidare Feststellung: „Denken ist Sprechen" gegenüber.[1421] Bereits in seinen *Fichte-Studien* legt Novalis den Grund für seine Kritik der Fichteschen Geringschätzung der Sprache. Fichtes Annahme, dass das Verhältnis zwischen Zeichen und Bezeichnetem willkürlich ist, d.h. dass es durch die freie Wahl des bezeichnenden Subjekts bestimmt wird, gibt Novalis so wieder:

> Verhältniß des Zeichens zum Bezeichneten. / Beyde sind in verschiednen Sfären, die sich gegenseitig bestimmen können. / Das Bezeichnete ist eine freye Wirkung [,] das Zeichen ebenfalls. / Gleich sind sie sich also im Bezeichnenden – sonst völlig ungleich – aber auch dis nur für den Bezeichnenden – beyde sind in

---

[1419] FG I.3 97.
[1420] FG I.3 98.
[1421] Schriften III 297 Nr. 319.

Beziehung auf einander blos im Bezeichnenden. / Insofern der Bezeichnende *ganz f r e y* entw[eder] in der Wirkung des Bezeichneten oder in der Wahl des Zeichens, nicht einmal abhängig von seiner in sich selbst bestimmten Natur, ist – insofern ist beydes nur für ihn in wechselseitiger Beziehung da und keins von beyden steht für einen zweyten Bezeichnenden in einer nothwendigen Beziehung auf das Andre. / [Sie] sind für einen zweyten Bezeichnenden völlig getrennt.[1422]

Der letzte Satz des Zitats legt die Aporie offen, in der Fichtes Sprachphilosophie laut Novalis verstrickt ist. Wenn die Sprache nämlich tatsächlich absolut freien Ursprungs wäre, dann käme keine Kommunikation zustande, denn die Beziehung zwischen Zeichen und Bezeichnetem wäre für jeden Bezeichnenden notwendigerweise verschieden. Novalis bemerkt dazu: „[Sind] Zeichen und Bezeichnetes völlig getrennt, ist ihre Beziehung blos im ersten Bezeichnenden, so kann es nur ein Zufall oder Wunder seyn, wenn durch ein solches Zeichen das Bezeichnete dem 2ten Bezeichnenden überkommt."[1423] Die Lösung der Aporie besteht für Novalis in der Annahme einer freien *und zugleich notwendigen* Beziehung der gewählten Zeichen zum Bezeichneten. In diesem Falle stünden die gewählten Zeichen *immer schon* in einem notwendigen, „homogenen" Verhältnis zum Bezeichneten, das als solches von jedem Bezeichnenden geteilt wäre. „Der erste Bezeichnende braucht also nur, um sich mitzutheilen, solche Zeichen zu wählen, die eine in dem homogenen Wesen des 2ten Bezeichnenden begründete Nothwendigkeit der Beziehung auf das Bezeichnete haben. Die Homogeneïtaet des fremden Wesens mit dem Seinigen in dieser Beziehung wird also sein Studium bey dieser Mittheilung seyn müssen."[1424] Die Ursache für die Notwendigkeit der Beziehung des Zeichens zum Bezeichneten liegt darin, dass die Tätigkeit der Bezeichnung nicht frei ist, ohne zugleich auch notwendig zu sein. Diese Konzeption einer „freien Notwendigkeit", die bereits in diesen ersten Notizen der *Fichte-Studien* formuliert wird, nimmt den später entwickelten Genie-Gedanken vorweg, denn wie nach der Genie-Konzeption die Tätigkeit des Ich nicht frei ist, ohne zugleich durch unbewusste Notwendigkeit charakterisiert zu sein, so wird bereits in diesem Zusammenhang die Freiheit der Zeichensetzung mit deren Notwendigkeit ganz im Sinne des späteren Genie-Gedankens in eins gesetzt.

Die Dimension der Notwendigkeit, die nach Novalis ebenso wie die Freiheit der Sprache eigen ist, wird in diesen frühen sprachphilosophischen Notizen ferner vom Ich-philosophischen Standpunkt aus begründet. Bereits hier jedoch lässt sich zugleich die Infragestellung der Ich-Philosophie und deren Ergänzung durch die Identitätsphilosophie vernehmen, denn die „freie Notwendigkeit" der Bezeichnung wird zwar einerseits als Selbstbestimmung des Ich beschrieben – „Freye Nothwendigkeit könnte man Selbstbestimmung nen-

---

[1422] Schriften II 108 Nr. 11.
[1423] Schriften II 109 Nr. 11.
[1424] Ebd.

nen"[1425] –, andererseits jedoch als „absolute Sfärensetzung" verstanden, wobei „Sfäre" das vorreflexive, Ich und Natur übergreifende Sein bezeichnet. Darin kündigt sich schon jene Überwindung der Ich-Philosophie der *Wissenschafts-lehre* in der „Logologie" an, die den frei-notwendigen Charakter der Sprachzeichen begründet.

Der „logologische", freie und zugleich unbewusste Charakter der Sprache wird in den *Fichte-Studien* durch Rückgriff auf Kants Begriff des transzendentalen „Schemas" untermauert. Dabei wird dieses abgewandelt: im Unterschied zu Kant bezeichnet das Schema bei Novalis nicht die Anwendung der Kategorien auf die reine Anschauung durch das Ich in der Einbildungskraft, sondern darüber hinaus die analogische Notwendigkeit, welche diese Anwendung begleitet.[1426] Das Schema hat nun die Aufgabe, die vorreflexive Beziehung von Zeichen und Bezeichnetem zu sichern:

> Ursprüngliches Schema. / Eins in allem / Alles in Einem/ / Jedes *verständliche* Zeichen also muß in einem *schematischen* Verhältniß zum Bezeichneten stehn.[1427]

Um diese neue Qualität des Schematismus zu markieren, bezeichnet Novalis das Schema als „ursprünglich" und verleiht ihm explizit einen pantheistischen Charakter durch Rückgriff auf die pantheistische Formulierung des Herakleitos ἕν καὶ πᾶν. Diese pantheistische Qualität des Schemas sorgt für die notwendige Entsprechung, die *harmonia praestabilita* zwischen Zeichen und Bezeichnetem. Somit sind die Kategorien einerseits frei – „Die Kategorien müssen *f r e y e* Handlungsweisen[n] oder Denkformen seyn"[1428] –, sie sind andererseits auch notwendig, indem sie vor ihrer Anwendung durch das Ich „schon da" zu sein scheinen, also vorreflexiven Charakter haben: „Was die Reflexion *findet, scheint* schon *d a z u s e y n* – [...] / Sie *findet* die Kategorieen, die schon *da* zu *seyn* scheinen [...]".[1429] Die Kategorien sind frei und notwendig zugleich, ein Ausdruck des Ich sowie des „Lebens" – oder „Seyns" –, das das Ich mit der Natur verbindet: „Nothwendig freye Wirkungen des *L e b e n s* auf das *Was* im Ich – das sind die Kategorieen."[1430]

Durch das Schema verwandelt sich die willkürliche Beziehung zwischen Zeichen und Bezeichnetem in eine notwendige Korrespondenz.[1431] Die Reflexion über die sich daraus ergebende, quasi „magische" Qualität der Sprache rückt ins Zentrum des zweiten Fragments aus den *Vermischten Bemerkungen*:

[1425] Ebd.
[1426] Dazu: Giampiero Moretti, L'estetica di Novalis, Torino 1991, 30 ff.
[1427] Schriften II 109 Nr. 11.
[1428] Schriften II 112 Nr. 12.
[1429] Schriften II 112 Nr. 14.
[1430] Schriften II 112 Nr. 13. Vgl. auch: Schriften II 106 Nr. 3.
[1431] Diese notwendige Dimension der Sprache erklärt die Untersuchung Klaus Hartmanns, Die freiheitliche Sprachauffassung des Novalis, Bonn 1987, nicht überzeugend.

> Die Bezeichnung durch Töne und Striche ist eine bewundernswürdige Abstraction. Vier Buchstaben bezeichnen mir Gott – Einige Striche eine Million Dinge. Wie leicht wird hier die Handhabung des Universi! wie anschaulich die Concentricitaet der Geisterwelt! die Sprachlehre ist die Dynamik des Geisterreichs! Ein Commandowort bewegt Armeen – das Wort Freyheit – Nationen.[1432]

In diesem Fragment bringt Novalis zunächst das freie, d.h. konventionelle Wesen der Sprache – als „Bezeichnung durch Töne und Striche" – zum Ausdruck. Jedoch nicht so sehr dieser freiheitliche Charakter als solcher, sondern vielmehr die sich aus dieser Freiheit ergebende notwendige Qualität der Sprache wird alsbald hervorgehoben: „Wie leicht wird hier die Handhabung des Universi!" Der freie Charakter der Sprache ist zugleich notwendig, die Sprache erscheint nicht als ein bloß konventionelles Zeichensystem, das vom Geist kategorial getrennt ist, sondern als ureigenste Ausprägung des Geistes, wodurch die „Concentricitaet der Geisterwelt" eine anschauliche Form erhält. Mittels der Sprache greift der Geist in die Wirklichkeit ein: „[...] die Sprachlehre ist die Dynamik des Geisterreichs!" Der Grund für die Magie der Sprache besteht darin, dass sie Ausdruck jenes universellen Ähnlichkeitsprinzips ist, das Zeichen und Bedeutung, Natur und Ich miteinander verbindet. Dadurch wohnt ihr eine Kraft inne, die Novalis in der quasi magischen Wirkung von militärischen Befehlen oder politischen Parolen bestätigt findet: „Ein Commandowort bewegt Armeen – das Wort Freyheit – Nationen." Im Wort sind für Novalis Erfahrungsgehalte, psychische und physische Kräfte verdichtet, die das *arbitraire du signe* exzedieren und für die fast magische Wirkung der Sprache verantwortlich sind. Im Unterschied zu Fichte betrachtet Novalis im Erfahrungsgehalt, der in der Sprache verdichtet ist, das Weiterleben einer unwillkürlichen, magisch-mimetischen Schicht, die von der Magie in die Sprache übergegangen ist. So heißt es in einer Aufzeichnung: „MAGIE. (mystische Sprachl[ehre]) / *Sympathie* des *Zeichens* mit dem Bezeichneten (Eine der Grundideen der Kabbalistik.)"[1433], oder an anderer Stelle: „Überall liegt eine grammatische Mystik, wie mir scheint zum Grunde – die sehr leicht das erste Erstaunen über *Sprache* und *Schrift* erregen konnte. (Die wilden Völker halten die Schrift noch jetzt für Zauberey.)"[1434]

Eine solch magische und intransitive Sprache, die keine außersprachliche Wirklichkeit mehr bezeichnete, sondern an deren Stelle träte, wird in Novalis' *Monolog* thematisiert, der zweifelsohne als eine der kühnsten sprachphilosophischen Reflexionen der Romantik betrachtet werden kann.[1435]

> Es ist eigentlich um das Sprechen und Schreiben eine närrische Sache; das rechte Gespräch ist ein bloßes Wortspiel. Der lächerliche Irrthum ist nur zu bewundern,

---

[1432] Schriften II 412 Nr. 2.

[1433] Schriften III 266 Nr. 137.

[1434] Schriften III 267 Nr. 138..

[1435] Die Handschrift ist verschollen; der Text ist zitiert nach dem ersten Druck von Bülow. Es ist deshalb ungewiss, ob der Titel von Novalis oder von Bülow stammt.

daß die Leute meinen – sie sprächen um der Dinge willen. Gerade das Eigenthümliche der Sprache, daß sie sich blos um sich selbst bekümmert, weiß
keiner. Darum ist sie ein so wunderbares und fruchtbares Geheimniß, – daß
wenn einer blos spricht, um zu sprechen, er gerade die herrlichsten, originellsten
Wahrheiten ausspricht. Will er aber von etwas Bestimmten sprechen, so läßt ihn
die launige Sprache das lächerlichste und verkehrteste Zeug sagen. Daraus entsteht auch der Haß, den so manche ernsthafte Leute gegen die Sprache haben.
Sie merken ihren Muthwillen, merken aber nicht, daß das verächtliche Schwatzen die unendlich ernsthafte Seite der Sprache ist. Wenn man den Leuten nur
begreiflich machen könnte, daß es mit der Sprache wie mit den mathematischen
Formeln sei – Sie machen eine Welt für sich aus – Sie spielen nur mit sich selbst,
drücken nichts als ihre wunderbare Natur aus, und eben darum sind sie so ausdrucksvoll – eben darum spiegelt sich in ihnen das seltsame Verhältnißspiel der
Dinge. Nur durch ihre Freiheit sind sie Glieder der Natur und nur in ihren freien
Bewegungen äußert sich die Weltseele und macht sie zu einem zarten Maaßstab
und Grundriß der Dinge. So ist es auch mit der Sprache – wer ein feines Gefühl
ihrer Applicatur, ihres Takts, ihres musikalischen Geistes hat, wer in sich das
zarte Wirken ihrer innern Natur vernimmt, und danach seine Zunge oder seine
Hand bewegt, der wird ein Prophet sein, dagegen wer es wohl weiß, aber nicht
Ohr und Sinn genug für sie hat, Wahrheiten wie diese schreiben, aber von der
Sprache selbst zum Besten gehalten und von den Menschen, wie Cassandra von
den Trojanern, verspottet werden wird. Wenn ich damit das Wesen und Amt der
Poesie auf das deutlichste angegeben zu haben glaube, so weiß ich doch, daß es
kein Mensch verstehn kann, und ich ganz was albernes gesagt habe, weil ich es
habe sagen wollen, und so keine Poesie zu Stande kommt. Wie, wenn ich aber
reden müßte? und dieser Sprachtrieb zu sprechen das Kennzeichen der Eingebung der Sprache, der Wirksamkeit der Sprache in mir wäre? Und mein Wille
nur auch alles wollte, was ich müßte, so könnte dies ja am Ende ohne mein Wissen und Glauben Poesie sein und ein Geheimniß der Sprache verständlich machen? und so wär' ich ein berufener Schriftsteller, denn ein Schriftsteller ist wohl
nur ein Sprachbegeisterter? -.[1436]

Zunächst konstatiert Novalis einen „lächerlichen Irrtum", der die gewöhnliche
Sprachauffassung charakterisiert und in dem Glauben besteht, dass die Sprache lediglich Kommunikationsmittel sei. Dieser irrtümlichen Sprachauffassung setzt er eine andere entgegen, die die Selbstgesetzlichkeit der Sprache
behauptet und laut derer die Sprache „sich blos um sich selbst bekümmert". Es
ist nicht schwer, in diesen einander entgegensetzten Sprachauffassungen jeweils die Sprachphilosophie Fichtes bzw. die von Novalis wiederzuerkennen:
auf der einen Seite steht eine instrumentelle Betrachtung der Sprache, die die
Sprache zum bloßen Kommunikationsmittel herabsetzt, auf der anderen eine
poetische Sprachkonzeption, der gemäß die Sprache nichts außer sich selbst
kommuniziert. Ist für Fichte die Sprache heteronom, so erlangt sie bei Novalis
einen autonomen, poetischen Status. Novalis bekräftigt seine Sprachauffassung durch den Verweis auf eine Paradoxie: während das poetische Verhältnis

---

[1436] Schriften II 672-3.

zur Sprache, das Sprechen um der Sprache willen den Redenden „die herrlichsten, originellsten Wahrheiten" hervorbringen lässt, führt das instrumentelle Sprechen hingegen, das die Sprache zum bloßen Kommunikationsmittel macht, gerade zum Versagen der Kommunikation: „die launige Sprache" lässt den Sprechenden „das lächerlichste und verkehrteste Zeug sagen". Die ausschließlich auf Nützlichkeit ausgerichtete Sprachintention verstrickt sich in eine Aporie: indem sie die Sprache auf Kommunikation, die Mitteilung eines Inhalts durch eine disqualifizierte Form, reduziert, unterminiert sie die Möglichkeit jeglicher Kommunikation. Die instrumentelle Macht über die Sprache kehrt sich fatal gegen sich selbst und endet in einem sprachlosen Stammeln. Sprache restlos der kommunikativen Intention zu unterwerfen, impliziert letztlich die Unmöglichkeit von Kommunikation, die Instrumentalisierung der Sprache den Rückfall ins Vorsprachliche. Der instrumentellen Verwandlung der Sprache in fungibles Werkzeug hält Novalis das Ideal einer nicht kommunizierenden, poetischen Sprache entgegen. Letztere kommt nicht mehr der Kommunikation von Inhalten durch ein indifferentes, disqualifiziertes Vehikel gleich, sie ist nicht länger Ausdruck einer fremden Intention, sondern macht „eine Welt für sich aus"[1437], „spielt nur mit sich selbst" und drückt „nichts als ihre wunderbare Natur" aus.

Diese Sprache lässt mit der Dimension des Sinnes auch die Vorstellung eines der Sprache mächtigen Subjekts hinter sich. Das heißt, dass sich die Poesie nicht nur von der Abbildung der Wirklichkeit emanzipiert, sondern sich auch frei von der damit verschwisterten Konzeption eines sich ausdrückenden, mit sich identischen Subjekts befreit. Nicht auszuschließen ist diesbezüglich der Einfluss Schlegels. In seinem Aufsatz *Über die Unverständlichkeit* hieß es: „[...] ich wollte zeigen, daß die Worte sich selbst oft besser verstehen, als diejenigen von denen sie gebraucht werden [...]".[1438] Der Einfluss von Schlegels Aufsatz ist bekanntlich für die Komposition des Anfangs der *Lehrlinge* entscheidend gewesen.

Folglich thematisiert der *Monolog* eine „stumme" Sprache, die um sich selbst kreist, zum Objekt ihrer selbst wird. Diese Sprache besitzt keinen direkt abbildenden Charakter mehr. Sie ist hingegen abstrakt und steht der Formelsprache der Mathematik nahe. Wie die mathematischen Zeichen, die nichts abbilden, sondern eine referenzlose, autonome Sprache darstellen, macht auch die poetische Sprache „eine Welt für sich" aus. Diese Analogie zur mathema-

---

[1437] Herbert Uerlings (Einbildungskraft und Poesie, a.a.O., 46-7) vermutet an dieser Stelle die Übernahme einer verwandten Formulierung aus Goethes Dialog *Über Wahrheit und Wahrscheinlichkeit der Kunstwerke* (1798), der im ersten Heft der *Propyläen* erschienen war, das Hardenberg gleich nach dessen Erscheinen gelesen hatte. Der Zuschauer bemerkt dort über die Oper, Hardenbergs Lieblingsgattung: „Wenn die Oper gut ist, *macht sie freilich eine kleine Welt für sich aus*, in der alles nach gewissen Gesetzen vorgeht, die nach ihren eignen Gesetzen beurteilt, nach ihren eigenen Eigenschaften gefühlt sein will.", HA XII 70, meine Hervorhebung.

[1438] KA II 364.

tischen Formalsprache könnte allerdings *prima facie* überraschen, denn anders als die Mathematik subsumiert die poetische Sprache nicht das Besondere unter das Allgemeine, sondern führt umgekehrt in das Allgemeine das Besondere, in das konventionelle Zeichen den Ausdruck, das Bild ein. Novalis unterscheidet im *Monolog* beide nicht voneinander, weil er eine symbolische Auffassung der Mathematik vertritt und daher eine Übereinstimmung der Zahl mit der Poesie im Hinblick auf ihren symbolischen Gehalt annimmt. So heißt es über die mathematischen Zeichen im *Monolog*: „Nur durch ihre Freiheit sind sie Glieder der Natur und nur in ihren freien Bewegungen äußert sich die Weltseele und macht sie zu einem zarten Maaßstab und Grundriß der Dinge." Erst dank ihrer „Freiheit", ihres selbstreferentiellen Charakters sind die mathematischen Zeichen Ausdruck der „Weltseele".[1439] Ebenso verhält es sich mit der poetischen Sprache, die erst in ihrer Selbstreferentialität die Natur in sich analog nachbilden kann.

Die Abkehr von der unmittelbaren Mimesis geht auch aus der von Novalis unterstrichenen Affinität der poetischen Sprache zur Musik hervor. So heißt es im *Monolog*: „[...] wer ein feines Gefühl ihrer Applicatur, ihres Takts, ihres *musikalischen Geistes* hat […], der wird ein Prophet sein." Die Musik stellt insofern ein Analogon der poetischen Sprache dar, als sie die amimetische Kunstform schlechthin darstellt. Ebenso führt die Analogie zur Musik in der poetischen Sprache zu einer Aufhebung des Sinnzusammenhangs. Dies wurde bereits in Theodor W. Adornos Aufsatz über Hölderlins späte Hymnen festgehalten.[1440] Adorno zufolge führt die Orientierung der poetischen Sprache an der Musik unweigerlich zur Dissoziation: sie bewirkt nicht nur die Intensivierung der Sprachgestalt, sondern droht, letztere zu sprengen, denn sie führt das oberste Strukturprinzip der Musik, die begrifflose Synthese, in die Sprache ein. Die musikalische, begrifflose Synthese kehrt sich, anders als in der Musik, gegen das Medium und wird zur Dissoziation.[1441] Diese konstitutive Dissoziation der lyrischen Sprache ist in Ansätzen auch in einigen poetologischen Reflexionen von Novalis festzustellen. Gerade die Dissoziation des Wortes vom syntaktischen Gefüge, seine Autonomie wird in folgender Notiz thematisiert: „<Wie Kleider der Heiligen noch wunderbare Kräfte behalten, so ist manches Wort durch irgend ein herrliches Andenken, geheiligt und fast allein schon ein Gedicht geworden>".[1442] Die wunderbaren Kräfte, welche die Erfahrung in das Wort wie in eine Reliquie gelegt hat, heben es aus seiner subordi-

---

[1439] Novalis benutzt den Begriff „Weltseele" in Anlehnung an Schellings naturphilosophische Schrift *Von der Weltseele* (1798), die er gelesen und exzerpiert hatte. Vgl.: Schriften III 102-114.

[1440] Parataxis. Zur späten Lyrik Hölderlins, in: GS XI (Noten zur Literatur) 447-91.

[1441] „Sprache ist, vermöge ihres signifikativen Elements, des Gegenpols zum mimetisch-ausdruckhaften, an die Form von Urteil und Satz und damit an die synthetische Funktion des Begriffs geketet. Anders als in Musik, kehrt in der Dichtung die begrifflose Synthesis sich wider das Medium: sie wird zur konstitutiven Dissoziation.", a.a.O., 471.

[1442] Schriften II 533 Nr. 32.

nierten Stelle im syntaktischen Gefüge heraus. Dank des Erfahrungsgehalts, den es in sich bewahrt, neigt das Wort dazu, sich zu verselbständigen und das syntaktische Gefüge zu sprengen. In seiner Auflehnung gegen die Syntax erschüttert das Wort die Kategorie des Sinns. So heißt es in einer bereits zitierten Aufzeichnung:

> Gedichte – blos *wohlklingend* und voll schöner Worte – aber auch ohne allen Sinn und Zusammenhang – höchstens einzelne Strofen verständlich – sie müssen, wie lauter Bruchstücke aus den verschiedenartigsten Dingen [seyn]. Höchstens kann wahre Poësie einen *allegorischen* Sinn im Großen haben und eine indirecte Wirckung wie Musik etc. thun.[1443]

Der Primat des Ausdrucks vor der Bedeutung bringt eine konstitutive Dissoziation, eine Erschütterung des Sinns mit sich: diese führt zu Kompositionen „ohne allen Sinn und Zusammenhang", die höchstens „einen *allegorischen* Sinn" und „eine indirecte Wirkung wie Musik" erzielen. In einer Sprache, die sich von der Syntax löst und Worte wie Töne vibrieren lässt, ist der Primat der Verständlichkeit aufgehoben. Die poetische Sprache soll „blos *wohlklingend* und voll schöner Worte – aber auch ohne allen Sinn und Zusammenhang" sein. Novalis gesteht ihr noch „einen *allegorischen* Sinn im Großen" zu, d.h. einen gewissen Gehalt an Sinn, aber in abgeschwächter Form, „höchstens […] im Großen", wie die sinnferne Musik. Ebenso entzieht sich das poetische Sprachmodell, das der *Monolog* entwirft, der allegorischen „Benutzung", der Kommunikation von Inhalten, und ist darin der Musik verwandt. Gleichwohl soll in der poetischen Sprache ein Naturgchalt zum Ausdruck kommen. So heißt es im *Monolog* von den poetischen Zeichen: „Sie spielen nur mit sich selbst, drücken nichts als ihre wunderbare Natur aus, und eben darum sind sie so ausdrucksvoll – eben darum spiegelt sich in ihnen das seltsame Verhältnißspiel der Dinge." Daran zeigt sich, dass Hardenberg keine absolute Selbstreferentialität meint, sondern durchaus noch an einem Begriff von Mimesis als indirekter, unsinnlicher Nachahmung festhält.[1444] Wie in der vorher erwähnten Aufzeichnung herrscht auch im *Monolog* keine reine Selbstreferentialität, keine reine Künstlichkeit vor. Die künstliche Sprache soll vielmehr fähig sein, sich auf höherer Ebene als „Natur" zu erweisen und „das seltsame Verhältnißspiel der Dinge" in sich zu spiegeln.

Diese Sprache, die nur sich selbst mitteilt, und gerade dadurch die außer-

---

[1443] Schriften III 572 Nr. 113.

[1444] Herbert Uerlings hat allerdings den Unterschied dieser Aufzeichnungen zur Poetik der modernen Lyrik in Erinnerung gerufen und sie in die Tradition der aufklärerischen Wirkungsästhetik, in der Novalis noch steht, gestellt: „Novalis spricht expressis verbis von Wirkung – also Zwecksetzung – und von einem allegorischen Sinn, und es heißt nicht nur ‚ohne Zusammenhang', sondern auch: ‚jedoch mit Association'. Hier wird die Verpflichtung der Kunst auf ein rationalistisches Wirklichkeitsmodell zurückgewiesen, aber nicht jede Orientierung der Kunst an Inhalten, Zwecken, Wirkungen.", Einbildungskraft und Poesie bei Novalis, in: Novalis. Poesie und Poetik, hrsg. von Herbert Uerlings, Tübingen 2004, 42-3.

sprachliche Wirklichkeit in sich aufhebt, wird von Novalis als ein transzendentales Ideal aufgefasst. Diesen Idealcharakter markiert Novalis im *Monolog* explizit durch ein Ironie-Signal. Erstmalig hat Ingrid Strohschneider-Kohrs auf diese ironische Brechung des *Monologs* aufmerksam gemacht.[1445] Letzterer erscheint als Vortrag einer bloß reflexiv gewussten Wahrheit, die dem konkreten Sprach-Empfinden – „Ohr und Sinn" für die Sprache – entgegengesetzt wird. Der Sprecher markiert somit ironisch die Unmöglichkeit seines Sprechens, d.h. über die Poesie in anderer als in poetischer Form zu sprechen. Die selbstreferentielle Sprache ist von ihm im Modus der referentiellen Sprache, der Allegorie, vorgetragen worden; das Reden-Müssen der autonom gewordenen Sprache war in Wahrheit ein Reden-Wollen des Subjekts: „[...] so weiß ich doch, daß es kein Mensch verstehn kann, [...] weil *ich* es habe sagen *wollen*."

Dass sich allerdings Novalis nicht mit der ironischen Negation bescheidet, sondern zugleich eine Annäherung der allegorisch-willkürlichen an die selbstreferentiell-notwendige Sprache als unerreichbarem Ziel fordert, bezeugt der Schluss des *Monologs*: „Wie, wenn ich aber reden müßte? und dieser Sprachtrieb zu sprechen das Kennzeichen der Eingebung der Sprache, der Wirksamkeit der Sprache in mir wäre? Und mein Wille nur auch alles wollte, was ich müßte, so könnte dies ja am Ende ohne mein Wissen und Glauben Poesie sein und ein Geheimniß der Sprache verständlich machen? und so wär' ich ein berufener Schriftsteller, denn ein Schriftsteller ist wohl nur ein Sprachbegeisterter?" Hier liegt nicht nur – wie Strohschneider-Kohrs meint – eine Abschwächung des apodiktischen Tons des *Monologs* durch die Form der Frage vor, sondern zugleich eine Herausforderung, die durch das adversative „aber" genau markiert wird. Diese Provokation ist an die Adresse der Transzendentalphilosophie gerichtet und entspricht der Provokation des Genie-Gedankens, demzufolge die freie Tätigkeit des Ich auch einen notwendig-unbewussten Charakter besitzt. Wie sich für Novalis durch das Genie der Umschlag des Idealismus in Realismus vollziehen soll, sollte auch das „Reden-Wollen" in „Reden-Müssen" umschlagen: „Wie, wenn ich aber reden müßte?" und „Wenn mein Wille nur auch alles wollte, was ich müßte?" Davon allerdings, dass für Novalis der Umschlag von Kunst in Natur wie der Genie-Gedanke selbst ein Sollen bleibt, zeugt die Frage-Form. Somit wird auch die eigentümliche Bedeutung deutlich, welche die allegorische Form bei Novalis annimmt: bedeutsam ist sie nicht an sich, sondern nur in Beziehung auf die postulierte poetische Sprache, deren Vollkommenheit sie nur negativ honorieren kann.

Die Analyse des *Monologs* hat gezeigt, wie tief Hardenberg sich von der normativen Poetik des Klassizismus getrennt weiß. In diesem Sinne heißt es in den *Vorarbeiten 1798*: „Wir sind aus der Zeit der allgemein geltenden *Formen*

[1445] Die romantische Ironie in Theorie und Gestaltung, Tübingen 1977, 257 ff.

heraus."[1446] Diese Ablösung vom Klassizismus ist bei Hardenberg möglicherweise noch stärker als bei Friedrich Schlegel. Letzterer war anfänglich aufgrund seiner philologischen Bildung dem Klassizismus weit mehr als Hardenberg verpflichtet. Das bedeutendste Werk seiner Altertumsstudien, die *Geschichte der Poesie der Griechen und Römer*, erscheint 1798 und fällt somit in
die Zeit des *Athenäums*. Bezeichnend ist auch das Notizheft *Studien des Altertums*,[1447] das eindeutig belegt, dass Schlegels Bejahung der Moderne keinen
Abbruch seiner Beschäftigung mit der Antike bedeutete.[1448] Das Ergebnis ist
folglich paradox: Schlegel gelangt zu einer genauen geschichtsphilosophischen Begründung der modernen Poesie, ohne sich jedoch völlig vom Klassizismus zu trennen, während Hardenberg, ohne eine strenge typologische Unterscheidung von antik und modern auf der Basis zweier unterschiedlicher
Bildungsprinzipien zu formulieren, sich mit seiner kühnen Theorie der Refe-
renzlosigkeit der poetischen Sprache vielleicht noch deutlicher als Schlegel
von der normativen Poetik des Klassizismus absetzt.[1449]

[1446] Schriften II 649 Nr. 479.

[1447] KA XV.

[1448] Er war bloß, wie er selbst schreibt, nicht mehr „passiv und aus Natur" klassisch, sondern
konnte sich jetzt „frei klassisch stimmen", KA XV (Studien des Altertums) Nr. 11 – aber
klassisch blieb er doch weiterhin. So hieß es bereits im *Lyceums*fragment Nr. 55: „Ein recht
freier und gebildeter Mensch müßte sich selbst nach Belieben philosophisch oder philologisch, kritisch oder poetisch, historisch oder rhetorisch, antik oder modern stimmen können,
ganz willkürlich, wie man ein Instrument stimmt, zu jeder Zeit, und in jedem Grade.", KA II
154 Nr. 55.

[1449] Novalis' Reflexionen über die Lyrik sind von Hugo Friedrich bekanntlich als Vorwegnahme
des modernen, symbolistischen Lyrikverständnisses betrachtet worden. Vgl.: Die Struktur der
modernen Lyrik, Hamburg 1967, 27-30. Noch genauer ist die Bedeutung Hardenbergs als
Wegbereiter der absoluten Dichtung von John Neubauer im Detail untersucht worden: Symbolismus und symbolische Logik. Die Idee der Ars Combinatoria in der modernen Dichtung,
München 1978.

2.17. Die ideelle Vereinigung von antiker und moderner Poesie

2.17.1. Schlegel: der Unterschied zwischen Geist und Buchstabe

Bereits in einem Brief von 1794 hatte Schlegel den Gedanken einer „Vereinigung des Wesentlich-Modernen mit dem Wesentlich-Antiken" formuliert.[1450] Später, im *Studium*-Aufsatz, hatte Schlegel nicht nur die Legitimität der modernen Poesie festhalten wollen, sondern seine Unzufriedenheit mit der Antithese von Antike und Moderne nicht verhüllt und diese Differenzierung nur in der Absicht vorgenommen, „[...] den langen Streit der einseitigen Freunde der alten und der neuen Dichter zu schlichten".[1451] Schlegel verfolgte mit seiner Schrift nicht nur die kategoriale Unterscheidung von antiker und moderner Bildung, sondern auch die Absicht, deren Entzweiung zu überwinden, beide in eine höhere geschichtliche Anschauung zu integrieren[1452], denn eine solche Versöhnung hätte auch das alte, von der *Querelle* offen gelassene Problem der Vermittlung von Antike und Moderne lösen können. Im *Studium*-Aufsatz hatte Schlegel seine Hoffnung zum Ausdruck gebracht, dass Goethes Werk eine Versöhnung beider ästhetischer Prinzipien herbeiführe.

Szondi hat gezeigt, dass der Gedanke der Verknüpfung von antik und modern in das Argumentationsraster des Klassizismus gehört. Dies beweist auch die Thematisierung dieses Gedankens in Schlegels *Studium*-Aufsatz. In bezug auf Moritzens Aufsatz *Über die Würde des Studiums der Alterthümer*, in dem die Bemerkung fällt: „Das Neuen [erhält] einen gewissen Reiz dadurch, wenn es mit dem Alten zusammengedacht, und daran geknüpft wird."[1453], konstatiert Szondi: „Es kennzeichnet den neuen, auch Goethe eigenen, klassizistischen – oder man müßte jetzt richtiger sagen: klassischen – Geist, daß er nicht so sehr in der Gegenüberstellung als in der Versöhnung von Altem und Neuem gründet."[1454] Die Verknüpfbarkeit von Altem und Neuem ist aber nicht notwendigerweise ausschließlich ein Argument des Klassizismus. Im Folgenden soll gezeigt werden, dass sich auch der zum Romantiker gewordene Schlegel und Novalis seiner bedienen, um dadurch indirekt die *Gleichwertigkeit* der modernen Poesie gegenüber der antiken zu beweisen.

[1450] KA XXIII 185.

[1451] KA I 207. Auch Schiller hatte in seiner Abhandlung dieselbe Hoffnung gehegt und die Frage aufgestellt, „[...] ob sich also [...] eine Koalition des alten Dichtercharakters mit dem modernen gedenken lasse, welche, wenn sie wirklich stattfände, als der höchste Gipfel aller Kunst zu betrachten sein würde.", NA XXI 287.

[1452] H.-R. Jauß, Schlegels und Schillers Replik auf die „Querelle des Anciens et des Modernes", in: Literaturgeschichte als Provokation, Frankfurt am Main 1970, 77-8.

[1453] Karl Philipp Moritz, Schriften zur Ästhetik und Poetik. Kritische Ausgabe, hrsg. von H. J. Schrimpf, Tübingen 1962, 107.

[1454] Poetik und Geschichtsphilosophie I, Frankfurt am Main 1974, 93.

Hinzu kommt, dass Schlegel, je stärker er sich von der Ich- zur Identitätsphilosophie hinwandte, je bedeutender für ihn der dialektische Gedanke der
Wechselwirkung von Ich und Natur wurde, umso entschiedener auch die vorher formulierte undialektische Antithese von Antike und Moderne fallen
ließ.[1455] Wie bereits angedeutet schloss sich Schlegel erst im Sommer 1796
Novalis' Reflexionen über das Prinzip der dialektischen Wechselwirkung an,
als er nach Jena übersiedelte und wahrscheinlich durch Herbarts Fichte- und
Schelling-Kritik auf den Gedanken eines „Wechselgrundsatzes" gebracht
wurde.[1456] In Jena beschäftigt er sich intensiv mit Philosophie, besucht Fichtes
Vorlesungen[1457] und schreibt an Christian Gottfried Körner in Dresden am 21.
September 1796 rückblickend: „Ich war auf dem besten Wege von der Welt
mich im Studium der Antiken zu petrifiziren."[1458] Die ersten Spuren der Anwendung der Wechselwirkung auf die Geschichte sind im folgenden Jahr zu
verzeichnen. In den *Gedanken 1797 – auf der Reise nach Berlin, in Weißenfels*, Notizen, die während eines Aufenthalts bei Novalis entstanden, hebt
Schlegel hervor, dass undialektische Polaritäten sich selbst aufheben: „Classisch beschränkte Aesthetik, Moral, Politik, und φσ[Philosophie] annihilirt
s.[ich] selbst. – Absolute Classik also annihilirt s.[ich] selbst."[1459] Ebenso fordert er eine Wechselwirkung von Klassizität und Progression: „Ohne Classizi-
tät werden progreßive Menschen regressiv. <unser ganzes Zeitalter auch ein
progreßiver Mensch […]. Da liegt die Deduction der φλ[Philologie], die
Nothwendigkeit d[es] Studiums d[er] Alten."[1460]
      Eigentümlich für Schlegels Reflexionen über die Anwendung der Dialektik
auf die geschichtliche Poetik ist der Umstand, dass der philosophische Gedanke einer Vereinigung von Antike und Moderne stets mit dem geschichtlichen
Bewusstsein des Philologen Schlegel hadert, der wiederholt Zweifel an der
Durchführbarkeit der Synthese von Theorie und Geschichte laut werden lässt.
So unterscheidet Schlegel bereits in dem zuvor zitierten Fragment von 1794
zwischen Geist und Buchstaben, eine Unterscheidung, mittels welcher er die
philosophische und die philologische Perspektive miteinander zu versöhnen
versucht.[1461] So heißt es auch in der Notizensammlung *Gedanken*, dass sich in

---

[1455] Bis er in der *Europa* schließlich die kategoriale Trennung von Klassisch und Romantisch als
     geradezu „eigentlich unnatürlich und ganz verwerflich" verurteilen wird. Vgl.: KA VII 74.
[1456] Vgl.: Manfred Frank, Unendliche Annäherung, a.a.O., 858 ff. Dies bezeugen die Fragmente,
     die im Band XVIII der HKA als Beilage I (S. 505-16) veröffentlicht wurden.
[1457] Manfred Frank hält es für möglich, dass Schlegel den Schluss von Fichtes Platner-Vorlesung
     noch gehört hat (a.a.O., 865, Anm. 5). Ein Brief an Novalis vom Mai 1797 beweist, dass dies
     im Sommersemester der Fall gewesen muß. Schlegels Besuch der Vorlesung zur *Wissen-
     schaftslehre nova methodo* im Wintersemester 1796/97 hält Frank für wahrscheinlich.
[1458] KA XXIII 332.
[1459] KA XVIII 23 Nr. 56.
[1460] KA XVIII 24 Nr. 66.
[1461] „Die kritische Methode ist zugl[eich] φσ[philosophisch] und φλ[philologisch].", KA XVIII
     34 Nr. 163. „Jetzt sind φσ[Philosophie] und Hist[orie], φλ[Philologie], ρ[Rhetorik] doch
     auch getrennt, sollen es aber nicht bleiben.", KA XVIII 73 Nr. 534.

bezug auf die historische Erscheinungsform des Religiösen das Klassische vom Progressiven kategorial unterscheidet: „<Eigentl[iche] *Wunder* <als Menschenwerk und Gewalt über die Natur> kommen bei Gr.[iechen] und R[ömern] nicht vor – desto mehr Ahndung, Vorbedeutung. NB. (Unterschied des Class[ischen] und Progr[essiven] Rel[igiösen] und Myst[ischen].)>"[1462]

In den Heften *Zur Poesie und Litteratur* fordert er entschiedener: „Alle romantisch[en] Studien sollen classisch gemacht werden; alle classisch[en] romantisirt."[1463], oder: „Harmonie des Antiken und Modernen scheint [der] Geist meiner gesamten Poesie."[1464] Je mehr Schlegel selbst eine eigene Konzeption der Dialektik entwickelte, desto nachdrücklicher versuchte er, über das *Athenäum* bis zu den Pariser *Vorlesungen über die Europäische Literatur* auch Antike und Moderne wie Realismus und Idealismus dialektisch miteinander zu versöhnen. Schlegels identitätsphilosophische Wandlung wird insbesondere in den *Ideen* laut, deren Niederschrift ungefähr in die Mitte des Jahres 1799 fällt und von Schleiermacher angeregt wurde.[1465] Dieser Gedanke prägt auch die Bestimmung der Transzendentalpoesie im 116. Fragment des *Athenäums* in ihrer Forderung nach der Vereinigung von Kunst- und Naturpoesie. Durch die gleichmäßige Organisation all ihrer Teile soll ihr „die Aussicht auf eine grenzenlos wachsende Klassizität" eröffnet werden.[1466] Noch deutlicher wird die Forderung nach der Vereinigung der antiken und modernen Poesie im Fragment Nr. 149 des *Athenäums*:

> Der systematische Winckelmann, der alle Alten gleichsam wie Einen Autor las, alles im ganzen sah, und seine gesamte Kraft auf die Griechen konzentrierte, legte durch die Wahrnehmung der absoluten Verschiedenheit des Antiken und des Modernen, den ersten Grund zu einer materialen Altertumslehre. Erst wenn der Standpunkt und die Bedingungen der absoluten Identität des Antiken und Modernen, die war, ist oder sein wird, gefunden ist, darf man sagen, daß wenigstens der Kontur der Wissenschaft fertig ist und nun an die methodische Ausführung gedacht werden könne.[1467]

Erst im *Gespräch über die Poesie* allerdings sind der „Standpunkt" und die „Bedingungen" für die dialektische Synthese von Antike und Moderne gege-

---

[1462] KA XVIII 30 Nr. 124.

[1463] KA XVI 107 Nr. 280.

[1464] KA XVI 270 Nr. 188. Darüber vgl. Ernst Behler: „Es ging Schlegel mit einem Wort darum, die beiden entgegengesetzten und bislang getrennten Ästhetiken der Klassik und Moderne, des Naiven und Sentimentalen, des ‚objektiven' und ‚interessanten' Poesie in einen Einklang zu bringen und damit eine ‚neue Stufe der ästhetischen Bildung' herbeizuführen.", in: Klassische Ironie. Romantische Ironie. Tragische Ironie. Zum Ursprung dieser Begriffe, Darmstadt 1972, 76. Vgl. auch: The Origins of the Romantic Literary Theory, in: Colloquia Germanica I/2, 1968, 109 ff.

[1465] Erscheinen werden die *Ideen* allerdings erst im März 1800. Vgl.: KA II S. LXXXIV, Anmerkung 1. Zum Einfluss Schleiermachers auf Schlegels identitätsphilosophische Wende vgl. dazu die Einleitung in KA II S. LXXXI-LXXXII.

[1466] KA II 183.

[1467] KA II 188-9 Nr. 149.

ben, und zwar im Rahmen des Projekts der neuen Mythologie. Im Einklang mit der Wechselbestimmung wird in der von Ludoviko vorgetragenen *Rede über die Mythologie* gefordert, dass dem Idealismus ein Realismus an die Seite gestellt wird, denn erst dadurch kann der Idealismus als solcher weiter bestehen. So heißt es: „Der Idealismus in jeder Form muß auf ein oder die andre Art aus sich herausgehn, um in sich zurückkehren zu können, und bleiben was er ist. Deswegen muß und wird sich aus seinem Schoß ein neuer ebenso grenzenloser Realismus erheben [...]".[1468] Dieser Realismus wirkt stabilisierend auf Schlegels Poetik, denn er bietet der frühromantischen Tendenz zum Unendlichen und Unbegrenzten einen festen Halt.[1469] Der neue Realismus wird aus dem Geist der Physik hervorgehen[1470], er wird jedoch, was seine geschichtliche Dimension anbelangt, von Schlegel als Wiederkehr der Antike gefeiert: „Das graue Altertum wird wieder lebendig werden, und die fernste Zukunft der Bildung sich schon in Vorbedeutungen melden."[1471] Schlegel operiert hier mit jener identitätsphilosophischen Gleichsetzung von Antike und Natur, die auch für Novalis charakteristisch war. Andererseits bemüht er sich, die spezifisch geschichtliche Differenz der neuen von der alten Mythologie nicht in Vergessenheit geraten zu lassen: „Denn auf dem ganz entgegengesetzten Wege wird sie uns kommen, wie die alte ehemalige, überall die erste Blüte der jugendlichen Fantasie, sich unmittelbar anschließend und anbildend an das Nächste, Lebendigste der sinnlichen Welt. Die neue Mythologie muß im Gegenteil aus der tiefsten Tiefe des Geistes herausgebildet werden; es muß das künstlichste aller Kunstwerke sein [...]".[1472]

[1468] KA II 315. „Id[ealismus] muß aus sich herausgehn, daher sucht er stets d[en] Realismus.", KA XVIII 358 Nr. 451. In den Aufzeichnungen *Zur Philosophie 1797* heißt es: „ μ[Mythologie] ist d[er] absoluteste Idealismus.", KA XVIII 90 Nr. 736. „Ist Mythologie nicht die idealistische Behandlung des Realen?", KA XVIII 103 Nr. 889.

[1469] „Einen großen Vorzug hat die Mythologie. Was sonst das Bewußtsein ewig flieht, ist hier dennoch sinnlich geistig zu schauen, und festgehalten, wie die Seele in dem umgebenden Leibe, durch den sie in unser Auge schimmert, zu unserm Ohre spricht.", KA II 318.

[1470] Gerade darin spürt man Novalis' Einfluss. Schlegels erste Betrachtungen über einen „objektiven Idealismus", welcher den subjektiven der *Wissenschaftslehre* ergänzen könnte, gehen auf das Dresdner Romantiker-Treffen im Sommer 1798 und auf Novalis' Anregungen zurück. Vgl. dazu Ernst Behlers Einleitung in: KA XVIII S. XXIX ff. Dazu vgl. Schlegels spärliche Fragmente *Zur Physik. Im Sommer 1798 zu Dreßden angefangen*, in: KA XVIII 144-151. Dieser bestimmende Einfluss Novalis' in bezug auf die Naturphilosophie bestätigt den schon hervorgehobenen Unterschied zwischen ihren dialektischen Konzeptionen. Schlegel gesteht seine mangelnden Kenntnisse in der Naturphilosophie in einem Brief an Schleiermacher offen ein: „Mein Briefwechsel mit Hardenberg wird wohl sehr physikalisch werden. Ich muß doch diese Wissenschaft eben auch lernen, das kann nun bei der Gelegenheit geschehen. Hefte zur Physik habe ich schon, also werde ich wohl auch bald eine Physik haben. So weit bin ich schon, daß ich Brown für einen rechten *Spartaner* halte. Indessen ist mir doch etwas bange, indem ich mich auf ein so fremdes Feld wage, auf dem ich wohl immer nur Gast sein werde.", Aus Schleiermachers Leben: in Briefen, hrsg. von Ludwig Jonas und Wilhelm Dilthey, Berlin 1858-1863, III 88.

[1471] KA II 314.

[1472] KA II 312.

Wie im *Studium*-Aufsatz hat auch im *Gespräch über die Poesie* Goethes Werk Vorbildcharakter für die erstrebte Synthese von Antike und Moderne. So werden die *Lehrjahre* von Marcus in seinem *Versuch über den Styl in Goethes früheren und späteren Werken* als Versöhnung des antiken und modernen Geistes gepriesen. Er spricht von der – modernen – „Individualität", die im Werk erscheint, und zugleich vom „antiken Geist", „[...] den man bei näherer Bekanntschaft unter der modernen Hülle überall wiedererkennt [...]", und schließt daraus: „Diese große Kombination eröffnet eine ganz neue endlose Aussicht auf das, was die höchste Aufgabe aller Dichtkunst zu sein scheint, die Harmonie des Klassischen und des Romantischen."[1473] Im Anschluss an Marcus' Vortrag entwickelt sich eine lebhafte Diskussion über Möglichkeit und Grenzen dieser Vereinigung, bei der Schlegels philosophisches Interesse mit seiner philologischen Bildung erneut in Konflikt gerät. Als nicht zufällig dürfte die Tatsache betrachtet werden, dass Schlegel für diese heikle Frage der Versöhnung der Antike mit der Moderne gerade die Form des Gesprächs gewählt hat.

Andrea fällt die Rolle zu, die Diskussion zu eröffnen:

> Es freut mich, daß in dem mitgeteilten Versuch endlich das zur Sprache gekommen sei, was mir gerade die höchste aller Fragen über die Kunst der Poesie zu sein scheint. Nämlich die von der Vereinigung des Antiken und des Modernen; unter welchen Bedingungen sie möglich, inwiefern sie ratsam sei. Laßt uns versuchen, diesem Problem auf den Grund zu kommen![1474]

Andreas vorsichtiger Einleitung folgt Ludovikos stürmisches Plädoyer für die unbedingte Vereinigung von Antikem und Modernem: „Ich würde gegen die Einschränkung protestiren, und für die unbedingte Vereinigung stimmen. Der Geist der Poesie ist nur einer und überall derselbe."[1475] Doch andere kritische Stimmen werden laut, die angesichts von Ludovikos Reduktion der Poesie auf einen überzeitlichen Geist an die *geschichtlichen* Differenzen von Antike und Moderne erinnern. Lothario wendet gegen Ludoviko ein, dass die Vereinigung der alten und neuen Poesie wohl im Geist, aber nie im Buchstaben vollzogen werden könne:

> Ich möchte hier die Einteilung in Geist und Buchstaben anwenden. Was Sie in Ihrer Rede über die Mythologie dargestellt oder doch angedeutet haben, ist, wenn Sie wollen, der Geist der Poesie. Und *Sie* werden gewiß nichts dagegen haben können, wenn ich Metrum und dergleichen ja sogar Charaktere, Handlung, und was dem anhängt, nur für den Buchstaben halte. Im Geist mag Ihre unbedingte Verbindung des Antiken und Modernen stattfinden [...]. Nicht so im Buchstaben der Poesie. Der alte Rhythmus z.B. und die gereimten Sylbenmaße

---

[1473] KA II 346.
[1474] KA II 348.
[1475] Ebd.

bleiben ewig entgegengesetzt.[1476]

Im Unterschied zu Novalis, der den Buchstaben meistens als „tot" verwirft, wertet ihn Schlegel somit wieder auf. Auch im 179. Fragment des *Athenäums* denkt er den Gegensatz von Geist und Buchstabe nicht als Alternative, sondern als eine Möglichkeit der Integration von Philosophie und Philologie: „Die Lehre vom Geist und Buchstaben ist unter andern auch darum so interessant, weil sie die Philosophie mit der Philologie in Berührung setzen kann."[1477] Andrea ergreift erneut das Wort und bekennt die Differenz von Antike und Moderne, die sich im „Buchstaben" manifestiert:

> So habe ich oft wahrgenommen, daß die Behandlung der Charaktere und Leidenschaften bei den Alten und Modernen schlechthin verschieden ist. Bei jenen sind sie idealisch gedacht, und plastisch ausgeführt. Bei diesen ist der Charakter entweder wirklich historisch, oder doch so konstruiert als ob er es wäre; die Ausführung hingegen mehr pittoresk und nach Art des Porträts.[1478]

Selbst Antonio, der daraufhin für die Synthese plädiert, muss letztlich eingestehen, dass eine „völlige Vereinigung" nicht möglich ist.[1479] Später räumt auch Marcus, der mit seiner Rede die Diskussion entzündet hatte, ein: „Trimeter lassen sich in unsrer Sprache so vortrefflich bilden wie Hexameter. Aber die chorischen Sylbenmaße sind, fürchte ich, eine unauflösliche Schwierigkeit."[1480] Hinter der erstrebten identitätsphilosophischen Vermittlung regt sich also auch beim Schlegel des *Athenäums* wiederholt das Bewusstsein der geschichtlichen Differenz zwischen Antike und Moderne. Somit bleibt die von Schlegel erstrebte Vermittlung zwischen Transzendentalphilosophie und Historie selbst in der Zeit des *Athenäums* aus: antik und modern sind immer noch Epochenbegriffe, die zwar *im Geist* dialektisch vereinigt werden können, *im Buchstaben* jedoch, in ihrer geschichtlichen Disposition, unweigerlich voneinander getrennt bleiben.

2.17.2. Novalis: Der Potenzgedanke

Auf den Gedanken der Vereinigung von antiker und moderner Poesie, der auf der prinzipiellen Gleichrangigkeit beider beruht und somit eine endgültige

---

[1476] KA II 348. Vgl. dazu Schlegels Verteidigung des historischen Buchstabens: „[...] der Protestantismus [...] hat außer seinem polemischen revolutionären Verdienst auch noch das positive, durch die Vergötterung der Schrift die einer universellen und progressiven Religion auch wesentliche Philologie veranlaßt zu haben.", KA II 203 Nr. 231. Oder: *„Apologie d[es] Buchstabens*, d.[er] als einziges ächtes *Vehikel d[er] Mittheilung sehr ehrwürdig ist.*", KA XVIII 5 Nr. 15.

[1477] KA II 179 Nr. 93.

[1478] KA II 348.

[1479] Ebd.

[1480] KA II 350.

Lösung der *Querelle* darstellt, kommt Novalis durch die Vermittlung Schlegels. Schon eine frühe Notiz Hardenbergs legt eindeutig Zeugnis davon ab:

> Wie episches, lyrisches und dramatisches Zeitalter in der Geschichte der griechischen Poesie einander folgten, so lösen sich in der Universalgeschichte der Poesie die Antike, Moderne, und Vereinigte Periode ab.[1481]

Vom Einfluss des *Studium*-Aufsatzes zeugt übrigens der Umstand, dass Novalis hier noch die klassizistische Reihenfolge der Gattungen, die für den frühen Schlegel typisch war, beibehält, wonach das Drama und nicht das Epos die Synthese des Subjektiven und Objektiven darstellt und die Epoche der Synthese von Antike und Moderne, d.h. die romantische Epoche, noch nicht durch das moderne Epos, den Roman, sondern das Drama charakterisiert ist. Wie Friedrich Schlegel im *Studium*-Aufsatz erblickt auch Novalis den Keim dieser Vereinigung in Goethes Werk: „In Göthen scheint sich ein Kern dieser Vereinigung angesezt zu haben."[1482]

In dieselbe Richtung einer Versöhnung von antiker und moderner Poesie und demzufolge einer Lösung der *Querelle* weist auch eine der wenigen Aufzeichnungen Hardenbergs, die den Gegensatz naiv-sentimental betreffen: „Das Naïve ist nicht polarisch. Das *Sentimentale* ist es."[1483] Hardenbergs Notiz ist durchaus im Sinne von Friedrich Schlegels Bemerkung zu verstehen, derzufolge die „Naturpoesie" entweder subjektiv oder objektiv ist, die Mischung hingegen, und das „Polare" als deren Voraussetzung, erst in der modernen Poesie möglich ist.[1484]

Die Synthese von antiker und moderner Poesie wird von Novalis auch in seinen Dichtungen angestrebt. So erscheinen im *Heinrich von Ofterdingen* sowohl mittelalterliche Sänger wie Heinrich und Klingsohr als auch antike Dichter wie Arion und Orpheus.[1485] Darüber hinaus ist Sylvester, der Mentor von Heinrichs Vater und später von Heinrich, ein begeisterter Kenner des Altertums.[1486] Im *Ofterdingen* gestaltet Novalis den Synkretismus zwischen Antike und Moderne auch auf mythologischer Ebene, durch die Synthese von Gestalten der nordisch-germanischen und der griechisch-klassischen Mytho-

---

[1481] Schriften II 537 Nr. 54.

[1482] Ebd.

[1483] Schriften III 566 Nr. 79.

[1484] Vgl.: „Die Naturp[oesie] ist entweder subj[ectiv] oder obj[ectiv]; die gleiche Mischung ist dem Naturmenschen noch nicht möglich.", Literary Notebooks 1797-1801, hrsg. von Hans Eichner, London 1957, 48 Nr. 322.

[1485] Zu Orpheus vgl. die Paralipomena: Schriften III 677 Nr. 631, 679 Nr. 632.

[1486] So schildert Heinrichs Vater seine Begegnung mit Sylvester: „Die Stube war voll Bücher und Alterthümer. Wir geriethen in ein weitläufiges Gespräch; er erzählte mir viel von alten Zeiten, von Mahlern, Bildhauern und Dichtern. Noch nie hatte ich so davon reden hören. Es war mir, als sey ich in einer neuen Welt ans Land gestiegen. […] In den heidnischen Zeiten war er wie zu Hause, und sehnte sich mit unglaublicher Inbrunst in dies graue Alterthum zurück.", Schriften I 200.

logie.[1487] So vereinigt sich Freya, die germanische Göttin der Liebe, mit Eros, dem griechischen Liebesgott. Perseus ist ein mittelalterlicher Ritter, trägt jedoch den Namen des Sohnes von Zeus und Danae.[1488] Darüber berichtet Tieck in seinem Kommentar zu Klingsohrs Märchen: „[...] hier sind alle Unterschiede aufgehoben, durch welche Zeitalter von ein ander getrennt erscheinen, und eine Welt der andern als feindselig begegnet."[1489] Die Idee einer Vereinigung der Religionen hätte im *Ofterdingen*, wie die Paralipomena bezeugen, weiter ausgeführt werden sollen: „Aussöhnung der kristlichen Relig[ion] mit der heydnischen".[1490]

Der Gedanke der Versöhnung von Antike und Christentum drückt sich auch in den *Hymnen an die Nacht* aus. In der V. *Hymne* wird zwar die Überlegenheit des Christentums geschildert, allerdings kommt es Novalis selbst, wie bereits gezeigt, nicht auf eine kategoriale Antithese zwischen Antike und Christentum an. Gerade die Korrespondenz zwischen goldener Vorzeit und goldener Endzeit beweist dies. Das bedeutet aber auch, dass sich in den *Hymnen* Geschichtsphilosophie mit Identitätsphilosophie, das dynamische mit einem statischen Element verbindet.[1491] Dieses identitätsphilosophische Element prägt bereits die anderen *Hymnen* als zyklischen – und geschichtslosen – Gegensatz von Tag und Nacht. Als zyklisch wiederkehrend repräsentieren Tag und Nacht nicht nur Antike und Moderne, sondern auch die *übergeschichtlichen* Prinzipien des Realen und des Idealen. Dies ist auch in der V. *Hymne* der Fall. Die Götter der Antike symbolisieren nicht nur eine geschichtlich abgeschlossene Epoche, sondern zugleich ein *übergeschichtliches* Prinzip, die Göttlichkeit der Natur. Erst vor diesem Hintergrund wird verständlich, dass die Götter für Novalis nie wirklich verschwunden, sondern vielmehr „eingeschlummert" sind.[1492] Dieser übergeschichtliche Schlummer der Götter ist der Schlaf der Natur. Das Altertum ist demnach keine abgeschlossene Epoche mehr, sondern die Natur, die auf Christus wartet, um in neuer Herrlichkeit zurückzukehren: „Die Nacht ward der Offenbarungen mächtiger Schoos – in ihn kehrten die Götter zurück – schlummerten ein, um in neuen herrlichern Gestalten auszugehn über die veränderte Welt."[1493] In diesem Sinne erscheint

---

[1487] Mit den Gestalten der nordischen Mythologie hatte sich Hardenberg durch die Lektüre von Friedrich David Graeters *Nordischen Blumen*, Leipzig 1789, vertraut gemacht. Die Gestalt des „alten Helden" Perseus erinnert an Heimdall, den Wächter von Walhalla. Vgl. Schulz, Kommentar zum *Ofterdingen*, in: Novalis. Werke, München 1969, 714.

[1488] Zu berücksichtigen ist freilich auch der Orient in der Gestalt der Ginnistan, die ihren Namen nach Wielands Märchensammlung *Dschinnistan*, von 1786-89, erhält.

[1489] Schriften I 360.

[1490] Schriften I 347.

[1491] Die Desavouierung der identitätsphilosophischen Komponente der *Hymnen* bei Henry Kamla (Novalis' Hymnen an die Nacht, Kopenhagen 1945) ist von Uerlings zu Recht kritisiert worden. Vgl.: Herbert Uerlings, a.a.O., 286, sowie die Kamla-Rezension Fautecks, in: Euphorion 45 (1950), 264-74.

[1492] Schriften I 145.

[1493] Schriften I 145. Vgl. auch den Brief an Schlegel vom 20. Januar 1799: „[...] das Xstenthum

in der V. *Hymne* Christus als Voraussetzung für die Wiederkehr der alten Götter – eine Vorstellung, die erst vor dem Hintergrund der identitätsphilosophischen Vermittlung von Antike und Moderne als Objektivem und Subjektivem sinnvoll wird.

Der Synkretismus von Antike und Christentum charakterisiert auch die Todesvorstellung der *Hymnen*. Die erste Strophe der VI. *Hymne* beispielsweise lautet:

> Hinunter in der Erde Schooß,
> Weg aus des Lichtes Reichen,
> Der Schmerzen Wuth und wilder Stoß
> Ist froher Abfahrt Zeichen.
> Wir kommen in dem engen Kahn
> Geschwind am Himmelsufer an.[1494]

Auffallend ist die antike Ikonographie: die Katabasis in den Schoß der Erde[1495], der in der antiken Mythologie als Reich der Toten betrachtet wurde; der „enge Kahn", auf dem Charon die Toten über die Lethe[1496] brachte und schließlich das Himmelsufer, das „[...] gleichermaßen für das christliche Jenseits und das jenseitige Ufer der antiken Unterweltströme steht."[1497] Es handelt sich hierbei um eine Synthese zwischen Antike und Moderne, die auch durch die Gestalt des Sängers in der V. *Hymne* veranschaulicht wird: in Hellas geboren und an der Krippe Jesu erschienen verkündet der Sänger das Christentum im Orient und symbolisiert dadurch die Aussöhnung des griechisch-realen und christlich-idealen Geistes.[1498]

Diese Synthese wird überhaupt erst vor dem Hintergrund des dialektischen Identitätsgedanken denkbar, demzufolge unterschiedliche *Epochen* als Polaritätsunterschiede *verräumlicht* und somit synthetisierbar erscheinen. Antike und moderne Poesie sind dann nicht mehr nur sich gegenseitig ausschließende Epochen, sondern werden auch als die Identitätspole Ich und Natur, Idealismus und Realismus betrachtet. Um diese von Novalis und Schlegel gleichermaßen gehegte Hoffnung einer ideellen Vereinigung von Antike und Moderne, die sie allerdings zumindest zum Teil enthistorisiert, genauer nachzuvollziehen, soll nochmals auf die *Fichte-Studien* zurückgegriffen werden.

Dort beobacht Novalis, dass jeder Pol der Identität, wenn er *an sich* be-

---

wird [...] zum Rang der *Grundlage* – der *projectirenden Kraft* eines neuen Weltgebäudes und Menschenthums erhoben – einer ächten *Veste* – eines *lebendigen moralischen Raums*.", in: Schriften IV 273-4.

[1494] Schriften I 153.

[1495] Das Motiv der Katabasis wird auch in der zehnten Strophe wiederaufgenommen: „Hinunter zu der süßen Braut, / Zu Jesus, dem Geliebten – [...]", Schriften I 157.

[1496] Die auch in der V. Hymne als die „kühle Schattenflut" erwähnt wird: vgl. Schriften I 143.

[1497] Hans Jürgen Balmes, Kommentar, 83.

[1498] „Von ferner Küste, unter Hellas heiterm Himmel geboren, kam ein Sänger nach Palästina und ergab sein ganzes Herz dem Wunderkinde. [...] Der Sänger zog voll Freudigkeit nach Indostan [...]", Schriften I 147. Dazu Samuel, a.a.O., 182.

358 POETIK UND GESCHICHTLICHKEIT

trachtet wird, den entgegengesetzten in sich trägt.[1499] Ist jede Polarität von einer grundsätzlichen Identität des Subjektiven und Objektiven gekennzeichnet, dann unterscheidet sie sich von der entgegengesetzten nur scheinbar, d.h. nur durch eine „Prädominanz" des Realen oder Idealen als Akzidenzien. So verwirft Novalis jene reinen Polaritäten, auf welche sich Schlegels geschichtsphilosophische Argumentation stützte. Er fragt sich: „Sind Natur und Kunst schlechthin nicht Krank".[1500] Kunst und Natur sind ein Scheingegensatz: in Wahrheit trägt jedes Element das andere in sich. Beide Pole sind identisch und differenzieren sich nur durch die quantitative „Prädominanz" der Tätigkeit und der Passivität. Diese „Prädominanz" im Identischen wird Schelling Jahre später als „Potenz" bezeichnen.[1501] In der Tat liegt an dieser Stelle eine von der Forschung kaum unbeachtete Vorwegnahme der Potenzenlehre Schellings aus der *Darstellung meines Systems der Philosophie* (1801) durch Novalis vor.[1502]

[1499] Novalis notiert: „/Denken ist die *andre Hälfte* des Seyns für uns / sowie Seyn die andre Hälfte des Denkens/", Schriften II 253 Nr. 471. Oder: „Alles Obj[ect] als Obj[ect], i.e. in der Handlung in der es Object ist und wird – hat eine laute und eine stumme Seite, einen widerstehenden und freyen Theil, eine zu und abgekehrte Seite – es ist laut und stumm, widerstehend und frey zugleich [...]", Schriften II 294-5 Nr. 660. Denn: „Jeder Theil der entgegengesetzten Substanzen – besteht *wieder* aus *beyden* / [...] In d[en] Produkten jeder Welt ist das Eigenthümliche nur das Predominirende. Die Idee hängt so gut an der Sinnenwelt, als das Gefühl an der Geistwelt.", Schriften II 291-2 Nr. 651; „Man darf sich Gegenstand und Zustand nicht, als gewissermaßen getrennt, wie der a_____b denken, sondern wie Veränderungen im Identischen.", Schriften II 218 Nr. 305; „Der Geist hat Sinne. Die Materie hat Seelen.", Schriften II 246 Nr. 453; „/D[er] Gegenstand ist bestimmend bestimmt, der Gegensatz bestimmt bestimmend frey./", Schriften II 204 Nr. 285; „Es giebt einen fantastischen Verstand – eine verständige Fantasie – kurz es sind die nothwendigen Accidenzen des Vernunftwesens – die nur zusammen etwas sind – wo aber bald die Eine, bald die Andre praedominirt [...]", Schriften II 296 Nr. 663; „[...] bloßes Leiden, bloße Thätigseyn sind abstracte Zustände. / Alles leidet nur, inwiefern es thätig ist et vice versa.", Schriften II 296 Nr. 666.

[1500] Schriften III 263 Nr. 120.

[1501] Auf die Poetik angewandt heißt dies nicht nur, dass sich die verschiedenen Gattungen der Dichtung für Novalis nicht qualitativ voneinander unterscheiden. Das bedeutet auch, dass – wie bereits erörtert – in jedem Werk, das einer besonderen Gattung gehört, auch alle anderen Gattungen zugleich präsent sind. Eine solche Betrachtung der Unterschiede als Quantitätsunterschiede hat sich bei Novalis nicht zuletzt durch das Studium der Mathematik bestätigt. In seinen Physikalischen Fragmenten bemerkt er: „*Soll* aller Unterschied *nur quantitativ* seyn? Selbst zwischen Gott und mir? Absolutirung d[er] Mathem[atik].", Schriften III 73. Vgl. auch: „Die Mathematik bestimmt den Unterschied im *Gemeinschaftlichen* – die Ungleichheiten im Gleichen.", Schriften III 126-127.

[1502] Schellings Potenzenlehre ist freilich in seiner kommentierenden Übersetzung des *Timaeus* bereits präformiert. Vgl.: Timaeus, hrsg. von Hartmut Buchner, in: Schellingiana, Bd. IV, Stuttgart-Bad Cannstatt 1994. Die Affinität zwischen dem Ansatz Novalis' und Schellings Potenzenlehre hatte bereits Manfred Frank registriert, ohne allerdings diese Frage weiter zu verfolgen. Vgl. Das Problem „Zeit" in der deutschen Romantik. Zeitbewusstsein und Bewusstsein von Zeitlichkeit in der frühromantischen Philosophie und in Tiecks Dichtungen, Paderborn 1990, 212. Vgl. auch, die Frage allerdings nur am Rande berücksichtigend und ohne Bezug auf Schellings Potenzenlehre, die Untersuchung Federico Vercellones: Nature del tempo. Novalis e la forma poetica del romanticismo tedesco, Milano 1998, 92, Anmerkung 12.

Infolge der Auflösung aller Unterschiede in Potenz-Unterschiede betrachtet Novalis in vielen Aufzeichnungen auch die Geschichte selbst als Potenzen-Polarität.[1503] Es kann demzufolge kein rein objektives und kein rein subjektives Zeitalter mehr geben. Antike und Moderne erscheinen vielmehr als „Akzidenzien" – also Potenzen – der „historischen Substanz".[1504] Antik und modern sind im Grunde identisch: was sie differenziert, ist lediglich ein ihnen eigentümliches „Accidenz", eine Potenz, d.h. ein Vorherrschen des subjektiven oder objektiven Elements.[1505] Dadurch vollzieht sich eine Verräumlichung der Zeit: antik und modern sind nicht mehr inkommensurabel, sondern stellen die sich ergänzenden Pole der Natur und der Subjektivität dar, die als solche wieder miteinander versöhnt werden können.[1506]

Von einer solchen Versöhnung des Altertums mit der Moderne spricht auch der Brief von Novalis an Friedrich Schlegel vom 20. Januar 1799. Das Christentum triumphiert somit nicht über die Antike, sondern schließt sich als „2te[r]", d.h. idealischer „Hauptflügel" „an die Religion der Antiquare" als ersten, realen Hauptflügel an:

> Absolute Abstraction – Annihilation des Jetzigen – *Apotheose* der *Zukunft* – dieser eigentlichen bessern Welt, dies ist der Kern der Geheiße des Xstenthums – und hiermit schließt es sich an die Religion der *Antiquare* – die Göttlichkeit der Antike – die Herstellung des Alterthums, als der 2te Hauptflügel an – Beyde halten das Universum, als den Körper des Engels, in ewigen Schweben – in ewigen *Genuß* von Raum und Zeit.[1507]

Antike und Christentum schließen sich hier nicht als unterschiedliche Epochen gegenseitig aus, sondern verhalten sich zueinander wie Ausprägungen des Subjektiven und Objektiven, d.h. – in der identitätsphilosophischen Termino-

---

[1503] „GESCH[ICHTS] UND RAUMLEHRE. Synth[esis] von *Raum und Zeitindividuen.* Sichtbare historien. – sichtbare *Zeitfüllen* (Raumfüllen). (Gliederung der Zeitfüllen.) – Zeitbildungen.", Schriften III 271 Nr. 173. Die Verräumlichung der Zeitverhältnisse ist andererseits nicht so ausgeprägt wie bei Schelling, so dass bei Novalis im Allgemeinen die Zeit den Primat vor dem Raum behält: „Der Raum, als Niederschlag aus der Zeit – als nothw[endige] Folge der Zeit.", Schriften III 564 Nr. 67.

[1504] „GESCH[ICHTS]LEHRE. Was ist eigentlich Alt? Was Jung? / Jung – wo die Zukunft vorwaltet. / Alt – wo die Vergangenheit die Übermacht hat. / Jung und Alt – polare Praedicate der historischen Substanz. (Die Accidenzen sind immer polarisch.)", Schriften III 258 Nr. 97.

[1505] So heißt es, dass jung und alt nur „karacterisirende Bestandtheile" der Geschichtspolarität sind: „Wenn sich Historien berühren, so werden beyde polarisch. Das *Karacterisirende lößt sich* in jedem. [...] Hier [d.h. im Alten] wird das Alterthum der *karacterisirende* Bestandtheil – dort das Jugendthum. / /Anwendung dieser lezten neuen Ansicht der Polaritaet auf die übrigen Polaritaeten.", Schriften III 259 Nr. 97.

[1506] Als solche kann das Antike in das Moderne übergehen, aber auch umgekehrt: „Verwandl[ung] des Jungen in das Alte – und des Veränderlichen in das Bleibende, – des Flüssigen in das Starre. Die Vorzeit nimmt zu – die Zukunft ab (Nicht auch zugl[eich] umgek[ehrt]?) [...]", Schriften III 270 Nr. 160.

[1507] Schriften IV 274.

logie Schellings – wie „Potenzen".[1508] Erst aufgrund der Überführung von geschichtlichen in identitätsphilosophischen Kategorien, von Epochen in Potenzen, ist es Novalis überhaupt möglich, diese Synthese zwischen Christentum und Antike zu konzipieren.

[1508] In den *Vorlesungen über die Methode des akademischen Studiums* betrachtet Schelling ebenfalls Heidentum und Christentum als Potenzen: vgl. *SW* I/5 119. Schelling selbst übrigens hatte den Nexus zwischen Natur und Heidentum in seinem Gedicht *Epikurisch Glaubensbekenntnis Heinz Widerporstens* aufgestellt, in dem der heidnische Geist der Naturphilosophie besonders stark zum Ausdruck kam.

III.

POESIE UND SÄKULARISIERUNG: NOVALIS' UND FRIEDRICH SCHLEGELS ROMANTISIERUNG DES CHRISTENTUMS IM VERGLEICH

Nach der Analyse der Beziehung von Poesie und Geschichtlichkeit soll abschließend Novalis' und Schlegels Konzeption des Verhältnisses von Poesie und Religion einer vergleichenden Untersuchung unterzogen werden. Damit wird ein weiterer zentraler Aspekt der Verzeitlichung, die Problematik der Säkularisierung, ins Blickfeld rücken, an welchem sich Nähe und Distanz zwischen Novalis und Schlegel nachweisen lassen.

Unter Schleiermachers und Hardenbergs Einfluss wertet auch Schlegel die religiöse Erfahrung wieder auf, die jedoch bei ihm stets im Zeichen Fichtes und einer ethischen Dimensionierung des Glaubens steht. Novalis' Religionsphilosophie hingegen unterscheidet sich von Schlegels Ethisierung des Glaubens und tendiert eher zur Religion des Gefühls Schleiermachers, dessen Reden *Über die Religion* (1799) Hardenberg gleich nach ihrem Erscheinen begeistert las. Im Unterschied zu Schleiermacher allerdings, der darum bemüht war, die Religion nicht nur von der Ethik, sondern letztlich auch von der Kunst abzugrenzen, schränkt Novalis die Bedeutung der Einbildungskraft in der religiösen Erfahrung keineswegs ein, sondern betrachtet die Poesie im Gegenteil als unverzichtbare Grundkomponente der Religion. Darin liegt die subtile Ambivalenz von Hardenbergs Religionsphilosophie im Hinblick auf die Säkularisierungsproblematik, denn als ästhetisch vermittelte steht die religiöse Wahrheit in einem dialektischen Verhältnis zur Poesie – sie ist Wahrheit, aber auf der Grundlage des poetischen Scheins.

1. Novalis' Mittlerfragment: die Vermittlung von poetischem Pantheismus und christlichem Hentheismus

Der fundamentale Stellenwert der Kunst für Hardenbergs Religionskonzept ergibt sich aus der Bestimmung der Einbildungskraft in den *Fichte-Studien*. Letztere ist kein „Instrument" zur Versinnlichung göttlicher Wahrheiten, sondern selbst göttlich als „der Quell, die Mater aller Realität, die Realität selbst", wie es in den *Fichte-Studien* heißt[1509], denn „die Einbildungskraft, als Anschauung, ist Gott."[1510] Die hier vorgenommene frühe Charakterisierung der Einbildungskraft als absolutes, ja *göttliches* Vermögen erweist sich für Novalis' Religionsphilosophie als entscheidend. Ein bedeutsames Zeugnis dafür ist das Fragment Nr. 73 aus den *Vermischten Bemerkungen*, das sogenannte Mittlerfragment, das erstmalig Novalis' Religionsphilosophie programmatisch formuliert. Der erste Teil der Aufzeichnung lautet folgendermaßen:

> Nichts ist zur wahren Religiosität unentbehrlicher, als ein Mittelglied – das uns mit der Gottheit verbindet. [...] In der Wahl dieses Mittelglieds muß der Mensch durchaus frey seyn. Der mindeste Zwang hierinn schadet seiner Religion. Die Wahl ist caracteristisch und es werden mithin die gebildeten Menschen ziemlich gleiche Mittelglieder wählen – dahingegen der Ungebildete gewöhnlich durch Zufall hier bestimmt werden wird. Da aber so wenig Menschen einer freyen Wahl überhaupt fähig sind – so werden manche Mittelglieder allgemeiner werden – sey es durch Zufall – durch Association, oder ihre besondre Schicklichkeit dazu. Auf diese Art entstehn Landesreligionen. Je selbständiger der Mensch wird, desto mehr vermindert sich die Quantität des Mittelglieds, die Qualität verfeinert sich – und seine Verhältnisse zu demselben werden mannichfaltiger und gebildeter – Fetische – Gestirne – Thiere – Helden – Götzen – Götter – *Ein* Gottmensch. Man sieht bald, wie relativ diese Wahlen sind und wird unvermerckt auf die Idee getrieben – daß das Wesen der Religion wohl nicht von der Beschaffenheit des Mittlers abhänge, sondern lediglich in der Ansicht desselben, in den Verhältnissen zu ihm bestehe.[1511]

In dieser Aufzeichnung kommt die religiöse Bedeutung der Einbildungskraft unmissverständlich zum Ausdruck: letztere ist nicht nur die Voraussetzung für die Religionsbildung, sondern fällt letztlich mit dem Gegenstand der Religion selbst zusammen. Das Fragment hebt mit der Bemerkung an, dass Religion Versinnlichung des Absoluten ist und Mittelglieder bedarf. Aber nicht das Mittelglied an sich ist bedeutsam, sondern das Verhältnis zu ihm, d.h. die Art, wie dieses *erscheint*. Dadurch wird der ästhetische Schein zum unverzichtbaren Konstituens der Religion. So ist auch verständlich, warum laut Hardenberg „jeder Gegenstand" zum Mittelglied erhoben werden kann, denn nicht seine

---

[1509] Schriften II 266 Nr. 555.
[1510] Schriften II 168 Nr. 218.
[1511] Schriften II 440-2.

Qualität, sondern nur seine *Poetisierung* trägt göttlichen Charakter.[1512]

Andererseits versucht Novalis, zwischen der poetischen Religion der Einbildungskraft und dem Christentum zu vermitteln. Diese Vermittlung wird, wie bereits ausgeführt, als Synthese von Pantheismus und Hentheismus konzipiert:

> Die wahre Religion scheint [...] bey einer nähern Betrachtung abermals antinomisch getheilt – In Pantheismus und Entheismus. Ich bediene mich hier einer Licenz – indem ich Pantheism nicht im gewöhnlichen Sinn nehme – sondern darunter die Idee verstehe – daß alles Organ der Gottheit – Mittler seyn könne, indem ich es dazu erhebe – so wie Entheïsm im Gegentheil den Glauben bezeichnet, dass es nur Ein solches Organ in der Welt für uns gebe, das allein der Idee eines Mittlers angemessen sey, und wodurch Gott allein sich vernehmen lasse – welches ich also zu wählen durch mich selbst genöthigt werde – denn ohnedem würde der Entheïsm nicht wahre Religion seyn. / So unverträglich auch beyde zu seyn scheinen, so läßt sich doch ihre Vereinigung bewerckstelligen – wenn man den entheïstischen Mittler zum Mittler der Mittelwelt des Pantheïsten macht – und diese gleichsam durch ihn zentrirt – so daß beyde einander, jedoch auf verschiedene Weise, necessitiren.[1513]

Pantheismus und Hentheismus sind religionsphilosophische Prinzipien, die jeweils eine Pluralität der Mittelglieder oder einen einzigen Mittler annehmen. Das Christentum erscheint als hentheistische Religion, die der pantheistischen der Einbildungskraft, welche mehrere Mittler voraussetzt, gegenübersteht.[1514] Die unterschiedlichen poetischen Mittler sollen nun um Christus herum zentriert werden. Dadurch, dass in den poetischen Mittelgliedern zugleich der Geist Christi wirkt, sind diese nicht im Gegensatz zum Christentum, sondern als dessen Erweiterung zu verstehen. In diesem Sinne heißt es in einer späteren Aufzeichnung:

> Jedes Willkürliche, Zufällige, Individuelle kann unser Weltorgan werden. Ein Gesicht, ein Stern, eine Gegend, ein alter Baum etc. kann Epoke in unserm Innern machen. Dies ist der große Realism des Fetischdienstes.[1515]

Auf diese Weise vermag Novalis eine pantheistische Religion der Poesie zu verkünden, ohne das Christentum verleugnen zu müssen.

[1512] „Jeder Gegenstand kann dem Religiösen ein Tempel, im Sinn der Auguren, seyn. Der Geist dieses Tempels ist der allgegenwärtige Hohe Priester – der entheïstische Mittler – welcher allein im unmittelbaren Verhältnisse mit dem Allvater steht.", Schriften II 444 Nr. 73.

[1513] Schriften II 442-4 Nr. 73.

[1514] Vgl. Stockinger: „[...] das Christentum mit Christus als dem einzigen Mittler (vgl. Timotheus 2,5) ist also eine ‚entheistische' Religion, keine monotheistische.", Kommentar, 359-60.

[1515] Schriften III 684 Nr. 665.

2. Der Brief an Just: die Phantasie als Bildungselement der Religion

Ein weiteres wichtiges, späteres Zeugnis von Novalis' Religionsphilosophie ist der Brief vom 26. Dezember 1798 an den Kreisamtsmann Just, der auf Justs Brief vom 17.-24. November 1798 antwortet. In seinem Brief an Novalis hatte sich Just – Kreisamtsmann in Tennstedt und 1794/1795 Vorgesetzter des Novalis – vor allem zu *Glauben und Liebe*, anschließend jedoch auch zu Hardenbergs Religionsauffassung geäußert, wie sie im Mittlerfragment Ausdruck gefunden hatte. In seiner Antwort markiert Hardenberg seine Distanz zu Justs orthodoxem Glaubensbekenntnis und präzisiert seine eigene poetische Konzeption des Christentums. Justs Glaube ist in den Augen Hardenbergs „ein *herzlicher Verstand*"[1516]: er hält an einem Korpus von religiösen Schriften fest, das durch Tradition und Institutionalisierung verbindlich wurde. Die eigene Religiosität charakterisiert Novalis hingegen als „*herzliche Phantasie*". An Just schreibt er:

> Sie hängen mit kindlichem Sinn an den unwandelbaren Chiffern einer geheim-nißvollen Urkunde, die seit Jahrtausenden unzählige Menschen mit göttlichem Leben erfüllt und Ihre ehrwürdigen Vorfahren ein langes Leben hindurch, wie ein Palladium, begleitet [...]. Mit welchem Herzen nehmen Sie an der Bibel ein Unterpfand Gottes und der Unsterblichkeit in die Hand – wie glücklich müssen Sie Sich vorkommen, wenn Sie Sich überzeugt sehen, an ihr eine überirdische Schrift, eine bleibende Offenbarung zu besitzen, in diesen Blättern gleichsam eine leitende Hand aus einer höhern Sphäre fest zu halten![1517]

Die Verbindlichkeit der heiligen Schrift sichert dem Gläubigen eine „bleibende Offenbarung", die aber für Novalis letztlich nur auf Philologie, auf dem „Buchstaben" beruht und des „Geistes" entbehrt:

> Ihre Theologie ist die Theologie des historisch-kritischen Verstandes; dieser sucht eine feste Grundlage, einen unumstößlichen Beweißgrund, und findet ihn in einer Sammlung von Urkunden, deren Erhaltung allein schon ein bestätigendes Wunder zu seyn scheint und für deren Glaubwürdigkeit alle historische Beweißmittel und Herz und Vernunft zugleich sprechen.[1518]

Novalis bezieht sich hier auf die Neologie, den Versuch der Theologie der Aufklärungszeit, das Textcorpus der Heiligen Schrift philologisch und rationalistisch abzusichern. Somit sollte ermöglicht werden, die Lehrsätze der Theologie vernunftmäßig zu überprüfen.[1519] Novalis' Ablehnung der Neologie

---

[1516] Schriften IV 271.
[1517] Ebd.
[1518] Schriften IV 271-2.
[1519] Zu dieser Richtung der protestantischen Theologie der Aufklärung zählten u.a. August Friedrich Wilhelm Sack (1703-1786), Johann Joachim Spalding (1714-1804), Johann Gottlieb Töllner (1724-1774), Wilhelm Abraham Teller (1734-1804), Johann Friedrich Wilhelm Jerusalem (1709-1789) und Johann Salomo Semler (1725-1791).

drückt sich auch an anderen Stellen, z.B. in der *Europa* aus, in der die rationalistische Bibelkritik der Aufklärung auf die protestantische Wiederaufwertung des Buchstabens und die für Novalis darauf folgende Verdrängung des Geistes der Schrift zurückgeführt wird.[1520] Gegenüber Justs Buchstabenreligion macht Novalis seine Religion der Poesie geltend, die nicht den Buchstaben, d.h. das Christentum in seiner historischen Gestalt verherrlichen, sondern dessen Geist erfassen will und das Christentum zu einer neuen Universalreligion zu entwickeln beabsichtigt:

> Wenn ich weniger auf urkundliche Gewißheit, weniger auf den Buchstaben, weniger auf die Wahrheit und Umständlichkeit der Geschichte fuße; wenn ich geneigter bin, in mir selbst höhern Einflüssen nachzuspüren, und mir einen eignen Weg in die Urwelt zu bahnen; wenn ich in der Geschichte und den Lehren der christlichen Religion die symbolische Vorzeichnung einer allgemeinen, jeder Gestalt fähigen, Weltreligion – das reinste Muster der Religion, als historischen Erscheinung überhaupt – und wahrhaftig also auch die vollkommenste Offenbarung zu sehen glaube; wenn mir aber eben aus diesem Standpunkt alle Theologien auf mehr und minder glücklich begriffenen Offenbarungen zu ruhen, alle zusammen jedoch in dem sonderbarsten Parallelism mit der Bildungsgeschichte der Menschheit zu stehn und in einer aufsteigenden Reihe sich friedlich zu ordnen dünken, so werden Sie das vorzüglichste Element meiner Existenz, die Phantasie, in der Bildung dieser Religionsansicht, nicht verkennen.[1521]

An die Seite der religiösen Überlieferung tritt eine poetische Religion des Dichters, der in sich selbst die Quelle der religiösen Offenbarung entdeckt.

Diese Vermittlung von Religion und Kunst hat einerseits ein ausgeprägt antisäkulares Ziel. Mit Hilfe der Kunst soll der Säkularisierungsprozeß rückgängig gemacht werden. Damit reagiert Hardenberg auf die Auflösung der Religion in Moralität, wie sie nicht nur Fichtes *Kritik aller Offenbarung* (1792) und *Über den Grund unseres Glaubens an eine göttliche Weltregierung* (1798)[1522], sondern auch zuvor Lessings *Erziehung des Menschengeschlechts*

[1520] „[…] Luther behandelte das Christenthum überhaupt willkührlich, verkannte seinen Geist, und führte einen andern Buchstaben und eine andere Religion ein, nemlich die heilige Allgemeingültigkeit der Bibel, und damit wurde leider eine andere höchst fremde irdische Wissenschaft in die Religionsangelegenheit gemischt – die Philologie – deren auszehrender Einfluß von da an unverkennbar wird.", Schriften III 512.

[1521] Schriften IV 272. In diesem Punkt stimmt Novalis mit Schleiermachers Reden *Über die Religion* überein, die den Buchstabenglauben ebenso verwerfen und die Phantasie zum Bildungselement der Religion erklären: „Nicht der hat Religion, der an eine heilige Schrift glaubt, sondern, welcher keiner bedarf und wohl selbst eine machen könnte.", KG I/2 242.

[1522] Die zuletzt genannte und im *Philosophischen Journal* anonym erschienene Schrift, die das Göttliche mit der moralischen Selbstbestimmung des Ich identifizierte und Gott als ein „besonderes Wesen" als anthropomorphe Vorstellung betrachtete, löste den sogenannten „Atheismus-Streit" aus, infolge dessen Fichte seine Professur verlor und Jena verlassen musste. Einen guten Überblick darüber bietet die von Werner Röhr herausgegebene Dokumentensammlung: Appellation an das Publikum… Dokumente zum Atheismusstreit Jena 1798/1799, Leipzig 1987.

(1780) vertreten hatte. Nachdem sich die von Lessing geforderte Auflösung der Offenbarungswahrheiten in Vernunftwahrheiten in Kants und Fichtes Religionsschriften konkretisiert hatte und die Religion auf die Ethik zurückgeführt wurde, sah Novalis seine Aufgabe darin, den „zweiten Teil" der *Erziehung des Menschengeschlechts* zu schreiben[1523], d.h. die Vernunftwahrheiten zu poetisieren. Novalis' Ansicht nach gibt es eine der Ethik übergeordnete Wahrheit, welche aufgrund ihrer Zentralität, ihres Vermögens, in sich die Totalität darzustellen, zu Recht als „religiös" bezeichnet werden darf: die Poesie. Allein diese erfasst die Totalität des Menschen. Anders als die Ethik ist sie nicht nur Form, sondern auch Stoff, nicht nur Reflexion, sondern auch Anschauung. In ihr ist die Ethik selbst aufgehoben: sie ist „Sichtbare Moral".[1524] Die Poesie, und nicht wie bei Fichte die Ethik, ist für Novalis das Übersinnliche im Menschen, das Religiöse:

> Der Sinn für Poësie hat viel mit dem Sinn für Mystizism gemein. Er ist der Sinn für das Eigenthümliche, Personelle, Unbekannte, Geheimnißvolle, zu *Offenbarende* […]. Er stellt das Undarstellbare dar. Er sieht das Unsichtbare, fühlt das Unfühlbare etc. […] Der Sinn für P[oësie] hat nahe Verwandtschaft mit dem Sinn der Weissagung und dem religiösen, dem Sehersinn überhaupt.[1525]

Die von Hardenberg formulierte Identität von Kunst und Religion stellt aber andererseits insofern selbst eine weitere Stufe der Säkularisierung dar, als der religiöse Wahrheitsanspruch nun einen illusionären Scheincharakter besitzt. Novalis selbst versteht in den *Fichte-Studien* den poetischen Schein gleichzeitig als Darstellung *und* Verfehlung des Absoluten: „Schein [ist] nur der Bruch – das Halbe – der das Ganze scheint und es nicht ist."[1526]

Dieses Bewusstsein des illusionären Status der religiösen Wahrheit, die – als Kunst – nicht nur Wahrheit, sondern zugleich Fiktion ist, schlägt sich auch in einigen Aufzeichnungen nieder, die die anthropologische Bedingtheit der Religion zum Gegenstand haben. So legt Novalis in folgender Notiz die psychologische Grundlage der Religion offen:

> Alle unsre Neigungen scheinen nichts, als angewandte Religion zu seyn. Das Herz scheint gleichsam das religioese Organ [.] Vielleicht ist das höhere Erzeugniß des produktiven Herzens – nichts anders, als der *Himmel*. / <Indem sich das Herz, abgezogen von allen einzelnen wircklichen Gegenständen – sich selbst empfindet, sich selbst zu einem idealischen Gegenstande macht, entsteht Religion – Alle einzelne Neigungen vereinigen sich in Eine – deren wunderbares Object – ein höheres Wesen, eine Gottheit ist – daher ächte Gottesfurcht alle Empfindungen und Neigungen umfaßt. Dieser Naturgott ißt uns, gebiert uns, spricht mit uns, erzieht uns, beschläft uns, läßt sich von uns essen, von uns zeugen und

---

[1523] So eine Aufzeichnung Novalis': „Data zum 2ten Theil von Lessings *Erziehung des Menschengeschlechts*.", Schriften III 669 Nr. 609. Vgl. auch: Schriften III 682 Nr. 644.
[1524] Schriften III 252 Nr. 73.
[1525] Schriften III 685-6 Nr. 671.
[1526] Schriften II 179-80 Nr. 234.

gebären; Kurz ist der unendliche Stoff unsrer Thätigkeit, und unsers Leidens. /
Machen wir unsre Geliebte zu einem solchen Gott, so ist dies *angewandte Religion*>.[1527]

Religion entsteht dadurch, dass das menschliche „Herz"[1528] „von allen einzelnen wircklichen Gegenständen" losgelöst wird und nur sich selbst empfindet. Kraft dieser Selbstbezogenheit des Herzens, durch die das empfindende Subjekt sich selbst zum „idealischen Gegenstand" macht, entsteht der religiöse Glaube, der im Grunde mit der Selbstliebe identisch ist. Gott umfasst „alle Empfindungen und Neigungen", er begleitet das menschliche Leben in jeder Tätigkeit und jedem Leiden und fällt letztlich mit der menschlichen Natur zusammen – Novalis nennt ihn deshalb auch „Naturgott".[1529] Der Grund für die Existenz Gottes liegt einzig im Ich. Auch an anderer Stelle wird ebenso der anthropomorphe Charakter der religiösen Erfahrung markiert:

> Aller Glauben ist wunderbar und wunderthätig. Gott ist in dem Augenblicke, als ich ihn glaube.[1530]

Gott ist nicht mehr die *Ursache*, sondern nur noch die *Wirkung* des Glaubens. Das Ich bringt Gott aus sich hervor. Hardenbergs Religionskonzept liegt die Fichtesche Vergöttlichung des Subjekts zu Grunde:

> *Gott* wird nur d[urch] einen Gott erkannt.[1531]

Somit könnte Hardenbergs Religionsphilosophie, wenn auch mit aller Vorsicht, in einen Zusammenhang mit Feuerbach gebracht werden.[1532] Während Feuerbach Gott anthropomorphisiert, „theomorphisiert" Hardenberg den Menschen.

[1527] Schriften III 570-1 Nr. 104.

[1528] Nach Stockinger (‚Herz' in Sprache und Literatur der Goethezeit. Goethe – Novalis – Hauff, in: Das Herz im Kulturvergleich, hrsg. von Georg Berkemer und Guido Rappe, Berlin 1996, 196) nimmt Novalis die zeitgenössische Bedeutung des Terminus „Herz" als „Gewissen" und moralisches Bewusstsein auf. In derselben Bedeutung verwendet auch Kant den Terminus in der Schrift *Die Religion innerhalb der Grenzen der bloßen Vernunft* (1793), vgl.: Stockinger, a.a.O., 196. Als moralisches Vermögen bezeichnet bei Novalis das Herz zugleich die Liebesfähigkeit: „Das Herz ist der Schlüssel der Welt und des Lebens. Man lebt in diesem hülflosen Zustande, um zu lieben [...]", Schriften II 606 Nr. 62.

[1529] Wird die Selbstliebe auf eine andere Person übertragen, so entsteht das, was Novalis als „angewandte Religion" bezeichnet. Dazu gehört auch Novalis' quasi religiöse Verehrung von Sophie von Kühn: „Ich habe zu Söfchen Religion [...]", Schriften II 395 Nr. 56; nach ihrem Tod notiert Novalis im Tagebuch am 29. Juni 1797: „Xstus und *Sophie*.", Schriften IV 48.

[1530] Schriften III 419 Nr. 779.

[1531] Schriften III 458 Nr. 1007.

[1532] Auch Feuerbach betrachtet wie Hardenberg das Herz als das Organ, das Gott erst entstehen lässt: „Denn es glaubt an *nichts Anderes*, als *an sich selbst*, glaubt nur an die unumstößliche, göttliche, absolute Realität *seines Wesens*.", in: Werke, hrsg. von W. Bolin und F. Jodl, Stuttgart – Bad Cannstatt 1959, II 236. Christus ist demzufolge nichts anderes als das „*sich als göttliches Wesen gegenständliche menschliche Herz*", a.a.O. VI 84. Darin liegt eine verblüffende Nähe zu Hardenberg: „<Indem sich das Herz, abgezogen von allen einzelnen wircklichen Gegenständen – sich selbst empfindet, sich selbst zu einem idealischen Gegenstande macht, entsteht Religion.", a.a.O.

Diese Vorgänge sind aber zwei Seiten derselben Medaille. Freilich kann man Hardenberg noch kein Feuerbachsches Bewusstsein zuschreiben, zumal er mit seiner „Theomorphisierung" des Menschen gerade das Gegenteil von Feuerbach beabsichtigt und – insbesondere in der *Europa*-Rede – eine Zurücknahme der Säkularisierung anstrebt. Der Gott, der vom „wunderbaren und wunderthätigen" Glauben hervorgebracht wird, ist für Hardenberg tatsächlich göttlich. Aber, ungeachtet Hardenbergs religiöser Intention, ist seine Vergöttlichung des Ich – geistesgeschichtlich betrachtet – die Voraussetzung für Feuerbachs Durchschauung der Religion als Anthropomorphismus.

3. Die poetische Weiterentwicklung des Christentums

Der gemeinsame Nenner von Hardenbergs Reflexionen über die Weiterentwicklung des Christentums ist der Versuch, durch die Poesie eine Erneuerung der durch die Säkularisierung zunehmend erschütterten Gestalt des positiven Glaubens zu veranlassen. Das Christentum erscheint vor diesem Hintergrund nur als symbolisches Vorzeichen einer noch zu entwickelnden poetischen Religion. In einer Aufzeichnung aus der Zeit der Abfassung des *Ofterdingen* fordert Novalis unmissverständlich den Übergang von der historischen zur poetisch-mythologischen Religion:

> Das Xstenthum ist durchaus historische Religion, die aber in die Natürliche der Moral, und die *Künstliche* der Poesie, oder die Mythologie übergeht[1533]

wobei der Terminus „Mythologie" von Novalis „[...] als freye *poëtische* Erfindung, die die Wircklichkeit sehr mannichfach symbolisirt [...]", aufgefasst wird.[1534] Bereits die antike Mythologie war für Hardenberg eine solch poetische Religion und erhält insofern Vorbildcharakter. Hardenberg notiert: „Bey den Alten war die Religion schon gewissermaßen das, was sie bey uns werden soll – practische Poësie."[1535] An anderer Stelle heißt es:

> <Sonderbar genug ist es, daß die griechische Mythol[ogie] so unabhängig von der Religion war. Es scheint, daß die Kunstbildung in Griechenl[and] vor der Rel[igion] [...] war. Die Rel[igion] war wesentlich Gegenstand der menschlichen Kunst. Die Kunst schien göttlich oder die Rel[igion] künstlich, und menschlich. Der Kunstsinn war der Rel[igions]Erzeugungssinn. Die Gottheit offenbarte sich durch die *Kunst*>.[1536]

Wie im alten Griechenland sollen auch in der Gegenwart nicht dogmatische Lehrgebäude, sondern dichterische Werke Grundlage des religiösen Glaubens sein. Demzufolge wird die neue poetische Religion im Sprachgebrauch der Frühromantiker, nicht nur bei Hardenberg, sondern auch in Friedrich Schlegels *Gespräch über die Poesie* oder im sogenannten *Ältesten Systemprogramm des deutschen Idealismus* wie später in Schellings *Philosophie der Kunst*, als „Neue Mythologie" bezeichnet, denn sie orientiert sich an dem Vorbild der antiken Mythologie als einer auf poetischer Grundlage beruhenden Religi-

---

[1533] Schriften III 667 Nr. 607.
[1534] Schriften III 668 Nr. 607. Hervorhebung von mir.
[1535] Schriften II 537 Nr. 55.
[1536] Schriften III 686 Nr. 673. Die Vorstellung, dass die antike Religion „poetisch" war, hatte seit den mythologischen Studien von Karl Philipp Moritz allgemeine Verbreitung gefunden. Vgl. etwa die Vorrede zu *Götterlehre oder Mythologische Dichtungen der Alten* (1790): „Die mythologischen Dichtungen müssen als eine Sprache der Phantasie betrachtet werden. Als eine solche genommen, machen sie gleichsam eine Welt für sich aus und sind aus dem Zusammenhange der wirklichen Dinge herausgehoben.", in: Werke, hrsg. von Horst Günther, Frankfurt am Main 1981, II 611.

on.[1537]

Das metaphysische Sinnbedürfnis, das die „historische" Religion nicht mehr erfüllen kann, wird somit an die Dichtung abgetreten. Die poetische Religion ist jedoch nur möglich durch den Anschluss an das Christentum als fortgeschrittenste Stufe der religiösen Entwicklung.[1538] Dieser Anschluss erlaubt ihr zudem, durch das Zitieren der bereits bestehenden und überlieferten Glaubensform eine intersubjektive Verständigungsbasis zu schaffen, auf welcher die neue poetisch-mythologische Religion aufbauen kann. Letztere lebt einerseits gewissermaßen parasitär von den alten liturgischen Mustern und Vorstellungen.[1539] Andererseits ist sie insofern unabhängig von der christlichen Überlieferung, als sie deren poetische Erweiterung anstrebt.

Die Verwandlung von Religion in poetische Mythologie beruht auf der Dialektik von Wesen und Schein, die bereits in der Analyse der *Fichte-Studien* deutlich wurde. Diese Vermittlung von Schein und Wahrheit impliziert nicht nur eine Aufwertung des ästhetischen Scheins, sondern auch eine Aufwertung der gesamten Sphäre der *Erscheinung*, d.h. der Zeitlichkeit. Die Zeitlichkeit wird ihres bloß negativen Charakters enthoben und zum Ort der Produktion von Wahrheit erklärt. Die *Geschichte* ist demzufolge nicht mehr nur die Sphäre der Götterferne, des Verlusts des Absoluten[1540], sondern zugleich die Sphäre, in der das Göttliche – wie aus dem Mittlerfragment ersichtlich wurde – poetisch *produziert* werden kann. Dieser göttliche Charakter der Geschichte

---

[1537] Zur Problematik: Manfred Frank, Der kommende Gott. Vorlesungen über die Neue Mythologie, 1. Teil, Frankfurt am Main 1982.

[1538] „Für sich selbst beansprucht Hardenberg die gleichberechtigte Anerkennung einer Glaubensbegründung aus der Selbsterfahrung des Subjekts, die aber nicht allein aus der Vernunft, sondern aus der Phantasie hergeleitet wird. Das daraus entstehende Bild einer universalen Weltreligion bleib aber gebunden an das Christentum als der vorläufig höchsten geschichtlichen Stufe der religiösen Entwicklung der Menschheit, hinter die man nicht zurückfallen darf.", Ludwig Stockinger, Religiöse Erfahrung zwischen christlicher Tradition und romantischer Dichtung bei Friedrich von Hardenberg (Novalis), in: Religiöse Erfahrung: historische Modelle in christlicher Tradition, hrsg. von Walter Haug und Dietmar Mieth, München 1992, 372.

[1539] Vgl. dazu Ludwig Stockingers Interpretation der *Geistlichen Lieder* in seinem Aufsatz: Poetische Religion – Religiöse Poesie: Friedrich von Hardenberg (Novalis) und Joseph von Eichendorff, in: Ästhetische und religiöse Erfahrung der Jahrhundertwenden I: um 1800, hrsg. von Wolfgang Braungart und Manfred Koch, Paderborn 1997, 167-86. Stockinger konstatiert, dass „[...] unbeschadet des engen Zusammenhangs der ‚Geistlichen Lieder' mit der postchristlichen religionsphilosophischen Konzeption des Autors von der Autonomie einer ‚poetischen Religion' bei diesen Texten nicht die Rede sein kann. Denn ihre Produktion und Rezeption als Basistexte von neuer Religion sind nur möglich, insofern sie abgesichert werden durch Formen und Sprachelemente ‚religiöser Poesie' einschließlich kultisch-liturgischer Muster, die den Autoren und Adressaten noch aus dem institutionell-religiösen Gebrauch bekannt und vertraut bzw. als individuelle und kollektive Erinnerungsbestände noch reaktivierbar sind. Die Wirkung dieser Texte lebt quasi ‚parasitär' von Zitaten der institutionell gebundenen religiösen Tradition.", a.a.O. 169.

[1540] Vgl. dazu paradigmatisch das erste Fragment der Sammlung *Blüthenstaub*: „Wir *suchen* überall das Unbedingte, und *finden* immer nur Dinge.", Schriften II 412 Nr. 1.

kommt insbesondere in der *Europa*-Rede zur Geltung. Bereits aus Novalis'
Notizen, die auf die Arbeit an der Schrift hinweisen, wird die religiöse Bedeutung ersichtlich, welche der Sphäre der Geschichte nun zukommt. So wird
stichwortartig in einer Aufzeichnung festgehalten: „Behandlung der Geschichte, als *Evangelium*."[1541] Über die Aufgabe des Historikers heißt es: „Der Historiker muß im Vortrag oft Redner werden – Er trägt ja *Evangelien* vor, denn die
ganze Geschichte ist Evangelium."[1542] Durch eine Synthese der christlichen
Vorsehung mit dem spekulativen Muster des Organismus erscheint die Geschichte in der *Europa*-Rede als göttliche Teleologie.

Dieser göttliche Charakter der Geschichte bedeutet allerdings zugleich die
Aufhebung des christlichen Dogmas der Abgeschlossenheit der Offenbarung.
Die Manifestation des Göttlichen in der Geschichte beschränkt sich nicht auf
das einmalige Ereignis der Inkarnation Christi, sondern betrifft nun die Ge-
samtheit der geschichtlichen Entwicklung. Von der Menschwerdung des Göttlichen wird – so könnte man sagen – nur das Prinzip übernommen, das auf die
gesamte geschichtliche Sphäre übertragen wird. Infolge dieser Historisierung
des Göttlichen entsteht für die Frühromantiker die Notwendigkeit der poetischen Erweiterung der christlichen Tradition. So bemerkt Friedrich Schlegel
im *Athenäum* in Form eines fiktiven Dialogs:

> A. Sie behaupten immer Sie wären ein Christ. Was verstehn Sie unter Christen-
> tum? – B. Was die Christen als Christen seit achtzehn Jahrhunderten machen,
> oder machen wollen. Der Christianismus scheint mir ein Faktum zu sein. Aber
> ein erst angefangnes Faktum, das also nicht in einem System historisch darge-
> stellt, sondern nur durch divinatorische Kraft charakterisiert werden kann.[1543]

Das Christentum ist „ein erst angefangnes Faktum", das poetisch weiter entwickelt werden soll. In diesem Sinne urteilt Novalis: „Noch ist keine Religion – Man muß eine Bildungsloge ächter Religion erst stiften. Glaubt ihr – daß
es Religion gebe – Religion muß gemacht und hervorgebracht werden
[…]".[1544] Als eine Konsequenz dessen wird der Terminus „christlich" seman-
tisch erweitert: er wird schließlich zum Synonym für die *freie* Wahl des poetischen Mittlers. So werden am Schluss der *Europa*, wie bereits gezeigt, neben
dem traditionellen Glauben an Christus, Maria und die Heiligen zwei andere
Glaubensformen als christlich bezeichnet und gleichberechtigt neben erstere
gestellt: die „Freude an aller Religion" und der *poetische* Glaube an die Göttlichkeit des Irdischen.[1545]

Die poetische Erweiterung des Christentums erfolgt im Sinne des Mittler-
fragments. Demzufolge werden christlicher Hentheismus und poetischer Pantheismus synthetisiert. Die Figur Christi wird dabei gleichzeitig aufbewahrt

---

[1541] Schriften III 565 Nr. 73, vgl. auch Nr. 76, 77.
[1542] Schriften III 586 Nr. 214.
[1543] KA II 201 Nr. 221.
[1544] Schriften III 557 Nr. 12.
[1545] Schriften III 523.

und aufgehoben: bewahrt, da den vielfachen Mittlern Christus als Symbol der Sittlichkeit innewohnt; aufgehoben, weil dadurch das Dogma der Einmaligkeit der Inkarnation widerrufen wird.[1546]

> Wenn Gott Mensch werden konnte, kann er auch Stein, Pflanze[,] Thier und E- lement werden, und vielleicht giebt es auf diese Art eine fortwährende Erlösung in der Natur.[1547]

Gerade diese pantheistische Erweiterung des Christentums gestalten die Verse aus dem *Astralis*-Gedicht aus dem zweiten Teil des *Ofterdingen*:

> <Eins in allem und alles im Einen / Gottes Bild auf Kräutern und Steinen / Got- tes Geist in Menschen und Thieren, / Dies muß man sich zu Gemüthe führen [...]>.[1548]

Anzumerken ist, dass auch hier kein reiner Pantheismus formuliert wird. In diesen Versen wird vielmehr eine Synthese von Pantheismus *und* christlichem Hentheismus, nicht die Göttlichkeit der Schöpfung, sondern die Anwesenheit Gottes *in* der Schöpfung verkündet. Auf diese Weise wird das Christentum nicht aufgegeben, sondern mythologisch erweitert:

> Über die mögliche Mythologie (Freyes Fabelthum) des Xstenthums, und seine Verwandlungen auf Erden. Gott, als Arzt, als Geistlicher, als Frau, Freund etc. Alles Gute in der Welt ist unmittelbare Wircksamkeit Gottes. In jedem Men- schen kann mir Gott erscheinen.[1549]

Die quasi religiöse Verehrung der Sophie von Kühn dürfte nicht zuletzt vor dem Hintergrund der Forderung nach einer Erweiterung der christlichen My- thologie zu lesen sein. Insbesondere nach ihrem frühzeitigen Tod wird Sophie bei Novalis zur Erscheinung des Göttlichen stilisiert. Programmatischen Wert trägt die Tagebuchaufzeichnung vom 29. Juni 1797: „Xstus und *Sophie.*"[1550] Sophie wird somit in den Rang einer Vermittlerin der Transzendenz erhoben

---

[1546] Die Kombinationen und Experimente mit Motiven der christlichen Überlieferung, die Nova- lis' Aufzeichnungen aufweisen, sind in diesem Sinne als Prolegomena der künftigen poeti- schen Religion zu interpretieren. So kombiniert Novalis in seinen dichterischen Entwürfen heidnische und christliche Motive, z.B.: „Aehnlichkeit der Geschichte v[on] Amor und Psy- che und Adam und Eva.", Schriften III 592 Nr. 240; oder zieht in Erwägung, Jesus zum Pro- tagonisten seines Romans *Die Lehrlinge zu Saïs* zu machen: „Jesus der Held. Sehnsucht nach dem Heiligen Grabe. Kreutzlied. Nonnen und Mönchslied. Der Anachoret. Die Weinende. Der Suchende. Das Gebet. Sehnsucht nach der Jungfrau. Die ewge Lampe. Sein Leiden. / Je- sus in Saïs.", Schriften III 579 Nr. 191. Zur poetischen Bearbeitung christlicher Motive vgl. noch: „Das *Kind* und sein Johannes. Der Messias der Natur. *Neues Testament* – und neue Na- tur – als *neues Jerusalem*.", Schriften III 590 Nr. 233; „Die Verlobte Xsti. / Das wiederge- fundne Paradies. / Die xstliche Semele.", Schriften III 591 Nr. 239; „Xsti Flucht nach Aegyp- ten.", Schriften III 679 Nr. 632.
[1547] Schriften III 664 Nr. 603.
[1548] Schriften I 318.
[1549] Schriften III 666 Nr. 604.
[1550] Schriften IV 48.

und *gleichberechtigt* neben Christus gestellt. Von ihrem Status als poetische Erscheinung des Unbedingten zeugt übrigens schon jene andere Tagebucheintragung vom 13. Mai 1797 über das mystische Erlebnis an ihrem Grab.[1551]

[1551] „Abends gieng ich zu Sophieen. Dort war ich unbeschreiblich freudig – aufblitzende Enthusiasmus Momente – Das Grab blies ich wie Staub, vor mir hin – Jahrhunderte waren wie Momente – ihre Nähe war fühlbar [...]", Schriften IV 35-6.

4. Der „Dualismus unsrer Symphilosophie": das Bibel-Projekt

Auch in religionsphilosophischer Hinsicht sind gewisse Unterschiede zwischen Novalis und Friedrich Schlegel zu verzeichnen, die im Folgenden näher untersucht werden sollen. Auch hier kommen die bereits festgestellten, unterschiedlichen Akzentuierungen des dialektischen Gedankens zur Geltung. Novalis wertet durch die „Wechselbestimmung" die Natur und dadurch auch den Pantheismus auf, während Schlegel durch den „Wechselerweis" von Idealismus und Realismus zu einer Potenzierung des Ich gelangt. Infolgedessen ist Schlegels Religionskonzeption nicht von der Anschauung, sondern von der Moralität getragen.[1552] Sie steht zunächst ganz im Zeichen von Lessings Auffassung der Religion als Ethik.[1553]

[1552] Zwischen Religion und Moral besteht für Schlegel kein Unterschied: „*Politik* gehört zu *Moral, Religion* und *Historie* die nur d[er] Dignität nach verschieden sind.", KA XVIII 225 Nr. 375. „In d.[er] *Moral* müssen auch Religion und Historie vereinigt sein, zu gleichen Theilen schweben.", KA XVIII 226 Nr. 376. Aus den Aufzeichnungen *Zur Moral* (1798): „*Religion* und *Moral* sollen GAR NICHT mehr getrennt sein und es soll keine φ[Philosophie] geben als Historie.", KA XVIII 226 Nr. 385. „Die alte Relig.[ion] ist historisch, die neue ist moralisch.", KA XVIII 259 Nr. 783. Vgl. weiter die Kritik an Schleiermachers Abgrenzung der Religion von der Moral: „Ist Religion moralisch, so muß auch *Moral* religiös sein [...] – Schl[eiermachers] Trennung daher sehr verwerflich.", KA XIX 14 Nr. 120. Hermann Timm bemüht sich in seinem vielzitierten Buch (Die heilige Revolution. Das religiöse Totalitätskonzept der Frühromantik. Schleiermacher – Novalis – Friedrich Schlegel, Frankfurt am Main 1978), Schlegels Religionskonzept von der „(moralpädagogischen) Funktionalisierung im Sinne der Neologie und des Kritizismus" abzugrenzen, „[...] wo man den konventionellen Vorstellungsinhalten der Religion eine Allgemeinverbindlichkeit zu unterlegen suchte durch Reflexion auf die apriorischen Motivationsbedürfnisse der Vernunft." (138). Was Hermann Timm nicht deutlich genug macht, ist der Umstand, dass Vernunft und Ethik in Schlegels neuer Religion weiterhin im Zentrum bleiben, ja womöglich noch potenziert werden, denn sie sollen jeden positiven Überrest der historischen Religion vernichten. Dies macht folgende Stelle aus Schlegels einleitendem Aufsatz zum dritten Band seiner Lessing-Ausgabe *Lessings Gedanken und Meinungen* (1804) sehr deutlich: „Der wahre Protestant muß auch gegen den Protestantismus selbst protestieren [...]. Solange nur irgend etwas bloß Negatives und Endliches vorhanden, solange noch nicht jede Hülle verklärt und von Geist durchdrungen und das Wort Gottes allgegenwärtig geworden, solange nur noch die Möglichkeit eines toten und dürren Buchstabens vorhanden ist, solange existirt auch noch das böse Prinzip, gegen welches ohne Unterlaß und ohne Schonung zu kämpfen der hohe Beruf der Polemik ist [...]", KA III 88 (*Vom Wesen des Protestantismus*).

[1553] „Offenbarung" wird von Lessing aus der religiösen in die pädagogisch-ethische Sphäre übertragen: „Was die Erziehung bei dem einzeln Menschen ist, ist die Offenbarung bei dem ganzen Menschengeschlecht." (§ 1), in: Werke und Briefe, Bd. X, hrsg. von Arno Schilson und Axel Schmitt, Frankfurt am Main 2001, 74. Die Offenbarung besitzt denselben Stellenwert, der beim einzelnen Subjekt der Erziehung zukommt. Diese beruht letztlich auf nichts anderem als auf *menschlichen* Vernunftwahrheiten: „Erziehung giebt dem Menschen nichts, was er nicht auch aus sich selbst haben könnte: sie giebt ihm das, was er aus sich selber haben könnte, nur geschwinder und leichter. Also giebt auch die Offenbarung dem Menschengeschlechte nichts, worauf die menschliche Vernunft, sich selbst überlassen, nicht auch kommen würde." (§ 4).

Schlegels intensive Lessing-Rezeption, die in der ersten Hälfte des Jahres 1796 einsetzt, von der bereits sein Aufsatz *Über Lessing* (1797) ein bedeutendes Zeugnis ablegt und die bekanntlich in seiner späteren Lessing-Edition *Lessings Gedanken und Meinungen* (1804) kulminiert, prägt auch sein im Jahre 1798 konzipiertes Bibel-Projekt. In seinem Brief an Novalis vom 2. Dezember markiert Schlegel ausdrücklich die Lessingsche Herkunft seines Vorhabens:

> Lebte Lessing noch, so brauchte ich das Werk nicht zu beginnen. Der Anfang wäre dann wohl schon vollendet. Keiner hat von der wahren neuen Religion mehr geahndet als er. Nicht blos Kant ist hier weit zurück, sondern auch Fichte und Jacobi und Lavater. Einige Millionen der letzten Sorte in den Schmelztiegel geschüttet, geben noch [nicht] soviel solide Materie und reinen Aether der Religion, wie Lessing hatte.[1554]

An anderer Stelle heißt es, weiterhin in bezug auf Lessing:

> Von einer guten Bibel fodert Lessing Anspielungen, Fingerzeige, Vorübungen; er billigt auch die Tautologien, welche den Scharfsinn üben, die Allegorien und Exempel, welche das Abstrakte lehrreich einkleiden; und er hat das Zutrauen, die geoffenbarten Geheimnisse seien bestimmt, in Vernunftwahrheiten ausgebildet zu werden. Welches Buch hätten die Philosophen nach diesem Ideal wohl schicklicher zu ihrer Bibel wählen können, als die ‚KRITIK DER REINEN VERNUNFT'?[1555]

In einer Notiz vom Sommer 1798 wird die aufklärerische Dimension des Bibel-Projekts noch einmal markiert: „Von d[er] neuen bibl.[ischen] Schrift wird man sagen können; da ist nun die Aufklärung."[1556]

Schlegels Bibelprojekt ist somit die Wiederaufnahme von Lessings Vorstellung eines neuen Evangeliums der Vernunft.[1557] Zugleich steht es im Zeichen von Fichtes Religionsschriften, welche gerade im Gefolge Lessings die Religion in die freie Selbsttätigkeit des Ich aufgelöst hatten.[1558] Die Engführung Lessings und Fichtes ist übrigens bereits in Schlegels Lessing-Charakteristik von 1797 zu beobachten. Dort bemerkt Schlegel, „[...] wie ähnlich die Fichti-

---

[1554] Schriften IV 508. Vgl. auch: „Als Bibel wird das neue ewige Evangelium erscheinen, von dem Lessing gesagt hat [...]", KA II 265 Nr. 95 (*Ideen*).

[1555] KA II 228-9 Nr. 357.

[1556] KA XVIII 265 Nr. 849.

[1557] „Wenn kalte Zweifler selbst prophetisch sprechen, / Die klaren Augen nicht das Licht mehr scheuen, / Seltsam der Wahrheit Kraft in ihren Treuen / Sich zeigt, den Blitz umsonst die Wolken schwächen: / Dann wahrlich muß die neue Zeit anbrechen, / Dann soll das Morgenrot uns doch erfreuen, / Dann dürfen auch die Künste sich erneuern, / Der Mensch die kleinen Fesseln all'zerbrechen. / ‚Es wird das neue Evangelium kommen.' / – So sagte Lessing, doch die blöde Rotte / Gewahrte nicht der aufgeschloßnen Pforte. / Und dennoch, was der Teure vorgenommen / Im Denken, Forschen, Streiten, Ernst und Spotte, / Ist nicht so teuer wie die wen'gen Worte.", KA II 397.

[1558] „Moralität und Religion sind absolut Eins; beides ein Ergreifen des Uebersinnlichen, das Erste durch Thun, das Zweite durch Glauben.", FG I.5 428.

sche Polemik der Lessingschen sei [...]" und stellt fest, dass Lessings Leben „die beste praktische Vorlesung über die Bestimmung des Gelehrten" sei.[1559] Nach Fichte ist die einzige übersinnliche Sphäre, die für das Ich erfahrbar ist, die transzendentale Sphäre der Freiheit, durch welche das Ich unabhängig von der Sinnenwelt wird. Diese Identifikation des Übersinnlichen mit der moralischen Selbstbestimmung wird von Fichte exemplarisch in der kurzen Schrift *Über den Grund unsers Glaubens an eine göttliche Weltregierung* (1798) formuliert:

> Ich finde mich frei von allem Einflusse der Sinnenwelt, absolut thätig in mir selbst, und durch mich selbst; sonach, als eine über alles Sinnliche erhabene Macht. Diese Freiheit aber ist nicht unbestimmt; sie hat ihren Zweck: nur erhält sie denselben nicht von außen her, sondern sie setzt sich ihn durch sich selbst. Ich selbst und mein notwendiger Zweck sind das Uebersinnliche.[1560]

Der transzendentale Gesichtspunkt ist mit dem göttlichen identisch: die sittliche Bestimmung des Subjekts als moralisches, über die Sinnlichkeit erhabenes Wesen ist das von ihm einzig erfahrbare Übersinnliche und Göttliche. So heißt es auch in der darauf folgenden Verteidigungsschrift *Appellation an das Publikum* (1799), „[...] daß die pflichtmäßige Gesinnung sich nicht auf den Glauben an Gott und Unsterblichkeit, sondern daß umgekehrt der Glaube an Gott und Unsterblichkeit, auf die pflichtmäßige Gesinnung sich gründet."[1561] Schlegels kühnes Projekt, eine neue Bibel zu verfassen, ist vor diesem Hintergrund nichts anderes als eine Überbietung Fichtes, eine Vergöttlichung der Moralität, wie sie auch in anderen Aufzeichnungen thematisiert ist: „[...] nichts ist religiös in strengem Sinne, was nicht ein Produkt der Freiheit ist."[1562] oder: „Frei ist der Mensch, wenn er Gott hervorbringt oder sichtbar macht, und dadurch wird er unsterblich."[1563] Schlegels ethische Konzeption der neuen Bibel geht so weit, dass er sie in einen Zusammenhang mit der französischen Revolution stellt. In den *Gedanken* bemerkt er: „Die Revoluzion wird gar nicht eine französische bleiben. – <Deutsche Revolution = neue Hierarchie. – *Organon d[er] Historie System der Moral.*> Bibl.[ische] Formen für Mor[al]" und fügt hinzu: „revoluz[ionäre] bibl[ische] [...] Schriften."[1564]
Schlegels Konzeption der neuen Religion und der neuen Bibel als ins Gött-

---

[1559] KA II 107 und 105.

[1560] FG I.5 351. Die Schrift erschien im „Philosophischen Journal" Bd. VIII, 1-20, und löste den sogenannten „Atheismusstreit" aus, der Fichte die Professur kostete. Fichte hatte darin die Existenz Gottes durch Berufung auf Kants Lehre der Unergründbarkeit der Dinge an sich zurückgewiesen.

[1561] FG I.5 429. Vgl. noch: „Die übersinnliche Welt ist unser Geburtsort, und unser einziger fester Standpunkt.", FG I.5 431.

[1562] KA II 203 Nr. 233.

[1563] KA II 258 Nr. 29.

[1564] KA XVIII 259-60 Nr. 793. Vgl. dazu auch das berühmte *Athenäums*fragment Nr. 222: „Der revolutionäre Wunsch, das Reich Gottes zu realisieren, ist der elastische Punkt der progressiven Bildung, und der Anfang der modernen Geschichte.", KA II 201.

liche gesteigerte Ethik steht Novalis' Kritik von Fichtes Überspannung des Ich sowie sein Bekenntnis zur Passivität des *Gefühls* gegenüber. Während in Friedrich Schlegels ethisch dimensionierter Religionsphilosophie das Gefühl keinen Stellenwert hat, ist es für Hardenberg die einzige mit dem Absoluten vermittelnde Instanz, der einzige Weg für das Ich, sich des Absoluten doch in irgendeiner Weise versichern zu können, obwohl dieses als solches unerkennbar bleibt. Diese unmittelbare Gewissheit des Absoluten im Gefühl verbindet auch Hardenberg mit Schleiermachers Reden *Über die Religion*.[1565]

Somit kommt es auch in bezug auf das Projekt einer neuen Bibel zu Differenzen zwischen Novalis und Schlegel – Differenzen, die allerdings bereits vorher zum Tragen gekommen waren. Über Unterschiede zwischen beiden Frühromantikern gibt bereits Hardenbergs Kritik an den Athenäumsfragmenten Schlegels Ende Juli 1798 Aufschluss.[1566] Schlegel selbst hatte wiederum im Sommer 1798 in einigen Aufzeichnungen aus den *Philosophischen Fragmenten* ihre Entzweiung festgehalten und Novalis „tiefwurzelnde" Religiosität bescheinigt. Er zieht dabei eine markante Trennlinie zwischen sich und Hardenbergs magischem Idealismus: „Er Zauberer, ich nur Prophet." Hardenbergs kühne Zaubereien nimmt Schlegel nicht ernst: „Ironie über das Experimentiren mit d[er] Fantasie."[1567] Schließlich hebt er die zentrale Bedeutung der Naturphilosophie und der Religion für Novalis hervor: „*Hardenbergs* Geist ist absolute Physik, absolute Religion, absolute Familie. Sein Royalismus ist Fam[iliären] Ursprungs. – Seine Magie ist Ökonomie und Religion: Physik.",

---

[1565] Vgl. dazu: Andreas Arndt, Gefühl und Reflexion. Schleiermachers Stellung zur Transzendentalphilosophie im Kontext der zeitgenössischen Kritik an Kant und Fichte, in: Transzendentalphilosophie und Spekulation. Der Streit um die Gestalt einer Ersten Philosophie (1799-1807), hrsg. von Walter Jaeschke, Hamburg 1993, Bd. 2, 105-26, bes. 125. Arndt erkennt folgende Parallelen zu Schleiermacher: sie bestehen „[...] im systematischen Vorrang des Gefühls als unvermittelter, zum absoluten vermittelnder Instanz innerhalb des Reflexionsverhältnisses; der vorgängigen Einheit dieses Gefühls und der Reflexion (die sich bei Schleiermacher an der abgesonderten Anschauung entfaltet) außerhalb der Reflexion (Novalis' ‚intellectuale Anschauung' bzw. die ursprüngliche Einheit von Anschauung und Gefühl bei Schleiermacher); der Repräsentanz einer bewusstseinstranszendenten Einheit in der ‚intellectualen Anschauung' bzw. der ursprünglichen Einheit der Anschauung und des Gefühls.", 125.

[1566] So kritisiert Novalis das berühmte 116. *Athenäums*fragment: „Zu herausgerissen eigenthümlich – nicht genetisch – oder generirend – der lezte Satz hebt d[as] Ganze Vorhergehende auf.", Schriften II 623 Nr. 28.4. Anders als Schlegel im Fragment Nr. 145 – „Als Dichter betrachtet, ist Homer sehr sittlich." – findet Novalis in der Antike keine Moralität: „Die Sittlichkeit des Homers versteh ich nicht.", Schriften II 623 Nr. 38.1. Als „falsch" (Schriften II 623 Nr. 73.3) bezeichnet Novalis Schlegels Gleichsetzung von Moral und Mystik im Fragment Nr. 263: „Echte Mystik ist Moral in der höchsten Dignität." Auch in der Bestimmung des Mystizismus gehen die Meinungen auseinander. „Nichts rechts" (Schriften II 624 Nr. 122.5) ist Novalis' Urteil über Schlegels Charakterisierung des Mystizismus als „philosophische Raserei" im Fragment Nr. 398: „Der Mystizismus ist die mäßigste und wohlfeilste aller philosophischen Rasereien.", und für Schlegels Differenzierung von Natur- und Kunstpoesie im Fragment Nr. 4 – „So teilt sich zum Beispiel die Naturpoesie in die natürliche und in die künstliche." – kann Novalis erst recht kein Verständnis haben (Schriften II 623 Nr. 3.4).

[1567] KA XVIII 142 Nr. 236.

und: „Die Religion wurzelt am tiefsten in ihm."[1568] Gegen Ende des Jahres kam es dann zu einem brieflichen Austausch über ihre Bibelkonzeptionen, wo diese Differenzen auch unmittelbar ausgesprochen wurden.

Das Projekt der neuen Bibel, das sich konsequent aus der Verzeitlichung der Wahrheitsauffassung ergibt, kommt erstmals in dem Brief Schlegels an Novalis vom 20. Oktober 1798 zur Sprache: „Was mich betrifft, so ist das Ziel meiner literarischen Projekte eine neue Bibel zu schreiben, und auf Muhameds und Luthers Fußstapfen zu wandeln."[1569] In der Antwort vom 7. November auf Schlegels Brief vom 20. Oktober zeigt sich Novalis angenehm überrascht davon, dass Schlegel ein Projekt ins Auge gefasst hat, worüber er selbst bereits nachgedacht hatte. Der Umstand, dass beide unabhängig voneinander auf denselben Gedanken gekommen sind, deutet Novalis als Ansporn dazu, endlich den Grund ihrer *Entzweiung* aufzudecken: „Je länger wir mit einander umgehn, desto mehr werden wir uns auf einander besinnen und des Geheimnisses unsrer *Entzweyung* immer teilhaftiger werden."[1570] Das Bewusstsein einer „Entzweiung" war also auf beiden Seiten schon lange vorhanden, obwohl die Ursache dafür nicht völlig durchschaut wurde.

In demselben Brief erläutert Novalis sein eigenes Bibelprojekt und bringt es in Zusammenhang mit seiner Enzyklopädie, dem *Allgemeinen Brouillon* – es handelt sich also weniger um eine religiöse als vielmehr eine literarisch-enzyklopädische Konzeption der neuen Bibel, als Ideal jedes vollkommenen Buches. Die Radikalität des Projekts Schlegels, eine neue Bibel zu schreiben und eine neue Religion zu gründen, wird von Novalis erheblich abgeschwächt.[1571] In seinem Antwortbrief vom 2. Dezember 1798 verhüllt Schlegel deshalb nicht, dass ihre gleichzeitig konzipierten Bibel-Projekte, obwohl sie eine unerwartete Entsprechung darstellten, wiederum im Zeichen neuer *Missverständnisse* stünden: „Allerdings ist das absichtslose Zusammentreffen unsrer biblischen Projekte eines der auffallendsten Zeichen und Wunder unsres Einverständnisses *und unsrer Missverständnisse*."[1572] Wiederholt betont Schlegel, dass der Charakter der neuen Bibel durchaus religiös sein soll: „Ich bin eins darin mit Dir, daß Bibel die litterairische Centralform und also das Ideal jedes Buchs sei. *Aber mit mannichfachen ganz bestimmten Bedingungen und*

[1568] Zitiert nach: Schriften IV 621.

[1569] Schriften IV 501.

[1570] Schriften IV 263. Hervorhebung im Original.

[1571] „Du schreibst von Deinem Bibelproject und ich bin auf meinem Studium der Wissenschaft überhaupt – und ihres Körpers, des *Buchs* – ebenfalls auf die Idee *der Bibel* gerathen – der Bibel – als des *Ideals jedweden* Buchs. Die Theorie der Bibel, entwickelt, giebt die Theorie der Schriftstellerey oder der Wortbildnerey überhaupt – [...]. Dies soll nichts anders, als eine Kritik des Bibelprojects – ein Versuch einer Universalmethode des Biblisirens – die Einleitung zu einer ächten Encyklopaedistik werden.", Schriften IV 262-3; „Jedes Menschen Geschichte soll eine Bibel seyn – wird eine Bibel seyn. [...] Eine Bibel ist die höchste Aufgabe der Schriftstellerey.", Schriften III 321 Nr. 433.

[1572] Zit. nach: Schriften IV 506, Hervorhebung von mir.

384   POESIE UND SÄKULARISIERUNG

Unterschied [...] Mein biblisches Projekt [...] ist kein litterairisches, sondern –
ein biblisches, ein durchaus religiöses. Ich denke eine neue Religion zu stiften
oder vielmehr sie verkündigen zu helfen: denn kommen und siegen wird sie
auch ohne mich."[1573] Schließlich will Schlegel wissen, ob Hardenberg wirklich
bereit sei, das Christentum „negativ" zu setzen, d.h. es als eine *noch nicht
verkündete* Religion, eine Religion der *Zukunft* zu betrachten und zugleich die
positive Religion in Ethik aufzulösen:

> Die eigentliche Sache ist die, ob Du Dich entschließen kannst, wenigstens in ei-
> nem gewissen Sinne das Christenthum absolut negativ zu setzen. – / Ich konnte
> Dir wohl beistimmen, da Du es positiv setztest, weil ich Deine Lehre von der
> Willkür und die Anwendung derselben aufs Christenthum nicht blos verstand,
> sondern anticipirt habe. Aber freilich war, was für Dich Praxis, für mich nur rei-
> ne Historie. Daher der Dualismus unsrer Symphilosophie auch über diesen
> Punkt.[1574]

Dass Novalis bei aller intendierten „tätigen Bearbeitung" des Christentums[1575]
der christlichen Überlieferung letztlich doch verhaftet bleibt, betrachtet Schlegel als den eigentlichen Grund für den Dualismus zwischen ihren religionsphilosophischen Konzepten. Was für Novalis „Praxis" war, war für Schlegel
„reine Historie", d.h. das tradierte Christentum und nicht dessen tätige Bearbeitung im Sinne einer Religion der Zukunft. Darunter versteht Schlegel offenbar eine entschiedenere Loslösung von der orthodoxen Überlieferung. So
stellt Schlegel Novalis letztlich vor folgende Alternative: „Vielleicht hast Du
noch die Wahl, mein Freund, entweder der letzte Christ, der Brutus der alten
Religion, oder der Christus des neuen Evangeliums zu seyn."[1576] Dass der Dualismus ihrer Symphilosophie *„auch"* über diesen Punkt" herrscht, bestätigt, dass
er sich nicht in letzterem erschöpft.

In seinem Antwortschreiben vom 20. Januar 1799 begrüßt Novalis Schlegels Idee von der Negativität des Christentums, d.h. vom Christentum als einer
Religion der Zukunft:

> Deine Meynung von der Negativitaet der Xstlichen Religion ist vortrefflich – das
> Xstenthum wird dadurch zum Rang der *Grundlage* – der *projectirenden Kraft*
> eines neuen Weltgebäudes und Menschenthums erhoben – [...] eines *lebendigen
> moralischen Raums*.[1577]

[1573] Schriften IV 506-7, meine Hervorhebung.
[1574] Schriften IV 508. In den philosophischen Notizen von 1797 notiert Schlegel: „Der Katholizismus ist naives χρ[Christentum]. Der Protest[antismus] sentimentales. Das progreßive fängt
erst an. – Es giebt noch eigent[lich] kein wahres χρ[Christentum] [...]", KA XVIII 82 Nr.
631. Somit betrachtet Schlegel das historische Christentum als absolut „negativ", d.h. als eine
notwendig aufzuhebende Religion.
[1575] „Thetische Bearbeitung des neuen T[estaments] oder der kristlichen Relig[ion]. / Ist die
Umarmung nicht etwas dem Abendmahl Ähnliches.", Schriften II 596 Nr. 5.
[1576] Schriften IV 508.
[1577] Schriften IV 273-4.

Auch wagt es Novalis – wahrscheinlich von Schlegel angeregt – in einigen zwischen Juni und Dezember 1799 entstandenen Aufzeichnungen, sein Bibel-projekt ebenso mit religiösem Gehalt zu füllen. Aus der Einsicht in die Histo-rizität der Bibel entspringt somit auch für ihn die Notwendigkeit ihrer ge-schichtlichen Fortentwicklung.[1578] So heißt es auch in der *Europa* unmissver-ständlich, dass die Religion aus der Vernichtung alles Positiven, d.h. des histo-risch Überlieferten entstehe: „Wahrhafte Anarchie ist das Zeugungselement der Religion. Aus der Vernichtung alles Positiven hebt sie ihr glorreiches Haupt als neue Weltstifterin empor."[1579] Novalis bleibt auf der anderen Seite insofern durchaus „historisch", als er mit der christlichen Ikonographie nicht radikal bricht, so dass er der von Schlegel gestellten Alternative letztlich aus dem Wege geht. Novalis kann der von Schlegel geforderten ethischen „Pra-xis" keinen absoluten Vorrang gegenüber der „Historie" konzedieren. In Har-denbergs Spätwerk herrscht in der Tat die Tendenz vor, wieder den Anschluss an das Christentum in seiner überlieferten Gestalt zu suchen. Dies könnte als Versuch der Bewusstseinsstabilisierung nach der starken psychischen Erschüt-terung des Todes Sophie von Kühns sowie als Unbehagen an der immer steri-ler werdenden Esoterik der frühromantischen Avantgarde gedeutet werden.[1580] Der Umstand, dass die *Geistlichen Lieder*, die zwischen 1799 und 1800, also nach dem Briefwechsel über das Bibelprojekt, verfasst wurden, in das protes-tantische Liederbuch aufgenommen werden konnten, bestätigt dieses Verblei-ben innerhalb des Historisch-Überlieferten.[1581]

[1578] „Begriff eines Evangelii. Läßt sich nicht die Verfertigung mehrerer Evangelien denken?", Schriften III 557 Nr. 9. „*Erbauungsbücher – Predigten – Gebete* – Neue Evangelien.", Schrif-ten III 561 Nr. 39. „Wer hat die Bibel für geschlossen erklärt? Sollte die Bibel nicht noch im Wachsen begriffen seyn?", Schriften III 569 Nr. 97. „Sehr vieles in der Schrift ist local und temporell. vid. das alte Testament. In den Evangelien liegen die Grundzüge künftiger und hö-herer Evangelien.", Schriften III 669 Nr. 609.

[1579] Schriften III 517.

[1580] Novalis' Bewusstsein der Krise des frühromantischen esoterischen Dichtungskonzepts wird in Petersdorffs Deutung der VI. Hymne als „Ausstieg aus der Geschichte" genau herauskris-tallisiert: Mysterienrede. Zum Selbstverständnis romantischer Intellektueller, Tübingen 1966, 381 ff.

[1581] Allerdings war diese Aufnahme nur durch Manipulationen möglich. Gerade Schleiermacher hat vor Eingriffen in den Wortlaut der Lieder nicht zurückgescheut, um sie dem Gemeindege-sang anzupassen. Exemplarisch dafür ist seine Veränderung der ersten Zeilen des VI. Liedes, mit dem er seine Predigt am zweiten Sonntag nach Trinitatis in der Dreifaltigkeitskirche in Berlin 1831 beschloss: aus dem selbstbewussten Bekenntnis – „Wenn alle untreu werden, / So bleib' *ich* dir doch treu." – wird eine orthodoxe Ohnmachterklärung des Menschen vor Gottes Allmacht: „*Erhalte* mich Dir treu." Wie schon Kurzke bemerkte, wurde in den Ge-sangbuch-Fassungen die Komplexität von Novalis' Religionsphilosophie auf eine pietistische Grundschicht reduziert: „Man kann vereinfacht sagen, daß die Gesangbuch-Fassungen seiner Lieder alles Novalis-typische ausscheiden und den Dichter auf die pietistische Grundschicht reduzieren. Konsequent ausgemerzt werden die Bereiche Orient / Morgenland / Poesie, die Flüssigkeitsmetaphern, die erotische Bildlichkeit und die Geschichtsphilosophie.", Novalis, München 1988, 74. Darüber vgl. auch Uerlings, a.a.O., 250-76. Weitere Schwierigkeiten be-reiteten die *identitätsphilosophisch* fundierte Bezeichnung der Sünde als „Wahn" im ersten

Lied (Z. 41), der dionysisch-dithyrambische Charakter des siebenten Liedes („Hymne") sowie die Konzeption der Auferstehung im Diesseits im neunten Lied. Herbert Uerlings hat in einer exemplarischen Interpretation des zwölftes Liedes – einer Umarbeitung eines katholischen Kirchenliedes von Friedrich von Spee – gezeigt, wie Novalis hier im Sinne der Mittlerkonzeption die katholische Transsubstantiation pantheistisch verwandelt hat: „Hardenberg erweitert […] die Transsubstantiationslehre durch die theosophische Vorstellung eines universalen Geistleibes. Alle Realität kann zum Fleisch und Blut Christi werden.", a.a.O., 266.

5. Novalis' Kritik an Schlegels *Ideen*

Novalis' Randnotizen zu Schlegels *Ideen* sind ein weiteres Zeugnis des „Dualismus" ihrer „Symphilosophie" im Hinblick auf die Religionsphilosophie. Die *Ideen* wurden von Schlegel als kritischer Gegenentwurf zu Schleiermachers Reden *Über die Religion. Reden an die Gebildeten unter ihren Verächtern* (1799) konzipiert und entstanden im Frühjahr und Sommer 1799. Novalis versah sie mit Randbemerkungen vermutlich zwischen Ende September und Mitte Oktober 1799[1582], nachdem er selbst Mitte bzw. Ende September Schleiermachers *Reden* gelesen hatte.[1583] Gerade Novalis' Anmerkungen zu den *Ideen*, die er in einer Abschrift von Dorothea Schlegel las, zeigen, dass seiner Distanz zu Schlegel seine Nähe zu Schleiermacher entspricht – eine Affinität, die nicht zuletzt auf dem Stellenwert beruht, den beide dem Gefühl als unmittelbarer Versicherung des Absoluten zuschreiben. Während Schlegel Schleiermachers *Reden* äußerst kritisch rezensierte[1584] und seine *Ideen* als religionsphilosophischen Gegenentwurf verstand[1585], wurden die *Reden* von Novalis so enthusiastisch rezipiert, dass sie sogar als Vorbild für die *Europa* dienten.[1586] Hingegen fanden Schlegels *Ideen* bei Hardenberg *de facto* kein Gehör. Schle-

---

[1582] Vgl. die Einleitung Richard Samuels in: Schriften III 483.

[1583] Vgl. die Einleitung zu den *Fragmenten und Studien 1799-1800* in: Schriften III, S. 531. Novalis las die Schrift gleich nach ihrem Erscheinen. Wie der Brief Schlegels an Schleiermacher vom 20. September bezeugt, ließ sich Novalis die Schrift aus Jena Mitte September 1799 mit einem Express holen, vgl.: Schriften IV 641.

[1584] In seiner Rezension bezeichnete Schlegel die *Reden* als „das *letzte* bedeutende Phänomen der Irreligion": „ein ununterbrochener Strom von Irreligion" ziehe sich „durch das Ganze" hin. Bemerkenswert ist der Umstand, dass sich Schlegels Kritik dabei gerade gegen Schleiermachers Verdrängung der Ethik richtet: „Dir", schreibt er an den imaginären, religiösen Adressaten, „[...] wird diese [Irreligion] am meisten auffallen, wo sich die Rede der Natur und Physik nähert, und da erscheint sie doch nur als Mangel. Ich hingegen finde sie an den Stellen, welche sich den Grenzen der Moral nähern, und die Keime einer positiven Immoralität der Ansicht enthalten [...]", KA II 280. So heißt es auch in den *Ideen*: „Trennt die Religion ganz von der Moral, so habt ihr die eigentliche Energie des Bösen im Menschen, das furchtbare, grausame, wütende und unmenschliche Prinzip, was ursprünglich in seinem Geiste liegt. Hier straft sich die Trennung des Unteilbaren am schrecklichsten.", KA II 269 Nr. 132. Schleiermachers *Irreligion* liegt also in seiner Abgrenzung der Religion von der Moral und genau auf diese Abgrenzung zielt Schlegels Kritik ab. Seine Differenz gegenüber Schleiermacher besteht in dem von Schlegel verteidigten Fichteschen Primat der Moralität vor der Anschauung, den Fichte selbst in der *Bestimmung des Menschen* (1800) unter Schleiermachers Einfluss wesentlich relativieren wird.

[1585] Vgl. Schlegels Brief an Schleiermacher vom 20. September 1799: „Die ganzen Ideen gehen bestimmt von Dir, oder vielmehr von Deinen Reden *ab*, neigen nach der andern Seite in den Reden. Weil Du stark nach einer Seite hängst, habe ich mich auf die andre gelegt.", zit. nach: Schriften IV 641.

[1586] Vgl. Schlegels Brief an Schleiermacher vom 7. oder 11. Oktober 1799: „Hardenberg hat Dich mit dem höchsten Interesse studirt und ist ganz eingenommen durchdrungen begeistert und entzündet. [...] Er hat mir einen Aufsatz über Katholicismus verheißen [...]", Schriften IV 641.

gels Vermutung, die er Schleiermacher gegenüber in seinem Brief vom 20.
September 1799 äußerte – „Weil Du stark nach einer Seite hängst, habe ich
mich auf die andre gelegt, und Hardenberg mich gleichsam, wie es scheint
angeschlossen."[1587] – erwies sich als falsch.

Zunächst bringt Novalis in einer Notiz zum *Ideen*-Fragment Nr. 95 erneut
sein *enzyklopädisches* Bibelverständnis zum Ausdruck – „Bibel ist ein Gattungsbegriff unter dem Büchergeschlecht" – und äußert zum wiederholten
Male seine Skepsis gegenüber Schlegels religiösem Bibel-Projekt: „Eine Bibel
schreiben zu wollen – ist ein Hang zur Tollheit, wie ihn jeder tüchtige Mensch
haben muß, um vollständig zu seyn."[1588]

Außerdem unterscheiden sich Hardenberg und Schlegel in ihrer Konzeption
des Verhältnisses von Kunst und Religion. Novalis' Randbemerkung zu
Schlegels 8. Idee, die die *Phantasie* zum religiösen Organ erklärt – „Der
Verstand, sagt der Redner über die Religion, weiß nur vom Universum; die
Fantasie herrsche, so habt ihr einen Gott. Ganz Recht, die Fantasie ist das
Organ der Menschen für die Gottheit." – lautet, ganz im Sinne von Schleier-
machers in der fünften Rede verkündeten „Liebesreligion": „Nicht das
Herz?"[1589] Dies veranlasst Richard Samuel zu der Anmerkung, dass Novalis'
Randnotizen zu den *Ideen* Distanz zur poetischen Religion Schlegels und Nähe zu Schleiermachers Religionskonzept des Gefühls zeigen.[1590] Dies ist jedoch insofern problematisch, als gerade Novalis die Einbildungskraft als
„Gott" betrachtet. Freilich ist seine Auffassung vom Christentum wesentlich
stärker von der Überlieferung abhängig, „historischer" und weit weniger
„praktisch" als Schlegels Konzeption einer neuen Bibel. Novalis' Einbeziehung der Kunst in die Religion ist allerdings ausgeprägter als bei Schleiermacher.

Trotzdem muss zunächst festgehalten werden, dass Schleiermachers Religionsphilosophie, wie sie sich in den *Reden* niederschlägt, insgesamt säkulari-
siertere Züge als Hardenbergs Religionskonzeption aufweist. Schleiermacher
ist Protestant, Hardenberg hingegen bekennt sich zum Katholizismus. Schleiermacher betrachtet die Natur als Erkenntnisobjekt, Novalis will in ihr Gott
finden. Entschieden vertritt Schleiermacher die Trennung zwischen Kirche

---

[1587] Schriften IV 641. Schlegel selbst erwähnt Novalis zusammen mit Schleiermacher in einer
Aufzeichnung über den *Geist der Fichtischen Wissenschaftslehre von 1797-98*: „Hardenbergs
φσ[Philosophie] ist kritisirender Mystizismus. Schlei[ermacher]s φσ[Philosophie] ist mysti-
sirender Kritizismus.", KA XVIII 34 Nr. 160.

[1588] Schriften III 491. Dass gerade Schleiermacher in den *Reden* Schlegels Projekt einer neuen
Bibel aufnimmt, dürfte, wie Dierkes vermutet, zugleich einer „Domestizierung" dieses Konzepts gleichkommen. Vgl.: „Nicht der hat Religion, der an eine heilige Schrift glaubt, sondern
welcher keiner bedarf, und wohl selbst eine machen könnte.", KG I/2 242; „Die heiligen
Schriften sind Bibel geworden aus eigener Kraft, aber sie verbieten keinem andern Buche
auch Bibel zu sein oder zu werden […]", KG I/2 323.

[1589] Schriften III 488.

[1590] Vgl. die *Einleitung* Richard Samuels in: Schriften III 481-7, insb. 484-5.

und Staat, Hardenberg jedoch verteidigt in der *Europa* die weltliche Macht der Kirche usw. Andererseits muss man aber bedenken, dass – was das Verhältnis von Religion und Poesie anbelangt, und nur dieses steht hier zur Diskussion – Schleiermacher an einem harten Kern von Religiosität festhält, den er vor der Auflösung in die Moral, aber auch in die Kunst bewahren will. Hardenbergs Katholizismus ist hingegen Religion der Kunst. In dieser Beziehung – und freilich *nur* in dieser – ist Hardenbergs Religionsphilosophie säkularisierter. Auch in Schleiermachers *Reden* sind zwar Ansätze zu einer Ästhetisierung des Glaubens zu finden, denn erst die Bindung der Religion an die Realität der ästhetischen Anschauung ermöglicht es Schleiermacher, deren Auflösung in den ethischen Formalismus rückgängig zu machen.[1591] Die Einbildungskraft in der Religionsbildung erhält jedoch bei Schleiermacher bei weitem keinen so großen Stellenwert wie bei Novalis, geschweige denn wie bei Schlegel, der in seiner Rezension der *Reden* schrieb, dass in ihnen die „offenherzige Abneigung gegen die Poesie" zuerst auffalle.[1592] Bei näherer Betrachtung erhält die Ästhetisierung der Religion bei Schleiermacher eine grundsätzlich andere Qualität als bei Novalis. Die von Schleiermacher aufgestellte Analogie von Kunst und Religion strebt vor allen Dingen danach, die Autonomie der Kunst strategisch als Stütze zu benutzen, um der Religion ihre verlorene Autonomie zurückzuverleihen. Zudem wird in der fünften Rede der für die „Gebildeten" einzig akzeptable Mittler mit dem Gott-Menschen identifiziert und die Rolle der Phantasie in der Religionsbildung *de facto* wieder zurückgenommen. Dass die Kunst der Religion untergeordnet wird, verraten mehrere Stellen. So geht der Kunstsinn natürlicherweise in Religion über.[1593] Trotz der Ruhe des ästhetischen Genusses soll das Gemüt sich dazu angetrieben fühlen, „[...] die Fort-

---

[1591] Wie bei Novalis sind bei Schleiermacher die religiöse und ästhetische Erfahrung miteinander verwandt. So hängt die Religionsbildung von der Richtung der Phantasie ab, KG I/2 245. Die Priester werden als Künstler bezeichnet (vierte Rede: „priesterliche Kunst", KG I/2 286, „Künstlern der Religion", KG I/2 286, „Akademie von Priestern", KG I/2 291), während die Religion selbst als Kunstwerk charakterisiert wird (vierte Rede: „priesterliches Kunstwerk", KG I/2 289; zweite Rede: die Religion „[...] verwandelt [...] den einfachen Gesang des Lebens in eine vollstimmige und prächtige Harmonie.", KG I/2 239; „Denn die Kunstwerke der Religion sind immer und überall ausgestellt, die ganze Welt ist eine Galerie religiöser Ansichten und ein Jeder ist mitten unter sie gestellt [...]", KG I/2 251).

[1592] KA II 278. Somit bestätigte Schlegel sein früheres Urteil aus den Notizen *Zur Philosophie 1797*, in denen es explizit hieß, dass es *„Schlei*[ermacher]" „an p[Poesie] und k[Kunst]" fehle. Vgl.: KA XVIII 87 Nr. 688. Vgl. auch Arndt: „Zwar steht die Kunst auch in den *Reden* in einer beziehungsreichen Nähe zum Religiösen, jedoch tritt sie nicht an die Stelle der Religion und auch nicht der Philosophie, wie es in dem romantischen Projekt einer Stiftung einer neuen Mythologie und Religion der Fall ist.", Gefühl und Reflexion, a.a.O., 126-6, Anm. 45. Richard Samuel bemerkt dazu: „Der zweite wesentliche Unterschied zwischen Schleiermacher und Schlegel liegt darin, daß bei dem ersteren das Gemüt der Erlebnisgrund der Religion ist, während bei dem letzteren die Phantasie die Religion aktiviert, dynamisiert und Gott schafft.", Einleitung in die *Randbemerkungen zu Friedrich Schlegels Ideen* in: Schriften III 485.

[1593] KG I/2 262.

schreitungen zu machen die es zum Universum führen können."[1594] und so die Kunst in Religion transzendieren. Die Kunst hat gegenüber der Religion eine dienende Funktion.[1595] Bekehrungen erfolgen oft *mit Hilfe* von Kunstwerken:

> Ja, wenn es wahr ist daß es schnelle Bekehrungen giebt, Veranlaßungen durch welche dem Menschen, der an nichts weniger dachte als sich über das Endliche zu erheben, in einem Moment wie durch eine innere unmittelbare Erleuchtung der Sinn fürs Universum aufgeht, und es ihn überfällt mit seiner Herrlichkeit; so glaube ich, daß mehr als irgend etwas anders der Anblik großer und erhabner Kunstwerke dieses Wunder verrichten kann [...].[1596]

Zudem fehlt es nicht an Passagen, in denen die Poesie kurzerhand als *Illusion* abgetan wird, was bei Novalis undenkbar wäre. In bezug auf die vergangenen Gestalten der Religion heißt es an die Adresse der Gebildeten: „[...] gebet dem Wahn nicht Raum, als möchte Alles nur Fantasie und Dichtung sein [...]".[1597] An anderer Stelle wird die Kunst mit der Metaphysik gleichgesetzt: „Ich bitte Euch, nicht Alles, was Ihr bei den Heroen der Religion oder in den heiligen Urkunden findet für Religion zu halten. [...] wenn sie also Weltklugheit und Moral reden, oder Metaphysik und Poesie, so meint nicht das müße auch in die Religion hineingezwängt werden [...]".[1598]

Vor allen Dingen aber werden Religion und Kunst von Schleiermacher deshalb nicht völlig identifiziert, weil die Fiktionalität der Poesie eine unterschwellige Bedrohung für den absoluten Wahrheitsanspruch der Religion darstellt. So wird in einer Passage der dritten Rede unverhüllt ausgesprochen, dass die Ur-Verwandtschaft von Poesie und Religion dafür verantwortlich sei, dass die Religion zum bloßen Märchen herabgesetzt werden konnte:

> der Geschmak an grotesken Figuren, meinte man, sei der jungen Fantasie eigen in der Religion wie in der Kunst; man befriedigte ihn in reichem Maaß, ja man knüpfte unbesorgt genug die ernste und heilige Mythologie, das was man selbst für Religion hielt, unmittelbar an diese lustigen Spiele der Kindheit an: Gott, Heiland und Engel waren nur eine andre Art von Feen und Sylphen. So wurde freilich durch die Dichtung frühzeitig genug der Grund gelegt zu den Usurpationen der Metaphysik über die Religion [...].[1599]

Hier wird die „andere" Seite der Verwandtschaft von Religion und Kunst beleuchtet – eine insofern unheilvolle Verwandtschaft, als sie die geschichtliche Verantwortung dafür trägt, dass die Religion als bloße Fiktion ihren Wahrheitsanspruch an die Metaphysik abtreten musste. In der zweiten Fassung der *Reden* versuchte Schleiermacher deshalb, die Sphäre der Religion

---

[1594] Ebd.
[1595] KG I/2 263.
[1596] KG I/2 262.
[1597] KG I/2 312.
[1598] KG I/2 313-4.
[1599] KG I/2 253.

von der der Poesie stärker abzugrenzen.

Dies gibt berechtigterweise Anlass zu der Vermutung, dass Novalis bei seiner enthusiastischen Schleiermacher-Lektüre die eigentliche Rolle, die der Kunst in den *Reden* zukommt, nicht richtig eingeschätzt hat.[1600] In den Randbemerkungen zu Schlegels *Ideen* ist Novalis völlig davon überzeugt, dass Schleiermacher eine Kunstreligion wie die seinige verkündet habe – und zwar in einem solchen Maße, dass er vor diesem Hintergrund glaubt, Schlegels *Ideen*-Fragment Nr. 13 als zu orthodox kritisieren zu können. Dort macht Schlegel die Kunst von der Religion abhängig – „Nur derjenige kann ein Künstler seyn, welcher eine eigne Religion, eine originelle Ansicht des Unendlichen hat." –, während Novalis umgekehrt die Kunst zum Medium der Religionsbildung erklärt und glaubt, sich darin mit Schleiermacher einig zu sein: „Der Künstler ist durchaus irreligiös – daher kann er in Religion wie in Bronze arbeiten. Er gehört zu Schleyerm[achers] Kirche."[1601]

Dass es sich aber um ein Missverständnis von Novalis gehandelt haben dürfte, wird u.a. durch die Aufzeichnung Nr. 48 aus den *Fragmenten und Studien* bestätigt:

> Warum kann in der Religion keine Virtuositaet statt finden? Weil sie auf *Liebe* beruht. Schleyermacher hat Eine Art *von Liebe*, von Religion verkündigt – Eine *Kunst*religion – beynah eine R[eligion] wie die des *Künstlers*, der die Schönheit und das Ideal verehrt.[1602]

„Liebe" und „Kunst" sind folglich aus Novalis' Perspektive gleichberechtigte Komponenten der Religion Schleiermachers, dessen Religion der Liebe auch eine Kunstreligion ist. Der entsprechende Passus in den *Reden* allerdings setzt *nur* die Religion als Anschauung des Universums der „Virtuosität" der philosophischen *und* künstlerischen Tätigkeit entgegen, die in der Endlichkeit be-

---

[1600] Vgl. dazu: Hans Dierkes, ‚Schleyermacher hat Eine Art von Liebe, von Religion verkündigt'. Hat er das? Novalis' Rezeption der Reden ‚Über die Religion', in: 200 Jahre ‚Reden über die Religion'. Akten des 1. internationalen Kongresses der Schleiermacher-Gesellschaft in Halle, 14-17 März 1999, hrsg. von Ulrich Barth und Claus-Dieter Osthövener, Berlin – New York 2000, 534-58. So schreibt Schlegel selbst in seinem Brief an Schleiermacher vom 7. oder 11. Oktober 1799 in bezug auf Novalis' Begeisterung für die *Reden*: „Er behauptet nichts von Dir tadeln zu können, und in sofern einig mit Dir zu seyn.", und setzt hinzu: „Doch damit wird es nun wohl so so stehen.", Schriften IV 641. Ebenso heisst es im Brief an Schleiermacher vom 15 [?] November 1799: „Er hat uns einen Aufsatz über Christentum vorgelesen und fürs Athenäum gegeben. Du erhältst ihn mit nächstem selbst, und darum sage ich nichts weiter darüber; und ich denke Du wirst Dich doch dann und wann fast sehr über seine Bewunderung verwundern.", Schriften IV 646.

[1601] Schriften III 488.

[1602] Schriften III 562 Nr. 48. Schlegel hatte in seiner Rezension der *Reden* im zweiten Band und zweiten Stück des *Athenäums* besonders Schleiermachers Kritik der künstlerischen Virtuosität besonders kritisiert: „[…] am anstößigsten war mir anfänglich die unheilige Form von *Virtuosität* in der Religion […]", KA 280. Vgl. dazu: Rudolf Unger, Heilige Wehmut. Zum geistes- und seelengeschichtlichen Verständnis einer romantischen Begriffsprägung, in: Gesammelte Studien, Berlin 1944, Nachdruck: Darmstadt 1966, Bd. III 238 ff.

fangen bleibt und sich nicht zum Universum erhebt:

> In allem Handeln und Wirken, es sei sittlich oder philosophisch oder künstle-
> risch, soll der Mensch nach Virtuosität streben, und alle Virtuosität beschränkt
> und macht kalt, einseitig und hart. Auf einen Punkt richtet sie zunächst das Ge-
> müth des Menschen, und dieser eine Punkt ist immer etwas endliches.[1603]

Zusammenfassend lässt sich festhalten, dass in der Einbeziehung der Kunst
in die Religion Novalis gewissermaßen eine Zwischenposition zwischen
Friedrich Schlegel einnimmt, der die Religion nicht nur in Poesie, sondern
sogar in Moralität auflösen will, und Schleiermacher, der die Analogie von
Religion und Kunst in der Absicht benutzt, der Religion ihre verlorene Autonomie der Moral gegenüber wieder zu sichern.

Novalis dürfte sich zu Recht mit Schleiermacher in der Rolle des Gefühls,
der Anschauung und der Passivität in der religiösen Erfahrung einig sein.[1604]

[1603] KG I/2 238. Offenbar glaubte Novalis, dass Schleiermacher die Kunst so sehr zum Angel-
punkt seiner Konzeption der Religion erklärte, dass die Schönheit und das Ideal dabei eine zu
große Bedeutung erhalten hatten. In der Tat formuliert Novalis in der oben zitierten Aufzeichnung Nr. 48 aus den *Fragmenten und Studien* nicht nur sein Einverständnis mit Schleiermachers „Kunstreligion", sondern hebt auch ihre Einseitigkeit hervor. Novalis fordert dazu
auf, der Liebe zum Idealen und Schönen das Mitleid für das Reale und Hilfsbedürftige an die
Seite zu stellen. Er fährt folgendermaßen fort: „Die Liebe ist frey – Sie wählt das Ärmste und
Hülfsbedürftigste am Liebsten. / Gott nimmt sich daher der Armen und Sünder am Liebsten
an. [...] Religiöse Aufgabe – *Mitleid* mit der *Gottheit zu haben* – Unendliche Wehmut der
Religion. Sollen wir Gott lieben, so muß er *hülfsbedürftig* seyn.", Schriften III 562 Nr. 48.
Ein sonderbarer Rollenwechsel: Novalis glaubt, dass Schleiermacher derart das Schöne in den
Mittelpunkt seiner Religionsphilosophie gestellt hätte, dass er sich genötigt fühlt, ihm seinen
eigenen Begriff der „Wehmut" in Erinnerung zu rufen, um dadurch die Religion des Ideals
nach der anderen Seite hin auszugleichen. Zu Schleiermachers „Wehmut" vgl. die fünfte Rede: „Wie nennt Ihr das Gefühl einer unbefriedigten Sehnsucht die auf einen großen Gegenstand gerichtet ist, und deren Unendlichkeit Ihr Euch bewußt seid? Was ergreift Euch, wo Ihr
das Heilige mit dem Profanen, das Erhabene mit dem Geringen und Nichtigen aufs innigste
gemischt findet? und wie nennt Ihr die Stimmung, die Euch bisweilen nöthiget diese Mischung überall vorauszusezen, und überall nach ihr zu forschen? Nicht bisweilen ergreift sie
den Christen, sondern sie ist der herrschende Ton aller seiner religiösen Gefühle, diese heilige
Wehmut [...]", KG I/2 320. Schleiermacher verwendet dafür auch den Terminus „heilige
Sehnsucht" (KG I/2 242; 259). Auch Novalis gebraucht den Begriff der „Wehmut" häufig.
Vgl.: Schriften I 130 f.; 134 f.; 168; 214; 232; 278; 283; 318 f.; 354; 411; 417; 430; 432; 434;
506; 573; II 563; III 492; 589; 641; 654. Zum romantischen Verständnis des Begriffs vgl.: R.
Unger, a.a.O., 181-254. Als erster hatte Klopstock den Terminus „Wehmut" in Verbindung
mit der religiösen Erfahrung gebracht. Golgotha ist in seinem *Messias* ein „Schauplatz heiliger Wehmut", Friedrich Gottlieb Klopstock, Werke und Briefe, hrsg. von H. Gronemeyer, E.
Höpker-Herberg, K. Hurlebusch, Berlin – New York 1974, Abteilung Werke, Bd. IV.1: *Messias*, X 151).

[1604] „Ihr [der Religion] Wesen ist weder Denken noch Handeln, sondern Anschauung und Gefühl. Anschauen will sie das Universum, in seinen eigenen Darstellungen und Handlungen
will sie es andächtig belauschen, von seinen unmittelbaren Einflüßen will sie sich *in kindlicher Paßivität* ergreifen und erfüllen laßen.", KG I/2 211, meine Hervorhebung. Vgl. auch:
„In der Religion wird das Universum, es wird gesezt als ursprünglich handelnd auf den Menschen.", KG I/2 245.

Besonders in Novalis' Kommentaren zu Schlegels *Ideen* kommt die Verdrängung der ethischen Tätigkeit durch die religiöse Passivität ganz im Sinne Schleiermachers deutlich zum Ausdruck. So lehnt Novalis Schlegels Bestimmung des Geistlichen als tätigen „Künstler" ab. Zum Fragment Nr. 16:

> Der Geistliche bloß als solcher, ist es nur in der unsichtbaren Welt. Wie kann er erscheinen unter den Menschen? Er wird nichts wollen auf der Erde, als das Endliche zum Ewigen bilden, und so muß er, mag auch sein Geschäft Namen haben, wie es will, ein Künstler seyn und bleiben[1605]

lautet Novalis' Randbemerkung: „(Bilden kann der Geistliche durchaus nicht – wenn Bilden ein Thätig seyn ist. Unthätig bis zur Leidenschaft ist der geistlich gesinnte Mensch.)"[1606] Von wünschenswerter Klarheit ist darüber hinaus auch die lakonische Notiz zum Fragment Nr. 29:

> Frey ist der Mensch wenn er Gott *hervorbringt* oder sichtbar macht, und dadurch wird er unsterblich[1607]

Novalis bemerkt lapidar: „*(anschaut)*".[1608] Wiederholt versucht Novalis in seinen Randbemerkungen, wenn nicht – wie Schleiermacher – die Einbildungskraft durch das Gefühl zu ersetzen, so doch die transzendentalen Vorstellungen der Einbildungskraft zu hypostasieren, das frei Hervorgebrachte in ein Notwendiges, die Tätigkeit in Anschauung umschlagen zu lassen. Gegen das Fragment Nr. 10: „Ideen sind unendliche, selbständige immer in sich bewegliche Gottähnliche Gedanken" – wendet Novalis ein: „Sie sind *Natur*gedanken – *nothwendige* Gedanken",[1609] und hebt somit im Sinne der Logologie das Moment des Notwendig-Unbewussten besonders hervor. An anderer Stelle heißt es, dass der kritische Idealismus „Quietismus", eine tätige *Untätigkeit* darstelle: „Thätige Unthätigkeit, ächter Quietismus ist der kritische Idealism."[1610] Kulmination dieses Umschlags des Ethischen ins Religiöse, die völlig Schleiermachers Versuch entspricht, die Eigenständigkeit der Religion gegenüber der Moral zu behaupten, ist die Kritik an dem *Ideen*-Fragment Nr. 12, das die Kontinuität von Aufklärung und Idealismus behauptet – „Giebt es eine Aufklärung? So dürfte nur das heißen, wenn man ein Princip im Geist des Menschen, wie das Licht in unserm Weltsystem ist, zwar nicht durch Kunst hervorbrächte, aber doch mit Willkühr in freye Thätigkeit setzen könnte." –, eine Kontinuität, die Novalis verwirft: „Das Aufklären gehörte zur Sinnzuchtslehre."[1611] Zwischen der Aufklärung und dem Idealismus besteht für

---

[1605] Schriften III 489.
[1606] Ebd.
[1607] Schriften III 489. Hervorhebung von mir.
[1608] Ebd. Hervorhebung von mir.
[1609] Schriften III 488. Hervorhebung von mir.
[1610] Schriften III 492.
[1611] Schriften III 488. Eine Parallelstelle zur Aufklärungskritik in der *Europa*, vgl.: Schriften III 516. Sein Bibelprojekt verstand Schlegel hingegen eindeutig im Sinne einer Kontinuität mit

Novalis eine Grenze.

Vor diesem Hintergrund ist auch verständlich, dass Novalis mit Schlegels Definition von Religion nicht völlig übereinstimmt. In den *Ideen* versteht Schlegel unter Religion keinen konfessionellen Glauben, sondern eine allgemeine Begeisterung für die Unendlichkeit. So schreibt er im *Ideen*-Fragment Nr. 22:

> Was thun die wenigen Mystiker die es noch giebt? – Sie bilden mehr oder weniger, das rohe Chaos der schon vorhandnen Religion. Aber nur einzeln im Kleinen, durch schwache Versuche. Thut es im Großen von allen Seiten mit der ganzen Maße, und laßt uns alle Religionen aus ihren Gräbern wecken, und die unsterblichen neu beleben und bilden durch die Allmacht der Kunst und Wissenschaft.[1612]

Dieser nicht konfessionell fixierte Religionsbegriff stößt aber bei Novalis auf Ablehnung. Letzterer kommentiert: „Wenn du von Relig[ion] sprichst, so scheinst du mir den *Enthusiasmus* überhaupt zu meynen, von dem die Religion nur Eine Anwendung ist."[1613] Zu Schlegels Fragment Nr. 151 – „In alle Gestalten von Gefühl kann die Religion ausbrechen" – merkt Novalis in demselben Sinne an: „Wie ich schon oben sagte, Dir ist Religion geistige Sinnlichkeit und geistige Körperwelt überhaupt."[1614]

Die anderen Differenzen zu Schlegel, die Novalis in seinen Kommentaren markiert, folgen ebenso aus dem Umstand, dass Friedrich Schlegel in seiner Religionsauffassung vom Standpunkt der Ich-Philosophie, Novalis hingegen eher von dem der Identitätsphilosophie her argumentiert. Dies lässt sich exemplarisch etwa an dem Begriff der Sünde zeigen, der für Schlegel zentral – „Die eigentliche Centralanschauung des Christenthums ist die Sünde"[1615] – für

---

der Aufklärung. In einer Notiz vom Sommer 1798 heißt es: „Von d[er] neuen bibl.[ischen] Schrift wird man sagen können; da ist nun die Aufklärung.", KA XVIII 265 Nr. 849.

[1612] Schriften III 489.

[1613] Ebd.

[1614] Schriften III 493.

[1615] *Ideen*-Fragment Nr. 63, zit. nach: Schriften III 491. Dass Schlegels Christentumsauffassung anders als die Hardenbergs ethisch dimensioniert war, geht u.a. aus einem Plan Schlegels aus dem Jahre 1799 hervor, im Rahmen des Atheismus-Streits eine Verteidigungsschrift *Für Fichte. An die Deutschen* [1799] zu verfassen – eine Arbeit, die Fichtes Partei gegen die Atheismus-Vorwürfe ergreifen wollte, vgl.: KA XVIII 522-5. Schlegel verteidigt Fichte, indem er auf die Wesensverwandtschaft seiner Philosophie zum Christentum aufmerksam macht. Diese Nähe besteht in dem von beiden vertretenen *Monismus*: wie im Christentum ist auch für Fichte die Tätigkeit nicht in der Natur angelegt, sondern nur dem Ich zuzuschreiben. Die Tätigkeit als das Prinzip des Guten wird dem Endlichen als das Böse entgegengesetzt: „Und eben darin stimmt Fichte's Philosophie – nicht etwa aus willkürlicher Annäherung, sondern durch die innere Nothwendigkeit ihrer eigenen Principien getrieben – mit der christlichen Religion vollkommen überein. Auch nach dieser Philosophie ist in der Welt ein ewiger Streit des Guten und des Bösen. Es giebt zwei ursprünglich verschiedene Tendenzen im Menschen, die aufs Endliche und die aufs Unendliche; also nicht bloß eine Verschiedenheit des Grades, Nüancen von Tugend und Laster, sondern absolute Entgegengesetztheit der Wege, die es jedem Menschen freisteht zu wandeln. / [...] Zwar die falsche nur scheinbare Religion, die es eigent-

Novalis hingegen eher irrelevant ist: im Lichte der Analogie zwischen Ich und Natur kann die Sünde keine Bedeutung mehr haben. Novalis: „Sollte nicht die Sünde nur das Nichtich des Xstenthums – oder vielleicht gar nur *annihilando* durch das Xstenthums gesezt werden?"[1616] An anderer Stelle heißt es: „Dem ächt Religiösen ist nichts *Sünde.*"[1617] Von der identitätsphilosophischen Dimensionierung von Novalis' Kritik zeugt darüber hinaus seine Kritik an Schlegels *Ideen*-Fragment Nr. 67. Hier stellt Schlegel – ganz im Sinne Schleiermachers! – die Religion und die Moral als Reales und Ideales einander gegenüber: „Religion und Moral sind [sich] systematisch entgegengesezt, wie Poesie und Philosophie."[1618] Diese scharfe Entgegensetzung von Religion und Ethik ist indessen eines der wenigen Elemente, die Novalis aus Schleiermachers *Reden* nicht rezipiert, denn vor dem Hintergrund der Analogie von Ich und Natur und der Liebe als Ausdruck dieser Analogie gibt es keine kategorialen Gegensätze mehr: Religion und Moral differenzieren sich nur durch die quantitative „Prädominanz" der Tätigkeit und der Passivität. Schon in den *Fichte-Studien* spricht Novalis vom „Praedominirenden" im Identischen – ein für Novalis zentraler Gedanke, der sich aus der Dialektik ergibt, in der jeder Pol mit dem anderen verbunden ist und Schellings Jahre später formulierte „Potenzenlehre" vorwegnimmt.[1619] In diesem Sinne betrachtet Novalis in seiner Randbemerkung zum Fragment Nr. 67 Religion und Moral als nur oberflächlich verschieden: „Indeß doch nur verschiedne Modificationen."[1620] Bedeutsam ist auch Novalis' Notiz zu Schlegels *Ideen*-Fragment Nr. 51 – „Wir wissen nicht, was ein Mensch sey, bis wir aus dem Wesen der Menschheit begreifen, warum es Menschen giebt, die Sinn und Geist haben, andere denen sie fehlen." – sie lautet, ganz im Sinne der Identitätsphilosophie:

> Ich weis nicht warum man immer von einer abgesonderten Menschheit spricht. Gehören Thiere, Pflanzen und Steine, Gestirne und Lüfte nicht auch zur Menschheit und ist sie nicht ein bloßer Nervenknoten, in den unendlich verschiedenlaufende Fäden sich kreutzen. Läßt sie sich ohne die Natur begreifen –?

---

lich nicht ist, wird diesen schneidenden Gegensatz aus allen Kräften verbergen und nicht bloß anderen, sondern sich selbst läugnen wollen; weil mit der Anerkennung jenes Gegensatzes ihre eigene Nichtigkeit sogleich einleuchtet. Natürlich muß wohl der Endliche, welcher die (heiligen) Rechte des Unendlichen usurpiren will, (mit glatter Freundlichkeit) in gutem Vernehmen mit demselben zu seyn scheinen, und die ewigen Unterschiede läugnen!", KA XVIII 524-5.

[1616] Schriften III 491.

[1617] Schriften III 589 Nr. 228.

[1618] Zit. nach: Schriften III 491.

[1619] Die grundsätzliche Identität oder Analogie von Natur und Ich, Materie und Geist hatte Novalis bereits in den *Fichte-Studien* festgestellt: „Im Gefühl, Anschauung etc. kann Mat[erie] oder Geist nach Belieben die Einheit – das Wesen seyn. Beyde sind Einheit – beyde Mannichfaltigkeit in verschiedner Art.", Schriften II 246 Nr. 453. Oder: „Glauben ist Empfindung des Wissens – Vorstellung Wissen der Empfindung. Gedanken – Denken – ist das Predominirende im Wissen – sowie Fühlen im Glauben.", Schriften II 258 Nr. 503.

[1620] Schriften III 491.

ist sie denn so sehr anders, als die übrigen Naturgeschlechter?[1621]

Nicht nur die Gleichsetzung von Ich und Natur, sondern auch die oben angesprochene Gleichsetzung von Freiheit und Passivität, Moral und Religion sind nur vor dem Hintergrund von Novalis' Analogiegedanken sowie seinem Liebesbegriff verständlich, der für das Ineinanderfließen der unterschiedlichen Seinsbereiche sorgt. Religion ist somit Moral, wie sie Poesie ist usw.

Davon, dass Schlegel und Novalis diese ihre zentralen Differenzen nicht verschwiegen haben, zeugt nicht zuletzt der Umstand, dass Friedrich Schlegel in seiner Widmung der *Ideen* an Novalis ihre „Missverständnisse" als Bestätigungen eines grundsätzlichen Einverständnisses umzudeuten versucht: „Es giebt Mißverständnisse die das höchste Einverständniß neu bestätigen."[1622] Novalis' Antwort darauf klingt wie ein Echo: „Ich weis, daß wir *in vielen* Eins sind und glaube, daß wir es durchaus sind, weil Eine Hoffnung, Eine Sehnsucht unser Leben und unser Tod ist."[1623]

[1621] Schriften III 490.
[1622] Zit. nach: Schriften III 493 (An Novalis).
[1623] Schriften III 493 (An Julius). Hervorhebung von mir.

Verzeichnis der Abkürzungen

Novalis' Werke werden einheitlich nach der historisch-kritischen Ausgabe der Schriften zitiert: Novalis, Schriften. Die Werke Friedrich von Hardenbergs, herausgegeben von Paul Kluckhohn und Richard Samuel, Stuttgart 1960 f. = Schriften. Der Kommentar zur Hanser-Ausgabe der Werke (Novalis, Werke, Tagebücher und Briefe Friedrich von Hardenbergs, herausgegeben von Hans-Joachim Mähl und Richard Samuel, München-Wien 1978) wird nach den einzelnen Verfassern (Hans Jürgen Balmes, Ludwig Stockinger, Hans-Joachim Mähl) mit dem Zusatz: „Kommentar" zitiert. Auch Friedrich Schlegel wird einheitlich nach der historisch-kritischen Ausgabe zitiert: Kritische Friedrich-Schlegel-Ausgabe, herausgegeben von E. Behler unter Mitw. v. Jean-Jacques Anstett und Hans Eichner, München-Paderborn-Wien 1958 f. = KA. Zur Editionstechnik gilt es zu beachten, dass die spitzigen Klammern < > in der Novalis-Ausgabe Streichungen des Autors, bei Friedrich Schlegel hingegen seine Randbemerkungen und Zusätze zum Haupttext kennzeichnen.

Zitiert wird Fichte nach der historisch-kritischen Ausgabe (J. G. Fichte, Gesamtausgabe der Bayrischen Akademie der Wissenschaften, herausgegeben von Reinhard Lauth und Hans Jacob, Stuttgart-Bad Cannstatt 1962 ff. = FG.) und Schelling nach der Ausgabe: F. W. J. Schelling, Sämmtliche Werke, herausgegeben von K. F. A. Schelling, Stuttgart-Augsburg 1856-1861= SW. Herders Werke, nach der Suphan-Ausgabc (Johann Gottfried Herder, Sämmtliche Werke, herausgegeben von Bernhard Suphan, Berlin 1883, 3., unveränderter Nachdruck: Hildesheim 1994) als Sämmtliche Werke zitiert. Goethes Werke werden nach der Hamburger-Ausgabe (Werke, herausgegeben von Erich Trunz, München 1998) zitiert und als HA abgekürzt. Schillers Schriften werden nach der Nationalausgabe (herausgegeben von L. Blumenthal und B. v. Wiese, Weimar 1943 ff.) zitiert und als NA abgekürzt. Hölderlins Werke werden nach der Stuttgarter Ausgabe (herausgegeben von Friedrich Beissner, Stuttgart 1943 ff.) zitiert und als StA abgekürzt. Kants Werke werden nach der Akademie-Ausgabe zitiert (Kants gesammelte Schriften, herausgegeben von der Königlich Preußischen Akademie der Wissenschaften, Berlin 1912 ff.) und als Ak.-Ausg. abgekürzt. Die Kritik der praktischen Vernunft und die Kritik der Urteilskraft werden als KpV und KdU abgekürzt. Die Kritik der reinen Vernunft (als KrV abgekürzt) wird nach der Erstauflage (1781=A) und nach der Zweitauflage (1787=B) zitiert. Die Orthographie wurde auf der Grundlage der Kant-Ausgabe im Meiner-Verlag modernisiert. Die Schriften Schleiermachers werden nach der HKA-Ausgabe: Friedrich Daniel Schleiermacher, Kritische Gesamtausgabe, hrsg. von Hans-Joachim Birkner und Gerhard Ebeling, Hermann Fischer, Heinz Kimmerle, Kurt-Victor Selge, Berlin-New York 1984) zitiert und als KG abgekürzt.

Bibliographie

A. Quellen

Johann Christoph Adelung, Grammatisch-kritisches Wörterbuch der hochdeutschen Mundart, mit beständiger Vergleichung der übrigen Mundarten, besonders aber der Oberdeutschen, Leipzig 1793.

Charles Batteux, Cours de belles lettres, Nouv. éd., Paris 1753.

Thomas Blackwell, Untersuchung über Homers Leben und Schriften. Aus dem Englischen des Blackwells übersetzt von Johann Heinrich Voß, Leipzig 1776.

Hugo Blair, Vorlesungen über Rhetorik und schöne Wissenschaften. Aus dem Englischen übersetzt und mit einigen Anmerkungen und Zusätzen begleitet von K[arl] G[ottfried] Schreiter. Erster – Zweiter Theil. Leipzig 1786-7.

Johann Jakob Bodmer, Johann Jakob Breitinger (Hrsg.), Sammlung von Minnesingern aus dem schwaebischen Zeitpuncte. CXL Dichter enthaltend; durch Ruedger Manessen, weiland des Rathes der uralten Zyrich. Aus der Handschrift der koeniglich-franzoesischen Bibliotheck herausgegeben. Zyrich 1759.

Dies., Schriften zur Literatur, hrsg. von Volker Meid, Stuttgart 1980.

Charles Bonnet, La Palingénesie Philosophique, Ou Idées Sur L'État Passé Et Sur L'État Futur Des Etres Vivants, Munster 1770.

Jacob Böhme, Morgen-Röte im Aufgangk, in: Werke, hrsg. von Ferdinand van Ingen, Frankfurt am Main 1997.

Friedrich Bouterwek, Parallelen. Vom griechischen und modernen Genius. Nur Fragmente Göttingen 1791.

Johann Jacob Breitinger, Critische Dichtkunst. Faksimiledruck nach der Ausgabe von 1740, mit einem Nachwort von Wolfgang Bender, Stuttgart 1966.

Edmund Burke, Philosophische Untersuchungen über den Ursprung unsrer Begriffe vom Erhabnen und Schönen, Riga 1773.

Ders., Betrachtungen über die Französische Revolution. Aus dem Englischen übertragen von Friedrich Gentz, Berlin 1793.

Marcus Tullius Cicero, De oratore: lat. u. dt., übers. u. hrsg. von Harald Merklin, Stuttgart 1997.

Jean Desmarets de Saint-Sorlin, Clovis Ou La France Chrestienne: poème héroïque. Texte de 1657, publié avec une introd., des notes, des variantes de l'éd. de 1673, un glossaire, un index, des append. et une bibliogr. par Félix R. Freudmann, Louvain 1972.

Hermann Diels – Walther Kranz, Die Fragmente der Vorsokratiker, Bd. 1, Berlin 1951.

Joseph von Eichendorff, Sämtliche Werke des Freiherrn Joseph von Eichendorff, hrsg. von Hermann Kunisch und Helmut Koopmann, Stuttgart – Berlin – Köln 1993.

Ludwig Feuerbach, Werke, hrsg. von W. Bolin und F. Jodl, Stuttgart-Bad Cannstatt 1959.

Johann Gottlieb Fichte, Gesamtausgabe der Bayrischen Akademie der Wissenschaften, hrsg. von Reinhard Lauth und Hans Jacob, Stuttgart-Bad Cannstatt 1962 ff.

Karl Wilhelm Ferdinand von Funck, Geschichte Kaiser Friedrichs des Zweiten, Züllichau/Freystadt 1792.

Johann Wolfgang von Goethe, Werke, Hamburger Ausgabe in vierzehn Bänden, hrsg. von Erich Trunz, München 1981.

Propyläen. Eine periodische Schrifft, hrsg. von Goethe, Ersten Bandes Erstes Stück, Tübingen 1798.

Johann Christoph Gottsched, Versuch einer critischen Dichtkunst (1730), nach der 4. Aufl. Leipzig 1751 (Nachdruck: Darmstadt 1962).

Ders., Der Biedermann. Erster Theil Darinnen Fünfzig wöchentliche Blätter enthalten sind. Vier und dreyßigstes Blatt 1717. den 22. December, 133 f.

Friedrich David Graeter, Nordische Blumen, Leipzig 1789.

Jacob und Wilhelm Grimm (Hrsg.), Deutsches Wörterbuch, Leipzig 1854.

Johann Georg Hamann, Sämtliche Werke, Historisch-kritische Ausgabe von Josef Nadler, Wien 1950.

Benjamin Hederich, Gründliches Mythologisches Lexikon, Leipzig 1724 (Nachdruck: Darmstadt 1996).

Georg Wilhelm Friedrich Hegel, Differenz des Fichteschen und Schellingschen Systems der Philosophie, Leipzig 1981.

Ders., Enzyklopädie der philosophischen Wissenschaften, Frankfurt am Main 1986.

Ders., Vorlesungen über die Ästhetik, 3 Bde., Frankfurt am Main 1986.

Ders., Vorlesungen über die Philosophie der Religion, Frankfurt am Main 1986.

Ders., Wissenschaft der Logik I, Frankfurt am Main 1986.

Gotthard Heidegger, Mythoscopia Romantica oder Discours von den so benannten Romanen, neu hrsg. von W. E. Schäfer, Bad Homburg 1969.

François Hemsterhuis, Œuvres Philosophiques de M. François Hemsterhuis, ed. H. J. Jansen, 2 Bde., Paris 1792.

Johann Gottfried Herder, Sämmtliche Werke, hrsg. von Bernhard Suphan, Berlin 1883 (3., unveränderter Nachdruck: Hildesheim 1994).

Ders., Werke in zehn Bänden, hrsg. von Günter Arnold u.a., Frankfurt am Main 1985 ff.

Karl Heinrich Heydenreich, System der Ästhetik, Bd. I, Leipzig 1790.

Friedrich Hölderlin, Sämtliche Werke. Große Stuttgarter Ausgabe, hrsg. von Friedrich Beißner, Stuttgart 1943 ff.

Ders., Sämtliche Werke und Briefe, Bd. 1: Gedichte, hrsg. von Jochen Schmidt, Frankfurt am Main 1992.

David Hume, Eine Untersuchung über den menschlichen Verstand, dt. hrsg. von Raoul Richter, Hamburg 1973.

Isaak Iselin, Über die Geschichte der Menschheit, Zweyter Theil, Carlsruhe 1784.

Friedrich Heinrich Jacobi, Über die Lehre des Spinoza in Briefen an Herrn Moses Mendelssohn, München 1912.

Ders., David Hume über den Glauben, oder Idealismus und Realismus. Ein Gespräch (1787), hrsg. von Friedrich Roth und Friedrich Köppen, Leipzig 1815 (Nachdruck: Darmstadt 1968), II 219-310.

Christian David Jani, Artis poeticae Latinae libri IV, Halle 1774.

Kants gesammelte Schriften, hrsg. von der Königlich Preußischen Akademie der Wissenschaften, Berlin 1912.

Immanuel Kant, Kritik der reinen Vernunft, nach der ersten und zweiten Original-Ausgabe hrsg. von Raymund Schmidt. Mit einer Bibliographie von Heiner Klemme, Hamburg 1990.

Ders., Kritik der praktischen Vernunft, hrsg. von Karl Vorländer. Mit einer Bibliographie von Heiner Klemme, Hamburg 1990.

Ders., Kritik der Urteilskraft, hrsg. von Karl Vorländer. Mit einer Bibliographie von Heiner Klemme, Hamburg 1990.

Friedrich Gottlieb Klopstock, Werke und Briefe, hrsg. von H. Gronemeyer, E. Höpker-Herberg, K. Hurlebusch, Berlin – New York 1974, Abteilung Werke, Bd. IV.1: Messias.

Ders., Briefe 1783-1794, hrsg. von Helmut Riege, Berlin – New York 1994.

Sebastian Kortholt (praeses) – Wilhelm Ludwig Hudemann (respondens), Poeticam veterem romanam atque graecam […] praeside S. K. [...] a contemptu scriptoris parrhasianorum [...] vindicabit W. L. H., Kiel 1703.

Anne-Marie Lecoq (Hrsg.), La Querelle des Anciens et des Modernes. Précédé d'un essai de Marc Fumaroli, Paris 2001.

Gottfried Wilhelm Leibniz, Die philosophischen Schriften, hrsg. von C. I. Gerhardt, Berlin 1875-90.

Gotthold Ephraim Lessing, Gesammelte Werke in zehn Bänden, hrsg. von P. Rilla, Berlin 1954-57.

Ders., Werke und Briefe in zwölf Bänden, hrsg. von Wilfried Barner u.a., Frankfurt am Main 1989 ff.

Marcus Valerius Martialis, Epigrammata, recognovit brevique adnotatione critica instruxit W. M. Lindsay, editio altera, Oxonii 1929.

Jakob Masenius, Palaestra Styli Romani, Köln 1659.

Moses Mendelssohn, Gesammelte Schriften, hrsg. von I. Elbogen, J. Guttmann, E. Mittwoch, Berlin 1929.

Karl Philipp Moritz, Schriften zur Ästhetik und Poetik. Kritische Ausgabe, hrsg. von H. J. Schrimpf, Tübingen 1962.

Ders., Werke, hrsg. von Horst Günther, Frankfurt am Main 1981.

Novalis, Schriften. Die Werke Friedrich von Hardenbergs, hrsg. von Paul Kluckhohn und Richard Samuel, Stuttgart 1960 f.

Novalis, Werke, Tagebücher und Briefe Friedrich von Hardenbergs, hrsg. von Hans-Joachim Mähl und Richard Samuel, München-Wien 1978.

Friedrich Christoph Oetinger, Sämmtliche Schriften, hrsg. von Karl Chr. Eberh. Ehmann, Zweite Abtheilung: Theosophische Schriften, Bd. VI, Stuttgart 1864.

Jean Paul, Sämtliche Werke, hrsg. von Norbert Miller, München 1963.

Charles Perrault, Parallèle des Anciens et des Modernes, (Faksimiledruck) München 1964.

Pindar, Versuch einer prosaischen Übersetzung der griechischen Lieder des Pindar, übersetzt von Christian Tobias Damm, Berlin und Leipzig 1770-71.

Ders., Olympische Siegshymnen, übersetzt von Friedrich Gedike, Berlin 1777.

Ders., Carmina selecta, übersetzt von Friedrich Gedike, Berlin 1786.

Ders., Nemea, ed. H. Maehler (post B. Snell), Pindari carmina cum fragmentis, pt. 1, Leipzig 1971.

Joseph Priestley, Vorlesungen über Redekunst und Kritik Aus dem Englischen übersetzt von Johann Joachim Eschenburg, Leipzig 1779.

Aurelius Prudentius Clemens, Psychomachie. Contre Symmaque, texte établi et traduit par M. Lavarenne, Paris 1948.

Pseudolonginus, Vom Erhabenen, Griechisch und Deutsch, hrsg. von Reinhard Brandt, Darmstadt 1966.

Johannes Rothe, Chronicon Thuringiae, in: Scriptores rerum Germanicarum, praecipue

Saxonicarum, hrsg. von Johann Burkhard Mencke, Tomus II, Lipsiae 1728, Sp. 1633-1824.

Ders., Vita S. Elisabethae, Landgraviae Thuringiae, in: Scriptores rerum Germanicarum, praecipue Saxonicarum, hrsg. von Johann Burkhard Mencke, Tomus II, Lipsiae 1728, Sp. 2033-2103.

Jean-Jacques Rousseau, Œuvres complètes, édition sous la direction de Bernard Gagnebin et Marcel Raymond, tome IV, Paris 1969.

Ders., Émile ou De L'Éducation, hrsg. von Pierre Richard, Paris 1957.

Friedrich Wilhelm Joseph Schelling, Sämmtliche Werke, hrsg. von K. F. A. Schelling, Stuttgart-Augsburg 1856-1861.

Ders., Timaeus, hrsg. von Hartmut Buchner, in: Schellingiana, Bd. IV, Stuttgart-Bad Cannstatt 1994.

Schillers Werke. Nationalausgabe, hrsg. (seit 1961) von L. Blumenthal und B. v. Wiese, Weimar 1943 ff.

Musen-Almanach für das Jahr 1796, hrsg. von Schiller, Neustrelitz.

August Wilhelm Schlegel, Geschichte der romantischen Literatur, hrsg. von E. Lohner, zugleich: Kritische Schriften und Briefe Bd. 4, Stuttgart 1965.

Athenäum. Eine Zeitschrift, hrsg. von August Wilhelm Schlegel und Friedrich Schlegel, reprogr. Nachdr., Darmstadt 1992.

Friedrich Schlegel, Neue philosophische Schriften, hrsg. von Josef Körner, Frankfurt am Main 1935.

Friedrich Schlegel, Literary Notebooks 1797-1801, hrsg. von Hans Eichner, London 1957.

Kritische Friedrich-Schlegel-Ausgabe, hrsg. von Ernst Behler unter Mitw. v. Jean-Jacques Anstett und Hans Eichner, München-Paderborn-Wien 1958 f.

Friedrich Daniel Schleiermacher, Kritische Gesamtausgabe, hrsg. von Hans-Joachim Birkner und Gerhard Ebeling, Hermann Fischer, Heinz Kimmerle, Kurt-Victor Selge, Berlin-New York 1984.

Aus Schleiermachers Leben: in Briefen, hrsg. von Ludwig Jonas und Wilhelm Dilthey, Berlin 1858-63.

Michael Ignaz Schmidt, Geschichte der Deutschen. Nach der neuen und von dem Verfasser verbesserten, und unter seinen Augen veranstalteten Auflage. Erster – Vierter Theil, Ulm 1785-1787, Bd. VII.

Karl Wilhelm Ferdinand Solger, Vorlesungen über Ästhetik, Leipzig 1829.

Johann Friedrich Steffens, Von dem Nutzen der heidnischen Schrift=Steller in christlichen Schulen, Celle 1746, in: Acta Scholastica, 2. Stück, VII. Bd., Nürnberg 1747, 140-78.

Johann Georg Sulzer, Allgemeine Theorie der schönen Künste in einzelnen, nach alphabetischer Ordnung der Kunstwörter auf einander folgenden Artikeln abgehandelt, Nachdruck der 2. vermehrten Ausgabe Leipzig 1792, Hildesheim 1967.

Christian Thomasius, (Einführung zu) SAMUELIS à PUFENDORFF Epistola Gratulatoria ad D. Val. Alberti Sponsarum Parentem, in: Freymüthiger Jedoch Vernunfft= und Gesetzmäßiger Gedancken Über allerhand/fürnehmlich aber Neue Bücher DECEMBER des 1689. Jahrs, Halle 1690, 1053-7.

Dieterich Tiedemann, Der Geist der spekulativen Philosophie, Marburg 1791-97.

Wilhelm Heinrich Wackenroder, Herzensergießungen eines kunstliebenden Klosterbruders, Stuttgart 1973.

Johann Joachim Winckelmann, Versuch einer Allegorie, besonders für die Kunst,

Dresden 1766.

Ders., Geschichte der Kunst des Altertums. Vollständige Ausgabe, hrsg. von Wilhelm Senff, Weimar 1964.

Ders., Kleine Schriften, Vorreden, Entwürfe, hrsg. von Walther Rehm, zweite Auflage, Berlin – New York 2002.

Edward Young, Klagen, oder Nachtgedanken über Leben, Tod und Unsterblichkeit, Braunschweig, 1760-1767.

Ders., Gedanken über die Original-Werke. Aus dem Englischen von H. E. Teubern, Faksimiledruck nach der Ausgabe von 1760, Nachwort und Dokumentation zur Wirkungsgeschichte in Deutschland von Gerhard Sauder, Heidelberg 1977.

B. Sekundärliteratur

Theodor W. Adorno, Gesammelte Schriften, hrsg. von Rolf Tiedemann, Frankfurt am Main 1997.

Beda Allemann, Ironie und Dichtung, Pfullingen 1956.

Gyula Alpár, Streit der Alten und Modernen in der deutschen Literatur bis um 1750, Budapest 1939.

Alexander Altmann, Lessings Glaube an die Seelenwanderung, in: Lessing Yearbook 8 (1976), 7-41.

Andreas Arndt, Dialettica romantica. Friedrich Schlegel e Schleiermacher, in: Fenomenologia e società 15 (1992), 85-107.

Ders., Zum Begriff der Dialektik bei Friedrich Schlegel 1796-1801, in: Archiv für Begriffsgeschichte 35 (1992), 257-73.

Ders., Gefühl und Reflexion. Schleiermachers Stellung zur Transzendentalphilosophie im Kontext der zeitgenössischen Kritik an Kant und Fichte, in: Transzendentalphilosophie und Spekulation. Der Streit um die Gestalt einer Ersten Philosophie (1799-1807), hrsg. von Walter Jaeschke, Hamburg 1993, Bd. 2, 105-26.

Ders., Opposizione e contraddizione. La forma fondamentale di dialettica romantica, in: La dialettica nella cultura romantica, hrsg. von Sergio Sorrentino und Terrence N. Tice, Roma 1996, 63-89.

Rahel Bacher, Vergleich der Rezeption Homers in Johann Wolfgang Goethes ‚Die Leiden des jungen Werthers' und Friedrich Hölderlins ‚Hyperion', in: Hölderlin-Jahrbuch 33 (2002-3), 230-43.

Giuliano Baioni, Naturlyrik, in: Deutsche Literatur. Eine Sozialgeschichte. Hrsg. von Horst Albert Glaser. Bd. IV (1740-1786). Hrsg. von Ralph-Rainer Wuthenow, Reinbek bei Hamburg 1980, 234-253.

Karlheinz Barck u.a., Ästhetische Grundbegriffe, Stuttgart-Weimar 2000 ff.

Klaus Bartels: Proto-kinematographische Effekte der Laterna magica in Literatur und Theater des achtzehnten Jahrhunderts, in: Die Mobilisierung des Sehens. Zur Vor- und Frühgeschichte des Films in Literatur und Kunst, München 1996, 113-47.

Andreas Barth, Inverse Verkehrung der Reflexion. Ironische Textverfahren bei Friedrich Schlegel und Novalis, Heidelberg 2001.

Peter Baumanns, J. G. Fichte. Kritische Gesamtdarstellung seiner Philosophie, München 1990.

Ernst Behler, Die Kulturphilosophie Friedrich Schlegels, in: Zeitschrift für philosophische Forschung 14 (1960), 68-85.

Ders., Das Indienbild der deutschen Romantik, in: Germanisch-Romanische Monatsschrift 49 (1968), 21-37.

Ders., Die Auffassung der Revolution in der deutschen Frühromantik, in: Essays on
European Literature. In Honour of Liselotte Dieckmann, St. Louis 1972, 191-215.

Ders., Klassische Ironie. Romantische Ironie. Tragische Ironie. Zum Ursprung dieser
Begriffe, Darmstadt 1972.

Ders., Die Kunst der Reflexion, in: Untersuchungen zur Literatur und Geschichte.
Festschrift für Benno von Wiese, hrsg. von Vincent J. Günther, Helmut Koopmann,
Peter Pütz, Hans Joachim Schrimpf, Berlin 1973, 219-48.

Ders., Rezension zu: Franz Norbert Mennemeier, Friedrich Schlegels Poesiebegriff
dargestellt anhand der literaturkritischen Schriften, München 1971, in: Zeitschrift für
deutsche Philologie 93 (1974), 604-13.

Ders., Gesellschaftskritische Motive in der romantischen Zuwendung zum Mittelalter,
in: Das Weiterleben des Mittelalters in der deutschen Literatur, hrsg. von James F.
Poag und Gerhild Scholz-Williams, Königstein/Ts. 1983, 47-60.

Ders., Studien zur Romantik und zur idealistischen Philosophie, 2 Bde., Paderborn
1988.

Ders., Unendliche Perfektibilität – Goldenes Zeitalter. Die Geschichtsphilosophie
Friedrich Schlegels im Unterschied zu der von Novalis, in: Geschichtlichkeit und
Aktualität. Studien zur deutschen Literatur seit der Romantik. Festschrift für Hans-
Joachim Mähl zum 65. Geburtstag, hrsg. von Klaus-Detlef Müller, Gerhard Paster-
nack, Wulf Segebrecht und Ludwig Stockinger, Tübingen 1988, 138-58.

Ders., Grundlagen der Ästhetik in Friedrich Schlegels frühen Schriften, in: Früher
Idealismus und Frühromantik. Der Streit um die Grundlagen der Ästhetik (1795-
1805), hrsg. von Walter Jaeschke und Helmut Holzhey, Hamburg 1990, Bd. I, 112-
27.

Ders., Friedrich Schlegel's Theory of an Alternating Principle Prior to his Arrival in
Jena (6. August 1796), in: „Revue internationale de philosophie", „Le premier romantisme allemand (1796)", hrsg. von Manfred Frank, Bd. 50, Nr. 197, 3/1996, 383-
402.

Walter Benjamin, Der Begriff der Kunstkritik in der deutschen Romantik, und: Ursprung des deutschen Trauerspiels, in: Gesammelte Schriften (=GS), hrsg. von Rolf
Tiedemann und Hermann Schweppenhäuser, Frankfurt am Main 1972, Bd. I.1.

Peter Berglar, Geschichte und Staat bei Novalis, in: JbFDH 1974, 143-208.

Thomas Bleicher, Homer in der deutschen Literatur (1450-1740). Zur Rezeption der
Antike und zur Poetologie der Neuzeit, Stuttgart 1972.

Klaus Bohnen, Lessings Erziehung des Menschengeschlechts (§4) und Bonnets Palingenesie. Ein Zitat-Hinweis, in: Germanisch-Romanische Monatsschrift 62 (1981),
362-5.

Karl Heinz Bohrer, Der Mythos vom Norden. Studien zur romantischen Geschichtsprophetie, Heidelberg 1961.

Martin Bollacher, ‚Natur' und ‚Vernunft' in Herders Entwurf einer Philosophie der
Geschichte der Menschheit, in: Johann Gottfried Herder: 1744-1803, hrsg. von Gerhard Sander, Hamburg 1987, 114-24.

Kurt Borries, Die Romantik und die Geschichte, Berlin 1925.

Bernd Bräutigam, Eine schöne Republik. Friedrich Schlegels Republikanismus im
Spiegel des ‚Studium'-Aufsatzes, in: Euphorion 70 (1976), 315-339.

Gisela Brinker-Gabler, Poetisch-Wissenschaftliche Mittelalter-Rezeption. Ludwig Tiecks Erneuerung altdeutscher Literatur, Stuttgart 1980.

Richard Brinkmann, Romantische Dichtungstheorie in Friedrich Schlegels Frühschriften und Schillers Begriff des Naiven und Sentimentalischen. Vorzeichen einer Emanzipation des Historischen, in: DVjS 32 (1958), 344-71.

Martin Brück, Antikerezeption und frühromantischer Poesiebegriff. Studien zur „Gräkomanie" Friedrich Schlegels und ihrer Vorgeschichte seit J. J. Winckelmann, Konstanz 1981.

Richard Buck, Rousseau und die deutsche Romantik, Diss. Berlin 1939.

Kenneth Scott Calhoon, The Bible as Fable, in: Lessing Yearbook 16, 1984, 55-78.

Alessandro Costazza, Genie und tragische Kunst. Karl Philipp Moritz und die Ästhetik des 18. Jahrhunderts, Bern u.a. 1999.

Hans Robert Curtius, Europäische Literatur und lateinisches Mittelalter, Bern 1954.

Fabrizio Desideri, Messianismo romantico. Dell'idea di futuro in Friedrich Schlegel e Novalis, in: Nuovo Romanticismo Nr. 4, Mai 1986, 121-54.

Ders., Laocoonte classico e romantico: Goethe e Novalis, in: Goethe e le culture romanze, Roma 2002, 171-80.

Ders., Guerra e pace: ‚voluttà della sintesi' e 'malinconia bacchica' in Novalis, in: Filosofia e guerra nell'età dell'idealismo tedesco, hrsg. von Gaetano Rametta, Milano 2003, 151-61.

Hans Dierkes, Literaturgeschichte als Kritik. Untersuchungen zu Theorie und Praxis von Friedrich Schlegels frühromantischer Literaturgeschichtsschreibung, Tübingen 1980.

Ders., ‚Geheimnisse unsrer Entzweyung". Differenzen romantischer Religion in Novalis' Randbemerkungen zu Fr. Schlegels „Ideen", in: Zeitschrift für neuere Theologiegeschichte, Bd. 5, Heft 2, (1998), 165-92.

Ders., ‚Schleyermacher hat Eine Art von Liebe, von Religion verkündigt'. Hat er das? Novalis' Rezeption der Reden ‚Über die Religion', in: 200 Jahre ‚Reden über die Religion'. Akten des 1. internationalen Kongresses der Schleiermacher-Gesellschaft in Halle, 14-17 März 1999, hrsg. von Ulrich Barth und Claus-Dieter Osthövener, Berlin – New York 2000, 534-58.

Herwarth Dietrich, Novalis' Geschichtsphilosophie, Diss. Leipzig 1921.

Max Diez, Novalis und das allegorische Märchen, in: PMLA 48 (1933), 488-507.

Anita und Walter Dietze (Hrsg.), „Ewiger Friede?" Dokumente einer deutschen Diskussion um 1800, München 1989.

Wilhelm Dilthey, Das Erlebnis und die Dichtung, Leipzig 1991.

Heinz J. Drügh, Anders-Rede. Zur Struktur und historischen Systematik des Allegorischen, Freiburg im Breisgau 2000.

Hans Eichner, The supposed influence of Schiller's ‚Über naive und sentimentalische Dichtung' on Friedrich Schlegels ‚Über das Studium der griechischen Poesie', in: The Germanic Review 30 (1955), 260-5.

August Emmersleben, Die Antike in der romantischen Theorie. Die Gebrüder Schlegel und die Antike, Berlin 1937.

Wilhelm Emrich, Begriff und Symbolik der ‚Urgeschichte' in der romantischen Dichtung, in: Protest und Verheißung. Studien zur klassischen und modernen Dichtung, Frankfurt am Main 1968, 25-47.

Heinrich Fauteck, Die Sprachtheorie Friedrich von Hardenbergs (Novalis). Neue Forschung, Heft 34, Berlin 1940.

Ders., Rezension zu Henry Kamlas *Novalis' Hymnen an die Nacht. Zur Deutung und Datierung*, Kopenhagen 1945, in: „Euphorion" 45 (1950), 264-74.

Walter Feilchenfeld, Der Einfluss Jacob Böhmes auf Novalis, Berlin 1922.

Tscheng-Dsche Feng, Die Analogie von Natur und Geist als Stilprinzip in Novalis' Dichtung, Heidelberg 1935.

Justus Fetscher, Art. „Fragment", in: Ästhetische Grundbegriffe, hrsg. von Karlheinz Barck u.a., Bd. 2, Stuttgart – Weimar 2001.

Hellmut Flashar, Formen der Aneignung griechischer Literatur durch die Übersetzung, in: Arcadia 3 (1968), 133-56.

Manfred Frank, Die Philosophie des sogenannten ‚Magischen Idealismus', in: Euphorion, 63 (1969), 88-116.

Ders., Das Problem „Zeit" in der deutschen Romantik. Zeitbewusstsein und Bewusstsein von Zeitlichkeit in der frühromantischen Philosophie und in Tiecks Dichtungen, Paderborn 1972.

Ders., Der kommende Gott. Vorlesungen über die Neue Mythologie, 1. Teil, Frankfurt am Main 1982.

Ders., „Intellektuale Anschauung", in: Die Aktualität der Frühromantik, hrsg. von Ernst Behler und Jochen Hörisch, Paderborn – München – Wien – Zürich 1987.

Ders., Einführung in die frühromantische Ästhetik, Frankfurt am Main 1989.

Philosophische Grundlagen der Frühromantik, in: Athenäum. Jahrbuch für Romantik, 4 (1994), 37-130.

Ders., Unendliche Annäherung. Die Anfänge der philosophischen Frühromantik, Frankfurt am Main 1997.

Manfred Frank – Gerhard Kurz, „Ordo inversus", in: Geist und Zeichen, Heidelberg 1977, 75-97.

Elisabeth Frenzel, Stoffe der Weltliteratur, Stuttgart 1992.

Walter Freund, Modernus und andere Zeitbegriffe des Mittelalters, Köln – Graz 1957.

Hugo Friedrich, Die Struktur der modernen Lyrik, Hamburg 1967.

William D. Furley, Art. Hymnos, in: Der neue Pauly, Bd. 5, Stuttgart 1998, Sp. 788-91.

Ulrich Gaier, Hölderlin. Eine Einführung, Tübingen und Basel 1993.

Hugh Gaston Hall, Richelieu's Desmarets and the Century of Louis XIV, Oxford 1990.

Ders., Aspects esthétiques et religieux de la Querelle des Anciens et des Modernes: Boileau et Desmarets de Saint-Sorlin, in: Critique et création littéraires en France au XVIIe siècle, Centre National de la recherche scientifique, Paris 1977, 210-30.

Peter Geils u.a. (Hrsg.), Gesamtverzeichnis des deutschsprachigen Schrifttums (1700-1910), München 1979 f., Bd. CLIX, bearbeitet unter der Leitung von Hilmar Schmuck und Willi Gorzny, München/New York/Paris/London 1987.

René Gérard, L'Orient et la pensée romantique allemande, Paris 1963.

Hubert Gillot, La Querelle des Anciens et des Modernes en France, Nancy 1914.

Kurt Goldammer, Novalis und die Welt des Ostens: Vom Werden und von den geschichtlichen Bildekräften romantischer Weltanschauung und Religiösität, Stuttgart 1948.

Elisabeth Gössmann, Antiqui und Moderni im Mittelalter. Eine geschichtliche Standortbestimmung, Paderborn 1974.

Karl Griewank, Der neuzeitliche Revolutionsbegriff. Entstehung und Geschichte. Aus dem Nachlass hrsg. von Ingeborg Horn-Staiger, Frankfurt am Main 1973.

Sieglinde Grimm, Dichtarten und Wissenssystematik. Zum Einfluß der nachkantischen Organisation des Wissens auf die poetologische Gattungsdebatte bei Novalis und Friedrich Schlegel, in: Euphorion 94 (2000) 149-71.

Peter Gumpel, The structural Integrity of the Sixth of Novalis' ‚Hymnen an die Nacht', in: The Germanic Review 55 (1980), 41-54.

Käte Hamburger, Novalis und die Mathematik, in: Philosophie der Dichter, Stuttgart 1966, 11-82.

Richard W. Hannah, The Fichtean Dynamic of Novalis' Poetics, Bern 1981.

Wolfgang Harms, Das Interesse an mittelalterlicher deutscher Literatur zwischen der Reformationszeit und der Frühromantik, in: Akten des 6. Internationalen Germanisten-Kongresses, Basel 1980, Teil 1, 60-84.

Klaus Hartmann, Die freiheitliche Sprachauffassung des Novalis, Bonn 1987.

Josef Haslinger, Die Ästhetik des Novalis, Königstein/Ts. 1981.

Eberhard Haufe, Die Aufhebung der Zeit im Heinrich von Ofterdingen, in: Gestaltung, Umgestaltung. Festschrift zum 75. Geburtstag von H. A. Korff, hrsg. von Joachim Müller, Leipzig 1957, 178-88.

Rudolf Haym, Die romantische Schule. Ein Beitrag zur Geschichte des deutschen Geistes, Berlin 1906.

Günter Häntzschel, Johann Heinrich Voß. Seine Homer-Übersetzung als sprachschöpferische Leistung, München 1977.

Edgar Hederer, Friedrich von Hardenbergs Christenheit oder Europa, Diss. München 1936.

Ingrid Hennemann-Barale, Poesia e storia nel concetto schlegeliano di „romantico", in Aiulm 4 (1975/76), 51-112.

Dies., Poetisierte Welt. Studi sul primo romanticismo tedesco, Pisa 1990.

Dies., „Wer Religion hat, wird Poesie reden". La riabilitazione dell'esperienza religiosa nel dibattito romantico del 1789-99, in: Pensiero Religioso 1996, 53-78.

Dies., Luoghi dell'originario. Il tema del linguaggio nella prospettiva storica e nei progetti letterari del primo romanticismo tedesco, Pisa 1998.

Gerda Heinrich, Geschichtsphilosophische Positionen der deutschen Frühromantik, Kronberg/Ts. 1977.

Dieter Henrich, Der Grund im Bewußtsein. Untersuchungen zu Hölderlins Denken (1794-1795), Stuttgart 1992.

Clemens Heselhaus, Die Wilhelm-Meister-Kritik der Romantiker und die romantische Romantheorie, in: Poetik und Hermeneutik I. Nachahmung und Illusion, hrsg. von H. R. Jauß, München 1969, 113-127.

Walter J. Hipple jr., The Beautiful, the Sublime and the Picturesque in Eighteen-Century British Theory, Carbondale 1957.

Thomas Höhle, Friedrich Schlegels Auseinandersetzung mit Lessing. Zum Problem des Verhältnisses zwischen Romantik und Aufklärung, in: Weimarer Beiträge 2 (1977), 122-48.

Edith Höltenschmidt, Die Mittelalter-Rezeption der Brüder Schlegel, Paderborn 2000.

Eberhard Huge, Poesie und Reflexion in der Ästhetik des frühen Friedrich Schlegel, Stuttgart 1971.

Raymond Immerwahr, Romantisch. Genese und Tradition einer Denkform, Frankfurt am Main 1972.

Hans Dietrich Irmscher, Beobachtungen zur Funktion der Analogie im Denken Herders, in: DVjS 55 (1981), 64-97.

Wilhelm C. Jacobs, Geschichte und Kunst in Schellings System des transscendentalen Idealismus, in: Früher Idealismus und Frühromantik. Der Streit um die Grundlagen der Ästhetik (1795-1895), hrsg. von Walter Jaeschke und Helmut Holzhey, Hamburg 1990, Bd. I, 201-13.

Wolfgang Janke, Fichte. Sein und Reflexion – Grundlagen der kritischen Vernunft, Berlin 1970.

Ders., Art.: „Perceptions, petites", in: Historisches Wörterbuch der Philosophie, hrsg. von Joachim Ritter und Karlfried Gründer, Basel 1989, Bd. 7, Sp. 236-8.

Ders., Vom Bilde des Absoluten. Grundzüge der Phänomenologie Fichtes, Berlin 1993.

Rolf-Peter Janz, Autonomie und soziale Funktion der Kunst. Studien zur Ästhetik von Schiller und Novalis, Diss. Berlin 1972.

Hans Robert Jauß, Form und Auffassung der Allegorie in der Tradition der ‚Psychomachia' (von Prudentius bis zum ersten ‚Romanz de la Rose'), in: Medium Aevum Vivum. Festschrift für Walther Bulst, hrsg. von H. R. Jauß und Dieter Schaller, Heidelberg 1960, 179-206.

Ders., Ästhetische Normen und geschichtliche Reflexion in der „Querelle des Anciens et des Modernes", in: ders. (Hrsg.), Charles Perrault. Parallèle des Anciens et des Modernes, München 1964, 8-64.

Ders. (Hrsg.), Nachahmung und Illusion. Poetik und Hermeneutik I, München 1969.

Ders., Literaturgeschichte als Provokation, Frankfurt am Main 1970.

Ders., Antiqui / moderni (Querelle des Anciens et des Modernes), in: Historisches Wörterbuch der Philosophie, Bd. I, Darmstadt 1971, Sp. 410-14.

Dieter Jähnig, Vorstudien zur Erläuterung von Hölderlins Homburger Aufsätzen, Diss. Tübingen 1955.

Ders., Schelling. Die Kunst in der Philosophie. Erster Band: Schellings Begründung von Natur und Geschichte, Pfullingen 1966; Zweiter Band: Die Wahrheitsfunktion der Kunst, Pfullingen 1969.

Henry Kamla, Novalis' Hymnen an die Nacht. Zur Deutung und Datierung, Kopenhagen 1945.

Peter K. Kapitza, Ein bürgerlicher Krieg in der gelehrten Welt. Zur Geschichte der Querelle des Anciens et des Modernes in Deutschland, München 1981.

Ira Kasperowski, Mittelalter-Rezeption im Werk des Novalis, Tübingen 1994.

Dies., Novalis und die zeitgenössische Geschichtsschreibung. Zum Bild des Mittelalters im Heinrich von Ofterdingen, in: Novalis und die Wissenschaften, hrsg. von Herbert Uerlings, Tübingen 1997, 269-83.

Adolf Katzenellenbogen, Die ‚Psychomachie' in der Kunst des Mittelalters, Hamburg 1933.

Wolfgang Kayser, Das sprachliche Kunstwerk, 20. Aufl., Tübingen und Basel 1992.

Thorsten Kindermann, Poetische Geschichte. Zum Geschichtsverständnis Hamanns, Herders und Novalis', Tübingen 2004.

Dieter Klawon, Geschichtsphilosophische Ansätze in der Frühromantik, Diss. Frankfurt am Main 1977.

Wolfgang Klimbacher, ‚Auf Erden ist der Krieg zu Hause': Krieg, Goldenes Zeitalter und Revolution im ‚Heinrich von Ofterdingen', in: Mnemosyne 13 (1992), 36-42.

Paul Kluckhohn (Hrsg.), Deutsche Literatur in Entwicklungsreihen. Reihe Romantik. Bd. 10. Deutsche Vergangenheit und deutscher Staat, Leipzig 1935.

Heinrich Knittermeyer, Schelling und die romantische Schule, München 1929.

Heinrich Kofink, Lessings Anschauungen über die Unsterblichkeit und die Seelenwanderung, Strassburg 1912.

Hans Kortum, Charles Perrault und Nicolas Boileau. Der Antike-Streit im Zeitalter der klassischen französischen Literatur, Berlin 1966.

Josef Körner, August Wilhelm Schlegels Nibelungenstudien, in: Neue Jahrbücher für wissenschaftliche Jugendbildung 4 (1928), 74-90.

Hans Krämer, Fichte, Schlegel und der Infinitismus in der Platondeutung, in: DVjS 62 (1988), 583-621.

Richard Kroner, Von Kant bis Hegel, 2 Bde., Tübingen 1977.

Helmut Kuhn, Die Vollendung der klassischen deutschen Ästhetik durch Hegel, in: Schriften zur Ästhetik, München 1966.

Hermann Kurzke, Hardenbergs „Apologie der Schwärmerei", JbFDH 1983, 132-46.

Ders., Novalis, München 1988.

Peter Küpper, Die Zeit als Erlebnis des Novalis, Köln/Graz 1959.

Bernd Küster, Transzendentale Einbildungskraft und ästhetische Phantasie. Zum Verhältnis von philosophischem Idealismus und Romantik, Königstein/Ts. (Monographien zur philosophischen Forschung Bd. 185) 1979.

August Langen, Attitüde und Tableau in der Goethezeit, in: Jahrbuch der deutschen Schiller-Gesellschaft 12 (1968), 194-258.

Heinrich Lausberg, Handbuch der literarischen Rhetorik. Eine Grundlegung der Literaturwissenschaft, Stuttgart 1990.

Reinhard Lauth, Fichtes Verhältnis zu Jacobi unter besonderer Berücksichtigung der Rolle Friedrich Schlegels in dieser Sache, in: F. H. Jacobi. Philosoph und Literat der Goethezeit, hrsg. von Klaus Hammacher, Frankfurt am Main 1971.

Friedrich Lederbogen, Friedrich Schlegels Geschichtsphilosophie, Leipzig 1908.

Siegmund Lempicki, Pindar im literarischen Urteil des 17. und 18. Jahrhunderts, in: Eos. Commentarii societatis philologiae Polonorum 33 (1930-31), 419-74.

Hannelore Link, Abstraktion und Poesie im Werk des Novalis, Stuttgart 1971.

Théodore Litman, Le sublime en France (1660-1714), Paris 1971.

Bernward Loheide, Fichte und Novalis: transzendentalphilosophisches Denken im romantisierenden Diskurs, Amsterdam 2000.

Nikolaus Lohse, Dichtung und Theorie. Der Entwurf einer dichterischen Transzendentalpoetik in den Fragmenten des Novalis, Heidelberg 1988.

Stefan Lorenz, Artikel „Theodizee", in: Historisches Wörterbuch der Philosophie, hrsg. von Joachim Ritter, Bd. 10, Basel 1998, Sp. 1066-73.

Arthur O. Lovejoy, Essais in the History of Ideas, Baltimore 1948.

Georg Lukács, Die Theorie des Romans, 5. Aufl., München 1994.

Wilfried Malsch, ‚Europa'. Poetische Rede des Novalis. Deutung der französischen Revolution und Reflexion auf die Poesie in der Geschichte, Stuttgart 1965.

Hans-Joachim Mähl, Die Idee des goldenen Zeitalters im Werk des Novalis, Heidelberg 1965.

Ders., Philosophischer Chiliasmus. Zur Utopiereflexion bei den Frühromantikern, in: Die literarische Frühromantik, hrsg. von Silvio Vietta, Göttingen 1983, 149-79.

Jean-Paul Meier, L'esthétique de Moses Mendelssohn (1729-1786), 2 Bde., Paris 1978.

Friedrich Meinecke, Die Entstehung des Historismus, München 1965.

Franz Norbert Mennemeier, Friedrich Schlegels Poesiebegriff dargestellt anhand der literaturkritischen Schriften, München 1971.

Clemens Menze, Der Bildungsbegriff des jungen Friedrich Schlegel, Ratingen 1964.

Werner Mettler, Der junge Friedrich Schlegel und die griechische Literatur. Ein Beitrag zum Problem der Historie, Zürich 1955.

Samuel Holt Monk, The Sublime. A study of Critical Theories in 18th Century England, 2. Aufl., Ann Arbor 1960.

Giampiero Moretti, L'estetica di Novalis, Torino 1991.

Walter Müller-Seidel, Probleme neuerer Novalisforschung, Germanisch-Romanische Monatsschrift 3 (1953), 274-92.

Guido Naschert, Friedrich Schlegels philosophischer Grundgedanke. Ein Versuch über die Genese des frühromantischen Ironiebegriffs (Jena 1796/97), MA-Arbeit Tübingen 1995.

John Neubauer, Symbolismus und symbolische Logik. Die Idee der Ars Combinatoria in der modernen Dichtung, München 1978.

Gerhard Neumann, Ideenparadiese. Untersuchungen zur Aphoristik von Lichtenberg, Novalis, Friedrich Schlegel und Goethe, München 1976.

Armand Nivelle, Frühromantische Dichtungstheorie, Berlin 1970.

Joanne S. Norman, Metamorphoses of an allegory: the iconography of the psychomachia in medieval art, New York 1988.

Rene Nünlist, Homer, Aristoteles und Pindar in der Sicht Herders, Bonn 1971, 35-66.

Günter Oesterle, Entwurf einer Monographie des ästhetisch Hässlichen. Die Geschichte einer ästhetischen Kategorie von Friedrich Schlegels ,Studium'-Aufsatz bis zu Karl Rosenkranz' ,Ästhetik des Häßlichen' als Suche nach dem Ursprung der Moderne, in: Literatur und Sozialwissenschaften. 8. Zur Modernität der Romantik, hrsg. von Dieter Bänsch, Stuttgart 1977, 217-97.

Sture Packalén, „...trinke meinen Kaffee dort und lese meinen Homer". Zu Goethes Homer-Aneignung im ,Werther', in: Studia neophilologica 62 (1990), 189-93.

Klaus Peter, Objektivität und Interesse. Zu zwei Begriffen Friedrich Schlegels, in: Ideologiekritische Studien zur Literatur. Essays I., hrsg. von Volkmar Sander, Frankfurt am Main 1972, 9-34.

Ders., Idealismus als Kritik. Friedrich Schlegels Philosophie der unvollendeten Welt, Stuttgart 1973.

Dirk von Petersdorff, Mysterienrede. Zum Selbstverständnis romantischer Intellektueller, Tübingen 1996.

Jürgen H. Petersen, Mimesis – Imitatio – Nachahmung. Eine Geschichte der europäischen Poetik, München 2000.

Lothar Pikulik, Frühromantik. Epoche – Werke – Wirkung, München 1992.

Albert Poetzsch, Studien zur frühromantischen Poetik und Geschichtsauffassung, Leipzig 1907.

Etiennette Poirson, Le sublime et le beau chez les grands préromantiques français, Paris 1975.

Wolfgang Preisendanz, Zur Poetik der deutschen Romantik I: Die Abkehr vom Grundsatz der Naturnachahmung, in: Die deutsche Romantik: Poetik, Formen und Motive, hrsg. von Hans Steffen, Göttingen 1967, 54-74.

Wulf-Wilhelm Preising, Bildung und Geschichte. Studien zur Grundlegung des Bildungsbegriffs im Denken des frühen Schlegel, Köln 1974.

Helmut Rehder, Novalis and Shakespeare, in: PMLA 63 (1948), 604-24.

Hippolyte Rigault, Histoire de la Querelle des Anciens et des Modernes, Paris 1856.

Heinz Ritter, Die Datierung der ,Hymnen an die Nacht', in: Euphorion 52 (1958), 114-

41.

Ders., Der unbekannte Novalis. Friedrich von Hardenberg im Spiegel seiner Dichtung, Göttingen 1967.

Ders., Novalis' Hymnen an die Nacht, Heidelberg 1974.

Tom Albert Rompelmann (Hrsg.), Der Wartburgkrieg, Amsterdam 1939.

Werner Röhr (Hrsg.), Appellation an das Publikum... Dokumente zum Atheismusstreit Jena 1798/1799, Leipzig 1987.

Hans Gerd Rötzer, Traditionalität und Modernität in der europäischen Literatur, Darmstadt 1979.

Klaus Ruder, Zur Symboltheorie des Novalis, Marburger Beiträge zur Germanistik 44, Marburg 1974.

Richard Samuel, Die poetische Staats- und Geschichtsauffassung Friedrich von Hardenbergs (Novalis), Frankfurt am Main 1925.

Ders., Die Form von Friedrich von Hardenbergs Abhandlung ‚Die Christenheit oder Europa', in: Stoffe, Formen, Strukturen. H. H. Borcherdt zum 75. Geburtstag, hrsg. von A. Fuchs und H. Motekat, München 1962, 284-302.

Vittorio Santoli, Philologie, Geschichte und Philosophie im Denken Friedrich Schlegels, in: Philologie und Kritik, Bern 1971, 82-101.

Nicholas Saul, History and poetry in Novalis and in the tradition of the German Enlightenment, London 1984.

Helmut Schanze, Romantik und Aufklärung. Untersuchungen zu Friedrich Schlegel und Novalis, Nürnberg 1966.

Ders., ‚Dualismus unsrer Symphilosophie'. Zum Verhältnis Novalis – Friedrich Schlegel, in: JbFDH 1966, 309-35.

Ders., ‚Es waren schöne glänzende Zeiten....' Zur Genese des ‚romantischen' Mittelalter-Bildes, in: Studien zur deutschen Literatur des Mittelalters. In Verbindung mit Ulrich Fellmann hrsg. von Rudolf Schützeichel, Bonn 1979, 760-71.

Alfred Schlagdenhauffen, Klingsohr-Goethe? In: Un Dialogue des nations. Albert Fuchs zum 70. Geburtstag, München-Paris 1967, 121-30.

Jochen Schmidt, Die Geschichte des Genie-Gedankens in der deutschen Literatur, Philosophie und Politik 1750-1945, 2 Bde., Darmstadt 1985.

Rudolf Wolfgang Schmidt, Die Endzeitvorstellungen bei Novalis. Studien zum Problem der Eschatologie in der deutschen Romantik, Diss. Wien 1956.

Wolf Gerhard Schmidt, ‚Homer des Nordens' und ‚Mutter der Romantik': James Macphersons Ossian und seine Rezeption in der deutschsprachigen Literatur, 4 Bde., Berlin 2003-4.

Günter Schneider, Rezension zu: Gerda Heinrich, Geschichtsphilosophische Positionen der deutschen Frühromantik, Kronberg/Ts. 1977, in: Aurora 38 (1978), 168 f.

Karl-Ludwig Schneider, Klopstock und die Erneuerung der deutschen Dichtersprache im 18. Jahrhundert, Heidelberg 1965.

Heinrich Scholz, Die Hauptschriften zum Pantheismusstreit zwischen Jacobi und Mendelssohn, Berlin 1916.

August Schubart, Novalis' Leben, Dichten und Denken, Gütersloh 1887.

Gerhard Schulz, Die Poetik des Romans bei Novalis, in: JbFDH 1964, 120-57.

Ders., (Hrsg.), Novalis. Werke, München 1969.

Ders., ‚Mit den Menschen ändert die Welt sich'. Zu Friedrich von Hardenbergs 5. ‚Hymne an die Nacht', in: Gedichte und Interpretationen. Klassik und Romantik, hrsg. von Wulf Segebrecht, Stuttgart 1984, 202-15.

Ders. (Hrsg.), Novalis. Beiträge zu Werk und Persönlichkeit Friedrich von Hardenbergs, 2. Aufl., Darmstadt 1986.

Ders., Die deutsche Literatur zwischen französischer Revolution und Restauration,
München 2000.

Margot Seidel, Friedrich von Hardenberg (Novalis). Die unveröffentlichte Jugendlyrik,
in: JbFDH 1981, 261-337.

Timothy F. Sellner, ,Sophia sey mein Schutz-Geist'. A New Source for Novalis'
Hymnen an die Nacht?, in: Journal of English and German Philology 86 (1987), 33-
57.

Logan Pearsall Smith, Four Words, Tract XVII of the Soc. Pure Engl., Oxford 1924, 3-
17.

Wolfgang Sommer, Schleiermacher und Novalis. Die Christologie des jungen Schleiermacher und ihre Beziehung zum Christusbild des Novalis, Bern – Frankfurt am
Main 1973.

Ulrich Stadler, Novalis: ,Heinrich von Ofterdingen', in: Romane und Erzählungen der
deutschen Romantik, hrsg. von Paul Michael Lützeler, Stuttgart 1981, 141-62.

Ders., Novalis – ein Lehrling Friedrich Schiller?, in: Aurora 1991 (50), 47-62.

Karl-Heinz Stahl, Das Wunderbare als Problem und Gegenstand der deutschen Poetik
des 17. und 18. Jahrhunderts, Frankfurt am Main 1975.

Ludwig Stockinger, „Tropen und Rätselsprache". Esoterik und Öffentlichkeit bei
Friedrich von Hardenberg (Novalis), in: Geschichtlichkeit und Aktualität, hrsg. von
K.-D. Müller, G. Pasternack, W. Segebrecht und L. Stockinger, Tübingen 1988,
182-206.

Ders., Religiöse Erfahrung zwischen christlicher Tradition und romantischer Dichtung
bei Friedrich von Hardenberg (Novalis), in: Religiöse Erfahrung: historische Modelle in christlicher Tradition, hrsg. von Walter Haugh und Dietmar Mieth, München
1992, 361-93.

Ders., Die Auseinandersetzung der Romantiker mit der Aufklärung, in: Romantik-
Handbuch, hrsg. von Helmut Schanze, Tübingen 1994, 2. Auflage 2003, 79-106.

Ders., ,Herz' in Sprache und Literatur der Goethezeit. Goethe – Novalis – Hauff, in:
Das Herz im Kulturvergleich, hrsg. von Georg Berkemer und Guido Rappe, Berlin
1996, 173-209.

Ders., Poetische Religion – Religiöse Poesie: Friedrich von Hardenberg (Novalis) und
Joseph von Eichendorff, in: Ästhetische und religiöse Erfahrung der Jahrhundertwenden I: um 1800, hrsg. von Wolfgang Braungart und Manfred Koch, Paderborn
1997, 167-86.

Ders., Ludwig Tiecks Leben und Tod der heiligen Genoveva. Konzept und Struktur im
Kontext des frühromantischen Diskurses, in: Das romantische Drama, hrsg. von U.
Japp, S. Scherer, C. Stockinger, Tübingen 2000, 89-118.

Friedrich Strack, Die ,göttliche' Kunst und ihre Sprache. Zum Kunst- und Religionsbegriff bei Wackenroder, Tieck und Novalis, in: Romantik in Deutschland. Ein interdisziplinäres Symposion, hrsg. von Richard Brinkmann, Stuttgart 1978 (DVjS,
Sonderband), 369-91.

Ders., Im Schatten der Neugier. Christliche Tradition und kritische Philosophie im
Werk Friedrichs von Hardenberg, Tübingen 1982.

Ders., Zukunft in der Vergangenheit? Zur Wiederbelebung des Mittelalters in der
Romantik, in: Heidelberg im säkularen Umbruch. Traditionsbewusstsein und Kulturpolitik um 1800, hrsg. von Friedrich Strack, Stuttgart 1987, 252-81.

Jury Striedter, Die Fragmente des Novalis als Präfigurationen seiner Dichtung, München 1985.

Ingrid Strohschneider-Kohrs, Die romantische Ironie in Theorie und Gestaltung, Tübingen 1977.

Peter Szondi, Poetik und Geschichtsphilosophie I und II, Frankfurt am Main 1974.

Ders., Satz und Gegensatz, Frankfurt am Main 1974.

Ders., Schriften, 2 Bde., Frankfurt am Main 1978.

Stefan Summerer, Wirkliche Sittlichkeit und ästhetische Illusion. Die Fichte-Rezeption in den Fragmenten und Aufzeichnungen Friedrich Schlegels und Hardenbergs, Bonn 1979.

Marianne Thalmann, Das Märchen und die Moderne. Zum Begriff der Surrealität im Märchen der Romantik, Stuttgart 1961.

Hermann Timm, Gott und die Freiheit. Studien zur Religionsphilosophie der Goethezeit, Bd. 1: Die Spinozarenaissance, Frankfurt am Main 1974.

Ders., Die heilige Revolution. Das religiöse Totalitätskonzept der Frühromantik. Schleiermacher – Novalis – Friedrich Schlegel, Frankfurt am Main 1978.

Ders., Universalität und Individuation. Das Konzept des frühromantischen ‚Christianismus', in: Romantik in Deutschland. Ein interdisziplinäres Symposion, hrsg. von Richard Brinkmann, Stuttgart 1978 (DVjS, Sonderband), 443-62.

Carol E. W. Tobol und Ida H. Washington, Werther's selective reading of Homer, in: MLN 92 (1977), 596-601.

Tomas Tomasek, Zur Sinnstruktur des ‚Fürstenlobs' im ‚Wartburgkrieg', in: Beiträge zur Geschichte der deutschen Sprache und Literatur, 115 (1993), 421-42.

Ders., Das deutsche Rätsel im Mittelalter, Tübingen 1994.

Marilyn K. Torbruegge, Johann Heinrich Füßli und ‚Bodmer-Longinus'. Das Wunderbare und das Erhabene, in: DVjS 46 (1972), 161-85.

Herbert Uerlings, Novalis und die Weimarer Klassik, in: Aurora 50 (1990), 27-46.

Ders., Friedrich von Hardenberg, genannt Novalis. Werk und Forschung, Stuttgart 1991.

Ders., Einbildungskraft und Poesie bei Novalis, in: Ders. (Hrsg.), Novalis. Poesie und Poetik, Tübingen 2004, 21-62.

Richard Ullmann und Helene Gotthard, Geschichte des Begriffs ‚Romantisch' in Deutschland. Vom ersten Aufkommen des Wortes bis ins 3. Jahrzehnt des 19. Jahrhunderts, Berlin 1927 (Nachdruck: Nendeln/Liechtenstein 1967).

Rudolf Unger, Herder, Novalis und Kleist. Studien über die Entwicklung des Todesproblems im Denken und Dichten vom Sturm und Drang zur Romantik, Darmstadt 1968.

Ders., Heilige Wehmut. Zum geistes- und seelengeschichtlichen Verständnis einer romantischen Begriffsprägung, in: Gesammelte Studien, Berlin 1944 (Nachdruck: Darmstadt 1966), Bd. III, 238 ff.

Fabrizio Vercellone, Nature del tempo. Novalis e la forma poetica del romanticismo tedesco, Milano 1998.

Marianne Viefhaus-Mildenberger, Die Anwendung von Film und Projektion als Mittel szenischer Gestaltung, Emsdetten 1961.

Sophia Vietor, Das Wunderbare in den Märchen von Goethe und Novalis, Halle 1995.

Karl Viëtor, Die Lehre des Erhabenen in der deutschen Literatur, in: Geist und Form, 1952, 134-66.

Silvio Vietta (Hrsg.), Die literarische Frühromantik, Göttingen 1983.

Werner Vortriede, Novalis und die französischen Symbolisten. Zur Entstehungsge-schichte des dichterischen Symbols, Stuttgart 1963.

Heinz-Dieter Weber, Friedrich Schlegels Transzendentalpoesie und das Verhältnis von Kritik und Dichtung im 18. Jahrhundert, München 1973.

Klaus Weyand, Kants Geschichtsphilosophie. Ihre Entwicklung und ihr Verhältnis zur Aufklärung, Köln 1964.

J. Wiesner, Lexikon der antiken Welt, hrsg. von Carl Andresen, Artikel „Sternbilder", Düsseldorf 2001, Bd. 3, sp. 2912-5.

Frank Wilkening, Progression und Regression. Die Geschichtsauffassung Friedrich von Hardenbergs, in: Romantische Utopie – Utopische Romantik, hrsg. von Gisela Dischner und Richard Faber, Hildesheim 1979, 251-69.

Leslie A. Willson, A mythical image. The ideal of India in german romanticism, Dur-ham 1964.

August Witzschel (Hrsg.), Sagen aus Thüringen, Wien 1866.

Alfred Wolf, Zur Entwicklungsgeschichte der Lyrik von Novalis. Ein stilkritischer Versuch. I: Die Jugendgedichte, Uppsala 1928.

Luciano Zagari, ‚Ein Schauspiel für Eros'. Nihilistische Dimensionen in Friedrich von Hardenbergs allegorischem Märchen, in: Aurora 42 (1982), 130-42.

Ders., Mitologia del segno vivente. Una lettura del romanticismo tedesco, Bologna 1985.

Mario Zanucchi, Gegen den „leichtfertigen Gang der Zivilisation": Novalis' Wieder-aufwertung der ägyptischen Kunst in ihrer strategischen Bedeutung für die Heraus-bildung der frühromantischen Poetik, in: Athenäum. Jahrbuch für Romantik 15 (2006).

Ders., Novalis' erste Hymne an die Nacht in der Tradition der Poetik des Erhabenen, in: Jahrbuch der Novalis-Gesellschaft 1 (2006).